"博学而笃志，切问而近思。"
（《论语》）

博晓古今，可立一家之说；
学贯中西，或成经国之才。

主编简介

邵宇，金融学博士，中国社会科学院博士后。牛津大学SWIRE学者，国家金融与发展实验室特聘高级研究员，复旦大学金融研究院研究员，复旦大学管理学院、复旦大学泛海国际金融学院特聘教授，南京大学工程管理学院、厦门大学经济学院兼职教授。中国首席经济学家论坛理事，上海国际金融与经济研究院理事，新供给经济学50人论坛成员，央行货币政策委员会专家成员。曾任上海市宝山区发改委副主任，复旦大学国际金融系副系主任、特许金融分析师（CFA）项目主任，西南证券研发中心总经理，宏源证券研究所首席分析师。

2011年加入中国东方证券，目前任集团公司总裁助理、集团公司首席经济学家。研究领域覆盖全球宏观经济、中国宏观经济、权益债券投资策略和金融工程。代表作品包括《预见未来》《全球化4.0》《新政机遇》《穿越镀金时代》《危机三部曲》《微观金融学及其数学基础》等。

> 欢迎关注"宇观新时代"微信公众号，加入宇观俱乐部，覆盖最新的财经热点，跟随邵宇博士，全面深度理解全球宏观和中国宏观经济金融，学以致用，把握未来趋势和投资机遇。

秦培景，中信证券首席策略分析师，复旦大学金融学博士。研究方向为宏观经济政策和金融市场。在权威与核心期刊发表多篇论文，著有《全球化4.0：中国如何重回世界之巅》《危机三部曲：全球宏观、金融、地缘政治大图景》等。2013年、2014年《新财富》最佳分析师"策略研究"（团队）；2013年水晶球最佳卖方分析师"策略研究"（团队）；2017年《亚元杂志》（Asiamoney）最佳A股策略分析师。证券卖方研究从业经验8年，主要研究领域包括全球化、宏观经济与政策、大类资产配置，目前专注于A股投资策略研究。

复旦博学·微观金融学系列

SECURITIES ANALYSIS
PERSPECTIVES FROM FINANCIAL STATEMENTS AND MARKET ACTIVITIES

证券投资分析（第二版）
——来自报表和市场行为的见解

邵宇　秦培景　主编

复旦大学出版社

前　　言

每天，全球各地的证券市场都有数百万上千万的证券进行交易。买卖这些证券的投资者都在反复问自己：我的交易价格合理吗？这些证券的实际价值是多少？如果拿这些问题向九个人请教，他们可以给出你九个五花八门的答案。在新闻媒体中，证券评论家们通过报纸、电视财经频道和网络通信平台谈论着他们关于证券价格的不同观点。投资者向投资顾问咨询，但投资顾问给他们提供的是需要筛选的大量信息和建议。投资者会听到有人宣称某些证券价格被高估了；某些证券价格被低估了，甚至会听到证券市场会赶时髦，会有羊群效应，甚至会发疯的理论；还会听到证券市场有"投机热"（Speculation Mania）和"非理性繁荣"（Irrational Exuberance）这些十分奇特的症状。据说，这些情形能拉动证券价格偏离合理价位。那么，如何才能透过这些纷纷扰扰的市场现象来进行合理的投资，做出明智的投资决策呢？本书试图系统地提供对于这个问题的答案。

学习指南

学习本书的最好方法是把自己看作从事投资行业的职业人士，如证券公司的投资分析师或大型企业的财务总监，尝试从冷静和清醒的职业角度去设定投资分析的目标和合理地提出自己关心的问题。如果你从一个企业外部分析师的角度进行思考，就会问自己：我如何才能为我的用户提供一项优秀和经得起时间考验的证券定价技术？我如何才能写出可信的投资研究报告？如果你从一个企业内部分析师的角度进行思考，就会问自己：我如何才能写出企业的战略报告或投资评估报告？这不仅会使你的学习更加集中、更加有针对性，而且这种有针对性的思考会使你对本书和你自己提出很多要求，从而有助于你掌握本书提供的众多的证券分析技术的核心部分。

一项好的技术由三个部分组成：好的思想、好的应用，以及在成本和收益之间的一个好的平衡。本书提供了清晰的概念，并一步一步地从概念出发建立起实际应用技术。利用本书的知识去建立你对企业经营活动的思维和适用于它们的定价模型。许多分析都能通过电子数据表格进行。当你在进行自己的分析时，也可以建立这种电子数据表格，这种分析方法可以在你的职业生涯中一直使用。而且使用本书会使你认识到成本收益平衡的意义。什么时候值得写得更详细？忽略一些会损失什么？你会主动采用性价比较高的分析技术。

特点和创新

本书的鲜明特色和创新就体现在广泛吸收现代金融理论研究的最新成果以及大量新分析技术的应用上，它们有希望在一段教学实践和实际操练后成为主流证券投资分析行业的新基准（Benchmark），这主要体现在：

- 采用新兴的价值模型和工具,如剩余收益模型(RIM)和经济增加值方法(EVA)等,并通过比较阐发它们的相应适用范围,以反映价值模型研究的发展趋势和最新动态;
- 提供强化的宏观分析和行业分析框架,为价值评估、公司分析以及技术分析提供层次清晰和重点明确的基本面信息支撑;
- 提供全新的财务报表分析框架,以公司的经营活动为主要线索对传统报表进行重构并加以细化,以获得对于企业运作和价值增值过程更深入的透视和理解;
- 详尽解剖财务报表预测技术,全面覆盖简单预测和完全信息预测,在经过优化的一体化分析框架内纳入影响商业和企业经营的关键性驱动因素,尽可能客观地描绘企业的未来发展轨迹和趋势;
- 在技术分析中加入行为金融学(Behavior Finance)的最新成果,突破现有框架的纯粹经验面貌,在透析市场行为本质特征的基础上掌握各种基于经验的主要技术分析方法;
- 结合教学实践经验,全程进行案例分析,自始至终采用国内外著名上市公司的全部相关真实数据和相关材料,以提供对实践环境的全方位仿真模拟。

结构安排

在导论中,我们探讨证券投资分析的步骤、方法和逻辑。作为整个分析过程的引导,它的主要目的在于描述证券投资分析的一般过程,提供可供选择的方法集合,并设定分析思维逻辑的合理基础。本书的其余内容分为四个部分。

第一部分(第一、二章)是证券投资基础知识。这部分提供对于投资环境和证券类金融产品的介绍。因为证券投资是在具体的投资环境下进行的,因此投资环境是任何一项投资计划开始前所必须熟悉的内容,而不同的投资环境以及环境中的规则和内部关系的变化都将引起投资和投资分析方法的调整。所以,深入了解投资环境有助于投资过程的计划、实施和调整。这部分主要是对于一级市场(第一章)和二级市场(第二章)的介绍,提供对证券特性及它们的生产过程和交易市场特征的描述。

第二部分(第三章至第六章)是价值模型分析。这一部分用来建立对股票、公司和公司战略进行评估的适用定价模型体系。价值模型的作用在于教会读者如何把对未来的收入预测转化为企业及企业策略的价值评估。这是比较具有技术性的章节,从最基础的单利、复利、内部收益率和净现值等的金融计算,到收入资本化方法以及它在给债券类产品定价中的运用(第三章);再到收入资本化方法,即绝对价值模型具体在股票价值评估中的应用,以及更为先进的基于财务数据的 FCFF、EVA、FO 等价值模型和价值工具(第四章);也对较为简单的相对价值模型作为竞争性的技术加以描述(第五章);也涉及现代金融理论提供的投资组合理论和资产定价模型等数理型定价工具(第六章)。此外,为了加强对这些可替代方法适用范围的鉴定能力,我们还同时检验了这些可替代方法对不同类型投资的每个模型的效果,以使读者能有一个进行实际分析的构架。

第三部分(第七章至第十一章)介绍基础分析。首先是宏观分析(第七章),这部分以宏观经济指标体系为核心,介绍了宏观经济形势和宏观经济政策的基本分析方法,并把重点放在宏观经济环境对证券市场的影响,及其在股票市场整体走势的预测的应用上。其次是行业分析部分(第八章),这部分提供了一个紧密的行业分析的框架结构,这一结构围绕着行业同经济景气的联系、行业自身的发展规律和行业内部的竞争结构这三个核心问题展开。在这两部分的最后都专门拿出一节进行案例分析,以加强读者对文中介绍的基本分析方法的认知程度。第三是整个基础分析的核心微观企业层次的分析,具体包括基本素质分析(第九章)、财务报表分析(第十章)以及财务预测(第十一章)。基本素质分析探讨了如何利用各种可得信息对企业的竞争优势、经营能力、发展战略、资本运营等方面做出定性分析和评价,读者还将了解一些进行实际基础分析的有用工具。财务报表分析是下面财务预测章节的准备,涉及对核心报表的介绍、优化传统报表框架以及众多财务指标的计算,读者将学会如何通过报表来了解"数字背后的故事",并对公司的盈利能力和成长性做出判断。企业和其股票的价值取决于其产生的损益对投资者的价值,因此,财务预测分析(第十一章)这一部分将告诉读者如何利用由财务报表分析得出的信息来预测损益(收入和支出),主要讨论在简单的运营条件下未来企业业绩和现金流的预测技术,也在更为复杂的投资和融资决策下,讨论对这些现金流的预测。在每一章的最后一节,我们都将以国内上市公司为案例来展示文中介绍的分析方法。

第四部分是技术分析(第十二章至第十四章)。市场价格的行为远比内在价值的评估更为丰富,它在本质上是市场参与者心理的集中反映,因此常常会显示出非理性的特征。这一部分从心理和行为的角度出发,向读者展示市场行为的内在特征,并进一步将技术分析这一传统上主要基于经验的投资分析方法构建在市场行为的内在特征之上(第十二章),围绕价格趋势这一技术分析的核心,通过图形(第十三章)和指标(第十四章)将技术分析的概貌展示在读者面前。

这种结构安排实际上依据的是证券投资分析的基本步骤。更重要的是,这一流程框架会保证整个分析是可信的。该框架将从基本原理开始逐块搭建,以便读者清楚地看到分析是从哪里开始,直到本书结尾,读者就会有一个对证券分析原理的明确了解,就会感觉自己已经掌握了这些步骤,能够有信心做出投资决策,并可以区分来自其他分析师的好的或者坏的分析。

如何使用本书

1. 知识背景

要理解本书的内容,需要掌握基本的财务会计和金融知识。但实际上由于我们的课程基本上是自完善的,也就是说,它提供了包括金融学和财务学的基础知识要点的介绍或者回顾,因此高级财务会计、投资学以及公司财务等知识虽有帮助但并不要求。事实上,在阅读本书之后,你会感到自己有主动学习这些知识的渴望。

2. 课程设计

每一章都以本章学习目标开始,介绍了在本章中读者应该理解的一系列要点,以及在读完这一章后,你应该能完成的一系列分析任务。正文覆盖全部证券投资分析所涉及的基础知识和相关技术的实际运用。

3. 知识框文(来自网络支持)

相关知识和热点框文,提供了在实践和理论上的热点讨论和应用案例,使读者会觉得有必要深入相关问题的开放式窗口。学习进程中放松地阅读一下它们,会给读者带来更多的感悟和学习的兴趣。

4. 案例分析(来自网络支持)

每章后的小型案例是该章知识的综合应用,均采用现实中的公司案例,并根据章节内容,在不同章节有不同的着眼点。为了有助于读者查看同一公司的不同材料,这些案例会标以易于确认的与实际的联系。同时它们还有一个重要作用就是提供分析报告的模块蓝本给读者作参照。

5. 关键概念和小结

好的分析来源于好的理解,好的理解则由概念构架得来,它帮助学习者组织自己的思想。在每章结尾都归纳了这一章介绍的重要概念,并扼要评述本章学习要点。

6. 网络支持

本书中的内容在支持网站(http://m.lnxianghui.com/3000000109/home.html,微信号为 TheGildedAge)上有更多详细的解释,它们使得本书知识更加完整。该网站将提供企业的真实财务报表和许多其他信息资源,也提供大量辅助的案例分析库和不同层次的投资分析报告。该网站还提供了对信息、分析的基本原材料和金融媒介网站的大量链接,并且指引读者在互联网上获得更多的资源。学生读者还能借助它筛选和分析股票,建立自己的定价模型和分析工具。事实上,你可以把它作为投资分析基地,甚至借此进入自己的投资生涯。同时它也为教师读者提供了丰富的教学资源,例如 PowerPoint 幻灯片、投资分析的实用应用程序以及测试用的题库和评价标准。

7. 阅读指南(来自网络支持)

在适当的地方,我们会给出进一步深入研究的提示,对于那些要求严格的研究者,文献索引提供了更为专业和详尽的阅读指南。

8. 习题(来自网络支持)

我们为每一章都配了一些概念问题和应用性质的练习,放于支持网站上。它们以巩固读者的学习努力为设计特色,对它们的思考会在相当程度上增强读者的理解。每一道题都涉及一个知识点。概念问题是巩固对该章的理解,练习则更多地选取现实公司的事例,并突出本章中特定的论点。当你对这些方法运用纯熟时,你就会明白这些分析是如何进入你的生活的。

感谢

本书是我们在多年的教学实践和投资行业中历练的心得积累,这样一本教材是团队协作的成果。参与编写的有秦培景、姚晨曦、张波、张稷,这是一个自身学习、共同成长、团队协作和有所收获的过程。教学相长,本书框架的形成、素材的积累以至内容的改进和优化,都来自学生们的反馈和激励。本书的现代化行文也是这种活力的体现,因此首先要感谢的就是秦培景、姚晨曦、张波、张稷、刁羽、姚秦、董昕皓、何晓宏、朱敏、方一达、杨志伟、李郑青、孙雯、尹绣凤、李瑾。他们中的多数将要成为或已经成为了这个行业中的一员。

同时也感谢复旦大学国际金融系的同事们——刘红忠、攀登、宋军和张宗新等提供的启发性建议和意见,特别是刘红忠教授提出的编写一套复旦自己的微观金融本科教材的构想成为这本书最初的源起。也感谢从业的朋友——刘峻、金晓斌、潘立彬、张锋、陈波、陈俊豪、郑木清、王广学、张柱、辛强,同他们的广泛交流和深入探讨使我们受益匪浅。最后,特别感谢复旦大学出版社徐惠平和李荃两位老师为本书出版所提供的支持和付出的辛劳。

目 录

导论 证券投资分析的步骤、方法和逻辑 1
    第一节　投资过程和步骤 1
    第二节　证券投资分析的意义 5
    第三节　证券投资分析的流程 7
    第四节　证券投资分析的方法和内容 11
    第五节　证券投资分析的逻辑 17

第一部分　证券投资基础

第一章　证券发行：一级市场 27
    第一节　产品与工具 27
    第二节　证券的发行与承销 39

第二章　证券交易：二级市场 51
    第一节　交易场所 51
    第二节　市场信息：价格和数量 54
    第三节　价格指数 60
    第四节　交易流程 67

第二部分　价值模型

第三章　金融计算基础及债券价值分析 79
    第一节　金融计算基础 79
    第二节　债券价值分析 90

第四章　绝对价值模型 106
    第一节　股利贴现模型 107
    第二节　自由现金流模型 116
    第三节　剩余收益模型 126
    第四节　新型价值模型 131

第五章 相对价值模型 ... 137
第一节 市盈率模型 ... 138
第二节 市净率模型 ... 146
第三节 销售倍数模型 ... 149
第四节 现金流倍数模型 ... 151
第五节 其他相对价值模型 ... 152

第六章 现代价值模型 ... 155
第一节 收益和风险的衡量 ... 155
第二节 均值方差分析 ... 165
第三节 资本资产定价模型 ... 172
第四节 套利定价理论 ... 185

第三部分 基础分析

第七章 宏观经济分析 ... 195
第一节 宏观经济分析概述 ... 195
第二节 宏观经济周期与股票市场 ... 202
第三节 宏观经济政策分析 ... 206

第八章 行业分析 ... 212
第一节 行业的定义及分类 ... 212
第二节 行业发展过程 ... 216
第三节 宏观经济环境与行业发展 ... 221
第四节 行业结构与行业竞争 ... 224

第九章 公司基本素质分析 ... 228
第一节 竞争地位分析 ... 228
第二节 经营能力分析 ... 233
第三节 公司战略分析 ... 235

第十章 财务报表分析 ... 244
第一节 财务报表基础 ... 245
第二节 财务报表分析 ... 258
第三节 比率分析 ... 272
第四节 盈利性和成长性分析 ... 288

第十一章 财务预测 ... 300
第一节 简化定价模型 ... 301

第二节　简单预测 …………………………………………………… 309
第三节　完全预测准备：商业信息转换为会计计量 ………………… 318
第四节　完全信息预测 ………………………………………………… 327

第四部分　技 术 分 析

第十二章　技术分析理论 ………………………………………………… 337
　第一节　市场行为的特征 ……………………………………………… 338
　第二节　技术分析概述 ………………………………………………… 347
　第三节　技术分析理论 ………………………………………………… 351

第十三章　技术图形分析 ………………………………………………… 372
　第一节　技术图形基础 ………………………………………………… 372
　第二节　线形分析 ……………………………………………………… 378
　第三节　价格形态 ……………………………………………………… 386

第十四章　技术指标分析 ………………………………………………… 400
　第一节　确认性指标 …………………………………………………… 401
　第二节　动能指标 ……………………………………………………… 410
　第三节　市场结构指标 ………………………………………………… 425

参考文献 ……………………………………………………………………… 434

导　论　证券投资分析的步骤、方法和逻辑

 学习目标

- ◆ 了解理性投资过程应该包含的步骤,以及每一步骤具体涉及的操作内容;
- ◆ 评论证券投资分析的意义和分析师在证券投资分析中的作用;
- ◆ 了解证券投资分析的操作步骤以及每一步骤所需开展的具体工作;
- ◆ 了解一个有效研究报告的内容和格式,以及分析师在传达分析结果中的责任;
- ◆ 了解证券投资分析所采用的主要方法和内容及其理论基础;
- ◆ 讨论在传统及现代市场效率背景下积极投资策略的用途;
- ◆ 理解并掌握应用证券投资分析的内在逻辑。

生活在现代社会,投资(Investment)几乎是每个人经济生活的必然构成部分。投资是一种以牺牲或者推迟当前消费来换得未来更高消费水平的一种资源跨期配置(Intertemporal Allocation)形式。具体而言,投资可以有各种实现形式,例如,对于个人来说,把钱存银行就是一种最简单的投资,而熟练的投资者可能会尝试艺术品、不动产(Real Estate)等类型的投资,甚至可以投资于自身的人力资源(Human Resources)。但毫无疑问,在众多的备选投资类型中,最为常见的还是在金融市场上对有价证券(Securities)的投资了。

所谓证券投资,就是指投资者购买股票、债券、基金单位等有价证券以及(或者)这些有价证券的衍生品(如期货、期权等)以获取红利、利息及资本增值的投资行为和投资过程。它是直接投资(Direct Investment)的重要形式。

第一节　投资过程和步骤

对于投资者来说,取得一定的投资回报是他们最直接的目标,但自然环境和经济体系中的风险(Risk)使得这种回报存在不确定性(Uncertainty)。因此,合理的投资决策都会在未来的收益和风险之间寻找某种平衡。

为了获得既定的投资效果,就需要科学的投资过程和投资技术。投资过程包含了三个关键环节——计划(Planning)、实施(Execution)和反馈(Feedback)。每个环节又有具

体的步骤划分。

一、计划

在计划环节,投资者要分辨投资目标(Investment Objectives)和约束条件(Constraints)(对投资活动的内外限制),换句话说,投资者必须学会同时面对个人主观偏好和市场实际约束两方面的考虑。相应地,计划环节也就包括三个更具体的步骤。

1. 确定投资目标

作为投资过程的第一阶段,确定投资目标将在主观方面确定投资的路径和投资的风格。每个人在生存的每个阶段都会有不同的投资目标,一个刚刚进入职业生涯的大学毕业生和依靠固定退休金生活的老年人的投资目标肯定是不同的。

让我们考虑以下这个具体的例子:简·瑞安博士(Dr. Jane Ryan)——女性,30岁;未婚、没有孩子;心理学家、大学教授;位于最高税收类别;拥有价值1 200 000元的住宅,每个月偿还3 000元的住房抵押贷款;金融资产包括国家的个人退休账户计划(IRA)和大学的养老保险计划、股票和短期大额存单。如何确定这样一个投资者的特定投资目标呢?它至少可以包括以下要素。

- 回报要求(Return Requirements):投资者目前的职业不需要每年有额外的可支配收入,寻求长期的资本增值。
- 风险承担(Risk Tolerance):由于比较年轻,投资者愿意承担高于平均水平的证券资产组合风险。她清楚地认识到投资于债券和股票所包含的风险。
- 流动性要求(Liquidity Requirements):投资者目前职业和收入水平不需要来自证券投资的额外的流动性支持。即便有什么紧急情况发生,她在短期大额存单上的大量投资也能够提供足够保障。
- 税收(Taxes):由于较高的收入水平,投资者位于一个高的税收等级中,希望可以通过投资工具使得税收最小化。
- 投资期界(Time Horizon):寻求长期的投资策略,这个策略能够使得她在退休以后保持现有的生活水平。

可以看到任何投资者的投资目标都是多维度的。要组织和澄清投资目标,我们会综合评估投资者的各种行为偏好。在这个评估过程中风险和收益这两个因素显得非常重要,如果把它们理解成两种商品,可以设想我们最终会在收益/风险的两维空间中找到属于特定投资者个人的无差异曲线(Indifference Curve)。

2. 进行证券分析

证券分析是指人们通过各种专业的分析方法,对影响投资对象价值或价格的各种信息进行综合分析,以判断投资对象价值或价格及其变动的行为,是投资过程中不可或缺的一个重要环节。这也正是本书的主题。它的核心是对资产价值的分析,反映到证券投资中就是证券价值的分析,即对具体的可供选择的投资产品进行精确地价值计算,从而为投资品的选择奠定了基础。本质上说,就是在客观方面确定可供选择的投资对象在收益/风险空间中的实际位置。

证券价值的分析主要包括债券价值分析、股票价值分析以及衍生证券价值分析。从原理上看,证券价值分析方法与投资收益分析方法,都以预期收益的折现为基础进行分析。在时间价值分析方法中,证券价值分析的关键是确定预期收益和折现率。在本质上,证券价值的分析是一种预测行为,并且是用对未来现金流的预测来分析资产的未来价值,这种价值分析的预测行为通过指导交易反映到市场供求上,就形成了证券的价格。在有关证券价值分析的各种理论中,一直存在着关于价格的可预测性以及可预测性的时间属性等的争论。尽管如此,对于具体的投资实践来说,我们仍然需要进行与投资目标和投资策略相匹配的证券投资价值分析。

3. 确定投资策略

在主观偏好和客观约束两方面结合的基础上,计划环节接下来的重要任务就是确定投资策略(Investment Strategy),并对它进行具体的描述。应当说,投资策略的选择与市场的属性、投资者具备的条件以及其他投资者状况密切关联,只有在理解这三个条件的基础上,才能做出最优的投资策略选择。

在这里我们仅仅强调第一个条件,即对市场属性的理解。人们对市场的认识是有差别的。在不同的市场认识理论中,最优的投资策略是不一样的。这里的关键是投资者对市场效率的判断。根据投资者对有效市场假设的认同情况,可以把投资策略分成主动(Active)和被动(Passive)两大类型——有效市场理论认为,从长久来看,投资者不可能击败市场,其隐含的投资策略是被动投资策略;然而,当市场并非有效时,价格行为就具有某种可预测性,那么就应该选择主动投资策略。

在上面的例子中,可以推荐给简·瑞安博士的基本是积极的投资策略——使用多样化的资产组合。就她的年龄、收入水平和风险承受力来说,该组合的风格应当是比较激进的。

- 建议在投资组合中,股票约占90%,剩余的10%为债券。
- 在股票的组合中,15%将被安排在投资于国际性中小型股票的共同基金(Mutual Fund)上,而固定收益资产所占的10%也将持有共同基金。这主要是考虑到个人很难充分地分散投资,而使用共同基金有利于投资者。固定收益基金也是一个更好的选择,因为它能被积极管理,并可以有效地应对利率变动及市场风险。
- 至于组合的部门配置策略,最好将其集中在标准普尔500指数中有最佳增长潜力的特定部门上。选择的重点将放在科技、保健和电信部门,而较少持有能源、消费品及金融部门数量的股票。
- 之所以将重点放在科技、保健和电信部门,是预期这些部门的表现将超出其他部门。药品行业和生物技术行业对保健品的需求呈上升态势,这是由于美国婴儿潮一代的需求造成的。当人口最多的婴儿潮一代步入五六十岁时,他们对药品及更多复杂医疗品的需求相应上升。这种需求伴随着保健品市场的发展,使得保健行业非常有吸引力。因此,建议选择将资金投入到以下具体三个行业——药品(如Amgen)、生物技术(如Medtronic)和护理用品(如Bristol Meyers Squibb)。科技部门显示出超过平均增长的潜力。一项技术的周期是2—3年。由于近期经济衰退,许多公司推迟了对其系统的升级。然而许多公司系统都有升级的需要,因为他们正面临着系统无法改进以适应需求的问题。计算机、服务器和打印机都有这种需要。在科技部门里,建议选择硬件行业以及科技服务类企业(如First Data)。电信部门也可以作为投资的重点。因为个人及企业在无线及有线通信上的需求,这个部门的公司将会有所发展;

- 其他诸如金融、消费品及能源等部门潜在的发展可能不如以上几个部门。投资这些部门的作用在于使资产组合更多样化。

二、实施

投资者在获得投资策略后,就要着手实施。在实施环节中,投资者将投资策略和预期结合起来构建投资组合(Portfolio Selection/Composition Decision),所谓投资组合就是选择产品和确定每种产品的投资数量。当然,把握投资组合的时机(Market Timing)和节奏也很重要。

构建投资组合之前,首先需要进行投资组合的价值分析。与计划环节中的第二步骤证券分析不同的是,因为组合中各种资产在收益和风险方面的不同相关性,使得投资组合的价值有别于各种资产价值的简单加总。所以,有必要对各种资产的相关性进行分析,并在此基础上以实现最大组合价值为目标进行投资组合构建。

投资组合的理论和实践一直处于一种发展状态,并指导着不同阶段的投资实践。在理论发展脉络中,经典的投资组合理论主要包括:托宾的资产组合理论、马柯维茨的证券组合理论、资本资产定价模型和套利定价模型。

三、反馈

随着投资组合的实施,对投资策略效果的评估和再调节就十分必要了,因此在反馈环节实际上也包含两方面的内容,一方面是修正投资组合,即监控和重新平衡组合头寸,另一方面则是评估投资目标的实现情况,即投资组合的绩效。

1. 修正投资组合

投资组合的修正作为投资过程的第五个步骤,实际上就是定期重温前四个步骤。即随着时间的推移,一方面,投资者在主观方面会改变投资目标,从而使当前持有的证券投资组合不再成为最优组合,为此需要卖掉现有组合中的一些证券和购买一些新的证券以形成新的组合。而另一方面,有些证券的收益/风险形态客观上发生了变化,一些原来不具吸引力的证券现在变得有吸引力了,而另一些原来有吸引力的证券则变得没吸引力了,这样投资者就会想在原来组合的基础上加入一些新的证券和减去一些旧的证券。这一决策主要取决于交易的成本和修正组合后投资业绩前景改善幅度的大小。

2. 评估投资组合的绩效

为了检验投资的业绩是否与预期的投资目标相吻合,有必要进行投资绩效评价。从时间上看,绩效评价可以分为过程评价和事后评价两种。过程评价是一种阶段性评价,为投资过程的动态调整提供了必要的信息。事后评价是一种检验性和总结性评价,为以后的投资提供了必需的经验性信息。事实上两种绩效评价在投资过程中是交替进行的。

绩效评价最重要的作用是为投资者的投资组合调整提供指导。在现代投资实践中,由于品种繁多、市场复杂且专业分工细密,绝大多数投资是由职业投资经理通过委托-代理关系代表投资者进行的。如何评价职业投资者的职业经验和投资业绩,不仅成为投资者选择投资代理的必要参考信息,也是约束和激励职业投资者的重要手段。所以,绩效评价为投资过程的良性循环提供必要的检验和支持。

投资组合的业绩评价着重讨论组合业绩评价基准的选择,以及如何通过跟踪投资收益与评价基准之间的误差来分析导致这些误差的原因,并总结经验为下一阶段的投资过程提供指导。现代的业绩评估方法可以比较准确地甄别出投资业绩的获得是通过对市场时机的捕捉,还是对产品的正确选择,或是纯粹碰运气。

在评价投资绩效的同时,投资者对投资组合的风险评价也很关注。风险评价着重考察组合风险管理中的事后评价,为市场风险管理、信用风险管理、流动性风险管理和操作风险管理提供反馈性信息。有关投资风险的测算与控制的指标和方法较多,大体可以分为两类:一是基于公司财务状况的风险预警与控制,主要通过财务风险分析来预测与控制风险。用财务风险分析方法来测算和控制风险,主要是由于财务指标或比率之间存在一定的相关关系。通过横向比较、纵向比较等多种财务分析方法进行比较分析和综合评价,构建出财务风险过滤与预警,进而为投资者提供分析上市公司的财务状况,判断企业报表的质量和有无恶化情况,发现和揭示风险的便利途径。它可以帮助投资者迅速便利地深入上市公司进行追踪调查,从而揭示和发现风险。二是基于投资组合的数量化方法,现代技术尝试在一个统一的框架中给出对金融风险的测度指标。这主要体现在风险价值(Value at Risk,VaR)的应用上。VaR是一个绝对指标,它可以直观地测算出某一投资组合(可以是某一证券)在一定置信水平下和一定持有期内的最大潜在损失。

当绩效评价完成后,一个完整的投资过程就结束了。需要强调的是,在投资实践中,投资过程六个步骤的工作并不是机械地进行的,而是应该根据投资实践的动态变化而不断做出适应性调整。上述六个步骤之间的关系是一种动态反馈—调整的关系,而投资过程就在这种反馈调整循环中不断进行着。

第二节　证券投资分析的意义

毫无疑问,作为投资过程在客观方面努力的主要部分,证券投资分析是证券投资过程的一个核心环节。科学的证券投资分析是投资者获得投资成功的关键,它的重要意义主要体现在以下三个方面。

一、有利于提高投资决策的科学性

投资决策贯穿于整个投资过程,其正确与否关系到投资的成败。尽管不同投资者投资的方法可能不同,但科学的投资决策无疑有助于保证投资决策的正确性。由于资金拥有量及其他条件的不同,不同的投资者会拥有不同的风险承受能力、不同的收益要求和不同的投资周期。同时,由于受到各种相关因素的作用,每一种证券的风险-收益特性并不是一成不变的。此外,由于证券一般具有流通性,投资者可以通过在证券流通市场上买卖证券来满足自己的流动性需求。因此,在投资决策时,投资者应当正确认识每一种证券在风险性、收益性、流动性和时间性方面的特点,借此选择风险性、收益性、流动性和时间性同自己的要求相匹配的投资对象,并制定相应的投资策略。只有这样,投资者的投资决策才具有科学性,从而尽可能保证投资决策的正确性,以使投资获得成功。进行证券投资分析正是使投资者正确认知证券风险性、收益性、流动性和时间性的有效途径,是投资者科学决策的基础。因此,进行证券投资分析有利于减少投资决策的盲目性,从而提高投资决策的科学性。

二、有利于正确评估证券的投资价值

投资者之所以对证券进行投资,是因为证券具有一定的投资价值。证券的投资价值受多方面的影响,并随着这些因素的变化而发生相应的变化。如债券的投资价值受市场利率水平的影响,并随着市场利率的变化而变化;影响股票投资价值的因素更为复杂,受宏观经济、行业形势和公司经营管理等多方面因素的影响。所以,投资者在决定投资某种证券前,首先应该认真评估该证券的投资价值。只有当证券处于投资价值区域时,投资该证券才是有的放矢,否则可能会导致投资失败。而证券投资分析正是通过对可能影响证券投资价值的各种因素进行综合分析,来判断这些因素及其变化可能会对证券投资价值带来的影响,因此它有利于投资者正确评估证券的投资价值。

三、有利于降低投资者的投资风险

投资者从事证券投资是为了获得投资回报(预期收益),但这种回报是以承担相应风险为代价的。从总体来说,预期收益水平和风险之间存在一种正相关关系。预期收益水平越高,投资者所要承担的风险就越大;预期水平越低,投资者所要承担的风险也就越小。然而,每一证券都有自己的风险-收益特性,而这种特性又会随着各相关因素的变化而变化。因此,对于某些具体的证券而言,由于判断失误,投资者在承担较高的风险的同时却未必能获得较高收益。理性投资者通过证券投资分析来考察每一种证券的风险-收益特性及其变化,就可以较为准确地确定哪些证券风险较大、哪些证券风险较小,从而避免承担不必要的风险。从这个角度讲,证券投资分析有利于降低投资者的投资风险。

这种意义重大的分析工作由谁来开展呢?投资分析的主体就是证券分析师(Security Analyst)①。正如有两种类型的索取权(股权和债权)一样,也有两种主要类型的证券分析师。

一是信用分析师,例如在标准普尔公司(Standard Poor's Corporation)和穆迪公司(Moody's Investor Service)这类债券评级机构的分析师,或者银行信贷人员,他们评估风险,从而评估商业债务的价值。

二是权益分析师。权益分析师在众多组织和职位上工作——在投资管理公司,信托公司和银行信托部门以及类似的机构里,分析师会将投资分析判断报告给资产组合经理或投资委员会②。

在经纪行里,分析师的投资研究报告被广泛传递给当前和将来的零售或机构经纪人客户。分析师的职责重大,他们在搜集、组织、分析和传递公司信息,以及根据良好分析推荐适当投资行动上都发挥了关键的作用。他们的工作包括以下几方面。

- 推荐选择股票。分析师必须解决每个普通股票的相同问题——这支股票我的客

---

① 他们实际是外部分析师,还有一种内部分析师。在公司里,职业经理把公司筹集的资金投资于经营性资产。经营性投资始于一个想法或战略。这些战略可能包括开发新的产品、开辟新的市场、采用新的生产技术和进入一个全新的行业。战略可能要求收购其他公司或与其他公司合并。为了评估他们的战略,职业经理像外部投资者一样,也需要分析他们的想法可能创造的价值。这类价值评估称为战略分析。这时他们就是内部分析师。

② 这类分析师为买方分析师(Buy-side Analysts)。与在经纪行里工作的卖方分析师(Sell-side Analysts)形成对比。经纪行向诸如管理公司的机构提供服务,解释这些术语。经纪行(Brokerage)是为买家和卖家充当代理人的公司,通常收取佣金作为回报。

户是应该买,还是应该卖,或是继续持有呢?权益分析师试图根据市场价格和真实价值,将股票区分为平价、高估或低估。

- 推断市场预期。市场价格反映了投资者对企业未来前景的预期。分析师可能会问,对于企业未来表现怎样的预期才能与当前企业股票的市场价格一致呢?
- 评价企业重大事件。合并(Mergers)、收购(Acquisitions)、资产剥离(Divestitures)、分拆(Spin-Off)、管理层收购(MBOs)和融资资本结构调整(Leveraged Recapitalizations)等事件都会影响企业的未来现金流以及权益的价值。在兼并与收购中,企业自己的普通股通常用作收购的货币支付,然后投资者想知道股票是否被公允地估价。而合并的各方会要求从分析师那里寻求一个合理的意见。

当他们将这些工作做好时,他们使客户做出更好的买卖决定,从而帮助客户实现投资目标;通过提供引导出充足信息的买卖决定的分析,分析师使资产价格更好地反映潜在价值。当资产价格准确地反映出潜在价值时,资金能更容易地流向最有用的地方,从而促进资本市场的有效运行;通过监督企业管理层表现,能使包括股票所有者的资金提供方获益;还可以通过监控经理人来阻止他们利用公司资源去追求自身的利益[①]。

证券投资分析的能力需要很高程度的训练、经验和纪律。分析师的专业技能很重要,这不仅体现在包括基于细致企业分析的证券选择的投资技术上,也体现在高度的定量投资技术上——定量分析师致力于发展、检测和更新证券选择方法。此外,职业分析人士需要对公众、客户、雇主、雇员和下属都有信任和道德行为标准。从作为职业人士而不是商业交易者来组织投资分析的一开始,一个基本的原则就是分析师必须使他自己对其能力的标准和行为的标准负责。这些法律和标准引导分析师进行独立和深入的分析[②]。

第三节 证券投资分析的流程

那么分析师是如何开展证券分析工作的呢?这就要把证券分析从整个投资过程中独立出来,并划分为更具体的操作步骤。合理地确定进行证券投资分析的各个步骤,并科学地安排每一个阶段的各项工作,对提高证券分析的效率,形成正确的分析结论都有着十分重要的意义。一般来说,在操作层次上,比较合理的证券分析应该由以下四个步骤构成。

一、信息资料的收集与整理

作为证券投资分析的起点,这个阶段的主要工作包括以下三方面。
(1) 证券投资分析信息资料的收集。分析师通过订阅各种书报资料和研究出版物、参加各种会议、进行计算机联网查询、跟踪交易所实时行情、购买和阅读各种电子出版物以及实地访查等方式获取有关证券投资方面的信息资料。一般来说,不论是通过公开渠道或是商业渠道获得,进行证券投资分析的信息主要来自于以下三个方面: ① 历史资

---

① 参看 Jensen 和 Meckling (1976) 寻找对股东-经理冲突成本的经典分析。
② 参见中国证监会颁布的从业人员职业道德规范,和 AIMR 的从业道德准则(Code of Ethics)和职业标准(Standards of Professional Conduct)。

料。指过去通过各种渠道发布或获得的有关世界经济、某个国家的政治经济以及某个地区经济政策方面的信息,还包括行业发展状况、公司状况和股票状况的信息以及其他有关信息。② 媒体信息。主要是指通过各种书籍、报纸、杂志、其他公开出版物以及电视、广播、互联网等媒体公开发布的信息。它包括国家的法律法规、政府部门发布的政策信息、上市公司的年度报告和中期报告等。③ 现场访查。现场访查是指证券分析师直接到有关的证券公司、上市公司、交易所、政府部门等机构去现场了解进行证券分析所需的第一手信息资料。

(2) 信息资料的分类。根据不同的分类标准对所收集的证券投资信息资料进行分类归档,编制分类目录,便于查阅。

(3) 信息资料的保存和使用管理。大部分的信息资料都不是一次性用完就扔掉,而是要重复使用的。有时,一份资料需要使用很长的时间或者被好几个分析师所使用。这样,就必须做好信息资料的保存和使用管理工作,确保信息资料能发挥比较高的效益。

二、实地调研

实地调研是指分析师就自己的研究分析主题到实际工作部门或公司企业等单位进行实地的考察调查。证券投资分析过程中的实地考察主要出于两个目的:一是就信息资料的真实性到实际工作部门或公司企业进行调查核实;二是就某些阶段性分析结论的公正性和客观性到实际工作部门或公司企业进行调查核实。实地考察调查的方式主要有:① 亲自到有关部门和企业与有关人员进行面对面的交谈;② 通过电话、电传、传真等方式进行查询核实;③ 通过发调查问卷的方式进行调查核实。

实地调研是成本较高的信息收集和校验方式,这样就存在成本和收益的比较问题,因此如何选取性价比高的调研手段也是在信息采集和效验时需要考虑的一个因素。同时在实地调研阶段,需要特别警惕的就是分析师所看到的正是对方想让你看到的东西。

三、案头研究

在充分占有了证券投资方面的信息资料并进行了效验后,接下来的关键工作是进行案头研究。

(1) 首先是根据自己的研究主题和分析方向,确定所需的信息资料。例如,进行宏观经济分析,就可以寻找各种经济指标的统计资料;进行行业分析,就可以寻找有关行业的法规、政策、发展状况、竞争情况等方面的资料;进行公司分析,就可以寻找有关公司的经营管理、财务、销售、市场等方面的资料;进行技术分析,就可以寻找股票行情、交易量等有关数据资料。

(2) 其次是利用证券投资分析的专门方法和手段,对占有的资料进行仔细的分析。证券投资分析所采用的分析方法和手段,是持续的理论研究的成果和长期实践经验的总结,它们所揭示的是影响证券价格变化的一些带有客观规律性的东西。利用这些专门的分析方法和分析手段,可以发现各种宏观经济指标、行业指标、公司指标及市场指标对证券内在投资价值和市场价格走势的影响方向和影响力度。案头研究就是要找出这些指标与证券价格走势之间的关系。

(3) 最后是做出结论,也就是得出有关指标与证券价格之间相关关系的正式结论。

这个结论将包含对于某种投资行为的推荐。

以上这些内容都将成为最终生成的投资分析报告的主干素材。

四、撰写分析报告

证券投资分析的最后一个步骤是撰写投资分析报告,也就是将分析师的分析结论通过书面形式反映出来。写作是分析师的一项重要工作和基本技能。一份优秀的研究报告会被投资委员会或一家投资管理公司的资产组合经理看重,或分发给经纪公司的零售或机构客户。

分析报告具体可以包括有关上市公司、投资基金等投资工具投资价值的分析报告,有关投资风险的分析报告,有关某个项目经济效益的分析报告,有关某项产品的市场覆盖程度的分析报告,有关某个行业发展前景的分析报告,有关国家政策、法规对行业、企业及产品影响的分析报告等。尽管分析报告的种类很多,但总归会落实到宏观、中观(行业)或者微观(企业)三个层次的某一个上。

无论是什么样的分析报告,它们必然有一些共同点。权益证券的研究报告一般总会包括这样一些基本要素:对事实的描述,对行业或者企业的分析和预测,以及明确的价值评估和投资建议等。更精确些,在公司级的投资分析报告中必须包含以下九方面的内容。

- 研究分析的主题;
- 所使用的数据来源和数据种类;
- 采用的分析方法和分析手段;
- 所得出的分析结论及投资建议或者推荐,包括预测的目标价格区间;
- 形成分析结论的理由和价值估计的技术;
- 分析结论和建议的适用期限;
- 对风险因素的提示;
- 报告提供者或撰写者;
- 分析报告形成的日期。

尽管投资分析报告可以有各种形式,也容易受到分析师个人风格的影响,但考虑到为了保持一致性和出于质量控制(Quality Control)的目的,在本书中,我们建议采用表 0-1 所示的报告格式。

表 0-1 投资分析报告通用格式

章 节	作 用	内 容	说 明
内容表	・说明报告结构 ・给出大体轮廓	・同叙述的语言和先后顺序保持一致	通常在很长的分析报告中使用
概要及投资结论	・说明分析的重要具体结论 ・建议一种投资行为的原因	・公司的简要描述 ・近期主要发展 ・收益预测 ・其他重要结论 ・定价摘要 ・投资行为	执行概要可被简单称作"概要"

续表

章　节	作　用	内　容	说　明
业务摘要	• 更详细地介绍公司 • 说明对公司经济状况及现状的详细认识 • 提供并解释特定的预测	• 在部门层次上描述公司 • 行业分析 • 竞争力分析 • 历史表现 • 财务预测	反映定价过程的第一和第二步需充分阐明财务预测，财务预测需能反映收益预测的质量
定价	• 说明一个清晰和谨慎的定价	• 对所使用模型的描述 • 对情况的扼要重述 • 对结论的陈述说明	读者需要充分的信息来评论此分析
风险	• 警告投资者投资该证券的风险因素	• 行业发展可能倒退 • 可能产生的负面影响的规定和法律 • 公司发展可能倒退 • 预测风险	读者需要足够的信息来判断分析者如何定义和确认投资该证券的风险

在报告撰写的环节，除了有以上技术性的考虑以外，需要特别提醒的是"研究报告的责任要求"(Research Reporting Responsibilities)。例如，美国投资管理和研究协会(AIMR)根据它的从业道德准则(Code of Ethics)和职业标准(Standards of Professional Conduct)，就要求它的成员在撰写报告时，必须"应用合理的关注(Reasonable Care)，并做出独立的职业判断"。我们这里也提供 AIMR 有关分析报告的部分具体行为准则供读者参照，如表 0-2 所示。

表 0-2　美国投资管理与研究协会关于研究报告的部分职业标准

职业标准	职　　责
Ⅱ(C)	在未告知并标明其原作者、出版商及来源的情况下，成员不得抄袭或使用和他人原创实质相同的素材。成员无须确认即可使用由公认的金融统计报告部门或类似的信息源所公布的事实信息
Ⅳ(A)1(a)	做出投资建议或采取投资行为时，成员须一丝不苟、勤勉努力
Ⅳ(A)1(b)	成员须依据充分合理的基础做出或采取上述投资建议及行为，这些依据应来自适当的调查和研究
Ⅳ(A)1(c)	成员须合理地尽力避免在任何研究报告和投资建议中出现任何资料歪曲
Ⅳ(A)1(d)	成员应维护适当的纪录以证明上述投资建议及行为的合理性
Ⅳ(A)2(a)	成员应就研究报告中是否应包括相关因素做出合理判断
Ⅳ(A)2(b)	成员应就在研究报告中区分事实和观点
Ⅳ(A)2(c)	当准备向公众发布发放一份不与特定资产组合或者客户相联系的研究报告时，成员应显示相关投资的基本特征
Ⅳ(A)3	成员在做出投资建议或采取投资行动时，应发挥合理的谨慎和判断以维持其独立性和客观性

资料来源：美国投资管理与研究协会，www.cfainstitute.com。

第四节 证券投资分析的方法和内容

一般而言,证券投资分析结论的正确程度实际上取决于三个方面:(1)分析师占有信息量的大小以及分析时所使用的信息资料的真实程度;(2)所采用的分析方法和分析手段的合理性和科学性;(3)证券分析过程的合理性和科学性。它们实际上也是证券投资分析的三个基本要素:信息、方法和步骤。有了上一节中科学的投资分析流程作为基础,则证券投资分析的方法直接决定了证券投资分析的质量。

目前,进行证券投资分析所采用的主流方法主要有四大类型(或者四种流派)。

一、基础分析

基础分析又称基本面分析(Fundamental Analysis),是指证券分析师根据经济学、金融学、财务管理学及投资学的基本原理,通过对决定证券投资价值及价格的基本要素如宏观经济指标、经济政策走势、行业发展状况、产品市场状况、公司销售和财务状况等的分析,评估证券的投资价值,判断证券的合理价位,从而提出相应的投资建议的一种分析方法。基础分析主要研究影响市场变化的各种经济因素和发展趋势,它最核心的步骤是市场参与者对资料数据进行理性的分析评估并一贯坚持利用它们。进行基础分析的核心目标在于价值发现,在于理解企业进行价值创造的过程和模式。这对于破除所谓的"投机热"和"非理性繁荣"有直接的作用。

(一)基础分析的理论基础

基础分析的理论基础相当宽泛,主要来自于四个方面——经济学、金融学、财务学和管理学。

1. 经济学

具体包括宏观经济学、微观经济学和产业(中观)经济学三个主要分支。宏观经济学揭示各经济主体、各经济变量(如 GDP、国民收入、经济增长速度、进出口、国际收支、物价指数、投资规模、居民消费、失业率等)之间的关系原理,以及国家的宏观经济政策手段对经济运行的影响,为探索宏观经济变量及宏观经济政策与证券价格之间的关系提供了理论基础。微观经济学探讨供给需求、价格形成、要素分配以及市场均衡等问题,为解释基本经济单元的基础经济活动提供分析工具。产业经济学(Industrial Economics)则是一门融产业经济理论与产业政策为一体、联结宏观经济和微观经济的中观经济学,主要研究产业组织理论,即产业内部公司行为、策略及其决定因素,以及这些行为和策略的政策含义,还包括产业结构、产业关联、产业布局、产业发展和产业政策等。当代产业经济学是以微观经济学为基础,它在完全竞争模型中逐步加入现实参数,诸如有限信息、交易成本、进入壁垒、价格调整成本和政府行为等,使其理论模型更接近现实生活,也更具解释力。产业经济学则深入企业"黑箱"内部,探究企业内部的组织结构和资源配置效率等问题,因而对厂商具体实践活动和政府管制政策都有着重要的指导意义。

2. 金融学

具体分宏观金融学和微观金融学两个方面。宏观金融学主要指货币银行、公共财政和国际金融方面的内容。一国的财政货币政策直接影响一国的证券市场。公共财政学揭示财政政策指标(如政府支出、税率、财政赤字、政府债务规模)之间的相互关系,而货币银行学揭示货币指标(如货币供给、利率水平、汇率水平、贷款规模与结构等)之间的相互关系,这都为探索财政政策和货币政策与证券价格之间的关系提供了理论基础。国际金融学本质上是开放经济的货币宏观经济学,因而往往被认为是货币银行学的外延和必然组成部分。在经济全球化进程中,它主要关心在一个资金广泛流动和灵活多变的汇率(Exchange Rate)制度环境下,同时实现内外均衡的条件和方法。无论是汇率还是均衡,都会与整个经济特别是其中的外向型部门产生密切的联系;汇率还是跨国证券投资风险的直接来源之一。微观金融学则主要是指金融市场、投资学和公司金融方面的内容。金融市场学提供对于投资对象的特征描述,以及交易这些产品的市场机制;投资学所揭示的投资价值、投资风险、投资回报率等的关系原理为探索这些因素对证券价格的作用提供了理论基础;公司金融则为理解企业的投融资决策和信息披露方式提供了线索。

3. 财务(管理)学

需要指出的是财务学和会计学是有区别的。会计学处理的是有关信息反映的问题,而财务管理学是着眼于资金的调剂和使用。财务管理学对整个资金使用过程中所涉及的重要问题如筹资、投资、资产的运营以及分配四大内容进行详细说明。由于以价值为计量单位,所以对整个企业管理更具综合性和权威性,从而为理解企业的运营行为提供了工具;财务学所揭示的企业财务指标之间的关系原理为探索企业财务指标与证券价格之间的关系提供了理论基础。

4. (企业)管理学

由于分析会涉及企业运转的方方面面,它主要研究同现代企业生产经营、科技发展相适应的管理理论和方法,应用现代科技成就揭示企业活动规律,研究企业发展的理论、方法和工具,提高管理效率和效益。

(二)基础分析的内容

以这样一些学科为支持,基础分析的内容包括宏观分析、中观(行业和区域)分析和微观(公司)分析三个层次。

1. 宏观分析

它主要探索宏观经济形势(用宏观经济指标反映)和经济政策对证券价格的影响。经济指标又分三类:超前性指标、吻合性指标和滞后性指标。除了经济指标之外,宏观经济政策分析也是宏观分析的主要内容,影响证券价格的主要政策有:货币政策、财政政策、信贷政策、债务政策、税收政策、利率与汇率政策、产业政策、收入分配政策等。

2. 中观(行业和区域)分析

行业分析通常包括产业分析与区域分析两个方面,前者主要分析产业所属的不同市场类型、所处的不同生命周期以及产业的业绩对于证券价格的影响;后者主要分析区域经济因素对证券价格的影响。行业分析是介于经济分析与公司分析之间的中观层次的分析,一方面,产业的发展状况对该产业上市公司的影响是巨大的,从某种意义上说,投资某个上市公司实际上就是以某个产业为投资对象。

3. 微观(公司)分析

公司(或者企业)分析是基础分析的重点,无论什么样的分析报告,最终都要落实在某个公司证券价格的走势上。如果没有对发行证券的公司的状况进行全面分析,就不可能正确地预测其证券的价格走势。公司分析主要包括以下三个方面的内容——公司基本素质分析、公司财务报表分析和投资价值评估(以及相应投资风险的分析)。

(三) 基础分析的优缺点和适用范围

基础分析的优点主要有两个：① 能够比较全面地把握证券价格的基本走势；② 应用起来相对规范和简单。从长期来看，基础分析是一种有用的分析工具，但它在考虑诸多影响市场的经济因素的意外变化时不够灵活和及时，对政治、经济因素产生影响的考虑经常有滞后性。因此，基础分析的主要缺点就是预测的时间跨度较长，对短线投资者的指导作用比较弱。

根据它的优缺点，它有自己的适用范围。基础分析主要适用于以下几个方面：① 周期相对比较长的证券价格预测；② 相对成熟的证券市场；③ 短期预测精确度要求不高的领域。

二、技术分析

所谓技术分析(Technical Analysis)，是仅从证券的市场行为来分析证券的价格未来变化趋势的方法。它是根据证券市场本身的变化规律得出的分析方法，属于经验总结。技术分析流派的建立，主要是内省的投资者对市场运作规律的长期经验积累。一代又一代的投资者在总结提炼经验的基础上，逐步归纳出市场运作的若干规律，并逐步据以形成了各自的投资方法与投资理论。技术分析流派认为，任何能对市场产生影响的信息，其影响都立即反映到市场价格中，市场永远是对的。同时，市场的历史信息包含对市场未来趋势的提示。投资者可以根据对过去市场的分析得出未来市场运动趋势的某种预期。简单地说，技术分析是从证券的市场行为来分析和预测证券的将来行为，不考虑别的因素。所谓市场行为，包括市场的价格、成交量、达到这些价格和成交量所用的时间，也就是所谓的"价、量、时、空"。由于主要是依靠经验积累，传统的技术分析的理论基础相对薄弱。它的理论基础是建立在以下的三个假设之上的。这三个假设是：① 市场行为涵盖一切信息；② 价格按趋势规律运动；③ 历史会重演。技术分析的理论体系呈现出百家争鸣的特点，但绝大部分理论都以经典的道氏理论为起源。

技术分析流派一般认为：对任何重大的足以影响市场价格的事件而言，市场一般有能力预见到它的发生，同时其评估更客观。在重大的事件发生过程中，各种媒体所传播的信息往往是极为混乱的，而这时市场价格变动所提供的对事态发展的解读信息，往往是极为准确的。

技术分析弥补了基础分析的不足。技术分析仅依赖于对价格变化的观察和解释来做出分析结论，易学易用，有助于市场参与者对新的市场事件做出灵活反应。但是，技术分析成功运用的前提条件是市场供求双方自由发挥作用。这个条件不具备，对价格变化的解释就失去意义。由于金融市场上价格的噪音化或者故意扭曲，技术分析所倚赖的图形往往也被噪音化，图形所显示的意义大部分都不能实现，虚假信号成为经常发生的事情。如果按照实际上被噪音化的技术图形所显示的意义去进行投资，那就只有一个结果——竹篮子打水一场空。

技术分析的优点是同市场接近，考虑问题比较直接。与基础分析相比，通过技术分析指导证券买卖见效快，获得利益的周期短。此外，技术分析对市场的反映比较直接，分析的结果也更接近实际市场的局部现象。技术分析的缺点是目光较为短浅,考虑问题的范围较窄,对市场长远的趋势不能进行有益的判断。因为有很多东西是技术分析所无能为力的。对大大影响市场的宏观政策方面的因素,技术分析一点用处也没有。正是由于这个原因,技术分析在给出结论的时候,只能给出较短的结论。

技术分析流派的缺点是不容易把握事物发展过程中量变与质变的界限。事后来看,观点似乎很清楚;但从当时来看,很难抉择。在市场的重大转折关头,技术分析方法就方法的本质特征而言具有相对的长处,但是能够据以进行正确操作的技术分析投资家仍然是极少数。另外,建立在单一技术分析方法上的投资决策系统失误率较高,而同时使用多种技术分析方法,投资决策系统的效率又较低。

从技术分析的优点和缺点出发,就可以明白技术分析的适用范围。简单地说,技术分析适用于进行在时间上较短的行情预测。要进行周期较长的分析必须依靠别的因素。这是应用技术分析最应该注意的问题。技术分析的另一个值得注意的问题是,它所得到的结论不是绝对的命令,仅仅是一种建议的性质。得到的结论都应该是以概率的形式出现,不要把它当成万能的工具。

三、组合分析[①]

组合分析是现代金融理论的核心成果之一。1952 年,年仅 25 岁的马尔柯维茨提出了投资组合理论,引起了股票投资理论的革命[②]。他的贡献主要有:① 提出了如何定量计算股票投资的收益和风险以及投资组合的收益和风险;② 用模型揭示出股票投资收益和风险成正比;③ 说明股票投资风险由系统性风险和非系统性风险两部分构成,通过适当的投资组合,可以避免非系统性风险;④ 提出有效投资组合的概念。有效投资组合具有如下要求:在相同的风险水平下,投资组合有最高的收益;在相同的期望收益下,投资组合有最低的风险;⑤ 如果有以下三个变量的数据,即每个股票的收益、收益的标准差(风险)、每个股票之间的协方差,就可以决定投资组合的期望收益和期望风险,从而建立有效投资组合。马尔柯维茨的投资组合理论需要大量的计算,在当时较难大量地用于实践中。

1963 年,他的博士夏普(Sharpe,W.)对其理论进行了简化,提出了单指数模型,也称为市场模型或对角线模型。实证分析表明:借助简化模型所选取的有效投资组合十分类似于马尔柯维茨体系下的投资组合,但计算量大大减少。夏普首先将统计学上简单回归分析中的二个系数 α(Alpha)和 β(Beta)引入股票投资分析。β 系数反映某个股票(或投资组合)对市场组合方差的贡献率,用来衡量该股票的系统风险。β 大于 1,说明该股票比较活跃;β 小于 1,说明该股票比较稳定;β 等于 1,说明该股票与指数同步波动。α 是某个股票的非系统性风险,它主要用于检验某个股票或投资组合是否具有异常收益。

1964 年,夏普提出了著名的 CAPM 模型,并且系统地提出:① 资本市场线(Capital Market Line,CML),反映的是有效组合的风险与收益之间的关系。② 证券市场线(Security Market Line,SML)反映达到均衡时每个证券和证券组合的风险与收益之间的关系。③ 在 SML 中,市场组合是最有效的投资组合,没有其他具有相同风险的投资组合

---

① 也有些研究者称它为学术流派,这个称呼并不确切,因为学术分析方法本身就众多,可以有各种流派。而且不论哪个分析流派,都有自己的学术理论基础,即便是传统的技术分析流派也在寻找它的行为金融基础。
② 他与夏普、米勒分享了 1990 年诺贝尔经济学奖。

能比市场组合提供更高的预期收益,也没有任何具有相同预期收益的投资组合能比市场组合拥有更低的风险。这意味着,从长期看,没有投资者能够战胜市场,最好的投资策略就是买进并持有一个尽可能分散的投资组合。

罗斯(Ross,S.)在其1976年的一篇论文中提出了套利定价理论(Arbitrage Pricing Theory,APT)。该理论在资本市场完全竞争和投资者偏好较多财富的前提假设下,以因素模型(Factor Model)为基础,得出了市场上投资者可以通过构建套利组合来实现市场无套利均衡的结论。与CAPM模型相比,该理论的假设较少,而且更便于应用和实证检验。

上述现代投资理论兴起之后,组合分析流派投资分析的哲学基础是"效率市场理论",投资目标为"按照投资风险水平选择投资对象"。组合分析流派的"长期持有分散化组合"投资战略以获取平均的长期收益率为投资目标的原则,是组合分析流派与其他流派最重要的区别之一,其他流派大多都以"战胜市场"为投资目标。组合分析流派在投资理论方法的定量化、大型投资组合的组建与管理,以及风险评估与控制等方面,具有不可取代的地位。

四、心理分析

心理分析流派是基于市场心理分析股价,强调市场心理是影响股价的最主要因素。心理流派的投资分析主要涉及两个方面——个体心理和群体心理。个体心理分析基于"人的生存欲望""人的权力欲望"和"人的存在价值欲望"三大心理分析理论进行分析,旨在解决投资者在投资决策过程中产生的心理障碍问题。群体心理分析基于群体心理理论与逆向思维理论,旨在解决投资者如何在研究投资市场过程中保证正确的观察视角问题。

心理分析流派认为,促成股价变动的因素,主要是市场对于未来股票市场信心的强弱。若投资者对未来股市乐观,就必然会买入股票来表现其心理,股价因而上升;若过度乐观,则股价可能超越合理水平,上涨至不合情理的价位。相反,若投资者对股市悲观,信心转弱,将卖出手中股票,股价因此而下跌;倘若投资者心理过度悲观,会不计成本大量抛售,则可导致股票价格跌至不合理的低价。当市场表现出越来越强烈的投机狂热的心理特征时,牛市常常已进入尾声。当市场一片低迷、恐惧心理越来越强烈时,熊市可能正悄然离去。这是心理学的逆向思维理论在股票投资中的应用。股价狂升暴跌原因就在这里。而它认为成功投资的策略就是研究市场心理是悲观还是乐观,然后顺势而为。

尽管心理分析流派在判断市场趋势是否发生重大转折时,有其独到之处,但心理分析流派亦有其缺点。如何衡量股票市场的心理,这常使分析股市行情的人士感到困惑。在美国,已建立了测量市场心理的一些指标体系。如共同基金的现金/资产比例、投资顾问公司的看法、二次发行的数量等。由于不同的国家有不同的市场监管体系、不同的市场发育程度、不同的市场信息结构,因此,按美国市场条件建立的市场心理测量体系无法直接应用于其他国家。

历史上著名的股票投资家,如凯恩斯(Kaynes)、索罗斯(Soros),都是市场心理分析大师。凯恩斯1936年提出"空中楼阁理论"是心理分析流派中最重要的理论。该理论完全抛开股票的内在价值,强调心理构造出来的"空中楼阁"。它认为,投资者之所以以一定的价格购买某种股票,是因为他相信股价将上升,会有其他投资者以更高的价格向他购买这种股票。投资者无须计算股票的内在价值,他所需要做的,就是在股价到最高点之前买进股票,然后以高于成本的价格将其卖出。成功的投资者要能判断何种情形下适宜建筑"空中楼阁",何种股票适宜建筑"空中楼阁",并抢先买进。

凯恩斯也指出金融投资如同选美。在有众多美女参加的选美比赛中,如果猜中了谁能够得冠军,就可以得到大奖。凯恩斯认为别猜你个人认为最漂亮的美女能够拿冠军,而应该猜大家会选哪个美女做冠军。诀窍就是要猜准大家的选美倾向和投票行为。而对证券投资,就是不要去买自己认为能够赚钱的金融品种,而是要买大家普遍认为能够赚钱的品种,哪怕那个品种根本不值钱。因此,凯恩斯的选美理论其实是用来分析人们的心理活动对投资决策的影响。

现代的投资心理分析则是基于卡尼曼(D. Kahneman)等人发展的非线性效用理论,一些金融学家开始引入心理学关于人的行为的一些观点,来解释金融产品交易的异常现象,如从众心理、噪音交易、泡沫等,这些理论形成了现代金融理论中的行为学派,被称为行为金融(Behavior Finance)。行为金融理论试图刻画决策人真实但常常是直觉的行为,不管这些行为是貌似合理还是不合理,并以此为基础对决策前、决策中和决策后的情形做出预测。

行为金融理论除了研究信息吸收、甄别和处理以及由此带来的后果外,还研究人们的异常行为,从而观察非理性行为对其他市场参与者的影响程度。通过对市场交易者各种行为的研究,行为金融学对有效市场理论的三个假设提出了质疑。对于有效市场理论中的投资者是理性的假设,行为金融学提出要用投资者的正常行为取代理性行为假设,而正常的并不等于理性的;对于投资者的非理性行为,行为金融学认为,非理性投资者的决策并不总是随机的,常常会朝着同一个方向发展,有效市场理论认为套利可以使市场恢复效率,价格偏离是短暂现象;行为金融学认为,套利不仅有条件限制,套利本身也是有风险的,因此不能发挥预期作用。

尽管行为金融学已经提出了许多富有成效的成果,一些新的研究结论和思想也在广泛应用之中,但作为一个新的研究领域,行为金融学还需要不断充实和完善。但有一点可以肯定的是:在纯粹的技术分析流派中,由于他们认为一切影响因素都已包含在价格中,因此不把市场心理作为独立的分析对象。行为金融分析的快速进展试图为这些经验法则提供行为基础和行动逻辑。如果技术分析建立于心理分析的基础之上,则我们会对价格变化的机理有更深入认识,再结合上基本面分析的长处,金融投资理论就会更加实用。这些都代表投资分析的最新方向和投资理论发展的前沿。

总之,尽管这些方法或者流派在解释证券价格波动上有着不同的见解(参见表0-3),但这些流派的方法和成果被不断吸收到其他主流分析方法中去,成为分析师的工具集的必备组成部分。

表0-3 各投资分析流派对证券价格波动原因的解释

分析流派	对证券价格波动原因的解释
基础分析流派	对价格与价值间偏离的调整
技术分析流派	对市场供求均衡状态偏离的调整
心理分析流派	对市场心理平衡状态偏离的调整
组合分析流派	对价格与所反映信息内容偏离的调整

第五节 证券投资分析的逻辑

上述的各种分析方法和流派实际上为我们的投资分析提供了一个庞大的工具集,显然分析师不能简单地堆叠它们,必须根据合适的逻辑来呈现事实和思考的过程,以得到合理的投资决策。因此使用上述方法背后的逻辑是非常重要的。我们的证券分析逻辑在内容上由以下几个部分构成,如图 0-1 所示。

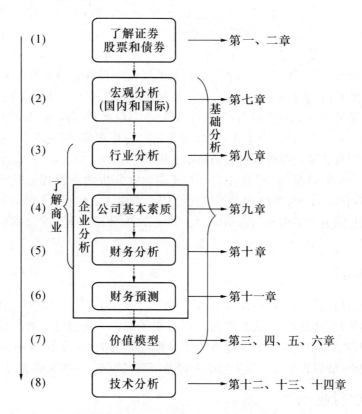

图 0-1 证券分析的逻辑、顺序和对应章节安排

投资者购买股票,但购买股票不仅仅是买一张纸,而是投资于一份事业。我们认为,选择一种股票实际上就是在选择一家企业;一种证券之所以值得投资,是因为它代表了一个好的企业,而企业的好坏必然体现在它是否具有为社会、员工,特别是为股东创造价值的能力上。这种能力集中体现在源源不断的未来现金流的产生,未来现金流的现在形态就是这家企业的内在价值。因此,证券投资分析的目的就是发现一种证券(股票或者债券或者它们代表的上市公司)价值多少,以及现在是否是投资它的最佳时机(Market Timing)。简单地说,也就是发现一家好的公司(a good company)是不是一个好的投资(a good investment),显然分析和选择的过程必然是基础分析方法和技术分析方法的某种结合。

对于基础分析,核心目标是内在价值的发现。因此基础分析将最终生成对于证券价值的估计。在图 0-1 的最后一步(第 8 步),这一步最接近投资决策,分析师将由基础分析生成的价值估计与市场价格进行比较,以决定一家好的公司是不是一个好的投资。对于外部投资者来说,投资价格就是证券的市场价格。如果定价高于市场价格就买入;如果定价低于市场价格就卖出;如果定价等于市场价格,分析师就认为对该证券来说,市场是有效的,这时则持有①。

那么价值估计来自于什么呢?它是由于价值模型产生的(第7步),目前我们暂时把价值模型视为一个黑箱(Black Box),它是一个输入未来预计现金流、输出证券内在价值的机械装置。

这个黑箱的原料来自企业可能产生的现金流、收益,或者其他可以确认企业经营业绩的量度指标,因此业绩指标的预测是基础分析的核心(第6步),不过如果不能确认和分析体现这些收入的信息,就无法进行预测。因此在预测前,我们需要进行财务信息分析(第5步)。但如果不了解公司用来创造收入的经营项目和竞争战略等基本素材(第4步),也就无法解释这些财务信息。并且由于任何企业都生存在一个竞争的行业环境中,所以分析将要延伸到行业的级别(第3步),而整个国家(甚至国际)经济的宏观背景是所有投资分析的一个共同起点(第2步)。当然我们也容易理解,对证券、证券市场和投资环境的了解是所有涉及证券投资讨论的基本前提(第1步)。

把这个顺序倒转过来,我们就有了一般证券投资分析的从宏观分析到微观分析的"从上至下"(Top-down)的逻辑顺序和层次结构。需要注意的是,这种从上至下的方法将产生一个嵌套的分析结构和信息结构,上一个层次的分析为下一个层次的分析工作提供背景和基础。

一、宏观分析

在宏观分析层次,我们分析:现在的国际和国内宏观经济形势(主要用指标体现),并对未来进行预测;在此基础上,我们考虑政府可能会采用的宏观经济政策以及这些政策对经济的影响;此外,分析中国宏观经济还有一个很大的结构化改革(Structural Reform)的内容需要剖析;最后我们关心以上这些对证券市场(特别是一些关键部门)的影响。

二、中观(行业)分析

中观层次的分析,有三个主要角度。

1. 行业自身的发展规律和阶段特征

因为类似的经济和科技因素显著地影响着产业当中的所有企业,产业只是使分析师了解这些企业服务的市场的特征以及企业的经济状况。分析师应该尽力了解产业结构(Industry Structure)——该产业的内在经济和技术特征——以及影响这种结构的趋势。航空产业分析师会知道发动机燃料成本是仅次于劳动力成本的第二大费用,而且在许多市场中航空企业很难将燃料价格的成本转嫁到机票价格上。用这些知识,分析师可能会询问不同的飞机企业在多大程度上对内含在燃料费用上的商品价格风险进行套期保值。有了这些信息,分析师能更好地评价风险和预测未来现金流②。

---

① 对于内部投资者而言,投资价格就是投资成本。如果一个战略或者投资建议的基础分析价值高于成本,企业的价值就增加。分析师就认为(按照项目评估的说法)可以接受这个战略或建议,否则就拒绝。
② Hooke(1998)探讨了一个对产业分析的广泛框架。

2. 行业与经济周期的关系

这实际上是宏观分析自然引导来的,因为行业受到经济景气的影响。逻辑很简单,选择一个与未来经济景气高度相关的行业。直观上理解,上面两部分分析工作的目的在于估计行业市场需求的总量,从而决定行业的总销售收入以及相应的利润空间的大小,即试图要解决饼可以做多大的问题。

3. 行业内部的竞争结构

这其实就是怎样分饼的问题。内含产业利润是决定一个企业利润的重要因素。分析集中在以下问题:从提供可持续盈利的角度,该企业运行的产业有多大吸引力?什么是企业在产业中的相对竞争地位?所考虑的因素是企业在其所处产业的份额以及变化趋势。分析师还应了解与该企业所处产业相关的事实和新闻,包括以下几点:随时间变化的产业规模和增长率;该产业的最近发展(管理、技术、财务);总体的供需平衡;在供需平衡上分支部门的强弱;质量因素,包括法律和监管环境。

三、微观(公司)分析

微观分析在整个分析框架中占据重要地位,这是因为投资者的直接投资对象是公司所发行的证券,而其市场表现和投资收益直接受制于该发行公司的经营状况。只有通过分析潜在投资对象的背景资料、业务资料和财务资料,从整体上多角度地了解企业,才能为最终的投资决策提供合理的依据和基础。具体来看,公司分析也可以划分为三个方面。

1. 公司基本素质分析

了解企业的经济、产业背景是了解一个企业的首要步骤,如果你阅读股票研究报告,就会发现这些研究报告的前言经常是讨论产业情况。借助上面行业分析的结果,我们可以确定公司的行业地位和竞争优势,从而对企业的业务状况有一个定性的评价。接下来我们需要了解的就是公司所拥有的资源和能力,包括治理结构、人力资源、经营流程、内控机制等方方面面。在以上两者的基础上,就可以对管理层的战略选择以及公司的发展前景做评价,这些评估是从总体战略和竞争战略两个层面进行的。

2. 财务报表分析

财务报表是反映公司业务活动的透镜,财务报表分析便是通过对透镜的校准使公司经营成为焦点。然而特定的编制原则以及人为的操纵会使透镜产生瑕疵而导致画面的扭曲。因此,财务报表分析的目的就是利用各种手段来祛除瑕疵以调整焦点。这里的手段可以是对报表进行调整以便更符合企业活动的过程,也可以是计算各种财务指标并构建一个完整的分析体系。这一体系有助于我们理解价值创造。

3. 财务预测

由于财务报表给出了创造收益或者现金流的"动因"(Drivers),因此它提供了如何建立预测的一种思考方式,同时也提供了一个预测框架。分析师把对产业前景的分析以及竞争力、公司战略等方面的考虑同财务报告分析综合起来形成了具体的数字预测,如销售额和盈利[①]。如果能预测完整的、详细的财务报表,我们就能预测驱动收益和现金流的

---

① 财务预测的技术在本书的后几章会有详细的阐述,在 White, Sondhi & Fried (1998), Higgins (2001), Reilly & Brown (2000), Benninga & Sarig (1997)书中也有,这些书也是有用的补充读物。

因素，并最终把三张主要财务报表推广和沿展到未来，它们将告诉我们企业的未来资产分布、融资结构、负债能力，以及资产的运作能力。但这绝不是一件很容易的事情，换句话说，这也是一个优秀分析师获得区别于他人的相对竞争优势的源泉。财务预测是基础分析的核心，因此预测也应该是分析师工作的核心。

四、价值模型

价值模型是投资理论的核心模块，也是其中理论色彩最浓的部分。价值模型将预测转化为定价——经营损益来自许多年份，为了完成分析，预期的损益流最后要变成一个具体数字，即价值。由于损益发生在未来，而投资者更偏好于现在的收益，所以货币存在时间价值，因此需要对预期损益进行贴现。同时由于实际损益是不确定的，有可能比预期差很多，也可能比预期好，所以还要对预期损益进行风险贴现。因此在把预期损益流转化为价值数字的这一过程中，要进行时间价值和风险价值的计算。

在企业的持续经营假设下的定价模型有两个基本类型——绝对定价模型（Absolute Valuation Model）和相对定价模型（Relative Valuation Model）。绝对定价模型是确定资产内在价值的模型。这种模型可以提供价值的点估计，且可与资产的市场价格做比较。作为绝对资产定价模型中最重要的现值模型（Present Value Models），被金融理论认为是权益证券定价的基本方法。这种模型的逻辑是投资者资产的价值必须与投资者预期可从持有资产所得到的收益相联系。宽松地说，我们可将这些收益看成资产的现金流，而这种模型也被称为现金流贴现模型（Discounted Cash Flow Model）。

一个现值模型和（或）现金流贴现模型将普通股票的价值看成预期未来现金流的现在或贴现价值。对于普通股来说，一种熟悉的现金流是股利，即由公司董事会授权发放给股东的利润。基于股利的现值模型称为股利贴现模型（DDM）。

股利是从股东角度看的现金流，但分析师通常更愿意从公司级别来定义现金流。当前广泛使用的两种主要的公司级别的现金流定义是自由现金流（Free Cash Flow）和剩余收益（Residual Income）。自由现金流基于经营产生的现金流，但考虑了对固定资产的再投资和为了持续经营而增加投入的营运资金；而剩余收益则基于自然增长的会计收益，并考虑了产生它的机会成本（Opportunity Cost）。只有当这些收益超过了其他提供给这些资本的潜在获利机会以后，才能真正产生新的价值。目前基于这一思想的商业应用有着广泛的实践基础，其中的经济增加值（Economic Value Added，EVA）在企业管理和定价领域中都非常流行。

相对定价模型构成了持续经营定价模型的第二种类型。它描述了一种资产相对于另一种资产（或者同类资产）的价值。相对估价的潜在含义是类似的资产应以类似的价格出售，且相对估价通常会运用到各种价格乘数（Price Multiplier）。可能最常见的价格乘数就是在大多数报纸的股票列表中出现的市盈率（P/E），即股票市场价格与企业每股收益率的比率。一支股票出售时的市盈率如果低于可比股票的市盈率，则它相对于可比股票被低估了。通常相对估价包括一组可比较资产，如产业中各企业，而不是个别的比较资产，并且市盈率的参照价值可能是这组资产的平均数或中位数。应用于权益证券定价的相对估价方法通常也被称为参照变量方法。我们将讨论了至少六种以上不同的价格乘数和它们的一些变种。总的说来，参照变量的方法在描述内在价值的同时，也假设参照资产是估价公平的。参照变量法的优点是简单、与市场价格相关,并基于一个好的经济原则(类似资产以类似价格出售)。

在投资分析和估价中,运用和解释定价模型的技巧是很重要的。因此接下来的一个重要问题就是我们应怎样为在手边的估价任务选择适当的模型。模型选择的标准有以下几个。

(1) 与被估价的企业特征一致。我们已经声称了解分析师估价过程的第一步——了解企业资产的性质和它怎样用这些资产创造价值。例如,一家银行大多由一些适于销售的或潜在适于销售的资产和证券组成,而基于资产的相对估价比起对一家缺少可销售资产的服务类企业的类似操作来说,更有效果。

(2) 适合数据的可得性和质量。数据的可得性和质量使得某些特定的财务指标有时是具有限制性的。例如,现金流贴现模型用到了一些预测,尽管现金流贴现模型被认为是这类模型中最简单的,但如果我们没有红利记录或可以用于评价企业红利政策的其他信息,可能在使用明显更复杂的现值模型时更有信心。在选择相对定价模型时也会有类似的考虑。例如,用 P/E 比率进行有意义的比较可能对于一个高度不稳定或持续负收益的企业来说很难运用。

(3) 与估价的目的一致。目的或分析师的角度——如所有权角度——也会影响估价方法的选择。当我们学习到诸如自由现金流和企业价值(Enterprise Value)的概念时,这一点会更明显。与目的相关,分析师既是估价和研究报告的消费者,也是它们的生产者。分析师在阅读其他人的报告时必须考虑潜在的偏见:为什么选择这种估价方法?这种定价模型和输入变量合理吗?比起另一标准估价方法,所采用的方法使该证券更好(或更难)评价吗?

作为模型选择介绍的最后说明,认识到专业人士在进行普通股投资选择时常常使用乘数定价模型是很重要的。根据美林的机构要素调查(2001),被调查的机构投资者声称在选择股票时大概平均会用到八种估价因素[①]。众多的因素可以有无数种方法应用于股票定价和选择。一个例子是分析师会根据一种估价因素的相对吸引力,将某一投资领域的证券排序。然后,他们会给每个因素赋予一个权重并将证券的排名组合成一个新综合排名。分析师可能会用一个定量模型来确定权重。

五、技术分析和投资决策

在投资决策的最后阶段,外部分析师把他的定价和市场价格进行比较,来决定是否进行证券交易。内部分析师把投资项目的价值与投资成本进行比较,来决定是否进行项目投资。

估价是一个积极分析师努力获得正的风险收益的固有部分。超额风险收益也被称为超额收益(Abnormal Return)或 alpha。分析师希望在努力估计内在价值之后能获得正的 alpha。任何市场价格对分析师估计的内在价值的偏离都是可感知的定价失误(Perceived Mispricing),任何可感知定价失误都成为分析师预期的持有期收益。以向前

---

① 全称为 Merrill Lynch Institutional Factor Survey(2001),被考察的因素既包括定价模型,也包括净资产收益率等指标,这些研究涵盖了 1989—2001 年 23 种类似因素。

看的角度(Ex Ante),一个资产的 alpha 指分析师预期的持有期收益减去给定风险的公平(或均衡)收益,须用到一个与风险特征下资产平均收益相关的模型。给定风险下的公平收益也被称为要求收益率(Required Rate of Return):

$$向前的\ alpha = 预期持有期收益 - 要求收益$$

从向后看的角度(Ex Post),alpha 指实际收益减去同时期的要求收益(Contemporaneous Required Return)。同时期的要求收益是指在同一时期类似的风险下的投资所得:

$$向后的\ alpha = 实际的持有期收益 - 同时期的要求收益$$

要例证这些概念,可假设一个投资者 12 个月的股票预期持有期收益为 12%,而股票给定风险的要求收益为 10%。那么向前的 alpha 为 12%-10%=2%。假设一年过去了,股票有-5%的收益率,则向后的 alpha 取决于同时期的要求收益。如果同时期的要求收益为-8%,股票的向后的 alpha 为-5-(-8)=3%。

分析师认识到,无论他或她怎样努力地去分辨错误定价的证券,实现正的预期 alpha 总有不确定性,也无论预测有多准确和用什么定价模型。甚至即使分析师对预测的准确性和风险调整非常有信心,也不能保证在获得错误定价的收益时完全排除风险。这时可以考虑辅助使用技术分析,技术分析通过图形和指标告诉我们市场对证券的看法,这是另外一个重要的信息来源,忽略了市场观点的投资决策肯定是片面的。技术分析的本质是重复和典型化的投资者大众心理模式的一种反映,价格被这种心理力量驱赶并沿着股票的内在价值的增值路线上下游移,使得两者产生背离,技术分析提供给我们了解这种背离程度的信号,也就同时告诉我们进行交易的时机和节奏(Market Time)。从这种意义上说,技术分析区分开了一个好的公司和一个好的投资。

在整本书中,我们区分了证券市场价格和内在价值。分析师们对待市场价格的态度通常是既尊敬又怀疑,他们接受了错误定价的可能性,但也坚持市场价格向内在价值靠拢的主流观点,并试图辨别错误的定价。借此,我们也将会认识到不同级别市场效率的差异或市场的层次。

根据以上这样的逻辑使用我们的分析工具,可以保证可靠地和一致地获得分析结论。一个分析师应该能够精通上述步骤中的一步或几步,他要知道他的比较优势处于这一个过程中的哪一步,只有在那儿他才能获取竞争优势。比如,一个分析师可能是一个优秀的损益预测者,但是可能不善于根据预测进行定价。当一个分析师提出购买建议时,投资者需要知道这个分析师的特殊才能是什么——是了解大量的商业知识(第 3 步)?善于发现和分析信息(第 4 步)?根据相关信息做出好的预测(第 6 步)?还是能根据预测资料进行定价(第 7 步)?能在使交易成本最小的同时根据分析结果做出交易策略(第 8 步)?等等。

小　　结

1. 理性投资过程应该包含三个环节和六个步骤,从主观方面到客观方面,每一步骤中具体涉及的那些操作内容将确保整个投资过程的科学性,这特别为职业投资人所重视。

2. 证券投资分析的意义重大,开展这项工作的主要是外部分析师,特别是股权分析师。他们推荐选择股票,推断市场预期并且评价企业重大事件。证券分析师需要高度的训练、经验和纪律。这个行业目前最好的全球性执业资格是 AIMR 的 CFA。

3. 证券投资分析有着固定的操作步骤,科学的流程是保证分析质量的前提,分析的最终成果是投资报告。一份有用的投资报告包含及时的信息,用语简洁,没有偏袒性,它有着既定的内容和格式,而且它在传达分析结果的同时也包含着一定责任。

4. 目前进行证券投资分析所采用的主流方法主要有四种类型或者流派,尽管不同方法或者流派在解释证券价格波动上有不同的见解,但这些流派的方法和成果被不断吸收到其他主流分析方法中去,成为分析师工具集的必备组成部分。本书着重介绍基础分析和技术分析。

5. 证券投资分析有着内在的逻辑。分析的逻辑是从这个行业中选择具有竞争力的企业,然后分析企业的基础素质,用财务数据来验证企业的战略和核心竞争力,然后编制预期的财务报表,利用预期的财务数据输入价值模型来获得内在价值作为定价的基准,并把这一基准同市场的价格行为分析做比较,以得到最终的投资决策。

6. 在本书中,基础分析是以适当的财务报表分析为基础发展的。作为商业透镜,财务报表通过报表分析的技术向读者提供了一条解释商业活动的道路,以此提高他们理解公司价值的能力。因为正是这种价值产生了股东。本书就以财务报表分析为核心展示有效的基础分析。

7. 分析师预测的质量,尤其是往定价模型中输入预期变量的准确程度,是决定投资成败的关键因素。对于企业的深度了解加上对企业业绩的预测能力决定了一个分析师估价努力的质量如何。要使一个积极策略能持续地获得成功,分析师的预期必须与大众的预期不相同,并且一般也是正确的。只有将准确的预期和适当的定价模型综合起来,才能使分析师获得对内在价值的有用估计。

8. 市场价格的行为远比内在价值的评估更为丰富,它在本质上是市场参与者心理的集中反映。技术分析这一传统上主要基于经验的投资分析方法将构建在市场行为的内在特征之上,围绕价格趋势这一技术分析的核心,为投资决策提供大量的辅助信息。

关 键 概 念

投资	有价证券	直接投资	投资目标	证券分析
投资策略	主动策略	被动策略	投资组合	业绩评价
风险评价	在险价值	信用分析师	权益分析师	基础分析
技术分析	组合分析	有效市场理论	心理分析	空中楼阁理论
选美理论	行为金融	宏观分析	行业分析	公司分析
财务分析	财务预测	价值模型	绝对定价模型	相对定价模型

第一部分 证券投资基础

本部分介绍证券投资分析的前提知识，主要涉及金融产品和金融市场。着重介绍主要证券的产品设计和市场交易机制的方方面面。它分为两章：第一章主要介绍金融市场上的三类主要证券产品——股票、证券和基金，以及它们如何在一级市场发行和承销；第二章主要介绍与这三类证券交易有关的市场信息揭示和制度安排。

第一章 证券发行：一级市场

 **学习目标**

- ◆ 了解股票的权利和义务安排，以及不同类型股票的特征；
- ◆ 了解债券的权利和义务安排，以及不同类型债券的特征；
- ◆ 了解基金的含义，以及不同类型基金的特征；
- ◆ 了解股票的初次发行和增加发行的要求和过程；
- ◆ 了解债券的信用评级要求和发行过程；
- ◆ 了解基金的发起和募集方式；
- ◆ 通过案例完整了解企业上市的核心操作流程。

第一眼看上去金融市场似乎是一个充满了数字和纸片的虚幻之地，但正是它源源不断地为实物经济输送着资源，它是通过一系列各具特色的证券（或者称金融产品、金融资产）和复杂的制度安排来完成这一重要使命的。这些证券具有何种技艺以实现资源配置任务，它们是由谁、又是如何被发明和生产出来是我们进行投资分析的起点。

本章首先是对证券投资分析将遇到的三类主要分析对象——股票、债券和基金做详细的介绍，然后介绍这些证券第一次出现在一级市场上的发行或者募集的程序和过程，特别是我们会通过一个完整的案例来分析企业的首次公开上市过程。

第一节 产品与工具

在现代经济中，公司融资结构有一种巧妙的安排，让可以承担风险的投资者获取股票而让谨慎的投资者获取债券。进一步，投资基金又对单一的股权投资进行了分散和分担。我们逐一讨论它们的特征。

一、股票

股票是投资者向公司提供资金的权益合同，是股东持有的主权证书，或称为公司的所有权凭证。股票作为公司所有权凭证的实际意义在于，公司用单证的形式证明公司的净资产按其价值共分为多少相等的份额（股份）。

从投资的角度看，普通股有两个最重要的特点：一是剩余请求权（Residual Claim）；

二是有限责任(Limited Liability)。剩余请求权意味着普通股持有人对公司资产与收益的要求权是排在最后一位的。在公司清算资产时,普通股股东只有在其他索赔人,如税务机构、公司职员、供应商、债券持有人与其他债权人都得到赔偿后,才能就剩余资产请求索赔。而对于公司的收益分配,在收入扣除利息与税收后,普通股股东才拥有对运营收入的要求权。管理层在支付公司的剩余时,或者以红利的形式给予股东现金;或将赢利再投资,以增加股东持有股票的价值。有限责任意味着在公司经营失败破产时,股东最多只损失最初的投资额,他们对公司债务无须承受个人责任。

(一) 普通股

普通股(Common Stock)也称股权证券(Equity Securities)或股权(Equities),是一种主权证书,代表公司股份中的所有权份额。每拥有一股普通股票就意味着在公司年股东大会上拥有决定公司事务的一张选票,也代表股票所有者对公司财务利益的一份要求权。普通股构成公司资本的核心部分,且具有永久性。普通股持有人享有对公司的所有权,这种所有权体现在普通股持有人享有分配和处置公司税后利润以及制定和修改公司章程、任免公司董事会成员、决定公司经营大致方针等权利。基于以上考虑,普通股衍生出较多的属性来。其一是公司经营决策的参与权。普通股票的持有者,作为公司的所有者有行政管理的各种权利,但有时一部分普通股股东却没有这些权利。比如公司发行的普通股可以分为两类:一类是对公众发行的,可以参与利润分红,但没有投票权或只有部分投票权;另一类是由公司创办人持有的,具有完全投票权。当老股东想要筹集权益资本又不愿过多地放弃对公司的控制权时,通常采取发行后面这类普通股。优先认股权则是另一个重要的属性。所谓优先认股权(Preemptive Right),是指公司增发新的普通股时,现有股东有权按其原来的持股比例认购新股,以保持对公司所有权的现有比例。现有股东也可以在市场上出售优先认股权,其价值取决于已发行普通股的市场价格、新股出售价和购买一股股票所需的权数。股东也可以在普通股无利可图时放弃这种权利。

由于各公司的盈利水平、股息增长情况及股息政策均有所不同,所以它们所发行的普通股也各有特点。根据收益水平和风险特征,我们可以把普通股分成五种类型。

(1) 成长股:指销售额和利润迅速增长,且其增长速度快于整个国家和所在行业的公司所发行的股票。该类公司目前一般的股息发放率低,留存收益率高,并将大量留存利润用于投资。随着公司的成长,其股票价格会不断提高。

(2) 蓝筹股(Blue-chip Stocks):指长期建立、基业稳固、实力雄厚、规模宏大,具有稳定盈利记录,能定期分派股利,在行业中具有控制地位的大公司所发行的股票。它们能带给投资者合理的股息,其市场价格比较稳定,波动不大,仍有升高的潜力。

(3) 收入股:指当前能支付较高股利企业所发放的普通股。其特点是"低市盈率"与"高付息比例"并存,其结果可能是:当前股息收益较高,未来的价格增长的可能性较小。

(4) 防守股:指身处不确定因素和经济衰退时期、高于社会平均收益且具有相对稳定性的公司所发行的普通股。这类股票在经济强盛或衰退时期,其价格升高或下降都要比市场平均的幅度为小。

(5) 投机股:指由过去盈利极不稳定而未来的收益又极不确定的公司所发行的普通股,这种股票的价格很不稳定。

（二）优先股

优先股(Preferred Stock)兼有普通股与债券的特点。一般而言，优先股的优先性相对于普通股而言，表现在优先股持有人有按固定股息率先于普通股股东获取股息的权利；同时，它对公司清算后的剩余资产的分配权优于普通股持有人。但是，优先股在剩余控制权方面则劣于普通股，优先股股东通常无投票权，仅在某些特殊情况下才具有临时投票权。优先股股息固定的特点与下一小节我们将介绍到的债券相似；但它无到期日的特点则与普通股相同。这种介于普通股和债券间的性质，使得其价格与公司的经营状况间的关系不如普通股密切，优先股价格主要受市场利率影响，风险远低于普通股，当然预期收益率也低于普通股。

公司之所以接受这种融资渠道，主要是基于优先股的以下四个特征。第一，优先股会减缓公司普通股股价的下降。当普通股的市价低迷时，发行新的普通股会进一步加大普通股股价下降的压力，导致社会对普通股的"消化"能力下降，造成公司普通股面临抛售压力的恶性循环。第二，优先股同普通股一样不存在到期偿债压力。第三，优先股的资本成本低于普通股，公司支付固定的股息，其支付的红利总量低于普通股。第四，如同债务，优先股可以提高公司财务杠杆(Financial Leverage)系数，在正效应下，可使公司普通股收益率提升。

考虑到跨期、可转换性、复合性及可逆性等因素，优先股的所有权有不同的特点。因此，常见的优先股有以下四种分类：可转换优先股(Convertible Preferred Stock)和不可转换优先股；可赎回优先股(Callable Preferred Stock)和不可赎回优先股；累积优先股(Cumulative Preferred)和非累积优先股；参加优先股(Participating Preferred Stock)和非参加优先股。

(1) 可转换优先股和不可转换优先股。可转换优先股是指在规定的时间内，优先股股东可以按一定的转换比率把优先股换成普通股或公司债券。这实际上给予优先股股东选择不同的剩余索取权和剩余控制权的权利。优先股股东借此在公司大量盈利造成股价上涨或需加强对公司控制时将其持有的股票转换成普通股股票，或在公司前景不明朗及盈利减少时将其持有的股票转换成公司债券。不可转换优先股股票则是指不能变换成普通股的股票。

(2) 可赎回优先股和不可赎回优先股。可赎回优先股是指允许公司按发行价加上一定比例的补偿收益予以赎回的优先股。公司通常为减少资本或认定可以用较低股息率发行新的优先股时，就可用此方法购回已发行的优先股股票。这样，在剩余索取权及控制权上，优先股股东的权利可能被剥夺。不可赎回优先股是指股票发行公司无权从股票持有人手中赎回的优先股股票。

(3) 累积优先股和非累积优先股。前者指公司在某一时期所获盈利不足以支付优先股股股息时，则累积于次年或以后某一年盈利时，在普通股的股息发放之前，连同本年优先股股息一并发放。后者指公司不足以支付优先股的全部股息时，对所欠股息部分，非累积优先股股东不能要求公司在以后年度补发。

(4) 参加优先股和非参加优先股。参加优先股指除可按规定的股息率优先获得股息外，还可与普通股分享公司的剩余收益。按分享公司剩余收益的程度，参加优先股又有无限参加优先股和有限参加优先股两种，无限参加优先股股东可以无限制同普通股股东分享剩余收益,有限参加优先股仅在一定限度内与普通股股东分享公司的剩余收益。而非参加优先股指只能获取固定股息但不能参加公司额外分红的优先股。

(三) 中国股票

中国经济的转型特征带来了一些具有中国特色但又有过渡性质的股票种类。例如国有股,它是指有权代表国家投资的部门或机构以国有资产向公司投资形成的股份,包括公司现有国有资产折算成的股份。还有法人股,法人股是指企业法人以其依法可支配的资产投入股份公司形成的股份,或具有法人资格的事业单位和社会团体以国家允许用于经营的资产向股份公司投资形成的股份。其他就是公众股,公众股也可以称为个人股,它是指社会个人或股份公司内部职工以个人合法财产投入公司形成的股份。公众股有两种基本形式,公司职工股和社会公众股。① 公司职工股是指股份公司职工在本公司公开向社会发行股票时按发行价格所认购的股份。② 社会公众股是指股份公司采用募集设立方式设立时向社会公众(非公司内部职工)募集的股份。习惯上称为 A 股。A 股即人民币普通股,是由我国境内公司发行,供境内机构、组织或个人(不含台、港、澳投资者)以人民币认购和交易的普通股股票。

此外还有外资股,它是指股份公司向外国和我国香港、澳门、台湾地区投资者发行的股票。外资股按上市地域可以分为境内上市外资股和境外上市外资股。境内上市外资股就是指股份有限公司向境外投资者募集并在我国境内上市的股份。这类股票在上海证券交易所、深圳证券交易所上市的称为 B 股,即人民币特种股票,是以人民币标明流通面值、以外币认购和交易的特种股股票。

境外上市外资股是指股份有限公司向境外投资者募集并在境外上市的股份。它也采取记名股票形式,以人民币标明面值,以外币认购。它也有 H 股、N 股和 S 股等的区分。这一区分主要依据股票的上市地点而定。H 股,即注册地在内地、上市地在我国香港的外资股。这种命名是取其上市地的英文第一个字母①。以此类推,在纽约和新加坡上市的类似中国内地股票就分别叫作 N 股和 S 股。

二、债券

债券又被称为固定收益证券(Fixed Income Securities)。债券是一种确定债权债务关系的凭证,该凭证也是投资者向融资者提供资金的债权债务合同,它标明发行者在指定日期支付利息并在到期日偿还本金的承诺。

债券上规定资金权责关系的内容主要有三点:一是所借贷的某种货币的数额(面值),二是借款时间(期限),三是在借贷时间内应有的补偿或称代价是多少(包括求偿等级等)。随着债券品种的增加,债券的属性愈发增多,如债券的限制性条款、抵押与担保、选择权(包括可赎回条款)。

(一) 债券的属性

1. 债券有到期日

这是债券有别于股票的一种重要特征。债券在到期日必须由发行者偿还本金,同时

---

① 人们有时可以听到红筹股的称法。这一概念诞生于 1990 年代初期的香港股票市场。中国在国际上有时被称为红色中国,相应地,我国香港地区投资者和国际投资者把在境外注册、在香港上市的那些带有中国内地概念的股票称为红筹股。

按规定支付利息。因此,发行债券方会面临到期债务压力,而股票发行者则无此担忧。

2. 求偿次序优先

在求偿权的次序上,债权人排在股东之前,当公司因经营不善等原因破产清算或改组时,债券持有人有优先取得公司财产的权利,其次是优先股股东,最后才是普通股股东。就债券本身而言,不同的债券,其求偿权也不一致。这取决于债券期限长短、有无抵押等。比如,高级债券求偿权就优于次级债券的求偿权。

3. 限制性条款

债券持有人不像股东那样对公司具有剩余控制权,他们不能插手公司的经营决策。但债券持有人为保证其债权的安全性,常常在债券契约中规定限制性条款,比如要求债券发行方保持最低的流动性、税后利润的最高分配比例等。事实上,债券持有人通过制定这些限制性条款使其间接地参与了公司某些大的投资决策。

4. 债券的抵押和担保

股票发行不需抵押担保,而发行债券时,投资者可以要求发行者以某种或某些特定资产作为保证债券偿还的抵押,以提供超出发行人通常信用地位以外的担保。债券因为具有这一属性而降低了债券的违约风险和信用风险。

5. 债券具有更广泛的选择权

这种选择权体现在债券发行者与投资者两个主体上。对债券发行者而言,这种选择权体现在"可赎回条款"上,即发行者有权在某一预定条款上,由发行者决定是否按预定价格(面值加溢价)提前从债券持有人手中购回债券。对债券持有人而言,该选择权则体现在"可转换条款"上,即债券持有人在到期日或到期日之前的某一期限内能以预先规定的比例或预先规定的转换价格转换成股票。

(二) 债券的类型

1. 公司债券

公司债券是公司组织发行的长期债务凭证,公司通过发行公司债券筹措营运资本。公司债券具有优先求偿权、固定利率及利息税前列支的特点。因此,较之股票,公司债券风险小、筹资成本低。根据其性质不同,可以进一步分类。

(1) 按抵押担保状况进行分类,公司债券可分为抵押债券和信用债券。

① 抵押债券(Mortgage Bonds)。凡以动产或不动产作为抵押品,用以担保按期还本的债券称为抵押债券。若公司不能按期还本付息,债权人有权处理抵押品以资抵偿。在以同一种不动产为抵押品多次发行债券时,可按发行顺序分为第一抵押和第二抵押债券。若按用作抵押的资产再进行细分,抵押债券又有房地产抵押债券、证券担保债券、设备信托证券和其他担保证券四种。证券担保债券指以其他债券或股票作为担保品的债券,也称为担保信托债券(Collateral Trust Bonds)。这些作为担保的证券大多交由受托人保管,但发行公司仍保留对担保品的收入权利。一旦债券偿付发生拖欠,这些担保品可被出售以偿付债款。设备信托证券(Equipment Trust Certificates)是一种特种担保证券,指公司为了筹资购买设备并以该设备为抵押品而发行的公司债券。发行公司融入资金并购置设备后,将设备所有权凭证转交受托人管理;发行公司以承租人的身份向受托人承租该设备,并分期向受托人支付租金,由受托人代为保管及还本付息;待债务契约中的条款均履行、所有债款付清后,该设备所有权才转交发行债券公司。其他担保证券指

并无特定的资产或证券为抵押品,而是以发行公司的信用、其他公司的承诺为补充保证的债券。这些债券质量的好坏,取决于作为保证的企业所做的补充承诺的可靠程度。

② 信用债券(Debenture Bonds)是指发行公司不提供任何有形、无形的抵押品,而完全以公司的全部资信予以保证的债券。尽管此类债券多为信誉好、规模大的公司所发行,其还债能力是可靠的,但此类债券持有人的求偿权排在抵押债券持有人之后。信用债券有高级和低级之分,前者风险小、利率也较低。

(2) 按利率进行分类,公司债券可分成固定利率债券、浮动利率债券、指数债券和零息债券。

① 浮动利率债券是相对于固定利率债券而言的,该债券的利率以基础利率为基准,加上一个固定溢价加以确认。这个基础利率指同期政府债券收益率或优惠利率或LIBOR等。通常,当发行方认为发行固定利率债券有困难或成本过高时,浮动利率债券则是较合理的选择对象。

② 指数债券指根据某种指数,如根据短期利率的平均变动定期(半年或1年)调整一次,使利率与通胀率挂钩来保证债券持有人免受通胀的损失的一种公司债券。这类债券大多在通胀或货币信用紧缩时期发行。

③ 零息债券指以低于面值的贴现方式发行,即折价发行,到期按面值兑现的债券。这种债券无票面利率,对发行方而言,可减轻付息压力;对投资者而言,可省却对利息再投资的麻烦。由于零息债券的期限长,此类债券价格受市场利率的影响大。

(3) 按债券的选择权不同进行分类,公司债券可分成可赎回债券、可转换债券、偿还基金债券和带认股权证的债券。

① 可赎回债券指发行公司在公司债券上附加提早赎回或以新换旧条款,允许发行公司在到期日之前购回全部或部分债券的一种公司债券。通常,当市场利率低于债券票面利率时,发行公司会动用该条款。由于该条款对债券持有人不利,一般规定债券发行后五年内不得赎回。

② 可转换债券指公司赋予债券持有人按预先确定的比例转换为该公司普通股的选择权的一种公司债券。可转换债券是一种次级债券,常被视为一种投机性证券,其风险较大,利率较低。这是一种混合性的债券。

③ 偿还基金债券指要求发行公司每年从其利润中提存一定比例存入信托基金,定期偿还本金的一种公司债券。这种债券与可赎回债券相反,对债券持有人有利,提高了债券持有人债权的安全度。

④ 带认股证的债券指公司将认股证作为合同的一部分附带发行的一种公司债。这是为促进债券顺利发放出去的一种促销行为。债券持有人在取得认股证后,获得了购买发行人普通股的权利。该类债券投资者可以行使或转让此权利。

2. 其他债券的种类

想到利用债券这一方式融资的主体,除了企业以外还有中央和地方两级政府以及它们的代理机构。

(1) 中央政府债券。中央政府债券是中央政府财政部发行的,以国家财政收入为保证的债券,一般称为国家公债或国库券。该类债券到期还本、平时支付息息,由国库拨出。因而,其特点首先表现为一般不存在违约风险,有"金边债券"之称;其次是可以享受税收优惠,其利息收入可免所得税。国债的名称和时间长短不一,以美国为例,中央政府债券有三种:① 到期时间为 3 个月至 1 年的短期国库券(Treasury Bill)。它是货币市场上最重要的短期证券,是以拍卖的方式出售的。美国的短期国库券有 91 天期、182 天期和 360 天期三种。短期国库券起售点较高,折价出售,在国外购销两旺。② 期限为 1—10 年的中期国库券(Treasury Note)。中期国库券可以在新发行时或以后的二级市场上买到,同时在国债到期之前在二级市场上随时变现。③ 期限在 10 年以上的长期国库券(Treasury Bond)。它是一种支付利息债券,面额大,市场上可买卖。该债券的收益受市场上长期利率波动的影响大,它们的关系成反比。

以上三种国债中,中长期国库券属资本市场工具,是息票证券,而短期国库券则以折价方式出售。国债发行一般采用定期拍卖的方式,91 天或 182 天期的证券每星期一拍卖,一年期国债在每个月的第三个星期拍卖。如果我们按是否与物价挂钩分类,国债可分为固定利率国债和保值公债。固定利率国债在发行时就确定名义利率,真实利率取决于债券期限内的通胀率;保值公债的本金随通胀指数做调整,利息以调整后的本金计付,故不受通胀影响。

(2) 政府机构债券。在欧美一些国家,有不少政府机构发行政府机构债券,这些债券的收支偿付均不列入政府预算,而是由政府机构自行负责。这些债券有些由政府的有关各部直接发行,有些则由半政府机构支持或担保。以美国为例,它们一般不在市场上直接发行此类债券,而是通过创建于 1973 年的联邦融资银行(Federal Financing Bank)来完成。政府机构债券有四类:一是由政府各行政部门(如联邦住宅建筑管理局)发行,二是由联邦政府所属机构(如全国政府房产抵押协会)发行,三是由联邦政府创办但已不属于政府机构的机构(如联邦土地银行)发行,四是由属于哥伦比亚特区的机构发行。这些债券的利息收入均须交纳联邦所得税,但其中有的债券可免交州和市的地方所得税。这些债券的收益比联邦政府本身发行的证券稍高,理由是联邦政府对它们的还本付息一般不予担保。但是,这些债券最终由中央银行做后盾。例如,发行该债券的机构与财政部保持密切联系,在它们需要额外资金时财政部会给予支持,因而该类债券信誉也很高。在中国,可以类比的债券有各政策银行发行的金融债和一些大型建设项目的国债。

(3) 地方政府债券。在一些国家,地方政府也可以发行债券。这些证券所支付的利息可以免交联邦所得税,但从这些证券上所获得的资本增值则需交资本利得税。这些证券通常称为市政证券。地方政府发行债券的目的,主要是以其集资所得来充当发展所需的资金,用以改进所属地区的教育卫生、交通运输、住宅建设、环境污染等。它们偿还债务所需的资金,来自各种不同的收入,其中主要是税收。地方政府债券按偿还的资金来源可分为普通债券(General Obligation Bonds)和收入债券(Revenue Bonds)两类。普通债券的还本付息完全由政府以所征收的税收(往往是财产税)为担保,无条件地支付。收入债券则是从建设项目的收入中予以偿还。理由是发行收入债券的目的是为建造公共设施筹资,而使用这些设施的人是要付费的。收入债券是否是一种优良的投资工具取决于作为偿债基础的建设项目质量的好坏。

在中国,《预算法》规定中央政府是唯一的负债主体,地方政府不可以发行债券,但是地方政府都有募集地方的大型基础建设资金的需求。例如,北京奥运场馆及其配套设施建设就需要上千亿元的投入,目前法律框架下,地方政府可能只有通过集合信托等方式绕道而行。在新一轮国有资产管理体制改革力图生成的国有资产政府分级管理模式下，地方政府有望根据自己的财务状况发行一定数量的地方债券。

三、基金

简单来说，基金就是集中众多投资者的资金，统一交给专家去投资，为众多投资人谋利的一种投资工具。根据投资对象的不同，习惯上把基金分成证券投资基金、风险投资基金以及对冲基金三类。以下主要介绍证券投资基金。

证券投资基金是一种利益共享、风险共担的间接的集合证券投资方式，即通过发行基金单位凭证，集中投资者的资金，由基金托管人托管，由基金管理人管理和运用资金，从事股票、债券等金融工具投资。各国对投资基金的称谓有所不同，形式也有所不同，如美国的共同基金、英国及我国香港地区的单位信托、日本的证券投资信托等。证券投资基金的特点主要有以下四个方面。

(1) 由专家进行专业化管理。证券投资基金由专业的基金管理公司来运作管理，基金管理公司的管理人员一般都受过高等教育和专业训练，具有丰富的证券投资实践经验，信息资料齐全，分析手段先进，从而克服了业余人士专业知识和时间精力上的不足，提高了资产的运作效率。

(2) 投资费用低廉。投资者是通过购买基金而间接投资于证券市场的。由基金管理人具体管理和运作基金资产，进行证券买卖活动，投资者与上市公司没有任何直接关系，不参与公司决策与管理，只享有基金投资收益的分配权。证券投资基金最低投资额一般较低，在我国，每份基金单位面值为人民币1元，最低投资限额为1 000个基金单位。投资者可以根据自己的财力购买基金份额。由于基金集中了大量资金进行证券交易，证券商在手续费方面就会给予一定的优惠，很多国家和地区对基金在税收上也给予一定的优惠。

(3) 组合投资，风险分散。投资人只要买了一份基金，就等于买了几十种或几百种股票和债券，如果其中一些股票和债券下跌了，可能会被另外一些股票和债券的上涨所抵消，降低了系统性风险，收益相对比较稳定。

(4) 流动性强。封闭式基金可以在证券交易所或者柜台市场上市交易，开放式基金的投资者可以直接进行赎回变现。

(一) 基金类型

根据不同标准可以将证券投资基金划分为不同的种类。

(1) 根据基金单位是否可以增加或赎回，证券投资基金可分为开放式基金和封闭式基金。

开放式基金的基金单位的总数不固定，可根据发展要求追加发行，而投资者也可以赎回，赎回价格等于现期净资产价值扣除手续费。由于投资者可以自由地加入或退出这种开放式投资基金，而且对投资者人数也没有限制，所以又将这类基金称为共同基金。大多数的投资基金都属于开放式的。

封闭式基金发行总额有限制，一旦完成发行计划，就不再追加发行。投资者也不可以进行赎回，但基金单位可以在证券交易所或者柜台市场公开转让，其转让价格由市场供求决定。

两者的其他区别如下：①基金单位的交易价格不同。开放式基金的基金单位的买卖价格是以基金单位对应的资产净值为基础,不会出现折价现象。封闭式基金单位的价格更多地会受到市场供求关系的影响,价格波动较大。②基金单位的买卖途径不同。开放式基金的投资者可随时直接向基金管理公司购买或赎回基金,手续费较低。封闭式基金的买卖类似于股票交易,可在证券市场买卖,需要缴手续费和证券交易税。一般而言,费用高于开放式基金。③投资策略不同。开放式基金必须保留一部分基金,以便应付投资者随时赎回,进行长期投资会受到一定限制。而封闭式基金不可赎回,无须提取准备金,能够充分运用资金,进行长期投资,取得长期经营绩效。④所要求的市场条件不同。开放式基金的灵活性较大,资金规模伸缩比较容易,所以适用于开放程度较高、规模较大的金融市场；而封闭式基金正好相反,适用于金融制度尚不完善、开放程度较低且规模较小的金融市场。

(2) 根据组织形态的不同,证券投资基金可分为公司型投资基金和契约型投资基金。

公司型基金是具有共同投资目标的投资者依据公司法组成以营利为目的、投资于特定对象(如有价证券、货币)的股份制公司。这种基金通过发行股份的方式筹集资金,是具有法人资格的经济实体。基金持有人既是基金投资者又是公司股东。公司型基金成立后,通常委托特定的基金管理人或者投资顾问运用基金资产进行投资。

契约型基金是基于一定的信托契约而成立的基金,一般由基金管理公司(委托人)、基金保管机构(受托人)和投资者(受益人)三方通过信托投资契约而建立。契约型基金的三方当事人之间存在这样一种关系：委托人依照契约运用信托财产进行投资,受托人依照契约负责保管信托财产,投资者依照契约享受投资收益。契约型基金筹集资金的方式一般是发行基金受益券或者基金单位,这是一种有价证券,表明投资人对基金资产的所有权,凭其所有权参与投资权益分配。

美国的基金多为公司型基金,我国香港、台湾地区以及日本多是契约型基金。公司型基金与契约型基金的主要区别有以下七点：①法律依据不同。公司型基金组建的依据是公司法,而契约型基金的组建依照基金契约,信托法是其设立的法律依据。②基金财产的法人资格不同。公司型基金具有法人资格,而契约型基金没有法人资格。③发行的凭证不同。公司型基金发行的是股票,契约型基金发行的是受益凭证(基金单位)。④投资者的地位不同。公司型基金的投资者作为公司的股东有权对公司的重大决策发表自己的意见,可以参加股东大会,行使股东权利；契约型基金的投资者购买受益凭证后,即成为契约关系的当事人,即受益人,对资金的运用没有发言权。⑤基金资产运用依据不同。公司型基金依据公司章程规定运用基金资产,而契约型基金依据契约来运用基金资产。⑥融资渠道不同。公司型基金具有法人资格,在一定情况下可以向银行借款；而契约型基金一般不能向银行借款。⑦基金运营方式不同。公司型基金像一般的股份公司一样,除非依据公司法规定到了破产、清算阶段,否则公司一般都具有永久性；契约型基金则依据基金契约建立、运作,契约期满,基金运营相应终止。

(3) 根据证券投资风险与收益的不同,可分为成长型投资基金、收入成长型投资基金(平衡型投资基金)和收入型投资基金。

成长型投资基金是以资本长期增值作为投资目标的基金,其投资对象主要是市场中有较大升值潜力的小公司股票和一些新兴行业的股票。这类基金一般很少分红，经常将投资所得的股息、红利和盈利进行再投资，以实现资本增值。

收入型投资基金是以追求基金当期收入为投资目标的基金，其投资对象主要是那些绩优股、债券、可转让大额定期存单等收入比较稳定的有价证券。收入型基金一般把所得的利息、红利都分配给投资者。

平衡型基金是既追求长期资本增值又追求当期收入的基金，这类基金主要投资于债券、优先股和部分普通股，这些有价证券在投资组合中有比较稳定的组合比例，一般是把资产总额的25%—50%用于优先股和债券，其余的用于普通股投资。其风险和收益状况介于成长型基金和收入型基金之间。

（4）根据投资对象不同，投资基金可划分为股票基金、债券基金、货币市场基金和认股权证基金等。

股票基金是最主要的基金品种，以股票作为投资对象，包括优先股票和普通股票。股票基金的主要功能是将大众投资者的小额资金集中起来，投资于不同的股票组合。股票基金可以按照股票种类的不同分为优先股基金和普通股基金。优先股基金是一种可以获得稳定收益、风险较小的股票基金，其投资对象以各公司发行的优先股为主，收益主要来自于股利收入。而普通股基金以追求资本利得和长期资本增值为投资目标，风险要较优先股基金高。

债券基金是一种以债券为投资对象的证券投资基金。由于债券是一种收益稳定、风险较小的有价证券，因此，债券基金适合于想获得稳定收入的投资者。债券基金基本上属于收益型投资基金，一般会定期派息，具有低风险且收益稳定的特点。

货币市场基金在中国推出不久，它主要投资短期票据等金融产品。

（5）根据资本来源和运用地域的不同，投资基金可划分为国际基金、国家基金、海外基金、国内基金和区域基金等。

很容易理解，国内基金是指由国内投资者资本组成的，投资于国内证券市场的投资基金。国际基金是指基金资本来源于国内，但投资于国外证券市场的投资基金。国家基金是指资本来源于国外，并投资于某一特定国家的投资基金。海外基金也称离岸基金，是指基金资本来源于国外，并投资于国外证券市场的投资基金。

此外，交易型开放式指数基金（Exchange-Traded Fund，ETF）和上市型开放式基金（Listed Open-Ended Fund，LOF）也日益流行。ETF本质上属于指数基金，代表了被动投资，而LOF则代表了主动投资。ETF的收益基本上取决于其背后代表的指数，ETF在美国市场上是机构投资者最为青睐的标的，它的费率更低、流动性更强、覆盖面更广。

（二）基金的组织结构

投资基金主要由基金投资人（受益人）、基金管理人、基金托管人和基金销售人几方组成。

基金投资人也就是基金持有人。基金持有人是基金资产的最终所有人，其权利包括：（1）出席或者委派代表出席基金持有人大会；（2）取得基金收益；（3）监督基金经营情况，获取基金业务及财务状况的资料；（4）申购、赎回或者转让基金单位；（5）取得基金清算后的剩余资产；（6）基金契约规定的其他权利。同时基金持有人应履行下列义务：（1）遵守基金契约；（2）交纳基金认购款项及规定的费用；（3）承担基金亏损或者终止的有限责任等。

类似于股东大会,基金持有人大会是基金公司最高权力机构,由全体基金单位持有人或委托代表参加。按照我国《证券投资基金管理暂行办法》的规定,正常情况下,由基金管理人召集基金持有人大会;在更换基金管理人或管理人无法行使召集权的情况下,由基金托管人召集持有人大会;在基金管理人和基金托管人均无法行使召集权的情况下,由基金发起人召集基金持有人大会。基金持有人大会主要讨论有关基金持有人利益的重大事项,如修改基金契约、终止基金、更换基金托管人、更换基金管理人、延长基金期限、变更基金类型以及召集人认为要提交基金持有人大会讨论的其他事项。公司型基金的主体是基金公司,是通过发行股票募集资本并投资于证券市场的股份有限公司。投资者在购买基金公司的股票以后成为公司的股东,公司董事会是基金公司的最高权力机构。

基金公司管理一般委托给外部基金管理人,即具有专业的投资知识与经验,根据法律、法规及基金章程或基金契约的规定,经营管理基金资产,谋求基金资产的不断增值,以使基金持有人收益最大化的机构。在不同的国家,基金管理人有不同的称谓,英国称为投资管理公司,美国称为基金管理公司,日本称为投资信托公司。按照我国有关规定,基金管理人享有如下权利:按基金契约及其他有关规定,运作和管理基金资产;获取基金管理人报酬;依照有关规定,代表基金行使股东权利。同时基金管理人应履行的义务包括:按照基金契约的规定运用基金资产投资并管理基金资产;及时、足额向基金持有人支付基金收益;保存基金的会计账册、记录15年以上;编制基金财务报告,及时公告,并向中国证监会报告;计算并公告基金资产净值及每一基金单位资产净值等。

基金公司资产一般委托给基金托管人,他们是投资人权益的代表,是基金资产的名义持有人或管理机构。为了保证基金资产的安全,按照资产管理和资产保管分开的原则运作基金,基金设有专门的基金托管人保管基金资产。基金托管人应为基金开设独立的基金资产账户,负责款项收付、资金划拨、证券清算、分红派息等,所有这些,基金托管人都是按照基金管理人的指令行事,而基金管理人的指令也必须通过基金托管人来执行。在外国,对基金托管人的任职资格都有严格的规定,一般都要求由商业银行及信托投资公司等金融机构担任,并有严格的审批程序。在我国目前只有工商银行、农业银行、中信银行、建设银行、交通银行五家商业银行符合托管人的资格条件。

此外,基金销售代理人是基金管理人的代理人,代表基金管理人与基金投资人进行基金单位的买卖活动。基金销售代理人一般由投资银行、证券公司或者信托投资公司来担任。在美国,大多数开放式基金的发行都是通过经纪商批发,再由他们零售给投资者。有些大的投资基金还设有自己的基金销售公司。在日本,基金的承销公司则为指定的证券公司。在我国,封闭式基金的发行一般仍由证券公司作为发行协调人,基金获准上市交易后,也由证券公司代理基金的买卖、交割和收益分配。

(三) 基金的收益、费用和分配

1. 基金的收益

基金一旦运转起来就会产生盈利或亏损。投资基金的收益是基金资产在运作过程中所产生的超过本金部分的价值。基金收益主要有下列几项表现形式:利息收入、股利收入、资本利得等。基金的利息收益主要在以下两种情况下获得,一是指在基金运作时,会保持一部分资产为现金或银行存款,从商业银行取得一定的利息收入。持有现金或银行存款或是出于基金监管部门的规定,如监管部门规定要留出基金净值一定比例的现金以备赎回基金持有者的股份/单位,或是因为市场正处于下跌过程中,基金管理者出于规避风险的考虑而暂时持有现金。另一种情况是指基金投资于债券、商业本票、可转让存单以及其他短期票据,持有这些资产也可带来利息收入。基金的股利收益是指证券投资基金通过在一级市场或二级市场购入、持有各公司发行的股票(普通股、优先股),而从公司取得的一种收益。此外,任何证券的价格都会受证券供需关系的影响,如果投资基金能够在资本供应充裕、价格较低时购入证券,而在证券需求旺盛、价格上涨时卖出证券,所获价差称为基金的资本利得收入,资本利得在基金收益中往往占有很大比重。

2. 基金的费用

投资基金在运作过程中必须发生一些费用,这些费用构成了基金管理人、托管人以及其他当事人的收入来源。一般来说,基金费用包括三类。

一是在基金的设立、销售和赎回时发生的费用。基金在设立和发行过程中,会发生一定的费用用于支付经纪人的佣金、广告费以及会计师费和律师费,这些费用都计入基金的销售价格,由投资人在申购基金单位时直接承担。在实际的运作当中,开放式基金申购费的收取方式有两种:一种称为前端收费,另一种称为后端收费。前端收费指的是投资者在购买开放式基金时就支付申购费的付费方式,后端收费指的则是投资者在购买开放式基金时并不支付申购费,等到卖出时才支付的付费方式。后端收费的设计目的是为了鼓励投资者能够长期持有基金,因此,后端收费的费率一般会随着持有基金时间的增长而递减。某些基金甚至规定如果投资者能在持有基金超过一定期限后才卖出,后端收费可以完全免除。

二是基金在运作过程中的管理费用,主要包括基金管理费和基金托管费两种。

基金管理费是支付给基金管理人的报酬,其数额一般按照基金净资产的一定比例(年率)逐日计算累积,从基金资产中提取,定期支付。基金管理费是基金管理人的主要收入来源,其费率的高低与基金规模有关。一般而言,基金规模越大,单位经营管理成本就会降低,相应管理费率也较低。同时,基金管理费率与基金类别及不同国家或地区也有关系。一般而言,基金风险程度越高,管理的难度越高,管理费费率也越高。基金管理费率的高低还和基金业发展与竞争状况有关。在基金业发达的国家和地区,竞争较为激烈,基金的年费率较低,一般不超过1%。在一些发展中国家,基金业竞争程度较低,管理费率就要高些。我国1999年增发的安顺基金和裕隆基金的管理费分为两部分,第一部分是固定费用,为年率1.5%。第二部分是业绩报酬,按照基金管理业绩每年计算支付一次。

基金托管费,是指基金托管人为基金提供托管服务而向基金或基金公司收取的费用。托管费通常按照基金资产净值的一定比例提取,逐日计算累积,定期支付给托管人。基金托管费的收取与基金规模和所在地区有一定关系。通常基金规模越大,基金托管费用越低。基金业越发达的地区,基金托管费率也越低,新兴市场国家和地区的基金托管费率相对较高。托管费费率国际上通常为0.2%左右。我国目前的基金托管费年费率为0.25%。

三是基金在买卖证券时的交易费用。它同普通股票交易时发生的费用是一样的。

3. 基金的分配

基金收益和费用之差，就可以用于分配。基金分配通常有三种方式：(1) 分配现金。这是基金收益分配的最普遍的形式。(2) 分配基金单位。即将应分配的净收益折为等额的新的基金单位送给投资者。这种分配形式类似于通常所言的"送股"，实际上增加了基金的资本总额和规模。(3) 不分配。既不能送基金单位，也不分配现金，而是将净收益列入本金进行再投资，体现为基金单位资产净值的增加。我国《证券投资基金管理暂行办法》目前仅允许采用现金分配形式。

利润分配当然需要经过课税。在所得税方面，各国一般不对基金的收益实行双重征税，只对基金投资者征税，而不对基金或基金公司本身征税。投资者在取得基金分配的收益后所需缴纳的所得税，可由基金公司或基金管理人代扣代缴，也可纳入投资者所得由投资者自己缴纳。例如，美国1942年的税法规定，投资公司在满足一定条件时，其股票收入、利息收入和任何资本增值是免税的。在日本和荷兰，基金管理公司不必缴纳所得税。我国香港和台湾地区也是如此。香港不对基金管理公司征收所得税。台湾对投资基金的资本利得不征收地区所得税，对投资者个人征收的所得税也有优惠。此外，在我国香港和台湾地区，基金交易的印花税是免征的。从国内基金的税收情况看，财政部和国家税务总局于1998年3月发布了《关于证券投资基金税收问题的通知》，对基金和基金持有人的税收做出了明确的规定。按照规定的要求，我国对基金管理公司征收所得税和营业税，不对基金和基金投资所得征税。利息、股息、红利和资本利得不在个人所得征税的范围内，所以个人从基金获得的收益暂时不征收所得税。

在一个逐渐成熟的市场，例如我国，发展证券投资基金具有重要意义，这主要表现在三个方面。一是有利于广大中小投资者投资于证券市场特别是股票市场。中小投资者通常是资金量小，利用业余时间进行投资，因而，无论在信息、技术、经验及专门知识方面都不及专业投资者。如果通过证券投资基金进行投资，则可利用专业投资机构在上述几方面的优势，不仅投资方便，而且收益也相对稳定。二是有利于证券市场的稳定。一个成熟的证券市场应是一个以机构投资者为主的市场，而不是一个以中小投资者为主的市场。通过发展证券投资基金，可以将广大中小投资者分散的资金转变为由专门机构持有的大资金。而大的机构投资者由于熟悉业务、具有经验，能够进行理性投资，因而能够减少投机性炒作，从而有利于证券市场的稳定。三是促进证券市场的发展。证券市场的发展，既要规范，又要扩大规模。扩大规模就需要有更多的资金进入证券市场，而通过发行基金就可以使许多未能投资于证券市场的资金进入证券市场，从而支持证券市场规模。

第二节 证券的发行与承销

证券的发行与承销在一级市场上完成。因此一级市场也称为新证券发行市场。一级市场的运作由发行人、中介机构和投资者共同完成，在整个运作过程中，它们扮演不同的角色。发行主体为筹集资金而发行证券；中介机构（包括投资银行、会计师事务所、资产评估事务所、律师事务所等）在证券发行过程中起承前启后的作用，是为证券发行提供服务的各种专业机构，其中最重要的中介机构是投资银行，它是整个发行机制的联系中介，同时也是其他中介机构的牵头人和组织者；投资主体是证券的认购者，其目的是满足证券投资需求、追求利息或者(和)资本利得。通常咨询与管理、认购和销售是整个一级市场运作的两个重要环节,下面我们分别加以介绍。

一、股票发行与承销

股票发行是一种法人机构以发行股票筹措资本的企业筹资活动,它是一种法人组织的融资行为。世界各国对股票发行主体均从法律上对资格、标准、条件和原则等做了明确的规定,主要体现在《公司法》《证券法》等法规中。例如,我国股票发行的法律基础是:前一次发行的股份已募足,并间隔一年以上;公司在最近三年内连续盈利,并可向股东支付股利;公司在最近三年内财务会计文件无虚假记载;公司预期利润率可达同期银行存款利率。而股票上市交易的法律基础更加严格:股票经中国证监会批准已向社会公开发行;公司股本总额不少于人民币5 000万元;开业时间在三年以上,最近三年连续盈利;持有股票面值达人民币1 000元以上的股东人数不少于1 000人,向社会公开发行的股份达公司股份总数的25%以上;公司股本总额超过人民币4亿元的,其向社会公开发行股份的比例为15%以上;公司在最近三年内无重大违法行为,财务会计报告无虚假记载等。满足这些要求原则股票就可以进入发行程序。

(一)发行策划

发行策划是整个发行工作的第一阶段,是股票发行市场创造的第一阶段,同时是发行机构实质性发挥作用的阶段。这一阶段的主角是发行主体和投资银行,其主要任务是进行项目决策和发行初始设计。

1. 项目决策

股票发行的目的是筹措资金,但这些资金的投向必须明确才有意义。因而投资项目的选择是选择股票发行的第一步,也是发行主体最主要和最基本的工作。项目决策主要核定三方面内容:一是项目的产品是否已有市场或能否创造市场,二是技术是否成熟或能否迅速予以商品化,三是项目的财务收益和风险水平能否吸引投资者。发行人进行项目决策时,应该向投资银行进行咨询,尤其在财务决策和融资可行性方面须取得投资银行的支持,请投资银行做专门的财务报告来论证股票发行后能为投资者带来的报酬水平。

2. 发行初始设计

项目决策之后,股票发行者致力于股票发行成功与否的可行性分析,股票发行规模的确定,股票要素的设计,发行主体的财务状况、资产资信以及相关经营状况的确定和分析。在此基础上,提出股票发行的整体框架,编制发行可行性报告并进行设计。由于股票发行的目标不一,有时可能是多重目标,所以必须根据不同的目标来编制和论证可行性报告。

(二)编制文件

各国的股票发行不同程度地受政府的严格管制,即受政府所制定的许多标准和条件的约束。因此,只有达到政府所规定的标准和条件,才可获得发行资格。有关当局认定发行者的发行资格取决于其上报的文件。从这个意义上讲,文件编制对股票发行的成功与否具有重大影响。文件编制的一般做法为:先对照股票发行标准和条件,以判断是否达到标准或符合条件,然后对某些未达到条件和标准的内容进行研究。在一定程度上,发行者主体资格的确认、最终能否发行成功,与文件编制的水平和技术有关,这在证券市场不够发达的国家尤甚。

(三) 上市发行

发行上市是一级市场和二级市场的纽带,是一级市场向二级市场过渡的必然环节。这一环节的任务和工作颇多。主要包括以下内容。

1. 选择发行方式

股票发行的方式一般有公募(Public Placement)和私募(Private Placement)两类。公募就是公开发行,是面向市场上大量的非特定的投资者公开发行股票的一种方式,其特点是发行者通常不是直接把股票出售给一般投资者,而是通过投资银行分散地和小批量地出售给一般投资者。公募传统的优势体现在:发行面广,易为投资者了解,未来再次发行股票易为投资者所接受;无须提供特殊优厚条件,发行者具有较大的经营管理独立性。公募的劣势体现在:手续烦琐,时间长,通常需要承销商的协助;发行者必须向证券管理机构办理注册手续;必须在招股说明书中公布有关情况以供投资者做出正确决策。私募则是指仅向少数特定的投资者发行股票的一种方式。其特点为发行方直接把所发行的证券出售给投资者,一般免去了投资银行的参与。推崇私募的发行者一般认为:私募节约时间和省却许多准备文件、资料的工作;无须支付承包销的大量费用;无须向主管机关报批。否定私募的发行者认为:私募发行面窄,仅限于少数大机构;发行后的股票难以转手。

2. 发行定价

股票发行价格是股票发行成功与否的决定性因素。价格直接决定参与主体的直接利益。从发行者角度看,发行价的高低直接决定其能否足额筹资以及影响发行成本;从承销者角度看,发行价决定投资意愿,也影响其未来收益。因此,过高发行价会压制投资欲望,过低的发行价会导致承销者主体利益的损失和发行者筹资计划的失败。因此合理的价格是三个主体均关注的问题。

股票发行价理论上有溢价、折价和平价三种,股票价格也服从价格的一般规律,受股票内在价值和市场供求关系两个要素影响。前者指股票的资本含量,是一个动态价值;后者指金融市场上各金融品种的收益和风险的差异。然而,影响股票发行价格的因素有许多,其中主要有两大类:一类是公司自身的因素,即发行人内部经营管理对发行价格制定的影响因素。通常,发行价格随发行者的实际经营状况而定,包括发行人主营业务发展前景、产品价格有无上升的潜在空间、管理费用与经济规模性、投资项目的投产预期和盈利预期等。二是发行者的环境因素,包括股票市场的状况及变化趋势、发行者所处行业的发展状况、经济区位状况、政策因素等。

首次公开发行的股票通常进行三次定价。第一次定价发生在发行公司选择投资银行时,比如在美国,发行公司在其他条件相似的情况下,会倾向于选择估价较高的投资银行;第二次定价发生在编制预备的招股说明书的时候,当投资银行完成调查工作,对发行股票公司业务和经营状况有了一个全面了解后,再次与发行公司谈判协商确定一个合适的价格区域;第三次定价发生在证券管理机构批准注册之后,由投资银行与发行公司商讨后确定发行定价,对招股说明书做最后修正。第三次定价一旦确立就具备法律效应。

3. 准备招股说明书（募股说明书）

招股说明书（Prospectus）是公司公开发行股票（公募）的计划书面说明，且是投资者准备购买股票的依据。为此，招股说明书应包括发行公司业务的性质、资产评估情况、财务报表、公司经营管理能力、股票现在和预期的价值、股票的特征及与股票有关的投资风险的性质、公司发展规划、重大合同和重大诉讼等内容。

招股说明书是股票发行者向证券管理机构提交的重要文件之一，也是证券管理机构借此判断股票发行者发行资格的依据之一。因此招股说明书的内容所涉及的领域，需有专家团按明确的分工完成，其中，发行公司管理层及其律师负责说明书中的法律事项；投资银行负责股票承销的合约部分；公司内部会计师收集和整理所有的财务数据；独立注册会计师进行适当的咨询和外部审计。说明书经反复修改后定稿，形成不包括股票价格在内的预备说明书。随后，将招股说明书和补充信息合并成注册说明书（Registration Statement）交给证券管理机关审查，以便确认这些信息的真实性和完整性，在注册说明书从起初提交到最终生效有较长的一段等待期。在这期间，证券交易委员会允许股票承销商印发初步招股说明书，但不能出售证券或接受投资者的购证申请。当证券管理机构批准注册后，才最终形成标明发行价格在内的法定招股说明书，但该说明书仅仅表明所列信息充分公正，并不保证股票发行的投资价值。

4. 认购与销售

公开发行股票一般由投资银行来承担，投资银行扮演了承销商的角色。当发行公司股票发行数量巨大时，常有多家投资银行组成承销辛迪加或承销银团来处理整个发行。私募股票通常由发行公司与投资者直接见面，绕过了承销环节。通常投资银行采用的销售方式包括以下几种。

（1）包销（Firm Commitment）。包销指以低于发行定价的价格（通常为固定价格）把公司发行的股票全部买进，再转售给投资者。承销商由此承担了在销售过程中可能因股价下跌所造成的全部风险，而承销商得到的买卖差价则是对承销商所提供的咨询服务及所承担的风险的一种回报。包销是一种传统的承销方式，投资银行承担了从发行者处购入股票的义务。投资银行通过包销追求承销折扣（Underwriter Discount），即投资银行支付给发行者的价格与向公众出售股票的价格间的价差。这个差价的大小受许多因素影响，如发行公司的规模、发行证券的类别、所发行证券的质量和发行公司的资信等。价差实际上是把双刃剑，因此对单个投资银行来说，包销面临巨大的资本损失风险。

（2）代销（Best-efforts Underwriting）。代销指承销商承诺尽可能多地销售股票，但不保证能完成预定销售额，任何没有出售的股票可退给发行公司。承销商通常据其所销售的股票数量向发行者收取代销费，不承担风险。

（3）备用包销（Standard Underwriting）。随着股票一级市场的发展，出现了一些新的承销方式，如备用包销、拍卖法等。一些公司可以通过"认股权发行"直接向其股东发行新的普通股股票，这种方式在美国之外的一些国家很普及。认股权发行可绕开承销商，但发行公司可与投资银行协商签订备用包销合同，该合同可以要求投资银行作为备用认购者买下未能出售的剩余股票，投资银行收取公司的备用费。

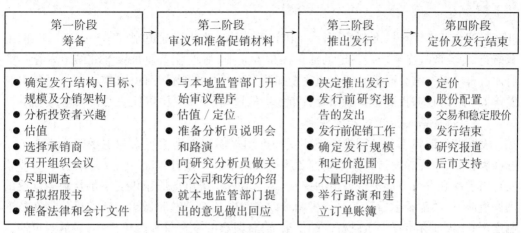

图1-1 投资银行的典型 IPO 程序

二、中国股票发行制度演进

中国转型经济的特殊性,不仅仅体现在股权产品的多样性上,还体现在股票上市制度上,股票发行制度的改进明显具有从行政计划命令到市场自主选择转变的阶段性特征。证券市场建立初期,由于法规不够健全,市场各方参与者还不成熟,各行业、各地区发展不平衡,要求上市的企业质量参差不齐,需要加以宏观调控和严格审查,因而对股票发行申请采用了审批制,股票发行决定权归政府,这主要表现在:(1) 额度管理(1993—1995年)。由国务院证券委员会同国家计划委员会制定年度或跨年度全国股票发行总额度,然后把总额度按条块分配给各地方政府和中央部委。(2) 两级行政审批。企业首先向其所在地地方政府或主管中央部委提交额度申请,后报送证监会复审,形成第二级审批。证监会对企业的质量、前景进行实质审查,并对发行股票的规模、价格、发行方式、时间等做出安排。(3) 价格限制。基本上采用定价发行方式,通过规定发行市盈率限制股票的发行价格。

无论"额度控制"还是"总量控制、限制家数"(1996—2000年),都属于计划性质的管理体系,只能是一项过渡性的制度安排。1999年7月1日正式实施的《中华人民共和国证券法》明确确立了核准制的法律地位。2001年3月17日,核准制正式开始实施。

理论上说,核准制是一种市场参与主体各司其职的体系,遵循的是强制性信息公开披露和合规性管理相结合的原则,要求投资者对发行人信息进行谨慎判断。证券监管机构除进行信息披露要求的形式审查外,还关注发行人的法人治理结构、营业性质、资本结构、发展前景、管理人员素质、公司竞争力等,并据此做出发行人是否符合发行条件的判断。实行核准制,就是要明确发行人、中介机构、投资者以及监管机构等各自的责任和风险,做到市场参与者和监管者相互制约、各司其职,形成一个完整的、符合市场化原则的证券发行监管体系。然而,我国的股票发行核准制依然沿袭审批制下政府垄断发行决定权的监管方式,制约了市场机制在证券市场运行中的作用,不仅降低了市场效率,市场主体的自律式监管也缺乏空间。因此,在这种监管方式下,证券发行的决定权仍由政府控制,市场参与各方的权利和责任仍虚置。这主要表现在以下四个方面。

（一）通道制

为配合证券发行核准制的推行,中国证券业协会推出了通道制(2001—2004年)的配套措施,即券商只能在协会核定的通道内推荐企业,所推荐企业每核准并结束发行一家后才可再申报一家。通道制的实施完全违背了施行核准制的目的,其实施的结果是限制发行人、中介机构、投资者在股票发行市场中的权利,使市场中责任缺失和风险扩大。

（二）市场需求与供给严重失衡

发行节奏的控制和发行排序破坏了核准制提倡和鼓励发行人和主承销商进行自主选择和创新、由证券发行人和承销商各担风险的机制。现有核准制沿袭原有方式对股票发行市盈率和发行节奏进行严格的控制,继续造成一级市场股票供应不足且缺少供给的微调机制,行政配置主导型的供给机制难以对需求的变动及时做出灵活的反应。在核准制度下,一级证券市场上金融资产的供给价格（股票的发行价和配售价）明显低于可使供求相一致的均衡价格,因此在发行过程形成一种卖方市场格局和供给不足的短缺效应,进而诱发各种寻租行为,导致证券市场上投资者与融资者之间的资金通道受阻,使金融投资与实质投资之间难以形成高度的互补关系,反过来又导致股票价格对其价值的进一步偏离,加大了证券市场的风险。

（三）发行审核程序存在缺陷

无论是证监会职能部门审核、发行审核委员会（简称发审委）形式通过,还是发审委进行严格审核,都无法解决是依法进行合规性审核还是进行实质性判断的问题。而监管机关虽然不对发行金额做出限制,却会比较严格地控制发行价格。证券公司、发行部、发审委重复进行审查工作,资源浪费极大,每一次都是新的审核,此前每一次审核都是必需而又无用的,即使发行核准之后出现任何问题,也无法确定相关责任由谁承担。这就导致了效率低下。发行审核的程序不仅耗时、耗力,还会使发行人错过市场机会。市场瞬息万变,投资和生产的决策与实施具有时效性,发行审核从准备到审批往往需要超过一年时间,往往错失市场机会。企业从申请到最终发行股票,程序烦琐累赘,而且费用极高。最为严重的是,由于发行审核过程中权力和责任不对等,又缺乏发审委员问责制,容易造成审核中的随意性和审核结果的不可预期性,为"寻租"和"设租"留下空间,甚至动摇整个核准制的基础。

（四）股票发行与股票上市连续进行的体制

在西方国家,股票发行与股票上市是分开、独立运作的。我国由于证券交易所依附于政府,所以企业发行股票获政府批准后当然可以上市,而且在时间上可以连续进行。可见,我国的发行制度不仅体现了政府对企业的实质性要求,严格控制了发行市场,而且通过随即安排上市而直接面对二级市场,发行制度成为调控市场供求从而调控股票价格的重要手段,导致发行制度无法按照发行市场自身规律运作。同时,"重发行审核,轻上市审核",导致证券市场投资人的投资行为严重依赖证券监管部门的审查,市场风险过于集中。

要规范证券发行市场的运行,提高上市公司的质量,必须明确市场参与各方包括发行人、中介机构、投资者和监管机构的权利和责任。进一步的改革举措是引入上市保荐人制度(2004年10月份以后)和市场化定价。

保荐制的主体由保荐人和保荐机构两部分组成,满足一定条件和资格的人方可担任企业发行股票的保荐人,凡具有两个以上保荐人的证券公司(或资产管理公司)可成为保荐机构,并具备推荐企业发行上市的资格。保荐制就其本质来说,是希望对证券发行设立一个"第一看门人",凭借其在保荐过程中对拟上市公司的洞察、了解和勤勉尽责,从而达到选择质地优良的公司上市,提高上市公司质量的目的。与通道制相比较,保荐制增加了由保荐人承担发行上市过程中的连带责任的制度内容,这是该制度设计的初衷和核心内容。保荐人的保荐责任期包括发行上市全过程,以及上市后的一段时期(如两个会计年度)。保荐人制度的实施一方面要求对现行核准制度进行相应的配套改革,另一方面也为简化发行审批程序、放松发行管制准备了有利条件。因为保荐人已经承担相应的督导、审阅、报告的责任,随着其市场信誉机制的建立,现行核准制度也应做出相应调整,从而可整合和优化配置保荐人资源与监管机构的审核资源,减少监管部门的审批环节和审核压力,缩短审批时间,提高市场效率。监管机构不介入应由发行人、保荐人和其他中介机构、投资者承担的具体事务。监管机构的主要职能应当转向制定标准和规则,促进法规和政策体系的完善,并且为维护这些制度和准则的运行建立良好的市场环境。

(五)注册制与科创板

所谓注册制,是相对于核准制而言的,本质上是一种权责的分配,前者强调进行形式上的审核,后者是实质上的管理。注册制的核心是只要证券发行人提供的材料不存在虚假记载、误导性陈述或者遗漏,即使该证券没有任何投资价值,证券主管机关也无权干涉。所以,推进股票发行定价的市场化,就允许发行人和保荐人自主选择、协商确定发行时机、发行方式和发行价格。他们既要判断发行人的行业前景、经营业绩、财务状况,又要参照二级市场的价格走势。市场化的发行定价将使股票供给增加,价格中的租金部分逐渐消除,股票价格就能反映其真实价值,这样一级市场与二级市场的股价走势将会趋于平衡,从而使一级市场与二级市场的风险、收益也趋于对称。

近期,国家领导人于2018年底在首届中国国际进口博览会开幕式上宣布设立科创板并试点注册制。希望通过增量改革带动存量的变化,优化股票市场基础制度,甄选出优质的企业,对标纳斯达克。随后上海证券交易所已经正式发布了科创板基础制度的细则,包括备受关注的注册制,增强发行主体责任的"战略配售"机制,还有更加严格的退市机制,除此之外,在信息披露、持续监管、交易机制、大股东减持和公司治理等方面都有不少创新。目前这项制度的推进已经进入到企业申请上市和资格审查阶段,这将成为中国金融供给改革的新里程碑。

三、债券的发行与承销

债券的发行与承销的市场组织与结构和股票类似,主要差别在于债券评级和发行合同书两个层面,以及一个偿还环节中。债券的市场组织与结构的特色也在于此。关于债券一级市场运作的一般程序和三个主体在市场组织与结构中的地位和功能可参考上述股票的发行和承销的有关内容,以下重点介绍债券发行与承销的差异点。

(一)债券评级

为了估计不同债券违约的风险,保护投资主体的利益,增强债券发行者的筹资能力,企业债券通常需要由中介机构进行信用评级。在我国,债券评级工作在1987年开始出现,但发展相对缓慢。到1998年底,我国有50多家评级机构,其中只有20多家是独立法人,它们一部分挂靠当地人民银行,一部分隶属专业银行,相对独立或完全独立并经人民银行总行批准的全国性评级机构有中国诚信证券评估有限公司和大公国际资信评估有限公司。世界上最著名的四大评估机构是标准普尔(Standard & Poor's Corporation),穆迪公司(Moody's Investors Service),达夫菲尔普斯信用评级公司(Duff and Phelps Credit Rating corporation),菲奇投资者服务公司(Fitch Investors Service)。它们的评级系统和表示符号较为相似,见表1-1。

表1-1 四大评级公司的评级符号和含义

Moody's	S&P	Fitch	D&P	简单要义
Aaa	AAA	AAA	AAA	一流质量,最高安全性
Aa1	AA+	AA+	AA+	
Aa2	AA	AA	AA	优等,高质量
Aa3	AA−	AA−	AA−	
A1	A+	A+	A+	
A2	A	A	A	中上等
A3	A−	A−	A−	
Baa1	BBB+	BBB+	BBB+	
Baa2	BBB	BBB	BBB	中下等
Baa3	BBB−	BBB−	BBB−	
Ba1	BB+	BB+	BB+	
Ba2	BB	BB	BB	低等,投机型
Ba3	BB−	BB−	BB−	
B1	B+	B+	B+	
B2	B	B	B	高度投机型
B3	B−	B−	B−	
	CCC+			
Caa	CCC	CCC	CCC	风险极大,处境困难
	CCC−			
Ca	CC	CC	CC	极度投机型
C	C	C		比上述更具投机性
	C1			C1=收入债券,不付利息
		DDD		
		DD	DD	违约
	D	D		

资料来源:《资本市场:机构与工具》,经济科学出版社1998年,第480页。

它们把债券分成九类,级别越低,风险越大。所评级别列入前四类的债券被称为投资级债券,级别未能归入前四类的债券被称为非投资级债券。非投资级债券也称为高收益债券(High Yield Bonds),它始于20世纪70年代,是杠杆收购的重要筹资手段。但鉴于它有很高的信用风险,当时人们也将其称为垃圾债券(Junk Bond)。

(二)发行合同书

该合同书是说明债券持有人和发行人双方权益的法律文件,由受托人代表债券持有人利益监督条款的履行。发行合同书是整个债券发行与承销过程中的第一环节。该合同书除了一般的约定外,还有许多限制性条款,以保护债权人的利益。这些限制性条款可以分成几类,如限制股东行为的否定性条款和要求公司履行某些责任的肯定性条款。

否定性条款和肯定性条款的内容视债券的收益与风险而定。否定性条款通常有一般条款和特殊条款。一般条款包括有关债券清偿条款,对追加债务、分派股息、债务比率、抵押、投资方向等的一些限制。特殊条款包括交叉违约(Cross Default),即对有多笔债务的公司,只要对其中的一笔违约,就可判定该公司对全部债务违约。肯定性条款包括营运资本、权益资本应达到的水准。一旦发生违约事件,债券受托管理人首先要求发行人改善经营管理,提高财务灵活性;在公司陷入破产境地时,债券受托管理人在实施破产清算前,仍会寻求对债务人更为有利的手段,如破产改组。

(三)债券的偿还

债券有期限的属性延伸出了这一特征,债券的偿还在债务契约中有约定。债券的偿还方式有定期偿还和任意偿还两种。

四、基金的发起和发行

基金的上市比股票和债券更加复杂,基金份额(单位)就是一家基金公司全部的股权,因此一个全新的基金上市,实际上要经历基金发起(由基金发起人成立基金公司)和募集资金(向投资者发行基金份额)两个步骤。两者通常还混合在一起进行。

(一)基金的发起

基金发起人是其中的关键角色,它是指为设立基金采取必要的行为和措施,并完成发起设立基金的法定程序的机构。在筹备基金的过程中,发起人必须负责起草申请设立报告、设计基金的具体方案、拟订基金契约等有关文件,还要为基金的设立承担责任。

各个国家都对基金发起人的资格条件做出了专门规定,即必须具备一定的条件才能够成为基金的发起人。例如,在英国要发起基金,必须首先成为基金行业协会的会员,而能否获得会员资格,要看是否符合"适当会员资格与要求"。在我国,根据《证券投资基金管理暂行办法》的规定,基金的发起人必须具备以下条件:主要发起人是按照国家有关规定设立的证券公司、信托投资公司、基金管理公司;每个发起人的实收资本不少于3亿元;基金的主要发起人有3年以上从事证券投资的经验及连续盈利的记录;基金发起人有健全的组织结构和管理制度,财务状况良好,经营行为规范等。

发起人在发起设立基金过程中的行为称为发起行为。如果基金成立,因为基金发起人行为而产生的权利和义务转由基金承担,如果基金不成立,发起人行为所引起的权利和义务由自己承担。按照我国法律规定,基金发起人享有如下权利:(1)申请设立基金;(2)出席或委派代表出席基金持有人大会;(3)取得基金收益;(4)依据有关规定转让基金单位;(5)监督基金运营情况,获取基金业务及财务状况的资料;(6)参与基金清算,取得基金清算后的剩余资产。同时,基金发起人需要履行如下义务:(1)公告招募说明书;在基金设立时认购和在存续期内持有符合规定的比例的基金单位;(2)遵守基金契约;(3)承担基金亏损或者终止时的有限责任;(4)不能从事任何有损基金及其他基金持有人利益的活动;(5)基金不能成立时及时退还所募集资金本息和按比例承担费用。

根据我国《证券投资基金管理暂行办法》，基金发起人申请设立基金，应当向中国证监会提交下列文件：(1) 申请报告；(2) 发起人名单及协议；(3) 基金公司章程；(4) 基金契约和托管协议；(5) 招募说明书；(6) 证券公司、信托投资公司作为发起人的，经会计师事务所审计的发起人最近三年的财务报告；(7) 律师事务所出具的法律意见书；(8) 募集方案。

其中，基金公司章程是公司型投资基金的根本性文件，是基金公司依据国家法律、法规和政策制定的规范公司行为准则、保障公司股东和债权人合法权益的重要文件。它要载明有关公司型基金运行情况的各种资料，说明基金的投资目标、投资政策、行政及管理等事项。

基金契约是投资基金正常运作的基础性文件。它是基金管理人、基金托管人、基金发起人为设立投资基金而订立的，用以明确基金当事人各方权利与义务关系的书面文件。管理人对基金财产具有经营管理权，托管人对基金财产具有保管权，投资人则对基金运营收益享有收益权。基金契约不但规范了管理人与托管人的行为准则，还规范了基金其他当事人如基金持有人、律师、会计师等的地位与责任。同时，基金契约也为制定投资基金其他有关文件提供了依据，包括招募说明书、基金募集方案及发行计划等。如果这些文件与基金契约发生抵触，则必须以基金契约为准。

基金契约的主要内容包括：基本情况说明，如基金名称、注册地址、基本性质、目的、组织结构、资本总额，基金管理人及托管人的名称、地址及其代表，以及会计师、审计师事务所等相关人员或机构的详细资料，投资基金的管理人、托管人的职责，基金的受益凭证的发行与转让，基金的投资目标、投资范围、投资政策和投资限制，基金资产估值，信息披露原则，费用、收益分配与税收，公司股东大会与董事会，基金终止与清算程序等。

其中，托管协议是基金公司或基金管理公司与基金托管人就基金资产保管达成的协议，该协议书从法律上确定了委托方和受托方双方的责任、权利和义务，而且着重确定托管人一方。托管人一方所负的责任和义务主要有：(1) 按照基金管理人或基金公司的指示，负责保管基金资产；(2) 负责基金买卖证券的交割、清算和过户，负责向基金证券受益人派发投资受益；(3) 根据基金契约或基金公司章程对基金管理人进行有效监督等。

（二）基金的发行

在以上基础上，就可以进行基金发行。基金发行是指将基金券或受益凭证向投资者销售的行为，是投资基金运作过程中的一个基本环节。基金的发行内容包括确定发行对象、发行日期、销售形式、发行价格、发行数额、发行地点。

招募说明书是基金发行和销售过程中的关键说明性文件。主要是为了在向投资者销售基金时，使投资者能更详细地了解基金的性质、内容、投资等方面的详细情况，从而保证投资者根据自己的投资目标，做出相应的投资决策。其主要内容如下：(1) 基金的基本情况。包括基金发行的总数，投资者购买和赎回基金的程序、时间、地点、价格、其他费用，基金净资产的计算，费用、税收、收益的分配，投资的风险等。(2) 基金契约的修订、终止及清算。主要说明基金契约何时需要修订、何时终止、基金终止后的清算办法等。(3) 基金持有人大会。主要说明在什么情况下需要召开基金持有人大会、大会召开的程序和要求等。(4) 基金有关当事人的介绍。主要是对基金管理人、基金托管人、律师、会计师、监事等的介绍。

按照基金销售的渠道,基金的发行方式可以分为三种。(1)直接销售法,指基金不经过任何专门的销售组织直接向投资人销售,即私募。(2)承销法,指通过承销商来发行基金的一种方法。承销商一般由投资银行、证券公司或者信托投资公司来担任。承销商先按净资产价值购入基金凭证,然后再加上一定的销售费用,以公开的销售价格将基金凭证出售给投资者。(3)集团承销法,当基金规模较大、发行任务较重时,一个承销商独自销售基金可能会有困难,这时就会组织一个销售集团,由几个承销商组成,每个承销商承担部分基金销售任务。

在我国,按照《证券投资基金管理暂行办法》的规定,证券投资基金的发行只能采用公募的方式,目前主要采取网上公募的方式,即将所发行的基金单位通过和证券交易所交易系统联网的证券营业部,向广大的社会公众进行发售。

在国外,封闭式基金在发行时,除规定发行价、发行对象、申购方法、认购手续、最低认购额外,还需要规定基金的发行总额和发行期限,一旦发行总额认满,不管是否到期,基金就自行封闭,不能再接受认购申请。目前在我国,封闭式基金主要采取上网定价的发行方式,因此在发行期内认购资金会大幅超过基金的发行规模,需要"配号摇签"、适当分配基金份额。

开放式基金在发行时,其总额虽然可以变动,但仍必须设定该基金的发行总额和发行期限,如果在规定的期限内未能募集到设定的基金总额,那么该基金就不能成立。一旦出现这种情况,基金发起人应该将已认购款退还给投资者。

基金的发行价格由三部分组成:(1)基金面值;(2)基金的发行与募集费用;(3)基金的销售费用。目前,我国的证券投资基金的发行采取上网定价的方式进行,因此其价格不包括基金的销售费用,主要由以下两部分组成:基金的面值,一般为人民币1.00元;发行费用,为每基金单位0.01元。

基金可以平价、溢价或者折价发行。基金的平价发行就是指基金按每基金单位的资产净值的票面价格发行。目前我国绝大多数封闭式基金都是按此发行价格发行的。基金的溢价发行是指基金按高于基金面额的价格发行,形成溢价收入,作为基金公司的创业利润。一般来说,溢价的全部或部分金额要转入基金公司的法定准备金,待以后基金公司经营良好时再将其转入基金持有人的资本权益账户。基金的折价发行是指基金以低于基金面额所代表的资产净值的价格发行。这种情况并不常见,往往是一些基金管理人为了开拓新市场的策略。

小　　结

1. 股票提供所有者权益。持有者据此享有投票权和剩余分配权。管理权和所有权分离以及有限责任是现代公司制度的重要特征。

2. 优先股股票拥有股权与债务的双重特征。它与债券的相同点是承诺每年付给持有人一笔固定的收入。在这个意义上,优先股与统一公债即永久年期的债券相同。

3. 债券是另一个重要工具,债券的发行主体除了公司以外,还有各种政府和它们的代理机构。

4. 基金提供分散投资和专家管理的优势,基金产品的创新源源不断。

5. 当发行者将一种新金融资产出售给公众时,这种首次发行金融资产的市场称为一级市场。按一级市场工具类型进一步划分,一级市场通常又由股票市场、债券市场和投资基金三个小市场构成。

6. 一级市场的运作由发行人、投资者和中介机构共同完成。通常咨询与管理、认购和销售是整个一级市场运作的两个重要环节。

7. 公司发行股票是为其投资项目筹集必要的资金。投资银行通常充当承销商,从公司那里购买证券,再加价转售给公众。在证券卖给公众之前,公司必须出版一个经证券与交易委员会核准的募股说明书,其中应提供有关公司前景的信息。

8. 债券的发行与承销的市场组织与结构和股票极其相似,主要差别在于发行合同书和债券评级两个层面上,以及一个偿还环节中。

9. 基金的发起和募集是连在一起的,程序则类似于股份公司的成立和股票的第一次发行。

关 键 概 念

股票	股份	剩余请求权	有限责任	普通股
优先认股权	优先股	国有股	法人股	公众股
外资股	存托凭证	债券	固定收益证券	抵押债券
信用债券	指数债券	可赎回债券	可转换债券	普通债券
收入债券	基金	对冲基金	证券基金	开放式基金
封闭式基金	指数基金	公募和私募	首次公开发行	优先权发行
包销和代销	备用包销	信用评级	垃圾债券	否定性条款
肯定性条款	基金发起	基金契约	交易所交易基金	上市型开放基金

第二章 证券交易：二级市场

 学习目标

- ◆ 了解证券交易的各种场所以及交易市场和手段的未来发展趋势；
- ◆ 掌握获得各种证券的市场行情的方法,理解行情反映的市场行为的各个方面；
- ◆ 掌握各种证券价格指数的编制方式和一些重要市场的代表性指数；
- ◆ 掌握证券的主要交易规则和程序,并理解不同交易机制之间的差异；
- ◆ 通过案例了解二级市场上存在有关内幕交易和价格操纵方面的事实和缺陷。

二级市场是已发行的金融资产的交易市场。尽管向实物经济输送资源的任务在一级市场已经完成,但正是二级市场的存在使得这一过程得以持续,它提供了流动性,而这种流动性便利了资源的再次配置。二级市场的产生、存在和发展的原因,在于该市场赋予证券可卖性、流动性和连续性的特点。无论从哪个方面来看,二级市场的范围、交易额、参加交易的人数都是一级市场所不能比拟的。它不仅是一个用脚投票的地方,还是反映经济运行的所谓晴雨表。

本章介绍二级市场的一些要素,先是交易的场所,我们将观察交易所和交易所以外的其他交易方式。然后主要通过电子媒体了解证券的交易行情信息,并细致探讨反映整个市场波动价格指数的编制技术。最后我们介绍主要证券的交易过程,并顺带讨论这个设计精妙的市场经济的内核中最巧妙的部分——不同的交易机制。

第一节 交易场所

二级市场最常见的形式有：国家和地区的证券交易所(Securities Exchange),交易所以外的市场以及在投资人之间的直接交易。

一、证券交易所

世界上几乎每一个国家都有某种形式的证券交易所。那里的喧嚣和骚动一度被视为市场经济的活力源泉和标志性景象。交易所为会员提供证券交易的设施,只有交易所的会员才可以在此进行交易。

中国有两个国家级交易所,分别位于上海与深圳。上海证券交易所是我国目前最大

的证券交易中心，成立于1990年11月26日，注册人民币1 000万元。深圳证券交易所是我国第二家证券交易所，筹建于1989年，于1991年7月正式营业。

这两个交易所均按照国际通行的会员制方式组成，是非营利性的事业单位。它们由交易所会员、理事会、总经理和监事会四个部分组成。会员是经审核批准且具备一定从业条件的法人，他们都享有平等的权利，有权参加会员大会，对交易所的理事和监事有选举权和被选举权，对交易所的事务有提议权和表决权。会员大会是证券交易所的最高权力机关，每年召开一次。理事会为证券交易所会员大会的日常事务决策机构，对会员大会负责。总经理为交易所的法定代表人，由理事会提名通过报主管机关批准。总经理的职责是组织实施会员大会和理事会的决议并向其报告工作、主持交易所日常业务和行政工作、聘任交易所部门负责人和代表本所对外处理有关事务。证券交易所还设监事会，负责交易所财务、业务工作的监督，并对会员大会负责。交易所的业务范围包括：组织并管理上市证券，提供证券集中交易的场所，办理上市证券的清算与交割，以及提供上市证券市场信息。

这两个交易所开业以来，不断改进市场运作，逐步实现了交易的电脑化、网络化及大部分证券的无纸化操作。目前这两个交易所上市的证券品种有（A股、B股）、国债、企业债券、权证、基金等。截至2019年一季度末，在上海证券交易所挂牌的股票有1 506只，总市值为338 231亿元。在深圳证券交易所挂牌的股票有2 182只，总市值为225 151亿元。图2-1是相关基本数据。

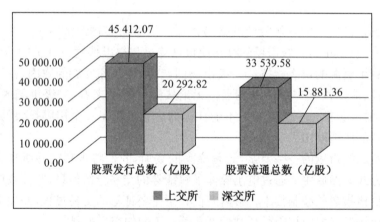

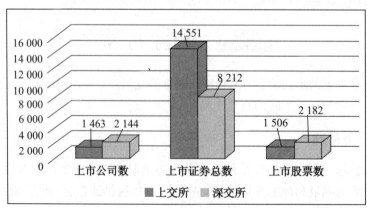

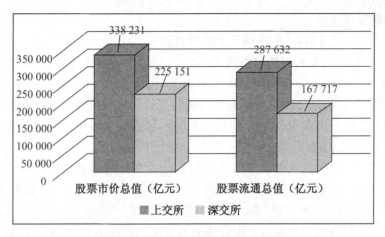

图 2-1 沪深交易所市场基本状况

资料来源：上交所、深交所网站。

在更为发达的经济中，如美国，存在着更多的交易所，它们更像企业。那里交易所的会员资格(或席位)是有价值的资产。交易所成员为投资者提供交易服务，交易所成员通过这一服务所能得到的佣金决定了每一席位的市场价值，显然这种价格也是随行就市的。例如，在国际级的纽约证券交易所(NYSE)，1878 年的席位卖价仅为 4 000 美元，而 2005 年初则高达 100 万美元。在这些交易所中，绝大多数席位是佣金经纪商(Commission Broker)的席位，多被大型、可提供全方位服务的证券(经纪)公司所拥有，席位赋予它们将经纪人安置于交易所大厅执行交易程序的权力。

纽约证券交易所是全球最大的独立交易所——大约有 2 800 家公司的股票在此交易，3 000 多种股票在此发行上市。它的交易量在 2004 年每日平均为 14.56 亿股。表 2-1 记录了 NYSE 在 2018—2019(预测)年的主要交易活动数据。

表 2-1 NYSE 在 2018—2019(预测)年的主要交易活动数据

	2019 YTD	2018
NYSE Average Daily Stock Volume (Billions)	3.41	3.52
NYSE Annual Turnover Rate	84.12%	83.51%
NYSE Average Price per Share Traded	$26.70	$24.97
NYSE Average Trade Size per Sale	455.68	468.34
NYSE Average Daily Value of Trading (Billions of dollars)	$91.04	$87.90

二、场外交易

在中国，不在交易所进行的股票交易仍然受到严格的控制，而同一家上市公司不同类型股票的场外交易仍然显得不可思议。在美国，约有 35 000 种证券在场外交易市场(Over-the-Counter，OTC)进行交易。但是这种市场并不是正式的交易场所。那里没有会员资格的要求，也不需要证券上市的要求。在 OTC 市场中，大量交易商由在证券与交易委员会(Securities Exchange Committee，SEC)注册的经纪人来担当。这些证券交易商在此按照自己意愿进行证券的买卖报价，而投资人则选择具有吸引力的报价并通过与交易商的接触实现交易。

1971年以前,美国OTC市场的股票报价都由手工记录并每天公布。这是一个烦琐低效的笨方法,并且公布的报价往往是过时的。1971年全国证券商协会自动报价系统(National Association of Securities Dealers Automatic Quotation,NASDAQ,简称纳斯达克)开始利用计算机网络提供股票买卖的即时报价信息。该系统允许交易商接受来自投资者符合现行所有买卖报价的购买或出售指令,通告交易者最理想的报价并执行客户具体的交易指令。近5 500家公司的证券在该报价系统上运行,这一系统现在被称为纳斯达克股票市场。纳斯达克市场也已成为纽约证券交易所最具挑战性的对手。纳斯达克计算机系统的总交易额获得了巨大的增长,从1984年的每天5 000万股上升为2005年的每天20亿股,现在该市场的股票数量超过了在纽约证券交易所上市的股票数量。而且许多具有在纽约证券交易所上市资格的大公司选择在纳斯达克上市,如著名的微软(Microsoft)、英特尔(Intel)等①。

三、第三及第四市场

第三市场(Third Market)是指原来在交易所交易的证券上市却转移到在场外市场进行交易而形成的市场。在1970年代以前,纽约证券交易所的会员被要求将所有在纽约证券交易所上市的证券交易都放在交易所进行,并实行固定佣金制。固定佣金制对大量交易者很不利,影响了他们的大量交易的规模经济效益。非纽约证券交易所会员的经纪人公司则可摆脱这一规定的约束,在场外市场进行纽约证券交易所上市公司证券的交易。但是,从1975年5月1日起(常被称为"五月节"),美国证券交易委员会取消了固定佣金制,允许交易所会员自行决定佣金数量,第三市场也就不那么具有吸引力了。

第四市场(Fourth Market)是指投资者之间直接进行证券交易的市场,中间没有经纪人的介入。渴望避免向经纪人付费的大机构都可能加入这种直接交易。技术变革开始显现力量,由于大机构投资者已开始利用像Instinet或Posit这样的电子通信网络(Electronic Communication Network,ECN)而避开了经纪人环节进行直接交易,第四市场在最近几年成长显著。Posit既支持单只股票又支持股票组合的交易。与交易所相比,两种网络都允许保有更多的隐私。在有些时候,Instinet网络的交易额累计高达在纳斯达克上市股票总交易额的30%。

第二节 市场信息:价格和数量

本节我们进入各种交易场所和电子交易系统,来细致解读证券行情。证券行情反映了每天的证券交易和证券价格变动情况,是进行证券投资分析的基本素材。此类信息充斥了我们的经济生活和视野,各类媒体(传统和现代)的滚动播放各种证券的信息。尽管如此获得特定信息仍然是需要成本的,不过电子媒体的流行大大降低了信息成本和获取信息的时间。以下我们就借助这些新媒体来了解三类主要证券的报价规则和交易数据。

---

① 在美国,尽管大多数普通股的交易是在交易所里进行的,多数债券和其他固定收益的证券则不是这样。公司债券既在交易所又在场外交易市场进行交易,但是所有的联邦和市政债券的交易只在场外交易市场进行。

一、股票

图 2-2 是 NYSE 提供的在它那里交易的部分股市行情的电子信息牌。

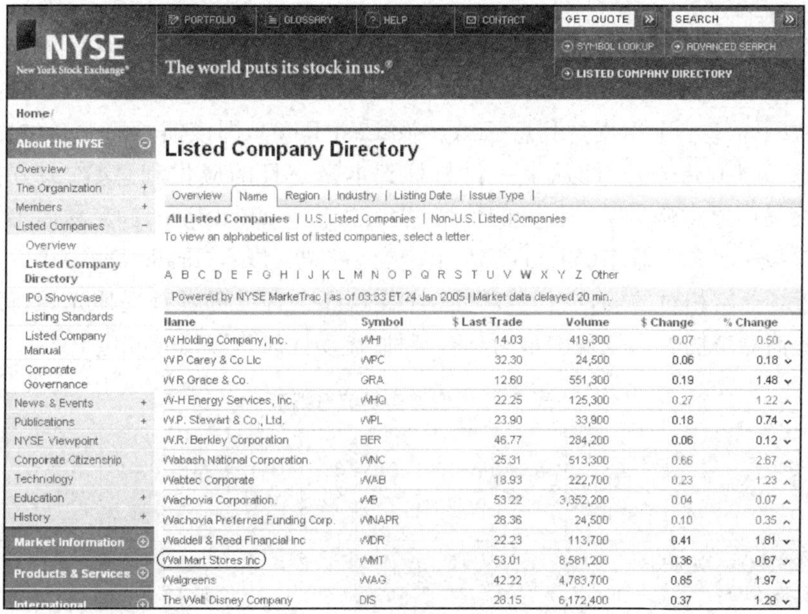

图 2-2 NYSE 股票交易行情信息

资料来源：NYSE 网站 © 2005 New York Stock Exchange, Inc. All Rights Reserved。

如果需要还可以点击获得更为详尽的股票信息，见图 2-3 的沃尔玛(Wal-Mart)公司的行情。

图 2-3 NYSE 股票交易信息细节

资料来源：NYSE 网站 © 2005 New York Stock Exchange, Inc. All Rights Reserved。

头一栏是最近一个交易日的基本情况,它的下面和右面提供了详尽的分时数据。接下来两栏是近 52 周内交易的最高与最低价格,最后的表格提供了包括 P/E 比率、β 系数[①]、每股分红和盈利、发行量等方面的数据。

二、债券

表 2-2 中是《华尔街日报》提供的部分公司债券行情的电子信息牌。它看上去较为复杂,包含以下信息:上次支付利息(Interests Last Paid),即该债券的上一付息日期;应付利息(Accrued Interest),即从上一付息日到本交易日的应付利息数;买方报价(Bid Price),即交易商愿意购买某一证券的价格;卖方报价(Asked Price),交易商出卖某一证券的价格;买方/卖方收益率(Yield)以及上个交易日期(Last Trade Date)等。可以看到公司债券市场通常相对薄弱,在任何特定时间内,都少有投资者有兴趣光顾特定债券的交易。因此债券市场因为变现困难而具有某种"流动性风险"(Liquidity Risk)。

表 2-2 债券交易信息细节

Symbol	Name	Int Last Paid	Accrued Interest	Annual Payments	Bid Price	Bid Size	Bid Yield	Ask Price	Ask Size	Ask Yield	Last Trade Date	Last Sale
ACK 08	ARMSTRONG WORLD INDUSTRIES 9 3/4% DEB 4/15/08	101501	0	2	53.25	20	0	56.5	10	0	20102	57
ADP ZR12	AUTOMATIC DATA PROCESSING ZR CPN LYON 2/20/12	82001	0	2	138	50	0	0	0	0	12202	148.125
AES 05	AES CORPORATION 4.50% CV DEB 8/15/2005	81501	22	2	68	35	0.1697	74	25	0.1415	20502	79
AES 08	AES CORPORATION 8% NTS 12/31/2008	123101	9.11	4	70.25	29	0.1499	71.25	55	0.147	20502	80
AFD 30	AMERICAN & FOREIGN PWR 5% DEB 3/1/30	90101	22.22	2	60.375	20	0.0884	0	0	0.076	13002	59.5

资料来源:华尔街日报 © 2005 Dow Jones & Company, Inc. All Rights Reserved。

表 2-3 提供的是国债和国库券交易信息。需要注意的是它们的报价规则。国债是以 1 元的 1/32 的形式报出的,如 101:01 代表 101.01/32 元。国库券是用百分比的折扣率来表示的,例如 2.07 代表每 100 元国库券按照(100-2.07)的价格销售。此外,每天的变化是用基点(Basis Points)-0.01% 来表示的。

三、基金

封闭式基金的价格包括一级市场的发行价格和二级市场的交易价格两种。基金的发行价格是指基金发行时由基金发行人所确定的向基金投资人销售基金单位的价格。

[①] 对于 P/E 比率(市盈率)的有关讨论,详见第四章;对于β系数的有关讨论,详见第七章。

基金的市场价格是指基金投资人在证券市场上买卖基金单位的价格,其要素包括基金资产净值(Net Asset Value,NAV)、市价和升水/贴水率(Premium/Discount)。所谓基金资产净值,是指在某一时点一个基金单位实际代表的价值。它的计算公式为:

$$NAV=(总资产-总负债)/股份总数或受益凭证单位数$$

表 2-3 政府债券交易信息细节

U. S. Government Bonds and Notes						Treasury Bills					
Rate	Maturity Mo/Yr	Bid	Asked	Chg.	Asked Yield	Maturity	Days to Mat.	Bid	Asked	Chg.	Ask Yield
7 1/2	Feb 05 n	100:03	100:04	−1	1.69	Feb 10 05	3	2.08	2.07	+0.12	2.10
1 1/2	Feb 05 n	99:30	99:31	—	1.76	Feb 17 05	10	2.03	2.02	−0.02	2.05
1 5/8	Mar 05 n	99:28	99:29	—	2.27	Feb 24 05	17	2.05	2.04	+0.01	2.07
1 5/8	Apr 05 n	99:25	99:26	—	2.38	Mar 03 05	24	2.15	2.14		2.17
6 1/2	May 05 n	101:01	101:02	−1	2.47	Mar 10 05	31	2.18	2.17	+0.02	2.20
6 3/4	May 05 n	101:03	101:04		2.48	Mar 17 05	38	2.16	2.15	+0.01	2.18
12	May 05	102:16	102:17	−2	2.42	Mar 24 05	45	2.18	2.17	−0.02	2.21
1 1/4	May 05 n	99:19	99:20	+1	2.46	Mar 31 05	52	2.25	2.24	−0.01	2.28
1 1/8	Jun 05 n	99:13	99:14	+1	2.56						

资料来源:华尔街日报 © 2005 Dow Jones & Company, Inc. All Rights Reserved.

基金的总资产是指基金拥有的所有资产的价值,包括现金、股票、债券、银行存款和其他有价证券[①]。基金的总负债是指基金应付给基金管理人的管理费和基金托管人的托管费等必要的开支。而所谓升水/贴水率,是指基金现行交易价格(市价)同基金净值之间的差异。

表 2-4 《华尔街日报》提供的基金交易信息

	Weekly Statistics (as of 1/28/2005)			Daily Statistics (as of 2/01/2005)			
Fund	NAV	Mkt Price	Prem/ Disc %	NAV	Mkt Price	Prem/ Disc %	52 Week Market Return %
Adams Express Company (ADX)	14.58	12.75	−12.55	14.79	12.98	−12.24	6.36
Advantage Adv Mlt-Sect Ⅰ (N/A)	24.09	N/A	N/A	24.35	N/A	N/A	N/A
Alliance All—Mkt Advantg (AMO)	13.11	14.45	+10.22	13.33	14.57	9.30	0.07

[①] 在我国,基金资产,包括基金所拥有的股票、债券和银行存款本息,估值须遵循如下原则:上市股票和债券按照计算日的收市价计算,该日无交易的,按照最近一个交易日的收盘价计算;未上市的股票以其成本价计算;未上市国债及未到期定期存款,以本金加计至估值日的应计利息额计算。

续表

Fund	Weekly Statistics (as of 1/28/2005)			Daily Statistics (as of 2/01/2005)			
	NAV	Mkt Price	Prem/Disc %	NAV	Mkt Price	Prem/Disc %	52 Week Market Return %
BlackRock Div Achvis (BDV)	14.58	14.68	+0.69	14.83	14.89	0.40	3.75
BlackRock Str Div Achvr (BDT)	14.85	14.67	−1.21	15.12	14.84	−1.85	NS
Blue Chip Vahe Fund (BLU)	5.54	6.50	+17.33	5.67	6.59	16.23	7.84
Boulder Growth & Income (BIF)	7.60	6.86	−9.74	N/A	6.90	N/A	6.19
Boulder Total Return (BIF)	20.29	18.37	−9.46	N/A	18.38	N/A	12.84
Brantley Capital Corp (BBDC)	N/A	11.49	N/A	N/A	11.45	N/A	10.69
Central Securities Corp (CET)	25.54	21.95	−14.06	N/A	22.15	N/A	5.19
Comerstone Strat Value (CLM)	6.17	8.74	+41.65	N/A	8.73	N/A	17.00
Comerstone Total Return (CRE)	12.21	18.84	+54.30	N/A	18.75	N/A	26.38

资料来源：华尔街日报 © 2005 Dow Jones & Company, Inc. All Rights Reserved。

封闭式基金进一步的细节如表2-5所示。同股票类似，封闭式基金的报价也有开盘价、收盘价、最低价和最高价，以反映该基金交易日内价格的涨落变化。

表2-5 《华尔街日报》提供的基金交易细节信息

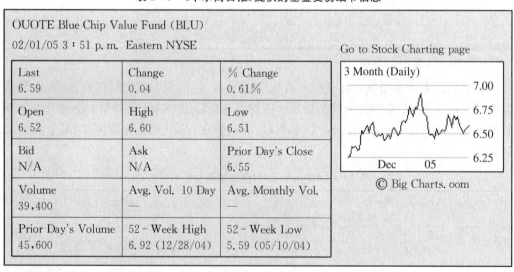

资料来源：华尔街日报 © 2005 Dow Jones & Company, Inc. All Rights Reserved。

开放式基金可以随时申购或者赎回，因此它的价格是指基金持有人向基金公司申购或赎回基金单位的价格，其申购和赎回价格每天由基金管理人根据一定的计价方式对外公开报价。报价通常包括卖出价和买入价两种价格。卖出价又称认购价，是投资者认购基金单位的价格；买入价又称赎回价，是投资者向基金公司卖出基金单位的价格。

开放式基金的价格以基金资产净值为基础进行计算。一般基金的卖出价包括首次认购费用（销售费用），或者为了吸引投资者，在报价时免掉销售费用；而买入价则除包括销售费用外，有时还包括一定比例的赎回费用，增加赎回基金的成本。用公式表示为：

卖出价＝基金单位资产净值＋首次购买费

买入价＝基金单位资产净值－赎回费

基金的首次购买费一般在3%—7%，有些新创立的基金为了吸引投资者，在首次推出时，不收首次购买费。表2-6是一家开放式基金的详细交易信息。它包括基金基本数据，如类别和风格(Portfolio Style)、资产净值、生效期(Inception Date)、赎回费率、销售费用(前端或者后端)和投资策略(Investment Policy)，还有购买信息、分红和收益历史数据以及重仓股分布情况等。

表2-6 NYSE提供的开放式基金交易细节

UBS INDEX TRUST; UBS S&P 500 INDEX FUND; CLASS A SHARES PSPIX					
As of 2/1/05 NAV: 13.77	1-Day Net Change ▲ 0.09	1-Day Return ▲ 0.66%	YTD Total Return ▼ −1.78%	Category S&P 500 Index	
FUND STATS		TOTAL RETURNS (%) 3, 5 and 10 year returns are annualized			
Portfolio Style:	S&P 500 Index		YTD	1Yr	3Yr	5Yr	10Yr
Net Assets ($Mil):	151.00	Fund	−1.78	6.27	3.03	NA	NA
Inception Date:	10/2/98	Category	−1.81	6.28	3.07	−2.37	10.90
Expense Ratio:	0.70%	Index (S&P 500)	−1.80	7.00	3.70	−1.80	11.60
Sates Charge:		% Rank in Category	18	64	71	NA	NA
Load Type:	Front-End Load	Quintile Rank	A	D	D	NA	NA
Front-End Load:	2.50%					
Back-End Load:	0.00%					
Investment Policy: The Fund seeks investment results that correspond to the price and yield performance, before fees and expenses, of the S&P 500 Index.		TOP 10 HOLDINGS (as of 9/30/04)			
		Hame	% Het Assets			
		General Elec Co Com	3.41			
PURCHASE INFO		Exxon Mobil Corp Com	3.02			
Status to New Investors:	Open	Microsoft Corp Com	2.89			
Manager Name:	Team Managed	Pfizer Inc Com	2.22			
Manager Start Date:	IIA	Citigroup Inc Com	2.19			
Initial Purchase Regular:	$1,000	Wat Mart Stores Inc Com	2.17			
Phone Number:	800-647-1568	American Intl Group Inc Com	1.70			
DISTRIBUTION HISTORY		Bank Of America Corporation Com	1.69			
Year	Income Distribution	Capital Gains Distribution	Johnson & Johnson Com	1.60		
			International Business Mach Com	1.38		
YTD	$0.18	IIA			
2004	$0.18	IIA			

资料来源：NYSE网站 © 2005 New York Stock Exchange, Inc. All Rights Reserved。

在中国，股票、债券和基金的交易都放在同一些交易所中。投资者可以在上海和深圳两个交易所的网站上获得《上海证券交易所行情报表》与《深圳证券市场行情》，内容非常详尽，例如，对于股票，它们提供关于公司概况、股本结构、筹资情况、利润分配、财务指标、成交概况、公告摘要、定期报告、回访报告、治理细则、股东大会资料、高管人员等信息；对于债券，提供基本情况、成交概况、换手率变化等信息；对于基金，提供基本情况、份额结构、经营状况、成交概况和投资组合等信息。这是我们了解有关中国证券和证券市场的基本信息的渠道。

第三节 价格指数

上一节我们介绍了单一证券的交易信息，本节则讨论反映市场整体情况的价格指数(Price Index)及其编制方法。编制证券价格指数通常以某年某月为基础，以这个基期的证券价格作为100，用以后各时期的证券价格和基期价格比较，计算出升降的百分比，用该百分比的分子代表该时期的价格指数。投资者根据指数的升降，就可以判断出证券价格的变动趋势。为了能实时地向投资者反映市场的动向，几乎所有的证券市场都是在价格连续细小变化的同时即时(Real Time)公布价格指数。

一、美国金融市场上重要证券价格指数

（一）股票价格指数

1. 道-琼斯工业平均指数。自从1896年以来，道-琼斯就开始计算30种大型公司的蓝筹股指数。最初的计算方法是将所有在指数内的股票价格做简单平均。如有30种股票，就把30种股票价值加总，然后除以30。为解释清楚，不妨设表2-7为道-琼斯工业平均指数中的两种股票。股票ABC的初始价格为25元/股，股票XYZ为100元/股。因此，最初的指数值为$(25+100)/2=62.5$，而最终ABC的价格为每股30元，XYZ的价格为每股90元，所以平均值降到$(30+90)/2=60$，下降了2.5个点。2.5个点的下降在指数中就是指数降低4%：$2.5/62.5=0.04$。

表2-7 假设的指数股票构成

股　票	开始价格	结束价格	股份数	开始总价值	结束总价值
ABC	25	30	20	500	600
XYZ	100	90	1	100	90
合计				600	690

资料来源：博迪等. 投资学. 5版. 机械工业出版社，2002：52。

由于道-琼斯指数测度的是所持每种股票1股的资产组合的回报，所以它也被称为价格加权平均指数(Price-weighted Average)。投资于各公司的货币额在资产组合中代表着该公司股份价格的比例。在决定指数表现时，价格加权平均指数给予较高价格的股份较多的权重。如上例，虽ABC上升了20%而XYZ仅下降了10%，但指数值是下降的。这是因为ABC中20%的上升代表的是一个较小的价格所得（每股5元），而XYZ中10%的下降代表的是一个较大的价格所失（每股10元）。

如果说道-琼斯工业平均指数是 30 种股票的平均价格,为什么现在的道-琼斯工业平均指数会超过 1 万点呢?这是因为只要发生拆股或对一种股票支付大于 10%的红利,以及 30 家公司中的某一家被任一家公司所替代,都要重新计算平均数。当这些事件发生时,用于确定平均价格的分子会被重新调整,这样可以使指数免受这些事件的影响。例如,如果以 1 拆 2 的比例来拆细 XYZ 股票,它的股价会下降到每股 50 元。但是,我们不希望道-琼斯工业平均指数下降,因为如果那样,就会错误地表示出市场价格的一般水平下降了。所以发生拆细后,必须调整除数,使之减少到能让平均指数不受拆细影响的程度。表 2-8 说明了这个问题。

表 2-8 假设的指数股票构成

股 票	开始时刻	下一时刻	股份数	开始总价值	结束总价值
ABC	25	30	20	500	600
XYZ	50	45	2	100	90
合计				600	690

资料来源:博迪等.投资学.5 版.机械工业出版社,2002:53。

表 2-7 中 XYZ 最初的股价是 100 元,如果一开始就发生拆细,则在表 2-8 中,股价下降到 50 元。注意,现有股份增加一倍,可总股份的市场价值并无变化。除数 d,在最初计算两种股票的平均值时是 2.0,现在必须重新确定它的值,以保证平均指数值不变。因为拆细后股票总价值是 75 元,而拆细前的平均价格是 62.5 元,我们以等式 $75/d=62.5$ 来解出新的 d 值。因此,d 由原来的 2.0 变为 $75/62.5=1.2$,这样,最初的平均指数值未受拆细的影响:$75/1.20=62.5$。在期末,ABC 股票的售价为 30 元,XYZ 股票的售价为 45 元,表示相同的 10%的负回报率。而新价格权重的平均值为 $(30+45)/1.2=62.5$。指数未变,所以回报率是 0,而不是 -4%,如不发生拆细,计算结果就是 4%。

我们的结果是拆细后的股票指数的回报率大于拆细前的情况。XYZ 股票的相应权重是业绩较差股票的权重,经拆细后由于股价降低导致权重下降,因此平均指数的业绩更高了。这个例子说明了,价格权重平均指数中隐含的权重因素很有随意性,它是由平均数中的股票价格而不是现有市场价值(每股价格乘以股份数量)来决定的。

除了以上 30 种工业平均指数以外,道-琼斯也计算 20 家运输部门上市公司的平均股价指数,其中包括航空公司、卡车公司与铁路公司的股票。道-琼斯还计算由 15 家电力和天然气等公用事业部门的上市公司构成的平均股价指数,以及 65 种综合平均股价指数,后者包含了 65 家公司,分为 3 个独立的平均股价指数。

2. 标准普尔指数。从查尔斯·道的时代起,已有数种股票的市场指数对道-琼斯工业平均指数发起过挑战。1928 年,标准普尔公司推出了标准普尔 90 指数,到 1950 年代发展成标准普尔 500 指数,它成为今日专业资金管理人员广泛使用的基准尺度。

标准普尔 500 股票指数与道-琼斯平均指数相比,在两方面有所改进。第一,指数的样本范围扩大到 500 家公司;第二,它是市值加权指数(Market-value-weighted Index)。在上述 XYZ 与 ABC 的例子中,标准普尔 500 指数会给予 ABC 公司 5 倍于 XYZ 公司的权重,因为前者现有股权的市值是后者的 5 倍,两者是 5 亿美元相对于 1 亿美元的关系。标准普尔 500 指数是通过计算指数中 500 家公司的市值总和及前一日这些公司的市场交易总值来计算指数的。从一日到下一日的市场总值增长百分率即为指数的增长率。投资者持有全部 500 家股票，每种的持有量与该公司的市值在 500 家公司总市值中的比重相一致，此时指数的回报率与投资者的资产组合的回报率相等。

如表 2-7 所示，如果让 ABC 股票与 XYZ 股票的市值加权指数等于一个任意选择的起点值，如 100，则年终的指数值将等于 $100\times(690/600)=115$。指数的上升反映了根据现有市值的比例持有这两种股票的资产组合有 15% 的回报率。

与价格加权指数不同，市值加权指数给予 ABC 股票更多的权重。价格加权指数的下降是因为它受 XYZ 股票较高价格的支配，而市值加权指数的上升是因为它给 ABC 股票更多的权重，因为 ABC 股票具有更大的市场价值总额。表 2-7 和表 2-8 中还需引起注意的是，市值加权指数不受股票拆细的影响，例如，现有 XYZ 股票总市值从 1 亿美元增至 1.1 亿美元，无须考虑股票拆细。

表 2-9　美国主要股票指数(2005-1-25)

资料来源：华尔街日报 © 2005 Dow Jones & Company, Inc. All Rights Reserved。

除了标准普尔 500 以外，标准普尔还发布一个由 400 种工业股票构成的工业指数、一个由 20 种运输业股票构成的运输业指数、一个由 40 种公用事业股票构成的公用事业指数和一个由 40 种金融业股票构成的金融业指数。

3. 其他股票指数。纽约证券交易所除发布工业、公用事业、交通与金融业的分类指数外，还发布所有在该证交所上市股票的市值加权综合指数。美国股票交易所也计算该所股票的市值加权指数。这些指数包含的范围甚至比标准普尔 500 指数更为广泛。全国证券交易商协会发布近 3 000 种场外交易(OTC)股票的指数,这些股票通过全国证券交易商协会的自动报价系统(Nasdaq)进行交易。到目前为止,最大的美国股权指数是威尔希尔(Wilshire)5 000 指数,它是所有纽约证券交易所及美国股票交易所,再加上场外交易股票的市值总和。尽管名为 5 000,但该指数实际包含了大约 7 000 种股票。表 2-9 提供了美国市场上的主要股价指数群。

(二)债券市场指数

如同股票指数为我们提供股市行情指南一样,几种债券市场的指数也为我们测度衡量各类债券的市场表现。其中三种最著名的指数为美林、莱曼兄弟(Lehman Brothers)和索罗门兄弟指数,如表 2-10 所示。

表 2-10 美国固定收益市场指数

12 Month High	12 Month Low		Index Close	Chg.	% Chg.	12 Month Chg.	% Chg.	From 12/31 Chg.	% Chg.
US Treasury Securities Lehman Brothers									
1,387.68	1,302.49	Composite (Price)	1,341.15	−3.65	−0.27	−17.58	−1.29	2.62	0.20
8,906.80	8,385.00	Composite (Total Return)	8,883.77	−23.03	−0.26	268.21	3.11	43.43	0.49
1,253.02	1,196.70	Intermediate (Price)	1,208.75	−1.77	−0.15	−29.62	−2.39	−2.41	−0.20
7,752.62	7,457.47	Intermediate (Total Return)	7,712.79	−10.49	−0.14	109.71	1.44	4.95	0.06
1,830.07	1,637.13	Long-Term (Price)	1,783.87	−11.19	−0.62	30.77	1.76	23.59	1.34
13,149.84	11,522.05	Long-Term (Total Return)	13,070.14	−79.70	−0.61	939.90	7.75	221.79	1.73
Broad Market Lehman Brothers									
1,291.92	1,202.77	US Government/Credit	1,288.12	−3.80	−0.29	44.91	3.61	5.66	0.44
1,116.30	1,040.43	US Aggregate Bond	1,113.59	−2.71	−0.24	43.11	4.03	4.89	0.44
US Corporate Debt Issues Merrill Lynch									
1,291.74	1,113.83	10+Year Maturities	1,282.58	−9.16	−0.71	97.71	8.25	16.68	1.32
1,079.69	1,019.42	1-10 Year Maturities	1,077.56	−2.12	−0.20	31.99	3.06	0.77	0.07
1,527.03	1,410.52	Corporate Master	1,522.15	−4.88	−0.32	62.77	4.30	5.55	0.37
724.65	641.43	High Yield	719.95	0.75	0.10	50.99	7.62	−3.30	−0.46
1,109.24	1,029.81	Yankee Bonds	1,106.69	−2.55	−0.23	44.53	4.19	5.41	0.49
Tax-Exempt Securities Bond Buyer Muni Index									
133.88	104.94	Bond Buyer 6% Muni	114.03	−0.13	−0.11	1.09	0.97	1.69	1.50
220.39	199.83	12-22 Year General Obligation	220.18	−0.21	−0.10	11.52	5.52	1.77	0.81
205.64	187.76	7-12 Year General Obligation	205.45	−0.19	−0.09	8.11	4.11	0.82	0.40
209.29	188.50	22+Year Revenue	209.14	−0.15	−0.07	10.62	5.35	2.75	1.33
Mortgage-Backed Securities Current Coupon; Merrill Lynch									
449.23	416.12	Fannie Mae (FNMA)	448.56	−0.60	−0.13	19.23	4.48	2.51	0.56
275.59	254.70	Freddie Mac (FHLMC)	274.95	−0.64	−0.23	12.41	4.73	1.85	0.68
452.14	416.15	Ginnie Mae (GNMA)	451.08	−1.04	−0.23	24.98	5.86	3.33	0.74
1,145.54	1,067.04	Lehman Bros. Fixed MBS	1,143.41	−1.75	−0.15	52.59	4.82	5.15	0.45

资料来源:华尔街日报 © 2005 Dow Jones&Company, Inc. All Rights Reserved.

这些债券价格指数的主要问题是,对偶尔发生的债券交易很难获得最新的交易价格资料,致使许多债券的实际回报率很难算出。在实践中,有些价格必须通过债券估值模型来估算,这些估算值与真实的市场值可能会有差异。

二、中国金融市场指数

(一)上证指数

由上海证券交易所编制并发布的上证指数系列是一个包括上证180指数、上证50指数、上证综合指数、A股指数、B股指数、分类指数、债券指数、基金指数等的指数系列。其中最早编制的为上证综合指数。它由上海证券交易所于1991年7月15日公开发布,上证指数以"点"为单位,基日定为1990年12月19日,基日指数定为100点。1992年2月21日,增设上证A股指数与上证B股指数,以反映不同股票(A股、B股)各自的走势。1993年6月1日,又增设了上证分类指数,即工业类指数、商业类指数、地产业类指数、公用事业类指数、综合业类指数,以反映不同行业股票各自的走势。2002年6月,上海证券交易所对原上证30指数进行了调整并更名为上证成分指数(简称上证180指数)。

表2-11 4类14种上证指数信息

指数名称	基准日期	基准点数	成份股数量	成分股总股本数(亿股)
样本指数类				
上证180	2002-06-28	3 299.06	180	2 961.67
上证50	2003-12-31	1 000	50	2 132.45
红利指数	2004-12-31	1 000	50	1 327.26
综合指数类				
上证指数	1990-12-19	100	880	4 750.17
分类指数类				
A股指数	1990-12-19	100	826	4 650
B股指数	1990-02-21	100	54	100.17
工业指数	1993-04-30	1 358.78	566	2 965.4
商业指数	1993-04-30	1 358.78	57	152.52
地产指数	1993-04-30	1 358.78	22	74.09
公用指数	1993-04-30	1 358.78	87	869.07
综合指数	1993-04-30	1 358.78	136	689.09
其他指数类				
基金指数	2000-05-08	1 000	25	398
国债指数	2002-12-31	100	25	8 266.07
企债指数	2002-12-31	100	24	—

资料来源:上海证券交易所。

1. 指数取样范围

(1) 上证180指数的样本股是在所有A股股票中抽取最具市场代表性的180种样本股票,并剔除下列类型股票:上市时间不足一个季度的股票,暂停上市股票,经营状况异常或最近财务报告严重亏损的股票,股价波动较大、市场表现明显受到操纵的股票。选样标准包括行业内的代表性、规模以及流动性。

选样方法是根据总市值、流通市值、成交金额和换手率对股票进行综合排名;按照各行业的流通市值比例分配样本只数;按照行业的样本分配只数,在行业内选取排名靠前的股票;对各行业选取的样本做进一步调整,使成分股总数为180家。上证成分指数依据样本稳定性和动态跟踪相结合的原则,每半年调整一次成分股,每次调整比例一般不超过10%。上证50指数的成分股是在上证180指数的成分股中选取规模大、流动性强的50只股票。

(2) 上证红利指数挑选在上证所上市的现金股息率高、分红比较稳定、具有一定规模及流动性的50只股票作为样本。满足以下两个条件的上海A股股票构成上证红利指数的样本空间:① 过去两年内连续现金分红而且每年的现金股息率(税后)均大于0;② 过去一年内日均流通市值排名在上海A股的前50%。

(3) 分类指数的成分股是相应股票类别或行业类别的全部股票。上海证券交易所对上市公司按其所属行业分成五大类别:工业类、商业类、房地产业类、公用事业类、综合业类,行业分类指数的样本股是该行业全部上市股票(A股和B股)。

(4) 基金指数的成分股是所有在上海证券交易所上市的证券投资基金。

2. 计算方法

上证指数均采用派许加权综合价格指数公式[①]。成分指数以成分股的调整股本数为权数进行加权计算,具体计算公式为:

报告期指数=报告期成分股的调整市值/基日成分股的调整市值×1 000

其中,调整市值 $=\sum$(市价×调整股本数),基日成分股的调整市值亦称为除数,调整股本数采用分级靠档的方法对成分股股本进行调整。根据国际惯例和专家委员会意见,上证成分指数的分级靠档方法如表2-12所示。

表2-12 上证成分指数的分级表

流通比例(%)	≤10	(10, 20]	(20, 30]	(30, 40]	(40, 50]	(50, 60]	(60, 70]	(70, 80]	>80
加权比例(%)	流通比例	20	30	40	50	60	70	80	100

例如,某股票流通股比例(流通股本/总股本)为7%,低于10%,则采用流通股本为权数;某股票流通比例为35%,落在区间(30, 40]内,对应的加权比例为40%,则将总股本的40%作为权数。

---

① 以基期成交股数(或总股本)为权数的指数称为拉斯拜尔指数,以报告期成交股数(或总股本)为权数的指数称为派许指数。

上证指数系列均为"实时逐笔"计算①。具体做法是,在每一交易日集合竞价结束后,用集合竞价产生的股票开盘价(当日无成交者则取昨日收盘价)计算开盘指数,以后每有一笔新的成交,就重新计算一次指数,直至收盘,实时向外发布。

3. 指数的修正

当成分股名单发生变化或成分股的股本结构发生变化或成分股的市值出现非交易因素的变动时,采用除数修正法修正原固定除数,以保证指数的连续性。修正公式为:

$$修正前的市值/原除数 = 修正后的市值/新除数$$

其中,修正后的市值=修正前的市值+新增(减)市值;由此公式得出新除数(即修正后的除数,又称新基期),并据此计算以后的指数。

以下是需要修正的情况。(1)新上市。凡有成分股新上市,上市后第一个交易日计入指数(上证180指数除外)。(2)除息。凡有成分股除息(分红派息),指数不予修正,任其自然回落。(3)除权。凡有成分股送股或配股,在成分股的除权基准日前修正指数。修正后市值 = 除权报价×除权后的股本数+修正前市值(不含除权股票)。(4)汇率变动。每一交易周的最后一个交易日,根据中国外汇交易中心该日人民币兑美元的中间价修正指数。(5)停牌。当某一成分股在交易时间内突然停牌,取其最后成交价计算即时指数,直至收盘。(6)暂停交易。当某一成分股暂停交易时,不做任何调整,用该股票暂停交易的前一交易日收盘价直接计算指数。若停牌时间超过两日以上,则予以撤权,待其复牌后再予复权。(7)摘牌。凡有成分股摘牌(终止交易),在其摘牌日前进行指数修正。(8)撤权。撤去成分股的权数,将其暂时剔除于指数的计算之外。被停牌的成分股于连续停牌第三日撤权。增发新股的成分股于增发股份发行日的前一交易日撤权。(9)复权。恢复成分股的权数,将其重新纳入指数的计算。因停牌而被撤权的成分股于复牌后第二个交易日复权。增发新股的成分股于增发股份上市后第二个交易日复权。(10)股本变动。凡有成分股发生其他股本变动(如内部职工股上市引起的流通股本增加等),在成分股的股本变动日前修正指数。修正后市值=收盘价×调整后的股本数+修正前市值(不含变动股票)。(11)停市。A股或B股部分停市时,指数照常计算;A股与B股全部停市时,指数停止计算。

(二)深证指数

深圳证券交易所股价指数共有3类13项。第1类是综合指数类,包括深证综合指数、深证A股指数、深证B股指数;第2类是成份股指数类,包括深证成分指数,其中又包括成分A股指数和成分B股指数,成分B股又可细分为工业分类指数、商业分类指数、金融分类指数、地产分类指数、公用事业指数、综合企业指数;第3类包括深证基金指数。其中深证综合指数以1991年4月3日为基日,1991年4月4日开始发布,基日指数为100;深证A股指数以1991年4月3日为基日,1992年10月4日开始发布,基日指数定为100;深证B股指数以1992年2月28日为基日,1992年10月6日开始发布,基日指数定为100;成分指数类以1994年7月20日为基日,1995年1月23日发布,基日指数定为1 000;深证基金指数以1996年3月15日为基日,1996年3月18日开始发布,基日指数

---

① B股价格单位。成分股中的B股在计算上证B股指数时,价格采用美元计算。成分股中的B股在计算其他指数时,价格按适用汇率(中国外汇交易中心每周最后一个交易日的人民币兑美元的中间价)折算成人民币。

定为1 000。

众多指数中最有影响的是深证成分指数,成分股指数类的指数股(即成分股)是从上市公司中挑选出来的40家成分股。纳入成分股指数类计算范围的成分股的一般选取原则包括以下方面:首先要有一定的上市交易日期,为了考察上市股票的市场表现和代表性,需要股票有一定的上市交易日期;其次要有一定的上市规模,所谓的规模以每家公司一段时期内的平均流通市值和平均总市值作为衡量标准;最后要交易活跃,以每家公司一段时期内的总成交金额作为衡量标准。

根据以上标准定出初步名单后,再结合下列各项因素评选出40家上市公司(同时包括A股和B股)作为成分股,计算深圳成分指数:一是公司股份在一段时间内的平均市盈率,二是公司的行业代表性及所属行业的发展前景,三是公司近年的财务状况、盈利记录、增长展望及管理素质等,四是公司的地区代表性等。

综合指数类和成分股指数类均为派许加权价格指数,即以指数股的计算日股分数作为权数,采用连锁公式加权计算。两类指数的权数分别如下:综合指数类股份数=全部上市公司的总股份数;成分股指数类股份数=成分股的可流通股本数。

每一交易日集合竞价结束后,用集合竞价产生的股票开市价(当日无成交者则取昨日收盘价)计算开市指数,然后用连锁方法计算即时指数,直至收市。

第四节 交易流程

本节我们介绍证券交易的主要程序,这一节中的多数内容适用于交易所中所有的证券。证券交易程序一般包括开户、委托买卖、成交、清算、交割、过户等步骤。其中委托买卖和成交是两个核心步骤。

一、开户

寻找一家证券公司作为经纪人是进行证券交易的第一步。投资者要尽量选择财务健全、知名度高的可靠券商,选择一个信誉可靠的证券公司作为经纪人,毫无疑问,将是保证其资产的安全进而能够盈利的重要前提。这一点在中国目前的行业竞争激烈和行业自律纪律松弛的情况下,显得尤为重要。还应考虑的因素包括该公司的业务状况是否良好,工作人员的办事效率是否高,公司的交易设施是否完备、先进,收费是否合理等多个方面。

当投资者选定了一家证券作为其买卖股票的经纪人之后,接下来就是在证券公司开户。所谓开户,就是股票的买卖人在证券公司开立委托买卖的账户。其主要作用在于确定投资者信用,表明该投资者有能力支付买股票的价款或佣金。

客户开设账户,是股票投资者委托证券商或经纪人代为买卖股票时,与证券商或经纪人签订委托买卖股票的契约,确立双方为委托与受托的关系。证券商接受客户委托代理买卖股票的主要规定有:(1)证券商必须经证券主管机关批准方可在证券交易市场经营经纪业务;(2)代理证券商受理委托买卖股票,限于其公司本部营业机构和分支机构以及经证券主管机关批准的股票交易业务的代理机构。

委托某证券商代办股票买卖交易,必须先向该证券商办理名册登记手续,以建立一种委托与受托关系。名册登记的主要内容包括：客户的姓名、性别、身份证号码、家庭地址、职业、联系电话并留存印鉴和签名样卡。法人名册主要包括法人证明、法人授权书、法人姓名、证券商名称。在我国上海，这种工作由上海证券交易所办理，投资者出具身份证、银行存折办理股票账户。股票账户类似于股票存折，既是股民的代码卡，又是股民分红派息、买卖股票的有效凭证。在深圳，凡要购买股票者，都必须首先到市内任意一家专业银行(中国工商银行、中国建设银行、中国农业银行、中国银行)或综合性银行(平安银行等)中有全市电脑联网、办理通存通兑的储蓄所办理存款手续，确定开户银行和账号，以便日后分红派息，此账号也可作为委托买卖资金专户，以便清算交割顺利进行。投资者凭身份证和存折到登记过户公司办理股东代码卡，每一个投资者只能建立一个代码，投资者在认购新股、委托买卖、代理股票过户时，必须在有关凭证上填写自己的代码。

按照我国现行的有关规定，证券商有权拒绝下列人员开户：(1)未满18周岁的成年人及未经法定代理人允许者；(2)证券主管机关及证券交易所的职员与雇员；(3)党政机关干部、现役军人；(4)证券公司的职员；(5)被宣布破产且未恢复者；(6)未经证券主管机关或证券交易所允许者；(7)法人委托开户未能提出该法人授权开户证明者；(8)曾因违反证券交易的案件在查未满三年者。

证券商接受委托证券买卖时，必须先与委托人办妥委托契约。委托人须亲自签订受托契约并交验居民身份证和股东代码卡正本。委托人为法人者，应附法人登记证明文件复印本、合法的授权书与被授权人居民身份证正本。委托契约应载明委托人的姓名、性别、年龄、籍贯、联系电话和地址、居民身份证编号、开户银行账号，其为法人者应载明名称、地址及统一编号。受托契约的有效时间由契约双方当事人约定。

从事证券交易的投资者可以选择开立以下五种账户。

(1) 现金账户。开立这种账户的客户，其全部买卖均以现金完成。当通过经纪商购进股票时，必须在清算日或清算日之前交清全部价款，用现金支付。同样，当卖出股票时，也须在清算日或清算日之前，将股票交给证券经纪商，证券经纪商将价款收入账户。我国目前使用此种账户。

(2) 保证金账户。保证金账户又叫普通账户，开立这一账户的客户在买进股票时，只需要支付部分现款(即保证金)就可以买进全部股票，全部价款与保证金的差额部分由证券商代垫，按市场利率计息，买进的股票则存在证券商处做抵押品。例如，若规定保证金比例为55%，则开立保证金账户的客户在买进股票时，只需支付所购股票价款的55%。余下45%的价款由证券经纪商公司提供贷款。

(3) 联合账户。联合账户是指两个或两个以上的个人共同在经纪商那里开立一个账户，如一方死亡，另一方无须等到法院的判决就可以出售股票。这种情况多见于夫妻双方、父子等亲戚关系，两个以上的没有亲戚关系的人也可开立联合账户，以减少佣金。

(4) 信托账户。这是专为未成年人的保护人开立的交易账户。许多国家的法律禁止未到法定年龄的居民，由于继承遗产或亲友赠送等原因，拥有一定数量的股票。为解决这个矛盾，证券公司设立此账户，由未成年者的保护人代其交易。

(5) 授权账户。这是一种特殊的账户。投资者开立此账户意味着他将授权证券公司，可以事先不与其商量，根据市场情况随机处理，代其进行股票的买卖。通常只有在投资者完全信任证券公司的情况下，才会开立此类账户。但目前很多国家的法律规定禁止使用这种账户,不少证券公司为避免纠纷,也拒绝开设上类账户。以上第(2)、(3)、(4)、(5)种账户,我国目前尚未使用。

开立账户之后,投资者与证券公司作为授权人和代理人的关系就基本确定。投资者作为授权人委托证券公司代理买卖股票,证券公司作为代理人负有认真执行客户委托的责任,并为客户的委托事项保守秘密。

二、委托买卖

客户的委托买卖是证券交易所交易的基本方式,是指投资者委托证券商或经纪人代理客户(投资者)在场内进行股票买卖交易的活动。在委托交易方式中,根据委托内容与委托要求,可做出多种委托方式。

(一)按委托人委托的形式划分

(1)当面委托,即委托人以面对面的形式当面委托证券商,确定具体的委托内容与要求,由证券商受理股票的买卖。(2)网络委托,即委托人通过互联网络,确定委托内容和要求发送到开设网上交易业务证券商,并委托他们代办买卖股票的交易。此外,常见的还有电话委托和传真委托等形式。

(二)以委托人的委托期限划分

(1)当日委托,即委托人的委托期限只于当日有效的委托。(2)五日有效委托,即开市第五日收盘时自动失效委托。(3)一月有效委托,即每月末交易所最后一个营业日收市时自动失效的委托。(4)撤销前有效委托,即客户未通知撤销则始终有效的委托。

(三)以委托人委托的价格条件划分

(1)随市委托(Market Orders),即委托人在委托证券商代理买卖股票的价格条件中,明确其买卖可随行就市。例如,投资者给证券经纪人打电话询问 ABC 公司股票的市价,当了解到当前买方报价为每股 18 元、卖方报价为每股 18.25 元时,投资者指示经纪商按市价购买 100 股,意思是他同意以每股 18.25 元买入,并立即成交。同样,按市场价卖出的委托,意指按每股 18 元出售股票。(2)限价委托(Limit Orders),即委托人在委托证券商代理股票买卖过程中,确定买入股票的最高价和卖出股票的最低价,并由证券商在买入股票的限定价格以下买进、在卖出股票的限定价格以上卖出。如果投资者愿意按特定价格买卖证券,他们也可能发出限制指令。在股票达到购买指令界限以下时,交易才可进行。例如,假设现在 ABC 公司股票的买方与卖方报价分别为 18 元和 18.125 元,一个购买限制指令可能在股价下降至每股 15 元时,才容许经纪人购买股票。同样,一个出售限制指令会在股价升至特定价格以上,才容许经纪人卖出股票。(3)止损委托(Stop-loss Orders),与限价指令相似,也要求股价在达到某个价位后才执行交易指令。在这种情况下,价格降至一规定水平之下时才出售股票。正像止损的名称所表示的,指令允许卖出股票是为了避免造成更大损失。与此相应的是,限购指令(Stop-buy Orders)特指当价格上升到给定界限时应购进股票。

(四)以委托数量为标准来划分

(1)有整数委托,指委托的数量是交易所规定的成交单位或其倍数。股票交易中常用"手"作为标准单位,通常 100 股为一标准手。一标准手发股票一张;若是债券,则以1 000 元为一手。(2)零数委托,指委托的数量不足交易所规定的成交单位。虽然证券商一般不接受不足一个成交单位的委托,但经纪人可将客户的零数委托转交给专门从事零数买卖的零数自营商。零数自营商一方面必须在交易厅内零星买进不足一个成交单位的股票,凑成整数股后转卖给佣金经纪人;另一方面又必须在交易厅内买进整数股,然后化整为零地转卖给需要不足一个成交单位的佣金经纪人。这样,零数自营商必须承担一定的风险。

证券商的工作人员接到客户的委托指令后,应立即填写委托书。委托书应记载委托人姓名、股东代码、委托日期时分、证券种类、股数或面额、限价、有效期间、营业员签章、委托人签章、委托方式(电话、电报、书信、当面委托)、保管方式(领回证券、集中保管),并应附注下列各款内容:① 未填写"有效期限"者视为当日有效;② 委托方式应予标明;③ 书面或电报委托者应黏附函电;④ 未填写"限价"者视为市价委托。

三、成交

证券商在接受客户委托填写委托书后,应立即通知其在证券交易所的经纪人去执行委托。由于要买进或卖出同种证券的客户都不止一家,故他们通过双边拍卖的方式来成交,也就是说,在交易过程中,竞争同时发生在买者之间与卖者之间。证券商成交的基本流程是:证券商给其在证券交易所的代表人或代理人发出通知,代表(出市代表)了解行情,讨价还价,成交。证券交易所内的双边拍卖主要有三种方式,即口头竞价交易、板牌竞价交易、计算机终端申报竞价。

(一)证券交易成交的原则

1. 价格优先原则

较高买进申报优先满足于较低买进申报,较低卖出申报优先满足于较高卖出申报;同价位申报,先申报者优先满足。计算机终端申报竞价和板牌竞价时,除上述的优先原则外,市价买卖优先满足于限价买卖。

2. 成交时间优先顺序原则

在口头唱报竞价时,按中介经纪人听到的顺序排列;在计算机终端申报竞价时,按计算机主机接受的时间顺序排列;在板牌竞价时,按中介经纪人看到的顺序排列。在无法区分先后时,由中介经纪人组织抽签决定。

3. 成交的决定原则

在口头唱报竞价时,最高买进申报与最低卖出申报的价位相同,即为成交。在计算机终端申报竞价时,除前项规定外,如买(卖)方的申报价格高(低)于卖(买)方的申报价格,采用双方申报价格的平均中间价位;如买卖双方只有市价申报而无限价申报,采用当日最近一次成交价或当时显示价格的价位。

(二)板牌竞价交易和计算机终端申报竞价交易的作业程序

1. 板牌竞价交易

其作业程序如下:场内电话员在接到其营业处所转告的买卖证券事项时,应依序记载于委托电话记录簿,然后向场内出市代表下达买卖指令。场内出市代表接到电话员的买卖指令后,应先看申报价格是否达到竞价告示板公告价位。如果达到,场内出市代表将买卖指令填写在竞价告示板的价格栏内,并在适当的栏内填上证券商的代号和买或卖的数量。如申报未达到板上价位,场内出市代表应将未公告的买卖指令按证券名称和价格归类汇总,即每种证券按买入价由高到低、卖出价由低到高的依序排列,待价位达到时,再登录于竞价告示板。每笔买卖成交后,卖方出市代表应立即填写成交记录并签章,交买方出市代表确认后,将成交记录送至证券交易所指定的柜台打印成交时间及成交号码,然后将红色一联交买方收执、黄色一联交证券交易所清算柜台、蓝色一联交给其电话员。电话员接到成交记录后,应对照买卖记录簿所记载的买卖数量,将已成交的数量删减或注销,并将成交情况电话通知其营业处所,以便转告委托人及制作有关凭证。电话员应密切注视行情提示变动,对照委托电话记录簿所载价格、数量,随时向场内出市代表提示买卖指令。每天上午或下午收市时,各证券商将代码、总金额及收付净差额与交易所核对,全部对账无误后,方可离开交易大厅。

在整个过程中,竞价告示板的填写是最重要的环节。竞价告示板限填四个价位,即未成交的最高买入价、次高买入价、最低卖出价、次低卖出价,每个价位上的数量申报应依时间先后顺序填写。每日开市时,在板上未登录价格以前,证券场内出市代表应以昨日收市价为基准,以上下各两个升降单位为限,将符合该标准的申报价格填写在竞价告示板上,买方后手的登录价不得低于前手,卖方后手的登录价不得高于前手。开市时,在一般情况下,买卖双方均可在竞价告示板上挂牌。如果出现混乱拥挤等情况,证券交易所场内工作人员有权决定由买方或卖方先行挂牌。每日开盘后的申报价格,须以竞价告示板上最近一次登录的价格或成交为基准,以上下各两个升降单位为限。当买方(卖方)申报价高于(低于)竞价告示板上登录的最高买入价(最低卖出价)一个价位,后手申报者应先将板上登录的最高买入价(最低卖出价)改写,再将次高买入价(次低卖出价)一栏的内容移到右边一栏,在左边一栏里填上后手的证券商代号和买卖数量。若买方(卖方)后手申报价格高于(低于)前手在板上登录的最高买入价(最低卖出价)两个价位时,后手可以在改写价格后将原先前手登录在买方(卖方)栏内的内容全部擦去,然后登上自己的代号和买(卖)数量。价格改写时被擦掉的板上登录价,在其再次达到竞价告示板申报价位时,须由出市代表重新填写。板上登录的内容,不得任意撤销或减少申报的数量,但若变更价格或增加数量时,须依板上价位重新申报。板上内容一旦成交,任何一方不得变更或撤销,否则以违约处理。买卖成交时,买方或卖方应将对方出市代表登在板上的数量删减或划去,然后在黑板上方写出每笔的证券部代号成交价格与数量,成交后剩余的部分应写在竞价告示板上,待下次继续成交。

成交价格的决定原则是最高买入申报与最低卖出申报优先成交。开市后的第一笔成交价即为开市价。当日收市钟响前,由证券交易所场内职员在成交记录上划上一线,在线上最后一笔成交价即为收市价。如当日无成交,证券交易所根据大市走势及叫价情况,按开盘价决定当日收市价。

成交的先后顺序是:① 较高买进限价申报优先于较低买进限价申报,较低卖出限价申报优先于较高卖出限价申报;② 同价位申报,依照申报时序决定优先顺序;③ 同价位申报,客户委托申报优先于证券商自营买卖申报。

2. 计算机终端申报竞价

作业程序大致如下:电脑交易的买卖申报由终端输入,限当日有效。买卖申报的输入自市场集会时间开始前半小时进行。买卖申报应依序逐笔输入证券商代号、委托书编号、委托种类(融资、融券、集中保管、自行保管)、证券代号、单价、数量、买卖类别、输入时间及代理或自营。证券商应依接单顺序,按每部终端机分别编定,不得跳号。买卖申报传输至交易所电脑主机,经接受后,由参加买卖的证券商印表机列印买卖申报回报单。

买卖申报仅限于限价申报一种。证券商查询其未成交的买卖申报,应经由终端机进行。如果申请撤销买卖申报,应经由终端机撤销。申请变更买卖申报时,除减少申报数量外,应先撤消原买卖申报,再重新申报。证券商的买卖申报,经交易所电脑主机接受后,由交易所主机自市场集会时间时起自动撮合成交。决定买卖申报的优先顺序原则依然是价格优先、时间优先和客户委托优先。

电脑买卖申报的竞价方式分为集合竞价和连续竞价两种。开盘或收盘采用集合竞价方式。收盘时自收盘前10分钟开始采用集合竞价。集合竞价产生首次上市或除权除息后上市开市价。依集合竞价方式产生开盘价格的,其未成交买卖申报,仍然有效,并依原输入时序连续竞价。开盘价格未能依集合竞价方式产生时,应以连续竞价产生开盘价格。连续竞价时,在当市最近一次成交价或当时揭示价连续两个升降单位内,其价格依以下原则决定:最高买进申报与最低卖出申报价格优先成交;买(卖)方申报价格高(低)于卖(买)方申报价格时,采用较接近当市最近的一次成交价格或当时揭示价格的价位成交价格。

买卖申报一经成交,即经由参加买卖的证券商的印表机列印成交回报单。成交回报单的项目应包括证券商代号、委托书编号、委托种类、证券代号、成交数量、成交价格、成交金额、买卖类别、代理或自营及成交时间。

四、清算

清算是将买卖股票的数量和金额分别予以抵消,然后通过证券交易所交割净差额股票或价款的一种程序。证券交易所的清算业务按"净额交收"的原则办理,即每一证券商在一个清算期(每一开市日为一清算期)中,证券交易所清算部首先要核对场内成交单有无错误,为每一证券商填写清算单。对买卖价款的清算,其应收、应付价款相抵后,只计轧差后的净余额。对买卖股票的清算,其同一股票应收、应付数额相抵后,只计轧差后的净余额。清算工作由证券交易所组织,各证券商统一将证券交易所视为中介人来进行清算,而不是各证券商和证券商相互间进行轧抵清算。交易所作为清算的中介人,在价款清算时,向股票卖出者付款,向股票买入者收款;在股票清算交割时,向股票卖出者收进股票,向股票买入者付出股票。

我国上海、深圳证券交易所在买卖成交后清算时实行以下一些制度。(1)开设清算账户制度。在证券交易所经营股票买卖业务的证券商必须集中在证券交易所的清算部开设清算账户。我国限于目前条件,各交易所都要求证券商必须在人民银行营业部开设清算账户,并在该账户中保持足够的余额,以便保证即日清算交割时间划拨价款的需要。(2)股票集中保管库制度。其主要做法是:各证券商除将自有股票扣除一部分留作自营业务所需外,将大部分集中寄存在证券交易所集中保管库内,入库时只限于批准上市的股票。股票的交割由证券交易所通过库存账目划拨来完成,即当各证券商在交割日办理各种股票的交割时,只需交易所清算部按清算交割表上的各种股票的应收或应付数量在各自的库存股票的分户账上进行划转即可,"动账不动股票"。若有证券商不参加集中保管造成不能通过库存账目划转完成交割,该证券商必须承担送交或提取股票的全部事务。(3) 清算交割准备金制度。实行交割准备金制度的目的在于保证清算交割能正常顺利地进行,保证清算的连续性、及时性和安全性。深圳证券交易所规定,各证券商必须缴纳人民币25万元。各证券商不得以任何理由不履行清算义务,亦不得因委托违约而不履行清算的责任。若证券商不履行此项义务,证券交易所清算部有权动用证券商缴存的清算准备金先行支付,由此产生的价款差额及一切费用和损失,均由违约者承担。证券交易所规定,在一般情况下,同一日成交者为清算期,证券商不得因委托人的违约而不进行清算。

五、交割

股票清算后即办理交割手续。所谓交割,就是卖方向买方交付股票而买方向卖方支付价款。证券交易一般有下列交割方式。

(1) 当日交割($T+0$),指买卖双方以成交后的当日就办理完交割事宜。适用于买方急需股票或卖方急需现款的情况。(2) 次日交割($T+1$),指成交后的下一个营业日正午前办理完成交割事宜,如逢法定假日,则顺延一天。(3) 例行交割,即自成交日起算,在第五个营业日内办完交割事宜。这是标准的交割方式。一般来说,如果买卖双方在成交时未说明交割方式,一律视为例行交割方式。(4) 例行递延交割,指买卖双方约定在例行交割后选择某日作为交割时间的交割。买方约定在次日付款,卖方在次日将股票交给买方。(5) 卖方选择交割,指卖方有权决定交割日期。其期限从成交后5天至60天不等,买卖双方必须订立书面契约。凡按同一价格买入"卖方选择交割"时,期限最长者应具有优先选择权;凡按同一价格卖出"卖方选择交割"时,期限量最短者应具有优先成交权。我国目前仍未采用此种交割方式。

交割分为两个步骤:(1) 证券商的交割。证券交易所清算部每日闭市时,依据当日"场内成交单"所记载各证券商买卖各种证券的数量、价格,计算出各证券商应收应付价款相抵后的净额及各种证券应收、应付相抵后的净额,编制当日"清算交割汇总表"和各证券商的"清算交割表",分送各证券商清算交割人员。各证券商清算人员接到"清算交割表"核对无误后,须编制本公司当日的"交割清单",办理交割手续。由于交易所往往设立了集中保管制,所以证券的交割可通过交易所库存账目划转完成。(2) 证券商送客户买卖确认书。证券商的出市代表在交易所成交后,应立即通知其证券商,填写买进(卖出)确认书。深圳证券交易所规定,买卖一经成交,出市代表应尽快通知其营业处所,以制作买卖报告书,于成立后的第二个营业日通知委托人(或以某种形式公告),并于该日下午办理交割手续。买卖报告书应按交易所规定的统一格式制备。买进者以红色印制,卖出者以蓝色印制。买卖报告书应记载委托人姓名、股东代号、成交日期、证券种类、股数或面额、单价、佣金、手续费、代缴税款、应收或应付金额、场内成交单号码等事项。

六、过户

随着交易的完成,当股票从卖方转给(卖给)买方时,就表示原有股东拥有权利的转让,新的股票持有者则成为公司的新股东,老股东(原有的股东,即卖主)丧失了他们卖出的那部分股票所代表的权利,新股东则获得了他们所买进那部分股票所代表的权利。然而,由于原有股东的姓名及持股情况均记录于股东名簿上,必须变更股东名簿上相应的内容,这就是通常所说的过户手续。所以证券和价款清算与交割后,并不意味着证券交易程序的最后了结。上海证券交易所的过户手续采用电脑自动过户,买卖双方一旦成交,过户手续就已经办完。深圳证券交易所也在采用先进的过户手续,买卖双方成交后,采用光缆把成交情况传到证券登记过户公司,将买卖记录在股东开设的账户上。

原有股东在交割后,应填写股票过户通知书一份,加盖印章后连同股票一起送发行公司的过户机构。公司的过户机构可以自行设置,也可以委托金融机构代办。一般发行公司在其注册住所自行设置过户机构,而在其他区域则委托金融机构代为办理。我国目前一般均为金融机构办理,深圳由证券公司负责,上海则为证券交易所办理。如果股票的受让人不止一个,则转让方(卖方)应分别填写过户通知书。如果转让人的账户不止一个,则转让人也应分别填写通知书。

新股东在交割后,应向发行公司索取印章卡两张并加盖印章,送发行公司的过户机构。印章卡主要记载新股东的姓名、住址、新股东持股股数及号码、股票转让日期。过户机构收到旧股东的过户通知书、旧股票与新股东印鉴卡后,进行审核,若手续齐全就立即注销旧股票发新股票,然后将新旧股票一起送鉴证机构,并变更股东名簿上相应内容。鉴证机构的作用是检查公司有无超额发行及伪造股票等。发行公司一般不得自行设置鉴定机构,必须委托金融机构,并且负责该公司过户手续的金融机构不得充当鉴证机构。鉴定机构收到过户机构送去的新旧股票及有关材料进行审检,若手续齐全则在新旧股票正面鉴证,再送过户机构。过户机构收到经鉴证的新旧股票后,将新股票送达新股东,而旧股票则由过户机构存档备案。

在股票过户过程中,应注意发行公司一般在宣布股息时公告一个停止过户期,在停止过户期间,发行公司停止办理过户手续。发行公司可以将股息发给股东,也可直接划到股东银行账号上。旧股东在此期间转让股份,新股东不能领取股息。所以在成交中,往往从出让价格中扣除股息作为成交价格,以示公平。

小　　结

1. 二级市场是已发行的金融资产的交易市场。证券持有人可借此观察不同证券的行情变动,随时变换其所持有的证券,谋求高收益,或将证券出售变现以应急需。这种买卖旧证券的市场是客观的需要,也是一级市场的必然延续。证券交易可通过二级市场的四种具体市场形态进行,即有组织的证券交易所、场外交易市场、第三市场和第四市场。

2. 世界各国证券交易所的组织形式有两种,即公司制和会员制。前者是以营利为目的的股份有限公司,后者是由证券交易商自愿组成的,不以营利为目的。在会员制的证交所内有众多会员。但只有拥有席位的会员才能进入交易所内进行交易。会员可以作为个人或公司经营业务,他们是证交所这一市场制造机构的主体。

3. 与证券交易所不同,场外交易市场没有固定集中的交易场所,而是由分散于各地、规模大小不一的经纪商和交易商,用电话、电报等手段来组织交易。在这个市场上交易的证券种类众多,包括国债、大部分非挂牌上市的公司债券以及没有在证券交易所挂牌上市的股票。

4. 通常证交所的市场结构有连续型市场、拍卖型市场(Call Market)和混合型市场。

混合型市场是兼有连续型和拍卖型特征的市场。在该市场上,以拍卖开盘,开盘价以拍卖方式确定后,随后的证券交易连续进行至闭市。目前,不少市场结构属于混合型市场,纽约股票交易所和东京股票交易所均属此列。

5. 在现行的交易机制下,交易所并不直接面对投资者办理证券交易,投资者必须通过交易所的会员(证券经纪商)办理,所以投资者需要委托证券商代理交易,向证券商下达证券交易的指令。证券经纪商没有收到明确的委托指令时,不得动用投资者的资金和证券账户进行交易。在委托有效期限内,在成交发生以前,委托人有权提出变更和撤销委托的要求。

6. 价格确定与成交。在做市商市场,证券交易的价格由做市商报出,投资者接受做市商报价后,即可与做市商进行买卖,完成交易。在竞价市场,买卖双方的委托经由经纪商直接呈交交易系统,市场的交易系统按照一定的规则进行撮合,在买卖委托匹配后即可达成交易,并履行相关的交割和清算程序。

7. 清算与交割。证券交易成交后,需要对交易双方应收应付的证券和价款进行核算,并完成相应的权属转移,进行资金的清算和证券的交割,完成交易的最后一个环节,即证券结算过程。证券清算是指计算在证券结算日交易双方应收应付金额的特定程序,而交割则是这个程序中卖方向买方交付证券以及买方向卖方支付价款的过程。对于不记名证券来说,清算和交割完成以后,整个证券交易的过程就结束了。但对于股票和记名债券来说,还必须经过最后一道手续,即登记过户。

关 键 概 念

二级市场	股票交易所	专门经纪商	价格操纵	程序交易
第四市场	交易机制	第三市场	卖空交易	交易过程
保证金交易	场外交易	内幕交易		

第二部分 价值模型

本部分用来建立对股票、公司和战略进行评估的合适定价模型体系。价值模型的作用在于教会读者如何把对未来的收入预测转化为企业及企业策略的价值评估。这是比较具有技术性的章节,从最基础的如单利、复利开始介绍,到内部收益率和净现值等的金融计算,再到收入资本化方法及其在给债券类产品定价中的运用(第三章);再介绍收入资本化方法,即绝对价值模型具体在股票价值评估中的应用,以及更为先进的基于财务数据的 FCFF、EVA、F-O 等价值模型和价值工具(第四章);也对较为简单的相对价值模型作为竞争性的技术加以描述(第五章);还涉及现代金融理论提供的投资组合理论和资产定价模型等数理型定价工具(第六章)。

第三章 金融计算基础及债券价值分析

 学习目标

◆ 掌握单利、复利的概念及计算;
◆ 掌握现值、未来值的概念及相关计算;
◆ 熟悉贴现率的概念,并掌握贴现率的确定方法;
◆ 理解各种收益率的含义并熟练掌握相关计算;
◆ 掌握用现金流贴现法来估计债券价值;
◆ 理解收益率曲线的概念及构建方法;
◆ 了解利率期限结构理论;
◆ 掌握债券价格风险的多种测度指标及其计算技术。

第一节 金融计算基础

本部分主要内容是证券价值分析模型,而精确价值分析是建立在大量的计算基础之上的,因此在本章正式内容开始之前,我们先简要介绍一些金融领域常见指标的计算,为后面的章节打好基础。

一、货币的时间价值

由于货币具有以一定利率水平进行投资的机会,因此货币是有时间价值的。时间价值是分析任何金融工具都要用到的基础概念之一,时间价值的概念在进行投资决策和衡量投资收益的过程中都有着广泛的运用。

(一) 未来值的计算

资金的未来值(FV)是指一笔资金按一定利率进行投资,并以复利计算到期时的价值。任意数量货币的未来值可以用下面的公式来计算:

$$FV = PV(1+r)^N \qquad (3-1)$$

式中,FV 为未来值;PV 为期初本金;N 为期限数(与利息支付周期相关,一般为年限数);r 为每期的利率(一般为年利率)。

[例 3-1] A 先生期初用 1 000 元投资于某种 5 年期债券,年利率是 5%,利息按年

支付,并以5%的利率进行再投资,这笔投资到期时的未来值将是:$1\,000(1+5\%)^5$ $=1\,276.28$ 元。

当每年支付利息不止一次时,上面公式中的 N 和 r 都要进行相应的调整。

$$N=年限数\times 付息频率$$
$$r=年利率/付息频率$$

从而更一般的未来值计算公式应修改为:

$$FV = PV(1+r/n)^{N\times n} \tag{3-2}$$

式中,n 为付息频率。

在其他条件相同时,利息支付周期越短,投资的未来值越大,这是因为付息周期越短,将所获利息进行投资的机会将更大。这时我们自然会想到,当每年利息支付次数无限多时,投资的未来值是否会无限大呢?下面我们就来考虑这种极限情况:

$$\lim_{n\to\infty} PV(1+r/n)^{N\times n}$$

根据我们所学的关于极限的知识,我们可以知道这个极限是存在的,其值为 $PV\times e^{r\times N}$。在金融学中,这种情况就被称为连续复利。

上面介绍了最简单的未来值的计算方法,下面介绍一种比较复杂的未来值的计算。当投资者不是一次将所有资金全部进行投资,而是分期进行等额投资时,就称为年金(Annuity),从第一期期末进行第一笔投资时称为普通年金(Ordinary Annuity),普通年金是最常见的年金。普通年金的未来值计算可是把每一期的投资都进行前面的未来值计算,并进行加总:

$$FV = A(1+r)^{N-1} + A(1+r)^N + \cdots + A = A\sum_{t=0}^{N-1}(1+r)^t \tag{3-3}$$

式中,A 为年金额。根据等比数列求和的知识,我们可以得到这一公式的简化形式:

$$FV_O = A\left[\frac{(1+r)^N - 1}{r}\right] \tag{3-4}$$

如果年金的投资周期每年不止一次,则对 N 和 r 也要进行相应调整,调整方法同一般的未来值计算完全相同。

[例 3-2] 有一种 10 年期的债券,面值 10 000 元,年利率为 10%,每半年付息一次,所得利息按 12% 的年利率进行再投资,则期末可以获得的利息总额是多少?

每次的利息支付都是期末发生的,而且金额相同,因此这可以看作一种普通年金,年金额为 $10\,000\times 10\%/2=500$,代入上面的公式,可以得到期末获得的利息总额为:

$$500\times\left[\frac{(1+6\%)^{20}-1}{6\%}\right] = 18\,392.80(元)$$

需要注意的是,这里的再投资期限也应该是 20 期,而不是 10 期。

除了普通年金外,当每次现金流都在期初发生时,这种年金被称为预付年金(Annuity Due),预付年金的未来值计算方法可以通过普通年金计算公式的变形得到:

$$FV_D = FV_O \times (1+r) \tag{3-5}$$

这是因为预付年金和普通年金的唯一区别就是每次现金流的发生都比普通年金早一期,因而每期年金的再投资期限也多一期,因此只要在计算普通年金时多乘一次$(1+r)$就可以得到预付年金的未来值。

（二）现值的计算

在一定的利率水平下,并以复利计息,为了在未来得到一定金额的货币量,现在所要投入的货币量就是货币的现值。根据这一定义,可以发现现值的计算同未来值计算正好相反。因此可以很容易地给出基本的现值计算公式：

$$PV = \frac{FV}{(1+r/n)^{N \times n}} \tag{3-6}$$

式中,PV 为现值,FV 为未来值,r 为贴现率（一般是年利率）,N 为期限数（一般是年数）,n 为每个贴现率周期内发生的现金流次数。

计算现值的过程也叫作贴现,其中最重要的是确定贴现率。贴现率有时同证券的利率是相同的,但证券发行后,随着市场的变化,更多的时候贴现率同证券的利率并不相同。

[例 3-3] 某种 3 年期的债券,面值 1 000 元,折价发行,到期按面值支付,贴现率为 6%,则债券的现值即发行价格 $= \frac{1\,000}{(1+6\%)^3} = 839.62$ 元,也就是说,现在投入 839.62 元,按 6% 的利率计算,3 年后正好可以收回 1 000 元。若贴现率升高 7%,此时该债券的现值将会变为 816.30 元,也就是说,当未来值不变时,贴现率越高,现值越低；如果贴现率仍然是 6%,而期限变成 5 年,此时债券的现值是 747.26 元。可见,在其他情况相同的情况下,贴现期限越长,现值也就越低。

上面举的例子是一种存续期间不发生现金流的证券,金融市场上还存在很多证券,在它们的存续期间,现金流并不是一次发生的,而是按期分次发生的,在这种情况下,证券的现值就等于各期现金流现值之和①：

$$PV = \sum_{t=1}^{N \times n} \frac{C_t}{(1+r/n)^t} \tag{3-7}$$

式中,C_t 为每期发生的现金流,r 为贴现率（一般是年利率）,n 为每个贴现率周期内发生的现金流次数,N 为期限数（一般是年数）。

[例 3-4] 一种 5 年期国债,面值 1 000 元,票面利率为 5%,每年年底付息一次,到期还本,这段时间内市场贴现率为 6%,则此债券整个存续期间所有现金流的现值应如下计算：每年获得的利息为：$1\,000 \times 5\% = 50$（元）。到期获得的本金为 1 000 元。所有现金流的现值 $= \sum_{t=1}^{5} \frac{50}{(1+6\%)^t} + \frac{1\,000}{(1+6\%)^5} = 957.88$ 元。

由于年金有着比较特别的现金流,因此在计算年金现值的时候,也可以使用普通年

---

① 这里有一个隐含的假设,即投资者对在到期前获得的现金流仍按贴现率水平进行再投资,如果投资利率不等于贴现率,则现值的计算会变得复杂,此时必须将每期获得的现金流都按再投资利率计算未来值,再贴现成现值。有兴趣的读者可以自行推导这个计算公式。

金的简化公式：

$$PV_O = A\left[\frac{1-\frac{1}{(1+r/n)^{N\times n}}}{r/n}\right] \qquad (3-8)$$

根据前面所说的普通年金和预付年金的关系，可以得到预付年金现值的计算公式：

$$PV_D = PV_O \times (1+r/n) \qquad (3-9)$$

[例 3-5] B先生希望在今后的8年里每年年底都获得1 000元的现金收入，贴现率为10%，那么他在期初所要投入的金额为：

$$1\,000\times\left[\frac{1-\frac{1}{(1+10\%)^8}}{10\%}\right] = 5\,334.93\,元$$

若其他条件不变，年金流入的时间变为每年年初（预付年金），则这笔年金的现值＝5 334.93×1.10＝5 868.42元。

此外，还有一种特殊的年金，这种年金没有到期期限，被称为永久年金（Perpetuity）。由于期限是无穷的，计算永久年金现值也就是计算一个无穷等比数列的极限。

$$PV_P = \sum_{t=1}^{\infty}\frac{A}{(1+r/n)^t} = \frac{A}{r/n} \qquad (3-10)$$

上面是普通永久年金的计算公式，当计算预付永久年金时，只要在上面的公式后再乘以$(1+r/n)$即可。注意，以上各个公式中贴现率都以r/n的形式出现，因为如果现金流发生的周期同贴现率的周期不同，就应该对贴现率和贴现次数进行相应的调整。

[例 3-6] 有一种每年年底支付的永久年金，每期现金流为100元，贴现率为3%，则这笔永久年金的现值应该为$\frac{100}{3\%}$＝3 333.33元。

（三）贴现率的确定

我们已经看到贴现是金融和经济学中一个非常重要的概念。大部分关于价值的计算都是基于贴现这一思想的。贴现过程中的关键就是确定合理的贴现率。一般来讲，贴现率是一个反映货币时间价值的指标。但在不同的领域中，贴现率有着丰富的具体含义。在证券投资中，贴现率可以看作投资者的机会成本，即投资者投资于某证券而损失的其他投资机会所能获得的最高收益率，因此，投资者投资于某一证券的条件就是该证券的收益率至少不低于其他投资对象。基于这种考虑，我们通常用要求的回报率（Required Rate of Return）来作为它的贴现率。要求的回报率是指在考虑了证券的风险后投资者所要求的最低收益率，另一方面，对公司来说，投资者要求的回报率就是他们的股权成本（Cost of Equity）。在分析债券价值时，我们通常用可类比的债券收益率作为要求的回报率，这里可类比债券的意思是指具有相同信用等级且到期日期相同的不可赎回债券，此外还可以通过构建收益率曲线等方法来比较精确地计算要求的回报率，这将在后面的内容进行详细的介绍。本部分内容主要介绍分析股票价值时贴现率的确定方法。

股票价值的分析方法大都是建立在现金流贴现（Discounted Cash Flow，DCF）基础之上的。因此，贴现率的确定在分析股票价值时是至关重要的。一般来讲，确定股票贴现率或要求回报率的方法有三种：通过资产定价模型来计算、债券收益加上风险溢价及风险加成法（Build-up Method）。下面将对每一种方法进行详细介绍。

1. 用资产定价模型来确定贴现率

资产定价模型主要是指资本资产定价模型（CAPM）及套利定价模型（APT）①。这些模型都认为资产的收益率等于无风险收益加上该资产相对于某一（或某些）要素的风险溢价。其中 CAPM 的形式如下：

$$\bar{r}_i = r_f + \beta_{iM}(\bar{r}_M - r_f) \qquad (3-11)$$

式中，$\bar{r}_i$ 为第 i 种资产的预期收益率，r_f 为无风险收益率，β_{iM} 为第 i 种资产对市场组合收益率的敏感程度，$\bar{r}_M$ 为市场组合的预期收益率，$\bar{r}_M - r_f$ 称为市场风险溢价。

在使用 DCF 法分析股票价值时，我们通常使用这里的 $\bar{r}_i$ 作为贴现率，即 $\bar{r}_i = r$。

[例 3-7] 假设某公司股票 2004 年的 β 值为 0.55，同期市场风险溢价为 5.7%，无风险收益率为 5%，那么该公司的要求回报率=5%+0.55×5.7%=8.135%。

通过观察公式可以看出，在使用公式（3-11）计算某一证券的预期收益率时，关键是要确定无风险收益率 r_f 和市场风险溢价② $\bar{r}_M - r_f$。一般来讲，我们可以用短期政府债券或长期国债的收益率来作为无风险收益率。其中可交易的长期国债收益率更加常用，因为股票是不偿还的，所以也可以看作久期很长的债券，因此根据久期匹配的原则，长期国债的收益率更适合作为计算股票预期收益率时的无风险收益率，我们一般使用 20 年期或 10 年期可流通国债的收益率作为无风险收益率。因此，在计算贴现率时，公式（3-11）可以重新定义为：

贴现率=长期国债收益率+该股票 β×预计股票市场对长期国债的溢价（3-12）

因此，接下来要计算的就只剩下市场风险溢价一项了。通常计算市场风险溢价的方法有两种。第一种是使用股票市场对国债市场风险溢价的历史平均数，另一种方法则是基于对公司的预测数据，在使用历史平均法时，既可以使用算术平均也可以使用几何平均来计算过去市场风险溢价的平均数③。但是，这种用历史数据平均得出的溢价很可能是不准确的，因为股票市场经常会有业绩不佳的股票退市，使得使用历史平均法算出的市场风险溢价很可能是被高估的，因此，有必要对这个数值进行必要的调整④。表 3-1 是 1900—2000 年世界主要股市调整后的平均市场风险溢价。

---

① 这些模型的知识将在本书的第六章进行详细介绍，因此此处只介绍使用方法。
② 有些证券咨询机构会提供 β 的数值，即使没有现成的 β，我们也可以通过简单的方法得到 β。这将在第六章的内容中详细讨论。
③ 在计算单期收益率时，算数平均数更准确；但在计算多期平均收益时，几何平均数更胜一筹。从 CAPM 来说，它是一个单期模型，似乎用算术平均数更适合，但股票投资往往是个多期投资，因此似乎又应该用几何平均数，这是一个悖论。本书统一使用几何平均数来计算。
④ 调整的幅度可能是一个经验数字。Copeland, Koller & Murrin(2000)建议对算术平均得出的数据下调幅度为 1.5 到 2 个百分点。

表 3-1　1900—2000 年各股市平均市场风险溢价

国　　家	相对于长期国债的股票市场风险溢价(%)	相对于短期国库券的股票市场风险溢价(%)
澳大利亚	5.9	7.1
加拿大	4.6	4.6
法国	5.0	7.7
德国(除1923年和1924年外)	6.9	5.1
意大利	5.0	7.1
日本	6.4	7.5
英国	5.3	4.9
美国	4.6	5.8
平均	5.5	6.2

资料来源：Dimson，Marsh & Staunton(2000)。

用预测法来计算市场风险溢价是戈登模型[①](Gordon Model)的一个应用，计算方法如下：

股票市场风险溢价＝预期明年的市场平均股利收益率[②]＋公认的上市公司长期盈利增长率－当期长期国债收益率　　　　　　(3-13)

[例 3-8]　某股票市场预计明年的股利收益率为 1.6%，且市场一致认为整个市场上的上市公司未来 5 年平均长期盈利增长率为 5%，20 年期国债当前收益率为 3%，那么该市场的风险溢价＝1.6%＋5%－3%＝3.6%。

预测数据有着较大的主观性，因此一般不建议使用预测法来计算市场风险溢价，除非市场刚刚建立，历史数据太少。预测法主要适用于那些新型市场。

除了 CAPM 模型外，我们还可以使用 APT 模型来计算股票的要求回报率。由于两者使用方法非常相似，因此此处不再详述。

使用 CAPM 或 APT 来计算贴现率存在着三个明显的不确定性：模型的不确定性（模型不一定正确）、输入数据的不确定性（如 CAPM 计算中的市场风险溢价）和敏感度 β 的不确定性。

2. 用债券收益率加风险溢价来计算股票贴现率

对于有发行可交易长期债券的公司，我们还可以使用债券收益率加风险溢价的方法来计算股票贴现率。

股权成本(贴现率)＝公司发行的长期债券的到期收益率＋风险溢价　(3-14)

风险溢价的确定没有一个精确的计算方法，而更多地是一个经验估算。在美国市场上，这一溢价一般为 3%—4%。由于中国企业很少发行企业债券，因此这一方法在中国并不实用。

---

① 这将在下一章股票价值模型中详细介绍。
② 股利收益率＝股利/股票价格。

3. 风险加成法

对于非上市公司来说,它们的公开数据很少,我们无法计算它们的 β 或因素敏感系数,也就无法用 CAPM 或 APT 模型来计算它的贴现率。此时,我们可以用风险加成法来确定它们的贴现率。

$$\text{股权成本(贴现率)} = \text{无风险收益率} + \text{风险溢价} \quad (3-15)$$

与 CAPM 和 APT 不同的是,这里的风险溢价是一个主观的估计数字,因此使用这种方法一般要求分析者有丰富的投资经验。

二、收益的衡量

投资的主要目的就是为了获得收益,但现在的金融市场上有成千上万种可以选择的证券,而证券之间的特征又千差万别,投资者应该如何比较各种不同的证券从而保证自己能获得最多的收益呢?下面的内容将对如何衡量投资收益进行简要的介绍。

(一)净现值和内部收益率

净现值(Net Present Value)是一项投资所有现金流入的现值和所有现金流出的现值的差额,其公式为:

$$NPV = \sum_{t=1}^{N} \frac{C_t}{(1+r)^t} - \sum_{t=1}^{N} \frac{P_t}{(1+r)^t} \quad (3-16)$$

式中,C_t 为各期的现金流入,P_t 为各期的现金流出。

对于大部分投资来说,现金的流出都是在期初一次完成的,因此上面公式中的后面一项在大部分的情况下就等于期初的投资额。净现值可以用来衡量各种投资的收益,在选择相同的贴现率时,净现值的高低可以用来比较不同投资的收益高低。

[例 3-9] 有两种 10 年期的债券,票面值都为 1 000 元,第一种证券价格为 958 元,每年获得现金流 100 元,第二种证券价格为 1 028 元,每年可以获得现金流 115 元,两种债券都是到期还本,贴现率都为 11%,问哪种证券收益更高?

根据净现值公式来计算两种证券的净现值:

$$\text{第一种债券的净现值} = \sum_{t=1}^{10} \frac{100}{(1+11\%)^t} + \frac{1\,000}{(1+11\%)^{10}} - 958 = -16.89(元)$$

$$\text{第二种债券的净现值} = \sum_{t=1}^{10} \frac{115}{(1+11\%)^t} + \frac{1\,000}{(1+11\%)^{10}} - 1\,028 = 1.45(元)$$

可见,第二种债券有比第一种债券更高的净现值,因此其收益更高。

从上面的计算结果中还可以看到一点,就是两种债券的净现值一个为正数,一个为负数。当一种证券的净现值为正数时,说明在现有的价格下,该种证券可以得到比其他的证券更高的收益①,此时我们就称这种证券的价格被低估(Undervalue)了,相反,若净现值为负,则称证券价格被高估(Overvalue)了。因此,上面两种债券中,第一种债券的价

---

① 这要视贴现率的选择而定,当贴现率选择为市场平均收益率时,说明该证券可以获得比市场平均水平更高的收益。

格被高估了,而第二种债券的价格被低估了。

另一种衡量投资收益的指标是内部收益率(Internal Rate of Return)。内部收益率也称内部报酬率,它是使一项投资所获得的现金流的现值等于投资成本现值的贴现率。只要令前面净现值公式的结果为 0,就可以得到内部收益率公式:

$$\sum_{t=1}^{N} \frac{C_t}{(1+r)^t} + \frac{Par}{(1+r)^N} - \sum_{t=1}^{N} \frac{P_t}{(1+r)^t} = 0 \qquad (3-17)$$

式中,Par 为票面金额。对于大多数的投资来说,这一式子可以简单地写作:

$$\sum_{t=1}^{N} \frac{C_t}{(1+r)^t} + \frac{Par}{(1+r)^N} - P = 0 \qquad (3-18)$$

这是一个高次的一元方程,当 N 大于 3 时,很难通过解方程的方法直接解出 r,因此要使用试错的方法来计算内部收益率 r。下面通过一个例子来说明内部收益率的计算方法。

[**例 3 - 10**] 某种证券价格为 931.5 元,期限为 6 年,每年可以获得 150 元的现金流,且在期末可以收回本金 1 000 元,计算这种证券的内部收益率。

为了得到这种证券的内部收益率,必须将不同的贴现率代入公式(3-13)进行试错。首先将贴现率 15% 代入公式,可得:

$$\text{净现值} = \sum_{t=1}^{6} \frac{150}{(1+15\%)^t} + \frac{1\,000}{(1+15\%)^6} - 931.5 = 68.5 > 0$$

可见 15% 的贴现率太低,内部收益率高于 15%,因此选择 18% 再次代入公式(3-13)进行计算,得到:

$$\text{净现值} = \sum_{t=1}^{6} \frac{150}{(1+18\%)^t} + \frac{1\,000}{(1+18\%)^6} - 931.5 = -36.43 < 0$$

可知该证券的内部收益率在 15%—18%,最后,根据两个贴现率和各自得出的净现值,可以得出最终的内部收益率公式为:

$$IRR = r_H - (r_H - r_L) \frac{|NPV_H|}{NPV_L - NPV_H}$$

$$= r_L + (r_H - r_L) \frac{|NPV_L|}{NPV_L - NPV_H} \qquad (3-19)$$

式中,IRR 为内部收益率,r_H 为试错时选择的较高的贴现率,r_L 为试错时选择的较低的贴现率,NPV_H 为选择较高贴现率时所得的净现值,NPV_L 为选择较低贴现率时所得的净现值。

在使用公式(3-14)时,必须注意在选择贴现率试错时,一定要能够保证最后得到的净现值为一正一负,也就是保证内部收益率处在所选择的两个贴现率之间。

根据公式(3-14),可以计算出上面例子中证券的内部收益率:

$$18\% - (18\% - 15\%) \frac{|-36.43|}{68.5 - (-36.43)} = 16.96\%$$

将 16.96% 作为贴现率,可得:

$$净现值 = \sum_{t=1}^{6}\frac{150}{(1+16.96\%)^t} + \frac{1\,000}{(1+16.96\%)^6} - 931.5 = -1.92$$

净现值并不等于 0,这是因为在上面的计算过程中多次进行四舍五入,导致最终结果出现了误差,但由于 -1.92 非常接近 0,因此我们可以近似地将 16.96% 作为该证券的内部收益率。

(二) 债券投资收益的衡量

债券是一种固定收益证券。对于附息票债券来说,我们可以用息票利率来衡量其收益,这种收益被称为名义收益率(Nominal Yield),但在很多时候,债券的市场价格同票面值并不一致,这就使票面利率并不能反映债券的真实收益情况,因此我们应该寻找其他一些更能反映债券投资真实收益的指标。除了用前面所介绍的净现值法和内部收益率法来衡量债券收益外,投资者一般用以下这些指标来衡量债券投资的收益。

表 3-2 各种债券收益率指标及其含义

收益率指标	含义
名义收益率	债券息票利率
当期收益率	衡量当期的收入和成本比例
到期收益率	衡量持有债券至到期时的收益率
赎回/回售收益率	衡量债券在赎回日/回售日被赎回/回售时的收益率
持有期收益率	衡量当投资者在到期前出售债券时获得的收益率

1. 当期收益率(Current Yield)

当期收益率是债券年利息同其当前市场价格之比。其公式为:

$$当期收益率 = \frac{年息票利息}{市场价格}$$

[例 3-11] 有一种 15 年期长期国债,票面值为 100 元,息票利率为 8%,当前市场价格为 105 元,则这种债券的当期收益率为:

$$\frac{8}{105} = 7.62\%$$

当期收益率对那些比较注重当前收益的人来说是比较重要的,如一些靠投资收益生活的退休老人。但是对大部分人来说,当期收益率并不是一个衡量真实收益的合适的指标,因为当期收益率并没有考虑投资债券可能获得的资本利得或者资本损失,也没有考虑货币的时间价值。

2. 到期收益率(Yield to Maturity)

到期收益率也被称为保证的到期收益率(Promised Yield to Maturity),它比较完整地反映了当投资者持有债券到到期时所获得的收益水平。到期收益率的计算同内部收益率的计算方法是一样的,可以看作内部收益率在债券投资中的运用。但要注意的是,到期收益率指的是年收益率,因此在债券的付息周期不是 1 年而是半年或更短时,就不能通过公式(3-18)和(3-19)直接计算出到期收益率,而首先要计算期间利率,再通过期间利率来计算到期收益率。期间利率的计算方法可以套用公式(3-18)和(3-19)进行。计算出期间利率以后,用付息频率乘以期间利率就可以得出到期收益率。

[**例3-12**] 某种10年期定期国债,面值为1 000元,票面利率为10%,每半年付息一次,到期还本,该种债券当前市场价格为987元,请计算投资该债券并持有至到期日的收益率。

首先,先选择两个贴现率5%和6%,根据公式(3-13),可以计算出对应的净现值分别为:

$$\sum_{t=1}^{20} \frac{50}{(1+5\%)^t} + \frac{1\,000}{(1+5\%)^{20}} - 987 = 13 > 0$$

$$\sum_{t=1}^{20} \frac{50}{(1+6\%)^t} + \frac{1\,000}{(1+6\%)^{20}} - 987 = -101.70 < 0$$

然后根据公式(3-14),可得期间利率为5.11%,从而到期收益率等于5.11%×2=10.22%[①]。

除此之外,还有一种简便的方法可以计算到期收益率:

$$Y_m = \frac{C + \frac{P_p - P_m}{N}}{\frac{P_p + P_m}{2}} \tag{3-20}$$

式中,P_p为债券面值,P_m为当前债券价格,N为购买债券到债权赎回的日期(年),C为每年利息额。

这一算法的基本思想就是将资本利得或损失平摊到每一年中,同每年获得的利息一起作为年收益,再除以债券期初和期末的平均价格。根据这一公式,我们可以计算出上面例子中债券的到期收益率。

$$到期收益率 = \frac{100 + \frac{1\,000 - 987}{10}}{\frac{1\,000 + 987}{2}} = 10.20\%$$

这一结果非常接近根据贴现方法算出来的比较精确的值。相较之下,这一公式不必进行比较烦琐的通过贴现来试错的过程,当对计算结果要求不是很精确的时候,可以使用这一公式来进行快速计算。

到期收益率不仅考虑了当前的利息收入,也考虑了债券的资本利得或损失,还考虑了到期收益率对货币的时间价值,是比当期收益率更全面的收益率指标。一般来说,债券票面利率、当期收益率和到期收益率的关系如表3-3所示。

---

① 事实上,通过比较式子 $\sum_{t=1}^{N} \frac{C_t}{(1+r_1)^t} - P = 0$ 和 $\sum_{t=1}^{2N} \frac{C_t/2}{(1+r_2/2)^t} - P = 0$ 可以知道,r_1与r_2并不相等,实际结果是$r_1 > r_2$,但现实市场中都将r_2作为到期收益率的值,按市场惯例这一值被称为债券等值收益率(Bond-Equivalent Yield)。

表 3-3 在不同发行价格下债券票面利率、当期收益率和到期收益率的关系

债券发行价格	三 者 关 系
平 价	票面利率＝当期收益率＝到期收益率
溢 价	票面利率＜当期收益率＜到期收益率
折 价	票面利率＞当期收益率＞到期收益率

3. 赎回收益率(Yield to Call)、回售收益率(Yield to Put)和持有期收益率(Horizon Yield)。

为了控制融资成本,债券发行人往往会发行附有赎回权(Call Option)的债券。这是赋予债券发行人的一种期权,当市场利率低于票面利率时,他们就会以一定的价格赎回尚未到期的旧债券而以更低的利率发行新债券,从而降低融资成本。在债券被提前赎回时,投资者便无法将债券持有至到期,到期收益率也就无法衡量其投资收益,此时投资收益就应用赎回收益率来衡量。从原理上来说,赎回收益率的计算同到期收益率的计算完全相同,不同的计算赎回收益率贴现期比到期收益率短,而原本到期时偿还的票面价格也变成了赎回价格:

$$\sum_{t=1}^{N} \frac{C_t}{(1+r)^t} + \frac{P_c}{(1+r)^N} - P = 0 \qquad (3-21)$$

式中,P_c 为赎回价格。

同到期收益率的计算一样,当利息不是按年支付时,也要通过计算期间利率才能得到赎回收益率。同样,赎回收益率也有一个近似的简便算法:

$$Y_c = \frac{C + \frac{P_c - P_m}{N_c}}{\frac{P_c + P_m}{2}} \qquad (3-22)$$

式中,P_c 为赎回价格,N_c 为现在到债券赎回的年数。

这个公式的原理同计算到期收益率的简化公式一样。由于两个公式的计算方法同到期收益率完全相同,这里就不再举例说明了。

在附有选择权的债券中,还有一种可回售债券,这种债券允许投资者在债券发行的一段时间之后按一定价格将债券回售给发行者。当投资者实行这一期权时,债券就无法存续至到期,这时投资者的收益应该用回售收益率来衡量。回售收益率的计算方法同赎回收益率完全相同,只要将赎回收益率公式中的赎回价格 P_c 变为回售价格 P_p 就可以了,同时前面介绍的简化公式也适用于回售收益率的计算。

可赎回债券和可回售债券都使投资者的投资期限短于债券的期限。除了此之外,当投资者在债券投资前出售债券时,也会使投资期限短于债券的期限。当投资者选择提前出售债券时,它的收益率应当用持有期收益率(也叫实现的收益率)来衡量。持有期收益率的计算方法同赎回收益率也大致相同,只是公式中的赎回价格变成了投资者在到期前出售债券的价格,同时赎回期限也变成了投资者的持有期限。但有一点要特别注意,当

投资者用持有期收益率来预测投资收益时,公式中所用到的出售价格是一个预测值,它是在对未来市场利率等因素预测的基础上得到的,因此计算得到的持有期收益率也是一个预测值,这同赎回收益率和回售收益率都是确定值是不一样的。

(三)股票投资收益的衡量

与债券不同,股票的未来现金流是不确定和很难精确预测的;股票同债券的另一个区别是股票并没有确定的期限,也就是说,在债权投资中的持有至到期的投资策略在股票投资中是不存在的。由于这两个主要的区别,股票投资的收益率就很难套用债券投资收益的计算方法。对于单一股票的投资,一般用下面的公式来计算其收益率:

$$r_t = \frac{(P_t - P_{t-1}) + D_t}{P_{t-1}} \tag{3-23}$$

式中,r_t 为第 t 期的收益率,P_t 为股票第 t 期期末的价格,P_{t-1} 为股票第 $t-1$ 期期末的价格,D_t 为股票在第 t 期所发放的股利。

此外,股票投资在一段时期内的平均收益是该股票每一期收益率的算术平均值:

$$\bar{r} = \frac{1}{n}(r_1 + r_2 + \cdots + r_n) = \frac{1}{n}\sum_{t=1}^{n} r_t \tag{3-24}$$

[例 3-13] 投资者在第一年初以 50 元/股的价格购买了某股票,以下是该股票在此后三年内的情况:

t	P_t	D_t
1	53	2
2	46	3
3	51	2.5

则该投资者在这三年中每年的收益率及平均收益率应为:

t	1	2	3	$\bar{r}$
r_t	10%	-7.55%	14.71%	6%

本节简单介绍了在投资分析中将会遇到的一些基本的计算,当然在实际操作中很多计算往往要复杂得多,在后面的证券分析方法中,我们将对那些复杂的计算另做介绍。

第二节 债券价值分析

第一节介绍了金融领域一些比较基础的计算,下面我们就要将这些计算方法运用到实际的证券投资分析中去。本节主要介绍债券投资的一些基本分析方法,后面几节主要介绍股票投资一些常用的分析模型。

一、债券价格的计算

1896 年,内在投资价值理论的先驱美国经济学家欧文·费雪(Irving Fisher)首次提出了资产当前价值等于未来现金流量贴现之和的思想,为资产的价值计算奠定了基础。根据这一思想,后人得出了最基本的金融工具定价方法——现金流贴现法(Discount Cash Flow, DCF)。DCF 是确定债券价格的最基本的方法,大部分比较复杂的债券价格的确定方法都是基于 DCF 的思想。使用 DCF 法来确定证券价格最关键的是要确定未来现金流和贴现率两个因素。对于大部分债券来说,未来现金流是可以确定的[1],而对于贴现率的选择,市场的一般做法是用市场上可类比的债券收益率作为贴现率,这里可类比债券的意思是指具有相同信用等级且到期日期相同的不可赎回债券[2],而这一贴现率也被称为投资者要求的回报率或应计收益率。此外,根据中国债券市场的情况,我们假设本节内容所涉及债券的付息周期都是一年[3],且清算日[4]离下一个付息日恰好是一年[5]。

既然债券价格等于未来现金流的现值,那么计算价格的过程其实就是贴现的过程:

$$P = \sum_{t=1}^{n} \frac{C}{(1+r)^t} + \frac{Par}{(1+r)^n} \text{ 或 } P = \frac{C}{r}[1-(1+r)^{-n}] + \frac{Par}{(1+r)^n} \quad (3-25)$$

式中,P 为价格,C 为每年利息,r 为应计收益率(贴现率),Par 为债券面值,t 为投资年数。

[例 3-14] 某一5年期债券的票面利率为 3.5%,面值为 100 元,每年付息一次,应计收益率为 5%,则该债券的发行价格应为:

$$P = \sum_{t=1}^{5} \frac{3.5}{(1+5\%)^t} + \frac{100}{(1+5\%)^5} = 93.51(\text{元})$$

当应用于零息票债券时,公式(3-25)就可以简化为:

$$P = \frac{Par}{(1+r)^n} \quad (3-26)$$

也就是说,零息票债券的价格就是票面值的现值。以一个一年期的零息票债券为例,债券面额为 100 元,投资者要求的收益率为 5%,则该债券的发行时的价格应为:

$$P = \frac{100}{1+5\%} = 95.24(\text{元})$$

---

[1] 普通附息票债券和零息票债券的未来现金流都是可以确定的。但对于浮动利率债券及附有选择权的债券,未来现金流的确定会比较复杂,鉴于篇幅关系,本书将不介绍关于这些债券价值的分析。有兴趣的读者可以参考 Frank J. Fabozzi. Bond Markets, Analysis and Strategies. Prentice Hall, 2009; Suresh M. Sundarensan. Fixed Income Markets and Their Derivatives. Academic Press, 2009.

[2] 在本部分后面介绍过债券久期(Duration)的概念后,我们就可以用相同久期来代替相同的到期日来作为可类比的条件。

[3] 同中国不同,美国债券市场上附息票债券的付息周期一般都是半年,此时贴现率就是可类比债券收益率的 1/2,而贴现期数则为年数的两倍。

[4] 投资者买入或卖出债券的日期称为成交日,而债券实际所有权发生转移的日期成为清算日,成交日同清算日往往并不相同,两者的关系由市场交易规则决定的。在 $T+0$ 规则下,两者相同;而在 $T+n$ 的规则下,则两者相差 n 天。但在实际操作中对两者并不加区别。

[5] 后面将会介绍购买日离下次付息日小于一个付息周期时的处理方法。

当债券清算日距离下次付息日不满一年时,我们就应该对公式(3-25)进行一些改动:

$$P = \sum_{t=1}^{n} \frac{C}{(1+r)^d(1+r)^{t-1}} + \frac{Par}{(1+r)^d(1+r)^n} \qquad (3-27)$$

其中,d 为清算日距离下次付息日的天数/365。

比如,当上例中的投资者并没有在这种零息票债券发行当天就购买,而是在离到期还剩 200 天的时候才买进了债券并持有至到期,那么这个债券的期限对该投资者来说就不再是一年了,因为投资者持有债券的时间只有 200 天,此时投资者购买债券时的价格也不再是用公式(3-26)计算出来的 95.24 元,而要用公式(3-27)计算。首先要计算 $d = \frac{200}{365} = 0.55$,接着将 d 代入公式(3-27)。

$$P = \frac{100}{(1+5\%)^{0.55}} = 97.36(元)$$

在了解债券的定价原理后,就可以用第一节介绍的净现值法和内部收益率法来对债券进行价值分析。具体来说,当债券净现值为正时,则说明债券的价格被低估了,而净现值为负则说明了债券价值的高估;同样,当内部收益率高于市场收益率时,说明债券价格被低估了,而内部收益率低于市场收益率则意味着债券价格的高估。具体实例已经在第一节中给出,这里就不再举例说明。

二、债券的报价

第二章第二节的表 2-2 和表 2-3 对美国债券市场的报价方式做了介绍,注意在表 2-2 中有一个应付利息(Accrued Interest)项。应付利息是指当投资者卖出债券的日期离下次付息日不到一个付息周期时,上次付息日和结算日之间那段时间内投资者应得的利息。这期间虽然没有发生利息支付,但由于投资者在这段时间内持有债券,他应该得到相应的一部分利息,然而在计算债券价格时,我们计算得到的都是债券到到期时点的剩余价值,这部分利息并没有被考虑在内。因此,在交易报价中就出现了应付利息这个数值来计算投资者实际应得的价值。利用定价公式计算得到的价格被称为净价(Clean Price),净价加上应付利息就是投资者应得的债券的价值,被称为全价(Full Price),两者的关系为:

$$全价 = 净价 + 应计利息$$

其中,应计利息的计算方法如下[①]:

$$I_a = \frac{D}{365} \times C \qquad (3-28)$$

其中,I_a 为应计利息,D 为结算日离上次付息日的天数,C 为年利息额。

---

① 每年的天数在不同国家的市场有不同的规定,中国市场规定一年天数为 365 天,不管是否是闰年;欧洲和美国市场一般是按每年 360 天计算;还有一些国家的市场则是按每年的实际天数来计算。本书采用中国市场的计算方式。

[例 3-15] 投资者于 2005 年 3 月 10 日出售了面值为 100 元、净价为 101.78 元、息票利率为 10%、到期日为 2008 年 5 月 8 日的国债,则该投资者应得的金额为:

$$P_c = 101.78 + \frac{306}{365} \times 10 = 110.16(元)$$

三、收益率曲线及利率期限结构理论

（一）收益率曲线(Yield Curve)及其构建

前面我们介绍了在单一贴现率下债券收益率和价格的计算,前面所有的计算都是基于这样一个假设的前提上的:所有的再投资利率都与到期收益率相同。但在现实中,不同期限投资的收益率往往是不同的,比如,1 年期国债的年收益率一般低于 2 年期或更长期限的国债,而对在不同时间产生的现金流,也应该用相应期限的收益率来对其进行贴现,如对第一年底发放的利息用 1 年期的收益率进行贴现,对第二年的利息则用 2 年期的收益率进行贴现……因此,当放开收益率不变的假设之后,我们就需要按照现实情况对计算方法进行相应的改进。此时债券的价格公式也就要变为:

$$P = \sum_{t=1}^{n} \frac{C}{(1+r_t)^t} + \frac{Par}{(1+r_n)^n} \quad (3-29)$$

式中,r_t 为 t 年期债券的收益率。

[例 3-16] 今天国债市场上不同期限国债的收益率如表 3-4 所示。

表 3-4 不同期限国债的收益率

期 限	1	2	3	4	5
收益率	2.003 3	2.603 7	3.148 1	3.605 4	3.943 6
期 限	6	7	8	9	10
收益率	4.150 6	4.256 3	4.294 8	4.299 1	4.294 7
期 限	11	12	13	14	15
收益率	4.297 3	4.309 8	4.332 3	4.364 1	4.404 8
期 限	16	17	18	19	20
收益率	4.453 5	4.510 4	4.575	4.646 9	4.725 3

则若今天要发行一种面值为 100 元、期限为 5 年、息票利率为 3.87% 的国债,则其发行价格应该为:

$$P = \frac{3.87}{1+2.003\,3\%} + \frac{3.87}{(1+2.603\,7\%)^2} + \frac{3.87}{(1+3.148\,1\%)^3}$$

$$+ \frac{3.87}{(1+3.605\,4\%)^4} + \frac{103.87}{(1+3.943\,6\%)^5}$$

$$= 99.96(元)$$

利用这种方法计算债券价格最重要的就是要知道任何期限投资的收益率,如果一种债券离到期日还剩下5年零1天,下一次利息支付发生在一天后,每年支付一次利息,那我们就需要知道1天期、1年零1天……直到5年零1天的收益率,而市场上并不一定会存在有相同剩余期限的同类债券,因此就需要一种方法来估算任何期限的收益率。

我们通过构建收益率曲线来估算任何期限的收益率。收益率曲线是反映某一时点上到期收益率同剩余到期时间函数关系的曲线。我们假定收益率和期限存在着某种函数关系,然后通过市场现有债券的数据来推导出两者之间的函数关系,根据这一函数关系,我们就可以画出收益率曲线,从而计算任何期限的收益率。收益率曲线可以用来描述同类债券的利率期限结构,如国债收益率曲线、同类企业债券的收益率曲线、金融债券的收益率曲线等。

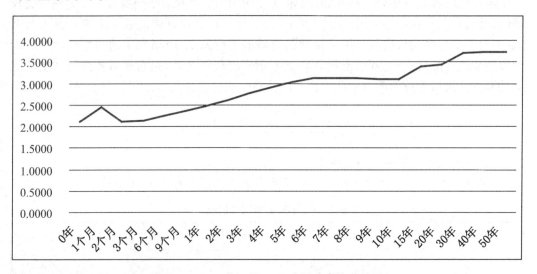

图3-1　2019年3月22日中国收益率曲线图

资料来源:摩根大通银行上海分行国债交易部。

在图3-1中,可以看到随着期限的增长,收益率也随之提高。然而,并不是所有的收益率曲线都呈现这种形状。随着经济体系中各种因素的变化和波动,收益率曲线可以呈现多种不同的形状,图3-2为四种最基本的收益率形状。

在图3-2中,上升的收益率曲线是最常见的,在正常情况下,期限越长就意味着收益率越高;下降的收益率一般出现在利率很高的时期;水平的收益率曲线在现实市场中是很罕见的,本书前面介绍的关于收益率和债券价格等的计算就是以水平收益率曲线的假设为基础的;有突起的收益率曲线发生在利率非常高的时候,比如高通胀的时候,利率会随着通胀率一起升高,当升高到一定程度时,市场会预期利率在短期会进一步升高,但长期会回复到正常水平,从而导致中期利率高于短期利率,而长期利率下降到短期利率以下。

构建收益率曲线是一项复杂的工作,涉及复杂的数学运算,但也可以通过比较简单的线性插值法来近似地构建收益率曲线。下面我们通过构建2005年3月21日中国国债市场的理论收益率曲线来具体说明这种构建方法。

我们首先要选择不同期限的国债,由于市场未清偿债券的剩余期限一般不会正好是整年,因此要尽量选择剩余期限接近整年的债券,而且每种剩余年份的债券尽量都要有。

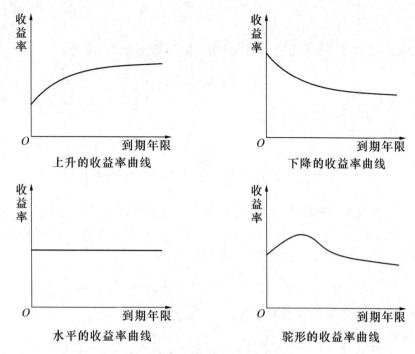

图 3-2 收益率曲线的基本形状

[例 3-17] 表 3-5 是我们选择的中国国债市场一些债券的情况。

表 3-5 2005 年 3 月 24 日部分国债相关资料

国债名称	剩余期限	全 价	票面利率	还本付息方式
05 国债 02	0.975	98.040	NA	贴现式
04 国债 11	1.729	101.561	2.98	年
99 国债 5	2.408	102.854	3.28	年
21 国债 3	3.085	102.87	3.27	年
97 国债 4	2.449	122.35	9.78	年

此外,央行一天超额准备金利率为 0.99%,由于期限只有一天,我们将这一利率近似作为期限为 0 的国债收益率①。

收益率曲线计算过程如下。

1. 计算 0.975 年期的收益率

$$r_{0.975} = \left(\frac{100}{98.04}\right)^{\frac{1}{0.975}} - 1 = 2.05\%$$

设 0.975 年以下的收益率曲线符合抛物线方程:

---

① 当然,在这种情况下,也可以选取隔夜回购利率或同业拆借利率等基准利率来代替。

$$r = a\sqrt{t} + 0.99\%$$

将 $(0.975, 2.05\%)$ 代入上式，得到 $a = 0.0107$，则抛物线方程为：

$$r = 0.0107\sqrt{t} + 0.99\% \tag{3-30}$$

2. 计算 1.729 年期的收益率

$r_{1.729}$ 满足如下条件：

$$\frac{2.98}{(1+r_{0.729})^{0.729}} + \frac{102.98}{(1+r_{1.729})^{1.729}} = 101.561$$

将 $t = 0.729$ 代入上面抛物线方程得到 $r_{0.729} = 1.90\%$，将这一数值代入公式 (3-30) 得到 $r_{1.729} = 2.53\%$。假设 0.975—1.729 年的收益曲线是直线①，则根据点 $(0.975, 2.05\%)$ 和 $(1.729, 2.53\%)$ 可以得到直线方程：

$$0.0048t - 0.754r + 0.010777 = 0 \tag{3-31}$$

3. 计算 2.408 年期的收益率

$r_{2.408}$ 满足如下条件：

$$\frac{3.28}{(1+r_{0.408})^{0.408}} + \frac{3.28}{(1+r_{1.408})^{1.408}} + \frac{103.28}{(1+r_{2.408})^{2.408}} = 102.854$$

将 $t = 0.408$ 和 $t = 1.408$ 分别代入方程 (3-30) 和 (3-31)，得到 $r_{0.408}$ 和 $r_{1.408}$ 分别为 1.67% 和 2.33%，将这两个数值代入上式得到 $r_{2.408} = 2.90\%$。假设 1.729 年与 2.408 年之前的收益率曲线是直线，则可以得到如下直线方程：

$$0.0037t - 0.679r + 0.0107814 = 0 \tag{3-32}$$

4. 计算 3.085 年期的收益率

$r_{3.085}$ 满足：

$$\frac{3.27}{(1+r_{0.085})^{0.085}} + \frac{3.27}{(1+r_{1.085})^{1.085}} + \frac{3.27}{(1+r_{2.085})^{2.085}} + \frac{103.27}{(1+r_{3.085})^{3.085}} = 102.87$$

通过方程 (3-30)、(3-31) 和 (3-32)，可以分别求得 $r_{0.085}$、$r_{1.085}$ 和 $r_{2.085}$ 为 1.30%、2.12% 和 2.72%，代入上式得 $r_{3.085} = 3.34\%$，设 2.408 年和 3.085 年之间的收益率曲线为直线，则可得到直线方程：

$$0.0044t - 0.677r + 0.0090378 = 0 \tag{3-33}$$

5. 计算 97 国债 4 的理论价格

可以计算得到 $r_{0.449} = 1.72\%$，$r_{1.449} = 2.38\%$ 和 $r_{2.449} = 2.93\%$，则该国债的价格应为：

---

① 这里只是为了简化计算而选用了线性方程，事实上计算第一段收益率曲线时假设其符合抛物线方程 $r = a\sqrt{t} + b$ 或次数更高的方程可能更符合现实情况。

$$\frac{9.78}{(1+r_{0.449})^{0.449}} + \frac{9.78}{(1+r_{1.449})^{1.449}} + \frac{109.78}{(1+r_{2.449})^{2.449}} = 121.44(元)$$

而该债券市场价格为 122.35 元,误差并不很小。

6. 得到收益率曲线

根据第 1—4 步的计算,可以得到 2005 年 3 月 24 日中国国债市场的收益率曲线,如图 3-3 所示。

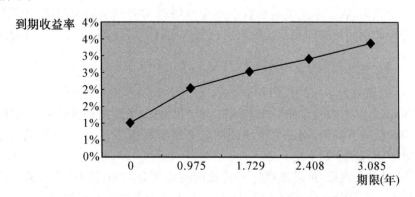

图 3-3　2005 年 3 月 24 日中国国债市场收益率曲线

(二) 远期利率的计算

前一部分我们详细介绍了如何构建即期收益率曲线。根据理论即期收益率曲线,我们可以计算远期利率。远期利率就是未来某一时点的即期利率水平。下面通过一个例子来简单介绍如何利用即期收益率曲线来计算出远期利率。

[例 3-18]　考虑这样一笔投资,假设投资者有 1 000 元资金,他准备进行 1 年的投资,现在他有两个选择。

(1) 购买期限为 1 年的附息票国债并持有至到期;

(2) 购买半年期的附息票国库券,半年后将到期所得资金再次购买另一种半年期附息票国库券并持有至到期。

对于第一种方案,根据前面所得到的即期收益率曲线,可以很容易计算出该种方案的到期收益率。对于第二种方案,虽然可以通过收益率曲线得到第一笔投资的收益率,但第二笔投资发生在半年后,我们现在并不知道半年后半年期国库券的收益率,这里的半年后半年期利率就是一种远期利率。只要令两种投资方案的收益率相等①,就可以根据即期的一年期和半年期利率计算出半年后的半年期利率。

这里我们进一步假设 1 年期国债即期收益率为 3%,半年期国库券即期收益率为 1.8%,并用 $r(t, \Delta t)$ 表示 t 期后 Δt 期国债的即期收益率,那么要使两种投资方案的收益率相等,只要使两者的终值相等即可:

$$100 \times (1+3\%/2)^2 = 100 \times (1+1.8\%/2) \times [1+r(0.5, \Delta 0.5)/2]$$

从而解出 $r(0.5, \Delta 0.5) = 4.207\%$。

---

① 事实也应该如此,我们将两种方案看作两种债券,如果两者收益率不等,那么只要卖空收益率低的债券而做多收益率高的债券就可以进行无风险套利,大量的套利最终会使两者收益率趋于一致。

(三) 利率期限结构理论

从前面的叙述中,可以了解到随着债券剩余期限的变化,收益率也呈现出各种不同的结构,而且即期利率同远期利率也存在着某种关系。研究收益率同期限之间关系的理论被称为利率期限结构理论(Term Structure Theories)。传统的期限结构理论主要有预期理论、流动性偏好理论和市场分割理论。

1. 预期理论

预期理论认为,收益率曲线的形状取决于市场对未来利率的预期,且特别指出即期长期利率等于此期间所有即期及预期短期利率的几何平均数,用公式(3-34)表示就是:

$$1+r_n = \{[1+r(0,1)][1+r(1,1)]\cdots[1+r(n-1,1)]\}^{\frac{1}{n}} \quad (3-34)$$

式中,r_n 为期限为 n 年的长期利率,$r(i,1)$ 为 i 年后的 1 年期利率。

根据预期理论,若收益率曲线向上倾斜,那么说明市场预期未来的短期利率要上升;如果收益率曲线向下倾斜,则说明市场预期未来短期利率要下跌;而水平的收益率曲线则说明未来短期利率预期不变。

此外,通过仔细观察,可以发现这一公式同前面所介绍的远期利率计算方法的思想是完全相同的。根据公式(3-34),可以导出 n 年后 1 年期利率的计算公式:

$$1+r(n,1) = \frac{[1+r(0,1)][1+r(1,1)]\cdots[1+r(n-1,1)][1+r(n,1)]}{[1+r(0,1)][1+r(1,1)]\cdots[1+r(n-1,1)]}$$

$$= \frac{(1+r_{n+1})^{n+1}}{(1+r_n)^n}$$

$$\Rightarrow r(n,1) = \frac{(1+r_{n+1})^{n+1}}{(1+r_n)^n} - 1 \quad (3-35)$$

也就是说,n 年后的 1 年期利率是 $n+1$ 年期的即期利率和 n 年期即期利率的函数。

[例 3-19] 如果已知 5 年期债券即期利率为 8%,4 年期即期利率为 6%,那么可以通过公式(3-35)计算出 4 年后的 1 年期利率 $r(4,1) = \frac{(1+r_5)^5}{(1+r_4)^4} - 1 = \frac{(1.08)^5}{(1.06)^4} - 1 = 16.38\%$。

2. 流动性偏好理论

流动性偏好理论认为,为了避免长期证券更高的价格波动,投资者宁愿牺牲一部分收益率来持有短期证券,因此若要吸引投资者持有长期证券,就要提供更高的收益率。投资者偏好短期证券是因为一旦出现紧急情况,它们更容易变现,且变现价格也可以估计,也就是说,短期证券拥有更高的流动性。因此,在流动性偏好理论下,收益率曲线应该是向上倾斜的,其他任何形状的收益率曲线都被视为反常情况。

流动性偏好理论认为长期即期利率并不简单地等于预期未来短期利率的几何平均值,而是在预期未来短期利率时要加上一个流动性升水,这可以用公式表示为:

$$1+r_n = \{[1+r(0,1)][1+r(1,1)+L_2]\cdots[1+r(n-1,1)+L_n]\}^{\frac{1}{n}}$$

$$(3-36)$$

从这个角度说,流动性偏好理论是预期理论的拓展。但从实际上来说,流动性偏好理论所说的"反常情况"经常出现,因而这一理论并不能完美地解释收益率曲线的形状。

3. 市场分割理论

市场分割理论也称居所偏好利率,这一理论认为机构投资者对期限有不同的需求。他们一般都将证券选择限制在一定的期限范围之内,也就是说,有的投资者专门从事长期投资,有的则专门进行短期投资。收益率曲线的形状取决于所有机构投资者的投资策略。

机构投资者的投资策略受到税收、债务结构及他们客户要求的收益水平的影响。比如,商业银行按普通税率纳税,他们的债务一般是中短期的存款,因而他们一般投资于中短期的施政债券。

市场分割理论考虑商业环境、法律环境等对机构投资者的影响,从而按对期限的偏好将机构投资者分成不同的种类。最严格的市场分割理论认为投资者对于期限的偏好十分强烈,以至于他们不会投资其他期限的债券,在这种情况下,各种期限的利率决定于它们的供求状况。

四、债券价格风险的衡量

金融市场上风险无处不在,由于利率变化、市场供求的一系列原因,债券的价格是不断波动的,而且对于不同的债券,其波动的幅度也各不相同,这就是债权的价格风险。若投资者采取的投资策略不是持有至到期的话,那么债券的价格风险给投资收益带来了很大的不确定性。为此,我们应该对债券的价格风险进行衡量,以便在决定投资对象时做出更好的选择。

首先我们回顾一下债券的价格公式:

$$P = \frac{C}{r}[1-(1+r)^{-n}] + \frac{Par}{(1+r)^n}$$

保持面值和息票率不变,将不同的到期收益率代入公式,并将结果画成曲线,就可以得到债券价格和到期收益率之间的关系,如图 3-4 所示。

从图 3-4 可以看到债券价格同收益率是负相关的,且价格—收益率曲线凸向原点,这种性质被称为债券的凸性(Convexity)。根据债券价格公式,可以将债券的价格看成到期收益率 r、面值 Par 和票面利率①的函数。根据数学中的知识,可以知道价格 P 对 r 的偏导数表示收益率变动带来的价格的变化速度。根据债券价格公式,可以得出:

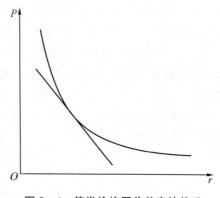

图 3-4 债券价格同收益率的关系

$$-\frac{\partial P}{\partial r} = \frac{C}{r^2}[1-(1+r)^{-n}] + n\frac{Par - \frac{C}{r}}{(1+r)^{n+1}} \tag{3-37}$$

---

① 因为票面利率和面值决定了息票额 C。

实际上，$-\frac{\partial P}{\partial r}$ 正是图 3-4 中曲线斜率的绝对值。

考虑一种债券，面值为 100 元，票面利率为 8%，剩余期限为 10 年，到期收益率为 7%，那么其每单位到期收益率带来的这种债券价格的变动为 $-\frac{\partial P}{\partial r} = 734.82$ 元，这个数值非常大，甚至是不合实际的。

我们通过泰勒公式来解释这个问题。将价格公式在 r 处泰勒展开，可得：

$$P(r+\Delta r) = P(r) + \frac{\partial P}{\partial r}\Delta r + \frac{\partial^2 P}{2\partial r^2}\Delta r^2 + o(\Delta r^3) \quad (3-38)$$

即 $\Delta P = \frac{\partial P}{\partial r}\Delta r + \frac{\partial^2 P}{2\partial r^2}\Delta r^2 + o(\Delta r^3)$，用 $-\frac{\partial P}{\partial r}$ 来衡量价格的波动，其实是省略了二阶以上的项，但只有在 Δr 很小时才能将二阶项省略，而一个百分点对于债券收益率来说是一个很大的值，这就造成了计算结果的不合理，因此只有到期收益率变动很小时才有 $\Delta P \approx \frac{\partial P}{\partial r}\Delta r$。

为此，我们定义到期收益率变化一个基点所引起的债券价格的变化的绝对值为债券的基点价值(Price Value of a Basic Point，PVBP)，即：

$$PVBP = |P(r+\Delta r) - P(r)| \quad (\Delta r = 0.01\%) \quad (3-39)$$

根据公式(3-37)及上面的证明，可以很容易地得出：

$$PVBP \approx -\frac{\partial P}{\partial r} \times 0.01\% \quad (3-40)$$

$PVBP$ 越大，意味着债券的价格风险越高。根据公式(3-41)，前面例中所举债券的 $PVBP \approx 0.07$，即到期收益率变动一个基点，债券价格变动 0.07 元。

$PVBP$ 衡量了债券到期收益率变动一个基点时债券价格变动的绝对值，但在衡量风险时，投资者可能更看重的是价格的变化率，即波动幅度，因此，接下来我们引入久期的概念。

久期是麦考利(Macaulay)1938 年提出的一个衡量债券价格风险的重要指标，对于债券价格公式：

$$P = \sum_{t=1}^{n} \frac{C}{(1+r)^t} + \frac{Par}{(1+r)^n}$$

可以求得价格对到期收益率的偏导数为：

$$-\frac{\partial P}{\partial r} = \sum_{t=1}^{n} \frac{C}{(1+r)^{t+1}}t + \frac{Par}{(1+r)^{n+1}}n$$

$$-\frac{\partial P}{\partial r}\frac{1}{P} = \frac{1}{1+r}\left[\sum_{t=1}^{n} \frac{C}{(1+r)^t}t + \frac{Par}{(1+r)^n}n\right]\frac{1}{P} \quad (3-41)$$

其中，

$$D = \frac{\sum_{t=1}^{n} \frac{C}{(1+r)^t} t + \frac{Par}{(1+r)^n} n}{P} \tag{3-42}$$

这里的 D 就是麦考利久期。通过观察久期的公式,可以看到久期实际上是用每次现金流的现值和债券价格之比为权数对债券存续期中现金流发生的时间进行的一次加权平均,也就是债券加权的剩余到期时间。

根据公式(3-41)和(3-42),可以得到:

$$-\frac{\partial P}{\partial r} \frac{1}{P} = \frac{1}{1+r} D$$

$$\Rightarrow \frac{\Delta P}{P} \approx -\frac{1}{1+r} D \Delta r \tag{3-43}$$

债券价格的波动幅度同债券的久期和到期收益率的变动量有关。此外,由于公式(3-43)中 D 的系数 $\frac{1}{1+r}$ 是个常数,且这个常数的存在使公式显得比较复杂,因此我们定义修正的久期为:

$$MD = \frac{D}{1+r} \tag{3-44}$$

从而将公式(3-43)简化为:

$$\frac{\Delta P}{P} \approx -MD \Delta r \tag{3-45}$$

从公式(3-45)可以看出,一旦到期收益率的变动幅度确定,债券的修正久期就是决定价格波动的唯一因素,因此久期/修正久期是衡量债券价格风险的另一个重要的指标。此外,通过比较 $PVBP$ 和 MD 两个指标,我们不难发现两者其实有着非常紧密的联系:

$$MD = \frac{PVBP}{0.01\% P} \tag{3-46}$$

通过前面的叙述,可以看出 $PVBP$ 和 MD 都是直接度量债券价格风险的指标,且两者也有着紧密的关系。但是,两个指标在衡量债券价格风险时却存在着不一致的地方。观察表3-6的三张表格。

表3-6a 票面利率6%、剩余期限30年的附息票债券在不同收益率水平下的各种价格风险指标

到期收益率	价 格	PVBP	久 期	修正的久期
4%	134.58	0.21	16.61	15.97
5%	115.37	0.17	15.59	14.84
6%	100.00	0.14	14.59	13.76
7%	87.59	0.11	13.64	12.74
8%	77.48	0.09	12.73	11.79

表 3 - 6b　票面利率 8%、剩余期限 30 年的附息票债券在不同收益率水平下的各种价格风险指标

到期收益率	价　格	PVBP	久　期	修正的久期
4%	169.17	0.26	15.79	15.19
5%	146.12	0.21	14.82	14.12
6%	127.53	0.17	13.89	13.10
7%	112.41	0.14	13.00	12.15
8%	100.00	0.11	12.16	11.26

表 3 - 6c　票面利率 8%、剩余期限 20 年的附息票债券在不同收益率水平下的各种价格风险指标

到期收益率	价　格	PVBP	久　期	修正的久期
4%	154.36	0.18	12.40	11.92
5%	137.39	0.16	11.95	11.38
6%	122.94	0.13	11.50	10.84
7%	110.59	0.11	11.05	10.32
8%	100.00	0.10	10.60	9.82

通过观察上面三张表，不难看出 PVBP 和久期同债券的三项基本属性分别有表 3-7 中呈现的关系。

表 3 - 7a　债券基点价值与债券基本属性的关系

到期收益率	↑	PVBP	↓
票面利率	↑	PVBP	↑
剩余期限	↑	PVBP	↑

表 3 - 7b　债券久期与债券基本属性的关系

到期收益率	↑	D、MD	↓
票面利率	↑	D、MD	↓
剩余期限	↑	D、MD	↑

可见，票面利率对债券基点价值和久期的影响正好是相反的，这样两者在判断债券风险的时候就可能会出现矛盾，到底用哪一个能更好地判断债券的风险，这也没有定论。

久期在金融学中是一个很重要的指标，除了用来度量债券的风险之外，经常被用来进行不同债券之间的比较；此外在公司财务中，久期也有重要的应用。但是，久期也有一些局限。通过久期的计算公式，可以看出久期的计算实际上是建立在水平的收益率曲线之上的，而且在用久期来计算价格变动时，也隐含假设了收益率变动时收益率曲线是整体平移的，这两个假设在现实中往往是不能成立的。

此外，同价格风险指标 $-\frac{\partial P}{\partial r}$ 一样，久期只适用于收益率变化比较小的情况。我们可以考虑一种面值为 100 元的 20 年期国债，票面利率为 8% 的债券，在到期收益率为 8% 时，其价格为 100 元，若到期收益率变为 7%，则根据债券价格公式可以算得其价格应为 110.59 元。同时我们也可以通过久期来计算收益率变为 7% 时的债券价格，首先可以根据公式(3-42)算出该债券的久期 $D = 10.60$，则 $MD = 10.60/1.08 = 9.81$，用公式(3-45)算得当到期收益率由 8% 下降为 7% 时，债券的价格变化 $\Delta P = 9.81$ 元，则此时债

券的价格为109.81元。这同根据债券价格公式计算得出的110.59元之间有着近1元的偏差,可见此时用久期测度出来的债券价格变动并不准确。我们可以通过图3-5来理解这个问题。

用价格风险 $-\frac{\partial P}{\partial r}$ 或久期 D 来计算价格的变动,其实是用直线代替了原来债券价格曲线,在到期收益率变动非常小的时候,计算的结果是和实际结果非常相近的,但一旦收益率变动较大,就如图3-5中由8%变为7%,此时

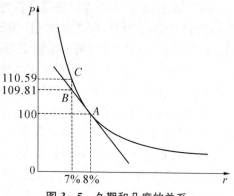

图3-5 久期和凸度的关系

计算的结果就会同实际结果有较大的误差,我们将图3-5中实际价格和通过久期算得的价格之间的差额(线段 BC)称为凸度(Convexity)。回顾公式(3-38),其实凸度就是公式(3-39)中的泰勒展开二阶项。在用久期计算价格变动时,若到期收益率变动较小,那么凸度是可以忽略不计的;但在到期收益率变化较大的时候,凸度对价格变化的影响就会较大,此时我们应该将凸度也考虑在内。下面先给出凸度的数学定义:

$$Convex = \frac{1}{2} \frac{\partial^2 P}{\partial r^2} \frac{1}{P} \tag{3-47}$$

加入凸度之后,债券价格的变动率公式变为:

$$\frac{\Delta P}{P} \approx -MD\Delta r + Convex\Delta r^2 \tag{3-48}$$

由于公式中存在二阶导数,使得久期和凸度的计算显得相当烦琐。对此,有一种简便的近似计算方法来简化这些计算。

修正久期的近似计算公式为:

$$D \approx \frac{P_- - P_+}{2P_0 \Delta r} \tag{3-49}$$

式中,D 为近似修正久期,P_- 为到期收益率下降 Δr 时利用债券价格公式得到的价格,P_+ 为到期收益率上升 Δr 时利用债券价格公式得到的价格,P_0 为当前价格,Δr 为到期收益率的变动。在这个公式中,要求 Δr 较小,一般为几个基点。

下面通过一个例子来检验这种简便算法的准确性:某债券剩余期限为10年,面值100元,票面利率为7%,当前价格为86.15元,到期收益率为9.17%,当到期收益率的变动为0.05%时,可以分别计算得到 $P_- = 86.47$,$P_+ = 85.89$,从而根据公式(3-49)可得近似的修正久期 $= \frac{86.47 - 85.89}{2 \times 86.15 \times 0.0005} = 6.73$。

根据公式(3-42)和(3-44),可以计算出实际的修正续期=6.69,可见这种简便计算的准确度还是比较高的。同样,凸度也有类似的近似计算方法:

$$Convex \approx \frac{P_- - P_+ - 2P_0}{P_0 (\Delta r)^2} \tag{3-50}$$

本章最后，我们指出债券价值分析使用的模型，也是下面我们将学习的股权价值模型的原型，但在实践中，对普通股现值模型的运用比起债券来有更大的不确定性；这种不确定性围绕在现值模型的两个关键变量上——现金流和贴现率。债券估价是解决一系列由法律契约（Bond Indenture）规定的现金支付的方法。对比之下，在估价股票时，分析师必须定义具体的现金流——例如，它究竟是红利、自由现金流，还是什么别的东西。

普通股股东现金流没有契约，因此在评价公司、金融、技术和其他风险时，分析师必须在没有契约目标的情况下预测现金流量。在这些预测中存在着很大的不确定性。而且这种预测要延伸到不可见的未来，因为股票是没有到期日的。此外，比起没有信用风险（如政府债券）的无选择权债券或高投资级别的公司债券，在权益证券定价中确定适当的贴现率对于股票也存在更大的不确定性。债券评级的广泛可得，便于使用和接受——对于此类债券的更加确定的现金流——意味着如果不能从债券市场中观察到，至少可以根据不同级别的风险推断出合适的贴现率。股票就没有这种评级或是确定的现金流，因此分析师在分析股票时面临着更主观和更不确定的贴现率。最终，除了与现金流和贴现率相关的不确定性之外，权益分析师须解决其他问题，如公司控制的价值或未利用资产。因此，应用于股票估价的现值模型带来了很大的困难，现值模型在其努力的目标（内在价值的估计）上很激进，并伴随着挑战。

小 结

1. 货币是有时间价值的，这就要求对金融资产的现值和未来值进行计算；贴现率是衡量货币时间价值的指标，也是计算现值的关键；贴现率可以通过资本定价模型、债券收益率加风险溢价和风险加成法来确定。

2. 进行证券投资必须要了解证券的收益情况，内部收益率和净现值可以衡量所有投资的收益情况；衡量债券收益率的指标主要有名义收益率、当期收益率、到期收益率、赎回/回售收益率、持有期收益率，其中到期收益率是最常用的收益率；股票收益率是考虑资本利得和股息收入后得到的收益率。

3. 债券价格可以看成是债券存续期间所有现金流的现值之和。实际进行债券投资时，购买债券的时间不一定是债券的发行日或付息日，这就产生了债券全价和净价的概念，净价为全价扣除应计利息之后的债券价格。

4. 不同期限债券的到期收益率往往是不同的，在坐标轴中将所有债券的期限和到期收益率确定的点连成一条曲线就形成了收益率曲线；可以采用线性插值法来构建理论的即期收益率曲线；通过即期收益率曲线可以计算远期利率；收益率曲线描述了利率的期限结构，利率期限结构理论是研究收益率同期限关系的理论；传统的利率期限结构理论主要有预期理论、流动性偏好理论和市场分割理论。

5. 债券价格是随着收益率的变动而不断变动的，债券价格的变动给债券投资带来了风险；衡量债券价格风险的指标主要有$-\frac{\partial P}{\partial r}$、基点价值、久期、修正的久期和凸度。

关 键 概 念

时间价值	市场风险溢价	股票收益率	利率期限结构
单利	收益率	现金流贴现	预期理论
复利	净现值	应计利息	流动性偏好理论
连续复利	内部收益率	净价	市场分割理论
现值	名义收益率	全价	债券价格风险
未来值	当期收益率	凸性	基点价值
普通年金	到期收益率	收益率曲线	久期
到期年金	赎回/回售收益率	线性插值法	修正久期
贴现率	持有期收益率	远期利率	凸度

第四章 绝对价值模型

 学习目标

- ◆ 了解绝对价值模型和相对价值模型的概念和区别;
- ◆ 掌握股利贴现模型的思想;
- ◆ 熟练运用戈登模型、两阶段模型、H模型及三阶段模型分析股票的价值;
- ◆ 熟悉自由现金流的概念,掌握使用财务信息计算自由现金流的方法;
- ◆ 熟练运用自由现金流模型分析公司和股票价值;
- ◆ 掌握加权平均资本成本的概念和计算方法;
- ◆ 熟悉剩余收益的概念,学会用剩余收益的计算方法;
- ◆ 熟练运用剩余收益模型分析股票价值;
- ◆ 了解股利贴现模型、自由现金流模型和剩余收益模型各自的优缺点和适用情况,学会选择合适的模型进行分析;
- ◆ 掌握经济增加值的概念和计算方法,并用经济增加值分析股票价值。

　　股票投资的收益很大程度上来自于股票价格和内在价值的背离,内在价值指的是在假定完全了解资产投资特征的前提下资产的价值。分析股票内在价值是获得超额收益(Abnormal Return)的重要步骤。要准确地分析股票的价值,就必须将准确的预测和合适的价值模型有机地结合起来。

　　股票价值分析模型主要有绝对价值模型(Absolute Valuation Model)和相对价值模型(Relative Valuation Model)两类。绝对定价模型是确定资产内在价值的模型。这种模型可以提供价值的估计,而且可与股票市场价格比较,以确定股价是否存在低估或高估。同债券价值模型一样,股票的绝对价值模型也是基于现金流贴现思想。绝对价值模型都认为股票的内在价值等于预期未来现金流的现值。按照对现金流的不同理解,绝对价值模型可以分为股利贴现模型(Discounted Dividend Model,DDM)、自由现金流模型(Free Cash Flow to Firm,FCFF 或 Free Cash Flow to Equity,FCFE)和剩余收益模型(Residual Income Valuation,RIV)以及基于剩余收益思想的经济增加值(Economic Value Added,EVA)模型。本章将对这些内容进行详细介绍[①]。

[①] 虽然本书提出了许多今天广泛使用的权益证券定价工具,但它并不能涵盖所有分析师遇到的特别估价。例如,估价一个企业可能会以资产或企业控制资源的价值为基础。这种方法又称为基于资产的估价(Asset-based Valuation),且也被归为绝对定价模型的一种。对于适合的企业,基于资产的估价能提供一个价值的独立估计,而有经验的分析师对于选择性的、独立的价值估计总是很感兴趣。

相对定价模型描述了一种股票相对于另一种股票的价值。相对价值模型的思想基础是一价定理，即类似的股票应该以类似的价格出售。这些模型通常用各种价格乘数来比较不同的股票，并以此进行价值估计。按照所有乘数的不同，相对定价模型可以分为市盈率(Price to Earning Ratio)模型、市净率(Price to Book Value Ratio)模型、销售乘数(Price to Sales)模型、现金流乘数(Price to Cash Flow)模型等。我们将在下一章对相对价值模型进行详细介绍。

第一节 股利贴现模型

我们刚才提到过，各种绝对价值模型之间的区别就在于对于未来现金流的定义不同。股利贴现模型认为未来现金流应该是股票未来所发放的全部股利，因为股利是投资者可以从股票投资中获得的唯一的现金收入[①]。

股利贴现模型(DDM)是最早出现的也是最简单的股票价值分析模型，但这并不影响其成为一个重要的股票价值分析工具。在美林投资公司的一份调查中，1989—2000年，DDM模型的使用率在23种被调查的价值分析方法中名列第五。此外，DDM在学术领域也是一种重要的分析工具。可见，DDM是股票价值分析中的一个必不可少的工具。

根据对外来股利发放情况的预测不同，DDM可以分为不变增长DDM和可变增长DDM，而其中可变增长DDM又可以按增长方式的不同分为两阶段模型、H模型和三阶段模型。本节首先介绍DDM最一般的形式，然后再对DDM的各种具体形式进行详细介绍。

一、股利贴现模型的一般形式

同其他基于现金流贴现思想的价值模型一样，股利贴现模型认为股票的价值等于股票所有未来股利的现值，用公式表达如下：

$$V_0 = \frac{D_1}{(1+r)} + \frac{D_2}{(1+r)^2} + \cdots + \frac{D_n}{(1+r)^n} + \cdots \quad (4-1)[②]$$

式中，V_0为股票第0期的价值（当前价值），D_n为股票第n期的股利，r为股票的要求回报率[③]。

用连加符号可以将公式(4-1)简写为：

$$V_0 = \sum_{t=1}^{\infty} \frac{D_n}{(1+r)^n} \quad (4-2)$$

如果计算得出的股票当前价值V_0与股票的当前价格P_0不同，说明股票价格被高估或低估了，这时，投资者可以通过做多或做空来获得超额回报alpha。

读者可以从公式(4-2)中看到DDM的形式是一个无穷的叠加过程，那这是不是意味着投资者只有永久持有股票时才能使用DDM来估计股票价值呢？答案当然是否定

[①] 投资者有时也能从公司的股票回购中获得现金收入，但这对模型并没有影响。
[②] 在本节所有的讨论中，假设所有股票都只在年底方法依次股利。
[③] 可用CAPM的方法计算，具体请参阅第三章第一节和第六章。

的。假设投资者在购买股票后的第 n 年年底将股票出售,出售价格为 P_n,只要 P_n 并不存在高估或低估①,那么根据 DDM,P_n 就等于第 n 年以后所有股利的贴现值,再加上前面 $n-1$ 年的股利贴现值,股票的当前价值仍然是未来所有股利的贴现值。

$$V_0 = \frac{D_1}{(1+r)} + \frac{D_2}{(1+r)^2} + \cdots + \frac{D_n}{(1+r)^n} + \frac{P_n}{(1+r)^n} \qquad (4-3)$$

其中,

$$P_n = \frac{D_{n+1}}{(1+r)} + \frac{D_{n+2}}{(1+r)^2} + \cdots$$

将 P_n 代入公式(4-3),就又回到了公式(4-1)。因此中途出售股票不会对 DDM 的价值分析带来影响。同样,用连加符号可以将公式(4-3)简化为:

$$V_0 = \sum_{n=1}^{n} \frac{D_n}{(1+r)^n} + \frac{P_n}{(1+r)^n} \qquad (4-4)$$

[例 4-1] 某股票预计未来五年的股利支付分别为 1.3 元、2 元、1.5 元、1.2 元、2.2 元,且预计第五年末该股票价格为 30 元,以及股票的要求回报率为 9%,那么现在该股票的价值应该为:

$$V = \frac{1.3}{(1.09)} + \frac{2}{(1.09)^2} + \frac{1.5}{(1.09)^3} + \frac{1.2}{(1.09)^4} + \frac{2.2}{(1.09)^5} + \frac{30}{(1.09)^5} = 25.81(元)$$

二、不变增长股利贴现模型

(一) 零增长模型

读者不难发现,公式(4-2)在实际中根本无法运用。因为这要求对以后每一期股利都做出预测,但要精确地预测十几年后的公司盈利和股利发放情况几乎是不可能的。因此,要将 DDM 模型运用在投资实践中,就要对未来股利的增长方式进行一定的假设。假如用 g_t 来代表每期的股利增长率,那么 g_t 的数学表达式为:

$$g_t = \frac{D_t - D_{t-1}}{D_{t-1}} \qquad (4-5)$$

这种模型是戈登(Gordon)首次提出的,因此也被称为戈登增长模型(Gordon Growth Model)。显然在所有的股利增长方式中,最简单的当然就是假设未来公司的股利以一个固定的比例增长。

我们先来看戈登模型的一个特例,那就是 $g_t = 0$,即 $D_0 = D_1 = D_2 = \cdots = D_n = \cdots$,其中,$D_0$ 为上一次发放的股利值。此时的戈登模型也称为零增长模型,根据等比数列求和公式,零增长模型可以化简为:

$$V_0 = \frac{D_1}{(1+r)} + \frac{D_2}{(1+r)^2} + \cdots = \frac{D_0}{r} \qquad (4-6)$$

---

① 一般认为股票价格有向内在价值回归的倾向。

即股票的价值等于上次股利值同要求回报率的比值。

[例 4-2] 假设某公司股票去年发放股利为每股 1.5 元,要求回报率为 5%,那么该股票的内在价值应为:1.5/0.05=30(元)。

很明显,零增长模型大大简化了 DDM,使用起来也很便捷。但对于股利零增长的假设却很不合理。因为一个公司的股利发放通常是同公司的盈利相关的,若股利一直不增长,就说明公司的业绩一直停滞不前,在竞争如此激烈的社会,一个公司如果不发展最后就很可能会被淘汰。

(二)戈登模型

如果在戈登模型中假设股票今后的股利增长率是一个保持不变的常数 g,那么未来任意一期的股利 D_t 就可以表示为:

$$D_t = D_0(1+g)^t \qquad (4-7)$$

从而戈登模型在数学上表示如下的就可以:

$$V_0 = \frac{D_0(1+g)}{(1+r)} + \frac{D_0(1+g)^2}{(1+r)^2} + \cdots = \frac{D_0(1+g)}{r-g} = \frac{D_1}{r-g} \qquad (4-8)$$

值得注意的是,公式(4-8)第二个等式后面的形式只有在 $r > g$ 时才成立,因为上式其实是一个无穷等比数列的求和过程。如果 $r = g$ 或 $r < g$,就会使 V_0 无穷大,因此这两种情况是没有意义的。

由于股利发放额等于公司的净利润同股利发放率的乘积,当公司的股利发放率保持不变时,预期的股利增长率就等于公司的预期利润增长率。这样,戈登模型就将股票价值的估计同公司经营状况很好地结合在了一起。

下面通过一个例子来熟悉戈登模型的应用。

[例 4-3] 假设某公司每年均发放股利,上次发放股利为每股 1.23 元,预计未来公司净利润可以每年 3% 的速度增长,该股票的要求回报率为 6%,那么公司当前的合理股价应为多少?该股票当前价格为 35 元,那该股票价格是否合理?

根据公式(4-8),可以很容易地计算出该股票的合理股价(即内在价值)为:

$$P = \frac{1.23 \times 1.03}{0.06 - 0.03} = 42.23(元)$$

可见,根据戈登模型,该公司的股价显然是被低估了。

戈登模型是最常用的简化价值分析模型之一。但在使用戈登模型的过程中,有几个问题是需要注意的。首先,既然戈登模型通过股利发放率将公司盈利和股票价值联系到了一起,那么根据戈登模型的形式,要使用它来进行价值分析的话,就要求公司的净利润也是按一个固定的比例增长的。显然,并不是所有的公司的盈利都是以这种方式增长的。对于那些新兴行业的公司来说,它们的盈利增长率开始可能会很高,然后慢慢下降,最后才保持在一个比较稳定的增长率上。因此,戈登模型主要适用于那些成熟公司或者公共事业公司。我们一般认为,一个公司的盈利增长率等于或低于该国名义 GDP 增长率时,它就是一个成熟公司。对于那些近期的盈利增长率大大高于名义 GDP 增长率的公司,戈登模型是不适用的,而应该使用后面将要介绍的多阶段模型。

在使用戈登模型时还有一个要注意的问题,就是模型计算的结果对要求的回报率和股利增长率都非常敏感。这可以通过下面的例子清楚地看到。

某股票去年股利发放为每股0.8元,我们对要求回报率和股利增长率都做细微的变化,来看看各种情况下用戈登模型计算出的结果。

表4-1　戈登模型对要求回报率和股利增长率的敏感度

	$g=3.50\%$	$g=3.75\%$	$g=4.00\%$
$r=5.25\%$	48.11	56.13	67.36
$r=5.50\%$	42.20	48.23	56.27
$r=5.75\%$	37.60	42.30	48.34

从表4-1中可以清楚地看到,要求的回报率从5.25%提高到5.5%,仅仅变化25个基点,股票价值就下降了5.91元,变动幅度达到了12.28%!此外,上表中最低的数值和最高的数值几乎相差一倍。可见,要求回报率和股利增长率仅仅变化数个基点就可以带来估计结果巨大的变化。因此,在使用戈登模型的过程中,对于要求回报率和股利增长率的估计都要非常准确才能准确地估计股票价值。

在戈登模型下,当要求回报率和股利发放率不变时,股票未来的价值也是以g的速度增长的:

$$V_t = \frac{D_{t+1}}{r-g} = \frac{D_1(1+g)^t}{r-g} = V_0(1+g)^t \tag{4-9}$$

这就使得股票内在价值和公司的业绩联系得更加紧密了。

此外,戈登模型与股票的市盈率之间也有着紧密的联系。市盈率指的是股票市场价格同公司每股净利润的比值,这是一个非常重要的相对指标,在股票价值分析中也有着非常重要的作用,在下一章相对价值模型中,我们将对市盈率模型进行详细的介绍。在这里,我们就可以通过戈登模型计算市盈率:

$$\frac{P_0}{E_0} = \frac{D_0(1+g)}{E_0(r-g)} = \frac{b(1+g)}{r-g} \tag{4-10}$$

式中,E_0为当期每股净利润,$b=D_0/E_0$为股利发放率,$1-b$则为利润留存率。

市盈率也可以用来判断股票的市场价格是否合理,因此只要估计出合理的市盈率,就能判断股票价格是否存在高估和低估。而公式(4-10)正好就给出了一个估计合理市盈率的方法。

[例4-4]　某公司股票市场价格为45元,该公司今年每股净利润为2.5元,预计未来的净利润将以每年5%的速度增长,且股利发放率稳定在40%,该股票的要求回报率为8%,那么根据公式(4-10),该公司合理的市盈率应该=0.4×1.05/(0.08-0.05)=14倍。根据现有股价,算得该股票的实际市盈率=45/2.5=18倍,因此,该公司的股票价格被高估了。

三、两阶段模型

戈登模型虽然是最常用的股利贴现模型,但是前面已经提到过,戈登模型只适用于增长比较稳定的成熟型企业,但对于那些还处于上升阶段的公司,假设股利只以一个不变的速度增长是不合理的。

对于大部分企业说,它们都要经历增长期、过渡期和成熟期三个阶段。在增长期,公司主要的特点是每股盈利超常增长,但迅速的发展需要大量的资金,因此在这个阶段公司的股利发放率很低;在过渡期,公司盈利增长有所减缓,但仍然高于平均水平,而且由于投资机会减少,公司的股利发放率也有所提高;公司最后进入成熟阶段之后,盈利的增长率和股利发放率都相对稳定在一个长期水平上,戈登模型就是主要适用于处在这一阶段的公司。

多阶段股利贴现模型假定了股利增长模式会随时间的推移而发生改变,从而在分析股票价值时更符合那些尚未进入成熟期公司的现实。根据对股利增长模式的不同假设,多阶段股利贴现模型又可以分为两阶段模型、H 模型、三阶段模型等。本部分内容首先对两阶段模型进行详细的介绍。

两阶段模型假设公司的股利增长经历了两个阶段,在第一个阶段,股利每年以一个较高(或较低)的速度增长,一段时期后,股利增长稳定在一个较低(较高)的水平上。这里假设第一阶段股利增长率高于第二阶段,那么这个过程就可以用图 4-1 来形象地表示。

两阶段模型的数学表达式为:

$$V_0 = \sum_{t=1}^{n} \frac{D_t}{(1+r)^t} + \frac{V_n}{(1+r)^n} \quad (4-11)$$

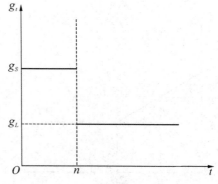

图 4-1 两阶段股利增长模型

在公式(4-11)中,n 为第一阶段的年数,V_n 被称为终值(Terminal Value of Stock)或持续价值(Continuing Value),它是股票在第一阶段结束时的价值。由于第二阶段本身可以看成一个从第 n 年开始的不变增长的阶段,那么 V_n 就可以用戈登模型来计算,即:

$$V_n = \frac{D_{n+1}}{r-g} = \frac{D_0(1+g_S)^n(1+g_L)}{r-g} \quad (4-12)$$

此时,两阶段模型的具体形式为:

$$V_0 = \sum_{t=1}^{n} \frac{D_0(1+g_S)^t}{(1+r)^t} + \frac{D_0(1+g_S)^n(1+g_L)}{(1+r)^n(r-g_L)} \quad (4-13)$$

式中,g_S 为快速增长阶段的股利增长率,g_L 为低速增长阶段的股利增长率。

[例 4-5] 某公司现在处于高速成长阶段,净利润按每年 15% 的速度增长,估计这一增长可以持续 5 年,5 年后公司步入成熟期,净利润增长率下降为 5%,并一直保持这一速度。假设公司股利发放率一直保持不变,去年股利发放情况为每股 1.15 元,要求回报率为 10%,那么该公司现在正常股价应为多少?

由于公司股利发放率始终保持不变,这就意味着股利增长率等于盈利增长率,根据公式(4-13),可以计算出该股票的内在价值为:

$$V_0 = \sum_{t=1}^{5} \frac{1.15 \times (1+0.15)^t}{(1+0.1)^t} + \frac{1.15 \times (1+0.15)^5 \times (1+0.05)}{(1+0.1)^5 \times (0.1-0.05)} = 36.74(元)$$

对于戈登模型来说,由于其假设股利增长模式经历了一个阶段,那么当股票现在没有股利发放时,戈登模型就无法用来估计股票价值。但是,两阶段模型却可以很好地解决这个问题。我们可以将不发放股利的阶段看成两阶段模型中的第一阶段,开始发放股利后就进入第二阶段。

四、H 模型

通过观察图 4-1,可以看到在第 n 年时,股利突然从 g_S 下降到了 g_L,但在现实中,这种情况是很罕见的,因为股利如此突然的大幅度变动很可能对公司的股价造成剧烈影响,这是公司董事会并不愿意见到的情况。因此,股利更可能是缓慢下降(或上升)的。

因此,就出现了假设第一阶段的股利增长率是变化的模型。这就是富勒(Fuller)和夏(Hsia)1984 年提出的 H 模型(如图 4-2 所示)。H 模型也假设股利增长经历两个阶段,但同两阶段模型不同,股利增长率在第一阶段是呈线性下降(或上升)的,而不是不变的。这里假设起始股利增长率 g_S 大于最终的增长率 g_L,H 模型的计算公式如下:

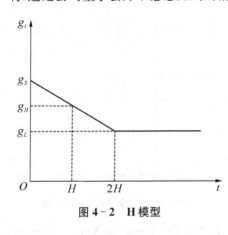

图 4-2 H 模型

$$V_0 = \sum_{t=1}^{n} \frac{D_0 \prod_{i=1}^{t} g_i}{(1+r)^n} + \frac{D_0 \prod_{t=1}^{n} g_t (1+g_L)}{(1+r)^n (r-g_L)} \tag{4-14}$$

有时 H 模型也许能更好地贴近现实,但是这个模型计算起来却非常复杂,因为在股利增长率下降到 g_L 以前,每年的 g 都是变化的,如果第一阶段持续的时间较长,那计算就会变得非常复杂,因此有必要对其进行一定的简化计算。H 模型的近似计算公式为:

$$V_0 = \frac{D_0(1+g_L)}{r-g_L} + \frac{D_0 H(g_S - g_L)}{r-g_L} \quad 或 \quad V_0 = D_0 \frac{(1+g_L) + H(g_S - g_L)}{r-g_L} \tag{4-15}①$$

式中,g_S 为初始的股利增长率,g_L 为最终的股利增长率;H 为第一阶段期限的一半。

[例 4-6] A 公司去年每股股利为 1 元,预计今年股利增长率为 20%,在今后 10 年里,这个增长率按线性方式递减,十年后,股利增长率稳定在 7.5%。市场无风险利率为 4.2%,市场风险溢价为 6.6%,该公司股票对于市场的 β 值为 1.25,A 公司股票现在价值

---

① 这个简化公式的思想大致是这样的,首先将整个过程看作一个不变增长的过程,因此可以用戈登模型求出这部分价值,然后对这部分价值进行调整,在这里,由于假设 $g_S > g_L$,因此应该向上调整。调整的数值为 $2HD_0 \frac{(g_S - g_L)}{2} = D_0 H (g_S - g_L)$,然后再对这个数值进行相应的贴现,就得到了该公式。

为多少?

首先,要使用 CAPM 计算该股票的要求回报率,$r=5.35\%+1.25\times6.6\%=13.6\%$。将算得的数据和已知的数据代入公式(4-15),可以计算出

$$V_0 = \frac{1\times(1+7.5\%)}{12.6\%-7.5\%} + \frac{1\times5\times(20\%-7.5\%)}{12.6\%-7.5\%} = 33.33(元)$$

公式(4-15)虽然是一个近似公式,但大部分时候它的计算和用精确公式计算出来的结果是很接近的。但是当第一阶段时间特别长或者 g_S 和 g_L 相差很大时,这个公式就会变得误差很大,此时就要用精确的计算公式来计算,也就是计算出第一阶段每一年的股利增长率,进而计算出这期间每一年的股利,再进行贴现。这个过程更多地要借助计算机程序来完成。

五、三阶段模型

为了进一步贴近现实,股票分析师们可能会将股利的增长模式设计得更复杂。这就产生了三阶段模型。

三阶段模型有两种主要形式。第一种形式同两阶段模型类似,股利增长经历了三个独立的不变增长阶段,见图 4-3 中左图①;第二种形式则同 H 模型比较相似,只是在 H 模型的第一阶段前还有一个股利增长率不变的时期,见图 4-3 中右图。

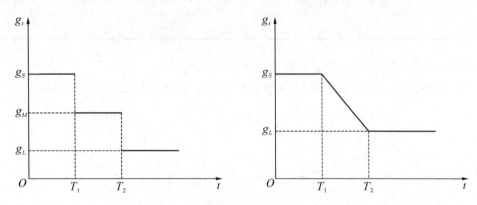

图 4-3 两种形式的三阶段增长模型

对于第一种形式,由于股利增长率在每个阶段是不变的,因此价值计算的方法可以同两阶段增长模型一样,只要对每一阶段分别进行计算就可以了。虽然如此,但由于多了一个阶段,计算公式仍然要复杂很多:

$$V_0 = \sum_{t=1}^{T_1} \frac{D_0(1+g_S)^t}{(1+r)^t} + \sum_{t=1}^{T_2-T_1} \frac{D_0(1+g_S)^{T_1}(1+g_M)^t}{(1+r)^{T_1+t}}$$

$$+ \frac{D_0(1+g_S)^{T_1}(1+g_M)^{T_2-T_1}(1+g_L)}{(1+r)^{T_1+T_2}(r-g_L)} \tag{4-16}$$

---

① 假设三个阶段股利增长率是递减的,在第二种形式中也假设股利增长率是下降的。

[例 4-7] 投资者预计某公司未来发展将经历三个阶段,在第一阶段中,公司的经营利润将以每年15%的速度增长,这个过程将持续3年;在第二阶段中,公司每年盈利的增长速度降为10%,这一阶段大约是5年;8年以后,公司的盈利增长将稳定在每年5%的速度。上年该公司发放的股利为每股0.8元,该股票的要求回报率为8.5%,那么股票当前的价值为多少?

由于计算过程比较复杂,我们用表4-2来计算这个问题。

表4-2 三阶段模型的计算

时间	计算对象	计算式	计算结果	现值
1	D_1	$0.8(1.15)$	0.92	0.85
2	D_2	$0.8(1.15)^2$	1.06	0.90
3	D_3	$0.8(1.15)^3$	1.22	0.95
4	D_4	$0.8(1.15)^3(1.10)$	1.34	0.97
5	D_5	$0.8(1.15)^3(1.10)^2$	1.47	0.98
6	D_6	$0.8(1.15)^3(1.10)^3$	1.62	0.99
7	D_7	$0.8(1.15)^3(1.10)^4$	1.78	1.01
8	D_8	$0.8(1.15)^3(1.10)^5$	1.96	1.02
8	V_8	$0.8(1.15)^3(1.10)^5(1.05)/(0.085-0.05)$	58.79	30.61
合计				38.27

可见,通过计算,得到该股票的价值应该为38.27元。

第二种形式的三阶段模型同H模型也有些相似,但计算起来却要复杂得多。

$$V_0 = \sum_{t=1}^{T_1} \frac{D_0(1+g_S)^t}{(1+r)^t} + \sum_{t=T_1+1}^{T_2} \left[\frac{D_{t-1}(1+g_t)}{(1+r)^t}\right] + \frac{D_{T_2}(1+g_L)}{(1+r)^{T_2}(r-g_L)} \quad (4-17)①$$

式中,

$$g_t = g_S - (g_S - g_L)\frac{(t-T_1)}{(T_2-T_1)}$$

$$D_{T_2} = D_0(1+g_S)^{T_1} \prod_{t=T_1+1}^{T_2}(1+g_t)$$

公式(4-16)的计算非常复杂,因此对于这种计算,我们也要借助如表4-2一样的电子表格工具来进行。由于操作程序完全一样,此处不再重复举例。

六、多元增长模型

虽然股利贴现模型拓展至三阶段模型已经变得非常复杂,但是有时候分析师们为了分析得更加精确,可能会对公司未来的股利增长情况进行更复杂的假设,如假设公司成长经历了初期、平稳期、转折期、稳定期和衰退期等很多阶段,并对每个阶段的股利增长率分别进行预测,对于这种模型,我们只能通过表格工具或者建立计算机程序来分析了。

---

① 这个公式也可以用类似公式(4-14)的方法来进行近似简化,有兴趣的读者可以自己推导一下。

七、股利增长率同各种财务比例的关系

在前面对戈登模型的介绍中,读者可能已经发现股利增长率 g 同公司的财务状况有着密切的关系。在这部分内容中,我们将深入探讨 g 同公司财务比例的关系。

从公司财务的理论来讲,股利增长率同净资产利润率(Return on Equity,ROE)之间有如下关系:

$$g = (1-b) \times ROE \tag{4-18}$$

式中,b 为股利发放率,$1-b$ 为收益留存率。

[例 4-8] 假设某公司去年资产负债表上股东权益为 1 000 万元,去年全年的净利润为 300 万元,年末总共发放股利 150 万元,那么该公司去年的 ROE 为 30%,股利发放率为 50%,而剩余的 150 万未分配利润则使股东权益增加到了 1 150 万元。假设今年该公司的 ROE 和 b 仍然为 30% 和 50%,那么今年的股利发放额应为 1 150×30%×50%=172.5 万元,比去年增长了 15%,而 15%=30%×(1−50%)。

在公司财务中有一种杜邦分析方法,可以将 ROE 分解为一些主要财务比例乘积①。通过杜邦分析方法,我们可以将 g 进一步分解。杜邦分析方法的框架如图 4-4 所示。

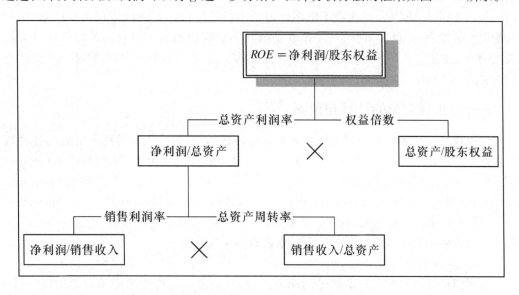

图 4-4 杜邦分析框架

结合公式(4-17)和图 4-4,就可以将 g 分解为一些重要财务比例的乘积:

$$g = 收益留存率 \times 销售利润率 \times 总资产周转率 \times 权益倍数 \tag{4-19}$$

可见,要分析股票价值,说到底还是要对公司的财务情况进行预测。如何预测公司的财务状况我们将在第十和十一章进行详细介绍。

---

① 对杜邦分析方法的详细讨论见第 10 章第 4 节。

第二节 自由现金流模型

在本章的导言中已经介绍过,在使用现金流贴现模型分析股票价值的时候,对于"现金流"的不同看法会产生不同模型。股利贴现模型将股票的股利看作全部的"现金流"。可以说,这是一种就股票论股票的分析方法,当投资者只是希望通过投资股票获利时,用 DDM 进行分析当然不错,但是如果投资者购买股票的目的是为了控制公司呢?此时投资者更关注的恐怕是整个公司的价值而非股票的价值。此外,当公司不发放股利时,股利贴现模型也就无法用来分析股票价值了。为了解决这些问题,我们就要寻找新"现金流"来对公司的价值进行分析。其中一种可以解决这些问题的价值模型就是自由现金流模型。

自由现金流,顾名思义,当然是指公司能自由分配的现金。学过会计的读者应该知道,在现金流量表中有一项叫作经营活动产生的现金流,但这个现金流并不是自由现金流,因为这些现金中有一部分要用来资本投资——对新固定资产和营运资本的再投资。只有所有这些投资完成之后所剩余的现金才是"自由"的。

自由现金流可以分为公司层面和股东权益层面两个层次,两者分别称为公司自由现金流(Free Cash Flow to the Firm,FCFF)和股权自由现金流(Free Cash Flow to Equity,FCFE)。FCFF 是指在不影响公司资本投资时可以自由向债权人和股东(即所有的资金供给者)提供的资金;FCFE 则是指在不影响公司资本投资时可以自由分配给股东的资金,它等于 FCFF 减去所有对债权人的支付,FCFE 可以用来衡量公司支付股利的能力。

一、自由现金流的计算和预测

自由现金流并不是在公司财务报表中直接披露的,我们只能通过财务报表的各种数据来计算自由现金流。在财务学中,衡量公司盈利的指标主要有净利润(Net Income,NI)、经营活动的净现金流(Cash Flow from Operations,CFO)、息税前收益(Earnings Before Interest and Tax,EBIT)以及息税折旧摊销前收益(Earnings Before Interest,Tax,Depreciation and Amortization,EBITOA)。自由现金流也可以看成一种盈利指标,因此,我们主要用上面这些盈利指标来计算自由现金流。

(一)用净利润计算自由现金流

净利润是公司在权责发生制下的净收入,而自由现金流考察的则是现金的流量;同时,净利润中已经扣除了利息支出,而公司自由现金流则还要考虑对债权人的自由现金流;此外,净利润并不反映公司的投资情况,而自由现金流则要扣除公司固定资产和营运资本的投资。综合来说,要用净利润计算公司自由现金流,要对净利润做出如下调整:

```
     净利润
+    净非现金支出
+    利息支出×(1-税率)
−    本期固定资产投资
−    本期营运资本投资
─────────────────
=    公司自由现金流
```

用公式表达即为：

$$FCFF = NI + NCC + Int(1-t) - FI - WI \quad (4-20)$$

式中，NI 为净利润，t 为所得税税率，NCC 为净非现金支出，FI 为固定资产投资，Int 为利息支出，WI 为营运资本投资。

下面对公式(4-20)中的每个项目进行说明。净利润是公司扣除折旧、摊销、利息支出、所得税及优先股股利等支出之后的收入。但在这些扣除的项目中，有一些并不是以现金支出的。因此为了保证最后得到的是现金流量，就要在净利润中加上非现金支出的增加，减去非现金支出的减少，两者合并就成了净非现金支出。如果公司非现金支出的增加额大于减少额，就要在净利润上加上两者的净额；反之，则在净利润中减去这个净额。最常见的非现金支出是折旧。这是因为固定资产的折旧仅仅是减少固定资产的金额，并不发生公司现金的变动。同样，长期成本和其他长期资产的摊销也属于非现金支出。

由于公司自由现金流是可以自由向所有资金供给者提供的现金流，因此要将计算净利润时所扣掉的利息支出加回去。但是，这个利息支出并不是公司利润分配表上所反映的利息支出额，而是税后的利息额。学过公司财务的读者应该知道，债务的利息是有税盾效应的(Tax Shield)，这是因为利息支出是税前列支的，而利息支出可以减少税前利润从而减少所得税。综合利息支出和税收支出的减少，两者对现金的净影响就是税后利息支出。因此，在将净利润调整为自由现金流时，加回的就是税后利息支出。同样，优先股股利支出也是可以向资金供给者提供的资金，但在计算净利润时这一项也是被扣除的，因此在计算公司自由现金流时也要把这一项加上。与利息支出不同的是，优先股股利是税后列支的，因此调整时不用考虑税收的因素。

公司为了维持经营，必须进行各种固定资产的更新和购买，因此进行这些投资支出的现金并不是可以自由分配的，应该把它从净利润中扣除。固定资产投资主要包括机器、设备和厂房投资、无形资产购买以及对其他公司的现金收购。但是，有时公司在进行固定资产投资的同时，也会对一些已有的固定资产进行处理，此时处理固定资产所得到的现金要和固定资产的投资支出进行抵扣，也就是说，在净利润中扣除的固定资产投资是一个净值。还有一点要说明的是，有时候公司可能并不会用现金来进行投资，而是用债务或股票来交换所要购买的资产，这样虽然不会影响当前的自由现金流量，但债务在将来是要偿还的，这种情况在预测未来的 $FCFF$ 时是一定要考虑的。

最后一个调整项目是营运资本的净投资。通常来说，营运资本是指流动资产和流动负债的差额。但在计算 $FCFF$ 时，营运资本中不包括现金和短期债务[①]。不考虑现金和现金等价物是因为它们正是我们要得到的项目，而去除短期债务是因为这些一年内要到期的长期债务实际上属于融资活动，而不是经营活动。

下面，通过一个简单的例子来说明如何通过资产负债表和利润分配表来计算 $FCFF$。

---

① 这里的短期债务主要是指一年以内到期的票据和债务，区分这种债务的方法就是看其是否需要支付利息，要支付利息的短期债务是要扣除的。

[例4-9] 假设某公司建立于2001年12月30日,建立时公司资本结构中债务为224万元,普通股股本336万元。这些资本在公司组建初期购买了500万元的固定资产及60万元的营运资本,这些营运资本主要由存货组成。固定资产中有50万元是不能折旧的,其余450万元固定资产的折旧期限为10年,表4-3和表4-4分别为3年来公司的经营业绩和每年年底的资产负债情况。

表4-3 公司建立三年来的盈利情况[①](单位:万元)

	2002年	2003年	2004年
息税折旧摊销前收益	200.00	220.00	242.00
折旧	45.00	49.50	54.45
利息支出	15.68	17.25	18.97
营业利润	139.32	153.25	168.58
所得税(33%)	45.98	50.57	55.63
净利润	93.34	102.68	112.95

表4-4 公司从建立以来每年年底的资产负债情况(单位:万元)

	2001年	2002年	2003年	2004年
现金	0.00	104.74	219.96	346.70
应收账款	0.00	100.00	110.00	121.00
存货	60.00	66.00	72.60	79.86
流动资产	60.00	274.92	402.56	547.56
固定资产	500.00	500.00	550.00	605.00
减:累计折旧	0.00	45.00	94.50	148.95
总资产	560.00	725.74	858.06	1 003.61
应付账款	0.00	50.00	55.00	60.50
一年内到期的长期债务	0.00	0.00	0.00	0.00
流动负债	0.00	50.00	55.00	60.50
长期负债	224.00	246.40	271.04	298.14
股本	336.00	336.00	336.00	336.00
未分配利润	0.00	93.34	196.02	308.97
负债和所有者权益合计	560.00	725.74	858.06	1 003.61

根据以上资料,我们要做调整的项目中,非现金支出、税后利息支出及固定资产投资是可以直接得到的,而对于营运资本的净投资则并不明显,我们可以通过表4-5来计算。

[①] 表中的息税折旧摊销前收益及折旧、利息支出等在利润分配表中都没有直接列示,但可以在报表尾注中找到。

表 4-5 计算营运资本(单位：万元)

	2001 年	2002 年	2003 年	2004 年
应收账款	0.00	100.00	110.00	121.00
存货	60.00	66.00	72.60	79.86
扣除现金后的流动资产	60.00	166.00	182.60	200.86
应付账款	0.00	50.00	55.00	60.50
扣除短期债务的流动负债	0.00	50.00	55.00	60.50
营运资本	60.00	116.00	127.60	140.36
营运资本净增加		56.00	11.60	12.76

接下来我们就可以将净利润调整为 FCFF 了。

表 4-6 用净利润计算 FCFF(单位：万元)

	2002 年	2003 年	2004 年
净利润	93.34	102.68	112.95
加：折旧和摊销	45.00	49.50	54.45
加：利息支出×(1−税率)	10.51	11.56	12.71
减：固定资产投资	0.00	50.00	55.00
减：营运资本投资	56.00	11.60	12.76
公司自由现金流	92.85	102.14	112.35

(二)用现金流量表计算自由现金流

由于资产负债表和利润分配表包含了一些非现金项目,因此用净利润来计算 FCFF 时要调整的项目比较多,这样就使计算显得较为复杂。除了资产负债表和利润分配表之外,上市公司还会公布现金流量表,其中的经营活动所产生的现金流量净额(CFO)可以看作现金收付制下的净利润,它跟利润分配表上的净利润相比已经扣除了所有的非现金项目,因此 CFO 跟 FCFF 是很接近的,只要对它稍做调整就可以计算出 FCFF。

$$
\begin{array}{rl}
& CFO \\
+ & 税盾效应 \\
- & 固定资产投资额 \\
\hline
= & FCFF
\end{array}
$$

用公式表达为：

$$FCFF = CFO - Int \times t - FI \qquad (4-21)^{①}$$

其中,$Int \times t$ 项就是税盾效应的值。要加上这一项是因为在计算 CFO 时虽然并没有把利息支出扣除,但同时也没有考虑利息对税收的影响,就像在用净利润计算 FCFF

---

① 这个公式在不同的会计制度下是不同的。由于在中国公认会计准则下,利息支出属于筹资活动产生的现金支出,因此只要在 CFO 基础上减去税盾效应的值即可;而在美国公认会计准则下(US GAAP),利息支出属于经营活动的现金支出,因此若是用美国公司现金流量表上的 CFO 来计算 FCFF,则要将税后利息支付加回。

时加回的只是税前利息一样,因此我们要把利息对税收的影响扣除掉。

下面我们用CFO来计算前例中公司的FCFF,看两种方法的结果是否相同。

该公司2002—2004年三年现金流量表部分内容见表4-7和4-8。

表4-7 公司2002—2004年现金流量表(单位:万元)

	2002年	2003年	2004年
经营活动产生的现金流①			
净利润	93.34	102.68	112.95
加:固定资产折旧	45.00	49.50	54.45
财务费用(利息支出)	15.68	17.25	18.97
减:存货的增加	−6.00	−6.60	−7.26
经营性应收项目的增加	−100.00	−10.00	−11.00
加:经营性应付项目的增加	50.00	5.00	5.50
经营活动产生的现金流量净额	98.02	157.83	173.61
投资活动产生的现金流			
机器、设备及厂房投资	0.00	−50.00	−55.00
筹资活动产生的现金流			
借款所收到的现金	22.4	24.64	27.1
偿付利息所支付的现金	−15.68	−17.25	−18.97
现金及现金等价物净增加额	104.74	115.22	126.74
期初现金	0	104.74	219.96
期末现金	104.74	219.96	346.70

根据以上资料,我们就可以用公式(4-21)来计算2002—2004年该公司的FCFF。

表4-8 用CFO计算FCFF(单位:万元)

	2002年	2003年	2004年
经营活动产生的现金流量净额	98.02	157.83	173.61
减:税盾效应	−5.17	−5.69	−6.26
固定资产投资	0.00	−50.00	−55.00
公司自由现金流	92.85	102.14	112.35

对比表4-6和表4-8,可以看到用净利润算得的FCFF和用CFO计算的FCFF是完全相同的。

(三)用息税前收益和息税折旧摊销前收益计算自由现金流

息税前收益(EBIT)是公司在扣除利息支出和所得税前的利润,而息税折旧摊销前收益(EBITDA)则还要在EBIT的基础上加上折旧和摊销的金额。EBIT、EBITDA和净利润(NI)之间分别有如下关系:

---

① 这一部分采用的是现金流量表的附表《将净利润调节为经营活动的现金流量》,而并不是正表中《经营活动产生的现金流量》的内容,但这并不影响计算结果,因为两者得出的CFO是一样的。

$$NI = (EBIT - Int)(1-t) = EBIT(1-t) - Int(1-t) \quad (4-22)$$
$$NI = (EBITDA - Dep - Int)(1-t)$$
$$= EBITDA(1-t) - Dep(1-t) - Int(1-t) \quad (4-23)$$

如果我们假设净非现金支出（NCC）只有折旧（Depreciation，Dep）一项，就可以将公式(4-20)改写为：

$$FCFF = NI + Dep + Int(1-t) - FI - WI \quad (4-24)$$

再将公式(4-22)和(4-23)分别代入(4-24)，就可以得到 $FCFF$ 和 $EBIT$ 的关系：

$$FCFF = EBIT(1-t) + Dep - FI - WI \quad (4-25)$$

及 $FCFF$ 和 $EBITDA$ 的关系：

$$FCFF = EBITDA(1-t) + Dep \times t - FI - WI \quad (4-26)$$

现在我们用公式(4-25)和(4-26)再次来计算前面例中公司的 $FCFF$。
根据表 4-4，可知公司 2002—2004 年的相关资料。

表 4-9 用 $EBIT$ 和 $EBITDA$ 计算 $FCFF$ 时的相关资料（单位：万元）

	2002 年	2003 年	2004 年
息税折旧摊销前收益	200.00	220.00	242.00
息税前收益	155.00	170.50	187.55
折旧	45.00	49.50	54.45
利息支出	15.68	17.25	18.97
固定资产投资	0.00	50.00	55.00
营运资本投资	56.00	11.60	12.76

计算结果如表 4-10。

表 4-10 用 $EBIT$ 和 $EBITDA$ 计算得到的 $FCFF$（单位：万元）

	2002 年	2003 年	2004 年
用 $EBIT$ 计算的结果	92.85	102.135	112.348 5
用 $EBITDA$ 计算的结果	92.85	102.135	112.348 5

可见，两者结果完全相同，且与用净利润和 CFO 计算得到的结果也完全相同。

4. $FCFF$ 和 $FCFE$ 的换算

由于 $FCFF$ 是公司层面的自由现金流，它所对应的是公司的价值，而我们在做证券投资分析时更注重的是股票的价值。在自由现金流模型中，股票价值是由 $FCFE$ 决定的，因此，在得到 $FCFF$ 以后还要计算 $FCFE$。根据本节开始的时候所给出的定义，$FCFF$ 是可以自由向债权人和股东分配的资金，而 $FCFE$ 则是可以自由向股东分配的资金，可见两者的差别就在于必须向债权人支付的资金，这主要是利息支出；此外，向债权人借得的资金不需要立即偿还,因此这部分资金是可以分配给股东的,但同时公司也会用现金偿还以前的借款,因此借款和还款相互抵消之后的净额即借款净额(net borrowing, NB)就是新增的 FCFE。因此,只要在 FCFF 的基础上减掉税后利息支出再加上借款净额,就可以得到 FCFE。

$$FCFE = FCFF - Int(1-t) + NB \tag{4-27}$$

再继续对前面的例子进行分析,根据前面的财务报表和计算得到的 FCFF,我们可以计算公司 2002—2004 年的 FCFE,如表 4-11。

表 4-11 用 FCFF 计算 FCFE(单位:万元)

	2002 年	2003 年	2004 年
公司自由现金流	92.85	102.14	112.35
减:利息支出×(1-税率)	-10.51	-11.56	-12.71
加:新增借款	22.40	24.64	27.10
减:本期偿还借款	0.00	0.00	0.00
股权自由现金流	104.74	115.22	126.74

同样,我们也可以在知道 FCFE 之后根据公式(4-27)反算 FCFF。此外,也可以将公式(4-27)代入上面各个计算 FCFF 的公式,从而得到直接计算 FCFE 的公式,有兴趣的读者不妨自己尝试一下。

FCFE 代表着公司发放股利的能力,但事实上公司并不会将所有的现金流都用来发放股利。这主要是因为公司的业绩经常会出现波动,这使得 FCFE 也会呈现较大的波动,如果将所有的 FCFE 都作为股利发放给股东们,就会使股利也经常出现波动,股利的波动很可能会影响公司股票的吸引力。因此不管公司业绩如何,董事会通常只会将 FCFE 的一部分作为股利发放,以后逐年提高股利。因此,FCFE 和实际发放的股利可能会有较大的差别。但说到底,FCFE 最终都是可以分配给股东的,这并不影响我们对股票价值的分析。

用 FCFF 和 FCFE 来分析公司及股票的价值时,我们必须对未来的 FCFF 和 FCFE 做出预测。预测 FCFF 和 FCFE 主要有两种方法:一是直接对 FCFF 和 FCFE 的值做出预测,比如预测将来公司 FCFF 和 FCFE 每年以 10% 的速度增长;二是预测计算 FCFF 和 FCFE 的各个要素的值,再用这些预测值计算 FCFF 和 FCFE,这主要是个财务预测的问题,关于财务预测的知识我们将在第十一章进行详细介绍。

二、自由现金流价值模型

在计算出 FCFF 和 FCFE 之后,我们就可以用自由现金流模型来分析公司和股票的价值了。但在分析公司价值的时候,所用的贴现率并不是股票的要求回报率,而是公司的加权平均资本成本(Weighed Average Capital Cost, WACC)。公司价值等于未来所有 FCFF 的贴现值:

$$V_f = \sum_{t=1}^{\infty} \frac{FCFF_t}{(1+WACC_t)^t} \qquad (4-28)$$

式中，V_f 为公司价值。

同时，由于衡量股权价值是不需要考虑债务的成本，因此自由现金流股权公式的贴现率同股利贴现模型一样是股票的要求回报率：

$$V_e = \sum_{t=1}^{\infty} \frac{FCFE_t}{(1+r_E)^t} \qquad (4-29)$$

式中，V_e 为公司股权的总价值。

与前文有所不同，在自由现金流模型和下一节的剩余收益模型中，我们都将用 r_E 来表示股票的要求回报率，以此明确区分股权成本和债务成本。注意，公式(4-29)中的 V_e 是公司所有股票的总的市场价值，但只要将这个 V_e 除以公司的总股本就可以得到每股的价值。

公式(4-28)中的 WACC 是计算公司价值时一个关键要素，在公司价值模型中有着广泛的应用，在本章后面要介绍的 EVA 价值分析模型中也要用到 WACC 这个指标。WACC 等于公司所有股权资本和债权资本成本的加权平均值：

$$WACC = \frac{MV_d}{MV_d + MV_e} r_d (1-t) + \frac{MV_e}{MV_d + MV_e} r_E \qquad (4-30)$$

式中，MV_d 为当前所有债务资本的市场价值，MV_e 为当前所有股权资本的市场价值，r_d 为债务资本的加权平均成本，t 为所得税税率，r_E 为股权成本。

公式(4-30)中，$MV_d + MV_e$ 是公司的资本总额，其中债务资本 MV_d 是指债权人提供的短期和长期贷款，不包括应付账款、应付票据、其他应付款等商业信用负债。股权资本 MV_e 不仅包括普通股，还包括少数股东权益。因此，资本总额也可以理解为公司的全部资产减去商业信用负债后的净值。债务资本成本 r_d 本身也是一个加权平均数，因为不同债务资本的成本是不同的，如长期借款和短期借款的利率肯定是不同的，因此在计算 r_d 时也要将各种债务资本的成本按其占债务总量的比例进行加权平均，即：

$$r_d = \sum_{i=1}^{n} \frac{D_i}{MV_d} r_i \qquad (4-31)$$

式中，D_i 为第 i 种债务资本的市场价值，r_i 为第 i 种债务资本的成本。

股权成本 r_E 是股票的要求回报率，因为 r_E 对于投资者来说是一种回报率，而对于公司来说就是股权融资的成本[①]。

[**例 4-10**] 某公司资本结构由 500 万元的债务和 500 万元的股权组成，债务资本中短期借款为 200 万元，利率为 3.5%，长期借款为 250 万元，利率为 6.3%，其余 50 万元为应付账款。该公司股票的要求回报率为 8%，公司所得税税率为 33%，则公司的加权平均资本成本为多少？

---

① r_E 来自于资本资产定价模型(CAPM)，可参见第三章和第六章中内容。

首先计算平均债务成本：

$$r_d = \frac{200}{450} \times 3.5\% + \frac{250}{450} \times 6.3\% = 5.06\%$$

然后根据公式(4-29)计算$WACC$：

$$WACC = \frac{450}{950} \times 5.06\% \times (1-33\%) + \frac{500}{950} \times 8\% = 5.89\%$$

公司的资本结构是一直变化的，因此$WACC$也是随之不断改变的。有时在发生一些重大变化时(如进行了大额的并购交易)，资本结构的变化会非常剧烈，此时的$WACC$并不能反映公司在平常状态下的资本成本。因此有时候我们会用目标加权平均资本成本(Target WACC)来分析公司价值。目标$WACC$是由目标资本结构决定的，目标资本结构是指投资者们希望公司能长期维持的资本结构。根据目标资本结构算出的$WACC$就是目标加权平均资本成本。

值得注意的是，虽然在用$FCFF$分析公司内在价值时要用$WACC$作为贴现率，但在用$FCFE$分析股票价值时，我们仍然使用股票的要求回报率r_E作为贴现率。

同第一节介绍的股利贴现模型一样，按照对未来自由现金流的不同预期，自由现金流价值模型也可以分为不变增长模型、两阶段模型和三阶段模型。

(一) 不变增长自由现金流模型

不变增长模型假设公司未来的自由现金流以不变的速度增长，因此它的数学表达式同戈登模型几乎完全一样，只是公式中的一些变量发生了变化。不变增长公司价值模型的公式如下：

$$V_f = \frac{FCFF_0(1+g)}{WACC - g} \qquad (4-32)$$

式中，g为预期未来公司自由现金流增长率。

同样，公司股权的总价值可用如下公式计算：

$$V_e = \frac{FCFE_0(1+g)}{r_E - g} \qquad (4-33)$$

[例4-11] 根据表4-9和表4-12，公司2004年的$FCFF$和$FCFE$分别为112.35万元和126.74万元。假设2004年以后公司的$FCFF$和$FCFE$均以4%的速度增长，且该公司$WACC$为6.5%，股票的要求回报率为8%，公司总股本为336万股，那么公司价值和股票的内在价值分别为多少？

根据公式(4-31)计算公司的价值：

$$V_f = \frac{112.35 \times (1+4\%)}{6.5\% - 4\%} = 4\,673.76(万元)$$

若自由现金流以4%的速度增长，公司价值可以达到4 673.76万元，远远超过了公司创建初期560万元的投资。

同样,我们得到公司股权的总价值:

$$V_e = \frac{126.74 \times (1+4\%)}{8\% - 4\%} = 3\,295.24(万元)$$

再将这个结果除以 3 360 000,就可以计算出股票的内在价值为 9.8 元。

(二) 多阶段自由现金流模型

由于自由现金流模型的原理同股利贴现模型一样,既然股利贴现模型有两阶段、H 模型和三阶段模型,那么自由现金流模型自然也不例外。我们只要将股利贴现模型中相应的公式稍作修改,就可以得到自由现金流的两阶段公司价值模型和股权价值模型:

$$V_f = \sum_{t=1}^{n} \frac{FCFF_0(1+g_S)^t}{(1+WACC)^t} + \frac{FCFF_0(1+g_S)^n(1+g_L)}{(1+WACC)^n(WACC-g_L)} \qquad (4-34)$$

$$V_e = \sum_{t=1}^{n} \frac{FCFE_0(1+g_S)^t}{(1+r_E)^t} + \frac{FCFE_0(1+g_S)^n(1+g_L)}{(1+r_E)^n(r_E-g_L)} \qquad (4-35)$$

以及自由现金 H 模型:

$$V_f = \sum_{t=1}^{n} \frac{FCFF_0 \prod_{i=1}^{t} g_i}{(1+WACC)^n} + \frac{FCFF_0 \prod_{t=1}^{n} g_t(1+g_L)}{(1+WACC)^n(WACC-g_L)} \qquad (4-36)$$

$$V_e = \sum_{t=1}^{n} \frac{FCFE_0 \prod_{i=1}^{t} g_i}{(1+r_E)^n} + \frac{FCFE_0 \prod_{t=1}^{n} g_t(1+g_L)}{(1+r_E)^n(r_E-g_L)} \qquad (4-37)$$

还有三阶段自由现金流模型:

$$V_f = \sum_{t=1}^{T_1} \frac{FCFF_0(1+g_S)^t}{(1+WACC)^t} + \sum_{t=1}^{T_2-T_1} \frac{FCFF_0(1+g_S)^{T_1}(1+g_M)^t}{(1+WACC)^{T_1+t}}$$

$$+ \frac{FCFF_0(1+g_S)^{T_1}(1+g_M)^{T_2-T_1}(1+g_L)}{(1+WACC)^{T_1+T_2}(WACC-g_L)} \qquad (4-38)$$

$$V_e = \sum_{t=1}^{T_1} \frac{FCFE_0(1+g_S)^t}{(1+r_E)^t} + \sum_{t=1}^{T_2-T_1} \frac{FCFE_0(1+g_S)^{T_1}(1+g_M)^t}{(1+r_E)^{T_1+t}}$$

$$+ \frac{FCFE_0(1+g_S)^{T_1}(1+g_M)^{T_2-T_1}(1+g_L)}{(1+r_E)^{T_1+T_2}(r_E-g_L)} \qquad (4-39)$$

这些模型的应用方法同 DDM 模型完全一样,这里就不再举例说明了。

总体来讲,自由现金流模型比 DDM 更加注重公司价值分析,而且由于其更多地考虑公司的盈利情况等财务因素,用自由现金流分析出的股票价值可能更接近股票的真实价值。

但同时自由现金流模型也存在着一些不足之处。其中最主要的是自由现金流模型涉及大量复杂的财务调整[①],这要求分析者要有丰富的财务会计方面的知识;此外当公司的自由现金流会呈现出负值时,自由现金流模型是无法使用的。

---

① 虽然本章例子中的一些财务调整并不复杂,但实际情况比例子复杂得多。财务方面的知识请参考第十和十一章。

第三节 剩余收益模型

一、模型简介

公司运行的目的就是实现股东价值的最大化。传统会计方法下得到的净利润可以看成在扣除所有费用和支出之后公司为其所有者(股东)创造的价值。这一指标虽然扣除了债务资本的成本,却没有考虑到其实股东所提供的资金也是有成本的,在第三章我们已经提到过,要求回报率就是股东的机会成本,因此净利润并不能很好地衡量公司为股东创造的新价值。剩余收益(Residual Income,RI)就是基于这种思考而产生的。剩余收益模型认为净利润只有在扣除股东的机会成本后,才能体现出公司的价值创造能力,而这种价值创造能力最终都会在股价上表现出来,从而剩余收益就可以用来准确地分析股票的价值。剩余收益是一个新兴的价值分析工具,有时候也被称为经济利润(Economic Profit)、超常收益(Abnormal Earnings)或经济增价值(Economic Value Added)等①。

剩余收益模型,有时候也叫超常收益贴现模型(Discounted Abnormal Earnings Model,DAE)、EBO 模型(Edwards-Bell-Ohlson Model)及 F-O 模型(Feltham-Ohlson Model)。这是一个新型的价值模型,它不仅可以分析个股的价值,还可以用来分析大盘指数的价值。基于剩余收益的价值分析往往能更准确地反映股票的价值。很多学者通过实证研究发现在分析股票价值时剩余收益模型比其他价值模型更加准确。在剩余收益的基础上,还产生了一些商业化的价值及业绩评估模型,其中最著名的就是 Stern Stewart 公司发明的 EVA 模型(Economic Value Added,EVA®),我们将在下一节对此进行详细介绍。

二、剩余收益的概念和计算

前面已经介绍过,剩余收益是净利润减去股权成本后剩余的值,用公式表达就是:

$$RI = NI - r_E B \qquad (4-40)$$

式中,RI 为剩余收益,NI 为净利润,r_E 为股权成本(要求回报率),B 为股东权益总额。

为了保持连续性和整体性,我们继续使用上一节所举例子中的数字来说明 RI 的计算。

根据本章第二节的各个例子所举公司的净利润、股东权益和股权成本等资料,可以计算出该公司 2002—2004 年每年的剩余收益(见表 4-12)。

---

① 这与后面 EVA 模型中的 Economic Value Added 并不一样,这只是一个名称,而 EVA® 是一个注册商标,是 RIM 的一种商业应用。

表 4-12　计算剩余收益(单位：万元)

	2002 年	2003 年	2004 年
净利润	93.34	102.68	112.95
股东权益总额	429.34	532.02	644.97
股权成本	8%	8%	8%
剩余收益	59.00	60.12	61.35

三、剩余收益模型

(一) 剩余收益模型的一般形式

剩余收益模型认为剩余收益是公司为股东们创造的新价值,如果剩余收益为正,股东们就能获得超常收益,长期来看股价就会升高;反之,如果剩余收益是负数,那么股票价格将会下跌。剩余收益模型的一般形式是：

$$V_0 = B_0 + \sum_{t=1}^{\infty} \frac{RI_t}{(1+r_E)^t} = B_0 + \sum_{t=1}^{\infty} \frac{EPS_t - r_E B_{t-1}}{(1+r_E)^t}$$
$$= B_0 + \sum_{t=1}^{\infty} \frac{(ROE_t - r_E) \times B_{t-1}}{(1+r_E)^t} \tag{4-41}$$

式中,B_0 为公司当前每股净资产;B_t 为预期第 t 期每股净资产;EPS_t 为预期第 t 期每股净利润;$RI_t = EPS_t - r_E B_{t-1}$,为预期第 t 期每股剩余收益;ROE_t 为预期第 t 期净资产收益率。

比较剩余收益模型和 DDM 及自由现金流模型,可以发现剩余收益模型同后两者有着比较明显的区别。在剩余收益模型下的股票价值是当前每股净资产同未来所有剩余收益现值之和,这可以看作通过剩余收益对每股净资产进行调整而得到的;而 DDM 和自由现金流模型下的股票价值则全部来自股利或自由现金流的现值。

根据公式(4-41)还可以看到当剩余收益是正值,或者说净资产收益率大于股权成本时,公司的股票价值就会大于每股净资产;而若剩余收益是负值,那么公司股票价值就会下降到每股净资产以下。

虽然剩余收益模型和 DDM 在形式上存在着巨大的差别,但两者其实存在着非常紧密的联系,剩余收益模型可以从 DDM 模型推导出来。在净盈余关系(Clean Surplus Relation)下,净利润、股利和净资产有如下的关系：

$$B_t = B_{t-1} + E_t - D_t \tag{4-42}$$

从而有 $D_t = E_t + B_{t-1} - B_t$,将这个关系式代入 DDM 公式：

$$V_0 = \frac{D_1}{(1+r_E)} + \frac{D_2}{(1+r_E)^2} + \frac{D_3}{(1+r_E)^3} + \cdots$$

可以得到：

$$V_0 = \frac{E_1 + B_0 - B_1}{(1+r_E)} + \frac{E_2 + B_1 - B_2}{(1+r_E)^2} + \frac{E_3 + B_2 - B_3}{(1+r_E)^2} \cdots$$

对第一项和第二项可以做如下变换：

$$V_0 = \frac{E_1 + B_0 - B_1}{(1+r_E)} + \frac{E_2 + B_1 - B_2}{(1+r_E)^2}$$

$$= \frac{E_1 + (1+r_E)B_0 - rB_0}{(1+r_E)} - \frac{B_1}{(1+r_E)} + \frac{E_2 + B_1 - B_2}{(1+r_E)^2}$$

$$= E_0 + \frac{E_1 - r_E B_0}{(1+r_E)} + \frac{E_2 + B_1 - (1+r_E)B_1}{(1+r_E)^2} - \frac{B_2}{(1+r_E)^2}$$

$$= E_0 + \frac{E_1 - r_E B_0}{(1+r_E)} + \frac{E_3 - r_E B_2}{(1+r_E)^3} - \frac{B_2}{(1+r_E)^2}$$

并以此类推，就可以将这个式子改写为：

$$V_0 = E_0 + \frac{E_1 - rB_0}{(1+r_E)} + \frac{E_2 - rB_1}{(1+r_E)^2} + \frac{E_3 - rB_2}{(1+r_E)^3} + \cdots \quad (4-43)$$

而这就是剩余收益价值模型的一般公式(4-41)。

（二）剩余收益模型的各种具体形式

剩余收益模型的形式虽然同 DDM 和自由现金流有所差别，但它也可以按照对未来剩余收益的不同预期分为单阶段模型和多阶段模型。

与戈登模型相似，单阶段剩余收益模型也是假设今后剩余收益按固定比例 g 增长，而且股权成本保持不变。这样，根据戈登公式的形式，不变增长剩余收益模型的公式为：

$$V_0 = B_0 + \frac{RI_1}{r_E - g} = B_0 + \frac{ROE_1 - r_E}{r_E - g} B_0 \quad (4-44)$$

[例 4-12] 我们继续前面的例子，假设该公司 2004 年以后每股剩余收益按 2% 速度增长，那它的股票价值是多少？

在表 4-12 中可以看到，该公司 2004 年底净资产为 664.97 万元，2004 年总剩余收益为 61.35 万元，股票总数为 336 万股，股票要求回报率是 8%；从而可以算出每股净资产为 664.97/336＝1.98 元，每股剩余收益为 61.35/336＝0.18 元。根据这些资料，我们就可以用公式(4-44)算出该公司的股票内在价值为：

$$V_0 = 1.98 + \frac{0.18 \times 1.02}{0.08 - 0.02} = 5.04(\text{元})$$

在不变增长的假设下，剩余收益模型同市净率①也有着紧密的联系。根据戈登模型，市净率可以表示为②：

$$\frac{P_0}{B_0} = \frac{D_1}{B_0(r_E - g)} = \frac{\frac{E_1}{B_0}(1-b)}{r_E - g} = \frac{ROE - bgROE}{r_E - g}$$

---

① 市净率等于股票价格同每股净资产的比值。同市盈率一样，市净率在相对价值模型中也有重要应用，我们在下一章会对此作详细介绍。
② 这里假设股票市场价格 P_0 等于股票的内在价值 V_0。

将公式(4-18) $g=(1-b)\times ROE$ 代入上式,就可以得到:

$$\frac{P_0}{B_0} = 1 + \frac{ROE_1 - r_E}{r_E - g} \tag{4-45}$$

这样就把市净率分解为关于净资产收益率、股权成本和股利增长率的关系式。此外,在公式(4-45)两边同时乘以 B_0,又可以得到:

$$P_0 = B_0 + \frac{ROE_1 - r_E}{r_E - g} B_0 \tag{4-46}$$

参照公式(4-44),可以发现这正是以 g 为增长率的不变增长剩余收益模型①。

此外,同 DDM 和自由现金流模型一样,剩余收益模型也有多阶段模型。由于形式几乎一样,这里就不再列出它们的具体公式了。但对于剩余收益模型来说,它有一些不同的地方。正如在本节开头所介绍的,剩余收益是一种超常收益,而在商业竞争中,超常收益是不可能永远保持的,公司的净资产收益率最终都有向股权成本回归的趋势,当净资产收益率等于股权成本时,剩余收益就下降为 0 了②。因此,在用剩余收益分析股票价值时,我们一般是对将来一段时间内的剩余收益做出预测,然后再对预测期以后的剩余收益做出某种假设。最常见的假设有以下几个。

(1) 剩余收益永远保持在某一水平上(这样就又回到戈登的框架);
(2) 剩余收益永远保持为 0;
(3) 剩余收益慢慢下降为 0。

由于预测期限是有限的,这种模型也被称为有限期模型。还有一种常见的有限期模型假设预测期结束时的股票价值对每股净资产有一定的溢价(这一溢价是对预测期后所有剩余收益的资本化):

$$V_0 = B_0 + \sum_{t=1}^{T} \frac{(E_t - r_E B_{t-1})}{(1+r_E)^t} + \frac{P_T - B_T}{(1+r_E)^T} \tag{4-47}$$

[例 4-13] 某证券分析师预测某公司 2004~2008 年的每股净利润和每股净资产如表 4-13 所示。

表 4-13 某公司未来 4 年每股盈利及每股净资产预测

	2004 年	2005 年	2006 年	2007 年	2008 年
每股净利润	2.05	2.36	2.71	3.12	3.59
每股净资产	15.00	17.36	20.07	23.19	26.77

此外,该分析师还预测 2008 年底公司的股票价值相对于每股净资产有 2.65 元的溢价,该公司股权成本为 7.5%。根据这些资料,就可以算出该公司股票的当前价值为:

---

① 在推导过程中,一开始我们假设的 g 是股利的增长率,而在公式(4-46)中,g 又变成了剩余收益的增长率,这两者并不矛盾,因为在公式(4-46)中,我们就是用了股利增长率作为未来剩余收益增长的预测值。
② 后面第十一章第三节有关于剩余收益变动模式的细致讨论。

$$V_0 = 15 + \frac{2.36 - 0.075 \times 15}{1 + 0.075} + \cdots + \frac{3.59 - 0.075 \times 23.19}{(1 + 0.075)^4} + \frac{2.65}{(1 + 0.075)^4}$$
$$= 22.04(元)$$

四、股利贴现模型、自由现金流模型和剩余收益模型三者的比较

股利贴现模型、自由现金流模型和剩余收益模型是三种最常用的现金流贴现模型，但由于三者对现金流的定义不同，最终得出的结果也往往是不同的。此时分析师们就面临了这样的选择：对于某种股票来说，到底用哪个模型才能更准确地分析它的价值呢？下面我们对这三个模型做一个简单的比较，并列出它们各自适用的情况。

股利贴现模型是最简单、最基本的价值模型，但这并不意味着它不如其他两个模型。事实上，股利的发放一般都比较稳定，不会受到短期因素的影响。而自由现金流和剩余收益都是从公司盈利演化而来的，公司盈利很容易受到短期因素的影响而产生剧烈波动，根据非正常状态下的盈利计算和预测出来的自由现金流和剩余收益很可能会使分析结果变得不可信。因此，分析师通常认为用 DDM 计算出来的价值更能反映股票的长期内在价值。但是股利贴现模型也有着比较明显的缺陷，比如，在公司不发放股利，或者投资者投资股票的目的是控制公司时，DDM 显然就不能作为合适的工具来进行价值分析了。当公司同时满足以下条件时，用 DDM 来分析股票价值是比较适合的：

(1) 公司是发放股利的；
(2) 公司的股利发放同公司盈利情况有稳定的关系；
(3) 投资者投资股票的目的仅仅是为了获利。

自由现金流模型既可以分析公司价值，也可以分析股票价值，因此这是近来一个比较受欢迎的模型。特别是当公司没有股利发放或者发放的股利与公司盈利情况不协调时，我们一般就会用自由现金流模型来代替 DDM；此外，当投资者希望控制公司时，他们也更多地用自由现金流模型来分析公司的价值。但是自由现金流模型同样存在着一些问题，比如，当公司自由现金流长期为负值时，自由现金流模型就无法用来分析公司和股票价值了。一般来讲，自由现金流模型适合在下列情况下使用：

(1) 公司不发放股利；
(2) 公司发放的股利同自由现金流偏差太大；
(3) 预期未来公司的 *FCFE* 同盈利情况保持一致；
(4) 投资者购买股票的目的是希望控制公司。

DDM 和自由现金流模型在分析公司或股票价值时都没有考虑股权的成本。然而，投资者投资股票也是有成本的，如果投资的收益不足以弥补成本，那么这实际上是一种损失。剩余收益考虑到了这一点，从而很好地把握住了经济利润的本质。剩余收益模型是一个很好的价值分析模型和业绩评价模型。它的分析结果往往比 DDM 和自由现金流模型更为准确。此外，当公司不发放股利或者自由现金流长期为负值时，剩余收益模型就很好地弥补了 DDM 和自由现金流模型的不足。剩余收益模型也可以看成 DDM 的一种变形，但是相较而言，剩余收益模型比 DDM 复杂很多。因此在 DDM 可以使用的情况下，我们一般会选择 DDM 来进行价值分析。剩余收益模型通常适用于下列情况：

(1) 在公司不发放股利时，可以替代自由现金流模型使用；

(2) 预期公司未来的自由现金流是负值时。

总而言之,三个模型各有长短,我们在具体分析中,只有根据它们各自的特点来选择最合适的模型,才能准确地分析出股票的内在价值。

第四节 新型价值模型

一、模型简介

股票的价值主要是由公司的业绩决定的。传统的衡量公司业绩的指标主要有税后净利润、每股收益和净资产收益率等,然而这些指标对公司的成本考虑得并不完全,并不能正确地反映公司创造价值的能力,因此用这些指标分析股票价值往往会产生较大的偏差。在这种情况下,学者们提出了一批新型的价值评价指标。其中影响最大的就是经济增加值模型(Economic Value Added,EVA),它是思腾思特(Stern Stewart)咨询公司开发的一种新型的价值分析工具和业绩评价指标,它是从剩余收益的概念发展而来的,虽然如此,经过多年来的运用,它已经成为了一个独立的模型。EVA是一个广受好评的价值模型,全世界很多公司在使用EVA作为业绩管理和价值分析工具之后,业绩都取得了显著的改善,股价也得到了大幅提高,比如,著名的可口可乐公司、AT&T等。EVA不仅在实业企业中取得巨大的成功,证券业也开始用EVA来衡量股票的价值,许多世界著名的投资银行和大型基金已经将经济附加值指标作为投资分析的重要工具。

EVA与传统的业绩指标有着巨大的差别。比如,1996年通用汽车公司销售收入在《财富》500强中排名第一,净利润达到50亿美元,排名第五,高出可口可乐公司15亿美元;但在同年思腾思特1 000家企业的EVA/MVA排名中,可口可乐排名第一,而通用汽车公司却排在最后一名。这说明可口可乐公司是最大的价值创造者,而通用汽车公司是最大的价值毁灭者。

所谓市场增加值(Market Value Added,MVA),指的是公司的市值同(账面)总资本的差额,对于某个特定的股东来说,MVA就是他持有股票的市值和他投资金额的差额。MVA可以衡量公司创建以来创造或毁灭的价值总量。再以可口可乐公司和通用汽车为例,1996年两个公司相关情况如表4-14所示,其中的数字再次证明了通用汽车公司是最大的价值毁灭者,而可口可乐公司是最大的价值创造者。

表4-14 1996年通用汽车公司和可口可乐公司MVA比较(单位:亿美元)

	市 值	资 本	MVA
通用汽车公司	622	829	-207
可口可乐公司	1 357	108	1 249

MVA是与EVA关系最密切的业绩评价指标,事实上EVA正是通过MVA来影响股票价格的。MVA是预期未来所有EVA的现值,因此只要公司努力提高EVA,就能增加MVA,从而使股价不断升高。MVA的提出使EVA从一个业绩评价指标成为了一个真正的价值评价指标。思腾思特公司通过大量的实证研究发现,EVA是最能解释股票

价值变化的指标,如表 4-15。

表 4-15 各种业绩指标对股价变动的解释能力比较

业 绩 指 标	对 MVA 变动的解释能力
EVA	50%
股本回报	45%
净现金流	22%
每股盈利	17%
销售收入	9%

二、EVA 的计算

EVA 虽然是从剩余收益的概念衍生出来的,但其计算却同剩余收益并不相同。EVA 的值等于公司税后净营业利润(Net Operating Profit after Tax,NOPAT)和资本成本的差额。

$$EVA = NOPAT - (WACC \times TC) \qquad (4-48)$$

其中,TC 为公司资本总额。

(一) 调整净利润计算 NOPAT

下面我们分别介绍如何计算公式(4-48)中的各个输入量。NOPAT 并不是公司的净利润,也不能从财务报表中直接找到。与自由现金流和剩余收益一样,我们要对净利润做一些调整才能计算出 NOPAT。但是由于各国的会计制度不尽相同,因此调整的方法也有所差别。本书中我们就介绍在中国的公认会计准则下怎么通过调整净利润得到 NOPAT。

在中国会计制度下,通常对净利润的调整如下:

	净利润
+	利息费用
	少数股东权益
	递延税项贷方余额的增加
	各种准备金余额的增加
	本年度商誉摊销
	资本化研发费用和市场开拓费用
−	资本化研发费用和市场开拓费用本年度摊销
	税后净营业利润

在公式(4-48)中,EVA 是在 NOPAT 减去资本总成本后得到的,资本成本中当然包括债务资本的成本利息费用,而净利润中则已经扣除了债务成本,因此在计算NOPAT 时要把被减掉的利息费用加回净利润中。如果不做这项调整,那么 NOPAT 就会和资本总成本不匹配。同样,由于减掉的是资本成本,也必须在净利润上加回被扣除

的少数股东权益一项,因为少数股东权益也是一种权益资本,却在计算净利润时被扣除了。

当公司采用纳税影响会计法进行所得税会计处理时,由于税前利润和应纳税所得之间的时间性差额而影响的所得税金额要作为递延税项单独核算。递延税项的最大来源是折旧。如许多公司在计算利润时采用直线折旧法,而在计算应纳税所得时则采用加速折旧法,从而导致折旧费用的确认出现时间性差异。正常情况下,其结果是应纳税所得小于会计报表体现的所得,形成递延税项负债,公司的纳税义务向后推延,这对公司是明显有利的。而且,只要公司持续发展并且不断更新其设备,递延税项实际上会一直保持一个余额,因此它实际上就是企业永久性占用的资本。不调整递延税项会低估公司实际占用的资本总额,高估资本的盈利能力。计算 EVA 时对递延税项的调整是将当期递延税项的变化加回净利润中。也就是说,如果本年递延税项贷方余额增加,就将增加值加到本年的净利润中;反之,则从净利润中减去。

各种准备包括坏账准备、存货跌价准备、长短期投资的跌价或减值准备等。根据我国股份制企业会计制度的规定,公司要为将来可能发生的损失预先提取准备金,准备金余额抵减对应的资产项目,余额的变化计入当期费用冲减利润。其目的也是出于稳健性原则,使公司的不良资产得以适时披露,以避免公众过高估计公司利润而进行不当投资。作为对投资者披露的信息,这种处理方法是非常必要的。但是,对于公司的管理者而言,这些准备金并不是公司当期资产的实际减少,准备金余额的变化也不是当期费用的现金支出。提取准备金的做法低估了公司的现金利润,因此不利于反映公司的真实现金盈利能力;同时,公司管理人员还有可能利用这些准备金账户操纵账面利润。因此,计算 EVA 时应将准备金账户的余额的当期变化加回净利润中。

当公司收购另一家公司并采用购买法(Purchasing Method)进行会计核算时,购买价格超过被收购公司净资产总额的部分就形成商誉。根据我国《企业会计准则》的规定,商誉作为无形资产的一种列示在资产负债表上,在一定的期间内摊销。这种处理方法的缺陷在于:其一,商誉之所以产生,主要是与被收购公司的产品品牌、声誉、市场地位等有关,这些都是近似永久性的无形资产,不宜分期摊销;其二,商誉摊销作为期间费用会抵减当期的利润,影响经营者的短期业绩,这种情况在收购高科技公司时尤为明显,因为这类公司的市场价值一般远高于净资产。但实际上经营者并没有出现经营失误,利润的降低只是会计处理上的问题而造成的。其结果就会驱使管理者在评估并购项目时首先考虑并购后对会计净利润的影响,而不是首先考虑此并购行为是否会创造高于资本成本的收益,为股东创造价值。计算 EVA 时的调整方法是不对商誉进行摊销。具体而言,就是把本期摊销额加回净利润中。

研究发展费用对于股东和管理层看来,是公司的一项长期投资,有利于公司在未来提高劳动生产率和经营业绩,因此和其他有形资产投资一样应该列入公司的资产项目。同样,市场开拓费用,如大型广告费用,会对公司未来的市场份额产生深远影响,从性质上讲也应该属于长期性资产。而长期性资产项目应该根据该资产的受益年限分期摊销。但是,根据稳健性原则规定,公司必须在研究发展费用和市场开拓费用发生的当年列作期间费用一次性予以核销。这种处理方法实际上否认了这两种费用对企业未来成长所起的关键作用,而把它与一般的期间费用等同起来。这种处理方法的一个重要缺点就是可能会诱使管理层减少对这两项费用的投入,这在效益不好的年份和管理人员即将退休的前几年尤为明显。这是因为将研究发展费用和市场开拓费用一次性计入费用当年核销,会减少公司的短期利润,减少这两项费用则会使短期盈利情况得到改观,从而使管理人员的业绩提升,收入提高。计算经济附加值时所做的调整就是将研究发展费用和市场开拓费用资本化。也就是将当期发生的研究发展费用和市场开拓费用作为企业的一项长期投资加入到资产中,同时根据复式记账法的原则,资本总额也增加相同数量;然后根据具体情况在几年之中进行摊销,摊销值列入当期费用抵减利润。摊销期一般在三至八年,根据公司的性质和投入的预期效果而定。

2. 对总资本的调整

总资本是公司所有债务资本和股权资本的总和。其中,债务资本是指债权人提供的短期和长期贷款,不包括应付账款、应付票据、其他应付款等商业信用负债;股权资本不仅包括普通股,还包括少数股东权益。然而,总资本并不是简单地等于所有债务资本和股权资本的总额,我们在对净利润进行递延税项等项目的调整的同时,也要对资本总额进行相应的调整。

在调整递延税项时,我们要将递延税项的贷方余额加入资本总额,如果是借方余额则从资本总额中扣除;在调整各种准备金时,应将准备金账户的余额加入资本总额;对于商誉项目,由于财务报表中已经对商誉进行摊销,在调整时就将以往的累计摊销金额加入资本总额;最后,当期发生的研究发展费用和市场开拓费用应该作为企业的一项长期投资加入资产,同时根据复式记账法的原则,资本总额也增加相同数量。

对于加权平均资本成本 WACC 的计算,我们已经在本章第二节介绍自由现金流模型的时候做过详细介绍,这里不再重复。

在得到公式(4-48)的所有输入量之后,就可以计算出公司当年的 EVA,此外,我们还可以根据预测的财务数据来计算公司未来的 EVA,将未来所有的 EVA 贴现,从而得到 MVA,并以此来分析股票的价值。关于贴现的方法在前三节已经做了详细介绍,此处不再赘述。一般地,如果预测未来的 EVA 都是正数,说明公司是在不停地为股东创造价值,那么股票的价格将会升高;反之,公司的股价将会下降。由于公司的规模存在差异,我们在进行股票价值分析时,更多使用每股 EVA 来作为分析指标,每股 EVA 等于 EVA 总额除以普通股股数。

三、EVA 的优点和不足

与传统的业绩和价值评估方法相比,EVA 有着明显的优越性。

首先,EVA 充分考虑了股权成本,从股东的角度定义了企业利润,从而更好地考察企业为股东创造价值的能力。

其次,EVA 将股东财富和企业的决策联系在了一起,企业的经营目的是追求股东价值最大化,但采用传统指标衡量业绩的公司在追求传统指标最大化的同时,可能会偏离这一目标,甚至会出现损害股东利益的行为。

[例 4-14] 某上市公司目前的税后净利润为 700 万元,股权资本为 5 000 万元,单位股权资本成本为 12%,股权资本总成本为 600 万元,公司每年可为股东创造 100 万元(=700-600)的价值。公司通过配股筹集了 3 000 万元资金,投资一个收益率为 3% 的项

目。结果是,公司的税后净利润提高到 790 万元(＝700＋3 000×3%),股权资本总额提高到 8 000 万元,股权资本成本提高到 960 万元,公司每年为股东创造的价值下降了 170 万元(＝790－960)。

可见,上述配股及投资行为违背了股东投资价值最大化的目标。在引入 EVA 作为业绩评价指标之后,公司管理层就会以提高 EVA 作为目的,从而将公司业绩和公司经营目标有机地联系在一起。

最后,EVA 模型并不是十分复杂,一般的公司管理人员都能理解,因此很容易进行推广。

但世界上并不存在完美的东西,EVA 当然也不例外,它本身也或多或少地存在着一些不足。首先,虽然 EVA 不同于传统会计意义上的业绩指标,但由于在计算 EVA 的过程中使用的输入变量仍然是会计数据,EVA 价值分析的准确度仍然受到会计信息质量的影响,特别是在我国这样的会计信息披露机制并不十分完善的国家,EVA 的应用更加受到了限制。此外,对净利润的一系列调整往往是很复杂的,因此在调整中就会出现随意性和偶然性,这也影响了 EVA 的准确性。

其次,资本成本的波动、公司规模和折旧方法都对 EVA 有较大的影响。根据本书前面介绍的知识可以知道,公司加权平均资本成本中的股权成本的确定是有较大的随意性的,由于公司资本总额通常比较大,资本成本一个基点的变化都可能带来 EVA 较大的变化;此外公司规模的大小也会对 EVA 的大小产生影响,规模大的公司虽然创造价值的能力不是很好,但由于利润总量很大,最后计算出来的 EVA 可能仍然比盈利性好的小公司要高;此外,在采用直线法折旧时,EVA 会抑制公司成长,因为资产使用初期,资本基础较大,资本成本较高,从而使 EVA 偏低,公司发展后期随折旧的增加,资本基础变小,EVA 会成比例增长。

最后,EVA 并不是对所有企业都是适用的,对于金融机构、周期性公司、新成立公司、风险投资公司、扩张型公司和资源公司等行业,用 EVA 来分析它们的价值并不合适。

小 结

1. 股票价值模型方法可以分为相对价值模型和绝对价值模型。绝对价值模型是建立在现金流贴现的思想基础之上的。按照对现金流的定义不同,绝对价值模型可以分为股利贴现模型、自由现金流模型和剩余收益模型。

2. 股利贴现模型认为股票价值等于未来所有股利的现值。按照对未来股利增长模式的不同,股利贴现模型可以分为不变增长模型、两阶段模型、H 模型、三阶段和多元增长模型等。

3. 不变增长模型也称为戈登模型。戈登模型适用于成熟型公司;在戈登模型中,股票价值也以 g 的速度增长;戈登模型还可以用来预测股票的市盈率。

最常见的两阶段模型是假设股利增长经历了两个不变增长阶段;H 模型假设股利增长率在开始阶段持续线性下降或上升,并在一段时期后保持在某个稳定的增长率上;三阶段模型通常有两种形式,第一种三阶段模型假设公司经历了三个不变增长阶段,第二种模型假设第二阶段是一个增长率线性上升或下降的过程;多元增长模型没有固定的形式，我们可以根据具体的公司假设不同的股利增长模式，并用电子表格等工具进行最后的计算。

4. 自由现金流可以分为公司自由现金流和股权自由现金流。FCFF 是指在不影响公司资本投资时可以自由向债权人和股东（即所有的资金供给者）提供的资金；FCFE 则是指在不影响公司资本投资时可以自由分配给股东的资金；自由现金流模型认为股票价值等于未来所有股权自由现金流的现值；我们可以通过净利润、经营活动产生的现金流、息税前收益和息税折旧摊销前收益来计算自由现金流；公司自由现金流和股权自由现金流可以相互换算。

5. 自由现金流模型既可以用来分析公司的价值，也可以用来分析股票价值。同股利贴现模型一样，自由现金流模型也可以分为不变增长模型、两阶段模型和三阶段模型等，各种模型的计算公式也与相应的股利贴现模型相同。

6. 剩余收益是指净利润扣除股权成本之后的金额，它表示公司为股东创造的新价值；剩余收益模型认为股票价值等于当前公司每股净资产同未来所有每股剩余收益的现值之和；剩余收益模型可以从股利贴现模型推导中得出；剩余收益模型也可以根据对未来剩余收益的不同假设分为单阶段模型和多阶段模型；有时我们也会通过预测有限期内的剩余收益以及该期限结束时的终止来分析股票价值。

7. 股利贴现模型、自由现金流模型和剩余收益模型互有长短，投资者要根据公司的特点选择合适的模型进行分析。

8. EVA 是基于剩余收益思想发展起来的新型价值模型；MVA 是指公司市值和总资本的差额，它是与 EVA 联系最紧密的业绩评价指标；EVA 是税后净营业利润和总资本成本的差额，税后净营业利润和总资本都要经过对现有会计数值做一系列调整后才能得到；EVA 是一个优秀的价值分析和业绩评价模型，但它也有着不少缺陷。

关 键 概 念

绝对价值模型	相对价值模型	股利增长率	终值
戈登模型	两阶段模型	H 模型	三阶段模型
多元增长模型	市盈率	杜邦分析框架	公司自由现金流
股权自由现金流	公司价值	净利润	经营活动的净现金流
息税前收益	息税折旧摊销前收益	加权平均资本成本	债务资本
股权资本	剩余收益	市净率	经济增加值
市场增加值	税后净营业利润	商誉	准备金
递延税项	少数股东权益	研究发展费用	市场开发费用

第五章 相对价值模型

 学习目标

- ◆ 掌握市盈率、市净率、销售倍数和现金流倍数的概念和计算;
- ◆ 熟练应用市盈率、市净率、销售倍数和现金流倍数分析股票价值;
- ◆ 了解各种相对价值指标的优点和不足,学会选择合适的指标进行分析;
- ◆ 了解企业价值/息税折旧摊销前利润和股利收益率等其他相对价格指标的概念和应用。

在上一章的前言中,我们已经介绍过股票价值模型可以分为绝对价值模型和相对价值模型。在分析股票价值时,我们可以通过绝对价值模型计算出股票价值的绝对量,并将这个内在价值同股票当前价格相比来确定股票价格是否合理;同时,我们也可以通过相对价值模型来将某一公司的股票价格同其他同类企业的股票价格相比,以确定其价格是被高估还是低估。然而,由于公司之间的规模及其他条件存在着不同,直接用价格来比较显然是不行的,因此我们就引入了价格倍数(或者乘数)这些更能反应价格本质的指标来比较不同公司的股价。常见的相对价值模型都是用各种价格倍数来分析股票价值。

价格倍数指的是股票价格同每股盈利、每股净资产、每股销售收入等财务指标的比值,它们背后所代表的含义是公司单位资产或收入的市场价格,如果某公司单位资产或收入的价格相对于其他同类公司过高,那么这种股票的价格相对于另一个公司的股票就是被高估了。相对价值模型的思想基础就是相似公司的价格也应该相似。在考虑了公司规模等因素之后,这些价格倍数就可以简单明了地比较同类公司之间的价值高低。此外,如果我们为这些同类的公司设定一个合理的价格倍数,也可以轻易地通过各个公司的价格倍数分析出该公司的股价是否合理。常见的价格倍数主要有市盈率、市净率、销售倍数和现金流倍数等,在本章的第一到第四节将分别对这四个模型进行介绍。除了这四种常用的相对价值模型外,还有其他一些相对价值模型,这些都将在本章第五节进行介绍。

第一节 市盈率模型

一、市盈率的计算

在所有的价格倍数中,市盈率(Price/Earning Ratio,P/E)是最常见的股票价格指标之一,而市盈率模型也是最常用的相对价值模型。在对美国投资管理和研究协会(AIMR)会员的一次调查中,在市盈率、盈利、现金流和股利等分析股票价值的指标中,市盈率被认为是最重要的指标。此外,市盈率含义明确、应用简单,因此也为广大投资者所认知。

从市盈率的英文缩写 P/E 可以看出,市盈率是公司股票价格和每股盈利的比值,其中 P/E 的分子 P 是股票的价格,显然,这是很容易确定的;然而分子中的每股盈利 E 却因对市盈率的不同定义有不同的取值。一般来讲,市盈率可以分为当前市盈率(Trailing P/E)和远期市盈率(Leading P/E)。当前市盈率是指当前股价和最近四个季度每股盈利总和的比值,远期市盈率是指当前股价同下一年每股盈利的比值。因此,对于不同的市盈率定义,盈利的取值区间也是不同的。此外,用市盈率模型来估计企业价值主要是通过比较来完成的——或者对同一个企业不同时期的市盈率进行比较,或者将不同企业的市盈率进行比较。要进行比较,就必须设立比较的标准,因此我们在计算 P/E 前首先要把每股盈利(Earnings Per Share,EPS)"标准化"。在公司财务报表公布的利润中,往往会包含一些短期的或者非重复性的项目(Nonrecurring Items),这些会使公司的盈利偏离正常状况;采用的会计处理方法不同也会弱化比较的基础;商业周期对公司的盈利也会产生短期的影响从而使公司盈利偏离正常状况;此外,当公司存在未到期的期权或可转换权的时候,普通股总数就变得不再那么确定了。针对这些情况,我们在计算每股盈利 EPS 时要对净利润进行相应的调整,使不同时期或不同公司间的市盈率有充分的可比性。

首先要调整的是那些非重复性项目,如果这些项目数目较大,那么我们根据报表上的利润计算的市盈率就很难反映公司的真实状况。非重复性项目主要包括出售资产的所得、资产的冲销、收购其他公司的支出及意外损失等,其中有些项目并不能在利润分配表中找到,这时我们就要在公司年报的尾注中去找。对于非重复性的收入,我们要从净利润中减去,而非重复性支出则要加回净利润。

[例 5 - 1] CCC 公司 2004 年末股票的收盘价为 35.43 元,按该公司公布的 2004 年年报来看,其每股净利润为 1.75 元。公司 2004 年发生了一次火灾,损失了 300 万元的固定资产,折算下来为每股 0.15 元。那么在对净利润调整以前,CCC 公司的当前市盈率应为 35.43/1.75=20.25 倍,而在将 300 万元的营业外损失调整回净利润之后,公司的市盈率变为 35.43/(1.75+0.15)=18.65 倍,这才是可以用来同其他公司进行比较的可靠的市盈率。

除了非重复性项目之外,商业周期也会对公司盈利造成短期冲击,这是因为商业周期或行业周期通常都比较长,公司大部分时间都处在稳定期,这个时期的盈利可以充分反映一个公司的盈利能力,但是当公司处在商业周期低谷或顶峰时,盈利就会变得特别低或特别高,这显然无法真实反映公司的长期盈利能力,对于那些周期性非常强的行业来说尤为明显,因此我们有必要将每股盈利"正常化"以反映公司的真实价值。对于商业周期影响的调整,我们通常采用的方法有两种:一种是将最近一个完整周期内的平均每股盈利 EPS 作为当前年度的"正常每股盈利";另一种则是计算最近一个完整周期内的平均净资产收益率 ROE,然后再用这个收益率乘以当前的每股净资产得到"正常的每股盈利"。然而,第一种方法往往无法反映公司规模的变化,因此第二种方法更为科学合理。还有一点要注意的是,如果当年公司的净资产发生过大额的非正常变动(如出现大额的资产冲销),那么在用第二种方法计算时也要对净资产进行适当的调整。

[例 5-2] ABC 公司 2004 年底股价为 28.67 元,该公司当年经历了一次严重的衰退,每股亏损为-2.11 元,但是我们相信这只是公司周期性的表现,公司上一个商业周期每年的盈利情况如表 5-1 所示。

表 5-1 ABC 公司 1998—2004 年盈利情况(单位:元)

	2004 年	2003 年	2002 年	2001 年	2000 年	1999 年	1998 年
每股盈利	-2.11	1.72	1.83	2.33	2.21	1.55	1.03
每股净资产	15.34	14.32	12.19	13.88	9.56	7.43	5.89
净资产收益率	NA	12.01%	15.01%	16.79%	23.12%	20.86%	17.49%

如果用 2004 年的每股盈利来计算市盈率,得出的数值是个负数,这显然是没有意义的。通过观察表 5-1,可以发现该公司的周期性比较强,因此可以用平均 EPS 法或平均 ROE 法来调整当年的 EPS。用平均 EPS 法时,可以算得公司 2004 年的正常每股盈利为 1.22 元,从而可以得到当前市盈率为 28.67/1.22=23.5 倍;而用平均 ROE 法可以计算出公司周期内平均 ROE 为 17.55%,从而 2004 年的正常 EPS 为 15.34×17.55%=2.69,因此公司当前的市盈率应为 28.67/2.69=10.66 倍。用两种方法计算出来的市盈率相差非常大,这主要是因为 1998—2004 年公司每股净资产从 5.89 元增长到了 12.34 元,平均 EPS 法根据历史的公司规模计算出来的每股盈利可能被低估了,这就导致了市盈率较高;而平均 ROE 是用 2004 年的每股净资产来计算,可能会高估每股盈利从而导致市盈率较低。

不同的会计处理方法也会导致不同公司间利润的计算标准不一致。公司在对一些项目的处理上有一定的自由选择权利。比如,对于存货,计价方法有先进先出法、后进先出法和移动平均法;对于固定资产的折旧,也有直线法和加速折旧法;此外,对固定资产的使用年限也可以有不同的估计[①]。因此在比较不同公司的市盈率时,我们要将这些会计方法的影响消除掉,把它们的净利润都调整到同一标准下。

[例 5-3] AAA 公司和 BBB 公司当前股价分别为 24 元和 18 元,当前市盈率分别为 10.6 倍和 9.2 倍。AAA 公司采用的存货计价方法是先进先出法,每股盈利为 2.26 元;BBB 公司采用的则是后进先出法,这样算出来的每股盈利为 1.96 元;而若是用先进先出法计算,BBB 公司的每股盈利则会变为 1.82 元,这时它的市盈率也变成了 9.89 倍。显然,用这个市盈率才跟 AAA 公司的市盈率更有可比性。

最后,一些公司有时会向员工发行股票期权来作为奖励,还有的公司可能会发行附有可转换条款的债券或者其他附有类似权利的证券。这些期权的存在给公司的普通股

---

① 如果读者对于这些会计方法不熟悉,可以参考会计方面的书籍,本书将不再作详细介绍。

数量带来了不确定性①。这些期权的持有者随时会执行期权,这会稀释(dilute)原来的每股收益②。为了解决这个问题,我们将每股收益分为基本的每股收益和稀释后的每股收益两种。基本的每股收益是按照实际股票数量计算出来的每股净收益;稀释后的每股收益则是假设所有的期权都被实行,再用期权执行后的普通股总数作为分母计算出来的每股盈利。在比较不同公司市盈率的时候,我们一定要注意所使用的每股收益意义是相同的。

在计算远期市盈率时,还要注意到预测的问题。远期市盈率指的是下一年的预期市盈率。对于远期市盈率,我们一般用的是完整的财务年度(在中国就是1月1日到12月31日)的数据来计算的,而不是像计算当前市盈率那样考虑最近的12个月(任意连续的12个月)的情况。计算远期市盈率时最主要的问题是预测未来一年的EPS。我们通常是根据公司季度报告对未来四个季度的EPS分别进行预测。然而对于这个"下一年"可以有不同的理解,First Call/Thomson Financial公司将"下一年"的EPS分成了第一财年(Fiscal Year 1,FY1)预期EPS和第二财年(Fiscal Year 2,FY2)预期EPS。FY1是指当前年度,我们分析的时候该财年很可能已经过去了一段时间,因此计算FY1的预期EPS时往往会有数个季度的EPS是已经公布的,我们需要预测的只有剩余季度的EPS。FY2指的是当前财年结束后的下一个财年,计算FY2的预期EPS则完全依赖于对下一年各个季度的预测数据。在比较不同公司间的远期市盈率时,对"下一年"的界定一定要统一。

[**例 5-4**] 假设现在是 2005 年 6 月中旬,CBA 公司的股票价格为 33.28 元,以下是投资者对该公司近两年已知或预测的盈利。

表 5-2　已知和预测的 CBA 公司未来两年各季度 EPS（单位：元）

	第一季度	第二季度	第三季度	第四季度
2005	0.32	0.24	0.28E	0.15E
2006	0.18E	0.16E	0.07E	−0.13E

注：后面标 E 的是预测的数据。

如果按 FY1 标准计算,CBA 公司的远期市盈率为 33.28/(0.32+0.24+0.28+0.15)=33.62 倍;如果按 FY2 的标准,则 CBA 公司的远期市盈率应为 33.28/(0.18+0.16+0.07−0.13)=118.86 倍。

二、市盈率模型的应用

用市盈率来分析股票价值的过程一般是:首先确定一个合理市盈率,即股价不存在高估和低估时的市盈率;然后根据当前股价计算的市盈率同这个合理市盈率相比较,如果高于合理市盈率,则说明股价被高估了;反之,则说明股价被低估了。这个过程中最关键的就是合理市盈率的确定。一般来讲,确定合理市盈率的方法有两种:一种是根据绝对价值模型计算股票的内在价值,将用这个内在价值计算的市盈率作为合理市盈率;

---

① 可转换权利也可以看作投资者的期权。
② 稀释是指发行新股票时使原来的每股权利减少了,这些权利包括净资产、公司收益等。

第二种方法则是选择一种与被考察公司的市盈率可类比的市盈率作为合理市盈率。实际上,所有相对价值模型的分析过程都与此相同,只是所选择的分析指标不同而已。本部分将对上述的两种方法分别进行说明。

(一) 内在价值法

第一种确定合理市盈率的方法可以说是结合了绝对价值模型和相对价值模型。上一章所介绍的股利贴现模型、自由现金流模型和剩余收益模型都可以用来计算市盈率中的合理股价。下面我们用戈登模型来具体说明这种方法的具体使用。在上一章的第一节关于戈登模型的介绍中,我们用戈登模型将对当期市盈率进行了分解:

$$\frac{P_0}{E_0} = \frac{D_0(1+g)}{E_0(r-g)} = \frac{b(1+g)}{r-g} \qquad (5-1)^{①}$$

我们也可以用同样的方法对远期市盈率进行分解:

$$\frac{P_0}{E_1} = \frac{D_1}{E_1(r-g)} = \frac{b}{r-g} \qquad (5-2)$$

根据公式(5-1)和(5-2),我们可以看到合理市盈率与稳定的股利发放率成正比,而与股票的要求回报率成反比。我们不需要预测未来的股利金额,而只要预测股利增长率、股利发放率和要求回报率②等变量就可以得到当前和远期的合理市盈率。

[例5-5] YY公司是一个自来水公司,根据股票分析师的预测,该公司未来可以长期保持6%的盈率增长率和55%的股利发放率,此外通过CAPM计算该公司的股权成本为8%。根据这些资料,可以计算出该公司合理的远期市盈率为0.55/(0.08-0.06)=27.5倍。而公司根据当前股价所计算出的市盈率为21倍,可见公司的股价被低估了。

当然,戈登模型是所有绝对价值模型中最简单的一个,如果对未来现金流预测的结果不允许我们使用戈登模型,那么我们就无法得到类似公式(5-1)和(5-2)的简单关系式了,这时我们只能老老实实地先根据预测计算出股票内在价值,然后再计算市盈率。

[例5-6] MMM公司股票2004年底收盘价为45.78元,根据预测,公司2005年的每股盈利将达到2.55元。某投资者用三阶段自由现金流模型计算出该股票的内在价值为41.43元。根据这些资料,我们可以计算出该公司的实际远期市盈率为45.78/2.55=17.95倍,而其合理的远期市盈率应该为41.43/2.55=16.25倍,因此MMM公司的股价被高估了。

让我们再次观察公式(5-1)和(5-2),我们可以看到市盈率同b、g和r等要素之间存在着稳定的关系。据此可以引申出另一种计算合理市盈率的方法,那就是建立回归模型。这一方法最早是由基索和威特贝克(Kisor & Whitbeck, 1963)及马尔基尔和克拉格(Malkiel & Cragg, 1970)提出的。在研究中,他们将历史盈利增长率、股利发放率和EPS变动的标准差作为解释变量建立了市盈率的回归模型。根据这种思想,我们可以用任何我们认为与股票投资价值有关的变量组成回归模型。

[例5-7] 在分析WY公司股票的时候,分析师用公司的β、股利发放率b和收益增

---

① 参见本书第四章公式(4-10)。
② 这些变量在使用戈登模型的时候同样要预测,直接用这几个变量计算市盈率可以省去计算股票价值的步骤。

长率 EDR 建立了该股票市盈率的回归模型,该模型的回归结果为

$$P/E = 11.55 + 2.13b - 0.26\beta + 12.23EDR$$

分析师还预测公司未来的 β 为 0.9,股利发放率为 45%,收益增长率为 8%,那么根据这些资料就可以算出公司预测的市盈率 $= 11.55 + 2.13 \times 0.45 - 0.26 \times 0.9 + 12.23 \times 0.08 = 13.25$ 倍。如果该公司实际的市盈率为 20 倍,那么公司的股价显然是被高估了。

这种回归的方法可以用大量的历史数据来对未来的价值进行分析,但是它的缺陷也是不可忽视的。首先这种建立的回归式可能只对特定公司的特定时期才成立,其对其他公司或者不同时期的解释力很难令人信服;此外由于选取解释变量的随意性,解释变量之间很可能存在多重共线性的问题,这也会使回归结果缺乏解释力。

(二) 类比法

在看过对于第一种计算合理市盈率方法的介绍之后,读者可能会觉得用绝对价值模型计算出内在价值来计算合理市盈率实在是多此一举,因为内在价值本身就已经可以用来判断股票有无投资价值了。实际上通常计算合理市盈率的方法是类比法,而用绝对价值模型计算出的合理市盈率更多地是用来检验和解释类比法得出的结果的。下面我们就来介绍类比法的应用。

类比法的关键是寻找可以类比的基准。对于这个基准,一般我们可以有以下五种选择:

(1) 与被考察股票各方面都相似的个股的市盈率;
(2) 被考察公司所处行业内所有公司市盈率的平均值或中值;
(3) 同一子行业的市盈率的平均值或中值;
(4) 有代表性的股票指数的市盈率;
(5) 被考察股票历史平均的市盈率。

选择个股的市盈率来进行价值分析往往会出现偏差,而一组股票的平均市盈率可以使这些偏差相互抵消,因此,我们通常选择后面四种基准市盈率来作为价值分析的基础。本章也只对这四种基准市盈率进行介绍。

1. 行业内公司市盈率平均值或中值

同一行业内的公司往往会表现出一些相似的特性,同行业公司的股票价格在证券市场上也经常呈现出相似的走势。这就使我们可以用整个行业的平均市盈率来作为分析个股价值的基准。各国证券市场一般都会对上市公司进行一定的行业划分,如中国证券市场上对于股票的行业划分如表 5-3 所示。

表 5-3 截至 2019 年 3 月中国上市公司行业分布

行 业	上市公司数目	行 业	上市公司数目
农、林、牧、渔业	45	其他制造业	30
采掘业	76	电力、煤气及水的生产和供应业	107
食品、饮料	139	建筑业	100
纺织、服装、皮毛	92	交通运输、仓储业	103
木材、家具	33	信息技术业	409

续表

行　业	上市公司数目	行　业	上市公司数目
造纸、印刷	60	批发和零售贸易	168
石油、化学、塑胶、塑料	347	金融、保险业	94
电子	210	房地产业	134
金属、非金属	248	社会服务业	179
机械、设备、仪表	775	传播与文化产业	75
医药、生物制品	226	综合类	44

资料来源：万得资讯（Wind）数据库。

在进行价值分析时，我们只要知道被考察公司所处的行业，就可以将该行业的平均市盈率作为标准来判断该公司股票是否存在高估或低估。在有些国家的证券市场上，每个行业平均市盈率是定期公布的。比如在美国市场上，标准普尔公司每个月会公布一次各行业当年的平均市盈率，并对下一年的平均市盈率进行预测，如表5-4所示。

表5-4　标准普尔公司2001年5月公布的美国各行业股票的平均市盈率

	2000年	2001年（E）	长期平均
基础材料	24.7	26.4	26.3
资本产品	28.6	24.1	33.1
通信服务	22.7	31.0	26.9
商业流通	24.2	22.5	21.3
主要消费品	31.7	28.9	28.7
能源	14.7	14.3	21.6
金融	19.4	16.7	13.0
医疗保健	37.7	28.5	24.9
技术	30.6	43.1	28.8
运输	18.3	16.3	20.7
公用事业	28.6	16.5	13.4

资料来源：《标准普尔行业调查》。

当然，如果证券市场上并没有公布行业市盈率，我们也可以自己计算行业的平均市盈率。在知道了行业平均市盈率之后，我们只要将被考察公司的实际市盈率同这个基准市盈率比较就可以判断该股票价格是否存在高估或低估：如果公司的市盈率高于基准市盈率，那么公司的股价就被高估了；反之，公司的股价就是被低估了。根据比较的结果，我们就可以做出相应的投资决策。此外，将计算出来的基准市盈率乘以股票的每股盈利，我们还可以得到股票的合理股价。

[例5-8]　DDD公司是一家自来水公司，该公司的当前市盈率为25.6倍，而证券市场上公用事业行业的平均当前市盈率是19.7倍，那么用公用事业行业的平均当前市盈率作为合理市盈率，DDD公司的股价被高估了。

2. 子行业的市盈率平均值或中值

虽然对于行业的划分可以概括同行业公司的一些共同特征，但我们可以看到各国对于行业的划分都是很宽泛的,如中国市场上机械/设备/仪表行业有 200 多家企业。其实同一个行业的公司之间的业务可能会有很大的差别,如金属/非金属行业中的钢铁企业和有色金属企业就有着很大的差别。业务上的差别往往会带来盈利等一系列的不同。为此我们可以按照分析的需要将大行业分成几个较小的子行业,在子行业中的公司业务范围更加相近,区别于其他行业的特征更加明显,这就可以使计算出来的基准市盈率更加具有可比性。

对于子行业的划分,我们既可以参照一些咨询公司发布的行业划分标准,如标准普尔公司将主要消费品行业分成 23 个子行业;此外,我们也可以按照自己的分析和需要进行子行业的划分。这使得这种划分具有很强的操作性。

[例 5-9] 某股票分析师要对 OIL 公司的股票进行分析,OIL 公司是一个原油开采企业,市场上的原油开采企业还有其他 5 家公司,表 5-5 是原油开采行业六家企业的当前市盈率值。

表 5-5 原油开采行业市盈率数据

公司	当前市盈率	公司	当前市盈率
PETRO	18.17	ENERGY	21.32
OIL	16.56	RAW	15.61
GAS	14.35	平均值	17.78
DRILL	20.67	中值	17.37

我们选择子行业平均市盈率作为合理市盈率,那么 OIL 公司的合理市盈率为 17.78 倍,而其实际市盈率是 16.56 倍,因此 OIL 公司的股价被低估了。同时我们还可以发现 GAS 公司的股价被低估得最厉害,而 ENERGY 公司的股价则被高估得最厉害。

在实际的投资分析中,我们会发现被考察公司的市盈率往往会和行业或者子行业的平均市盈率有很大的出入。高市盈率并不一定是由股价高估引起,而是由公司的其他基本情况引起的。影响市盈率高低的公司基本面因素主要是公司的盈率增长率和风险。一般来说,盈率增长越快,市盈率就会越高;风险越低,市盈率也越高。因此,我们在将个股市盈率同合理市盈率进行比较时,还要结合好这两个因素,才能更准确地评价股票的价值。

[例 5-10] 接着 OIL 公司的例子进行分析,现在该分析师知道石油开采行业各个公司当年的基本情况如表 5-6 所示。

表 5-6 石油开采业各上市公司基本情况

公司	当前市盈率	盈率增长率	风险 β
PETRO	18.17	12.34%	1.02
OIL	16.56	11.22%	1.21
GAS	14.35	10.11%	1.05
DRILL	20.67	7.73%	1.13
ENERGY	21.32	7.17%	1.54
RAW	15.61	7.09%	1.36
平均值	17.78	9.28%	1.22
中值	17.37	8.92%	1.17

通过观察表5-6,我们可以发现OIL公司盈率增长率高于子行业平均水平,风险低于子行业平均水平,但市盈率却比行业平均值低,可见OIL公司的股价的确是被低估了。同时,我们也可以看到ENERGY公司拥有子行业中最高的市盈率,但盈率增长率和风险指标都不如子行业平均水平,因此可以确信ENERGY公司的股价存在着比较严重的高估。

3. 股票指数的市盈率

除了可以用行业和子行业的平均市盈率作为合理市盈率之外,我们也可以用股票指数的市盈率作为比较的基准。股票指数可以大致体现整个股票市场的平均价格状况。很多国家的证券市场都会公布股票指数的市盈率,因此这些数据很容易就能得到,这就大大简化了我们的分析过程。

表5-7 中国证监会公布的每月指数市盈率(截至2005年3月)

	上 海		深 圳	
	A股	B股	A股	B股
2004年3月	42.49	33.26	37.74	19.37
2004年4月	38.95	30.51	32.32	14.80
2004年5月	28.73	27.75	31.72	15.11
2004年6月	26.65	23.03	28.30	14.17
2004年7月	26.49	24.14	28.38	13.94
2004年8月	25.68	23.22	26.95	12.72
2004年9月	26.75	24.49	28.74	14.08
2004年10月	25.34	22.73	27.18	13.29
2004年11月	25.69	21.92	27.68	13.96
2004年12月	24.29	20.15	25.64	12.90
2005年1月	22.87	19.81	23.84	13.63
2005年2月	24.99	21.79	24.80	15.01
2005年3月	22.63	20.74	19.47	11.38

但是,用指数市盈率作为合理市盈率有一个很大的问题,那就是大部分的指数市盈率都是按成分股的市值加权平均得到的,因此那些市值很大的成分股会对计算结果产生很大的影响。如果这些大公司的股价并不合理,就会使指数市盈率产生系统偏差。投资者在使用这一方法时一定要注意这一点。

用指数市盈率来分析股票价值的方法与前面所说的方法完全一样,这里我们就不再举例说明了。

4. 股票历史平均市盈率

除了上述几种方法之外,我们还可以使用被考察股票自己的历史平均市盈率作为合理市盈率。这种方法所隐含的假设是股票的市盈率向历史平均水平回归。历史平均市盈率的选取通常有两种。一种是价值线(Value Line)公司发布的"市盈率中值",这是过去10年每年的平均市盈率中中间四个的平均值;另一种是过去5年中当前市盈率的平均值。在计算历史平均市盈率时,一般使用的都是当前市盈率而不是远期市盈率。

[例5-10] 投资者分析ACD公司的股票,股票的当前市盈率为21.33倍,他用该公司过去5年的平均市盈率作为合理市盈率,该公司过去5年的市盈率如表5-8所示。

表 5-8　ACD 公司过去 5 年的平均市盈率

	2004 年	2003 年	2002 年	2001 年	2000 年	总平均值
平均市盈率	34.3	23.12	25.46	21.78	19.79	24.89

根据表 5-8，ACD 公司的合理市盈率应该为 24.89 倍，因此 ACD 公司的股票价格被低估了。

值得注意的是，用历史平均市盈率来计算合理市盈率也存在着一定的问题，因为利率的波动和宏观经济环境等都会对市盈率产生影响。比如，通货膨胀会对公司的盈率产生扭曲，如果我们所选取的时间段内出现过通货膨胀率的大幅波动，那么计算出来平均市盈率是不可信的。同样，如果公司的业务在所选期限内出现过大的变动，那么这个平均市盈率同样也是不可信的。

三、市盈率模型的优缺点

（一）市盈率的优点

与股利贴现模型等绝对价值模型相比，市盈率模型的历史更为悠久。在运用当中，市盈率模型具有以下几方面的优点：

（1）由于市盈率是股票价格与每股收益的比率，即单位收益的价格，所以，市盈率模型可以直接应用于不同收益水平的股票的价格之间的比较；

（2）对于那些在不能使用绝对价值模型的股票，比如某段时间内没有支付股利或者自由现金流为负值的股票，市盈率模型仍然适用；

（3）虽然市盈率模型同样需要对有关变量进行预测，但是所涉及的变量预测比绝对价值模型要简单。

（二）市盈率的缺点

市盈率模型也存在着不少缺陷：

（1）市盈率模型的理论基础较为薄弱，而绝对价值模型的逻辑性较为严密；

（2）在进行股票之间的比较时，市盈率模型只能决定不同股票市盈率的相对大小，却不能决定股票绝对的市盈率水平；

（3）公司的每股盈利是负值时，市盈率就没有意义了；

（4）在计算每股盈利时要对净利润进行一系列调整，有时候对于非重复性项目的调整是很复杂的；

（5）在用类比法进行价值分析时，都隐含假定了所选择的行业平均市盈率、大盘市盈率等都是合理的，但这是不一定的，整个行业或者市场的股价都存在高估或者低估的情况经常会发生；

（6）如果公司报表上的盈利并不真实，也会使市盈率价值分析的结果变得不可信。

第二节　市净率模型

一、市净率的含义和计算

与市盈率一样，市净率也是一个"历史悠久"的价值分析比率，早在 1934 年价值分析的始祖本杰明·格雷厄姆就在他的《证券分析》中提出用市净率来分析股票的价值。现在市净率依然是个常用的价值分析指标。在美林投资公司对大量机构投资者的一次调查中,他们发现在1989—2001年这段时间内,市净率的使用频率仅次于市盈率。

市净率(Price to Book Value, P/B)是股票价格同每股账面价值的比值。与市盈率中的每股盈率不同,账面价值是在资产负债表中列示的一个金额,它代表的是普通股股东对公司所做投资的账面值。但是,账面价值与资产负债表上的股东权益项并不总是相等,因为账面价值指的仅仅是普通股股东的投资金额,而对于那些发行优先股的公司来说,股东权益中还包含了优先股股东投资的账面价值,因此对于这些公司,账面价值就等于股东权益减去优先股股东权益之后的值。但是,通常发行优先股融资的公司很少,特别是在中国市场上,几乎没有哪个上市公司发行过优先股,因此我们对账面价值和股东权益通常不做区分,而Price to Book Value也被译作"市净率",即股票市价同每股净资产的比率。

与市盈率一样,计算市净率的关键也在于分母的确定,即每股账面价值的计算。上面已经提到,账面价值是股东权益和优先股股东权益的差额,确切地说,账面价值应该是股东权益和所有优先于普通股的权益资产的差额:

$$\text{账面价值} = \text{股东权益} - \text{所有优先于普通股的权益} \tag{5-3}$$

在得到账面价值总额之后,再除以普通股股数就可以得到每股净资产。

[例5-11] 某投资者要对ECO公司的股票进行分析,该公司2014年底收盘价为9.63元,2014年底资产负债情况如表5-9所示。

表5-9 ECO公司2014年12月31日的资产负债表(单位:万元)

	2014/12/31		2014/12/31
现金及现金等价物	419 736	预提费用	238 390
应收账款	98 311	一年内到期的长期借款	89 509
短期投资	530 859	流动负债合计	497 743
存货	191 931	长期借款	355 000
其他流动资产	56 427	其他长期负债	97 340
流动资产合计	1 297 264	可能会发生的退休人员保健	80 666
长期投资	234 091	负债合计	1 030 749
固定资产	754 115	普通股股本	1 200 000
无形资产——商誉	54 331	优先股股本	200 000
其他资产	96 603	未分配利润	5 655
资产合计	2 436 404	负债和股东权益合计	2 436 404
应付账款	169 844		

此外,ECO公司普通股总数为40亿股。根据表5-9,我们可以计算出该公司的账面价值为1 200 000+5 655=1 205 655万元,那么每股账面价值为1 205 655/400 000=3.01元,从而可以计算出其市净率为9.63/3.01=3.20倍。

有时候我们为了市净率可以更准确地评估股票的机制,以及为了便于在不同公司间比较，我们也要对每股账面价值进行一些调整。用调整后的每股账面价值计算所得的市净率叫作调整的市盈率。由于每股账面价值主要是由资产和负债两项决定的，我们所做的调整其实主要是对资产和负债项目的调整。

商誉是公司在收购其他公司时的溢价部分，它作为无形资产列在资产负债表的资产方。但大部分分析师都认为商誉并不能代表任何事物资产，因此在计算账面价值时扣除了商誉。扣除了商誉后的每股账面资产称为每股有形[①]账面价值。

为了使每股账面价值更精确地反应股票价值，还要对一些表外业务进行调整。此外，对于那些用历史成本记录投资和固定资产等资产价值的公司，我们还要将这些资产的价值调整为公允[②]价值，因为长期投资等项目的价值是随着被投资证券的价值变化的，用历史成本不能准确地反应其价值，而固定资产真实价值的下降可能比折旧速度更快。因此，用公允价值来记录这些资产的价值可以使不同公司的市净率更具可比性。

此外，在比较不同公司的市净率的时候，还要注意两种会计方法的差异。比如，两个公司采用的存货计价方法分别是先进先出法和后进先出法，当存在通货膨胀的时候，用后进先出法会低估公司的资产，因此，我们在比较两个公司时要按先进先出法对第二个公司的存货进行调整。

[例5-12] 我们接着对ECO公司进行分析。该公司调整前的每股账面价值为3.01元，但是我们通过分析公司的资产负债表和相关的尾注，发现了以下一些需要调整的项目：

（1）该公司账面上有金额为54 331万元的商誉项目；

（2）2004年下半年发生了比较严重的通货膨胀，而ECO公司采用存货计价方法的却是后进先出法，报表尾注中披露的先进先出法下的存货金额应为210 756万元，比报表上的金额多了18 825万元；

（3）通过分析尾注发现公司的退休人员福利费计提不足，低估了15 400万元的负债，同时其职工养老金则存在计提过多，从而高估了21 705万的负债。

根据这些情况，我们就要对这些项目进行调整，根据（1）和（2），可以计算出资产应该调整的金额＝－54 331＋18 825＝－35 506万元；根据（3），可以计算出负债需要调整的金额＝15 400－21 705＝－6 305万元，从而我们可以计算出股东权益总额的变动＝[－35 506－（－6 305）]×（1－33%）＝－19 564.67万元，这个式子后面乘上了（1－33%）是因为资产和负债的变动会引起税收的相应变动，所以对股东权益的影响金额也要扣除税收的变化。将原来的账面价值减去这个调整额，就可以计算出调整后的每股账面价值＝（1 205 655－19 564.67）/400 000＝2.97元。从而调整的市盈率为9.63/2.97＝3.24倍。

二、市净率模型的应用

用市净率来进行价值分析的过程与市盈率完全相同，也是先确定一个合理的市净率，再通过实际市净率和合理市净率的比较来分析公司的股价是否合理。但有一点和市

[①] 有形针对无形资产而言，但在计算有形账面价值时并不是扣除了所有的无形资产，像专利等无形资产是仍然保留的。所扣除的无形资产主要就是商誉。

[②] 公允价值是指在双方均为自愿的情况下买卖双方均能接受的价格。

盈率不同的是,用市净率来进行价值分析的时候,通常用的都是当期市净率而不用远期市净率。

在第四章的第三节,我们通过对戈登模型进行一系列的转换得到了公式(4-45)。

$$\frac{P_0}{B_0} = 1 + \frac{ROE - r}{r - g} \tag{5-4}$$

这个公式也可以改写为:

$$\frac{P_0}{B_0} = \frac{ROE - g}{r - g} \tag{5-5}$$

这样,我们就可以根据对未来的盈利、股利增长率和股权成本的预测来得到合理的市净率。比如,假设预测某公司未来的净资产利润率能稳定在10%,且股利增长率和股权成本分别稳定在5%和8%,那么公司的合理市净率应为(10%－5%)/(8%－5%)＝1.67倍。

此外,根据公式(5-4),在 r 和 g 都不变的情况下,我们还可以得到这样的两个结论:① 如果公司未来的净资产收益率和股权成本相等,或者说如果公司不创造剩余收益,那么股票的市净率就应该等于1;② 如果公司未来的净资产收益率大于(或小于)股权成本,那么股票的市净率就应该大于(或小于)1。

此外,我们也可以用类比法来计算合理的市净率,选择类比对象的方法和市盈率模型完全相同,在此不再详述。

三、市净率模型的优缺点

(一)市净率的优点

与其他相对价值模型相比,市净率模型有以下优点:

(1)市净率的值永远是正数,在公司亏损导致市盈率为负值的时候,市净率模型仍然可以使用;

(2)每股账面价值比每股净收益要更稳定,因此在公司每股收益特别高或者特别低的时候,市净率分析的结果要比市盈率更加可信;

(3)市净率模型适用于那些未来可能不会持续经营下去的公司。

(二)市净率的缺点

同时,市净率模型也有如下的缺点:

(1)市净率模型在进行价值分析时,只考虑了公司的有形资产,但对于有些行业的公司来说,如一些咨询服务行业,其人力资本可能比有形的资产更加重要、更能影响股票的价值;

(2)在计算调整市净率的时候要对财务报表进行一系列的调整,尤其是在将那些以历史成本计价的资产调整为公允价值时,过程是非常复杂的。

第三节 销售倍数模型

一、销售倍数的计算

销售倍数(Price to Sales, P/S)等于股票价格和每股净销售收入的比值,净销售收入指的是销售收入减去销售返还和销售折扣之后的金额。销售倍数是一个近来才开始被重视的价值评价指标,在美林公司的调查报告中,有1/4的机构投资者在进行价值分析时使用了销售倍数作为分析指标之一。

同市盈率和市净率一样,计算销售倍数最关键的是确定每股净销售收入,但不同的是每股净销售额的计算要比每股净收益和每股账面价值的计算简单很多。唯一要注意的就是销售的确认,在计算每股净销售收入的时候要注意公司有没有将没有实现的销售计入销售收入。如果投资者在对股票进行价值分析时没有检验会计信息的质量,那么分析的结果很可能误导投资决策。

[例 5-13] 在1998—2000年的每股网络股浪潮中,很多分析师都用销售倍数来分析网络股的价值。因此,很多网络公司通过虚增他们的销售"提高"公司股票的评价,从而使股价"泡沫"不断增大。其中一种虚增销售额的方法是两个网站互相在对方网站做广告。比如,fake.com网站在cheat.com网站的主页上做广告,广告费为每年100万元,同时cheat公司也在fake公司的主页上做广告,广告费同样是每年100万元,这样两个公司的销售收入都增加了100万元,但实际上根本没有发生真正的交易。在计算每股净销售收入时,这种销售收入都要去掉。

当然对于那些会计信息有问题的企业,分析师们很可能就直接跳过而不作考虑了,即使要进一步进行分析,他们也会在计算合理销售倍数的时候调高公司的风险系数和风险溢价[①]。

二、销售倍数模型的应用

与市净率模型一样,在计算合理销售倍数的时候,我们也可以通过戈登模型对销售倍数进行分解,根据公式(4-10),可以得到:

$$\frac{P_0}{S_0} = \frac{(E_0/S_0)b(1+g)}{r-g} \quad (5-6)$$

根据公式(5-6),我们可以发现销售倍数与销售利润率成正比,然而销售利润率不仅直接影响销售倍数,还通过影响 g 而间接影响销售倍数,因为根据公式(4-19),股利增长率 g 是包括销售利润率在内的一些财务指标的乘积:

$$g = 收益留存率 \times 销售利润率 \times 总资产周转率 \times 权益倍数$$

我们在预测出公司未来的销售利润率、股利增长率和要求回报率等指标之后,就可以根据公式(5-6)计算出合理的销售倍数。在戈登模型不适用的时候,可以用多阶段的绝对价值模型来估计合理的销售倍数,但这样就无法得出类似公式(5-6)的简单关系了。

在使用类比法估价时,我们通常局限于当前销售倍数的比较。当然,在比较销售倍数的同时也要注意结合对风险、盈利增长等基本因素的分析,这样才能得到完整、可靠的分析结果。

---

① 这会使经CAPM计算的股票的要求回报率 r 升高,从而使销售倍数降低。

三、销售倍数模型的优缺点

（一）销售倍数模型的优点

销售倍数是一种较新的相对价值指标，它有以下的优点：

（1）作为在利润分配表最顶端列示的项目，销售收入被粉饰的可能性要小于净利润和账面价值等项目，因为销售收入经过的调整最小，从销售收入到净利润之间要经过很多步的加减，从而使得净利润的虚报更为容易；

（2）销售收入不会是负值，因此在市盈率是负值的时候销售倍数仍然可以使用，这一点和市净率相同；

（3）销售收入要比净利润更加稳定，因此销售倍数也比市盈率来的稳定，所以在净利润出现大波动的时候，使用销售倍数作为价值分析指标更加合理；

（4）销售倍数对于成熟公司、商品流通企业等的股票尤为适用。

（二）销售倍数的缺点

销售倍数有以下缺点：

（1）有时候销售收入并不能和盈利画等号，销售收入高速增长的时候可能公司处于亏损状态，这就会使销售倍数的分析结果误导投资决策；

（2）在用类比法进行价值分析的时候，销售收入却不能反映不同公司之间的成本结构，从而使比较的结果缺乏可信度。

第四节 现金流倍数模型

一、现金流倍数的计算

现金流倍数(Price to Cash Flow，P/CF)是股票价格和每股现金流的比值。现金流倍数使用非常广泛，在美林公司的调查中，它在机构投资者价值分析中的使用频率比市盈率、市净率和销售倍数都要高。

用现金流倍数进行价值分析时通常用的都是当前的现金流倍数，即当前市场价格和最近4个季度的每股现金流总量之比。计算现金流倍数的关键是确定每股现金流。根据本书前面所介绍的知识，我们可以知道"现金流"的概念并不是唯一的，这个现金流可以是经营活动创造的现金净流量(CFO)，也可以是股权自由现金流(FCFE)，分析师甚至可以按照自己的理解和需要自行对现金流进行定义。

对于现金流最常见的定义是净利润加上非现金支出，这个虽然并不是精确的现金流定义，但这种现金流计算简单，而且有着较高的准确性。在这种现金流的定义下，每股现金流就等于每股净盈利加上每股非现金支出。折旧和摊销通常是主要的非现金支出，因此我们一般只将这两项加回净盈利中。

除了可以用加回法近似的计算现金流之外，我们也可以用CFO作为现金倍数中的"现金流"，CFO是公式现金流量表上直接列示的一个项目，但有时候我们不能直接使用现金流量表上的数值，而要对CFO进行一些调整，在中国公认会计准则下，通常需要调整的是那些非重复性项目所对现金流量产生的影响，如营业外收入和支出对现金流量的影响。

此外，公司的 FCFE 也可以用来计算现金流倍数。但是，用每股 FCFE 计算出来的现金流倍数很可能与用 CFO 计算的结果相差很大，这是因为 CFO 并没有扣除固定资产投资，而固定资产投资有时候是很大的。在比较不同公司的时候，使用 FCFE 可能会误导投资策略。比如，两家公司 A、B 在两年内都有着相同的 CFO 和固定资产投资总量，但 A 公司所有的固定资产投资全部发生在第一年，而 B 公司所有的固定资产投资都发生在第二年，这样根据 CFO 算出来的两个公司的自由现金流倍数是相等的，而根据 FCFE，在第二年 A 公司的现金流倍数要比 B 公司大很多，但这种现金流倍数的差别却并不能用公司的经营状况来表示。因此，从这个角度看，FCFE 并不适合对公司进行短期的价值分析。

在计算现金流时，还要注意比较不同公司的会计处理方法，并尽量将在不同会计方法下计算出的现金流调整为相同条件下的现金流。这些会计方法主要有折旧方式、存货计价方式等，对于这些方法的调整我们在前面的内容已经做过详细的介绍。

二、现金流倍数模型的应用

在应用现金流倍数模型分析股票价值时，我们也可以根据绝对价值模型得到现金流倍数同一些基本财务要素的关系。如果对公司未来股利发放的预期符合戈登模型的要求，我们就可以用戈登模型来计算合理的现金流倍数，同样，针对公司未来的各种不同情况，我们可以用各种相应的绝对价值模型来计算合理的现金流倍数。

与其他相对价值模型一样，现金流倍数模型更多地采用类比法来进行股票价值分析。选择类比对象的原则和方法也与其他相对价值模型一样。

三、现金流倍数模型的优劣

（一）现金流倍数模型的优点

作为一种常有的相对价值指标，现金流倍数有以下一些优点：
(1) 现金流比盈利比较不容易被虚饰，这一点现金流倍数与销售倍数相似；
(2) 现金流比盈利更加稳定，因此现金流倍数也比市盈率来的稳定；
(3) 比起净利润这样的盈利指标来说，现金流有时候更能体现公司的盈利质量。

（二）现金流倍数模型的缺点

同时现金流倍数也有以下缺点：
(1) 我们在用净利润加上非现金支出计算近似的现金流时，忽略了非现金收入和营运资本投资等项目，如果这些项目金额比较大的话，现金流倍数就会显得不真实；
(2) FCFE 虽然更能体现股票的价值，但它更适合在长期预测的基础上进行分析，而对于短期的分析可能并不准确，而且 FCFE 也比其他现金流指标更容易出现负值。

第五节　其他相对价值模型

一、企业价值/息税折旧摊销前利润

除了前四节介绍的一些最常用的相对价值模型之外，还有一些虽然使用频率不是很

高,但依然重要的相对价值指标,如企业价值/息税折旧摊销前利润(EV/EBITDA)指标和股利收益率指标,我们将在这一节对这两个模型进行简单的介绍。

同公司自由现金流一样,EV/EBITDA 也是一个衡量公司价值的指标。企业价值(Enterprise Value)指的是公司总的市场价值减去现金和投资之后的值。企业价值的具体计算为:

$$
\begin{array}{r}
\text{普通股市值} \\
+\quad \text{优先股市值} \\
+\quad \text{债务的市场价值} \\
-\quad \text{现金和投资的价值} \\
\hline
\text{企业价值}
\end{array}
$$

计算企业价值时要扣除现金和投资的金额是因为企业价值衡量的是其他公司收购这个公司时所需要支付的金额,而收购者在购买了公司所有的股权和债务之后,就自然而然地获得了现金和投资的所有权,并不用为这些资产支付价格。

EV/EBITDA 也可以同其他相对价值模型一样使用绝对价值模型或类比法来计算合理的倍数,再将企业当前的实际 EV/EBITDA 的值与这个合理的倍数进行比较,从而分析企业的价值。

当公司之间的债务杠杆不同时,用 EV/EBITDA 对这些企业进行比较比用 P/E 更合适。但是作为一个衡量企业价值模型,EV/EBITDA 显然没有 FCFF 模型来得准确。

二、股利收益率

在第三章中,我们介绍了股票收益率的衡量,根据公式(3-23)计算得出的是股票的总收益率,其实股票的总收益率可以分解为股利收益率(D/P)和资本利得率,其中股利收益率不仅是一个衡量股票收益的指标,也可以用来分析股票的价值。在美林公司调查中,大约 25% 的机构投资者使用了股利收益率作为股票分析的指标之一。

实际上,股利收益率是股利倍数(Price to Dividend,P/D)的一个变形,因为对于不发放股利的公司来说,P/D 的分母是 0,这是没有意义的。因此,我们将 P/D 的分子分母互换,用股利收益率来代替股利倍数。股利收益率也可以分为当前股利收益率和远期股利收益率。当前股利收益率等于最近四个季度的股利之和与当前股价的比值,而远期股利收益率是下一年的股利和当前股价的比值。

根据戈登模型,我们可以将当前股利收益率分解为:

$$\frac{D_0}{P_0} = \frac{r-g}{1+g} \tag{5-7}$$

可见股利收益率同股票要求回报率负相关,而同预期的股利增长率正相关。根据我们对未来 r 和 g 的预测,就可以计算出合理的股利收益率。此外,我们也可以把同行业平均的股利收益率等类比指标作为合理的股利收益率。

股利收益率将股票的收益和内在价值联系了起来,而且相对于资本利得率来说,股利收益率更加稳定,风险也更低。但是,股利收益率毕竟只是股票总收益的一部分,并不能完整地衡量股票的价值。

本章介绍了大量的相对价值指标,但是在选择投资对象的时候,相对价值指标并不能作为独立的参考指标。通常我们要结合绝对价值模型的结果,用多种模型和指标对挑选对象进行逐个分析,然后根据模型计算的结果层层筛选(Screening),不断缩小选择范围,直到找到合适的投资对象。

小　结

1. 相对价值模型指的是用一系列的价格倍数来对股票进行分析,从而可以判断股票价格是否合理及股票是否具有投资价值。

2. 市盈率模型是使用最广泛的相对价值指标之一;市盈率是每股价格同每股净盈利的比值;在计算市盈率时,通常要对净利润进行一些调整才能得到每股净盈利;通过绝对价值模型,我们可以计算出股票合理的市盈率,还可以选择行业平均市盈率、子行业平均市盈率等作为股票的合理市盈率。

3. 市净率指的是每股价格同每股账面价值的比值;账面价值是股东权益扣除所有有限于普通股的要求权之后的值;我们更多地使用有形的每股账面价值作为市净率的分母,有形账面价值要经过对账面价值的一些调整才能得到;合理市净率的值可以在对公司未来状况的假设下通过绝对价值模型计算,也可以用类比法来计算。

4. 销售倍数是股票价格同每股净销售收入的比值,在计算销售收入时要注意对报表信息质量的考察,在用销售倍数分析股票价值时同样也要通过绝对价值模型或类比法来计算合理销售倍数。

5. 现金流倍数是股票价格和每股现金流的比值;对于现金流可以有不同的定义,最常用的是净利润加上非现金支出,每股 CFO 和 FCFE 也可以作为现金流倍数的分母;我们通过比较实际现金流倍数和合理现金流倍数来对股票价值进行分析,合理现金流倍数也可以通过绝对价值模型或类比法计算。

6. EV/EBITDA 和股利收益率是另外两种相对价值指标,它们的使用发放和其他相对价值指标完全相同。

7. 每种相对指标都有自己的优点和缺点,在使用的时候要选择合适的指标进行分析;在选择股票时,相对价值模型要和绝对价值模型结合使用。

关　键　概　念

相对价值模型	市盈率	当前市盈率	远期市盈率
非重复性项目	正常每股盈利	合理市盈率	市净率
账面价值	销售倍数	每股净销售收入	现金流倍数
现金流	企业价值	股利收益率	股利倍数

第六章 现代价值模型

 学习目标

◆ 掌握单个资产以及投资组合的风险和收益的基本计量方法;
◆ 掌握投资者效用的表示及其最优化的基本方法;
◆ 了解均值方差理论可行集和有效集的确定,以及投资者的组合选择方式;
◆ 掌握资本资产定价模型中最优组合的确定,以及资产价格收益率的确定;
◆ 掌握资本市场线和证券市场线,并了解证券市场线的推导过程;
◆ 掌握套利定价理论,以及套利组合的构建方法。

所谓现代价值模型,是指 20 世纪 60 年代初,现代(微观)金融学发源时出现的基于投资组合和风险分散的一系列模型。同前面几章学习过的基于财务数据的传统价值模型相比,这里提供的价值分析的角度有着很大的不同。它是从单一证券和证券组合的绝对风险以及单一证券同证券组合之间的相对风险关系的角度来评估具体证券的投资价值,而且它更为关注单个证券的均衡收益率。目前它们也是现代投资学理论的核心部分。

我们首先介绍金融资产的收益与风险的各种衡量方法以及投资者的偏好和效用,第二节介绍马可维茨的资产理论,又称均值方差(Mean-Variance)理论,第三节介绍建立在均值方差理论基础上的资本资产定价模型,最后介绍套利定价理论。

第一节 收益和风险的衡量

储蓄或投资行为的本质是对即期消费的延迟,这些行为所产生的收益就是投资者因为放弃部分即期消费而获得的补偿。投资者投资金融资产的目的在于获得收益,以便在未来达到更高的消费水平,但由于金融资产的收益是在未来支付的,这就产生了不确定性——风险。一个典型的投资者不仅希望能够取得尽可能高的收益率,而且希望收益能尽可能确定,由于各种金融资产有不同的风险和收益特征,高收益的资产往往有高风险,这就使投资者在选择资产时必须在风险与收益之间权衡。投资组合理论研究的核心就是投资者如何通过选择资产来使其投资组合达到最优的收益——风险状况,这里所谓的最优,是以投资者效用最大化为标准的。

收益和风险是所有金融资产的两个基本属性,也是投资者选择金融资产的重要参考指标。从投资学的角度来看,所谓收益,就是投资者通过投资所获得的财富增加;所谓风险,就是指未来结果的不确定性或波动性。投资金融资产的收益来自两个方面,由资产价格变化而产生的资本利得和持有资产期间所获得的现金流。投资组合理论中对风险的定义与人们的日常观念不同,通常人们提到的风险是指未来发生损失的可能性,但经典投资组合理论中,对风险的定义更广。在投资过程中,投资者需要对资产和投资组合的风险与收益进行客观的评价,本节对目前主流的风险和收益评价方法进行简要介绍。

一、单一资产的风险与收益衡量

单一资产的风险与收益的衡量包括两类,即历史的风险与收益以及预期的风险与收益。前者用于确定单一资产以往投资的风险与收益,后者用于预测投资单一资产未来的风险与收益。收益一般是以一定时段为计量区间的,通常用收益率的指标,如年收益率和月收益率等。以历史收益率为例,对于投资组合中的第 i 种资产,其在第 t 期的投资收益可以用以下公式表示:

$$r_{i,t} = \frac{(P_{i,t} - P_{i,t-1}) + D_{i,t}}{P_{i,t-1}} \tag{6-1}$$

式中,$P_{i,t}$ 和 $P_{i,t-1}$ 分别表示该资产在第 t 和 $t-1$ 期期末的价格,$D_{i,t}$ 表示在该期内由于持有该资产所获得的现金流。即,资产的单期收益率等于该资产产生的现金流与价格变化量之和与其期初价格的比例。这也体现了资产收益的两个来源:资本利得和利息。

[**例 6-1**] 某股票在 2003 年底和 2004 年底的价格分别是 10 元和 11 元,其间每股派发股利 0.5 元,那么该股票资产在 2004 年的收益率是:

$$r_{2004} = \frac{(11-10) + 0.5}{10} = 15\%$$

对于过去 n 期的资产平均收益率测算,主要有算术平均法和几何平均法两种,算术平均法的公式是:

$$\bar{r}_i = \frac{1}{n} \sum_{t=1}^{n} r_{i,t} \tag{6-2}$$

而几何平均法下平均收益率是由以下公式确定的:

$$\bar{r}_i = \left[\prod_{n=1}^{t}(1+r_{i,t})\right]^{\frac{1}{n}} - 1 \tag{6-3}$$

一般在实际中应用的都是算术平均法,主要是因为几何平均法受极值的影响太大。

一般来说,在对金融资产风险进行计量时,有收益率的方差和标准差两个备选的计量指标,在统计意义上,这两个指标可以表示原始序列的波动幅度,方差 σ_i^2 的计算公式如下:

$$\sigma_i^2 = \frac{1}{n-1} \sum_{t=1}^{n}(r_{i,t} - \bar{r}_i)^2 \tag{6-4}$$

σ_i表示标准差,取值非负。等式右边的分母是$n-1$,这是因为,当收益率的观察值仅仅是收益率母本观察值的一个样本时,除以$n-1$,可以获得对母本观察值方差和标准差的无偏估计;如果收益率的观察值涵盖了全部母本观察值,那么,等式右边的分母就应该是n。例如,如表6-1所示,假设股票A和股票B都是在1998年初发行的,表中的数据为母本,可以按公式计算出它们的平均收益率与方差及标准差。

表6-1 单个资产的历史收益和风险衡量

年 份	股票A			股票B		
	价格变化率	派息率	收益率	价格变化率	派息率	收益率
1998年	30.00%	15.00%	45.00%	15.00%	10.00%	25.00%
1999年	5.00%	0.00%	5.00%	7.75%	2.25%	10.00%
2000年	7.75%	2.25%	10.00%	-6.25%	1.25%	-5.00%
2001年	-12.00%	2.00%	-10.00%	13.75%	1.25%	15.00%
2002年	-17.25%	2.25%	-15.00%	-5.00%	0.00%	-5.00%
2003年	7.75%	7.25%	15.00%	3.00%	2.00%	5.00%
2004年	7.75%	12.25%	20.00%	12.50%	2.50%	15.00%
算术平均收益率			10.00%			8.57%
几何平均收益率			8.48%			8.08%
方差			3.43%			1.05%
标准差			18.52%			10.25%
变异系数			1.85			1.20
协方差			0.0118			
相关系数			0.621			

历史收益与风险的衡量都是建立在大量的已有数据的基础上的,其衡量的结果主要用于判断该资产的过往业绩表现,以为投资者提供参考。但是,投资者更关心的是金融资产的未来收益与风险情况,即更关心资产预期收益与风险的衡量。与衡量历史数据不同,在预期指标的衡量中,面对的更多的是不确定性问题。然而,对不确定性本身存在许多不同的理解,这里所谓的不确定性并不意味着对未来的收益一无所知,而是假设投资者虽然不知道未来具体哪种状态会出现,但能够对金融资产的收益分布有一个清楚的认识。所谓收益分布,就是指在未来各种可能发生的状态下,金融资产的收益大小及其所对应的状态的发生概率。如此一来,我们就可以计算出金融资产的期望收益率和风险。同样是上述两支股票A和B,在未来四种可能的经济环境下,其可能的收益率和概率如表6-2所示。

我们可以通过以下两个公式分别来求这两支股票的预期收益与预期风险:

$$E(r_i) = \sum_{s=1}^{m} r_{i,s} p_s \qquad (6-5)$$

$$\sigma_i^2 = \sum_{s=1}^{m} [r_{i,s} - E(r_i)]^2 p_s \qquad (6-6)$$

表 6-2　单个资产的预期收益和风险衡量

状　况	概　率	股票 A 收益率	股票 B 收益率
经济扩张、利率下降	20%	20.00%	15.00%
经济扩张、利率上升	30%	15.00%	12.50%
经济紧缩、利率下降	30%	10.00%	12.50%
经济紧缩、利率上升	20%	5.00%	5.00%
预期收益率		12.50%	11.50%
标准差		5.12%	3.39%
方差		0.26%	0.12%
变异系数		0.41	0.19
协方差		0.001 50	
相关系数		0.863 33	

式中，$r_{i,s}$ 是第 s 种情况下资产的收益率；p_s 是该情况发生的概率，所有的情况共有 m 种，其对应的概率之和为 1，计算的结果见表 6-2 的中间几行。

上面分别介绍了单个资产的风险和收益的计量，那么如何简单判断两个资产之间的优劣？若假设投资者都是风险规避[①]的，那么在收益率相同的两种资产之间选择时，投资者更偏好风险较小的资产。这时可以用变异系数（Coefficient of Variation）来评价资产质量，变异系数表示的是单位预期收益率所承担的风险，可以作为风险报酬的比较基准，计算公式如下：

$$\delta_i = \frac{\sigma_i}{E(r_i)} \tag{6-7}$$

该指标还可以用于两个投资组合之间的简单比较。

还有一种比较资产质量的方法是随机占优，从图 6-1 中很容易看出，相同累积概率

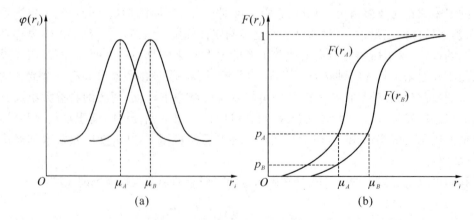

图 6-1　用随机占优来比较资产质量

---

① 研究表明，金融市场中大部分投资者都是风险规避型的，关于投资者的风险态度本章后面会详细介绍。

P 下所对应 A 资产的收益率要低于 B 资产,从另外一个角度来看,也就是超过相同收益时 B 资产的累积概率 $1-p_B$ 始终大于 A 资产的累积概率 $1-p_A$。这种关系被定义为 B 资产一阶随机占优于 A 资产,直观的理解就是图 6-1 所表示的 B 资产的累积概率函数图像始终在 A 的右面,这个时候 B 资产的质量一定优于 A 资产。图中表示的是资产收益率连续的状况,当收益率不连续时,也可以用类似的概率密度函数图与累积分布函数图进行比较。

二、投资组合的风险与收益衡量

投资组合的风险和收益都来自组合中所包含的资产,投资组合的收益与风险也可以用相同的指标衡量。以组合中各资产 i 金额占组合资产总额的比例 w_i 为权数,投资组合的收益率就是组合内各资产收益率的加权平均数,历史收益率和预期收益率的计算公式如下:

$$r_{p,t} = \sum_{i=1}^{n} r_{i,t} w_{i,t} \tag{6-8}$$

$$E(r_p) = \sum_{i=1}^{n} E(r_i) w_i \tag{6-9}$$

式中,$r_{p,t}$ 表示组合在第 t 期的历史收益率,$E(r_p)$ 表示组合的预期收益率,n 是组合中包含的资产个数。

投资组合历史平均收益率的计算与单个资产的计算方法相同,也有算术平均法和几何平均法两种,一般应用的仍然是前者。表 6-3 表示的是由股票 A 和股票 B 构成的投资组合的收益率情况,由于 A 资产的收益率比较高,其权重的大小与组合收益率成正比。

表 6-3 两种资产构成的投资组合收益率与风险的度量

	历史收益率	预期收益率	历史风险（标准差衡量）	预期风险（标准差衡量）
股票 A	10.00%	12.50%	18.52%	5.12%
股票 B	8.57%	11.50%	10.25%	3.39%
历史协方差		0.011 8		
预期协方差		0.001 5		

股票 A 权重	股票 B 权重	投资组合的风险收益指标		
0.25	0.75	8.93%	11.75%	11.17%	3.71%
0.33	0.67	9.04%	11.83%	11.69%	3.83%
0.50	0.50	9.29%	12.00%	13.08%	4.11%
0.67	0.33	9.53%	12.17%	14.75%	4.43%
0.75	0.25	9.64%	12.25%	15.61%	4.59%

在介绍用标准差和方差衡量投资组合风险之前,我们必须先了解统计学中的两个基本概念:协方差和相关系数。协方差(Covariance)是指在某段时期内衡量两个变量相对

它们各自平均值同时变动程度的指标,以历史收益率为例,资产 i 和资产 j 在过去 n 期内收益率变动的协方差公式是:

$$Cov_{i,j} = \frac{1}{n-1} \sum_{t=1}^{n} (r_{i,t} - \bar{r}_i)(r_{j,t} - \bar{r}_j) \quad (6-10)$$

如果 n 是所有历史数据的总个数,这时公式的右边分母应该变成 $n-1$。类似地,预期收益的协方差计算公式为:

$$Cov_{i,j} = \sum_{s=1}^{m} [r_{i,s} - E(r_i)][r_{j,s} - E(r_j)] p_s \quad (6-11)$$

一个正的协方差表明,在特定的时期内,两项资产的收益率相对于它们各自的平均值趋于同向变动;相反,一个负的协方差则表明,在特定时期内,两项资产的收益率相对于它们的平均值趋于反向变动。协方差的大小取决于两个资产各自收益率序列的方差和这两个序列之间的关系。由这两个公式计算的股票 A 与股票 B 的协方差数值列于表 6-1 和 6-2 的倒数第二行。例如,股票 A 和股票 B 的历史收益率的协方差是 0.0118,但仅由这个数字很难解释两个收益率序列的相关程度,只能判断其相关关系为正。因为协方差大小受到两个序列的方差影响,可以考虑将两个序列的变动性都考虑进去,从而使协方差这种衡量方法标准化,这种标准化的协方差被称为相关系数 (Correlation Coefficient),其计算公式如下:

$$\rho_{i,j} = \frac{Cov_{i,j}}{\sigma_i \sigma_j} \quad (6-12)$$

其中,σ_i 和 σ_j 分别表示资产 i 和资产 j 的标准差,相关系数的数学性质决定了它介于 -1 和 1 之间。当两种资产的收益率正相关性越大时,相关系数越接近于 1,如图 6-2(a) 所示;当两种资产的收益率负相关性越大时,相关系数越接近于 -1,如图 6-2(c) 所示;当两种资产的收益率完全不相关时,相关系数在 0 附近,如图 6-2(b) 所示。

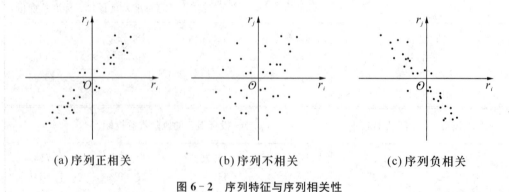

(a) 序列正相关　　　　(b) 序列不相关　　　　(c) 序列负相关

图 6-2　序列特征与序列相关性

前面介绍了,投资组合的预期收益率是该投资组合中单个资产预期收益率的加权平均。这种情况下,我们可以很容易地计算出增加或减少一项资产对该组合预期收益率的影响,但这种行为对投资组合风险的影响就不是这么简单了。由统计学的基本知识可知,当用方差和标准差衡量投资组合的风险时,风险的大小不仅与组合中资产的风险有关,还受到这些资产收益率之间的相关性影响。以两个资产组成的投资组合为例,如果两个资产之间的收益率是负相关的,那么其中一个资产收益率下降引起的组合价值下降的负效应可以同时由另一资产收益率上升带来的正效应所弥补,这种负相关性降低了组合收益率的波动性,也就是降低了组合的风险。投资组合的方差 σ_p^2 计算公式如下:

$$\sigma_p^2 = \sum_{i=1}^{n} \sum_{j=1}^{n} w_i w_j Cov_{i,j} = \sum_{i=1}^{n} \sum_{j=1}^{n} w_i w_j \sigma_i \sigma_j \rho_{i,j} \tag{6-13}$$

考虑到当 $i=j$ 时,$Cov_{i,j}=\sigma_i^2$,上式可以改写为:

$$\sigma_p^2 = \sum_{i=1}^{n} w_i^2 \sigma_i^2 + 2\sum_{i=1}^{n} \sum_{j=1, j\neq i}^{n} w_i w_j Cov_{i,j} \tag{6-14}$$

将单个资产的历史数据和预期数据分别代入上面的公式,可以分别得到投资组合的历史风险和预期风险。该公式表明,一个投资组合的方差,是单个资产方差的加权平均(这里权数为其权重的平方),加上投资组合中所有资产间协方差的加权值。同样,一个投资组合标准差的影响因素不仅包括其中单个资产的方差,还应该包括其中任意两个资产之间的协方差。我们可以进一步证明,当一个组合中有足够多的资产时,其风险可以用公式(6-14)右边的第二项表示。具体来说,当投资者在其投资组合中增加一种新的资产时,对组合风险的影响来自两个方面:首先是新增资产自身收益的方差,其次是新增资产与已经存在于投资组合中的每个资产的收益率之间的协方差,新增的协方差的相对重要性远大于该新增资产自身的方差,而且组合中资产数目越多,这种效应就越明显。表 6-3 中列示了仅由股票 A 和股票 B 两种资产组成的投资组合的历史风险和预期风险状况。关于投资组合的风险收益特征,本章将在下一节马可维茨的均值——方差理论中详细介绍。

三、风险度量的下半方差法

方差具有良好的数学特性,在用方差度量证券投资组合的风险时,组合的方差可以分解为组合中单个资产收益的方差和各个资产收益之间的协方差,这也是经典的投资组合理论在技术上可行的基础。但是,这一方法在认识上很难被人们接受,因为在人们的观念中,风险是与损失联系在一起的,应用到证券投资中,风险应该表示实际收益率低于预期收益率的可能性。用方差计量风险就意味着,投资者将实际收益超过预期收益的情况发生的可能性也当作风险。一般来说,用方差来度量风险主要存在以下三个方面的不足。

第一,方差是用来衡量股票收益率偏离平均收益率的程度。但是,在现实中,平均收益率对于大多数投资者来讲没有实际的意义。人们通常认为风险是未达到某个特定的收益指标的程度,而不是与平均收益率的偏离程度。因此,方差法有悖于人们对于风险的客观感受。

第二,行为金融学对风险心理学的研究表明,损失和盈利对风险确定的贡献度有所不同,即风险的方差度量对正离差和负离差的平等处理有违投资者对风险的真实心理感受。

第三,方差法假定收益率是正态分布的,但是不少对资本市场和期货市场的研究表明,很多金融资产的投资收益都不是正态分布的,即使对整个市场来说,收益的正态分布也不明显。事实上，如果收益率的分布是正偏的，方差法会高估风险程度，因为高于平均收益率的收益要比低于平均收益率的收益多；而如果收益率的分布是负偏的，方差法则会低估风险。

鉴于以上缺陷，利用方差法来度量风险时，可能会导致错误的结论。除了方差之外，也存在着多种风险度量方法的替代品，其中理论上最完美的度量方法应属于半方差方法。半方差有两种主要的计量方法：利用平均收益（Mean Return, SV_M）为基准来度量的半方差，以及用目标收益（Target Return, SV_T）为基准来衡量的半方差，公式如下所示：

$$SV_M = \frac{1}{k} \sum_{t=1}^{n} [\max(0, r_M - r_t)]^2 \qquad (6-15)$$

$$SV_T = \frac{1}{k} \sum_{t=1}^{n} [\max(0, r_T - r_t)]^2 \qquad (6-16)$$

式中，r_M 和 r_T 分别表示平均收益率和目标收益率，两式中的 k 分别表示实际收益率低于平均收益率和目标收益率的发生次数。

这两种方法仅仅计算低于平均收益或低于目标收益的收益率的方差。由于只有收益分布的一半被用来计算方差，这种计算风险的方法又被称为部分方差或下半方差法。首先，下半方差与投资者对风险的客观感受有一致性；其次，如果投资组合的收益率不是正态分布，下半方差法对风险的度量更有利于使投资者做出正确的决定；最后，即使收益是正态分布，下半方差法也能够得到与方差法相同的风险度量结果。正是由于这三方面的原因，投资者对下半方差更感兴趣。表6-4所示的是分别用方差和下半方差法计算C、D、E三只股票的风险，后者得出的股票间风险差异要大于前者，这也说明下半方差对实际风险的反应更敏感。

表6-4 以平均收益来衡量的下半方差的计算

年份	收益率			市场指数
	股票C	股票D	股票E	
1993	10%	11%	−6%	11%
1994	8%	4%	18%	7%
1995	−4%	−3%	4%	−2%
1996	22%	−2%	−5%	8%
1997	8%	14%	32%	9%
1998	−11%	−9%	−7%	−5%
1999	14%	15%	24%	12%
2000	12%	13%	−17%	11%
2001	−9%	−3%	2%	3%
2002	12%	4%	27%	10%
平均收益率	6.20%	4.40%	7.20%	6.40%
方差	1.14%	0.725%	2.87%	0.343%
下半方差	0.631%	0.330%	1.148%	0.212%

四、投资者的风险态度与效用函数

在介绍了风险和收益的衡量方法以后，投资者就可以根据各金融资产的风险收益特征来构建令自己效用最大化的投资组合了。在这里和后面要讨论的投资组合理论中，投资者的效用都是由风险和收益这两个基本因素决定的。如图6-4所示，可以在一个二维坐标系中表示所有不同风险——收益特征的投资组合或单个资产，其中横轴表示风险，用投资组合的标准差来衡量，纵轴表示用收益率衡量的收益状况。以这个坐标系为工具，下面将分析投资者的效用决定和最优投资组合的选取。

显然，所有投资者都期望获得更大的收益，但收益率与风险在投资者效用函数中的关系却与投资者的风险态度有关，与微观经济学中的消费者效用相类似，我们在图6-3中用不同的无差异曲线表示各种类型投资者的效用特征。对于任何投资者，都有无数条代表不同效用水平的无差异曲线，且任两条无差异曲线不相交；由于投资者都偏好较高的收益水平，当风险相同时，纵坐标较高的点所处的无差异曲线代表较高的效用水平。

对于风险偏好（Risk Lover）型的投资者，由于他们乐于承担"风险"，较高的风险甚至会降低他们对收益率的要求。因为以标准差度量风险时，较高的风险不仅意味着投资可能面临较大的损失，也意味着其可能获得较高的超额收益。风险偏好者真正"偏好"的，正是这种较高的超额收益发生可能。如图6-3(a)所示，对于这种类型的投资者，其无差异曲线是向右上方凸的，其任意一点的斜率为负，这说明风险和收益率的增大都能增大投资者的效用，图中沿着虚线箭头的方向投资者效用是递增的，即 $I_1 > I_2 > I_3$。

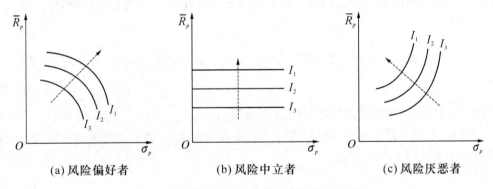

(a) 风险偏好者　　(b) 风险中立者　　(c) 风险厌恶者

图6-3　不同风险态度的投资者的无差异曲线

风险中立（Risk Neutral）型的投资者只是按预期收益率来判断投资的效用。风险的高低与风险中性投资者的效用无关，这意味着不存在风险妨碍。对这样的投资者来说，其效用仅由收益率确定，效用函数退化为单变量型式；他们仅根据最大期望收益率准则进行资产选择，也不期望在购买风险资产时得到补偿。如图6-3(b)所示，这种类型投资者的无差异曲线是一组水平线，且其代表的效用随着收益率的提高而增大，即 $I_1 > I_2 > I_3$。

市场上的大部分投资者都是风险厌恶（Risk Averse）型的，对这部分投资者，风险只会带来负效用。这意味着，给定两个具有相同收益率的资产，他们会选择风险水平较低的那个；也可以说，当这些投资者接受风险资产时，他们会要求一定程度的风险补偿，而这个风险补偿的大小与其风险厌恶程度正相关。如图 6-3(c)所示,风险厌恶者的无差异曲线是向右下方凸的,且 $I_1 > I_2 > I_3$,其任意一点的斜率为正,风险厌恶程度越大,无差异曲线越陡。

五、投资者决策

这里将在一个简化的模型框架下介绍投资者如何应用无差异曲线进行投资决策,目的是使读者对最优投资组合的选取方式有一个大概的认识。就像其他经济模型一样,该模型也是建立在一系列的前提假定的基础上的。

首先,模型假设投资者持有的资产分成货币资产(Monetary Asset)与非货币资产(Non-monetary Asset)两类。凡是能够在市场上流动,拥有固定的货币价值,又不存在违约风险的资产,都称为货币资产;反之,称为非货币资产。在货币资产中,凡是能够给资产持有者带来收益的资产,都称为非现金货币资产;反之,称为现金货币资产。其次,假定持有的资产总额中,货币资产与非货币资产的比例已经确定,那么,投资组合理论所要讨论的问题,就简化为货币资产内部的现金货币资产比例 A_1 与非现金货币资产比例 A_2 的确定,且 $A_1 + A_2 = 1$。最后,为了分析方便,假定市场上只有一种类似于统一公债的非现金资产,这种资产除每期按固定利率 r 向投资者支付利息外,还为投资者带来每期为 g 的资本利得或损失;现金资产没有收益,也没有风险。

用 $\overline{R}_p$ 表示现金资产和非现金资产组成的投资组合的收益率,则:

$$\overline{R}_p = A_1 \times 0 + A_2(r+g) = A_2(r+g) \quad 0 \leqslant A_2 \leqslant 1 \quad (6-17)$$

用 $E(\overline{R}_p)$ 表示该组合的预期收益率,由于 g 是一个均值为零的随机变量,则有:

$$E(\overline{R}_p) = E[A_2(r+g)] = A_2 r \quad (6-18)$$

分别用 σ_R 和 σ_g 表示组合和 g 的标准差,由于非现金资产的利息收入 r 是固定的,则有:

$$\sigma_R = A_2 \sigma_g \quad (6-19)$$

即组合的风险与其中非货币资产的比例 A_2 成正比,根据公式(6-19)和公式(6-20),可以反映投资组合的预期收益与风险之间关系的函数表达式,该函数的图像被称为机会轨迹(Opportunity Locus):

$$E(\overline{R}_p) = \frac{r}{\sigma_g} \sigma_R \quad (6-20)$$

该公式表明,当 r 与 σ_g 不变时,投资组合的预期收益与其风险成正比,图 6-4 中线段 OC 表示机会轨迹,斜率为 r/σ_g,OB 线为反映投资组合风险与非现金资产比例的关系曲线。

对于风险厌恶型的投资者,当其无差异曲线与机会轨迹相切时,效用达到最大化;如图 6-4(a)所示,当投资者的无差异曲线 I 与机会轨迹相切于点 T 时,投资者实现效用最大化,对应的组合预期收益率及风险分别是 $E^*(\overline{R}_p)$ 和 σ_R^*,这时组合中的风险资产比例 A_2 相当于图中 O 点和 V 点的垂直距离。

对于风险中立型与风险偏好型投资者,资产选择的结果要简单得多:前者希望组合的预期收益率尽可能高,而不考虑风险,因此会选择机会轨迹上预期收益率最高的点 C;后者同时偏好较高的收益与较高的风险,这意味着这类投资者会尽量选取机会轨迹上

"远离"原点的点。如图 6-4(b)所示,风险中立者与风险偏好者的无差异曲线都与机会轨迹 OC 切于点 C,即他们都将所有货币资产分布于非现金资产上,而达到的收益率和风险分别是 r 和 σ_g。至于模型中的参数,利率 r 和风险 σ_g 变化对投资者资产选择的影响,有兴趣的读者可以自己分析,这里限于篇幅不再展开。

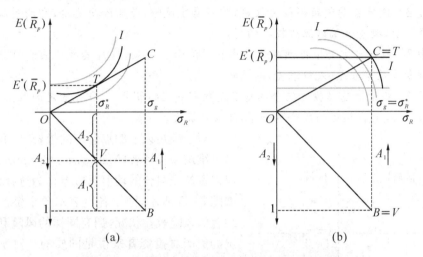

图 6-4 各种风险态度类型投资者的资产选择情况

这个模型虽然简单,但却给出了投资组合理论解决其核心问题(资产选择)时的一般方法论,即在一定的约束范围内通过选择资产,使投资组合的收益风险状况令投资者的效用最大化。后面几节将围绕这一问题逐步展开对经典的投资组合理论的介绍。

第二节 均值方差分析

1952 年,哈里·马可维茨发表了一篇题为《证券组合选择》的论文,这篇论文在后来被认为是投资组合理论的开端。马可维茨在他这篇论文中提出,投资者选择资产时不仅仅受资产收益率的影响,还必须考虑风险的因素,即投资者构建投资组合的过程实际上是其权衡风险和收益的过程,因为高收益往往伴随着高风险。马可维茨的证券组合理论就是针对风险和收益这一矛盾而提出的。他在论文中提出了用均值测量收益、用方差测量风险的方法,并通过建立所谓的均值-方差(Mean-Variance,MV)模型来阐述如何全盘考虑上述两个目标进行投资决策。这种考虑导出了一个有趣的结果:投资者应该通过同时购买多种证券而不是一种证券来进行分散化投资,这样可以在不降低预期收益的情况下,减小投资组合的风险,这与"不要把所有鸡蛋放在同一个篮子里"是一个道理。本节将系统地介绍马可维茨的均值方差理论。

一、均值-方差理论的前提假定

MV 模型考虑的问题是单期投资问题,投资者在期初拥有一笔资金,从即期起投资于一特定长度的时间,这段时间被称为持有期。在期初,投资者所需要决定购买哪些证券及其数量,并持有到期末,所以,投资者面临的问题是如何从一系列可供选择的证券中构建最优的投资组合,这样的问题被马可维茨描述为资产选择问题(The Portfolio

Selection Problem)。MV 模型的基本假设如下。

假设 1 投资者用预期收益率来估计投资组合收益的大小,并用其波动性来衡量组合的风险,而且每一项可供选择的投资在一定持有期内都存在确定的预期收益率的概率分布。

假设 2 投资者期望获得最大收益,但不喜欢风险,是风险厌恶者,即面对收益相同的两个资产时,投资者偏好风险较小的资产。

假设 3 投资者完全根据预期收益率和风险做出决策,这样其效用曲线只是预期收益率和预期收益率方差(或标准差)的函数。

假设 4 投资者选择投资组合的标准是预期效用的最大化,即在既定的收益水平下,使风险最小,或者在既定的风险水平下,使收益最大。

对于满足以上四点假定的投资者,我们称为马可维茨型投资者(Markowitz Optimizer),他们仅以资产或组合的均值及方差作为选择的标准。如图 6-5 所示,图中各点表示单个资产或投资组合的风险收益状况,拥有同样的风险和收益状况的资产对投资者来说是同质的。对于马可维茨型投资者,C 点要优于 D 点,因为 C 点在同样的风险下有更大的预期收益率;同样,A 点要优于 C 点,因为 A 点在预期收益相同的情况下风险要更小;因此,由于投资者偏好有传递性,A 点要优于 D 点。根据这个标准,我们可以判断,图中区域 4 内的点所代表的资产对投资者而言都

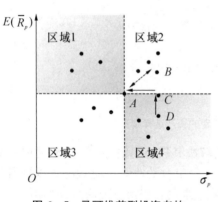

图 6-5 马可维茨型投资者的资产选择特征

劣于 A 点代表的资产,而区域 1 内的点所代表的资产都优于 A 点代表的资产。对于区域 2 和区域 3 之间资产的优劣情况则难以直接判断,例如,B 点要比 A 点有更高的预期收益率,但同时也有更大的风险。对于轻度风险厌恶的投资者,B 点要优于 A 点,因为他们的风险承受能力较强,两点之间的预期收益率的差异完全可以弥补他们之间的风险差异;相反,对于高度风险厌恶的投资者,A 点可能会更优,因为他们认为这两点之间的预期收益率差异对于其风险差异的补偿是不足的;当然,也有可能投资者对这两种资产的主观价值判断是相同的,因为他们处于投资者的同一无差异曲线上。

二、投资组合的分散化

金融市场上资产众多,其风险收益状况也各不相同,利用这些资产可构建的投资组合种类非常多。MV 理论的一个主要思想就是:投资者应该尽量选择一些彼此相关系数小的资产来组建分散化的投资组合,这样就能够在不对组合收益率产生较大影响的情况下,较大幅度地降低组合风险。

如图 6-6 所示,以资产 A 和资产 B 构成的投资组合为例进行介绍,其风险和收益的基本情况如表 6-5 所示,先假设这两个资产在组合中的权重相等。

表 6-5　资产 A 和资产 B 的基本情况

资　产	w_i	σ_i^2	$E(r_i)$	σ_i
A	50%	0.004 9	10%	0.07
B	50%	0.010 0	20%	0.10

根据本章第一节的介绍,组合的收益率和标准差按以公式(6-9)和公式(6-13)计算得到,先假定组合中两资产的权重不变,组合的预期收益率是确定的:

$$E(r_p) = 10\% \times 50\% + 20\% \times 50\% = 15\%$$

但是组合的标准差受到两资产之间协方差大小的影响,由于 $Cov_{i,j} = \rho_{i,j}\sigma_i\sigma_j$,随着资产间相关系数的变化,组合的标准差也会同方向变化,下面的公式表示了相关系数取特殊值时的情况。

$$\sigma_p = \sqrt{(w_A\sigma_A + w_B\sigma_B)^2} = |w_A\sigma_A + w_B\sigma_B| \quad \rho_{AB} = 1 \quad (6-21)$$

$$\sigma_p = \sqrt{w_A^2\sigma_A^2 + w_B^2\sigma_B^2} \quad \rho_{AB} = 0 \quad (6-22)$$

$$\sigma_p = \sqrt{(w_A\sigma_A - w_B\sigma_B)^2} = |w_A\sigma_A - w_B\sigma_B| \quad \rho_{AB} = -1 \quad (6-23)$$

对于不同的相关系数,投资组合的风险状况是不同的,如图 6-6 所示,线段 CG 表示相关系数 ρ_{AB} 从 1 减小到 -1 时投资组合的风险——收益点的轨迹,由于组合的预期收益率不变,故 CG 平行于 X 轴。具体结果如表 6-6 所示。

表 6-6　相关系数变化对投资组合基本情况的影响

事　例	ρ_{AB}	Cov_{AB}	$E(r_p)$	σ_p
C	1.00	0.007 0	15%	0.085 00
D	0.50	0.003 5	15%	0.073 99
E	0.00	0.000 0	15%	0.061 0
F	-0.50	-0.003 5	15%	0.044 4
G	-1.00	-0.007 0	15%	0.015 0

当 $\rho_{AB} = 1$ 时,组合的标准差是组合中每项资产标准差的加权平均,即改变具有完全正相关关系的资产的权数,会使该组合的标准差以线形方式变化。但是在本例中,具有完全负相关关系的投资组合的标准差不一定为零,这是因为:虽然资产的权数是相等的,但单个资产之间的标准差并不相等。

如果在计算中保持资产的相关系数不变而改变两项资产的权数,我们将得到一系列的组合:其轨迹类似于椭圆弧线,以资产 B 为起点,经过上面提到的两资产权数相等时的点,最后以资产 A 为终点。为了使计算简化,下面以相关系数为 0 时的事例 E 为例进行说明,在相关系数一定的情况下,改变资产权数后组合的风险-收益情况如表 6-7 所示。

表 6-7 资产权数变化对投资组合基本情况的影响

状态	w_A	w_B	$E(r_p)$	σ_p
1	0.00	1.00	20%	0.100 0
2	0.20	0.80	18%	0.081 2
3	0.40	0.60	16%	0.066 2
4	0.50	0.50	15%	0.061 0
5	0.60	0.40	14%	0.058 0
6	0.80	0.20	12%	0.059 5
7	1.00	0.00	10%	0.070 0

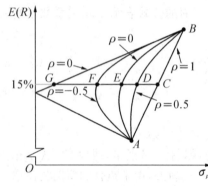

图 6-6 两资产构成的投资组合的风险-收益状况

这些状态对应的点在图 6-6 中 $\rho_{AB}=0$ 对应的曲线 BEA 上,也可以说,只需要简单地以较小的幅度改变资产权数,就可以得到一条完整的曲线。值得注意的是：在相关程度较低,即相关系数为零或为负时,可以构建出比其中任意一个单个资产的风险都要小的投资组合。这种减小风险的能力正是分散化的本质。结合前面的说明,我们可以发现,资产间的相关关系和资产的权数是影响风险分散的关键因素。

从图 6-7 的其他曲线状态可以看出,曲线的弯曲度取决于投资组合中两项资产间的相关关系。当相关系数 $\rho_{AB}=1$ 时,曲线实际上是连接两个资产的直线段;当 $\rho_{AB}=0.5$ 时,曲线在 $\rho_{AB}=0$ 时曲线的右侧;当 $\rho_{AB}=-0.5$ 时,曲线在 $\rho_{AB}=0$ 时曲线的左侧;最后,当 $\rho_{AB}=-1$ 时,曲线是在某种组合下相交于纵坐标轴(即零风险)的两条直线①。

当组合中证券种类 $n>2$ 时,投资组合的风险和收益的衡量变得复杂,为了简化说明,下面假定：

(1) 投资组合中每种证券所占的比例都是 $1/n$;

(2) 这 n 种证券风险各自的风险 $\sigma_1,\sigma_2,\cdots,\sigma_n$ 都小于一个常数 σ_*;

(3) 这 n 种证券的收益率彼此之间完全无关,即相关系数为 0。

由于投资组合中各资产的权数是固定的,组合的预期收益率也就被固定下来了;而组合的风险则由以下公式决定：

$$\sigma_p^2 = \sum_{i=1}^{n}\sum_{j=1}^{n}x_ix_jCov_{i,j} = \sum_{i=1}^{n}\left(\frac{1}{n}\right)^2\sigma_i^2 \leqslant \sum_{i=1}^{N}\left(\frac{1}{n}\right)^2\sigma_*^2 = \frac{1}{n}\sigma_*^2 \quad (6-24)$$

所以,当 n 趋向无穷大,即随着证券组合中证券种类无限增加,证券组合的风险 σ_p^2 趋向于零。

---

① 由于当资产间相关系数 $\rho_{AB}=-1$ 时,$\sigma_p = \sqrt{(w_A\sigma_A - w_B\sigma_B)^2} = |w_A\sigma_A - w_B\sigma_B|$,根据本例的具体情况,当 $w_A=0.412, w_B=0.588$ 时,资产组合的风险为零。

投资组合的风险取决于三个因素：组合内各种资产所占的比例(w_i)，各种资产的风险(σ_i)以及各种资产收益之间的关系($\rho_{i,j}$)。对投资者来说，单个资产的风险是无法改变的，所以，投资者能够主动降低风险的有效途径就可以归结为上述三因素中的第一和第三项。就第三项而言，最理想的方法就是选择相关系数等于-1的资产建立组合，因为这样可以最大限度地降低风险，甚至可以使风险降低为0。但是，事实上大多数金融资产（如股票）之间的收益往往是部分正相关的。从经验上看，我国单个股票的相关系数大都介于0.5到0.6之间；也就是说，如果在我国股票市场全部股票总体中随机抽取两只股票，很有可能会发现其收益率的相关系数介于0.5和0.6之间，如果这两支股票碰巧处于同一行业，其相关系数甚至会更高。而且，从投资组合理论的应用实践来看，无论投资者怎样选择，其投资组合的风险都不可能为零，这也意味着，通过分散化来完全消除风险实际上是不可能的。

关于多样化降低投资组合风险的效果问题，学者们已经做了一些研究。其中费希尔和洛里(Fisher & Lorie)的工作可能是对这一过程的最好说明。他们考虑到了美国全部上市的股票，并从中随机采样组成小到由1只股票大到由500只股票组成的投资组合，投资组合内的股票都是等同加权的。这种模拟过程使得研究者能够观察投资组合的方差是如何随新成分股票的加入而减少的；同时它还表明多样化对于降低风险的能力很快就消失了(见表6-8)。该表还表明，当投资组合的成分股票数增加时，在投资组合的风险中，与市场有关的风险份额也随之增加；而由较多股票组成的投资组合的收益率与市场收益率表现出高度的正相关性。

表6-8 投资组合的成分股票数与风险收益状况

股票数 n	平均收益率	标准差	可分散的风险份额	与市场有关的风险份额
1	9%	40.0%	45%	55%
2	9%	32.4%	38%	62%
8	9%	25.6%	20%	80%
16	9%	24.0%	12%	88%
32	9%	23.6%	8%	92%
128	9%	22.8%	2%	98%
指数基金	9%	22.0%	0%	100%

资料来源：Fisher, Lawrence, and James H. Lorie. Some Studies of Variability of Returns on Investment in Common Stocks. *Journal of Business*. April 1970：99-134。

市场风险是指由市场整体变化而引起投资组合或单个资产的收益率变化的可能性。由于与市场有关的风险作用于全体证券，而且不能通过多样化予以消除，所以又称为系统风险(Systematic Risk，图6-7中的σ_s)。不能被市场解释的风险称为可分散风险(Diversifiable Risk，等于图中$\sigma_p-\sigma_s$的部分)或非系统风险。由少数证券组成的投资组合具有较大的可分散风险，而由众多证券组成的投资组合则具有较小的可分散风险。一个完全多样化的基金，如指数基金，将仅反映与市场有关的风险，即系统风险。表6-8最后两列的数据表明，可分散风险的份额随组合内证券数目的增加而减少。

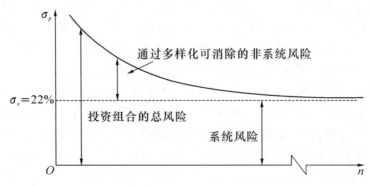

图 6-7 投资组合分散化程度与其风险状况

这些概念可以用图 6-7 中的曲线来说明。随着证券数目的增加,投资组合的风险会减少。无限增加投资组合中的证券数将使投资组合的风险趋近系统风险,而不可分散的系统风险表明,几乎所有证券的收益率都依赖于市场总体业绩的水平。因此,充分多样化的投资组合的收益率与市场收益率是高度相关的,其不确定性基本上是市场整体的不确定性,即不管投资者的组合中包括多少种资产,他们都必须承担市场风险。

三、最优组合的确定

金融市场中可供投资者选择的资产是多种多样的,当投资者要构建较复杂的投资组合时,首先必须对其所构建组合的风险收益状况的可能范围有较明确的了解。根据上面的介绍,只要给定市场上任意两个资产或投资组合的风险收益状况及其相关系数,就可以得出由这两者所构建的投资组合的风险收益曲线。图 6-8(a) 中的阴影部分表示的是所有的这些曲线上的点构成的集合,这一集合被称作可行集(Feasible Set)。投资者利用金融市场上的资产所构成的所有可能投资组合的风险收益状况都可以在可行集中找到对应的点。这一伞型集合的左边界 ABC 实际上就是市场上所有可能曲线的包络线。

由于 MV 理论中假定所有的投资者都是风险厌恶的,所以投资者在进行选择时没有必要对可行集中的所有资产进行评价,而只需要考虑可行集中的一个子集即可。具体来说,投资者选择其最优组合时只会从以下集合中进行:

(1) 对每一风险水平,提供最大的预期收益率[图 6-8(a)中的曲线 BCD 部分];

(2) 对每一预期收益率水平提供最小的风险[图 6-8(a)中的曲线 ABC 部分]。

同时满足这两个条件的组合被称为有效组合(Efficient Portfolio),而在坐标系中将所有有效组合对应的风险-收益点连接起来的轨迹被称为有效集(Efficient Set)或有效边界(Efficient Frontier),在图 6-8(a)中表示为曲线 ABC 与曲线 BCD 的交集,即曲线 BC。

根据前面介绍的两个资产或两个投资组合构成的新组合的风险收益曲线的特征,可以推测出有效边界是一条向左上方凸的曲线。下面以反证法证明,如图 6-8(b)所示,假设有效边界在 $BEFC$ 之间有一部分 EF 向内凹。这时,曲线 $BEFC$ 不再是有效集,因为在这种情况下,投资者可以将其部分资金投资于点 E 代表的投资组合,而将剩下的资金投资于点 F 代表的组合,从而得到一个比原"有效"集曲线 EF 上的组合更有效的新组合 G。如图 6-8(b)中的线段 EF 所示,因为组合 E 与组合 F 之间的相关系数 $\rho_{AB} \leqslant 1$,这

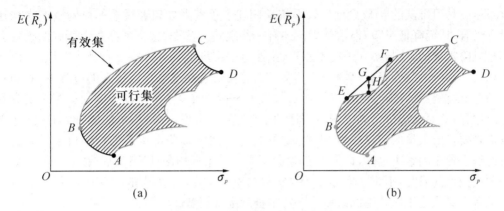

图 6-8 均值—方差模型中的可行集与有效集

时投资者得到的组合将位于线段 EF 的左方,即使在 $\rho_{AB}=1$ 时最差的情况下,位于线段 EF 上的新组合也要比原"有效"集上的组合 H 更有效,因为 G 在与 H 拥有同样大小的风险的同时,提供了更高的预期收益率。

上面的说明也从一个侧面证明了两基金分离定理:所有风险资产组成的有效边界上,任意两个分离的点都代表两个分离的有效投资组合,而有效组合边界上任意其他的点所代表的有效投资组合,都可以由这两个分离的点所代表的有效投资组合的线性组合生成。

在确定了投资者对其投资组合的选择范围以后,就可以根据投资者的无差异曲线来确定其最优投资组合。如图 6-9 所示,在 MV 理论中,投资者的最优投资组合由其无差异曲线与有效边界的唯一的切点确定。如图 6-9(a)所示,最优投资组合位于切点 T,这时投资者的效用达到最大的 I_2 水平。虽然投资者也可以选择效用水平为 I_3 的无差异曲线与有效边界的交点所代表的投资组合,但这时投资者的效用没有达到最大化,因为 $I_3 < I_2$。而有效边界上没有任何点所代表的风险收益状况能够使投资者的效用达到 I_1 的水平。对于风险厌恶程度较小的投资者,其最优投资组合的风险和收益率都较大,如图 6-9(b)所示,由于轻度风险厌恶者的无差异曲线较平缓,其与有效集的切点位置比较靠上。

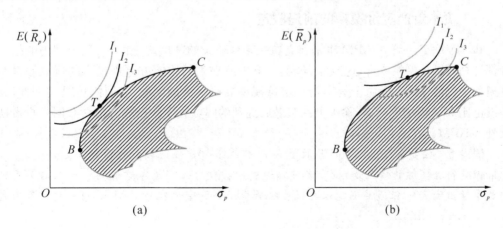

图 6-9 MV 模型中的最优投资组合确定

尽管马可维茨的 MV 理论比较系统地阐述了投资者如何通过选择风险资产来构建投资组合，从而降低风险，但这个理论还有一些缺陷。首先，这个模型假定所有的投资者都是风险规避的，这与实际情况不相符，虽然金融市场上大部分投资者都厌恶风险，但确实存在一部分风险偏好者；其次，该模型意味着投资者在选择投资组合的过程中，必须对市场上所有资产的风险、收益以及相关情况有充分的了解，并经过大量的运算来确定其有效边界，这对大部分个人投资者，甚至机构投资者来说，都是不可能的，因为这意味着投资者要付出大量的信息成本；再次，这一理论无法解释单个资产的均衡价格或收益率最终是由什么因素决定的，即 MV 理论并不是一个市场均衡理论；最后，该理论模型只是一种规范性的研究，很难在实际中用真实数据检验。针对这些缺陷，特别是后面三点，一些学者提出了基于该理论的改良——资本资产定价模型。

第三节　资本资产定价模型

马可维茨的 MV 模型为最优投资组合的确定提供了一个重要的框架，从 20 世纪 60 年代初开始，在这一框架下，一些经济学家开始研究马可维茨的模型是如何对资产价格产生影响的，这一研究导致了资本资产定价模型（Capital Asset Pricing Model，CAPM）的产生。资本资产定价模型是关于资本市场理论的模型，而马考维茨模型则是投资组合分析的基础。一方面，马考维茨模型是规范性（Normative）的——它指明了投资者应该如何去行动；而另一方面，资本市场理论则是实证性（Positive）的。作为一种阐述风险资产均衡价格决定的理论，它使得证券投资理论从以往的定性分析转入定量分析，对证券投资的理论研究和实际操作都产生了巨大的影响。

假定投资者都是马可维茨型投资者，在资本市场理论框架下，这意味着他们在投资过程中必须要解决以下问题：(1) 在资本市场均衡时投资者如何选择最优投资组合；(2) 投资者期望的风险收益关系的类型；(3) 衡量资产风险的适当方法。第二节讨论了证券多样化的问题，试图用一种非正规的方式来解决这些问题；而 CAPM 是一个一般均衡模型，它试图为这些问题提供较为明确的答案。

一、资本资产定价模型的前提假定

和 MV 理论一样，CAPM 也是建立在一系列假设的基础之上的，而且模型中的投资者都是马可维茨型投资者，这意味着，上一节中所提到的均值方差理论中的所有假设在本模型中仍然适用。而由于资本资产定价模型需要解决的问题更具体，更具实证性，其假设也比 MV 模型更严格，除了上一节最后提到的四点假设和投资者都具有同一投资期之外，CAPM 还包含以下假设。

假设 5　投资者可以以无风险收益率 r_f 借入或贷出任何数量的资金。

但更符合实际的情况是，投资者可以通过购买政府短期债券这样的资产以名义无风险利率贷出资金[①]，但通常不能以无风险收益率借到资金。在对 CAPM 的一些扩展形式

[①] 考虑了通货膨胀影响后，政府债券这样的名义无风险资产的实际收益率也是不确定的。在资本资产定价模型中的一个暗含的假定是：没有通货膨胀，或者通货膨胀完全可以准确预期。当然，这个假设也是可以被修正的。本章如果没有其他说明，提到的无风险都是没有考虑通货膨胀影响的名义无风险。

的研究中发现,设定一个更高的借款利率并不会影响模型的基本结论。

假设6 所有的投资工具可以无限分割。

这是说人们所持有资产的价值量是连续的,投资者可以买卖任意一项资产或投资组合的一个很小的份额。这个假设使投资者的选择范围有连续,对模型的数理推导过程来说是十分重要的,但改变这一假设对模型的最终结论影响不大。

假设7 市场无摩擦。

这个假定有两方面含义:第一,没有税收和交易成本存在;第二,对资产交易没有制度性限制,比如说卖空是可行的。虽然这个假设过于理想化,与实际情况相差较远,但是这个假设的作用在于,当摩擦较小时,CAPM的理论会很准确;当摩擦严重干扰了投资者的决策时,资本市场定价理论可能会失效。虽然放松该假定会改变模型结论,但它并不改变模型的基本思想。

假设8 所有投资者的预期相同。

也就是说,投资者对风险资产及其组合的预期收益率、标准差以及相互之间的协方差有一致看法,这一假定也被称为同质期望(Homogeneous Expectations)。但是,这个假定可以放宽,只要投资者之间的预期差别不大,其影响是很小的。

可以发现,通过这些假设,CAPM将情况简化为一个极端的情形。每一个人拥有相同的信息,并对证券的前景具有一致的看法。毫无疑问,这意味着投资者以同一种方式来分析和处理信息(假设8)。证券市场是完全市场,这意味着没有任何摩擦阻碍投资。潜在的阻碍,如资产有限可分、税收、交易成本和无风险借入和贷出的不同利益,都已经被假设消除(假设6和假设7)。这些假设使人们在进行模型分析的时候将注意力从单一的投资者如何投资转移到如果每个人都采取相同的态度,证券价格将会是怎么样的。通过考察市场上所有投资者的集体行为,CAPM给出了每一种证券的风险和收益之间均衡关系的特征。

这些假定可能会显得不切实际,一些读者会怀疑从这些假设中得出的理论是否有用。要正确地认识CAPM的假设,必须清楚以下两点:第一,正如上面提到的,放宽一些假设条件对模型只产生很小的影响,并不会改变理论的基本内涵或结论;第二,判断一种理论绝不能仅仅依靠它的假设,而是要看它能够解释和帮助人们预测现实的程度。如果这个理论及其模型能够解释各种风险资产的收益率,那么它就非常有用,尽管它的一些假设显得不切实际。这就意味着一些需要探讨的假设对于实现CAPM模型的最终目标并不重要,而该模型的最终目标就是要解决资本资产的定价和收益率问题。

二、无风险借入与贷出——证券市场线

马克维茨的投资组合理论中假设所有可投资的资产都是有风险的,也就是说,n个资产中,每一个在投资者的持有时期内都具有不确定的收益率。因为没有哪个资产与其他资产之间具有完全负的相关性,所以所有的投资组合在持有时期内也将具有不确定的收益率。投资组合理论能够发展成为资本市场理论的一个关键因素就是无风险资产(Risk-free Asset)这个概念的引入,这使得投资者可以构建无风险资产和风险资产之间的投资组合,直接导致了投资者可行集的扩展和有效边界的优化,也使投资者可获得的最大效用上升。

由于CAPM只考虑单期投资的情况,这意味着无风险资产的收益率是确定的,如果

投资者在期初购买了一种无风险资产 A_f,收益率为 r_f,那么他将准确地知道在持有期期末这笔资产的价值。由于无风险资产的最终价值没有任何不确定性,根据定义,其标准差 σ_f 应该为零[①]。无风险资产与其他资产的预期协方差公式为:

$$Cov_{i,f} = \sum_{s=1}^{m}[r_{i,s} - E(r_i)][r_{f,s} - E(r_f)]p_s \tag{6-25}$$

因为无风险资产的收益率是确定的,也就是说,在所有的可能情况 s 下,$r_{f,s} = E(r_f) = r_f$,所以 $Cov_{i,f} = 0$,即无风险资产与任何一项风险资产或投资组合的协方差都为零。与此类似,任意资产或投资组合与无风险资产之间的相关系数 $\beta_{i,f} = 0$。无风险资产可以用风险-收益二维坐标系中纵坐标上的一点来表示。

因为按照定义,无风险资产具有确定的收益率 r_f,所以这种资产必定是某种具有固定收益并且没有违约可能的证券。通常认为政府发行的证券是无风险的,但实际中投资者持有的无风险资产必须在一定条件下才能达到无风险的状态,以政府发行的国债为例,若其到期日比投资者的投资期长,价格的波动会给收益率带来不确定性;反之,若到期日短于投资期,投资者则会面临再投资时利率不确定的风险。因此,只有到期日与投资者的投资期相同时,这种国债才能被视为无风险资产。

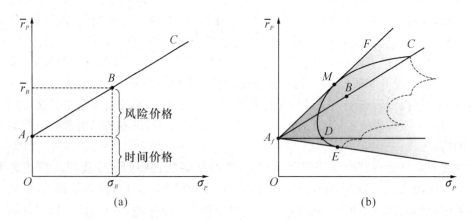

图 6-10 引入无风险借贷以后的可行集与有效集

考虑了无风险资产以后,投资者就可以将其资金的一部分投资于这种无风险资产,并把剩余的部分投资于包含在均值-方差可行集中的任一投资组合。增加这种新的投资机会能显著地扩展可行集,更重要的是,这也极大地改变了有效集的位置。既然投资者是从有效集中选取最优投资组合,就有必要对有效集的位置的变化情况进行分析。如图 6-10 所示,点 A_f 表示无风险资产,点 B 表示原可行集中的资产或投资组合,其预期收益率与标准差分别是 $\bar{r}_B$ 和 σ_B。用 P 表示这两者组成的投资组合,其中无风险资产的权重为 w,则其预期收益率为:

$$\bar{r}_P = wr_f + (1-w)\bar{r}_B \tag{6-26}$$

[①] 根据公式(6-6):$\sigma_f^2 = \sum_{s=1}^{m}[r_{i,s} - E(r_f)]^2 p_s$,式中 $r_{i,s} = E(r_f) = r_f|_{s=1,2,\cdots,m}$,故 $\sigma_f = 0$。

式中,当 $w>0$ 时,表示投资者将初始资金一部分以无风险利率借出,一部分投资于风险资产组合 B;当 $w=0$ 时,表示投资者将全部资金投资于该风险资产组合 B;当 $w<0$ 时,则表示投资者以无风险利率借入资金,与初始资金一起投资于风险资产组合 B。组合 P 的方差为:

$$\sigma_P^2 = w^2\sigma_f^2 + (1-w)^2\sigma_B^2 + 2w(1-w)\rho_{B,f}\sigma_f\sigma_B \qquad (6-27)$$

由于 $\sigma_f = 0$,上式可变为:

$$\sigma_P = (1-w)\sigma_B \qquad (6-28)$$

根据公式(6-27)和公式(6-29),将 w 消去后,可以得到一条直线方程:

$$\bar{r}_P = r_f + \frac{\bar{r}_B - \bar{r}_f}{\sigma_B}\sigma_P \qquad (6-29)$$

这条线也被称为资本配置线(Capital Allocation Line,CAL),它描述了引入无风险借贷后,将一定量的资本在某一特定的风险资产组合 B 与无风险资产之间分配,从而得到所有可能的新组合 P 的预期收益与风险之间的关系。

如图 6-10 所示,对于由风险资产组合 B 和无风险资产 A_f 构成的新组合 P,其对应的资本配置线是从无风险资产的对应点 A_f 出发,经过风险资产组合对应点 B 的一条射线,其斜率反映了单位风险所要求的预期收益率:

$$s = \frac{\bar{r}_B - \bar{r}_f}{\sigma_B} \qquad (6-30)$$

射线上 A_f 点表示投资者把自有资金都投资于无风险资产;B 点表示投资者把自有资金全部投资于风险资产组合;A_fB 段表示投资者把自有资金分别投资于无风险资产和风险资产组合 B;BC 段表示投资者将自有资金和按无风险利率借入的全部资金投资于风险资产组合 B。由公式(6-30)可以看出,组合 P 的预期收益率由两部分构成:一是无风险利率,它代表着对放弃流动性的补偿,可以认为是时间价格,且任何资产或组合的时间价格都是相同的;二是组合的收益标准差与单位风险预期收益率的乘积,它是对风险的补偿,将因组合而异,这部分也称为风险价格。

选择不同的风险资产组合可以得到斜率各不相同的资本配置线,当 r_f 较大或者由风险资产组合构成的可行集位置较低时,资本配置线甚至会出现零斜率[如图 6-10(b)中的射线 A_fD]和负斜率[如图 6-10(b)中的射线 A_fE]的情况。这样的一系列资本配置线就构成了投资者的新可行集,它包括图 6-10(b)中射线 A_fM 和 A_fE 之间的所有区域。射线 A_fM 与原有效集相切于点 M,其代表的投资组合满足可行集内既定风险下收益最大和既定收益下风险最小的要求;故射线 A_fM 也就成了引入无风险借贷以后投资者新的有效集。

根据假定,投资者对风险资产的预期收益率、方差和协方差有着相同的看法,这就意味着线性有效集对所有的投资者来说都是相同的;那么,投资者选择不同的投资组合的唯一原因就在于他们拥有不同的无差异曲线。

如图 6-11(a)所示,如果改变模型的条件,只允许无风险借出而不允许无风险借入,投资者的有效集变成曲线 A_fMG。在这种情况下,对于风险厌恶程度较高的投资者,其无差异曲线与有效边界相切于有效集直线部分的点 T_1,这意味着投资者的最优投资组合中包括无风险资产和点 M 表示的风险资产组合,其中风险资产组合 M 的比例等于线段 A_fT_1 的长度与线段 A_fM 的长度之比。而对于风险厌恶程度较低的投资者来说,其无差异曲线切于有效集的弯曲部分 MG 上的点 T_2,这表明投资者将其所有资金投资于点 T_2 代表的全部由风险资产代表的投资组合。

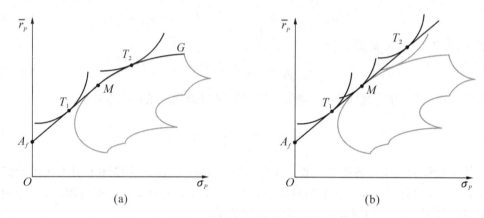

图 6-11　引入无风险借贷以后的投资者选择情况

如图 6-11(b)所示,当同时允许无风险借入和贷出时,投资者面对的有效边界变成一条射线 A_fM,这意味着每一个投资者的投资组合中都包括一个无风险资产和相同的风险资产组合 M。因此,剩下的唯一决策就是以怎样的比例投资于这两者,这取决于投资者对风险的厌恶程度。与不允许无风险借入时的情况相比,风险厌恶程度较高的投资者最优组合不变,其无差异曲线仍然与线段 A_fM 切于点 T_1,而对于风险厌恶程度较低的投资者,其最优投资组合却发生了变化,其无差异曲线与有效集的切点 T_2 要优于原切点,这时投资者将按无风险利率 r_f 借入资金,并与其原有资金一起全部投资于组合 M。在特别的情况下,一些投资者的无差异曲线与射线 A_fM 相切于点 M,这表明投资者将所有的资金都投资于组合 M。

从上面的分析中,可以看出 CAPM 的一些重要特征。

首先,在确定投资者的无差异曲线之前,就可以确定风险资产的最佳组合 M。投资者所要决定的无非是资金在无风险资产和组合 M 之间的分配,以及是否需要进行无风险利率下的融资,这个关于投资与融资分离的决策理论被称为分离定理(Separation Theorem)。这也是单基金定理的另一种表述方式,即任何投资者的最优投资组合都可以由无风险资产和组合 M 按一定的比例生成。

其次,在均衡时,每一种证券在切点组合 M 的构成中都应该有非零的比例。这是因为,假设存在一种风险资产,它在切点组合中的比例为 0,即没有人对它进行投资。该资产在资本市场上供大于求,价格必然会下降,从而预期收益率上升,一直到在切点组合中占据了一定的比例从而供求平衡为止。反之,如果初始时,切点组合 M 中某一风险资产所占的比例过大,以致在资本市场上供小于求,则其价格会上涨,从而导致预期收益率下降,一直到它在切点组合中的比例下降到一定水平而市场上供需相等为止。

当所有风险资产的价格调整都停止时,市场就达到了一种均衡状态。当市场达到均衡时,首先,投资者对每一种风险资产都愿意持有一定数量,也就是说,切点组合包含了所有的风险资产。其次，每种风险资产供需平衡，此时价格是一个均衡价格。再次，无风险利率的水平正好使得借入资金的总量与贷出资金的总量相等。结果就是，切点组合中投资于每一种风险资产的比例就等于该风险资产的相对市值，即该风险资产的总市值在所有风险资产市值总和中所占的比例。通常，我们把切点组合 M 称为市场组合（Market Portfolio），这个组合由市场上所有的证券构成，而且组合中投资于每一种证券的比例等于该证券的相对市值[①]。市场组合在资本资产定价模型中具有核心作用，其原因在于有效集由对市场组合的投资和无风险资产的借入或贷出两部分构成。于是，习惯做法是将切点组合叫作市场组合，并且用 M 而不是用其他字母表示。理论上，M 不仅仅由普通股票构成，还由其他种类的投资，如债券、优先股和房地产等构成。然而，在实践中，一些人仅将 M 局限于普通股票。

通过对切点组合 M 的分析可以知道，上文中所得到的线性有效集实际上是从无风险资产所对应的点 A_f 出发，经过市场组合对应点 M 的一条射线，它反映了市场组合 M 和无风险资产的所有可能组合的收益与风险的关系。这个线性有效集就是资本市场线（The Capital Market Line，CML）。如图 6-12 所示，其函数表达式如下：

$$\bar{r}_P = r_f + \frac{\bar{r}_M - r_f}{\sigma_M}\sigma_P \qquad (6-31)$$

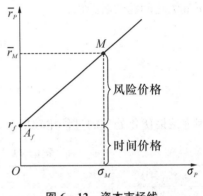

图 6-12 资本市场线

式中，$\bar{r}_M$ 是市场组合 M 的预期收益率，σ_M 是市场组合 M 收益的标准差。

可见，资本市场线的实质就是在允许无风险借贷情况下的有效边界，它反映了当资本市场达到均衡时，投资者将资金在市场组合 M 和无风险资产之间进行分配，从而得到的所有有效组合的预期收益和风险的关系。通过资本市场线，时间和风险都有价可循。观察斜率可以发现，位于资本市场线上的组合提供了最高的单位风险收益率，即 $(\bar{r}_M - r_f)/\sigma_M$，这也是资本市场均衡时的单位风险报酬；而无风险利率 r_f 则反映了市场均衡时的时间价格。

下面就举例说明资本市场线的确定方式，为了简化，假定市场上可供投资者选择的风险资产仅包括表 6-9 所列示的五种，它们之间的相关系数如表 6-10 所示。

表 6-9 各资产的风险收益状况

编号	资产类别	期望收益率	标准差
1	货币市场基金	0.5%	4.0%
2	固定收益证券	2.0%	8.0%
3	大公司股票	7.5%	15.0%
4	小公司股票	12.0%	25.0%
5	房地产抵押贷款证券	8.0%	18.0%

[①] 一种证券的相对市值等于这种证券总市值除以所有证券的市值总合。

表 6-10 各资产预期收益率之间的相关系数

资产类别	货币市场基金	固定收益证券	大公司股票	小公司股票	房地产抵押贷款证券
货币市场基金	100%	30%	20%	0%	0%
固定收益证券	30%	100%	30%	0%	0%
大公司股票	20%	30%	100%	70%	80%
小公司股票	0%	0%	70%	100%	60%
房地产抵押贷款证券	0%	0%	80%	60%	100%

首先必须确定由这五种风险资产构成的有效集中各资产的权重,这些权重可以由以下最优化问题的解给出：

$$\max \bar{r}_P = \sum_{i=1}^{5} w_i \bar{r}_i \tag{6-32}$$

$$\text{s. t. } \sigma_P = \Big[\sum_{i=1}^{5}\sum_{j=1}^{5} w_i w_j \sigma_i \sigma_j \rho_{i,j}\Big] \tag{6-33}$$

因为该最优化处理的过程比较复杂,这里只在表 6-11 中给出主要结果。

表 6-11 有效集上一些组合的资产权重

组合编号	1	2	3	4	5	6	7	8	9	10	11	12
货币市场基金	85%	69%	53%	37%	21%	5%	3%	0%	0%	0%	0%	0%
固定收益证券	10%	18%	25%	33%	41%	44%	40%	30%	18%	5%	0%	0%
大公司股票	0%	0%	0%	0%	5%	6%	15%	24%	33%	22%	0%	
小公司股票	1%	5%	10%	14%	19%	23%	28%	33%	38%	43%	57%	100%
房地产抵押贷款证券	4%	8%	12%	15%	19%	23%	23%	22%	21%	20%	21%	0%
总　　和	100%	100%	100%	100%	100%	100%	100%	100%	100%	100%	100%	100%
组合期望收益率	1.0%	1.9%	2.9%	3.8%	4.7%	5.6%	6.5%	7.4%	8.3%	9.3%	10.2%	12.0%
组合标准差	3.8%	4.2%	5.2%	6.6%	8.1%	9.7%	11.4%	13.3%	15.2%	17.3%	19.5%	25.0%

根据这些数据就可以得到风险资产构成的有效集,如图 6-13 所示。

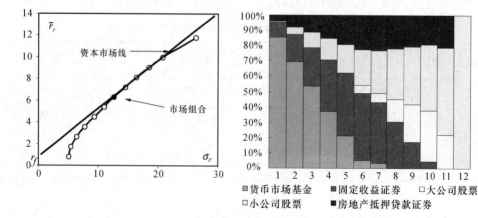

图 6-13 风险资产构成的有效集及其资产权重情况

这时引入无风险资产,假设其无风险利率为 r_f,根据公式(6-33)和公式(6-34)求出的有效集满足以下函数形式:

$$\bar{r}_P = f(\sigma_P) \tag{6-34}$$

则可以根据以下最优化条件来确定市场组合和资本市场线的位置:

$$\max s = \frac{\bar{r}_P - r_f}{\sigma_P} \tag{6-35}$$

$$\text{s.t.} \bar{r}_P = f(\sigma_P) \tag{6-36}$$

满足以上条件的组合就是市场组合,根据该组合的风险和收益,结合无风险利率,就可以得到资本市场线。如图 6-13 所示,当无风险利率 $r_f = 1.00\%$ 时,资本市场线 AM 与有效集切于投资组合 7,该组合也是市场组合。所有资产在该组合中的权重都不为零。

三、资产价格确定——资本市场线

到目前为止,本节已经讨论了投资者如何做出投资组合选择的决策,也讨论了无风险资产所起的作用。由于存在无风险资产,我们可以推导出作为有效边界的资本市场线,证券市场线实际上给出了一个投资者共同执行的投资方式,这也就是分离定理所表述的内容。资本市场线代表有效组合的收益率与其标准差之间的均衡关系。单个的风险证券始终位于该线的下方,因为单个的风险证券本身是一个非有效的组合。为了更多地了解单个证券和非有效组合的预期收益率,需要进行更深入的分析。

根据投资组合风险的计量公式,可以得到,对于资本市场线上的市场组合,其方差为:

$$\sigma_M^2 = \sum_{i=1}^{n} \sum_{j=1}^{n} w_{iM} w_{jM} \sigma_{i,j} \tag{6-37}$$

在这里,w_{iM} 和 w_{jM} 分别表示资产 i 和资产 j 在市场组合中所占的比例,按前面的分析,可知其等于该资产市值与总市值之比;$\sigma_{i,j}$ 表示资产 i 和资产 j 之间的协方差。可以将上式扩展为:

$$\sigma_M^2 = w_{1M} \sum_{j=1}^{n} w_{jM} \sigma_{1j} + w_{2M} \sum_{j=1}^{n} w_{jM} \sigma_{2j} + \cdots + w_{nM} \sum_{j=1}^{n} w_{jM} \sigma_{nj} \tag{6-38}$$

这里可以利用协方差的一个性质——资产 i 与市场组合的协方差可以表示为它与组合中每个资产协方差的加权平均,即:

$$\sigma_{iM} = \sum_{j=1}^{n} w_{jM} \sigma_{ij} \tag{6-39}$$

将这个性质应用于市场组合中的 n 个风险资产,可以得到如下结果:

$$\sigma_M = \sqrt{w_{1M} \sigma_{1M} + w_{2M} \sigma_{2M} + \cdots + w_{nM} \sigma_{nM}} \tag{6-40}$$

这里,σ_{iM} 表示第 i 个资产与市场组合的协方差,于是市场组合的标准差就等于所有资产与市场组合的协方差的加权和的平方根;权数等于各种证券在市场组合中的比例。

这时，可以发现一个重要的信息：在 CAPM 中，每一投资者持有市场组合并关心它的标准差，因为这将影响到资本市场线的斜率，并进一步影响其投资于市场组合的资金比例。每一个资产对市场组合标准差的贡献程度可以从公式(6-40)中看出，这取决于它同市场组合协方差的关系。相应地，拥有同质预期投资者都知道，对每一个资产的相对风险度量是其与市场组合的协方差 σ_{iM}。这意味着，具有较大 σ_{iM} 值的资产将被投资者认为对市场风险有较大的贡献度；同样，不能认为那些具有较大标准差的资产给市场组合带来的风险要比小标准差资产小。

从这样的逻辑得出来的结论是，那些具有较大 σ_{iM} 值的资产必须按比例地提供更大的预期收益率以吸引投资者。为了弄清楚原因，考虑一下如果某种股票没有给投资者提供相应比例的预期收益率，将会发生什么样的情况。此时，这些资产会给市场组合带来风险，却没有按相应的比例给市场组合提供预期收益率。这意味着，如果将这些资产从市场组合中删除，将会导致市场组合的预期收益率相对预期标准差上升，因此市场组合将不再是最佳风险组合，于是证券价格将出现偏离。以上的论述不仅对单个资产适用，对任意特定的投资组合也适用。

达到均衡时市场组合的预期收益率可以表示为：

$$\bar{r}_M = r_f + (\bar{r}_M - r_f) \qquad (6-41)$$

式中，$\bar{r}_M - r_f$ 为对应于市场组合的风险 σ_M^2 的风险溢价，因此单位风险所要求的预期收益率为 $(\bar{r}_M - r_f)/\sigma_M^2$。根据以上分析，均衡时组合中任意一种资产 i 所提供的风险溢价应该等于 $(\bar{r}_M - r_f)\sigma_{iM}/\sigma_M^2$，所以资产 i 的风险与收益之间的均衡关系为：

$$\bar{r}_i = r_f + \frac{\bar{r}_M - r_f}{\sigma_M^2}\sigma_{iM} \qquad (6-42)$$

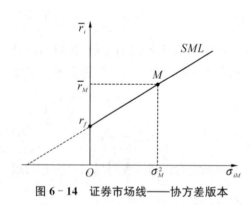

图 6-14 证券市场线——协方差版本

如图 6-14 所示，公式(6-42)代表的是一条直线，其截距为 r_f，斜率为 $(\bar{r}_M - r_f)/\sigma_M^2$。由于斜率为正，这意味着投资者认为那些具有较大协方差 σ_{iM} 的资产应该提供较高的预期收益率。这种协方差与预期收益率之间的关系就是图 6-14 中证券市场线(Security Market Line, SML)表示的内容。

观察这根证券市场线可以发现一些有趣的内容：首先，一个 $\sigma_{iM} = 0$ 的风险资产的预期收益率必须等于无风险资产的收益率；因为这种风险资产就像无风险资产一样，没有对市场组合的风险做出任何贡献，即使其本身的标准差并不一定为零。其次，可能有一些具有非零标准差的证券将具有比无风险利率还要低的预期收益率。根据 SML，如果 $\sigma_{iM} < 0$，这种情况就会发生。而 $\sigma_{iM} < 0$ 表明这种资产对市场组合的风险做出一定的负贡献(即投资于这些资产的资金越多，市场组合的风险就越小)。最后，如果某资产 i 满足 $\sigma_{iM} = \sigma_M^2$，则其必须具有与市场组合相同的预期收益率 $\bar{r}_M$，这是因为这种证券对市场组合的风险贡献度刚好处于平均水平。

证券市场线还可以从资本市场线中通过数学方法推导得出。当证券市场达到均衡时,无法通过改变市场组合中任意一项资产或者是投资组合的比重,使得整个组合的预期收益相对于风险有所上升,或者说使得单位风险的收益增加。如图 6-15(a)所示,射线 A_fMB 为资本市场线(CML),其中 M 点为市场组合。现在构建一个新的组合 P,其中包括市场组合 M 和任意一种资产 i[①],假定资产 i 在新的组合中所占的比重为 α,那么市场组合 M 所占的比重就为 $1-\alpha$。当 $\alpha=1$ 时,表示组合 P 仅由资产 i 构成;当 $\alpha=0$ 时,这一新的组合 P 即为市场组合 M[②]。组合 P 的预期收益 $\bar{r}_P$ 和风险 σ_P 可以表示为:

$$\bar{r}_P = \alpha \bar{r}_i + (1-\alpha)\bar{r}_M \tag{6-43}$$

$$\sigma_P = \sqrt{\alpha^2 \sigma_i^2 + (1-\alpha)^2 \sigma_M^2 + 2\alpha(1-\alpha)\sigma_{iM}} \tag{6-44}$$

弧线 iM 反映了新组合 P 的预期收益与风险的对应关系,显然,市场组合 M 和资产 i 所对应的点分别在弧线两端。通过前面的分析可知,任意组合的对应点与无风险资产对应点的连线的斜率表示该资产单位风险所提供的预期收益率。由均衡的性质可以知道,当市场达到均衡时,所有的投资者持有的风险资产组合都为市场组合 M,此时射线 AMB 的斜率应该是 A 点与弧线 iM 上任意一点连线的斜率中最大的,也就是说,在市场组合 M 的基础上,无论是增加资产 i 还是减少资产 i 的比例,都不能得到更高的单位风险收益,即资本市场线也与弧线 iM 相切,切点为市场组合 M 的对应点。

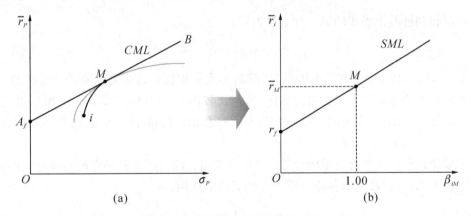

图 6-15 由资本市场线到证券市场线

分别对新组合 P 的预期收益和标准差求 α 的偏导,得到:

$$\frac{\partial \bar{r}_P}{\partial \alpha} = \bar{r}_i - \bar{r}_M \tag{6-45}$$

$$\frac{\partial \sigma_P}{\partial \alpha} = \frac{\alpha \sigma_i^2 - (1-\alpha)\sigma_M^2 + (1-2\alpha)\sigma_{iM}}{\sigma_P} \tag{6-46}$$

考虑到弧线 iM 在点 M 处时,有 $\sigma_P = \sigma_M$,由公式(6-47)可得:

[①] i 也可以表示由几种资产构成的组合,这并不影响模型的推导。
[②] 要注意的是,当 $\alpha=0.5$ 时,并不表示资产 i 在新组合 P 中所占的比例为 0.5,因为在市场组合 M 中还有一定比例的 i 存在,所以当 α 为某一个小于 0 的值时,新的组合 P 中才不包括资产 i。

$$\left.\frac{\partial \sigma_P}{\partial \alpha}\right|_{\alpha=0} = \frac{\sigma_{iM} - \sigma_M^2}{\sigma_P} = \frac{\sigma_{iM} - \sigma_M^2}{\sigma_M} \tag{6-47}$$

根据公式(6-48)和公式(6-46)可以得到：

$$\left.\frac{\partial \bar{r}_P/\partial \alpha}{\partial \sigma_P/\partial \alpha}\right|_{\alpha=0} = \left.\frac{\partial \bar{r}_P}{\partial \sigma_P}\right|_{\alpha=0} = \frac{\sigma_M(\bar{r}_i - \bar{r}_M)}{\sigma_{iM} - \sigma_M^2} \tag{6-48}$$

因为资本市场线与弧线 iM 在点 M 相切，所以资本市场线的斜率应该等于弧线在点 M 处的斜率，即：

$$\frac{\bar{r}_M - \bar{r}_f}{\sigma_M} = \frac{\sigma_M(\bar{r}_i - \bar{r}_M)}{\sigma_{iM} - \sigma_M^2} \tag{6-49}$$

经过整理后就可以得到：

$$\bar{r}_i = r_f + \frac{\bar{r}_M - r_f}{\sigma_M^2} \sigma_{iM} \tag{6-50}$$

进一步定义：

$$\beta_{iM} = \frac{\sigma_{iM}}{\sigma_M^2} \tag{6-51}$$

可以得到证券市场线的另一种表达方式：

$$\bar{r}_i = r_f + \beta_{iM}(\bar{r}_M - r_f) \tag{6-52}$$

β_{iM} 就是 CAPM 中著名的贝塔系数(或简称为贝塔值)，这是对于资产 i 而言的。β_{iM} 也是表示资产协方差的一种相对的方法，通过比较图 6-16(b)和图 6-15 可以发现，尽管证券市场线在用 β_{iM} 表示时和用协方差表示时有相同的截距 r_f，但它们有不同的斜率，前者为 $\bar{r}_M - r_f$ 而后者为 $(\bar{r}_M - r_f)/\sigma_M^2$。

贝塔值还有一个非常有用的性质：一个投资组合的贝塔值只是它的各成分资产贝塔值的加权平均，而权数即为各成分资产占总组合的比例。

$$\beta_{PM} = \sum_{i=1}^{n} w_i \beta_{iM} \tag{6-53}$$

前面已介绍了，一个组合的预期收益率是它各成分资产预期收益率的加权平均，投资于各资产的比例即为权数。这意味着，既然每一证券都落在证券市场线上，那么这些证券构成的组合也不会落于线外。换句话说，不仅单个资产，而且每一个证券组合，都必然落在以预期收益率为纵轴、以贝塔值为横轴的二维坐标系中的一条斜线上。这也意味着，在资本市场均衡时，有效组合既落在资本市场线上也落在证券市场线上；然而非有效组合则落在证券市场线上，但位于资本市场线之下。

通过投资者对其持有资产的不同调整和证券价格所承受的最终压力这两者的相互作用，证券市场线所表示的均衡关系逐步形成。给定一组资产的价格，投资者可以计算出预期收益率和协方差，并进一步确定其最佳组合。如果某种证券的总的需求量与其可投资量不相同，那么其价格就会承受向上或向下的压力。给定一组新的价格，投资者将重新估计他们对各种资产的需求。这个过程将一直持续下去，直到每一种资产的总需求与实际可得量相等。

四、资本资产定价模型的应用

上面提到过 CAPM 是一个实证性的模型,而贝塔系数的测定就是 CAPM 实证检验的核心之一。一般的实证首先是用时间序列回归求各股票或自建投资组合的贝塔系数;然后用这些贝塔系数和收益率的截面数据来拟合证券市场线;最后构造相应的模型,并进行统计检验分析。下面就以宝钢股份(BG)为例,简单地介绍一下单个股票贝塔系数的拟合方法。

首先要进行的是 CAPM 中各指标对应变量的选取工作。这里选择上证 A 股指数作为市场指数,因为上证 A 股指数能够比较准确地反映整体行情的变化和股票市场的整体发展趋势,比较符合 CAPM 中所描述的市场组合;而且上证 A 股指数是一种价值加权指数,符合 CAPM 市场组合构造的要求。

其次是分析时段的选取,考虑到 BG 的上市时间,这里选取的时段是 2000 年 12 月到 2004 年 12 月,用的是月数据。股票单期收益率的计算方法见公式(6-1)。在上证 A 股指数计算原则中,对股票的分割、送配以及股票新上市等情况已分别做了相应的调整,因此,可以直接按下列公式计算指数收益率:

$$r_{I,t} = \frac{Index_t - Index_{t-1}}{Index_{t-1}} \tag{6-54}$$

式中,$Index_{t-1}$ 和 $Index_t$ 分别表示指数在第 t 期期初和期末的水平。BG 除权除息后的股价和上证 A 股指数的变化情况如图 6-16 所示,由于这里只是为了比较这两个序列的变化情况,故假设 2002 年 12 月的中间水平为 100。

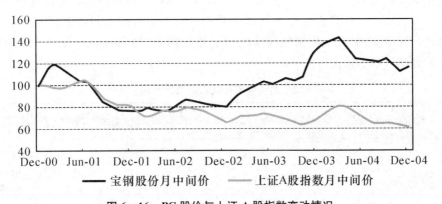

图 6-16 BG 股价与上证 A 股指数变动情况

由该图可以直观地发现,BG 的股价走势基本上与上证 A 股指数是同步同方向的。BG 的贝塔系数可以由以下市场模型通过时间序列回归得到:

$$r_{i,t} = \alpha_{iI} + \beta_{iI} r_{I,t} + \varepsilon_I \tag{6-55}$$

式中,$r_{i,t}$ 表示股票 i 在一个给定时期的收益率,$r_{I,t}$ 表示市场指数在同一时期的收益率,而 α_{iI}、β_{iI} 和 ε_{iI} 分别表示模型的截距、斜率和随机误差项。该公式的回归结果如下:

$$r_{i,t} = 1.299 + 0.757 r_{I,t} \qquad (6-56)$$
$$(1.508) \quad (4.956)$$

括号中的数据为 t 统计量,其中贝塔系数的值为 0.757,其显著性水平也超过了 99%,但这里常数项的显著性水平却不高,只有 87%。该回归式的结果显示 BG 的波动性要小于市场指数的波动性,是一支防守型的股票。

在得出股票的贝塔系数以后,就可以用公式(6-53)计算 BG 的均衡收益率了。在国外研究中,常以一年期的短期国债利率或银行同业拆借利率来代替无风险利率。但是我国目前利率还没有市场化,且国债以长期品种为多,因此无法用国债利率来代表无风险利率。在这里采用区间内三个月的定期储蓄存款利率的算术平均值为无风险利率,即 $r_f = 1.902\%$。在市场组合期望收益率的代理变量的选取上,如果用选取时段内的市场指数平均收益率为代理变量的话,会很不合适,因为这段时期市场价格是整体下跌的,并不能准确反映我国经济的未来前景,也就不能反映"期望"的概念。股票市场是宏观经济的晴雨表,其整体走势与宏观经济走势有很强的一致性,这里假设市场组合的预期收益率与我国宏观经济的均衡增长率相等,都为 8%,则 BG 的均衡收益率就可以用 SML 的公式计算得到:

$$\bar{r}_i = 1.902\% + 0.757 \times (8\% - 1.902\%) = 6.518\% \qquad (6-57)$$

了解了单个资产(股票)的贝塔系数的测算方法后,下面就举例说明如何用 CAPM 来识别定价过高或过低的资产。公式(6-53)已经给出了用 SML 来计算一项特定风险资产的预期收益率或必要收益率的方法,现在就可以通过比较一定投资期间的必要收益率和估计收益率来判定该资产是否被恰当定价。表 6-12 给出了 5 种证券的基本数据,根据这些数据可以得出它们的估计收益率;为了计算方便,假设无风险利率 $r_f = 6\%$、市场组合预期收益率 $\bar{r}_M = 12\%$,由公式(6-53)可以计算出各资产的必要收益率。比较这两者可以评价资产价格是否合理。值得注意的是,在应用证券市场线分析问题时,贝塔值大都是按照上面的方法,根据收益率的历史数据回归得到的,但也有一些机构会定期公布各股票的贝塔值情况。

表 6-12 用证券市场线判断资产价格和理性

资产	现价	预期价格	每股股利	估计收益率	贝塔值	必要收益率	两者之差	评价
A	25	27	0.50	10%	0.70	10.20%	-0.20%	合理定价
B	40	42	0.50	6.20%	1.00	12%	-5.80%	定价过高
C	33	39	1.00	21.20%	1.15	12.90%	8.30%	定价过低
D	64	65	1.10	3.30%	1.40	14.40%	-11.10%	定价过高
E	50	54	0.00	8.00%	-0.30	4.20%	3.80%	定价过低

如图 6-17 所示,直观地看,凡是位于证券市场线上方的资产或组合都定价过低(如资产 C 和资产 E);反之,位于线下方的资产或组合定价都过高(如资产 B 和资产 D)。位于证券市场线附近的资产和组合则定价基本合理。

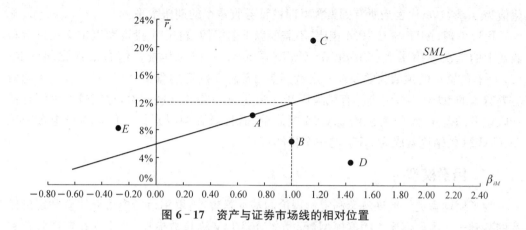

图 6-17 资产与证券市场线的相对位置

第四节 套利定价理论

上一节介绍的资本资产定价模型是一种均衡定价行为模型,在实际中有以下应用:(1) 测量系统风险;(2) 作为证券估价的基准;(3) 作为绩效衡量的标准。一些学者对 CAPM 的基本结论进行检验,结果表明,虽然各资产的贝塔值是不稳定的,但若有足够长的样本区间和足够大的交易量,则投资组合的贝塔值通常是稳定的。一些实证研究也证实收益率和投资组合系统风险之间存在正的线性关系。但是,这个模型是建立在大量假设的基础上的,其中的一些假设显得过于理想化,因而有大量的投资者对其实际应用性和有效性提出质疑。由于正确识别一个市场是否有效本身就十分困难,人们开始对用经验的方法检验 CAPM 及其在现实中的应用能力提出了批评,因为人们难以相信一个众多前提假设难以成立的模型。一些学者批评 CAPM 简直毫无用处,因为它主要依赖于风险资产的市场组合,而这样的组合在实践中是得不到的;而且,CAPM 在应用于投资组合业绩评价时,需要选择一个市场组合的替代物作为业绩的基准,由于替代物选择的不同,业绩评估结果会有很大差异。

一、套利定价理论的前提假设

针对这一系列问题,学术界又提出了另一种资产定价模型,它在直观上易于投资者理解,并且与 CAPM 相比假设要少得多,这就是套利定价理论(Arbitrage Pricing Theory,APT)。该理论由斯蒂芬·罗斯(Stephen Ross)在其 1976 年的一篇论文中提出,是一个以统计模型为基础的理论,其主要假设如下。

(1) 资本市场是完全竞争的,没有价格操纵现象。
(2) 在确定的情况下,投资者总是希望拥有更多的财富。
(3) 投资者认为任何一种资产的收益率都是一个线性函数,其中包含 k 个影响该资产收益率的因素,函数表达式如下:

$$r_i = b_{i0} + b_{i1}F_1 + \cdots + b_{ik}F_k + \varepsilon_i \qquad i = 1, 2, \cdots, n \qquad (6-58)$$

式中,r_i 表示证券 i 的收益率,它是一个随机变量;F_k 表示第 k 个影响因素的大小;b_{ik} 表示证券 i 的收益对第 k 个因素的敏感度;ε_i 表示影响证券 i 收益率的随机误差项,其期望值为 0；参数 b_{i0} 代表当所有因素为 0 时的证券收益率的期望水平[①]。

可以发现，APT 与 CAPM 相比，不需要以下前提假设：(1) 投资者以定义在风险和收益上的二次效用函数（Quadratic Utility Function）作为其投资组合最优化的标准；(2) 所有的资产的预期收益率在一定持有期内都存在确定的概率分布；(3) 有一个均值方差有效的市场组合，包含所有风险资产。APT 并不需要这些假设，也能较好地解释资产收益率的差异，操作上也比 CAPM 更简单，而且当影响因素仅仅包括市场组合一项时，CAPM 的结论就成为 APT 的一个特例。

二、因素模型

为了使读者更好地理解套利定价理论的基本思想，这里用市场模型介绍套利定价模型的基础——因素模型。因素模型（Factor Model）又称指数模型，是建立在资产收益率对各种因素或指数变动的敏感度的基础上的；按照影响因素的多少，因素模型又可分为单因素模型和多因素模拟。作为一个收益率生成过程，因素模型试图提取那些系统地影响所有资产价格的主要经济力量。如公式（6-59）所示，因数模型的结构明确表明这样一个假设：两种证券的收益率之间具有相关性。也就是说，它们通过对模型中一个或多个因素的共同反应而一起变动。资产收益率中不能被因素模型所解释的部分被认为是由该种资产的特有性质所决定的，该性质与其他资产无关。

市场模型就是一个典型的单因素模型，其中资产的收益只受到一个共同因素的影响——市场指数的收益率：

$$r_i = \alpha_{iI} + \beta_{iI} r_I + \varepsilon_{iI} \tag{6-59}$$

式中，r_i 表示资产 i 在一个给定时期的收益率，r_I 表示市场指数在同一时期的收益率，而 α_{iI}、β_{iI} 和 ε_{iI} 分别表示模型的截距、斜率和随机误差项。

如图 6-18 所示，考虑股票 A，如有 $\alpha_{AI} = 2\%$，$\beta_{AI} = 1.2$，这表明该股票的收益率与市场整体收益率是正相关的，股票 A 的市场模型表示为：

$$r_A = \alpha_{AI} + \beta_{AI} r_I + \varepsilon_{AI} = 2\% + 1.2 r_I + \varepsilon_{AI} \tag{6-60}$$

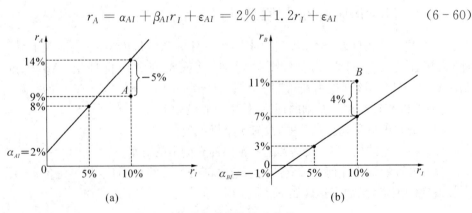

图 6-18 市场模型与资产收益

[①] 从数学的角度出发，该假定还暗含以下两个要求：首先，组合中资产品种 n 必须远远超过模型中影响因素的种类 k；其次，误差项 ε_i 衡量的是资产 i 收益中的非系统风险部分，它与所有影响因素以及其他资产的误差项是彼此独立不相关的。

同样，资产 B 的市场模型表示为：

$$r_B = 2\% + 1.2r_I + \varepsilon_{BI} \tag{6-61}$$

对以上两个公式取期望以后得到图 6-18 中直线对应的方程。图中两条直线都有正斜率，表明市场指数的收益率越高，两个证券的收益率也就越高；然而这两个资产有不同的斜率，也就表明两个证券对市场指数收益率有不同的敏感性。也可以说，A 有一个比 B 更大的斜率，表明 A 比 B 对市场指数的收益率更敏感，而市场模型中的 β 值可以表示为：

$$\beta_{iI} = \frac{\sigma_{iI}}{\sigma_I^2} \tag{6-62}$$

式中，σ_{iI} 是资产 i 的收益率与市场指数收益率的协方差，σ_I^2 是市场指数收益率的方差。一个资产如果恰好反映指数收益率的变动情况，那么它将有一个等于 1 的 β 值。另外，β 值大于 1（如资产 A）的资产将比市场指数更易变，被称为进攻型资产；相反，β 值小于 1（如资产 B）的资产有比市场指数弱的易变性，因而被称为防御型资产。

读者很容易从这个表达式想到市场模型和资本资产定价模型的联系，毕竟两个模型都有一个被称为"β 值"的斜率，并且这两个模型或多或少包含了"整个市场"的概念。虽然市场模型是一种对证券市场线合理的直接替代物，被广泛用于 CAPM 的实证检验，然而它们之间的区别是明显的。首先必须明确的是，资本资产定价模型是以风险与收益率的期望关系来表示的，是一个推导严密的理论模型，其描述的是资产均衡收益率的确定；而市场模型则是描述收益率生成过程的一个统计模型。其次，市场模型采用一个市场指数来表达市场状态，而 CAPM 包含的却是市场组合；市场组合是市场中所有证券的集合，而市场指数实际上基于市场中的一个样本（如 S&P 500 指数只包含 500 种股票，而上证 180 指数只包含 180 种股票）。从概念上来说，基于市场模型的 β 值 β_{iI} 与 CAPM 中的 β 值 β_{iM} 是不同的，这是因为前者是相对于市场指数来测定的，而后者是相对于市场组合来测定的。在实际操作中，由于无法确切知道市场组合的构成，所以经常用市场指数来代替。这样，尽管两个 β 值在概念上不同，但是实际操作中经常将由市场指数确定的贝塔值与由市场组合确定的贝塔值一样对待。也就是说，可以用 β_{iI} 作为 β_{iM} 的一个估计值。

由于随机误差项 ε_{iI} 的存在，市场模型中的直线并不能准确表示资产的实际收益率状况。如果资产 A 和资产 B 的实际收益率为 9% 和 11%，市场指数实际收益率为 10%，则 A 和 B 的实际收益率及其随机误差大小如图 6-18 所示。

运用市场模型的表达式，可以把个别资产的期望收益率表述为：

$$E(r_i) = \alpha_{iI} + \beta_{iI}E(r_I) \tag{6-63}$$

该种资产的收益率由两个部分组成：由资产的 α_{iI} 值代表特殊的收益率的部分，由 $\beta_{iI}E(r_I)$ 代表的与市场关联的收益率部分。残值项在这里消失了，因为其期望值为零。相应地，资产的风险 σ_i^2 为市场关联的部分和该种证券特殊的部分之和：

$$\sigma_i^2 = \beta_{iI}^2 \sigma_I^2 + \sigma_e^2 \tag{6-64}$$

回忆一下本章第二节提到的分散化内容，与市场关联的风险也称为系统风险，是所有资产共有的。这种风险系统地作用于所有资产。特殊风险也称为可分散的风险,其对某种资产而言是唯一的,并且可以通过增加投资组合中的资产种类来降低。

在计算投资组合的风险和收益率时,可以运用类似的公式并把个别资产加总以计量投资组合的这些特性。投资组合的期望收益率等于个别资产的特殊收益率 α_{iI} 的加权平均数加上各资产与市场关联的收益率 $\beta_{iI}E(r_I)$ 的加权平均数,其公式如下:

$$E(r_P) = \alpha_{PI} + \beta_{PI}E(r_I) \quad (6-65)$$

式中:

$$\alpha_{PI} = \sum_{i=1}^{n} w_i \alpha_{iI} \quad \beta_{PI} = \sum_{i=1}^{n} w_i \beta_{iI}$$

因为市场模型中假设各资产只是通过共同的市场作用相关联,所以投资组合的风险也可以简单地表示为组合中各资产与市场关联的风险加上其特殊风险的加权平均数:

$$\sigma_P^2 = \beta_P^2 \sigma_I^2 + \sum_{i=1}^{n} w_i^2 \sigma_e^2 \quad (6-66)$$

这也是对图 6-7 的一种直接表述,当增加投资组合中的资产数目时,可分散风险部分的 w_i^2 会变小,因为根据市场模型的假设,这些风险是不相关的;而总风险中与市场关联的部分在增加资产数时仍保持不受影响,因为系统风险通过多样化是不能减小的。

单因素模型始终假定只有一个系统因素影响资产收益,事实上这条假定过于简化。我们很容易想到几种受经济周期推动可能影响金融资产收益的因素:利率波动、通货膨胀率、石油价格等。可以假定,其中任何一个因素都会影响各种资产的风险,由此影响资产的期望收益。基于这个理由,可推导出套利定价理论的基础——多因素模型。在该模型中,资产的收益率可以表示成其一系列影响因素的线性函数形式:

$$r_i = b_{i0} + b_{i1}F_1 + \cdots + b_{ik}F_k + \varepsilon_i \quad i = 1, 2, \cdots, n \quad (6-67)$$

值得注意的是,虽然这些因素 F 能对所有资产产生普遍的影响,但由于系数 b_i 可能是不同的,不同资产对同一因素的敏感程度可能会有差别,甚至是完全相反的。例如,当影响因素是 GDP 时,一家钢铁公司股票的收益率对其的敏感性会明显高于一家百货商店的股票,因为在实际中,钢铁公司的业绩受 GDP 的影响较大。在多因素模型中,投资组合的因素敏感度确定以及风险的分解形式都与单因素模型十分类似,这里就不详细介绍了。

三、套利定价理论

套利是一种常见的市场行为,指的是利用同一种实物资产或金融资产的不同价格来获取无风险收益的行为,它是金融市场有效性的一个决定性要素。因为套利收益根据定义是没有风险的,所以投资者一旦发现这种机会就会设法利用,并随着他们的买进和卖出消除这些获利机会。在因素模型中,具有相同的因素敏感性的资产或组合除了受其特有的风险因素影响以外,将以相同的方式行动;因此,具有完全相同因素敏感性的资产或组合必然会有相同的预期收益变化率,否则就会出现套利机会。投资者将利用这些套利机会,最终导致套利机会消失,使市场达到均衡,这就是套利模型对市场均衡的解释。

根据套利定价理论,投资者有能力发现市场中存在的套利机会,并通过构造一个套利组合,实现在不增加风险的情况下,提高预期收益率。而套利组合(Arbitrage Portfolio)是指同时满足下列三个条件的投资组合:(1)它是一个不需要投资者追加任何额外投资的组合;(2)该组合既没有系统风险,又没有非系统风险;(3)当市场达到均衡时,组合的预期收益率为0。

用 w_i 表示投资者在构建套利组合时资产 i 的调整比重,$w_i > 0$ 表示购买该种资产,$w_i < 0$ 表示卖出该种资产,因为整个套利组合并不需要投资者追加额外的资金,所以,

$$\sum_{i=1}^{n} w_i = 0 \qquad (6-68)$$

式中 n 表示套利组合中资产的数目。由于构建了套利组合,投资者整个投资组合的预期收益率变化为:

$$\Delta E(r_P) = \sum_{i=1}^{n} w_i E(r_i) = \sum_{i=1}^{n} w_i b_{i0} + \sum_{i=1}^{n} w_i b_{i1} F_1 + \cdots + \sum_{i=1}^{n} w_i b_{in} F_n \qquad (6-69)$$

观察上式可以发现,为了使套利组合的风险为零,首先,组合中必须包含尽量多的证券,以使足够小的 w_i 消除可分散风险。其次,组合对所有影响因素的敏感度为0,从而没有系统风险,即:

$$\sum_{i=1}^{n} w_i b_{ij} = 0 \quad j = 1, 2, \cdots, k \qquad (6-70)$$

这就意味着,该套利组合既不需要追加投资,又没有任何风险,所以当该组合的收益 $\Delta E(r_P)$ 不为零时,会给投资者带来无风险收益,这时套利机会就出现了。投资者的套利行为将会对资产的价格产生影响,其预期收益率也将相应做出调整。具体来说,由于不断增加的买方压力,被买入的证券的价格会上升,进而导致预期收益率下降;而被卖出的证券由于不断增加的卖方压力,导致其价格下跌和预期收益率上升。这些过程都会持续到市场套利机会消失为止。因此,在市场均衡时,该套利组合的收益必然等于0,即:

$$\Delta E(r_P) = \sum_{i=1}^{n} w_i E(r_i) = 0 \qquad (6-71)$$

根据线性代数的知识,根据公式(6-69)、(6-71)和(6-72)可以得到单个资产 i 在市场均衡时的收益率决定状况:

$$E(r_i) = \lambda_0 + \lambda_1 \cdot b_{i1} + \cdots + \lambda_k \cdot b_{ik} \qquad (6-72)$$

而对于无风险资产而言,由于其收益率不受任何因素影响,故其敏感度 $b_{i1}, b_{i2}, \cdots, b_{ik}$ 都为零,这样就有 $E(r_f) = r_f = \lambda_0$,公式(6-73)可以改写为:

$$E(r_i) - r_f = \lambda_1 \cdot b_{i1} + \cdots + \lambda_k \cdot b_{ik} \qquad (6-73)$$

该公式的直接含义是,在市场实现无套利的均衡时,资产 i 的风险溢价可以表示成其因素敏感度的线性函数形式。

如果影响资产收益率的因素 $k = 1$,资产收益率可表示为:

$$E(r_i) = r_f + \lambda_1 \cdot b_{ik} \qquad (6-74)$$

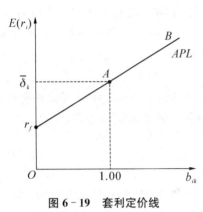

图 6-19 套利定价线

该直线函数的图形如图 6-19 所示,该直线被称作套利定价线(Arbitrage Pricing Line,APL)。可以发现,该图形与 CAPM 中的证券市场线很相似,b_{ik} 类似于 CAPM 中的 β_{iM},而 λ_1 就像 CAPM 中的市场组合风险溢价 $\overline{r}_M - r_f$;其实,可以将 CAPM 当作 APT 结论的一种特殊形式,在这种形式中,影响资产收益率的唯一因素的市场组合的风险溢价。

为了确定公式中 λ_k 的大小,可以考虑一个对因素 k 有单位敏感度的投资组合,即 $b_{ik}=1$,该组合的预期收益率 $\overline{\delta}_k = r_f + \lambda_k$,所以 $\lambda_k = \overline{\delta}_k - r_f$,它是单位敏感性的组合的预期超额收益率,也被称作因素风险溢价或者因素预期收益率溢酬。所以资产收益率的单因素模型可以表示为:

$$E(r_i) = r_f + (\overline{\delta}_k - r_f) \cdot b_{ik} \qquad (6-75)$$

若影响资产收益率的因素个数 $k > 1$,那么上式可以拓展为:

$$E(r_i) = r_f + (\overline{\delta}_1 - r_f)b_{i1} + (\overline{\delta}_2 - r_f)b_{i2} + \cdots + (\overline{\delta}_k - r_f)b_{ik} \qquad (6-76)$$

式中 $\overline{\delta}_j$ 表示对第 j 个因素有单位敏感度,而对其他因素敏感度为零的资产(组合)的均衡收益率。这就是套利定价理论的一般表达式。它认为某种资产的预期收益率由两部分组成:一是无风险收益率,二是由该资产对各影响因素的敏感度大小所决定的因素风险溢价。

为了加深读者对套利定价理论的了解,下面举一个具体的例子说明。假设资产收益率的影响因素有两个,投资者在三个资产之间进行选择,其基本数据如表 6-13 所示:

表 6-13 三个资产的基本数据

资产	$\overline{\delta}_1$	$\overline{\delta}_2$	b_{i1}	b_{i2}	r_i	$E(r_i)$	是否可套利
A	20%	8%	0.5	2.0	11%	11%	否
B	20%	8%	1.0	1.5	25%	17%	是
C	20%	8%	1.5	1.0	23%	23%	否

根据以下公式计算三种资产的均衡收益率:

$$E(r_i) = r_f + (\overline{\delta}_1 - r_f)b_{i1} + (\overline{\delta}_2 - r_f)b_{i2} \qquad (6-77)$$

可以发现,资产 B 的均衡收益率要高于目前的实际收益率,存在套利机会,假定投资者对这三种资产的初始投资比例是相同的,都为 1/3。下面构建套利组合,组合中各资产的权重必须满足以下方程组:

$$\begin{cases} w_A + w_B + w_C = 0 \\ w_A b_{A1} + w_B b_{B1} + w_C b_{C1} = 0 \\ w_A b_{A2} + w_B b_{B2} + w_C b_{C2} = 0 \end{cases} \qquad (6-78)$$

$$w_A = w_C = -\frac{1}{3} \quad w_B = \frac{2}{3}$$

可以发现,构建套利组合前后,投资者所承受的总风险没有发生变化,对因素 1 和因素 2 套利组合构建前后总组合的敏感度都相等。

$$\frac{1}{3} \times 0.5 + \frac{1}{3} \times 1.0 + \frac{1}{3} \times 1.5 = 1.0 = 0 \times 0.5 + 1 \times 1.0 + 0 \times 1.5$$

$$\frac{1}{3} \times 2.0 + \frac{1}{3} \times 1.5 + \frac{1}{3} \times 1.0 = 1.5 = 0 \times 2.0 + 1 \times 1.5 + 0 \times 1.0$$

更重要的是,新组合的预期收益率要比原组合高。

$$\frac{1}{3} \times 11\% + \frac{1}{3} \times 25\% + \frac{1}{3} \times 23\% = 19.67\% < 25\%$$
$$= 0 \times 11\% + 1 \times 25\% + 0 \times 23\%$$

即投资者通过构建套利组合,在不增加风险的情况下提高了收益。

小 结

1. 收益和风险是所有金融资产的两个基本属性,也是投资者选择金融资产的重要参考指标。收益最常用的含量指标是收益率,而投资组合的收益率等于其成分资产收益率按其对应资产权重的加权平均值。经典的投资组合理论中,度量风险的指标主要是方差和协方差,而投资组合的风险不仅与其所包含资产风险有关,还很大程度上受到这些资产间收益率的相关程度的影响。

2. 投资组合理论研究的核心是投资者如何通过选择资产来使其投资组合达到最优的收益-风险状况,这里所谓的最优是以投资者效用最大化为标准的。

3. 按照投资者对风险态度的不同,可以将其分为风险偏好者、风险中立者和风险厌恶者三类,其中金融市场中风险厌恶者占较大比例。不同种类的投资者有不同的无差异曲线类型。

4. 均值方差理论是经典投资组合理论的基础,其基本思想是:投资者应该通过同时购买多种证券而不是一种证券来进行分散化投资,这样可以在不降低预期收益的情况下,减小投资组合的风险。

5. 资本资产定价模型是建立在均值方差理论基础上的资本市场均衡模型,该模型的主要目标是解决以下三个问题:在资本市场均衡时投资者如何选择最优投资组合,投资者期望的风险收益关系的类型是怎样的,用怎样的指标来衡量资产风险比较适当。

6. 资本市场线是在均值方差理论中引入无风险资产后新的有效边界,它反映了当资本市场达到均衡时,投资者将资金在市场组合 M 和无风险资产之间进行分配,从而得到的所有有效组合的预期收益和风险的关系。证券市场线反映的是资本市场达到均衡状态时,不同风险的资产及组合的均衡收益率情况;可以用该线来判断资产或资产组合的定价合理性。

7. 套利定价理论是建立在因素模型基础上的一个基于统计模型的资产定价理论,该理论在较少的前提假定下,提出了投资者可以通过套利来修正资产的误价,从而实现市场无套利的均衡。在均衡状态下,资产的预期收益率由两部分组成:一是无风险资产的收益率,二是由该资产对各影响因素的敏感度大小所决定的因素风险溢价。

关 键 概 念

投资组合	变异系数	随机占优	协方差
相关系数	下半方差	投资者效用	风险偏好
风险中性	风险厌恶	货币资产	非货币资产
机会轨迹	最优组合	均值方差理论	马可维茨型投资者
分散化	可行集	有效集	两基金定理
资本资产定价模型	同质期望	无风险资产	资本配置线
分离定理	市场组合	资本市场线	证券市场线
套利定价理论	单因素模型	市场模型	多因素模型
套利组合	套利定价线		

第三部分 基础分析

　　本部分介绍基础分析。基础分析由三个层次构成。它们形成了嵌套的信息结构和分析结构。每一个层次为下一个层次提供背景和支持。先是宏观经济分析(第七章),然后是中观分析(第八章),涉及行业和产业,最后是微观(公司)分析,它又包括更为细致的公司基本素质分析(第九章)、财务报表分析(第十章)和财务预测分析(第十一章)等内容。

第七章 宏观经济分析

 **学习目标**

- 了解宏观经济分析在基础分析过程中的作用和地位;
- 了解宏观经济分析的基本内容和方法,以及一些主要的宏观经济指标;
- 了解宏观经济周期与股票市场的关系,并学会预测股票市场走势的基本方法;
- 学会分析一般的宏观经济政策对证券市场的影响;
- 了解货币供应量与股票价格的关系。

个人的成功不仅仅是由天赋决定的,其所处的社会、经济以及家庭环境同样起到了决定性作用;一个公司的成长也是如此,不管公司的管理质量、经营能力如何,公司所处的行业环境和经济环境都会对公司的成功及其证券收益率产生重大影响。要对公司的证券进行估价,首先必须了解其所处的宏观经济环境和行业环境,主流证券分析的三层次法依据的也是这样一个逻辑。在这种由上而下的三步分析法中,首先必须考察整体经济对所有公司和证券市场的一般影响,然后分析在这样的经济环境中具有较好发展前景的行业,最后再分析理想行业中的单个公司以及这些公司的权益证券。

本章介绍的就是证券投资基础分析的起点——宏观经济分析。第一节介绍了宏观经济分析的基本框架和经济指标;第二节介绍的是宏观经济周期与股票市场之间的关系;第三节介绍了宏观经济政策分析的一般理论和方法。

第一节 宏观经济分析概述

一、宏观经济分析框架

(一) 宏观经济分析的内容

证券市场的波动总是与整体经济的变化联系在一起的,尤其是股票市场,有宏观经济晴雨表之称。甚至可以说,宏观经济发展状况是证券市场长期趋势的唯一决定因素,其他因素可以暂时改变证券市场的中期和短期走势,但改变不了其长期走势。大多数债券的价格由利率决定,而利率在很大程度上受到总体经济活动和中央银行货币政策的影响。一家公司的股票价格反映的是投资者依据收益、现金流量及其必要的收益率对该公司业绩所做的预期,而公司的业绩同样受到整体经济运行的影响。对于某些公司来说,在众多影响公司利润的因素中,宏观经济和行业环境甚至比其在行业中的业绩好坏更重要。证券业本身的生存、繁荣和发展也与宏观经济发展息息相关。

证券市场对国家宏观经济政策非常敏感。特别是在市场经济条件下,政府通过货币政策、财政政策和收入政策等工具调控经济,或挤出泡沫,或刺激经济增长;这些政策会对经济增长速度和企业经济效益产生影响,并进一步影响证券市场上人们的预期和交易行为。从这个意义上来说,分析证券市场时必须了解各种宏观经济政策措施对证券市场的影响力度和影响方向,这样才能把握整个证券市场的走势以及不同证券品种的投资价值变动情况。

由此可见,宏观经济环境对整个证券市场的影响,既包括经济周期波动这种纯粹的经济因素,也包括政府经济政策、特定的财政金融行为和政府对证券市场监管力度这样的混合因素。按照对证券市场影响的形式不同,宏观经济分析的主要内容可以分为三块:宏观经济指标分析、宏观经济运行趋势分析和宏观经济政策分析。宏观经济指标分析的主要内容是反映宏观经济状况的相关变量及其对证券投资活动的影响,宏观经济运行趋势分析指的是根据宏观经济波动与股票市场波动的相关关系来分析并预测股票市场的整体运行情况,宏观经济政策分析的目标则主要是了解政府宏观经济政策及其颁布的一些与证券市场相关的措施对证券投资的影响。

(二)宏观经济分析的方法

就宏观经济分析的具体方法而言,有不同的分类方式,下面简单介绍一下指标分析法、总量分析法、结构分析法和数理模型分析法。

由于经济指标是反映经济活动结果的一系列数据和比例的关系,通过对这些指标进行计算、分析和对比就可以了解宏观经济的运行概况,甚至可以对经济运行做简单预测,这就是指标分析法,它是宏观经济分析的基础,被广泛应用于宏观经济分析的各个方面。

按照分析角度的不同,这一方法又可以分为总量分析法和结构分析法。其中,总量分析法是指对影响宏观经济运行的总量指标的因素及其变动规律进行分析,这些总量指标既包括国民生产总值、全社会固定资产投资额这样的量的指标,也包括价格水平、工业生产指数这样的比例指标。总量分析法主要是一种动态分析,因为其主要研究的是总量经济指标的变动规律,并用这些规律预测宏观经济的趋势。结构分析法是指对经济系统中各组成部分及其对比关系变动规律的分析,是一种静态分析,如消费储蓄的结构、三次产业结构、一国经济的对外开放结构;但是当其考虑到不同时期经济结构变化时,则属于动态分析的范畴。总量分析法和结构分析法是相互联系的:前者侧重于对总量指标速度的考察,分析经济运行的动态过程;而后者侧重于对一定时期内经济整体中各组成部分相互关系的研究,分析经济现象的相对静止状态。结构分析法需要服从于总量分析法的目标,而总量分析法则需要结构分析法来补充和深化。

数理模型分析法主要包括计量经济模型分析和概率预测法。经济现象及其代表变量之间的关系大多属于相关关系或函数关系,而计量经济模型则是反映这些关系的函数。通过建立模型并进行运算,寻找经济变量之间的平衡关系,并对影响该平衡关系的各种因素进行分析的方法就是计量经济模型分析法。在宏观经济分析中用到的主要是宏观经济计量模型,应用这些模型可以在宏观总量水平上把握和反映经济运动的各方面动态特征,并了解主要经济指标之间的动态关系。这些模型还可以用于宏观经济的结构分析、决策研究和政策模拟。概率预测法是在概率论的基础上发展起来的一种预测法,其实质是根据过去预测将来,也就是说,要了解经济活动的规律性,必须掌握它的过去,并加入新的因素进行调整,进而预计将来的发展状况。预测时期越长,所受的随机因素的影响也就越大,因此概率预测法应用得较多也较为成功的是宏观经济的短期预测,如对通货膨胀率、工业生产总值及其增长率的短期预测等。

不管分析宏观经济的哪一个方面、使用什么方法,其主要目的都是预测宏观经济环境变动对证券市场,特别是股票市场整体运行的影响,并据以选择投资策略。当预测经济增长乏力时,投资者会将更多的资金从股票市场转移到固定收益市场,以保证投资组合的稳定收益;相反,当投资者预测总体经济将以较高速度增长时,他们会加大投资组合中权益证券的比例,特别是其中的一些高 β 值的股票,因为这些股票将在以后股票市场的上涨中获得较大的收益。而且利率和通货膨胀率这些宏观经济变量本身就是债券市场价格走势的决定因素。

二、宏观经济指标

宏观经济指标是反映经济活动结果的一系列数据和比例的关系,是所有宏观分析方法的起点和依据,下面对一些描述宏观经济变量的关键统计指标进行介绍。

(一)国内生产总值

国内生产总值(Gross Domestic Products,GDP)指按市场价格计算的一个国家(或地区)所有常住单位在一定时期内生产活动的最终成果。国内生产总值有三种表现形态,即价值形态、收入形态和产品形态。从价值形态看,它是所有常住单位在一定时期内生产的全部货物和服务价值超过同期投入的全部非固定资产货物和服务价值的差额,即所有常住单位的增加值之和;从收入形态看,它是所有常住单位在一定时期内创造并分配给常住单位和非常住单位的初次收入之和;从产品形态看,它是所有常住单位在一定时期内最终使用的货物和服务价值减去货物和服务进口价值。在实际核算中,国内生产总值有三种计算方法,即生产法、收入法和支出法。这三种方法分别从不同的方面反映国内生产总值及其构成。国内生产总值使用的是"国土原则",其与另一个使用"国民原则"的总量宏观经济指标国民生产总值(Gross National Products,GNP)的关系是:

$$GDP = GNP - 本国居民在外国的收入 + 外国居民在本国的收入$$
$$= GNP - 国外要素收入净额$$

国内生产总值在不同的计算方法上有不同的结构,以经常用到的支出法为例,GDP 可以表示为 $GDP = C + I + G + (X - M)$。其中 C 代表消费,指的是常住居民的个人消费性支出;I 代表投资,包括净投资与折旧;G 代表政府支出,包括政府购买,但是不包括政府转移支付;$X - M$ 表示的是出口额减进口额,也就是净出口。如图 7-1 所示,投资和净出口的增长是近几年我国国内生产总值提高的主要推动力。

GDP 的增长速度一般用来衡量经济增长率,这是反映一定时期经济发展水平变化程度的动态指标,也是反映一个国家经济是否具有活力的基本指标。因此,在宏观经济分析中,国内生产总值占有非常重要的地位,具有十分广泛的用途,而国内生产总值的持

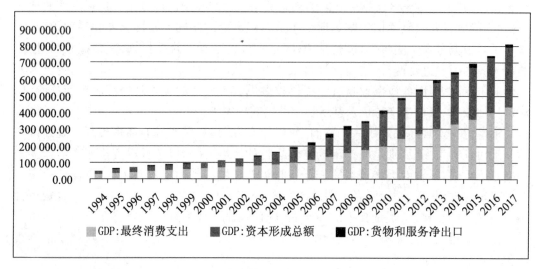

图 7-1 1994—2017 年我国国内生产总值及其结构（单位：亿元）
数据来源：万得资讯（Wind）数据库。

续、稳定增长是任何政府不断追求的目标。

（二）通货膨胀

通货膨胀（Inflation）指的是社会经济生活中一般物价水平在比较长的时期内持续以较高的幅度上涨。按成因分类，可以将通货膨胀分为需求拉动型、成本推进型和结构变化型三种；在分析的时候，不仅要把握通货膨胀的可能变化方向和成因，还要将其与经济增长的动态结合在一起考虑，并考虑各种对通货膨胀产生影响的重要冲击因素，如政治体制改革、战争、国际收支变化等。就计量指标来说，可以选取的有消费物价指数、批发物价指数和 GDP 平减指数这三种，这三个指标在衡量通货膨胀时各有优缺点，且其涉及的商品和劳务的范围不同，计算口径也不同，因此即使在同一时点上，三个指数所反映的通货膨胀水平也各不相同。一般消费者物价指数应用得最多，因为该指标统计得比较及时，对通货膨胀的反应也比较敏感。

通货膨胀对经济的影响主要来自两个方面：一方面是财富和收入再分配效应，例如，在通货膨胀率比较高的环境下，债务人的名义支付额不变，但债权人所获得收入的实际购买能力却下降了，也可以说通货膨胀减轻了债务人的负担，却对债权人的利益产生了负面影响；另一方面，通货膨胀能够扭曲相对价格，从而降低资源的配置效率。正是由于通货膨胀的这些不良影响，政府历来将其视为经济的头号大敌，分析师不停地对通货膨胀水平进行预测，而政治家和经济学家则天天对通货膨胀的危险性做出判断。虽然温和的通货膨胀（一般认为通货膨胀率小于 10%）对经济的影响力是十分有限的，但是各国都不会长期容忍高的通货膨胀率。为抑制通货膨胀而采取的宏观经济政策对经济增长和就业情况往往会有较大的负面影响，这些影响就是政府对抗通货膨胀的成本。

（三）失业率

充分就业也是经济社会追求的一个主要目标，失业率是与就业率相对的概念，指的是劳动力人口中失业人数所占的比重，但并不包括有劳动能力却不寻找工作的自愿失业情况。就业率的变动反映了整个经济活力的变动，当就业率较低时，大量资源被白白浪费,人们的收入和生活水平就会降低,这种经济上的困难还会影响人们的情绪,从而引发一系列社会问题,失业率也成为评价政府宏观经济管理能力的重要指标。

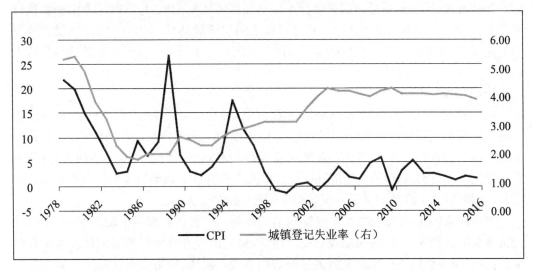

图7-2　1979—2017年我国的失业率和消费物价水平
数据来源:万得(Wind)数据库

需要注意的是,通常所说的充分就业并不是指失业率为零的状态,这一概念指的是社会就业状况已经达到与经济正常的潜在能力相适应的水平,在这一状态下,也存在着一部分"正常"的失业,包括经济结构变化导致的结构性失业和劳动人员更换工作过程中的摩擦性失业等。而我国目前统计的失业率是城镇登记失业率,并不包括农村户口人员,也可以说,我国统计的失业率低估了我国的失业状况。

(四)利率

利率又称利息率,是指在借贷期内资金贷入方向贷出方承担利息额占所贷资金的比率,一般以一年为期,这时又称为年利率。利率直接反映的是信用关系中债务人支付给债权人的资金使用代价,也就是资金的价格。从宏观的角度看,利率反映了整个资金市场的需求状况:当经济繁荣增长时,资金需求增加,利率提高;反之,利率下降。从另一个角度来说,利率,特别是基准利率,也是政府货币政策的目标,政府通过扩张性的货币政策来压低利率并以此刺激经济增长。利率水平也是债券价格的主要决定因素。

(五)汇率

汇率是外汇市场上一国货币与其他国货币相互交换的比率,也可以将其看作以一国货币表示的另一国货币的价格。可以说,一国汇率的水平和其变化状况综合地反映了其所处的国际经济环境状况。一方面,一国的汇率水平会根据其经济发展状况、相对价格变动、利率水平以及国际收支的状况变动;另一方面,汇率的波动又会对一国的经济发展和金融安全产生重要影响。特别是对于一个开放度和经济对外依存度较高的国家,汇率的变动影响将是巨大的,也正是由于这个原因,各国政府和中央银行为了防止汇率过分波动危及经济发展和对外经济关系的协调,都或多或少地通过直接参与外汇交易的手段来干预外汇市场。

不同经济体的汇率变动情况还与其实行的汇率制度①有关,在不同的汇率制度下,政府干预外汇市场的力度和汇率的波动幅度是不同的,较固定的汇率水平不能及时根据实际经济状况进行调整,而浮动汇率则会增加对外经济活动的风险,一般认为汇率制度选择是一国政府在效率和稳定这两个经济目标之间权衡的结果。对于进行国际投资的投资者来说,汇率的变动状况直接影响其本币计量的收益水平,因此,汇率也是证券投资中的一个风险因素。

（六）国际收支

国际收支(Balance of Payment)指的是一国居民在一定时期(通常是一年)内与非居民各项交易的货币价值总和,主要包括:一国与他国之间的商品、劳务和收益等交易行为;该国持有的货币、黄金、特别提款权的变化,以及与他国债权、债务关系的变化;凡不需要偿还的单方面转移项目和相应的科目,以及由于会计上必须用来平衡的尚未抵消的交易。国际收支综合地记录了一国对外经济活动的大概状况。

值得注意的是,经济发展水平还受到消费者与生产者的心理因素的影响,即他们对经济采取的是悲观态度,还是乐观态度。例如,如果消费者对他们的未来收入水平有很大的信心,那么他们就会愿意进行大量的现期消费。同样,如果公司预测其产品的需求会上升,就会提高产品的产量和库存水平。这样,公众的信心就会影响消费和投资的数量,以及对产品和劳务的总需求。一些机构对消费者信心指数和景气指数这样的经济指标进行统计,其目的就是要了解经济中供求双方的心理预期及其变化。除了上面介绍的几种反映宏观经济整体状况的指标以外,还有投资指标、金融指标、消费指标和财政指标等部门指标。在做宏观经济分析的时候,必须把握宏观经济运行发展的重点和热点,并据以选取最有解释能力和预测能力的指标。

三、通货膨胀、利率与证券价格

上面提到的通货膨胀率和利率作为核心的宏观经济指标,反映了经济运行的状况,但与其他指标不同的是,这两个指标能够直接对债权和股票的价格产生影响:名义利率和通货膨胀率对必要收益率的决定起着关键性的作用,而必要收益率则被用来计算各种证券的内在价值。

图7-3表示的是国债到期收益率和环比消费价格指数变化的时间序列情况。该图说明了通货膨胀和利率之间有一定的关系。在本书第一部分的讨论中,我们认为,当投资者预期通货膨胀上升时,他们会以相似的程度来提高他们必要的收益率以得到不变的真实收益率。图中两条曲线的变动情况就证实了这种预期的总体关系,但两线之间距离的波动也表明了利率和通货膨胀率之间并不完全相关。这主要是由于通货膨胀率难以预期造成的,因为如果投资者可以对通货膨胀水平进行准确预测,那么利率和通货膨胀率之间的差异——真实收益率——将会相当稳定。

利率与债券价格之间显然是负相关的,这是因为在债券的估价模型中唯一变化的因素就是贴现率,具体来说,不可赎回债券的预期现金流量是不变的,所以当利率上升时,

---

① 汇率制度(Exchange Rate Regime)指的是一国货币当局对本国汇率的确定、汇率变动方向等问题所做的一系列安排和规定。

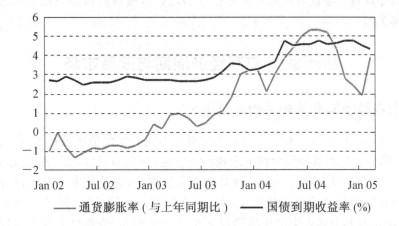

图 7-3　2002 年 1 月至 2005 年 2 月我国国债到期收益率与通货膨胀率状况

数据来源：通货膨胀率数据为消费物价指数，来自数据中华，http：//www.allchinadata.com/，国债到期收益率是各种期限国债到期收益率按当期余额加权的平均值。

债券的价格下降；当利率下降时，债券价格则上升。例如，一张息票利率为 10% 的 10 年期债券，当利率从 10% 上升到 12% 时，债券的价格就从 1 000 元（面值）下降到 885 元；反之，当利率从 10% 下降到 8% 时，债券的价格就会上升到 1 136 元。价格变动的大小取决于债券的特征，如当利率变动时，债券期限越长，其变动幅度也就越大。因此，可以预计通货膨胀与债券收益率之间是负相关的，因为通货膨胀总是直接影响利率，而利率与债券价格及收益率之间是负相关的。

同债券不一样，利率与股票价格之间的关系并不是直接的和长期不变的，其原因是股票的现金流量可以随利率的变化而变化。但是，很难确定这种现金流的变化能否抵消利率的变化，为了证明这一点，下面考虑在通货膨胀率上升后可能出现的情况及其基于股利贴现模型对股票价格的影响情况。

通货膨胀率上升引起利率上升，为了与成本上升保持一致，公司可能提高价格，这样公司盈利同样也会出现上升。在这种情况下，股票价格可能相当稳定，因为必要收益率（k）上升的负效应被收益率增长率以及由此带来的股利增长率（g）部分或全部地抵消了。还可能出现的情况是，利率上升，但是预期现金流变化很小，因为公司不能提高价格以应对增加的成本。与债券的情况类似，这将导致股票价格的下降，因为必要收益率（k）上升了，但是股利增长率（g）却没有变，这令 DDM 中的分母（$k-g$）增大，并使股票价格下降。还有另外一种可能是，利率上升，现金流却下降了，因为引起利率上升的因素对收益有负面的影响；另外，在通货膨胀时期，生产成本上升，但许多公司不能提高价格，结果利润率出现下降。这一系列的事件将对股票价格带来灾难性的影响，因为 k 上升，g 下降，而（$k-g$）的提高将令股票价格大幅下降。

需要指出的是，通货膨胀率、利率和股票价格之间的真实关系必须通过实证检验才有说服力，而研究表明这三者之间的相互影响随着时间变化而不同，尽管如此，通货膨胀率、利率和股票收益率之间还是呈现出一种明显的负相关关系。但是，对于一些行业和部门来说，其股利和收益率对利率和通货膨胀率的反应可能是正面的，如石油化工和采掘业这样的原材料工业就会从通货膨胀中受益,这时,股票的价格与通货膨胀率和利率之间是正相关的。

第二节 宏观经济周期与股票市场

一、宏观经济周期及相关指标分类

对股票市场进行整体分析的主要目的是对总市值的变化情况进行预测,其主要的方法有三种:第一种是本节将要介绍的宏观经济方法,它是通过分析总体经济和股票市场的主要关系来预测市场前景的;第二种是微观分析方法,它使用本书第一部分介绍的现金流贴现估计法和相对价值估价法来评估整个股票市场的价值;最后一种是技术分析法,它假设确定股票市场未来变化的最好方法是分析利率、价格以及其他市场变量过去的运动趋势,这一方法将在本书的技术分析部分介绍。

要用宏观的方法来分析股票市场,就必须对宏观经济的变动有一定的了解。一般来说,可以将总体经济的变动分解成三个部分:受经济周期(Business Cycle)的影响而产生的周期性变化,经济体经历组织和功能重大变化时所发生的结构性变化(Structural Changes),以及其他因素引起的经济冲击。在这几个因素之中,经济周期是最重要的,不仅因为其规律性和可预测性较强,而且股票市场指数更是经济周期的一个领先指标(Leading Indicators)。

经济学将经济周期定义为经济生产或再生产过程中周期性出现的经济扩张和经济萧条交替更迭的一种现象,一个周期的长短可以不同,从数年到数十年都有可能。图7-4所示的就是美国近50年来的经济周期状况。美国著名的研究机构国民经济研究局(National Bureau of Economic Research, NBER)是这样解释经济周期的:

> 经济周期的概念是从对经济活动的历史研究中已经辨别出的一系列事件发展而来的。尽管在经济周期中出现许多变化,但商业扩张期表现为逐渐发展积累至顶峰。在发展的过程中,反向的力量逐渐增强,最终形势出现逆转,经济进入萧条时期。在经济萧条的时候,扩张的力量又逐渐开始凝聚直到占支配地位,一切又重新开始。

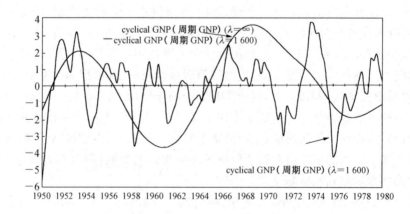

图7-4 1950—1980年美国经济周期

资料来源:Hodrick R. J., Prescott E. C.. Postwar U. S. Business Cycles: An Empirical Investigation. Journal of Money, Credit and Banking, 1997(29) 1-16,图中的平滑曲线是用H-P滤波法得到的趋势。

用周期性来预测股票市场的变化必须建立在总体经济的扩张时期和收缩时期都可辨别这个基础上，为了达到这个目的，研究人员按照指标波动与经济周期波动发生的先后关系，将经济指标分为领先指标、同步指标、滞后指标和其他指标。

领先指标指那些通常在总体经济活动达到高峰或低谷前，先达到高峰或低谷的经济时间序列，如股票指数、货币供应量、消费者信心指数、制造业工人平均每天开工时间数等。这类指标可以对将来的经济状况提供预示性的信息也是最有分析价值的。

同步指标(Coincident Indicators)指那些高峰和低谷与经济周期的高峰和低谷几乎同步的经济时间序列，也就是说，这些指标反映的是国民经济正在发生的状况，并不预示将来的变动。由于这些指标反映的国民经济转折状况基本上与总体经济活动发生转变的时间相同，政府和一些科研机构甚至用这些指标序列来帮助定义经济周期的不同阶段。

滞后指标(Lagging Series)指那些高峰和低谷都滞后于总体经济的高峰和低谷的经济时间序列。一般滞后期都在3个月到半年之间。

还有一类指标是其他序列(Selected Series)，这些指标没有明显的周期性，但却对宏观经济运行有重要影响，如国际收支状况、财政收支状况等。

除了单个指标序列，还有一种把这些经济指标序列组合在一起的综合指标序列，如综合领先指标序列。这种综合指标序列作为一种预测现在和未来经济状况的指标，每个月都会在媒体上公布，如美国经济咨商局(The Conference Board)会定期在其网站上公布其统计的各国宏观经济监测指标序列。除了领先指标外，同步指标和滞后指标也有综合指标序列，但人们更关注综合领先指标序列。

一些研究人员会使用这些综合序列的比率，如同步序列除以滞后序列，因为他们认为这种比率有着与领先指标相同的作用，甚至在某些情况下，其对经济周期的敏感性要大于领先指标，并比领先指标还要领先。产生这样的结果的原因是，同步序列在滞后序列之前产生反转，而这两者之间的比率对这样的变化非常敏感，尤其是在经济周期的转折点上，比率的变化甚至快于普通的领先指标。

需要注意的是，尽管这一比率有以上优点，但只有在它与纯领先指标序列相背离的时候，其真正的价值才显现出来，因为这时比率的变化暗示了指标序列间的正常关系发生了变化。例如，如果领先指标已经上升了一段时期，研究人员以此判定同步指标和滞后指标也会随后上升，并且同步指标上升得更快，这将导致比率上升；相反，如果出现了领先指标上升，但是由于同步指标上升的比率没有滞后指标快，或者由于同步指标已经开始反转，比率反而下降了，这时指标反映的信息就是经济扩张可能已经结束，或者至少扩张正在减弱。

必须指出的是，周期性指标在分析宏观经济周期时还存在不少局限性，其中最大的局限性就是周期性指标会发出错误的信号。比较常见的是，过去的趋势表明当前的指标值发出的是一个经济紧缩信号，但随后该指标序列又出现反转，使前面的信号无效。当根据指标难以做出判断时，其他类型的问题也会接踵而来。还有一些经济序列可能会表现出高度的易变性，因此与预测长期趋势相比较，这些经济序列发出的信号预测短期趋势的可信度较差。另一个局限性是数据和修正值的实效性。原因在于，当投资者在分析的过程中不能及时取得原始数据时，就必须随时留意已有最新数据的修正，而这些修正会改变一些序列的信号或方向；另外，在进行序列的季节修正的时候也会影响到原序列的趋势。除了以上两点外，综合序列内各指标选取的主观性、没有对重大事件及时反映等缺陷也影响了周期性指标的应用。

二、股票市场走势预测

股票市场素有"经济晴雨表"之称。由于经济有周期性波动的特点,股票市场的走势也有周期性,而且股市的变动往往要领先于总体经济的变动,原因来自以下两个方面:一方面,股票的价格反映了市场参与者对收益、股利和利率等决定股价关键变量的预期,在投资者试图估计这些未来变量的时候,若市场是有效的,他们的股票价格决策反映的就是对未来经济活动的预期,而不仅仅是对现有经济活动的预期;另一方面,公司收益率、公司利润率、利率和货币供应量等领先指标的变化会反映在股票市场的变化当中,因为这些序列的变化领先于经济,而当市场参与者根据这些指标及时调整股票价格时,股票价格就成为一个领先序列。我国的股票市场走势虽然对经济周期有一定的关系,但是并不明显(见图7-5),尤其是在最近几年,经济保持整体高速增长的同时股票价格却稳中有跌。

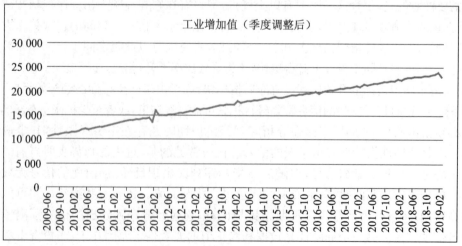

图7-5 股票市场走势与宏观经济波动

数据来源:数据中华,http://www.allchinadata.com/,工业增加值的月度数据已经经过季节调整。

要对宏观经济走势及其对股票价格的具体影响进行进一步分析,必须将经济增长和整个宏观经济环境结合起来考虑。以 GDP 为例,当其保持稳定持续增长时,表明社会总供给和总需求的协调,闲置的资源被充分利用,在这种情况下,股票价格的提高是可信并可维持的。一方面,上市公司利润和股息都不断增长,投资风险变小,为了满足资金需求会增加新股票的发行;另一方面,投资者的投资积极性在其对经济形势的良好预期下提高了,股市出现了供销两旺的局面,价格稳步提高。如果 GDP 在高通货膨胀的环境下增长,那么股票价格将会下跌。因为高通货膨胀率往往意味着供需不平衡、经济过热,甚至是未来的经济形势恶化;这时,经济中的矛盾会突出地表现出来,企业面临困境,居民实际收入水平降低,股票价格下跌。当 GDP 在宏观调控的影响下增速减慢时,股票市场的走势则要由经济政策的效果决定。例如,如果调控的目标顺利实现,GDP 以政府所希望的速度稳定增长,宏观经济各部门之间和谐发展,这说明宏观调控十分有效,经济矛盾得到了缓解,为经济进一步增长创造了条件,这时股票价格作为领先指标将呈现平稳渐升的态势。反之,如果宏观调控的目标没有达到,甚至 GDP 变成了负增长,股票价格将会明显下降。当 GDP 出现转折性变动时,不管是由负增长向正增长转变还是由正增长向负增长转变,股票市场都会将之视为经济周期变化的信号,价格也随之波动,特别是经济复苏的初期,股票价格往往会大幅上涨。

因为股票价格整体上领先于宏观经济,所以分析市场的宏观经济方法就集中在领先性比股票还要明显的经济序列上。也就是说,关键的问题是能否使用不包括股票价格在内的综合领先序列来预测股票价格。这时候可能会出现两个问题,首先是所选取的领先趋势比股票价格明显的指标可能很容易受经济周期之外的因素影响,如货币供应量更多的是受政府货币政策的影响;另外,一些指标的领先程度是会变动的,有时候它们对经济的反应速度要慢于股票价格,特别是一些在经济下滑时反应迟钝的指标,会加大经济预测时的风险。

根据领先指标序列来分析股票价格时,很重要的一点是不能仅仅考虑序列本身的性态,必须要从各种角度来分析。扩散指数(Diffusion Indexes)就是 NBER 提出的一种检验经济序列有关性态的方法,该指数用来反映某一序列的趋势在该序列所统计的报告单位中的扩散程度。例如,在统计制造行业的新增订单增长情况时有 100 家样本公司,那么就可以定义订单增长达到一定比例(如 30%)以上的公司数所占的百分数为扩散指数;如果这 100 家公司中有 55 家的订单增长率超过 30%,那么扩散指数就是 55%。这一指数显示了序列增长或下降的时间和强度:扩散指数越大,说明趋势在统计总体中的分布越广泛,趋势的稳定性也更可靠。一个序列的扩散指数几乎总是在其对应的序列出现高峰和低谷时到达它的高峰和低谷,这说明扩散指数的领先程度比原序列明显,也更有利于预测股票价格走势。

一些图表可以用于显示在当前的经济周期中单个序列的运动情况,可以通过将其与上一个周期的同一经济序列进行比较,以此来确定这一个周期变化的速度是更快还是更慢。一般来说,在一个扩张期或者紧缩期,其相关经济指标在最初几个月的运动情况能反映出它们的时间和强度。

除此之外,还可以通过观察指标变化的比率来观察序列的趋势,例如,知道二月份某一领先指标上升了 15%,而接下来一个月该指标的增长率下降到 10%,也就是说,序列虽然是在增长的,但是其增长的速度下降了。弄清序列的变化速度是很重要的,因为序列的变化率也领先于序列本身达到高峰或低谷。特别是序列处于转折点时,变化率的序列可以帮助投资者了解趋势的逆转是否真实可信。

第三节 宏观经济政策分析

宏观经济政策指的是政府有意识、有计划地运用一定的政策工具,调节控制宏观经济运行,以达到充分就业、经济增长、物价稳定和国际收支平衡等政策目标。由于宏观经济政策会影响经济运行,也就不可避免地对证券市场产生影响,宏观经济政策分析也就成了证券投资分析的主要内容。

政府的宏观经济政策可分为两大类:一类是对产品或劳务的需求产生影响,另一类是影响产品或劳务的供给。几乎所有经济政策都能够通过经济指标体现出来,而经济指标对经济政策引起的供需冲击反应是不同的,需求冲击通常会使总产出与利率或通胀率产生同向变动。例如,政府支出的大量增加将会刺激经济并提高 GDP;它还会提高利率,因为这提高了政府对借贷资金的需求,同时也加大了对新项目的融资需求;最后,如果此时对产品与劳务的需求已经超过整个经济的总生产能力,它就会使通货膨胀加剧。而供给冲击却通常会使总产出与通胀率或利率产生反向变动。例如,进口石油价格的大幅度上升会引发通货膨胀,因为原料成本的上升最终导致了产成品价格的上升;在短期内,通货膨胀的上升会引起更高的名义利率。宏观经济政策分析的目的就在于通过研究当前政策环境及其对总体经济运行的影响,来预测宏观经济走势对证券市场的影响,帮助投资者确定基本投资策略,并为下一步行业投资分析打好基础。

具体的政策措施对经济的影响是复杂的,宏观经济学的课程会对这些内容做详细的介绍,这里关心的只是具体政策对证券投资的影响。下面就财政政策和货币政策这两大宏观经济政策进行分析。

一、财政政策分析

财政政策是政府依据客观经济规律制定的指导财政工作和处理财政关系的一系列方针、准则和措施的总称,也是当代市场经济条件下国家干预经济的重要手段。更具体地说,财政政策是指政府的支出和税收行为,它是需求管理的一部分。财政政策可能是刺激或减缓经济增长最直接的方式。

财政政策分为短期、中期、长期财政政策,并各有目标,其中短期目标是促进经济稳定增长,而中长期目标是实现资源的合理分配,并实现收入的公平分配和社会和谐发展。财政政策手段主要包括财政预算、税收、国债、财政补贴、财政管理体制、转移支付制度等。这些手段可以单独使用,也可以配合协调使用。

在财政政策的几种手段中,财政预算、税收和国债是最主要的,这三方面的相关动向在分析时必须密切注意。财政预算是财政政策的主要手段和综合反映,财政支出增加可以扩张社会总需求,财政预算的支出变化有调节社会总供求结构平衡的功能,政府支出的偏向可以直接拉动相关产业的需求和就业。税收则是国家凭借政治权力参与社会产品分配的重要形式,由于税收具有强制性、无偿性和固定性特征,使得它既是筹集财政收入的主要工具,也是调节宏观经济的重要手段。税收调节经济的首要功能是调节收入的分配,主要是通过设置个人和企业所得税来实现的;税收也可以根据消费需求和投资需求的不同对象设置税种或在同一税种中实行差别税率,以控制需求数量和调节供求结构。国债是国家按照有偿信用原则筹集财政资金的一种形式,也是实现政府财政政策、进行宏观调控的重要工具。国债可以调节资金供求和货币流通量,还可以调节国民收入初次分配形成的格局、国民收入的使用结构以及产业结构,并促进经济结构的合理化。在我国,国债更是债券市场的主要交易对象。

财政政策对宏观经济的影响有"相机抉择"和"自动均衡"两个方面,而在进行政策分析时主要关注前者。从总体来看,不管是扩大支出、减税还是减发国债,宽松的财政政策主要会通过增加社会需求来刺激证券价格上涨。例如,减税会增加居民的可支配收入和企业的投资积极性,供需提高使企业的股票和债券的价格上扬;减发国债首先会通过降低债券市场供给来提高债券价格,并通过货币供给效应和证券联动效应来刺激证券价格。反之,紧缩的财政会使证券价格下跌。

为了实现短期财政政策目标,财政政策的运作主要是发挥"相机抉择"作用,即政府根据宏观经济运行状况来选择相应的财政政策,以实现社会总供求的均衡。而在政策分析时,主要讨论综合财政政策的影响。所谓综合的财政政策的影响,实际上是指政府在不同的经济形势下,采取相应财政政策的结果,也就是分别讨论财政收大于支,收小于支,或者收支基本平衡情况下,采取的政策对证券市场的影响。当社会总需求不足时,政府可以通过扩大支出、增加赤字、减免税收、增加财政补贴等宽松的财政政策,刺激微观经济主体的投资需求,促使证券价格上涨。当社会总供给不足时,政府可以通过相反的措施来压缩社会需求,从而使证券价格下跌。当社会总供给大于社会总需求时,政府可以搭配运用"松""紧"政策,一方面通过增加赤字、扩大支出等政策刺激总需求增长,另一方面采取扩大税收、调高税率等措施抑制微观经济主体的供给——如果支出总量效应大于税收效应,就能对证券市场的价格上扬起到推动作用;当社会总供给小于社会总需求时,政府也可以搭配使用"松""紧"政策,一方面缩小社会总需求,另一方面扩大微观经济主体供给——当紧缩效应大于税收的刺激效应时,证券价格会下降。

为了实现政府中长期财政政策目标——实现资源的有效配置和收入的公平分配——政府运用的主要工具是调整财政支出结构和改革、调整税制。而这一般体现在国家产业政策中,特别是国家对某一部门或行业进行扶持和限制上,关于这部分的分析将在下一章中的产业政策部分介绍。

二、货币政策分析

(一)货币政策概述

货币政策是指政府为实现一定的宏观经济目标所制定的关于货币供应和货币流通组织管理的基本方针和基本准则,一般由一国的货币当局(通常是中央银行)实施。更具体地说,货币政策是指通过控制货币的供应量而影响宏观经济的政策。货币政策的目标主要是通过影响利率而实现的,货币供应量的加大会使短期利率下降,并最终刺激投资需求和消费需求。

（二）货币政策与财政政策

与财政政策主要刺激总需求不同，货币政策对经济的影响是全方位的，货币政策不仅能直接调控利率和货币供应量，还能影响汇率、刺激投资、推动总供给和总需求。

而且与财政政策相比，货币政策影响经济的方式是更曲折的，一般要经过一定的传导途径和时滞。例如，弗里德曼（Friedman）和施瓦茨（Schwartz）在其有关美国货币史的经典著作中通过分析发现，货币供应量增长率的下降比经济收缩平均提前20个月，增长率的上升则比经济扩张提前大约8个月。财政政策一般是直接刺激或减缓经济发展，而货币政策则主要通过对利率等中间变量的影响达到其效果。货币供给提高后，投资者会发现在他们的资产组合中现金过剩了，就会通过购买证券的方式重新调整资产组合。如果他们购买的是债券，那么债券的价格就会上升，利率就会下降。从长期来看，个人投资者也会提高他们手中的股票持有量，并最终增加实物资产的购买量，从而直接刺激人们对消费的需求。货币政策还能够通过调节利率和货币总量来控制通货膨胀，稳定价格水平；也能够调节国民收入中消费与储蓄的比重，并通过引导储蓄向投资转化来实现资源的合理配置。尽管如此，货币政策对投资需求和消费需求以及总体经济的刺激远远不如财政政策那样直接。

（三）货币政策的分析

货币政策可以按操作工具、操作目标、中间指标和最终目标四个层次进行分析。就其最终目标而言，与财政政策是一样的，包括经济增长、充分就业、物价稳定和国际收支平衡。货币政策的实施也是比较直接的，其主要操作工具有以下三种。第一种是法定存款准备金率，当货币当局提高法定存款准备金率时，商业银行可运用的资金减少，贷款能力下降，货币乘数变小，市场货币流通量便会相应减少。但是这个工具的效果十分明显，对经济的影响过于猛烈，一般很少运用。第二种是再贴现政策，它是指中央银行对商业银行用持有的未到期票据向中央银行融资所做的政策规定，一般包括再贴现率的确定和再贴现的资格条件。中央银行通过调整再贴现政策，以影响商业银行借入资金的成本，进而影响商业银行对社会的信用量，从而调整货币供给总量。例如，提高再贴现率会降低货币供应量。第三种是公开市场业务，这是指中央银行在金融市场上公开买卖有价证券，以此来调节市场货币供应量的政策行为。当中央银行认为应该增加货币供应量时，就在金融市场上买进有价证券；反之就出售所持有的有价证券。除了以上三大工具外，中央银行还有优惠利率、消费信用管制和间接信用指导等选择性的货币政策工具。货币政策，目标本身不能操作、计量和控制，因而为实现货币政策，目标需要选定可操作、可计量、可监控的金融变量，即中间指标。在市场经济比较发达的国家一般选择利率、货币供应量和基础货币等金融变量作为中间指标。我国有关部门就提出，我国货币政策的中间指标为货币供应量、信贷总量、同业拆借利率和银行备付金率。

（四）货币政策的影响和重要性

货币政策的传导渠道很多，对最终目标的影响也十分复杂。如果从长期看，货币的高供给只会导致更高的价格水平，它并不能对经济活动产生持续的影响。于是货币政策制定者就面临着一个两难的选择：宽松的货币政策可能会在短期内降低利率从而刺激投资并增加消费的需求，但这些做法也许会导致极高的价格水平。刺激经济与通货膨胀之间的权衡是争论货币政策正确性的内涵所在。正是由于货币政策的这种复杂性，我们在分析货币政策对证券市场影响时，必须从总体上全方位把握。

通常，按货币政策对总体经济影响的效果，可以将货币政策的运作分为宽松的货币政策和紧缩的货币政策，前者刺激经济扩张，包括降息、提高基础货币、放松信贷控制等，而后者能为经济降温，其具体措施与前者相反。从总体上来说，宽松的货币政策将使得证券市场价格上扬，紧缩的货币政策将使得证券市场价格下跌。例如，宽松的货币政策环境下货币供应量增加了，一方面，这使得企业部门可用资金增加，并令投资增加，对其未来利润和股利的期望的提高将使证券价格上涨；另一方面，货币供应量会提高居民的名义收入水平，通过资产组合调整效应，人们会降低其手中的现金，并购买更多的金融资产，这也能提高证券价格。另外，宽松的货币政策令利率下降和通货膨胀率提高，这将令证券市场吸引更多资金，并提高证券价格。本章第一节也提到过，利率和通货膨胀率作为证券内在价值的两个主要影响因素，对证券价格有直接的影响。

货币政策的操作对证券市场也有很大影响。例如，当中央银行提高法定准备金率时，货币乘数变小，随之而来的信用紧缩会使社会资金供应紧张，股票价格会有下降的压力；反之，股票价格将会上升。而如果政府通过公开市场购回债券来达到增大货币供应量的目的，一方面通过减少债券市场的总供给提高了债券价格，另一方面，由于购回债券而在市场上新增了资金将会提高对债券的需求，从而提高债券价格。可见，公开市场业务的调控工具最直接、最优先地对债券市场产生了影响。

对货币政策分析的重要性还在于，不少学者和专业人士都认为，股票价格与受货币政策影响的各种货币变量之间有着密切的关系，特别是货币供应量。由于货币供应量可以通过传导渠道影响宏观经济，它与股票价格一样是领先指标序列的一个组成部分，而最主要的问题是，投资者能否使用货币供应量作为股票价格的领先指标来预测股价变化。一些学者对这两者之间的关系进行了研究，由于研究方法和选取的时段不同，得出的结果也有差异。美国市场20世纪60年代到70年代初期的数据表明，货币供应量的变化明显领先于股票价格的变化。后来一些学者对这些结论提出了质疑，因为他们的研究发现，虽然股票价格和货币供应量之间存在关系，但货币供应量的变动落后于股价的变动，一般滞后1—3个月。而对我国股票市场的研究发现，股票价格对货币政策传导的作用越来越强，如图7-6所示，我国股票价格波动与货币供应量(M_1)的波动有较强的一致性。但令人沮丧的是，这两者的相关系数（图7-7）显示，货币供应量的变化要滞后于股票价格的变化，其中滞后16个月的相关系数是最显著的，达到了-0.647 4，这表明两者有负相关关系；而两者之间的正向关系在当期最明显，相关系数达到了0.412 4。但是，随着滞后阶数由1增加到3，相关系数下降都不明显，这表明在我国货币供应量对股票价格还是有一定预测能力的。

一些研究人员不再局限于研究货币供应量增长率，而开始寻找对股票价格产生影响的其他货币因素，如过度流动性(Excess Liquidity)，这是指用小额定期存款调整后的M_2货币供应量环比变化减去名义GDP的环比变化。如果货币供应量增长率超过了GDP的增长率，这意味着经济中存在能用于购买证券的过量货币，也就是流动性，因此，正的过度流动性会导致更高的证券价格。

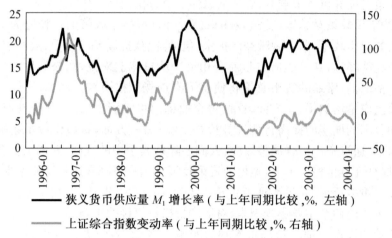

图 7-6　1996—2004 年我国股票市场价格走势与货币供应量状况

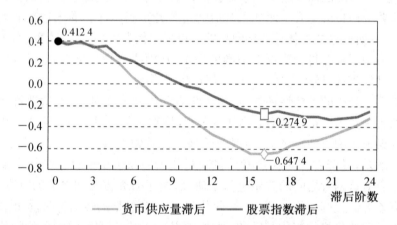

图 7-7　1996—2004 年上证综合指数与货币供应量的相关系数
数据来源：数据中华，http://www.allchinadata.com/，相关系数用软件 Eviews4.1 计算。

小　　结

1. 在证券价值分析过程由上而下的三步分析法中，首先考察的是整体经济对所有公司和证券市场的一般影响，然后分析在这样的经济环境里具有较好的发展前景的行业，最后再分析理想行业中的单个公司以及这些公司的证券——宏观经济分析这一过程的起点。

2. 按照对证券市场影响的形式不同，宏观经济分析的主要内容可以分为三块：宏观经济指标分析、宏观经济运行趋势分析和宏观经济政策分析。

3. 经济指标是整个经济运行的集中反映，宏观经济分析是从经济指标分析开始的。主要的宏观经济指标包括国民生产总值、通货膨胀率、失业率、利率、汇率和国际收支。

4. 经济学将经济周期定义为经济生产或再生产过程中周期性出现的经济扩张和经济萧条交替更迭的一种现象；按照指标波动与经济周期波动发生的先后关系，可以将经济指标分为领先指标、同步指标、滞后指标和其他指标，除了单个指标序列，还有一种把这些经济指标序列组合在一起的综合指标序列,如综合领先指标序列。

5. 财政政策是指政府的支出和税收行为,它是需求管理的一部分,财政政策可能是刺激或减缓经济增长的最直接方式。从总体来看,宽松的财政政策主要会通过增加社会需求来刺激证券价格上涨,紧缩的财政政策则使证券价格下跌。

6. 货币政策是指通过控制货币的供应量而影响宏观经济的政策。货币政策的目标主要是通过影响利率而实现的,货币供应量的加大会使短期利率下降,并最终刺激投资需求和消费需求。从总体上来说,宽松的货币政策将使得证券市场价格上扬,紧缩的货币政策将使得证券市场价格下跌。

关 键 概 念

宏观经济政策	指标分析法	结构分析法	总量分析法
国内生产总值	国民生产总值	通货膨胀率	失业率
汇率	国际收支	宏观经济周期	领先指标
同步指标	滞后指标	综合指标序列	扩散指数
宏观经济目标	财政政策	货币政策	过度流动性
货币政策的操作工具	货币政策的中间目标		

第八章 行业分析

 学习目标

- ◆ 了解行业分析的意义和几种主要的行业分类方法;
- ◆ 了解行业在其生命周期几个阶段中的特征及其对行业投资的影响;
- ◆ 了解几种行业环境对行业发展的影响,特别是宏观经济环境的影响;
- ◆ 掌握五力模型,并会运用该模型分析一些简单行业的竞争结构;
- ◆ 能够运用本章学习的行业分析基本方法完成简单的行业分析报告。

行业分析作为自上而下(Top-Down)证券投资分析过程的第二个步骤,连接着上一章宏观分析和下一章开始讨论的公司分析。行业是介于宏观和微观之间的重要经济因素,因此行业分析位于中间层次,也可以称为中观分析。行业的发展状况对该行业上市公司的业绩影响巨大,行业的兴衰也是决定公司价值的重要因素之一。从某种意义上讲,投资于某上市公司,实际上就是以该上市公司所处行业为投资对象。在国内外的一些投资公司内,有不少行业分析员,他们将自己的研究重点放在几个行业或者是一类行业上,并根据其研究的结果来建议投资组合在行业内或行业间调整。部分基金甚至会比较集中地将资金投入一些特定的行业。

本章第一节先对行业的定义和分类进行了简要的介绍;接下来介绍了影响行业发展的行业生命周期理论与行业环境,并重点介绍了宏观经济环境对行业发展的影响;然后介绍的是行业竞争结构分析的基本工具——五力模型。本章最后以我国钢铁行业来进行行业分析方法的应用举例。

第一节 行业的定义及分类

一、行业的定义

在我国,行业和产业(Industry)两个概念可以相互替代,但是严格地说,两者还是有一定区别的。所谓行业,是指从事国民经济中同性质的生产或其他经济活动的经营单位和个人构成的组织结构体系,如金融业、农业、钢铁业。而产业指的是这样一个企业群体,该群体的成员由于其产品在很大程度上可以相互替代而处于一种彼此紧密联系的状态,并且由于产品可替代性的差异而与其他企业群体相区别。产业是专门的经济学术

语，使用条件更为严格，按照产业经济学的定义，产业指的是具有某种同类属性的相互作用的经济活动的集合或系统。构成产业一般必须满足以下三个特性。(1) 规模性，产业的企业数量、产品或服务的产出量达到一定的规模。(2) 职业化，形成了专门从事这一产业活动的职业人员。(3) 社会功能性，这一产业在社会经济活动中承担一定的角色，而且是必不可少的。行业虽然也拥有职业人员，也具有特定的社会功能，但是一般没有规模上的约定。例如，国家行政机关和公安部门行业就不能构成一个产业。但是，证券分析时关注的往往都是具有相当规模的行业，所以在业内一直约定俗成地把行业分析和产业分析视为同义语，本书也沿用这一习惯。

产业理论的研究重点主要在产业结构、产业布局、产业政策等方面；而证券投资中分析的行业则主要是在纵向上对行业的发展阶段以及前景进行估计，并对各行业进行横向的比较，最后根据结果给出投资建议。

二、行业的分类

按照行业的定义，企业所属的行业是由其产品性质决定的，产品性质是行业划分的基本标准，但并不是唯一标准。不同的需要要求对行业进行不同的分类，因此也就产生了不同的行业分类方法。如为了适应宏观经济管理和经济统计的需要，有传统的三次产业分类法、我国的国民经济产业分类法、联合国标准产业分类法；也可以根据产业的技术特点来进行分类。分析师和一般投资者通常不会直接参与公司的经营管理，也不可能了解公司里的一些专业技术，他们所关心的只是所投资的证券的收益能力和相关的风险。因此，除非产业有非常明显的技术特征，在进行证券市场的行业分类时以技术特征为标准意义不大。同一公司在不同的分类方法下可能被划分到不同的行业，如一个从事铁矿石采选的上市公司，按国民经济产业分类法属于钢铁行业，而按我国的上市公司分类方法则应被划分为采掘业。与宏观经济管理要求不同，本书中的行业分类是为行业分析服务的，不同分类方法的核心区别在于其分类标准：如我国的《上市公司行业分类指引》以营业收入来源为分类标准，而经济研究中行业划分一般以投入要素密集度为标准。

在理解行业分类时一般要注意以下几点。首先是行业间的产品要有明显的区别，行业内各公司的产品有一定的替代性，而根据替代性的大小、产品定义和企业经营内容的区别，在同一行业内部还可以划分出子行业，也就是行业细分。如钢铁行业按产品类型和生产工序可划分为金属铁、铬、锰等的矿物采选业、炼铁业、炼钢业、钢加工业、铁合金冶炼业、钢丝及其制品业等。其次，进行行业分析的主要目的是预测其发展前景，而行业的发展前景又与多方面的因素有关，因此产业的分类方法也有多重标准。如按行业发展与国民经济的周期的关系，可划分为成长型行业、周期型行业、防御型行业和成长周期型行业；按行业中所采用的技术先进程度，行业可以划分为新兴产业和传统产业；按行业未来的发展前景可以分为朝阳行业和夕阳行业。与这些分类方法相关的行业分析方法在后面会详细讨论。最后，行业分类还必须考虑到实际分析中数据和资料的可得性。

一些金融服务机构或证券交易所为了方便、完整地发布信息，常将上市的股票或其样本进行简要的行业分类。如道-琼斯指数将纽约证券交易所上市的股票分成三类：工业、运输业和公用事业。上海证券交易所将在其上市的股票分成工业、商业、地产业、公用事业和综合类，深圳证券交易所则在以上五类的基础上增加了金融类。

美国有一套常用的行业分类方法,是由美国政府颁布实施的标准行业分类码(Standard Industry Classification Codes,SIC Codes),这套编码规则按一定的标准将各种公司划入不同的行业组,并给予特定的4到5位的行业代码,编码的原则是将行业按层次划分并为统计分析提供方便。在这一编码体系中,位数越靠前的编码代表的行业范畴越广,如代码的头两位是15的行业表示建筑承包业,而其中152打头的是住宅建筑承包商,更进一步,1521表示的是单户住宅建筑承包商。4位行业代码都相同的厂商处于相同的行业内,而在一些大行业中,为了进行较细致的统计和分析,也会用到一些5位的行业编码。这样的行业分类方法,特别是其所提供的行业数据,给行业研究的范围提供了很大的弹性。仿造这一分类方法,中国证券监督管理委员会于2001年4月正式发布了《上市公司行业分类指引》,这虽然不是强制性的标准,但却对证券市场的行业分类起到了很好的规范作用。《上市公司行业分类指引》以上市公司营业收入为分类标准进行行业划分,当公司某类业务的营业收入比重大于或等于50%,则将其划入该业务相对应的行业类别;当公司没有一类业务满足该条件时,如果某类业务营业收入比重比其他业务收入比重均高出30%,则将该公司划入此类业务相对应的行业类别;否则将其划为综合类。在编码方法上,该指引将上市公司的经济活动分为门类、大类两级,中类作为支持性分类参考。由于上市公司集中于制造业,《上市公司行业分类指引》在制造业的门类和大类之间增设辅助性类别,也可称为次类。与此对应,总体编码采用了层次编码法,类别编码采取顺序编码法:门类为单字母升序编码,制造业下次类为单字母加一位数字编码,大类为单字母加两位数字编码,中类为单字母加四位数字编码。各主要行业编码及所包含公司数目见表8-1。

表8-1 2019年3月我国上市公司行业分布状况

行业代码	行业	上市公司数目	比率	行业代码	行业	上市公司数目	比率
A	农、林、牧、渔业	45	1.22%	C9	其他制造业	30	0.81%
B	采掘业	76	2.06%	D	电力、煤气及水的生产和供应业	107	2.90%
C0	食品、饮料	139	3.76%	E	建筑业	100	2.71%
C1	纺织、服装、皮毛	92	2.49%	F	交通运输、仓储业	103	2.79%
C2	木材、家具	33	0.89%	G	信息技术业	409	11.07%
C3	造纸、印刷	60	1.62%	H	批发和零售贸易	168	4.55%
C4	石油、化学、塑胶、塑料	347	9.39%	I	金融、保险业	94	2.54%
C5	电子	210	5.68%	J	房地产业	134	3.63%
C6	金属、非金属	248	6.71%	K	社会服务业	179	4.85%
C7	机械、设备、仪表	775	20.98%	L	传播与文化产业	75	2.03%
C8	医药、生物制品	226	6.12%	M	综合类	44	1.19%
合计						3 694	100%

数据来源:万得资讯(Wind)数据库。

例如,钢铁行业属于 C6 编码开头的行业大类中,其中 C 表示制造业,6 表示金属、非金属制造业,越靠后的编码对行业的划分越细。

三、行业分析的意义

就如宏观分析和公司分析一样,行业分析的目的也在于寻找更好的投资机会,或者说是寻找更好的收益-风险组合来满足出资人的需要。正如在糟糕的宏观经济环境下各行业难以取得较好的业绩一样,在一个不景气行业中,公司的收益状况也往往令人担忧。寻找有潜力的行业与选择具有较高成长性的公司同样重要。而行业分析的重要任务之一就是要挖掘最具投资潜力的行业,进而在此基础上选出最有投资价值的公司。

上面虽然提到了行业分析的重要性,但其有效性往往受人质疑。要明确行业分析的重要意义,还必须弄清楚以下四个问题。

首先是必须明确在特定的时期内不同行业间的收益率是否有明显差距。如果行业间的收益差距并不足以弥补行业分析的成本,就不会有人花功夫去寻找高收益、低风险的行业了。实际数据表明,不同行业之间业绩表现差别是非常显著的:图 8-1 中所表示的是 2018 年我国业绩最好与最差的五个行业的情况,其中其他制造业的净资产回报率最高,其与净资产回报率最低的传播与文化产业的差距达到了 35%。

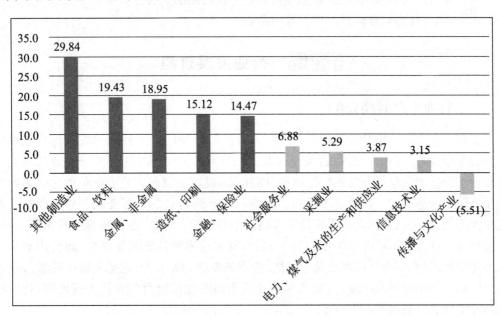

图 8-1 2018 年我国上市公司净资产收益率最高与最低的 5 个行业(单位:%)

数据来源:万得资讯(Wind)数据库。

其次,行业分析的有效性是以不同时期内行业业绩的相关性为前提的。也就是说,行业在过去和现在的业绩情况必须与其未来的业绩情况有一定的相关性,行业分析才有效。在本章的第三节将介绍行业发展与宏观经济的关系,只要满足了前面提到的相关性,就可以根据市场波动的状况来预测行业的走势。尽管很多研究都没有发现行业业绩与市场走势之间有明显的相关关系,但这并没有否认行业研究的作用,相反,这要求对行业业绩的影响因素进行更深入的多方面的研究,本章的第二至四节将对这些主要的研究方法进行系统的介绍。

再次,要分析各行业内公司的收益是否有一致性。如果行业内各公司的绩效和收益情况趋于一致,就不需要进行进一步的公司分析。因为在这种情况下,投资者将资金投入同行业内的任意公司所获得的收益率都是一样的。但是,不少研究发现同行业内公司之间的收益情况差异较大。虽然石化、汽车等行业的上市公司受行业因素的影响比较大,但是在大部分行业中,行业因素对上市公司的影响并不明显,并且是趋于下降的。这些差异产生的原因可能是行业划分不够细,即大行业内的各公司实际上处于情况各不相同的子行业内;但是,更主要的原因是行业内各公司管理水平、技术水平等具体情况各不相同,这也体现了进一步进行公司分析的必要性。即使在行业影响不很明显的行业中,行业分析也是很重要的,毕竟从景气的行业中挑出好公司要比从糟糕的行业中挑出好公司容易得多。

最后,还必须对行业的风险有明确的认识:不同行业之间的风险是否有差别,同一行业的风险在不同时期内是否稳定。研究结果都给了这两个问题肯定的答案,这意味着对行业过去的风险进行分析是有效的。

以上几个问题都从不同方面说明了行业分析的必要性,不管投资者是为了避免损失还是寻找更好的行业投资机会,行业分析都是非常有用的。行业分析也为投资组合向更好的风险-收益状态调整提供了更有效的路径。

第二节 行业发展过程

一、行业生命周期分析

就像一个人的一生会经历童年、青年等各个阶段一样,一个行业的发展过程也可以划分为起步、增长等几个时期,这就是行业生命周期。上一节介绍行业分类方法时提到了按行业的发展前景可分为朝阳行业和夕阳行业,这其实就是以行业所处的生命周期中的不同阶段为标准的。在投资的过程中经常发现不同行业的销售变化趋势和股利政策有很大不同,这些因素都直接影响投资者的收益和风险。例如,在分析高新技术行业时,会发现其中许多公司具有高销售增长率、高投资回报率和低股利发放率;而公用事业行业却完全相反,它们有低销售增长率、低投资率和高股利发放率;这正是由于这些行业处于其生命周期中的不同阶段,一般认为前者处高速增长期而后者处于成熟期,处于相同阶段的行业有类似的发展特征。

(一)行业生命周期的不同阶段

行业生命周期分析指的就是像将人的一生分为少年、中年、老年一样,将行业发展的整个过程划分为几个不同时期,并对各阶段的行业销售增长趋势、股利政策等特点进行分析。至于生命周期可划分为几个阶段并没有约定俗成的规范,一般是划分成4至5个阶段,这里以五阶段划分法进行介绍。如图8-2所示,按照销售量的增长状况,将行业发展的过程划分为初步发展、高速增长、稳定增长、成熟稳定和衰退下降五个阶段。纵轴代表的销售额取对数以表示增长率,也可以用销售额和毛收入表示;而横轴代表的是时间,虚线将其划分为时间间隔不同的几个阶段。生命周期分析中最关键也最困难的问题就是确定行业所处的阶段及其在各阶段所处的时间,因为同一行业在不同的发展阶段有不同的发展特征。为了有效地应用行业生命周期来预测行业销售和利润,下面对行业生命周期中的不同时期进行介绍。

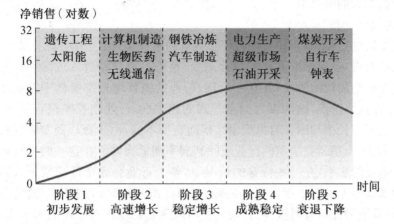

图8-2 行业生命周期与销售变化情况以及各阶段的典型行业

1. 初步发展阶段

任何行业都是以一项新技术或一种新产品作为序幕的,在行业的初创阶段,由于产品和技术刚诞生不久,行业创立投资和产品的研究、开发费用比较高,而大众对产品也缺乏了解,使得产品市场需求小、销售低,因此这些创业公司在账面上可能不仅没有盈利,反而出现亏损。在这个阶段中,往往很难预测哪家公司会最终成为行业的领导者,它们中的一些会很成功,但其他公司却将在竞争中退出市场。因此,这时在行业中选择特定的公司进行投资是相当有风险的,而这些新兴产业的主要投资者往往是为数不多的创业投资(Venture Capital)公司。

2. 高速增长阶段

在初创阶段后期,随着产业生产技术的提高、生产成本的降低和市场需求的扩大,新产业便逐步进入高风险、高收益的成长期。这个时期行业的产品已经建立了较稳定的市场,行业中出现了规模较大、资本结构比较稳定的企业,其市场份额也比较容易预测。这时,这些公司的业绩就会和整个行业的业绩紧密联系在一起。尽管现在产品已进入市场并广泛使用,由于不断增加的需求,业内公司会不断提高产能,从而使得该行业具有比其他行业更高的发展速度。在这个时期,企业的销售高速增加而且利润基数较小,利润增长率甚至会超过100%,但是由于利润中的较大部分要进行再投资,股利发放一般不多。

3. 稳定增长阶段

经过第二阶段,行业产品和服务的大部分市场需求已经被满足,因此,第三阶段的销售增长率虽然超出平均水平,却不再是递增的。例如,在GDP增长率为8%的宏观环境下,行业的销售增长率保持在15%—20%这一超过平均的水平。而且,较高的销售增长率和边际利润吸引了新的行业进入者,由此带来的供给提高会降低总体价格水平,这就意味着行业的获利能力会逐步降到一般水平。由于市场需求日趋饱和,业内厂商不能单纯地依靠扩大产量、提高市场的份额来增加收入,而必须依靠提高生产技术、降低成本,以及研制和开发新产品的方法来争取竞争优势并维持企业生存。上述两个阶段是企业的成长期,此时的行业增长有较强的可预测性,而且由于受不确定因素的影响比较少,产业的整体波动也比较小。此时,投资者遭受大额损失致使投资失败的可能性非常低,也可以说他们分享行业增长所带来收益的可能性大大提高,因此,处于二、三两个阶段的行业对投资者有很大的吸引力。

4. 成熟稳定阶段

在成长阶段的后期,竞争使行业内厂商数量趋于稳定,由于市场需求基本饱和,产品的销售增长率放慢,迅速赚取利润的机会减少,整个行业开始进入成熟期。这可能是行业生命周期中时间最长的阶段,在这一阶段,行业的销售增长率要低于宏观经济的增长率,而且由于在这个阶段,这两者之间有很高的相关性,行业增长率很容易预测。但是,各行业间的利润增长率却因各自的竞争结构而有所不同,由少数厂商垄断的行业将获取稳定的垄断利润,而垄断竞争型的行业边际利润率则低得多。在这一时期行业增长速度降到了一个适度的水平,在一些特殊的情况下,整个行业会完全停止增长,甚至会收缩;由于行业内部基本上失去了创造资本的能力,当经济衰退时,行业内厂商甚至会蒙受更大的损失;该阶段的公司有时被视为"现金牛",因为它们现在有稳定的现金流收入,却几乎没有再增长的可能。投资者的目的一般都是从该行业榨取稳定的现金流,而不会对其进行再投资,甚至有些投资者希望收回投资。

5. 衰退下降阶段

在经过一段较长时间的稳定阶段以后,由于市场需求下降和新产品不断涌现,原行业产品的销量开始下降,业内厂商的获利能力也逐步萎缩,甚至出现不少亏损。最终,正常利润无法弥补固定资产的折旧,投资者开始将资金向前景更好的行业转移,一个行业在度过其生命周期的最后阶段后开始慢慢解体。

上述对行业生命周期五个阶段的描述只是针对一般的情况,并不是在进行所有行业的发展分析时都可以直接套用。例如,从过去工业社会的历史上看,真正退出历史舞台的行业很少,很多行业在成熟期后就进入一个停滞的状态,它们的存在更多的是经济发展结构上的需要。

(二)对生命周期阶段的判断

一般可以由以下五个方面来判断行业所处的实际生命周期的阶段。(1)行业规模变化趋势。行业的市场容量和行业资产规模总会经历一个"小—大—小"的阶段。(2)产出增长率。该指标在产业成长期高而在成熟期和衰退期较低,经验数据一般以15%为界。(3)利润水平。该指标是一个行业兴衰过程的综合反映,在整个生命周期中,行业的利润水平会经历一个"低—高—稳定—低—亏损"的过程。(4)技术进步率、技术熟练程度和开工率。随着行业的兴衰,行业的创新能力有一个由强增长到逐步衰弱的过程,技术成熟程度有一个"低—高—老化"的过程,而开工率的高低与行业发展景气程度正相关。(5)资本进退。行业生命周期中的每个阶段都会有企业的进退发生。在成熟期以前,进入行业的企业数量及资本量要大于退出量;而进入成熟期以后,进入量和退出量有一个均衡的过程;在衰退期,退出量明显超过进入量,整个行业开始萎缩、转产,倒闭多有发生。

二、影响行业发展的其他非经济因素

行业生命周期勾画出了一个行业发展的基本轨迹,这也是行业发展的内在规律,但是一个行业的发展很大程度上也取决于其所处的环境。通常所指的行业环境,不仅包括经济环境,还有社会环境、技术环境和政策环境。了解这些因素对行业发展的影响将有助于我们对行业进行更全面的分析,并得出更可靠的结论。行业分析中经常用到的PETS分析方法[①],就是通过对行业以上四种环境的分析,来预测行业的发展趋势的,在本章的下一节将着重介绍经济环境对产业发展的影响,下面先介绍其他三种环境。

（一）技术环境

技术进步是影响行业发展的最主要因素,它一方面推动现有行业的技术升级,甚至可以使处于衰退期的行业焕发出新的生命力,另一方面,技术更新也决定了新行业的兴起和旧行业的衰亡。技术进步不仅仅使企业生产出新的产品和提供新服务,也使企业的生产流程得到改善。技术进步对行业发展产生重大影响的例子举不胜举,电力的出现令传统的蒸汽动力行业被电力行业逐渐取代;互联网的使用令网上购物和电子商务成为可能,降低了企业的成本,同时电子邮件和移动通信的广泛使用也降低了对固定电话、电报这些传统通信行业的需求。生产流程上的技术进步也能极大地促进行业发展,冶炼技术的提高令小型钢铁冶炼厂向大规模、联合式的集团生产模式发展;半导体行业和芯片生产中设计方式的改进会令行业产品更新换代的速度大大提高;为了在竞争中获得优势,企业不得不在技术更新上加大投资力度,这本身就能拉动电子信息、计算机这些新兴行业的发展。

商品零售就是一个广泛使用电子信息技术的行业。例如,客户数据系统使处于不同地区的连锁店能够更详细地了解到他们所面对顾客的需求特征,这使他们不用做整体的市场调查就能了解不同地区、不同类型的客户的偏好,也正是这样的技术令零售店的专门化经营和广泛的地理分布成为可能。现在几乎所有的零售商都使用了条形码输入系统,这无疑极大地提高了存货管理的准确性和消费者结算的速度;而结算中信用卡的使用令商家能更方便地追踪其客户群体并采取有针对性的宣传策略。电子信息交换系统将零售商与他们的上家紧密地联合在一起,既加快了资金的周转,又能快速地满足消费者的需要,全球最大的零售商沃尔玛是成功运用这些新兴技术的代表,其物流管理能力甚至能够在24小时能将任何商品调配到其全球任何一家连锁店。

当今社会科技发展日新月异,技术进步为经济的发展提供了强大的基础,也促进了行业的加速更新和升级。可以说,行业生命周期在这样的环境下已经变成了技术生命周期的更替。

（二）社会环境

对行业发展产生影响的社会环境变化主要来自人口结构的变化和社会习惯的改变。各年龄层次人口的比例情况称为人口结构,处于不同年龄层次的人有不同的消费需求、储蓄习惯甚至是业余爱好。20—40岁是消费高峰期,这一人群对房地产、汽车这样的生活必需耐用消费品有很强的需求。40—60岁是储蓄的高峰期,这一人群比例的增长会为金融服务行业提供稳定的资金支援。60岁以后的老年人口对医疗服务的需求要大大高于其他年龄层的人群。分析社会人口结构的变化趋势对不同行业市场容量的预测有很大帮助,例如,美国第二次世界大战以后到20世纪60年代"婴儿潮"时期出生的人口所

---

① PETS是政策(Policy)环境、经济(Economic)环境、技术(Technology)环境、社会(Social)环境的首字母缩写。

占比重很大，而他们正在向储蓄的高峰期迈进，这对美国的金融服务业和社会保险行业的发展非常有利。

社会习惯对国民经济构成中的消费、储蓄、投资、贸易等方面都有较大的影响，这自然也影响到行业的发展和行业结构的演进。例如，大众环保意识的提高推动了环保产业的迅速发展，也令造纸业、化工业这些排污大户面临严峻的考验；人们安全意识的提高促使汽车行业安装保险杠、乘员安全带；人们健康意识的提高拉动了保健品行业的增长。在国际化的大环境下，社会消费习惯不可避免地受到外国的影响，如我国在改革开放的过程中逐步接受了超前消费的观念，这对诸如房地产业的很多行业产生了深远的影响。

（三）政策环境

行业所处的政策环境指的是行业所受到的政府干预情况和行业政策影响。就政府干预经济的效果，不同经济学家有不同的看法，但是从经济发展的历史来看，无论是奉行经济自由主义还是强调政府干预的国家，都对经济有着不同程度的干预。日本就是通过强有力的产业政策才使其经济在战后飞速发展，而我国在改革开放后向市场经济转型的过程中，也一直在强调政府干预的重要性。

政府对不同行业的干预主要是通过补贴、税收、关税、信贷和价格等手段实现的，除此之外的手段还有市场准入、企业规模限制、环保标准限制，甚至是政府直接干预。政府对不同类型的行业干预程度是不同的，由于政府干预经济的目的是维护经济的公平和竞争，所以其干预的行业主要是以下三类：一是自然垄断型行业，主要包括供水、电力、邮电和公共设施等，对这些行业的干预目标是减轻垄断对经济效率的消极影响；二是关系到经济发展全局的行业，如金融、教育、高科技行业等；最后是国家安全相关的行业，如传媒出版业和国防工业。对于一般的竞争性行业，政府的主要目标是维护行业的健康发展。

政府对于行业的管理和调控主要是通过产业政策来实现的。产业政策是国家干预或参与经济的一种形式，是国家系统设计的有关产业发展的政策目标和政策措施的总合，表现出了国家对某一行业的扶持或限制。正确理解国家的产业政策，有助于把握投资机会。国家的产业政策往往是在对产业结构发展的方向和各产业发展规律的深刻认识的基础上制定并实施的，因而具有显著的指导作用，在把握行业发展趋势的基础上正确理解国家的产业政策，能获得更好的投资受益。一般认为，产业政策可以包括产业结构政策、产业组织政策、产业技术政策和产业布局政策等部分，其中前两者是产业政策的核心。

产业结构政策是选择行业发展重点的优先顺序的政策措施，其目的是促使行业之间的关系更协调，社会资源配置更合理，使产业结构高级化。例如，我国 20 世纪 80 年代产业政策向重化工业倾斜，而 90 年代则主要向汽车行业倾斜，这些行业内的一些上市公司在相应时期都获得了不小的业绩增长。产业组织政策是调整市场结构和规范市场行为的政策，其核心是反垄断、促进竞争、规范大型企业集团并扶持中小企业的发展，目的是实现同一产业内企业的组织形态和企业间的关系的合理化。例如，我国 1994 年颁布的《汽车工业产业政策》，就对我国汽车工业的集中投资和产业内企业的兼并重组起到了较大的作用，很大程度上抑制了重复生产，催生了三大汽车生产企业，使我国汽车生产的集中度得到大幅提高。

第三节 宏观经济环境与行业发展

一、经济周期与行业发展

上一章将经济周期定义为经济发展过程中重复经历的扩张和紧缩的现象。所有行业的总合构成了整个宏观经济,但是各行业对宏观经济的波动反应却是不一样的。当经济处于经济周期的不同阶段时,不同行业的业绩表现也各不相同。例如,当经济处于恢复期时,钢铁、汽车这样的顺周期产业往往表现较好;而经济即将衰退的时候,食品、烟草这样的防守型行业却能够为投资者抵挡不少风险,正确地预测宏观经济走势并选择相应的行业对投资者来说是非常重要的。

一般认为,行业对经济周期的敏感程度主要由以下三个因素决定。第一个因素是销售额对经济周期的敏感性。敏感性最低的一般是电力、食品、医疗服务等消费弹性较低的行业;另外,像烟草业和酿酒业这些销售情况受收入影响很小的行业的敏感度也很低。与此对应的,对机械设备、钢铁和汽车这一类产品的厂家来说,它们对宏观经济状况具有很大的敏感性。第二个因素是经营杠杆比率,它反映了企业生产耗费的固定成本与可变成本之间的比例关系。如果企业的可变成本相对较高,那么就可以根据经济景气情况来灵活控制成本,以降低在萧条期中的损失。第三个因素是融资杠杆比率,它反映的是企业债务融资的应用程度。债务融资的利息和股权融资的股息类似于企业经营过程中的固定成本与可变成本,资本结构中负债比例较大的企业对经济周期有较大的敏感性,因为无论经济景气情况如何,他们都要负担较多的固定利息。根据行业的发展与经济周期的关系,可以将行业划分为成长型行业、周期型行业、防御型行业和成长周期型行业。

成长型行业(Growing Industries)的发展状态与经济活动总体水平的周期及其冲击关系并不紧密。这些行业的收入增长速率并不会随着经济周期波动而呈现出同步的变动,因为它们主要依靠自身的技术进步、新产品推出、高质量的服务和改善经营而始终处于一种较高的增长态势之中。过去几十年来的计算机和生物医药制造业就是很好的例子。这一类型的行业一直是投资者寻找的合意的目标,因为这些行业对处在经济周期的不确定性中的投资者,提供了宝贵的"保值增值"的手段:在经济高涨时,高增长行业的发展速度通常高于平均水平;在经济衰退时期,其所受到的影响较小,甚至仍然保持一定速度的增长。但是,这种行业的股价变化通常没有周期性,难以预测,这使投资者很难把握进入行业的准确时机。

周期型行业(Cyclical Industries)的运动状态与经济周期紧密相关。当经济处于上升时期,这些行业就会紧随其扩张;当经济衰退时,这些行业也相应衰落。产生这种现象的原因是,当经济出现复苏或者上升的趋势时,这一类产品会被优先购买,如与固定资产投资紧密相关的钢铁业,以及与产能提高紧密相关的能源行业。但是,当经济衰退时,对这些行业的相关产品的购买被延迟到经济复苏以后,如耐用消费品、珠宝等。

防御型行业(Defensive Industries)与周期型行业相反,其经营状况在经济周期的上升期和下降期都很稳定,即无论宏观经济处于经济周期中的哪个阶段,其销售收入和行业利润的变化态势都不变,甚至有些行业在经济衰退时期还会有一定的增长。这种行业特征产生的主要原因是该类型行业的产品需求相对稳定,需求弹性小。如食品加工业、公共服务业和烟草行业(见图8-3),这些行业中代表性公司的利润因为其稳定的需求而变得相对稳定。也正是因为以上原因,对于防守型行业的投资一般属于收入型投资,而非资本利得投资。

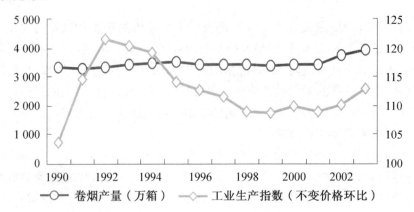

图8-3 烟草行业产量与经济周期波动

数据来源:中国经济信息网,http://www.cei.gov.cn。

成长型行业和周期型行业其实可以被看作对行业的纵向和横向两种不同维度的划分,很多处于行业生命周期的成长阶段的行业也同时具有周期型行业的特征,这些行业都属于成长周期型行业。

虽然仅仅用历史数据的方法很难预测经济周期,而且经济周期与证券市场波动性的关系很难明确,但是,既然大多数行业的绩效都与经济周期有着或多或少的联系,就可以通过预测经济周期来进行行业投资选择。通常将这种以经济周期为依据将资金在不同行业组之间不断转换的投资策略称为轮换策略(Rotation Strategy),这种策略的思想就是尽快将资金投向将在经济周期的下一个阶段有不俗表现的行业,这就意味着投资者对经济形势以及行业特征的关键变量的分析能力变得非常重要。

下面就经济周期和行业投资选择举例说明,图8-4所示的是在经济周期的不同阶段能取得优良业绩的行业。在经济即将到达其紧缩时期的最低谷时,金融服务业是较好的投资场所,因为即将到来的经济复苏必然会需要大量的贷款、股票发行和金融交易,贷款利息和金融服务的佣金会提高行业的利润。一旦经济开始复苏,一些生产诸如汽车、计算机和家具等高价耐用消费品的行业变得更有吸引力,因为这些产品的需求将会随着人们未来收入水平预期的提高而提高。而当厂商意识到这一点后,必然会加快更新技术设备、提前购买原材料以满足需求并降低成本,这就拉动了机械制造这些资本品制造业的需求。周期型行业的销售是与整体经济同步波动的,在复苏阶段之初,这些行业就有很好的前景,而且由于周期型行业一般具有较高的营运杠杆,他们在经济扩张时的得益也就最大。一般来说,在经济周期的最高峰会出现需求拉动的通货膨胀,原油、钢铁、木材这些基础行业变得很有吸引力,因为他们的成本不受通货膨胀的影响,而其产品价格却在上涨。在经济的萧条期,一些原来表现平平的行业开始显示出优势。这主要是一些诸如食品制造、公共服务等的低消费弹性的行业,因为即使在收入下降的不景气时期,公众也不能降低这些必需品的消费。这些防守型行业成为投资者们的避难所,使他们投资组合在萧条期损失程度减小。

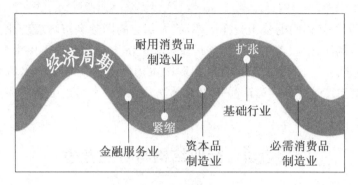

图 8-4　经济周期与行业投资选择

资料来源:Adapted from Susan E. Kuhn, "Stocks Are Still Your Best Buy," Fortune, 21 March 1994, 140. © 1994 Time Inc. All Rights Reserved.

图 8-4 列举了一些在经济周期的不同阶段具有投资价值的一些行业,这里要注意的是,在市场有效的情况下,投资当期的景气行业并不能取得很好的效果,因为这些行业的股价已经上涨了,必须比市场提前行动,正确地预测经济周期,才有可能获得超常的收益。

二、宏观经济指标与行业分析

整个宏观经济对行业发展的影响并不仅仅来自经济周期,一些行业受宏观经济个别方面的影响特别大,如金融服务行业的效益极大地受制于利率环境,而产品以出口为主的行业则会对汇率特别敏感,下面就介绍三个主要的经济变量变化对不同行业的影响。

(一)通货膨胀

上一章宏观分析中也提到了,通货膨胀会提高整个市场的名义利率水平,并令未来价格水平和成本状况的不确定性增加,这也就加强了企业的决策难度。特别是一些对下家议价能力不强的行业,他们既要承受成本上涨的痛苦,又不能通过涨价将这些成本转嫁给下家,行业利润自然就会下降。虽然通货膨胀对大多数行业来说都有消极的影响,但是一些行业却能从中获益,如煤炭、石化等自然资源开采行业,他们的成本不会随着通货膨胀提高,但是产品却能够以较高的价格出售,特别当这些行业具有较强的垄断性时,通货膨胀将带来很大的收益。另外,拥有较高经营杠杆比率和融资杠杆比率的行业也能够从通货膨胀中受益。因为较高的固定资产比率意味着企业在通货膨胀时单位成本增长较小。在通货膨胀率较高的环境下,企业为债务支付的实际利率会大大下降,而股息往往必须根据通胀率调整以维持股价的稳定,所以一些高融资杠杆比率的公司会在通胀率上涨时获得不小的"额外"利润。

(二)利率水平

金融服务业对利率水平是最敏感的,因为这直接影响着行业的收支状况。一般来说,当利率变化比较频繁时,银行业的获利水平会相对提高,因为稳定的利率水平会加剧行业内的竞争。对大多数行业来说,较高的利率水平会降低企业的投资欲望,与之相关的钢铁、机械制造、房地产等行业就会变得萧条,高融资杠杆比率的企业自然也会因此受损。

(三) 汇率水平

汇率是不同经济体间的货币交换比率,绝大部分的国际经济环境变化都会通过汇率水平反映出来,例如,中国较高的经常项目盈余和经济增长率会给人民币升值的压力,短期资本流动频繁会增大汇率的波动性和风险。本币贬值会使本国的出口品在国外价格更低,从而提高生产这些外向型产品企业的竞争力;相反,本币走强将削弱这些企业的竞争力。

第四节 行业结构与行业竞争

一、行业市场结构与集中度

在我国,虽然行业和产业经常被视为同义词,但一般所指的行业结构和产业结构是不同的。产业结构指的是国民经济体系中各产业之间形成的相互联系和比例关系,包含许多内容,如三次产业之间的关系、传统产业和新兴产业之间的关系、不同要素密集型产业之间的关系等。行业结构一般指的是行业市场结构,即行业内企业的数量、产品的性质、价格的制定方式和信息分布状况等因素,以这些因素为标准,可以将行业分为完全竞争、垄断竞争、寡头垄断和完全垄断四种类型。其中,行业集中度是区分这几种行业类型的主要指标,通常用业内市场份额排前几位的厂商的市场占有率总和来计量。

以上提到的市场结构是按经济学角度来划分的。在行业分析的时候,我们更关心的是具体行业的竞争状况,因为这直接关系到行业的盈利水平及其持续性。行业的竞争状况分析不仅能帮助我们了解行业的前景,也有助于我们在行业内部选取优秀的公司,因为我们可以通过分析了解到在行业中具有怎样特性的公司会具有较强的竞争优势。

二、行业竞争分析

如果说前面两节介绍的行业生命周期分析和行业发展环境分析主要用于预测行业的市场规模和增长状况,行业竞争分析则更注重特定行业内公司的获利能力,因为盈利的增长比销售增长更能刺激投资收益率的提高,从这个意义上来说,行业竞争分析显得特别重要。竞争战略之父迈克尔·波特指出,行业盈利的增长潜力取决于行业的竞争激烈程度,他提出的五力模型已经成为行业竞争策略分析的经典。

波特将竞争策略定义为企业为了获得利润而在行业竞争中争取有利地位的手段。企业的获利能力很大程度上受到其所处行业的获利能力的制约,所以,为了制定一套行之有效的竞争策略,企业必须首先了解其所处行业的基本竞争结构,并分析在此结构下决定企业竞争能力的关键因素。本节先介绍行业竞争结构的基本方法——五力模型,在下一章的公司分析中将介绍行业内公司相对竞争优势的决定因素。波特认为,行业是否能取得超过平均水平的资本收益率取决于其竞争环境和业内公司的竞争激烈程度。如图8-5所示,有五股力量决定了一个行业的竞争结构,而不同行业之间五股力量的作用强度则是不同的。

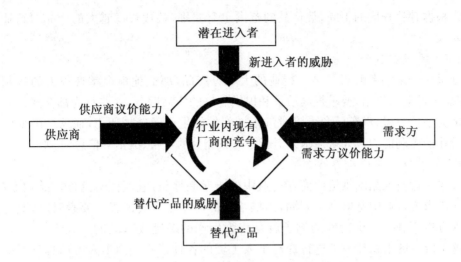

图 8-5　五力模型分析行业竞争结构

资料来源：迈克尔·波特.竞争战略.华夏出版社,1997.

（一）现有厂商的竞争

这里主要分析的是行业内竞争激烈程度是趋于激烈还是缓和。当业内厂商的市场份额差别不大时,由于他们力图扩大各自的市场份额,在市场中就会出现价格战,从而降低了边际利润。如果行业本身销售增长缓慢,这些竞争就会更加激烈,因为此时扩张就意味着掠夺竞争对手的市场份额。高固定成本也会对降价产生压力,因为固定成本将促使公司利用其完全的生产能力进行生产。如果企业之间生产几乎相同的产品,那么他们就会承受相当的价格压力,因为此时公司就不能在区分产品的基础上进行竞争。

（二）潜在进入者

当行业被较少的厂商垄断或者有领导型厂商时,其竞争态势会比较稳定,但这并不意味着业内厂商就能获得稳定的收益。新的进入者会对市场价格和利润形成压力,甚至潜在的进入者也会对现有的价格和利润形成压力,因为高价和高利润率会驱使新的竞争者加入这个行业。所以,进入壁垒是行业获利能力的重要决定因素。进入壁垒可以有多种形式,例如,通过长期的商业关系,现有的公司可能已经和消费者及供应者建立了牢固的分销渠道,而这对于一个新进入的企业来说成本是很大的。商标、版权使市场进入者难于在新市场中立足,因为它使不同企业遭受到严重的价格歧视。在为市场服务时,私人知识和专利保护让某些公司具有了一定的优势。市场中现有企业的奋斗经历可能也为其提供了优势,因为这是它通过长时间的磨炼而学到的经验。最后,过高的初期投入和政府的行业准入政策保护也会提高行业的进入门槛。高盈利低壁垒的行业将吸引大量的新厂商,加剧竞争,最终行业利润率和投资回报率必然降低。

（三）替代产品

如果一个行业的产品存在着替代品,这就意味着它将面临与相关行业进行竞争的压力。替代品的存在对厂商向消费者索取高价做了无形的限制,过高的定价会令消费者选择替代品。如果牛肉价格太高,人们就会更多地购买猪肉;移动通信的成本过高,固定电话的使用频率就会上升。替代品价格下降也会对行业产生降价的压力,甚至行业衰退的威胁。根据替代程度的不同,替代品的范围也有差别,替代程度越大的产品对行业的威胁就越大。

（四）需求方议价能力

如果一个采购者购买了某一行业的大部分产品,那么他就会掌握很大的谈判主动权,进而压低购买价格,要求提高质量和提供更好的售后服务,这些行为都会降低企业的盈利能力。比方说,汽车厂商可以对汽车零部件的生产者施加压力,而这会降低汽车零部件行业的营利能力。如果需求方对行业有较充分的价格、成本等信息,其要价会更低。

（五）供应方议价能力

如果关键投入品的供给厂商在行业中处于垄断地位,它就能对这件产品索取高价,进而从需求方行业中赚取高额利润,当供给方的产品是主要的投入要素时,情况会变得对需求方更不利。一个特殊的例子就是作为生产的关键投入品的工人组织——工会。工会这个统一的组织致力于进行提高工人工资的各种谈判。当工人市场具有了高度的组织性和统一性时,行业中潜在利润的一大部分就会被工人占有。决定供给者谈判能力的关键因素是需求方能否得到相关的替代品。如果替代品存在而且可以被需求者获得,供给者就失去了讨价还价的资本,因此,也就难以向需求方索取高价,反之供应方会有很强的议价能力。例如,前几年的NBA裁判由于对薪酬不满而举行罢工,由于找不到能替代他们的人,这一罢工取得了很好的效果。

在进行行业竞争结构分析时,必须综合考虑以上五个方面,以及他们对行业利润的影响程度。五力模型可以应用于几乎所有行业的竞争结构分析,但是要注意的是,因为行业一直处于不断发展变化的状态,要注意根据实际及时更新分析结果。

小　　结

1. 行业是介于宏观和微观之间的重要经济因素,行业的发展状况对该行业上市公司的业绩影响巨大,行业是决定公司价值的重要因素之一;而行业分析的重要任务之一就是挖掘最具投资潜力的行业,进而在此基础上选出最有投资价值的公司。

2. 按照行业的定义,企业所属的行业是其由产品性质决定的,产品性质是行业划分的基本标准,但并不是唯一标准。不同的需要要求对行业进行不同的分类,因此也就产生了不同的行业分类方法,我国证券市场使用的行业标准是证监会于2001年4月正式发布的《上市公司行业分类指引》。

3. 行业生命周期分析指的就是像将人的一生分为少年、中年、老年一样,将行业发展的整个过程划分为几个不同时期,并对各阶段的行业销售增长趋势、股利政策等特点进行分析。例如,可以将行业生命周期划分为初步发展、高速增长、稳定增长、成熟稳定和衰退下降五个阶段进行分析。

4. 行业的发展很大程度上也取决于其所处的行业环境,包括政策环境、社会环境、技术环境和经济环境。技术进步是推动行业发展的主要因素;社会环境对行业发展产生的影响主要来自人口结构的变化和社会习惯的改变;产业政策则是国家系统设计的有关产业发展的政策目标和政策措施的总合,表现出了国家对某一行业发展的态度。

5. 各行业对宏观经济的波动反映却是不一样的。当经济处于经济周期的不同阶段时,不同行业的业绩表现也各不相同。根据行业的发展与经济周期的关系,可以将行业划分为成长型行业、周期型行业、防御型行业和成长周期型行业。

6. 行业内企业的获利能力不仅受到产品销售增长速度的制约,更主要的是受行业竞争结构的影响;迈克尔·波特构建的五力模型是分析行业竞争结构的经典模型,在这一模型中,行业竞争状况是由业内厂商竞争状况、潜在进入者、替代品、需求方议价能力和供应方议价能力这五股力量决定的。

关 键 概 念

行业	行业分类	行业生命周期	行业环境
成长型行业	周期型行业	防御型行业	轮换策略
PETS分析	产业政策	行业结构	五力模型

第九章 公司基本素质分析

 学习目标

- ◆ 了解公司及上市公司的含义；
- ◆ 了解公司行业地位和竞争优势分析的主要内容；
- ◆ 了解经济区位的含义和主要构成；
- ◆ 了解如何分析公司的经营能力；
- ◆ 了解公司主要战略的分类和每种战略的特征及其优劣势，了解三种主要的竞争战略及其实施要求；
- ◆ 了解资产重组的主要内容及其对公司业绩和经营的影响；
- ◆ 能够运用本章学习的方法对上市公司的基本素质进行全面分析。

在进行了判断投资环境的宏观经济分析和选择投资领域的中观行业分析之后，对于具体投资对象的选择必将落实到微观层面的公司分析上。这是因为投资者的直接投资对象是公司所发行的证券，而其市场表现和投资收益直接受制于该发行公司的经营状况。只有通过分析潜在投资对象的背景资料、业务资料和财务资料，从整体上多角度地了解企业，才能适当地确定公司股票的合理定价，进而通过比较市场价位与合理定价的差异进行投资决策。

公司分析最主要的信息来源是公司年报，其中涵盖了公司的基本情况、员工情况、当年的经营状况、财务数据和其他重要事项等；公司年报为投资者提供了一个系统了解公司的信息平台。此外，投资者从各种信息渠道甚至日常生活中获取的一切有关公司的信息，都可以成为公司分析的基础。公司分析大致可以分为基本素质分析和财务分析两大部分。本章主要介绍公司基本素质分析，财务分析将在下一章予以介绍。

第一节 竞争地位分析

在开始公司分析前，我们有必要先对公司的定义有一个大致的了解。由于经济、文化、法律体系以及社会习惯的差异，在不同国家公司的定义都不尽相同。即使在同一国家中，随着社会的发展，公司的定义也在不断发生变化。

我国现行的法律并没有对公司做出直接的定义。但根据我国《公司法》的相关条款，

公司应该是指依照法定条件和程序设立的,从事商品生产经营或者提供服务的,以营利为目的的商业组织。具体是指其资本由股东出资构成,股东以其出资额或者所持股份为限对公司承担责任,公司以其全部资产对公司债务承担责任,并依公司法设立的企业法人。这一本质特征使得在我国设立的公司只能是有限责任公司和股份有限公司。

根据不同的划分标准,公司可以分成各种不同类型。其中,按公司股票是否上市流通,可将公司分为上市公司和非上市公司。狭义上,上市公司仅指其所发行的股票在证券交易所上市交易的股份有限公司。广义上,上市公司还应包括在全国证券交易自动报价系统(简称STAQ系统)挂牌买卖的股份有限公司。根据我国现行《公司法》的规定,我国的上市公司是指其所发行的股票经国务院或者国务院授权、证券管理部门批准在证券交易所上市交易的股份有限公司,是一个狭义的范畴[①]。

一、公司行业地位分析

公司在本行业中的竞争地位是公司基本素质分析的首要内容。在大多数行业中,无论其行业的平均盈利能力如何,总有一些公司比其他公司做得更好,具有更强的获利能力,他们在这个行业中处于优势地位。市场经济的运行法则是优胜劣汰,因而只有那些确立了竞争优势并且通过各种方式保持这种优势地位的公司才有长期存在并发展壮大的机会,也只有这样的公司才是我们寻求的投资目标。而缺乏竞争优势的企业,随着时间的推移只能走向衰弱甚至消亡。

在分析公司的行业地位时,我们需要将公司背景资料与前一章的行业分析中所获得的信息相结合,以便综合评价公司在本行业中的竞争地位及其可维持性。

决定公司竞争地位的首要因素在于公司的技术水平。这里的技术,既包括硬件部分(如机械设备),也包括软件部分(如生产工艺技术、工业产权、专利设备制造技术和经营管理技术等)。在相同条件下,拥有高技术水平的公司自然能够生产出更多、更好、质优价廉的满足市场需求的产品,在竞争中处于优势地位。表9-1列举了2004年美国技术专利认可排行榜的前十名,显示了大型跨国公司为提高自身技术水平而做出的不懈努力。

表9-1 2004年美国技术专利认可排行榜

	公司名称	专利数量	上一年排名
1	IBM	3 248	1
2	松下	1 934	4
3	佳能	1 805	2
4	惠普	1 775	5
5	美光科技	1 760	6
6	三星	1 604	9
7	英特尔	1 601	7
8	日立	1 514	3
9	东芝	1 310	13
10	索尼	1 305	10

数据来源:美国专利商标局。

[①] 我们在证券投资分析中进行公司分析的主要对象是上市公司,但在分析过程中我们往往还需要关注与上市公司之间存在关联关系或收购行为的非上市公司。

（一）市场开拓能力

市场占有率是公司利润的源泉，是公司生存和发展的基础。特别是在买方市场中，企业间的竞争直接体现为市场份额的争夺。为了在行业中取得优势地位，获得更多的收益，企业必须不断扩大自己的市场占有率，而这正是通过强大的市场开拓能力来实现的。例如，美国的可口可乐公司在其发展历史中无时无刻不显示出其强大的市场开拓能力，这使得它的产品遍及全球，并且在各个销售区域都拥有较高的市场占有率。

市场开拓能力并不是一个单纯的销售能力，它涵盖了企业形象设计、品牌战略建立、产品市场定位、销售模式确立等方方面面，是公司综合能力的体现。因而在挖掘现有市场潜力、进军新市场的过程中，不同公司往往偏重不同，采取的战略也不一样，如长虹彩电（600839）通过降价来挤垮竞争对手，扩大市场份额，以薄利多销来推动业绩的增长；青岛海尔（600690）通过优质优价的形象，一方面稳固国内的份额，另一方面成功打入欧美市场，维持了高利润率下的市场占有率；济南轻骑（600698）通过增持新大洲的股份来保持自己摩托车大王的地位。

（二）经营管理水平

经营水平的高低也是决定公司竞争地位的一项重要因素，本章第二节"公司经营能力分析"将对其进行详细阐述。

（三）资本与规模效益

有些行业，如汽车、钢铁、造船是资本密集型行业。这些行业往往是以高投入、大产出为基本特征的，因而由资本的集中程度而决定的规模效益成为决定公司收益和前景的主要因素。以汽车工业为例，目前国际上公认的单个车型规模经济的产能为60万—100万辆，汽车企业的规模经济的产能为400万—600万辆。在投资这类企业时，企业的规模成为考虑的重点，无法形成规模效益的厂家一般是不在投资范围之内的。

（四）产品研发能力

这是公司竞争地位能否长期维持的关键，构成了公司的核心竞争力。在科技高速发展和社会不断前行的今天，只有不断进行产品更新、技术改造的企业才能长期立于不败之地。商海弄潮如逆水行舟，不进则退，多少"百年老字号"的倒闭都告诉人们这个道理。日本的索尼公司每年向市场推出1 000种新产品，其中80％为改良产品，20％为全新产品，正是在这种连续不断的产品创新过程中，公司得到了不断的发展和壮大。

决定公司研发能力的一个主要因素就是研发投入。按照国际上比较一致的看法，研发资金占销售额2％的企业仅能维持，占5％的才有较强的竞争能力。据杂志《科技纵览》（*IEEE Spectrum*）的调查，2004年全球100家顶尖的跨国公司在研发上投入2 360亿美元，同比增长2.2％。著名的微软公司研发经费预算高达69亿美元，同比增长10％。

二、公司产品分析

如果说前面的行业地位分析主要关注公司的整体竞争力，那这里我们更强调对公司的具体产品，特别是其主营业务产品，进行分析。产品是公司获取收入、实现利润的主要载体，其市场认可度和竞争力直接决定了公司的盈利能力和竞争地位，因此这里的产品分析实际上是行业地位分析的一个延伸。公司产品要在激烈的市场竞争中获胜必须有自己的优势。一般可以分为以下四种。

（一）成本优势

成本优势是指公司的产品依靠低成本获得高于同行业其他企业的盈利能力。在很多高竞争性行业中，成本优势是决定竞争优势的关键因素。如果公司可以较低的成本生产出与竞争对手价值相当或相近的产品，那么它只要把价格控制在行业平均水平，就能获得优于平均水平的经营业绩。同时，在面临价格竞争时，它也处于主动地位，可以通过低价来排挤对手抢夺市场份额。四川长虹（600839）在彩电上的降价策略就是建立在其成本优势的基础上的。一般而言，成本优势可以通过规模经济、高技术水平、优惠的原材料、廉价的劳动力、发达的营销网络等手段来实现。

（二）技术优势

技术优势是指公司产品与同行业其他竞争对手相比拥有更高的技术含量，这是公司技术水平和研发能力的一个直接体现。技术优势的建立和维持一般是通过产品的创新来实现的。在现代经济中，这种创新能力显得尤为重要，往往决定了公司竞争的成败。这种创新能力不是一蹴而就的，必须建立在长期的技术积累和高额研发投入的基础之上。产品的创新一般包括：（1）通过新的核心技术的研制，开发出一种全新的产品；（2）通过新工艺的研究，降低现有的生产成本，开发出一种新的生产方式；（3）根据细分市场进行产品细分，实行差异化生产；（4）通过产品组成要素的重新组合，对现有产品进行改进等。

（三）质量优势

质量优势是指公司的产品以高于其他公司同类产品的质量赢得市场，从而取得竞争优势。随着人们消费能力的提高和对生活品质的要求，产品质量成为影响他们购买倾向的一个重要因素。当一个公司的产品价格溢价超过了其为追求产品的质量优势而付出的成本时，该公司就能获得高于行业平均水平的利润。换句话说，在与竞争对手成本相等或成本相近时，具有质量优势的公司就会在该行业中占据领先地位。

（四）品牌优势

品牌是一种名称、术语、标记、符号或设计，或是它们的组合运用，其目的是借以辨认某个销售者或某群销售者的产品，以便同竞争者的产品相区别。一个品牌不仅是一种产品的标志，而且是产品质量、性能、满足消费者效用的可靠程度的综合表现。品牌竞争是产品竞争的深化和延伸，当产业的发展进入成熟阶段，产业竞争充分展开时，品牌就成为产品及企业竞争力的一个越来越重要的因素。品牌具有产品所不具有的开拓市场的多种功能，一是创造市场的功能，二是联合市场的功能，三是巩固市场的功能。

产品的市场占有情况是其是否具有竞争优势的一个直观反映。通常可以从两个方面进行考察：其一，公司产品销售市场的地域分布情况。从这一角度可将公司的销售市场划分为地区型、全国型和世界范围型。市场地域的范围越广，产品的销售越有保障，同时也能从一个侧面反映出公司的综合能力。其二，公司产品在同类产品市场上的占有率。市场占有率是指一个公司的产品销售量占该类产品整个市场销售总量的比例，它较为精确地反映了产品竞争优势的大小。市场占有率越高，表示公司的经营能力和竞争力越强，公司的销售和利润水平越好、越稳定。

从动态角度上来看，产品也具有生命周期，包括介绍期、成长期、成熟期和衰退期，在不同的时期对公司的利润贡献各不相同。一般而言，处于成长期和成熟期的产品可以为企业带来大量的利润；处于介绍期的产品，虽然目前可能没有很好的销售业绩甚至亏损，但它是企业未来利润的源泉；而处于衰退期的产品，往往会拖累公司的发展，需要及时进行产品更新。此外需要说明的是，企业可以通过产品多元化和产品市场转移等方法来延长其在生命周期中某一阶段的存留时间，从而保持企业的稳定增长。

三、公司经济区位分析

区位，或者说经济区位，是指地理范畴上的经济增长带或经济增长点及其辐射范围。区位是资本、技术和其他经济要素高度积聚的地区，也是经济快速发展的地区。我们通常所说的美国的硅谷高新技术产业区等就是经济区位的例子。

区位经济的发展状况构成了公司运营的直接环境，处在经济区位内的上市公司可以获得额外的竞争优势，一般具有较高的投资价值。我们对上市公司进行区位分析，就是将上市公司的投资价值与区位经济的发展联系起来，通过分析上市公司所在区位的自然条件、资源状况、产业政策、政府扶持力度等方面来考察上市公司发展的优势和后劲，确定上市公司未来发展的前景，以鉴定上市公司的投资价值。这些分析一般包括以下三方面的内容。

（一）区位内的自然条件与基础条件

自然和基础条件包括矿产资源、土地资源、水资源、能源、交通、通信设施等，它们在区位经济发展中起到重要作用，也对区位的上市公司的发展起着重要的限制或促进作用。分析区位内的自然条件和基础条件，有利于分析该区位内上市公司的发展前景。如果上市公司所从事的行业与当地的自然和基础条件不符，公司的发展可能会受到很大的制约。如在电力资源稀缺的地区从事大量耗电的工业项目，在地区用电高峰时就可能面临限电的窘境，极大地影响公司的效益。

（二）区位内政府的产业政策

为了进一步促进区位经济的发展，当地政府一般都会相应地制定经济发展的战略规划，提出相应的产业政策，确定区位优先发展和扶持的企业，并给予相应的财政、信贷和税收等诸多方面的优惠措施。这些措施有利于引导和推动相应产业的发展，相关产业内的公司将因此受益。如果区位内上市公司的主营业务符合当地政府的产业政策，一般会获得诸多政策支持，对上市公司的进一步发展有利。

（三）区位内的经济特色

所谓特色，是区位间比较的结果，指本区位经济与区位外经济的联系和互补性、龙头作用及其发展活力与潜力的比较优势。它包括区位在经济发展环境、条件与水平、经济发展现状等方面有别于其他区位的特色。特色在某种意义上意味着优势，利用自身的优势发展本区位的经济，无疑在经济发展中找到了很好的切入点。比如某区位在电脑软件或硬件方面，或在汽车工业方面已经形成了优势和特色，那么该区位内的相关公司在同等条件下，比其他区位主营相同的上市公司具有更大的竞争优势和发展空间，因为该区位的配套服务齐全、相关人才集聚、信息流和物流都更为顺畅便捷。

第二节 经营能力分析

一、公司治理结构分析

公司的法人治理结构有狭义和广义之分：狭义上的法人治理结构是指有关公司董事会和股东权利等方面的制度安排；广义上的法人治理结构是指有关企业控制权和剩余索取权分配机制的一整套法律、文化和制度安排，包括人力资源管理、收益分配和激励机制、财务制度、内部制度和管理等。健全的公司法人治理机制至少体现在以下四个方面。

（一）规范的股权结构

股权结构是公司法人治理结构的基础，许多上市公司的治理结构出现问题都与不规范的股权结构有关。规范的股权结构包括三层含义：一是降低股权集中度，改变"一股独大"局面，这可以避免大股东侵害小股东权益；二是流通股股权的适度集中，发展机构投资者、战略投资者，发挥其在公司治理中的积极作用；三是股权的普遍流通性，而不是像国内大部分上市公司那样股权分置，只有少数股份可以流通。

（二）完善的独立董事制度

在董事会中引入独立董事制度，可以加强公司董事会的独立性，这有利于董事会对上市公司的经营决策做出独立判断。根据2001年8月中国证监会发布的《关于在上市公司建立独立董事制度的指导意见》，所有的上市公司在2002年6月30日之后都必须建立独立董事制度。

（三）监事会的独立性和监督责任

一方面，应该加强监事会的地位，增强监督制度的独立性和加强监督的力度，限制大股东提名监事候选人和作为监事会召集人；另一方面，应该加大监事会的监督责任。

（四）相关利益人的公共治理

相关利益者包括员工、债权人、供应商和客户等主要利益相关人。相关利益人共同参与的共同治理机制可以有效地建立公司外部治理机制，以弥补公司内部治理机制的不足。

2002年1月中国证监会发布的《上市公司治理准则》阐明了我国上市公司治理的基本原则、投资者权利保护的实现方式，以及上市公司董事、监事、经理等高级管理人员所应当遵循的基本的行为准则和职业道德等内容。有关公司治理结构的相关信息必须在年报中予以充分披露。

二、员工素质及能力分析

（一）决策层

决策层是企业的最高权力机构，负责制定企业的经营目标和发展方向，他们决策得正确与否决定了公司的盈利状况甚至成败。作为公司的灵魂，他们应具备较高的企业管理能力、丰富的工作经验和良好的经济素养，有清晰的战略思维头脑和综合判断能力，能在复杂多变、竞争激烈的环境中运筹帷幄，决胜千里。同时，他们应该具备较强的法制观念，严格按照国家的法律、法规、政策行事，保证公司的合法经营。

（二）管理层

管理层是公司的核心力量,负责决策层的战略的具体实施,其素质决定了战略实施的程度、效率和效果。管理层人员应当既通晓现代化管理的理论知识,又具有实际的管理经验,有开拓进取精神,工作态度严谨,还应具备较强的组织指挥能力,熟悉企业的生产工艺流程和经营的状况,能够合理地安排生产计划,灵活处理各种意外情况。另外,他们还应善于协调关系,能够知人善用,充分调动广大员工的积极性和工作潜力。

（三）执行层

执行层,即企业的最基层。公司的经营任务要通过执行层人员直接操作实施,加以完成。对本层人员的基本要求是：了解本岗位工作范围,严格执行操作程序,操作技术娴熟,热爱本职工作,能保质保量完成和超额完成生产经营指标。

三、公司经营效率分析

原材料的供给、产品的生产、产成品的销售、利润的获得都依赖高效率的经济活动部门去实现。他们必须按时、按量完成相应的采购、生产、销售任务,追求成本收益最优化,获得尽可能高的利润。这些需要经营人员及时地进行产品宣传,利用各种信息媒介,分析市场行情,了解消费者的需求和消费心理,将综合信息以最快的速度、最敏捷的方式反馈到决策层,使企业适时地调整经营方向,生产适销对路的产品,从消费指导生产到生产引导消费,创造经营活动中最佳业绩。因此,对企业的经营活动效率的分析,我们应着重评价：经营人员的整体观念、奉献精神；经营人员的开拓能力和应变能力；经营人员的业务精通程度和效益意识；经营人员的工作效率和工作业绩,以及经营人员的职业道德和进取精神。

四、公司内控机制效率分析

企业内部应当建立完善的管理制度,并严格执行相关的办事程序和行为准则。人们对生产经营活动经验的总结,是对客观规律和自然规律的主观反映。人们在实践中逐渐认识了客观规律,把它条例化、文字化,通过一定的组织程序制定了各项办事规则和行为规范,这就形成了管理制度。俗话说"没有规矩,不成方圆",科学有效的管理制度是公司成功的基础。

在考察企业的管理制度时,我们可根据企业的具体经济目标,看企业内部各项规章制度是否订立,是否切实可行,各员工是否遵守,各部门是否都有自己的办事程序,是否分工明确、职责清楚,权利是否享受,义务是否履行,等等。据此即可对该企业内部调控机构做出总体评价。

五、人力资源管理效率评估

现代企业间的竞争归根到底是人才的竞争,能否拥有高素质的人才决定了企业竞争的成败,而这都有赖于高效的人力资源管理(Human Resource Management)。它需要我们合理使用人才,任人唯贤,挖掘人的智慧和发挥人的创造精神,做到用其所长、避其所短,同时还要积极教育培养各种专业和技术人才,提高职工个人和整个职工队伍的技术和文化素质。另外,要合理地安排生产劳动力,最大限度地减少浪费人力的现象。要根据企业生产经营需要增减机构,根据增减机构的实际情况安排相应人员。要制定切实可行的考核制度、奖惩制度、晋升办法,合理地进行企业内部人才流动,稳定企业内部的有用人才和职工队伍。

第三节　公司战略分析

一、公司总体战略分析

战略是企业面对激烈的竞争与严峻挑战的环境,为求得长期生存和不断发展而进行的总体性谋划。关于战略的定义至今没有明确统一,许多学者从多种角度进行讨论,不同的学者与经理赋予公司战略不同的含义。有的认为公司战略还应该包括公司目的与目标,即广义的公司战略。有的认为公司战略不应该包括这一部分内容,即狭义的公司战略。美国哈佛商学院教授 K. 安德鲁斯(K. Andrews)认为公司总体战略是一种决策模式,它决定和揭示公司的目的和目标,提出实现目的的重大方针与计划,确定公司应该从事的经营业务,明确公司的经济类型和人文组织类型,决定公司应对员工、顾客和社会做出的经济和非经济贡献。

一般来说,公司的总体战略可以分为稳定型战略、增长型战略和紧缩型战略。

（一）稳定型战略

稳定型战略(Stability Strategy)是指在内外环境的约束下,公司在战略上所期望达到的经营状况基本保持在战略起点的范围和水平上。按照稳定型战略,公司所遵循的经营方向是使其在目前经营领域内所达到的产销规模和市场地位大致不变或以较小的幅度增长或减小。

它具有如下的特征:(1)公司对过去的经营业绩表示满意,决定追求既定的或与过去相似的经营目标。例如,公司过去的经营目标是在行业竞争中处于市场领先者的地位,稳定型战略意味着在今后的一段时期里依然以这一目标作为公司的经营目标。(2)公司战略规划期内所追求的绩效按大体的比例递增。这里的增长是一种常规意义上的增长,而非大规模的和非常迅猛的发展。实行稳定型战略的公司,总是在市场占有率、产销规模或总体利润水平上保持现状或略有增长,从而稳固公司现有的行业地位。(3)公司准备以过去相同的或基本相同的产品或劳务服务于社会,这意味着公司的产品创新上较少。因此,采取稳定型战略的企业,一般是在市场需求及行业结构稳定或者较小动荡的外部环境中,或者是公司由于资源状况不足以使其抓住新的发展机会的情况下而不得不采用相对保守的战略态势。

稳定型战略的优势在于公司的经营风险较小,避免了开发新产品核心市场的资金投入、激烈的竞争抗衡和开发失败的巨大风险,也避免了因战略改变而改变资源分配的困难。由于不需要考虑原有资源增量或存量的调整,相对于其他战略态势,稳定型战略显然要容易得多。另外,该战略还可以避免盲目过快发展而导致的弊端,能给公司一个较好的休整期,使公司积聚更多的能量,为今后的发展做好准备。从这个意义上说,适时的稳定型战略将是增长战略的一个必要的酝酿阶段。当然,稳定型战略也有自身固有的劣势。它的执行首先是以市场需求、竞争格局等内外条件基本稳定为前提的,一旦公司的这一判断没有得到验证,就会打破战略目标、外部环境、公司实力之间的平衡,使公司陷入困境。除此以外,特定细分市场的稳定型战略也会有较大的风险,还会使公司的风险意识减弱,甚至形成害怕风险、回避风险的文化,这会大大降低公司对风险的敏感性、适应性和冒风险的勇气,从而增加了以上风险的危害性和严重性。

(二)增长型战略

增长型战略(Growth Strategy)也称发展战略,是指企业在现有的战略基础水平上向更高一级的方向发展。它的特征是:(1)公司不一定比整个经济增长速度快,却要比其产品所在市场增长得快。这里,市场占有率的增长可以说是一个最重要的衡量指标。增长型战略不仅应当体现于绝对市场份额的增加,更应体现于市场容量增长基础上相对份额的增加。(2)公司往往取得大大超过社会平均利润率的利润水平。由于发展速度较快,这些企业更容易获得较好的规模经济效益,从而降低生产成本、获得超额的利润率。(3)公司的发展立足于创新。(4)公司倾向于采用非价格的手段同竞争对手抗衡。(5)公司不是间断地使用外部环境,而是试图通过创造以前本身不存在的新需求来改变外部环境并使之适合自身。

增长型战略的优势首先就在于公司可以通过发展扩大自身的价值,增加市场份额和绝对财富,同时通过不断变革来创造更高的生产经营效率与效益,使公司总是充满生机和活力。增长型战略还能保持企业的竞争实力,实现特定的竞争优势。与该战略相伴的是公司风险的提高,在采用增长型战略获得初期的效果后,公司很可能盲目发展或为了发展而发展,从而破坏公司资源平衡。此外,过快发展很可能会降低公司的综合素质,使公司的应变能力出现内部危机和混乱。这主要是由于公司新增机构、设备、人员太多而未能形成一个有机的互相协调的系统所引起的。最后,增长型战略很可能使公司管理层更多地关注投资结构、收益率、市场占有率、企业的组织结构等问题,而忽视产品服务或质量,重视宏观发展而忽视微观问题的结果往往是不能使公司达到最佳状态。

增长型战略具体又可以分为密集性成长战略、一体化战略和多样化战略。采用密集性成长战略的公司,既可以在利用现有产品和市场的基础上,通过改善产品和服务等经营手段、方法进行市场渗透,逐步扩大销售并占领更大的市场面,也可以利用原有产品争取新的客户,从而开拓新的市场,当然公司还可以进行产品开发,以不断改进原有产品或开发新产品的方法进入原有市场,从而巩固市场并进一步扩大市场占有率。一体化战略是从公司经营业务的角度,将若干个部分有机地结合在一起组成一个整体的战略。一体化不是企业间简单的联系,这些结合在一起的企业在生产过程或市场上应该有一定的联系。采用一体化战略必须具备两个条件:公司所属的行业有广阔的前景,公司经过一体化后提高了活力、效益、效率和控制力。在一体化的方向上,可以是将生产与原材料供应或生产与产品销售联合在一起的纵向一体化或垂直一体化,也可以是与同行业公司进行联合的横向一体化。前者是公司最佳生产范围的确定,而后者是最佳生产规模的确定,两者都有各自独特的目标和优势。多样化战略最初是由著名战略学家安索夫(H. Ansoof)在20世纪50年代提出来的,此后便风靡一时。通过多样化战略,公司向不同行业渗透或向不同的市场提供产品和服务,扩大了利润的来源并有效地分散了经营风险,使公司的发展更平稳。同时公司的各种资源也获得了最大效率的应用,提高了经济效益。公司还可以在各种经营业务间直接进行平衡,并且逐步向具有更优经济特征、更大市场的行业转移,以改善企业的整体盈利能力和灵活性,从而提高公司的应变能力。

(三) 紧缩型战略

紧缩型战略(Retrenchment Strategy)是指公司偏离起点,而从目前的战略经营领域和基础水平收缩和撤退的一种经营战略。与稳定型战略和增长型战略相比,紧缩型战略是一种消极的发展战略。一般来说,公司实施紧缩型战略只是短期的,其根本目的是使公司躲过风暴后转向其他的战略选择。有时,只有采取收缩和撤退的措施,才能抵御竞争对手的进攻,避开环境的威胁和迅速地实行自身资源的最优配置。可以说,紧缩型战略是一种以退为进的战略。

紧缩型战略的特点是:(1)对公司现有的产品和市场领域实行收缩、调整和撤退,如放弃某些市场或某些产品线。(2)对公司的资源运用采取较为严格的控制和尽量削减各项费用支出,往往只投入最低限度的经营资源。(3)紧缩型战略具有明显的短期性和目的性,其根本目的并不在于长期节约开支、停止发展,而是为了今后发展积蓄力量。

紧缩型战略的优势在于能帮助企业在外部环境恶劣的情况下,节约开支和费用,顺利地渡过难关,能在企业经营不善的情况下最大限度地降低损失,还能帮助企业更好地实行资产的最优组合。不过紧缩型战略的尺度一般是比较难把握的,如果盲目地使用可能会扼杀具有发展前途的业务和市场,使企业的总体利益受到伤害。而且,由于实施紧缩型战略通常意味着不同程度的裁员和减薪,容易引起企业内外部人员的不满,从而引起员工情绪低落。

二、公司竞争战略分析

竞争战略所涉及的问题是在给定的一个业务或行业内,经营单位如何竞争取胜的问题,即在什么基础上取得竞争优势。公司的竞争战略很大程度上受制于行业的竞争结构,因此我们在评估这些竞争战略时,需要充分考虑行业的整体竞争格局。

一家公司的竞争战略既可以是防御型的,也可以是进攻型的。防御型竞争战略(Defensive Competitive Strategy)旨在使公司有能力提供最好的解决办法来减轻来自同业竞争压力所造成的影响。例如,投资固定资产和技术创新可以降低生产成本,或者通过增加广告支出来树立良好的品牌形象。进攻型竞争战略(Offensive Competitive Strategy)是指公司试图利用其强大的优势去改变自己在该行业的竞争力,从而提升公司在行业内的相对地位。例如,微软公司在个人计算机软件业的统治地位就是由于它比其竞争对手抢先一步,并在早期与个人计算机市场的霸主国际商业机器公司(IBM)结成同盟,从而占领了大部分 PC 市场的操作系统软件领域。

作为投资者,需要充分理解这两种竞争战略,确定拟投资公司采用哪种战略,该战略相对其所处的行业来说是否合理,进而评估公司实施该种战略获得成功的可能性。

各个公司在实行竞争战略时所采用的具体方法往往是不同的,并且对于特定公司来讲,其最佳的战略最终将是反映公司所处具体情况的独特产物。著名的竞争战略专家迈克尔·波特从最广泛的意义上,归纳出三种具有内部一致性的基本竞争策略:总成本领先策略、差异化策略、目标集聚策略。这三种策略指明了公司在行业环境的制约下,如何长期发展建立进退有据的地位,从而在产业中胜过竞争对手。

（一）总成本领先策略

追求这种策略的公司就是希望成为低成本的生产者，然后成为该行业的低成本领导者。不同行业所具有的成本优势各不相同，这些优势可能包括规模经济、专利技术或获得原材料的优先权。为了通过总成本领先策略来获益，公司必须把价格控制在行业平均水平附近，这就意味着公司必须在技术等方面领先于其他公司。如果价格降低太多，公司因成本优势而获得的高于其他公司的收益率也会下降。在20世纪90年代初，沃尔玛被认为是这种策略的发起者。该公司通过批量购买商品和低成本运作降低了成本，结果收入虽然减少了，但边际利润率和资本收益率仍然比许多竞争对手高。

该策略的主要风险是给公司带来保持这一地位的沉重负担，该类战略意味着要为设备现代化再投资，坚决放弃陈旧资产，避免产品系列的扩展以及对技术上的进步保持敏感。总成本领先策略带来风险的一个经典例子是20世纪20年代的福特汽车公司。福特公司曾经通过限制车型及种类、积极试行后向整合、采用高度自动化的设备、减少改型以促进学习积累，以及通过学习积累严格推行低成本化措施等，取得过所向无敌的成本领先地位。然而，当许多收入升高、已购置了一辆车的买主考虑再购买第二辆时，市场开始偏爱有风格的、改型的、舒适的封闭型汽车而不是敞篷车。客户愿意为得到这些性能多出价。通用汽车公司对开发一套完整的车型并进行资本投资早已有准备，而福特公司为把被淘汰车型的生产成本降至最低所付出的巨额投资现在却变成了顽固障碍，使得福特公司的战略调整面临极大的代价。

（二）差异化策略

这种策略是将公司提供的产品标新立异，形成一些在全产业范围中具有独特性的东西，这点对于如今追求个性化的消费者来说非常重要。实现差异化策略的方法有许多，如设计或品牌形象、技术特点、客户服务、经销网络等。这种策略通过客户对品牌的忠诚以及由此产生的对价格敏感性的下降，可以为公司建立起对付五种竞争作用力的防御地位，使公司避开竞争。但建立差异的活动总是成本昂贵的，因此采取这种策略将意味着以成本地位为代价。只有采取该策略所获得的价格溢价大于为追求独一无二所支付的额外成本时，公司才可以获得额外的收益。所以面对这种这类公司，投资者必须仔细分析这些差异化因素是否真的是独特的，是否具有可持续性，其成本收益的分析结果如何。

差异化策略同样包含着一系列风险，如实行差异化造成与其他竞争对手成本差距过大，以至于差异化不再能笼络住客户，市场需要的差异化程度下降，模仿使已建立的差别缩小等。

（三）目标集聚策略

最后一类基本策略是主攻某个特定的顾客群、某产品系列的一个细分区段或某个地区市场。目标集聚策略同样可以有许多具体的形式，但其整体是围绕着很好地为某一特定目标服务这一中心建立的，所制定的每一项职能性方针都要考虑这一目标。这种策略可以使公司在相对狭窄的市场目标中获得一种或两种优势地位。投资者在评价这类策略时，关键是要考虑目标市场的购买力是否可以满足公司生存和发展的需要，以及公司是否有能力有效地坚守该市场。

目标集聚战略包含的风险有：大范围提供服务的竞争对手与目标集聚公司间的成本差距变大，使得针对一个狭窄目标市场的产品丧失成本优势；战略目标市场与整体市场之间对所期待的产品的差距缩小；竞争对手在战略目标市场中又找到细分市场，因而使目标集聚公司显得不够集聚。

三种基本策略之间的区别如图 9-1 所示：各策略在架构上的差异远甚于上面所列举的，成功地实施它们需要不同的资源和技能。表 9-2 列举了波特指出的不同策略所需的相关技巧、资源及公司组织的要求。投资者在进行评价时，必须充分考虑公司具体情况，才能对相关策略的前景及风险做出一个准确的判断。

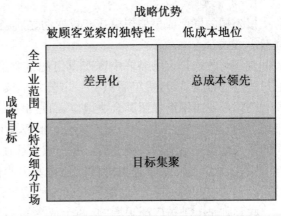

图 9-1 三种基本竞争战略

表 9-2 不同策略所需的相关技巧、资源及公司组织的要求

基 本 战 略	通常需要的基本技能和资源	基 本 组 织 要 求
总成本 领先策略	● 持续的资本投资和良好的融资能力 ● 工艺加工技能 ● 对工人严格监督 ● 所设计的产品易于制造 ● 低成本的分销系统	● 结构分明的组织和责任 ● 以满足严格的定量目标为基础的激励 ● 严格的成本控制 ● 经常、详细的控制报告
差异化策略	● 强大的生产营销能力 ● 产品加工 ● 对创造性的鉴别能力 ● 很强的基础研究能力 ● 在质量或技术上领先的公司声誉 ● 在产业中有悠久的传统或具有从其他业务中得到的独特技能组合 ● 得到销售渠道的高度合作	● 在研究与开发、产品开发和市场营销部门之间密切协作 ● 重视主观评价和激励，而不是定量指标 ● 有轻松愉快的气氛，以吸引高技能工人、科学家和创造性人才
目标集聚策略	● 针对具体战略目标，由上述各项组合构成	● 针对具体战略目标，由上述各项组合构成

三、资产重组

资产重组是公司通过资本运营谋求调整、发展的一种重要途径，其目标通常与公司的战略息息相关。由于其操作的复杂性和对公司影响的深远性，对于发生资产重组的公司，投资者必须进行小心谨慎的分析。

（一）资产重组的分类

从西方发达国家公司多年的实践来看，公司的资本运营战略法则大致可以分为以下三种类型。

1. 扩张型

指公司的资产或负债规模在产权变动之后趋于扩张,包括了兼并与收购、股权转让、联营等方式。

兼并与收购是市场经济中资产重组的重要形式。兼并是指两个或两个以上的公司通过法定的方式重组,重组后只有一个公司继续保留其合法地位。合并是指重组以后,原有公司都不再继续保留其合法地位,而是组成一个新公司。收购是指一家公司在证券市场上用现金、债券股票购买另一家公司的股票和资产,以获得对该公司的控制权,该公司的法人地位并不消失。企业的兼并与收购往往同时进行,成为购并。

股权收购,是指某个公司对目标公司发出股权的公开要约,进而取得公司控制权的方式。它与收购的不同之处在于,收购一般是与目标公司的管理层直接进行产权交易。

联营则是一种被广泛采用的、两个或更多的经济实体之间合作的组织形式,也被称为战略同盟,一般指多个合伙人将资金、技术或其他财产投入一个合伙企业中。

2. 收缩型

指公司的资产或负债规模在产权变动之后趋于缩小,包含了资产剥离、分立等形式。

资产剥离是指将那些从公司长远战略来看处于外围和辅助地位的经营项目加以出售。购并主要涉及新经营项目的购入,其目的是增强公司的核心业务和主营项目。当前我国的资产剥离往往指一家企业在股份制改造中将其附属或不良资产另行处置的一种活动,应该说与国际通行的含义有所差别。

公司分立是指一个公司依法定程序分开设立为两个以上的公司。公司分立主要采取两种方式进行:(1)公司将其部分财产或业务分离出去另设一个或数个新的公司,原公司继续存在,即派生分立,也称"子股换母股";(2)公司将其全部财产分别归于两个以上的新设公司,原公司的财产按照各个新成立的公司的性质、宗旨、经营范围进行重新分配,原公司解散,即新设分立,也称为"完全析产分股"。

3. 内变型

这类企业的产权变动或交易,更多地是与公司股东的内部变化和公司控制权的变动相联系,而公司的整体资产或负债状况往往没有发生变化。这类交易包括股票回购、杠杆收购和转为非上市公司等。

从我国上市公司参与资产重组的历史来看,具体方式可以分为以下四种。

(1)上市公司作为收购方,对其他公司实施兼并与重组,即上市公司出资购买目标企业的资产以获得其产权的重组方式。这种方式是上市公司典型的资本经营扩张之路,其特点是以小搏大,以少量的资金盘活大量闲置资产,而且其购并重点放在与其相关的产业上,这种资本经营扩张之路为此类上市公司带来快速的发展。如1996年6月,巴士股份出资4万元收购了拥有88辆双层巴士的上海新新汽车公司,接着又出资4 104万元收购了上海市公共交通总公司全资下属的11家公司的全部净资产,通过这两项收购,巴士股份公司最大限度地占领了上海本地的客运市场,迅速扩大了市场份额。

(2)上市公司作为目标公司的购并与重组。由于我国原来实行上市审批制,能上市公司的数量十分有限,因此经营不善的上市公司的上市资格成为了广大欲上市的公司追逐的目标。具体购并方式又分为借壳上市和买壳上市两种。

借壳上市是指控股公司或集团公司先将其某一下属上市公司部分资产改组后,再将控股公司或集团的其他优质资产注入,透过资产重组实现借"子"壳上市。这种方式表现为上市公司的控股集团公司借助资产重组逐步实现整体上市。天津港务局是上市公司天津港储运股份有限公司的最大股东,天津港务局通过天津港储运上市公司的资产重组,逐步将天津港务局的其他优质资产注入其中,成功借壳上市,并更名为"天津港"。对于天津港储运公司而言,经济实力大幅提升,净资产回报率达到配股要求;而对天津港务局而言,拿出现有的优质资产作为配股资本进行定额配股,既有效盘活了天津港务局的国有资产存量,又弥补了部分新增资金的缺口,能更好地发挥利用证券市场筹资的功能。

买壳上市是指非上市公司或企业集团通过收购某上市公司,获得某上市公司的控股权后,再将本身企业的优质资产注入该公司,从而达到间接上市的目的。这种方式偏重于市场行为,能在更大范围及程度上利用证券市场实现其资源的优化配置。1997年中国远洋运输集团旗下的中远置业发展有限公司以协议方式受让了上海众城实业股份有限公司总股本28.7%的法人股,成为该上市公司的第一大股东。这是上海房地产的第一起买壳上市案。随后中远再次收购众城法人股,从而获得众城实业68.37%的股权,成为绝对控股方。收购后的中远通过向众城注入优质资产,置换非优质资产,优化众城实业的资产结构,建立新的利润增长点,以实现中远集团总公司整体的战略目标。

(3) 上市公司集团内部进行资产置换。资产置换主要是上市公司与其背后的集团之间通过协议剥离劣质资产、注入优质资产来实现重组的一种方式。资产置换是资产双向流动的过程,有助于盘活不良资产,发挥双方在资产经营方面的优势。

(4) 上市公司之间投资参股。指对生产和职能上没有任何联系或联系很小的上市公司的购并,其目的在于拓宽企业自身的产业结构,进入更具增长潜力或利润率较高的领域,实现投资多元化和经营多样化,扩大企业规模的资本实力。这种并购的优点是可以使企业更快地适应市场结构的调整,有效地避免由于某种产品或某行业不景气而使整个企业盈利大幅下降,大大提高企业整体抵御风险的能力。"济南轻骑"控股"琼海药"并更名为"轻骑海药",宝安集团参股延中实业、黔中天、甘长风、渝开发等,都是该类重组的典型案例。但只有具备相当实力的集团公司才适宜采用这种扩张策略,否则可能由于力量分散、战线过长而导致管理混乱、效率低下等情况。

(二) 资产重组的效果

公司开展资本运营,无疑是为了实现其某种战略发展目标。通过资产重组,公司可以优化产品和管理资源结构(股东结构变化)、提高资产整体质量和经营效率,实现经营业务多样化,使得公司未来的现金流稳步增长,所以资本运作符合公司股东的根本利益。但在实际操作中,资产重组能否提升公司业绩,很大程度上受制于公司重组后的整合是否成功,包括资产整合、人力资源和公司文化整合以及公司组织重构三个方面。如果整合无法顺利完成,资产重组就难以取得预期的效果,甚至给公司带来严重的负效应。

不同类型的重组对公司的业绩和经营的影响也是不同的。兼并收购是上市公司最常用的扩张方式,它可以使公司拓展新产品市场份额,或进入其他经营领域,但这种方式的最终效果受到被收购兼并方生产及经营现状的影响较大,磨合期较长,因而见效可能较慢。目前我国上市公司的股权结构比较特殊,国家股和国有法人股所占的比例较大且又不能流通,因此国有股或国有法人股的股权转让成为我国证券市场中最常见的资产重组类型,它可以帮助上市公司调整股权结构和治理结构,改善上市公司的经营业绩、提高资本效率。但需要指出的是,上市公司股权转让本身只能反映股权结构的变化,并不代表公司的经营业务活动一定会发生相应的变化,也就是说股权重组必须结合以后相应的经营重组,这种方式才会有效果。资产置换也是一种常见和见效较快的重组方式,其重要内容就是用公司的"劣质"资产交换外部优质资产,由于是采取整体置换形式,所以公司资产质量得以迅速提高,收益也可立竿见影。统计数据表明,资产置换类上市公司重组之后,主营业务收入的平均值有较大幅度增长,其利润、每股收益和资产收益率更是成倍增长,这说明资产置换重组模式见效快,成效显著。但是这种方式的资产重组关联交易较多,交易的市场化程度低,短期得益较多,公司的长期盈利能力还有待观察。

另外对于调整型资产重组而言,在分析时需要小心区分报表性重组和实质性重组。两者区分的关键是看有没有大规模的资产置换或合并。实质性重组一般要将被并购企业 50% 以上的资产与并购企业的资产进行置换或双方资产合并。而报表性重组不进行大规模的资产置换或合并,因此重组后其偿债能力、资产管理能力、股本扩张能力、成长性等各方面综合实力并没有得到实质性的提高。公司进行该类重组,往往是为了粉饰财务报表、短期内提高报表收益。具体方式在下一章中会有详细的阐释。

总之,对于投资者而言,在公司分析时应该小心鉴别公司进行资产重组是出于短期压力的考虑,保护稀有的"壳资源"和配股资格,还是从长计议,通过有效的重组实现可持续发展。一般重点关注以下几点。

- 重组后主营业务状况如何?
- 重组后每股收益、每股净资产及净资产收益率的增减状况如何?
- 一次性重组收益对每股收益产生的影响如何?
- 业绩与重组方式的关系如何?
- 业绩与股本规模、上市时间的关系如何?
- 运用优惠政策的重组对业绩的影响如何?
- 关联重组是否造成了业绩误?
- 重组时对目标资产的选择是否严格?
- 重组中是否只注重了资本经营而忽视了新产品经营?

小　　结

1. 公司分析是确定证券价值、进行投资决策的关键,具体内容可以分为基本素质分析和财务分析。

2. 在行业中占据优势地位的公司才有长期生存和发展壮大的机会,他们是我们寻找的投资目标。公司的行业地位取决于其核心竞争力,具体包括技术水平、市场开拓能力、经营管理能力、产品开发能力等。拥有强有力的产品是公司奠定行业地位、获得高额利润的前提,同时经济区位的发展状况也能为公司提供额外的竞争优势。

3. 健全的法人治理结构、高素质的员工队伍、有效的内控机制等是公司良好经营能力的反映。

4. 战略是企业面对激烈的竞争与严峻挑战的环境,为求得长期生存和不断发展而进行的总体性谋划,决定了企业未来的盈利状况。公司的总体战略可以是稳定型的、增长型的或紧缩型的,每一种战略都有其独特的目标和特点。公司在竞争时所实施的具体战略称为竞争战略,它可以是防御型的,也可以是进攻型的;可以是总成本领先策略,也可以是差异化策略或目标集聚策略,具体采用哪种策略需要综合考虑行业竞争格局和公司自身的能力和资源。态势分析法(SWOT分析)和波士顿矩阵法是评价公司战略的有用工具。

5. 资产重组是公司通过资本运营谋求调整、发展的方式。不同形式的重组会给公司的业绩和经营带来不同的影响。在分析时需要有效区分公司进行资产重组是出于短期压力的考虑,保护稀有的"壳资源"和配股资格,还是从长计议,通过有效的重组实现可持续发展。

关 键 概 念

公司	行业地位	竞争优势	经济区位	治理结构
战略	稳定型战略	增长型战略	紧缩型战略	SWOT 分析
波士顿矩阵法	竞争战略	总成本领先战略	差异化战略	目标集聚战略
投资项目分析	资产重组			

第十章 财务报表分析

 学习目标

- 了解会计假设和一般会计原则,以及它们对财务报表分析的影响;
- 了解我国上市公司信息披露的法规体系;
- 了解上市公司财务报表的基本构成,熟悉资产负债表、损益表、现金流量表和股东权益表的结构以及它们之间的联系,理解报表附注的重要性;
- 了解财务报表是如何反映公司的经营活动和金融活动的;
- 学会对资产负债表、损益表、现金流量表和股东权益表进行调整,以便更好地反映和区分公司的经营和财务活动。
- 了解财务比率的含义以及相对比率的重要性,学会同比财务报表的构建和五类基本的财务比率的计算;
- 了解经典的杜邦财务分析体系以及如何通过调整的财务报表来分析公司的盈利能力;
- 了解成长性分析的主要内容和方法;
- 能够运用本章学习的方法对上市公司的财务报表进行全面分析。

对于投资者而言,基本面分析的目标就是全面了解与公司相关的各种信息并通过这些信息评估公司证券的真正价值,从而做出投资决策。而财务报表通常被认为是发现有关公司信息的最有力的工具,它详细地记载了公司的财务状况和经营成果,是公司经营历史的最好反映。我们确实也把财务报表放在公司分析的核心位置。

事实上,作为基本面分析核心的财务报表分析还有一个更为重要的作用。我们知道证券的价值是取决于公司未来业绩的,而对未来做出判断最好的依据就是历史数据,作为公司历史发展载体的财务报表理所当然成为预测的基础。同时,按照定价分析的一句行话,财务报表的内在逻辑给出了创造收益和现金流的"动因",因此它提供了如何建立预测的一种思考方式,也提供了一个预测的框架。通过本章的阅读,你将学会如何通过调整财务报表和计算财务比率来解读"数字"背后的故事,以便为后续的财务预测奠定基础。

在第一节里,我们将介绍一些有关财务报表的基础知识,包括报表编制的原则、所应遵循的法规体系以及报表的主要构成。第二节是本章的重点,它提供了一个重编财务报表以及实现报表与企业活动关联的模版。通过这个模版,你能更好地透过报表来了解公

司的经营状况。第三节介绍报表分析的重要工具——财务比率,你将学会如何计算和应用各种比率。第四节是盈利性和成长性分析,它为我们后面的财务预测奠定了基础。

第一节 财务报表基础

一、一般会计原则和财务报表编制

财务报表是根据公司的会计账簿和其他相关资料编制的,为了更好地理解财务报表分析的内容和局限性,我们有必要对会计基础理论有一个大致的了解。

会计假设与会计原则是传统会计理论的基础与重要组成部分。上市公司的会计部门从事财务会计活动、编制财务报表,要遵循一定的会计原则,而这些原则又是建立在一些基本的会计假设基础之上的,二者共同制约着财务报表的编制。

(一)会计假设

会计假设是指会计机构和会计人员对那些未经确认或无法正面论证的经济业务或会计事项,根据客观的正常情况或变化趋势所做出的合乎情理的判断。公认的基本会计假设有四个。

1. 会计主体假设

会计主体假设是指每个上市公司的经济业务必须与上市公司的所有者及其他经济组织的业务分开,它自身构成一个独立的经济实体。会计主体假设规定了会计处理与财务报告的空间范围,它要求财务报表只能反映某特定主体的财务状况与经营成果[①]。

2. 持续经营假设

持续经营假设是指上市公司会计方法的选择应以上市公司在可预见的未来将按它现在的形式和既定的目标正常持续经营下去,不考虑破产、清算因素。持续经营假设为上市公司在编制报表时选择会计方法奠定了基础,它使得公司能够按照历史成本对资产计价并进行折旧摊销,费用能够定期进行分配,负债能够按期偿还[②]。

3. 会计分期假设

因为假设上市公司在可预见的将来会保持其持续经营状态,所以实践中就不可能等到上市公司的全部经营活动完结以后才向外界提供财务报告。为了使财务报告的使用者能定期、及时地了解上市公司的财务状况和经营成果,会计上就必须把持续经营的经济活动人为地进行阶段划分,使其归属于不同的期间,并进行会计处理及财务报告的编制。因此,会计分期假设是持续经营假设的必然结果。这种因会计的需要而划分的期间称为会计期间,通常按月、季和年来划分。最常用的以年为划分的会计期间又称会计年度[③]。会计期间的确定实际上决定了上市公司对外报送报表的时间间隔以及上市公司报

[①] 现实中,上市公司生产经营方式和组织方式的多样化往往使公司概念的外延难以界定,因而我们在分析财务报表(特别是合并报表)时需要谨慎地界定公司的范围,以便真实、公允地计量他们的资产、负债和权益。

[②] 竞争激烈的市场经济环境使持续经营假设关于会计主体前途稳定性的设想不断受到冲击。不断加大的经营风险和财务风险使上市公司随时都有可能被清算或被兼并,从而被迫终止经营活动。由此,破产分析也成为财务报表分析的一个必要组成部分。

[③] 会计年度既可与日历年度相一致,又可与日历年度不一致。我国规定以日历年度作为上市公司的会计年度,即以公历1月1日起至12月31日止为一个会计年度。

表所涵盖的时间跨度①。

4. 货币计量假设

货币计量假设是指只有能用货币反映的经济活动，才能纳入会计系统。这意味着：第一，会计所计量和反映的只是上市公司业务能用货币计量的方面；第二，不同实物形态的资产需用货币作为统一计量单位，才能据以进行会计处理②。

（二）会计原则

会计原则是从会计实践中逐渐发展起来的，被公认为公正、妥善、有用的系统化的惯例，是会计人员据以辨认、计量和记录经济业务，提供财务报告的指南。我国财政部发布的《企业会计准则》规定的一般原则包括13个方面：客观性原则、实质重于形式原则、相关性原则、可比性原则、一贯性原则、及时性原则、明晰性原则、权责发生制、配比原则、谨慎性原则、历史成本原则、收益性支出和资本性支出划分原则以及重要性原则。这里我们主要介绍对报表分析有重大影响的几个原则，其他的请参阅相关的会计书籍。

1. 权责发生制

权责发生制（Accruals Concept）也称应收应付制，是指根据权责发生关系按实际发生的和影响的期限来确认公司的收支和收益。凡属于本会计期间的收入和费用，不论其款项是否收付，均应作为本期的收入和费用处理；凡不属于本期的收入和费用，即使其款项已在本期收取或付出，也不作为本期的收入和费用处理。在这里，属于本期的收入，也称已实现的（Realized）收入，其确认主要关注实现收入的过程是否完成，并不关注货币的收取情况：只要商品销售的过程完成或收入的赚取过程完成，在会计上就确认收入，体现为利润表中的利润增加。所谓属于本期的费用，也称已发生的费用，是指为产生一定会计期间的收入而发生的耗费，在利润表中表现为使利润减少的因素。按照权责发生制原则对费用进行确认，主要关注资源的消耗与实现收入的过程是否相关，并不关注货币的支付情况：只要是为实现收入发生的资源消耗，在会计上就确认为费用。费用的确认应该和收入的确认相配比。权责发生制下的财务信息与实际发生的经济事件相对应，反映公司通过发生费用、获取收入来实现利润的本质过程，更为准确地记录公司一定时期内的经营成果，也使得不同时期间的财务报表具有可比性。

与权责发生制相对应的是现金收付制（Cash Basis Accounting），它是以实际款项的收付时间来确定所归属的会计期间的，一些事业单位和非营利机构常常采用。

权责发生制给财务报表分析带来的最大影响就是损益与现金流转的分离，上市公司有利润和上市公司有净现金流入并不是一回事。虽然权责发生制可以更好地反映公司经营的成果，但确认收入和费用的主观性，使上市公司财务报表中损益类项目的可靠性

---

① 显然会计分期的缺陷也是显而易见的。将连续的生产经营活动归属到不同的会计期间本身就具有很大的主观性，需要运用"应计""应付""预提""待摊"和"摊销"等特殊的会计处理程序来确认收入和费用的归属，实现两者的配比，以便正确反映经营成果。尽管人们制定了大量详细的会计准则来统一和规范这种归属活动，但现实的复杂性仍然留下了充分的人为操纵的空间。

② 事实上，货币计量假设暗含着两个假设前提。首先是币值稳定，这显然与世界范围内的通货膨胀现状相去甚远；其次是会计信息基本上是可按货币定量或带有财务性的。这样的结果是把大量的诸如上市公司声誉、人力资源等重要的非货币性信息排斥在会计信息系统之外，致使会计信息外部使用者无法真正全面地了解上市公司的面貌。虽然人们通过引入无形资产等项目来改善这一状况，但这些资源货币化的准确性仍然值得商榷。

降低,并进一步导致利润可靠性的降低。相对而言,现金收付制较为客观,而它所反映的一定时期内的现金流转情况也越来越成为制约公司经营和发展的重要方面。

2. 谨慎性原则

谨慎性原则(Prudence Concept)又称稳健性原则,是指在对上市公司不确定的经济业务进行处理时,应持保守态度。具体而言,一方面未实现(unrealized)的收入或利润不予确认(所谓实现是指有极高的可能性转化为现金,大部分情况下即意味着销售的实现),另一方面对可预见的损失立即予以确认和计提准备金,即使这些损失尚未实现。谨慎性原则是市场经济条件下上市公司会计活动必须遵循的一条重要原则。这是因为,在现实经济生活中存在着太多的不确定性因素,比如,上市公司只要与其他经济组织和个人发生商品赊销业务就存在发生坏账损失的可能性,商业上市公司的购入商品在经营活动中可能存在削价处理损失以及其他一些或有损失等。所有这些,都可能对上市公司的财务状况产生影响。如果不对这些可能的损失进行预先处理,就可能导致当期高估资产和收益、低估费用和损失,从而使上市公司在财务分配上处于不利的境地,也会影响上市公司未来的正常经营活动。

目前会计实务中常用的成本与市价孰低、计提投资准备和存货跌价损失准备等即是谨慎性原则的具体运用。但是它仍然存在许多缺陷。从理论上看,谨慎性原则与其他的会计理论没有必然的联系,也不是逻辑推理的必然结果,它只是基于这样一种观点,即"在财务呈报上,悲观主义被假定优于乐观主义",因此缺乏充分的理论依据;而且谨慎性原则的核心是高估损失、低估收益,其最终目的是为了维护业主和投资者的利益,因此也与真实与公允原则相违背。从实践上看,谨慎性原则的运用建立在会计人员的主观判断基础之上,人为因素的加入容易使会计活动偏离客观、公正的立场,并有可能成为上市公司管理当局操纵利润、玩弄数字的工具。例如,上市公司在业绩好时,过度运用稳健性原则,多提准备,少提或根本不提收益,以此隐瞒真实利润,为业绩差时虚增利润做准备。

3. 历史成本原则

历史成本原则(Historical Cost Accounting Convention)的含义是指在对上市公司的经济活动进行计量时,应以交易发生时的实际价格作为记录依据。具体地说,上市公司的资产应以使其达到目前位置和状态的所有支出计价入账,费用和损失也应以所耗用的资产的历史成本为基础计算入账,负债则应以负债发生时所确认的负债金额进行清偿,资本也应按其投入时所确认的价值入账。历史成本原则是建立在持续经营假设与货币计量假设基础之上的,前者为历史成本计量提供了可能性,而后者则是采用历史成本计量的必要条件。采用历史成本原则计价的优越性在于:第一,交易价格是由上市公司与上市公司外部共同确定的,因而具有一定的客观性;第二,历史成本的确定通常要有一定的会计凭证作依据,具有可验证性;第三,历史成本原则还可抑制因主观判断而产生的可能蓄意歪曲上市公司财务状况的事件发生。

历史成本原则由于它的客观性和方便性,曾一度被认为是最合理的计价原则。然而,随着公司经营环境的深刻改变,其合理性受到越来越多的争议。首先,历史成本原则以取得资产时的货币支出作为其计价依据,使得建立在其基础之上的报表信息成了真正的"历史"信息,不能代表该资产的现行成本或变现价值,从而导致了会计信息相关性的逐渐降低。其次,在历史成本计价模式下,计量收益所采用的方法是配比。在通货膨胀普遍存在的情形下,由于资产按历史成本计价,收入按取得时的市价计价,这样就产生了两个不可比的计价基础,使上市公司多计了收入、少计了成本,容易造成虚增利润的假象。最后,在无形资产计价方面,历史成本原则也显得力不从心。

4. 收益性和资本性支出划分原则

收益性支出是指直接服务于当期的生产经营活动和当期收入的支出,如材料费支出、人工费用支出等;资本性支出是指那些与本期和以后各期的经营活动及收益均有关系的支出,如无形资产的取得支出、固定资产的购建支出等。收益性支出与资本性支出划分原则(Distinction between Capital and Revenue Expenditure)要求上市公司在进行会计处理时,对于收益性支出,应直接计入当期损益,在损益表中予以反映;对于资本性支出则应作为资产处理,列入资产负债表。在实际操作中,在两者之间很难确定一个明显的界线,上市公司往往通过将收益性支出资本化来虚增利润。

5. 实质重于形式原则

实质重于形式原则(Substance Over form Convention)要求上市公司应当按照交易或经济事项的实质进行会计核算,而不应当仅仅以它们的法律形式作为会计核算的依据。按照该项原则,上市公司在进行会计处理时,对那些经济实质与法律形式不相符合的业务或者事项,可以按照经济实质进行处理。如对融资租入的固定资产,承租方在租赁期内,应将被租赁的固定资产视同自己的固定资产进行处理。

尽管如此,在现行会计体系下,公司仍然可以采用许多表外融资手段甚至建立特殊目的实体(SPE),使得公司的债务不反映在报表中。这就要求我们在分析中根据实质重于形式的原则,对报表进行调整,将公司的表外业务表内化,这样才能对公司实际的经济状况做出准确的判断,而不被扭曲了的报表所迷惑。

(三) 会计法规

为了限制上市公司在报表编制中对报表信息进行操纵,各国都对上市公司财务报表的编制与报告内容制定了一系列的法规。在我国,制约上市公司财务报表编制的法规体系包括会计制度体系以及约束上市公司信息披露的法规体系。

会计制度体系包括三部分:(1)《中华人民共和国会计法》。由全国人大常委会制定发布的《会计法》是调整我国经济活动中会计关系的法律总规范,是会计法律规范体系的最高层次,是制定其他会计法规的基本依据,也是指导会计工作的最高准则。(2) 企业会计准则。它是有关财务会计核算的规范,是上市公司的会计部门从事诸如价值确认、计量、记录和报告等会计活动所应遵循的标准,分为基本会计准则和具体会计准则。我国的现行企业会计基本准则是2007年1月1日开始实施的,而具体会计准则目前为止已颁布了42项。(3)《上市公司会计制度》。它是在《上市公司财务会计报告条例》的统驭下,在《股份有限公司会计制度》和已经发布的10个具体会计准则的基础上,结合股份有限公司执行会计制度和具体准则中的问题,按照会计要素的定义和会计国际化的要求,将其予以完善后制定的。

我国上市公司信息披露制度是由证监会所颁布的一系列法规所构成的。具体包括:《公开发行股票公司信息披露实施细则(试行)》、《公开发行证券的公司信息披露内容与格式准则》第1—22号、《公开发行证券公司信息披露编报规则》第1—19号等。按照《公开发行股票公司信息披露实施细则(试行)》的规定,股份有限公司公开发行股票、将其股票在证券交易场所交易,必须公开披露的信息包括(但不限于):招股说明书、上市公告书、定期报告(包括年度报告和中期报告)、临时报告(包括重大事件公告和收购与合并公告)。我国上市公司编制财务报表所应遵循的法规体系可以概括为图 10-1。

图 10-1　制约上市公司财务报表编制的法规体系

二、财务报表的组成

上市公司财务报表是包含基本财务报表、附表、附注及财务情况说明书等内容在内的统一体①。其中,作为主体的基本财务报表是反映上市公司某一时期(或时点)财务状况与经营成果的书面文件。从基本财务报表的发展、演变过程来看,世界各国的报表体系逐渐趋于形式上的一致。按照我国《企业会计准则》以及有关会计制度的规定,上市公司的基本财务报表包括资产负债表、利润表和现金流量表。

(一) 资产负债表

资产负债表(Balance Sheet)反映了一家公司所控制的资源(资产),即它如何融通这些资源。具体地说,它反映了公司在某一个时点上的静态财务状况。构成资产负债表的三部分是与以下会计恒等式相联系的:

$$资产 = 负债 + 股东权益 \qquad (10-1)$$

资产(Asset)是上市公司因过去的交易或事项而获得或控制的能以货币计量的经济资源,包括财产、债权和其他权利。在我国目前的有关会计制度中,把资产分为流动资产、长期投资、固定资产、无形资产、递延资产和其他资产。资产具有以下特征。

(1) 资产是由过去的交易所获得的。上市公司所能利用的经济资源能否列为资产,其区分标志之一就是它是否由已发生的交易所引起。

(2) 资产应能为上市公司所实际控制或拥有。在这里拥有是指上市公司拥有资产的所有权;"控制"则是指上市公司虽然没有某些资产的所有权,但实际上可以对其自由支配和使用,如融资租入固定资产。

(3) 资产必须能以货币计量。这就是说,会计报表上列示的资产并不是上市公司的所有资源,能用货币计量的资源才在报表中列示。而对上市公司的某些资源,如人力资源等,由于无法用货币计量,目前的会计实务并不在会计系统中对其进行处理。

(4) 资产应能为上市公司带来未来经济利益。在这里,所谓未来经济利益,是指直接或间接地为未来的现金净流入做出贡献的能力。这种贡献,可以是直接增加未来的现金流入,也可以是因耗用(如材料存货)或提供经济效用(如对各种非流动资产的使用)而节约的未来的现金流出。

负债(Liability or Obligation)是指上市公司由于过去的交易或事项而引起,在现在

---

① 国内所有上市公司的财务报表都可以在证券监管委员会网站(http://www.csrc.gov.cn)、上海证券交易所(http://www.sse.com.cn)和深圳证券交易所网站(http://www.szse.cn)上找到。

承担的将在未来向其他经济组织或个人交付资产或提供劳务的责任。一般而言,负债按偿还期的长短,分为流动负债和长期负债。负债具有以下基本特征。

(1) 与资产一样,负债应由上市公司过去的交易引起。

(2) 负债必须在未来某个时点(且通常有确切的受款人和偿付日期)通过转让资产或提供劳务来清偿。

(3) 负债应是能用货币进行计量的责任。

股东权益(Equity)是指上市公司的投资者对上市公司净资产的所有权,即减去负债索取权后对资产的剩余索取权,包括上市公司投资者对上市公司的投入资本以及形成的资本公积、盈余公积和未分配利润等①。从价值的观点来看,股东权益是资产负债表上最主要的数字之一。

表10-1给出了上市公司BG公布的2004年的合并资产负债表,从中我们可以看到一个典型资产负债表的结构和常见的报表项目。

表10-1 BG2004年度合并资产负债表(单位:百万元)

	2004年	2003年		2004年	2003年
资产			负债及股东权益		
货币资金	1 581.34	1 795.50	流动负债		
短期投资	2 182.83	176.23	短期借款	1 185.79	256.44
应收票据	2 923.86	3 289.69	应付票据	128.13	307.97
应收账款	2 597.00	1 513.93	应付账款	3 165.84	2 485.60
其他应收款	42.16	40.97	预收账款	1 854.88	1 303.44
减:坏账准备	223.99	183.95	应付工资	410.88	210.92
应收款项净额	2 415.17	1 370.96	应付职工福利费	68.74	6.80
预付账款	309.45	160.82	应付股利	3.48	8.48
存　　货	6 549.26	4 690.35	应交税金	971.51	765.55
减:存货跌价损失准备	8.33	47.53	其他应交款	16.26	20.19
存货净额	6 540.93	4 642.82	其他应付款	178.32	289.71
应收控股公司款	—	—	预提费用		13.09
流动资产合计	15 953.58	11 436.02	一年内到期的长期负债	813.30	835.26
			应付控股公司款	125.90	130.48
长期投资			一年内到期的长期应付控股公司款	3 200.00	3 200.00
长期股权投资	94.92	253.96	流动负债合计	12 136.12	9 820.84
长期债券投资	—	10.00			
其中:合并差价	29.37	212.43	长期负债		
长期投资合计	94.92	263.96	长期借款	3 905.53	6 006.28
			长期应付款	0.20	0.20

---

① 需要指出的是,这里的股东权益是由账面价值来度量的,这一度量值存在着明显的不足,因为它没有给出股东权益的内在价值。如果账面净资产真的能衡量股东权益的价值,那我们的基本面分析、价值分析就没有存在的必要了。

续表

	2004 年	2003 年		2004 年	2003 年
固定资产			长期应付控股公司款	6 200.00	9 400.00
固定资产原值	104 245.45	102 928.89	**长期负债合计**	**10 105.73**	**15 406.48**
减：累计折旧	66 661.64	59 388.86			
固定资产净值	37 583.81	43 540.03	递延税款贷项	—	—
减：固定资产减值准备	2.28	45.20			
固定资产净额	37 581.53	43 494.83	**负债合计**	**22 241.85**	**25 227.31**
在建工程	10 367.73	5 641.33			
固定资产合计	**47 949.26**	**49 136.16**	**少数股东权益**		
			股东权益		
无形资产及其他资产			股本	152.49	224.16
长期待摊费用	170.26	3.56	资本公积	12 512.00	12 512.00
无形资产及其他资产合计	**170.26**	**3.56**	盈余公积	12 122.30	11 994.54
			其中：法定公益金	7 260.33	4 422.54
递延税项			未分配利润	2 639.87	1 695.49
递延税项借项	87.40	77.87	其中：年结日后董事会批准发放之现金股利	9 966.45	6 537.02
			股东权益合计	**4 003.84**	**3 128.00**
资产总计	**64 255.42**	**60 917.58**	**负债及股东权益总计**	**64 255.42**	**60 917.58**

（二）损益表或利润分配表

损益表或利润分配表（Profit and Loss Account or Income Statement）是记录上市公司某一会计期间财务成果的报表，反映了经营活动如何造成股东权益的增加或减少。股东权益价值增加的度量就是净利润[①]，它由如下会计等式决定：

$$净利润 = 收入 - 费用 \qquad (10-2)$$

损益表的编制，通常采用多步式计算，它将收益和费用配比排列，层次非常分明，一般包括以下几个部分：

  销售收入净值—销售产品成本＝毛利润

  毛利润—经营费用＝主营业务利润

  主营业务利润＋其他经常性项目收益＝息税前利润（EBIT）

  息税前利润—利息费用＝税前利润

  税前利润—所得税＝税后和特殊项目前利润

  税后和特殊项目前利润＋特殊项目收益＝净利润

  净利润—优先股股利＝普通股可支配净收益

如果说资产负债表是公司财务状况的快照，那么损益表就是公司财务状况的一段录像，它反映了两个资产负债表日之间公司财务的变动情况，揭示了公司获取利润能力的

[①] 本书中的净收益和净利润往往是不加区分，一起运用。

大小和潜力以及发展趋势。表 10-2 给出了 BG 公布的 2004 年的损益表。

表 10-2　BG2004 年度合并利润及利润分配表（单位：百万元）

	2004 年	2003 年
主营业务收入	58 638.06	44 460.37
减：主营业务成本	41 436.44	30 825.43
主营业务税金及附加	418.91	362.29
主营业务利润	16 782.71	13 272.65
加：其他业务利润	100.98	63.84
减：经营费用	438.03	367.75
管理费用	2 473.02	2 157.94
财务费用	435.23	761.53
营业利润	13 537.41	10 049.27
加：投资收益（减：损失）	10.66	39.63
补贴收入	1.54	0.15
营业外收入	143.79	4.05
减：营业外支出	106.94	164.50
利润总额	13 586.46	9 928.60
减：所得税	4 146.77	2 953.78
加：少数股东损益	-44.46	0.91
净利润	9 395.23	6 975.72
加：年初未分配利润	6 537.02	4 217.13
加：吸收合并的盈余公积转回	44.04	—
可供分配的利润	15 976.29	11 192.86
减：提取法定盈余公积金	959.06	718.25
提取法定公益金	959.06	718.25
提取储备基金	1.25	0.72
提取企业发展基金	1.25	0.14
可供股东分配的利润	14 055.68	9 755.50
减：提取任意盈余公积金	961.23	716.08
应付普通股股利	3 128.00	2 502.40
未分配利润	9 966.45	6 537.02

（三）现金流量表

现金流量表（Statement of Cash Flow）反映了公司一定会计期间内现金和现金等价物流入和流出的信息。它综合了资产负债表和损益表的信息，反映了公司在一定时期内的收入流量对现金流量的变化以及资产负债表中相应各项的变动情况。现金流量表在报表分析中显得尤为重要，它所揭示的现金流量值是投资者预测公司未来现金流、评估公司价值和评价公司投资风险及收益的基础。现金流量表主要由三个部分组成：

　　经营活动的现金流＋投资活动的现金流＋筹资活动的现金流＝现金的变化量

(10-3)

经营活动的现金流揭示了公司正常运营中的资金来源和使用。它可以通过直接计算现金流入和支出来获得(直接法),也可以通过对损益表中的净利润进行应计项目的调整来获得(间接法)。

投资活动的现金流是指公司对长期资产的构建和不包括在现金等价物范围内的投资及其处置活动所产生的现金流,是由厂房、设备等非流动资产的价值变动和投资账户的变动所产生的。

筹资活动的现金流是指导致企业股本及债务规模和构成发生变化的活动。另外一些非现金性的投资和筹资活动,虽然不影响现金流,但为了全面反映这些事项,需要在附注中单独列示。表10-3给出了BG2004年度的合并现金流量表。

表10-3 BG2004年度合并现金流量表(单位:百万元)

	2004年	2003年
一、经营活动产生的现金流量		
销售商品、提供劳务收到的现金	68 033.47	51 502.17
收到的税收返还	4.52	0.15
现金流入小计	68 038.00	51 502.32
购买商品、接受劳务支付的现金	37 779.99	25 532.87
支付给职工以及为职工支付的现金	3 007.85	2 539.34
支付的各项税费	8 852.39	7 407.60
支付的其他与经营活动有关的现金	1 599.53	1 391.72
现金流出小计	51 239.77	36 871.52
经营活动产生的现金流量净额	16 798.22	14 630.80
二、投资活动产生的现金流量		
收回投资所收到的现金净额	354.00	536.75
取得投资收益所收到的现金	38.33	49.18
处置固定资产、无形资产和其他长期资产而收到的现金净额	1 190.65	25.78
收到的其他与投资活动有关的现金	10.73	24.46
现金流入小计	1 593.71	636.17
构建固定资产、无形资产和其他长期资产所支付的现金	8 848.22	5 673.20
收购其他公司及资产所支付的现金	139.44	1 247.95
增加长期投资所支付的现金	887.35	658.18
支付的其他与投资活动有关的现金	—	0.68
现金流出小计	9 875.01	7 580.01
投资活动产生的现金流量净额	−8 281.30	−6 943.83
三、筹资活动产生的现金流量		
发行股票所收到的现金	—	—
借款所收到的现金	8 677.68	11 226.26
收到的其他与筹资活动有关的现金	746.97	—
现金流入小计	9 424.65	11 226.26

续表

	2004 年	2003 年
偿还债务所支付的现金	9 966.95	14 567.51
发生筹资费用所支付的现金	—	—
分配股利或利润和偿付利息所支付的现金	3 514.02	2 973.25
支付的其他与筹资活动有关的现金	3 200.00	3 200.00
现金流出小计	**16 680.97**	**20 740.76**
筹资活动产生的现金流量净额	**−7 256.32**	**−9 514.50**
四、汇率变动对现金的影响	16.88	16.96
五、现金及现金等价物净额增加额	1 277.48	−1 810.57
将净利润调节为经营活动的现金流量		
净利润	9 395.23	6 975.72
加：计提的资产减值准备	10.04	4.92
固定资产折旧	8 640.09	7 414.62
处置固定资产的损失	−31.08	120.69
长期待摊费用摊销	33.22	0.08
待摊费用减少	—	0.02
预提费用减少	2.80	−33.32
在建工程的报废	—	—
投资损失		
投资收益	−10.66	−39.63
财务费用	442.69	757.29
少数股东损益	44.46	−0.91
递延税款（减：借项）	−9.52	−61.83
存货的增加（加：减少）	−1 858.91	−923.83
经营性应收项目的减少（减：增加）	−896.74	198.79
经营性应付项目的增加	1 036.60	217.39
其　　他	—	0.80
经营活动产生的现金流量净额	16 798.22	14 630.80

（四）附表

附表是对基本财务报表的一个补充，一般包括资产减值准备明细表、股东权益表、应交增值税明细表、分部报表（业务分部和地区分部）等。其中股东权益表（Statement of Stockholders' Equity）相对较为重要，它反映了一定会计期间内股东权益的变化情况[①]。

---

① 遗憾的是这一报表揭示的会计内容并不比期初股东权益和期末股东权益的变化关系更为清楚。在进行分析的时候，我们需要花些时间进行重新构造。

其揭示的内容可以用下式表示：

$$期末股东权益 = 期初股东权益 + 净利润 - 对股东的净支付 \quad (10-4)$$

表10-4给出了BG2004年度的股东权益（变动）表。

表10-4 BG2004年度合并股东权益表（单位：百万元）

	2004年	2003年
股　本		
年初及年末余额	12 512.00	12 512.00
资本公积		
年初余额	11 994.54	11 689.23
本年增加数	127.76	305.31
其中：接受捐赠非现金资产准备	0.03	0.00
拨款转入	55.28	282.30
合营企业因比例合并而产生的资本公积	65.97	—
股权投资准备	0.05	22.03
其他资本公积	6.43	0.98
年末余额	12 122.30	11 994.54
盈余公积		
年初余额	4 422.54	2 269.10
本年增加数	2 837.79	2 153.44
其中：从净利润中提取数	2 881.84	2 153.44
其中：法定盈余公积	959.10	718.25
法定公益金	959.10	718.25
储备基金	1.25	0.72
企业发展基金	1.25	0.14
任意盈余公积	961.23	716.08
吸收合并转入未分配利润	-44.05	—
年末余额	7 260.33	4 422.54
其中：法定盈余公积	2 639.87	1 695.49
法定公益金	2 639.87	1 695.49
储备基金	1.96	0.72
企业发展基金	1.39	0.14
任意盈余公积	1 977.25	1 030.70
未分配利润		
年初未分配利润	6 537.02	4 217.13
本年净利润	9 395.23	6 975.72
吸收合并后资本公积转回	44.05	—
本年利润分配	-6 009.84	-4 655.84
年末未分配利润	9 966.45	6 537.02

以上所介绍的四张财务报表的关系见图10-2。

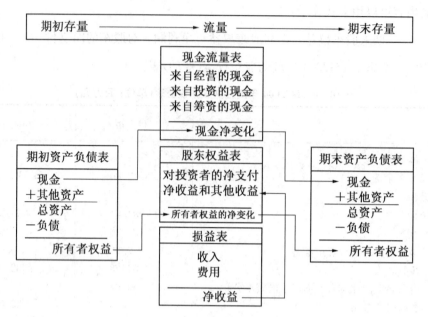

图 10-2 基本财务报表间的关系

(五) 报表附注

报表附注是在基本报表主体之外列示的,对报表主体的形成以及重要报表项目的明细说明。报表附注一般包括:公司在会计年度内执行的会计政策以及采用的主要会计处理方法,会计处理方法的变更情况、变更原因以及对财务状况和经营成果的影响,非经常项目的说明,公司财务报表中有关重要项目的明细资料,其他有助于理解和分析报表需要说明的事项等。

我国股份有限公司报表附注的主要内容,受中国证券监督管理委员会发布的《公开发行证券的公司信息披露编报规则第 15 号——财务报告的一般规定》的制约。中国证券监督管理委员会规定的企业报表附注内容共有 10 项,包括下列基本内容。(1) 公司的基本情况。它简述公司历史、所处行业、经营范围、主要产品或提供的劳务、生产经营概况、基本组织构架等。(2) 会计政策、会计估计和合并财务报表的编制方法[1]。(3) 公司应披露其控制的境内外所有子公司及合营企业,包括全称、注册地、法定代表人、注册资本和经营范围等。境内外所有子公司中,纳入合并会计报表范围的,应明确说明;未纳入的,应明确说明原因。(4) 财务报表(包括合并财务报表和母公司财务报表)项目的注释。(5) 子公司与母公司会计政策不一致对合并会计报表的影响。(6) 关联方关系及其交易

---

[1] 具体有:(1) 执行的会计制度。(2) 会计期间。(3) 记账本位币。(4) 记账原则和计价基础。(5) 外币核算方法。(6) 现金等价物的确定标准。(7) 短期投资的核算方法。(8) 坏账核算方法。(9) 存货核算方法,包括存货分类、计价以及低值易耗品、包装物的摊销方法。(10) 长期投资核算方法,按照债券投资、股票投资和其他投资分类披露。(11) 委托贷款的核算方法。(12) 固定资产核算方法,包括固定资产的标准、分类、计价方法和折旧方法等。(13) 在建工程核算方法,包括在建工程确认为固定资产的时点。(14) 借款费用的核算方法。(15) 无形资产核算方法,包括摊销方法。(16) 待摊费用的核算方法。(17) 应付债券的核算方法。(18) 收入确认原则。(19) 税项,应披露主要税种和税率以及所得税会计处理方法。在企业存在税负减免的条件下,应说明批准机关、文号、减免幅度以及有效期限。(20) 会计政策和会计估计变更的说明。(21) 重大会计差错的说明。(22) 编制合并财务报表的原则和方法。

的披露。凡涉及关联方及其交易,应按财政部《企业会计准则——关联方关系及其交易的披露》及其指南披露。(7)重要资产转让及其出售的说明。(8)或有事项。应披露其基本情况,包括金额以及对报告期或报告期后公司财务状况的影响。(9)承诺事项。(10)资产负债表日后事项。(11)其他重要事项。

报表附注的阅读是财务报表分析的重要一环。在实践中,由于报表主体部分内容越来越概括,报表附注的重要性也日益显现。它提供了大量有关公司财务状况的具体信息,有助于投资者更好地分析和识别公司的财务报表,了解公司的经营状况。

(六)审计报告

审计报告是指注册会计师对公司财务报表所出具的关于公司财务报表的编制是否恰当地反映了公司的财务状况和经营成果的意见。它是注册会计师以超然独立的第三者身份,对被审计单位会计报表中所反映的财务状况、经营成果等情况是否恰当表明自己的意见。这种客观意见具有签证作用,投资者可以据此判断被投资公司的财务状况和经营成果是否真实。

《独立审计准则第7号——审计报告》规定审计报告应包括下列基本内容。(1)标题审计报告的标题。(2)收件人,指审计业务的委托人,如"××股份有限公司全体股东""××有限责任公司董事会"等。(3)范围段。应说明已审计的会计报表的名称、反映日期或期间;审计的依据,即"审计准则";所实施的审计程序和完成情况。(4)意见段。应说明以下内容:会计报表的编制是否符合《企业会计准则》和国家其他有关财务会计法规的规定,会计报表在所有重要方面是否恰当地反映了被审计单位资产负债表日的财务状况和审计期间的经营成果、资金变动情况,会计处理方法是否遵循了一致性原则。(5)说明段。当注册会计师出具保留意见、反对意见或拒绝表示意见的审计报告时,应当在范围段与意见段之间增加说明段,清楚地说明所持意见的理由。(6)签章和会计师事务所地址。(7)报告日期,指注册会计师完成外勤审计工作的日期。

我国独立审计准则规定,注册会计师在完成其报表审计任务后可以出具4种基本类型审计意见的审计报告,即无保留意见、保留意见、反对意见和拒绝表示意见。其中无保留意见意味着注册会计师认为会计报表的反映是恰当的,能满足非特定多数的利害关系人的共同需要,并对表示的意见负责。保留意见是指注册会计师对会计报表的反映有所保留,一般是由于某些事项的存在使无保留意见的条件不完全具备并影响了被审计单位会计报表的表达,所以注册会计师对无保留意见加以修正,对影响事项提出保留意见,并表示对该意见负责。否定意见与无保留意见相反,它是注册会计师否定会计报表恰当地反映被审计单位财务状况、经营成果和资金变动情况。当未调整事项、未确定事项、违反一致性原则的事项等对会计报表的影响程度超出一定范围,以致会计报表无法被接受时,注册会计师就会表示否定意见。拒绝表示意见是指注册会计师说明其对被审计单位的会计报表不能表示意见,即对会计报表不发表包括肯定、否定和保留的审计意见。一般是注册会计师在审计过程中受到严重限制,不能获取必要的审计证据以致无法对会计报表整体表示审计意见时出具的[①]。

---

① 需要指出的是,虽然无保留意见的会计报表的"可信度"远远大于其他三种意见的报表,但在现实中注册会计师的判断受到多方面因素的制约,很多情况下审计意见也只能是"仅供参考",需要投资者更多地依靠自己报表分析的结果来做出判断。

第二节 财务报表分析

前面我们已经介绍了财务报表的基本构成以及每一张报表的结构,但对投资者来说,更为重要的是理解"数字背后的故事",即如何通过报表中的数字来观察公司所进行的三种活动——融资、投资和经营活动。只有做到了这些,投资者才能分析公司价值产生的机理。

在第一节中所展示的财务报表是根据一般会计原则和报表编制原则以及证券监督委员会所颁布的信息披露规则所要求的格式编制的,但该格式并不便于我们获得分析时所需要的蓝图。因此就需要对报表进行必要的调整,将报表中的流量和存量与企业生成价值的活动一一对应,从而使报表更鲜明突出地展示其背后的故事,并为随后的财务分析和预测打下基础。需要指出的是,本节的财务报表的调整和分析完全是从普通股投资者的角度出发,重点是考察普通股权益回报率和成长率的来源以及股东价值的创造。

一、企业活动与财务报表

本部分将提供一个重编财务报表以及实现报表与企业活动相关联的模版。这里强调的是设计,而在随后的部分里,我们会详细介绍每一张实际报表的具体调整方法。

图 10-3 是一家公司所进行的全部活动。先不考虑公司的日常经营,而是从财务活动即图的最右边开始进行分析。一家公司在设立时,总是首先从股东那里获得现金,即股权融资。由于现金是非生产性资产(无法保值增值),因此在投入生产经营前,公司会将这笔现金投资于债券、可交易生息票据或其他"金融资产"。这些金融资产(Financial Asset,FA)是公司在资本(及货币)市场上购入的,这种购买活动也是财务活动的一种,它出现在公司拥有多余现金时。而当公司需要现金时,一方面固然可以通过出售既有的金融资产获得,另一方面也可以通过发行债券即债务融资来获得,与金融资产相反,此时公司会拥有金融负债(Financial Obligation,FO)。公司通常可以同时持有金融资产和

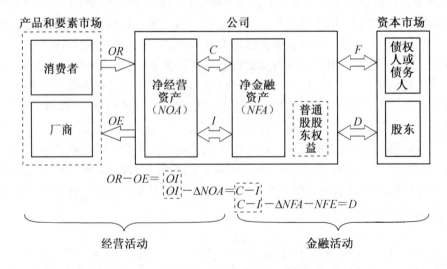

图 10-3 典型公司活动的所有存量和流量

金融负债,即发行自己债券的同时也持有别人的债券。股权、金融资产、金融负债的余额变动都会表现为公司与股东及债权债务人之间的现金流。当然,股利和利息支付所引起的现金流也是不能被忽略的。

图 10-3 中的净金融资产(Net Financial Asset,NFA)是公司净债券的持有量,即金融资产减去金融负债,它可以是正的(所购债券金额大于发行债券的金额)也可以是负的(发行的债券大于所购债券金额)。D 是股东的净现金流,是股利和股票回购减去股东对公司的追加投资的差额,同时反映在净金融资产和普通股股东权益上。F 是债权人和债务人的净现金流,是与金融资产和金融负债相关的现金的净流出:对金融资产而言,是用于购买债券的现金减去出售债券所收到的本息现金;对金融负债而言,是利息支付加上债务赎回所付现金减去发行债券所获现金。F 也等于净金融资产的变化减去净金融收益。图中公司的财务活动本质上就是将得自债权人和股东的现金通过买入债券投资于金融资产,同时通过清算变现金融资产实现对债权人和股东的现金支付。

然而对于大部分公司而言,金融资产的持有通常是临时性的,只有拥有闲置资金时才会对它进行购买。现金更为重要的用途是投资于经营资产(Operating Asset,OA)——土地、工厂和设备等,以便制造出可供销售的产品,这就是公司的投资活动,相关的现金流被称为投资活动的现金流,在图中以 I 表示。为了投资净经营资产(Net Operating Asset,NOA),公司需要出售金融资产获得现金然后购入经营资产。因为公司也可以将经营资产变现并用变现所得购买金融资产,所以我们在图中用双向箭头表示。

当经营资产开始运转就会产生净现金流(销售产品的现金流入减去支付各种成本费用的现金流出),这被称为经营现金流,图中用 C 表示。来自经营的现金流并不会在一边歇着,而是投入金融资产生息直到经营活动需要它为止。这里的箭头也是双向箭头,这是因为公司的经营有可能是亏损的,即经营现金流为负,此时需要通过变现金融资产来弥补经营中的净现金流出。当经营活动需要时,公司会再次通过变现金融资产来为其提供现金投资,由此进入下一轮循环。需要注意的是,我们这里所提到的投资都是特指投资经营资产而非金融资产,事实上经营资产的投资即意味着金融资产的变现。人们常常把经营活动和投资活动都当成经营活动,这是因为投资是购买资产用于经营活动的行为,因此在图 10-3 中我们将公司所有的活动划分为经营活动(包括投资活动)和金融活动两大部分。图 10-3 中的四种现金流永远符合这样一个关系:

$$剩余现金流 = 向股东的净支付 + 对债券持有人或发行人的净支付$$

$$C - I = D + F = D + \Delta NFA + i \qquad (10-5)$$

这个等式被称为现金恒等式,即源自经营活动的现金流减去对经营活动的现金投资恒等于支付给债权人(或发行人)和股东的净现金流。等式左边的 $(C-I)$ 是剩余现金流量,如果经营产生的现金多于投资使用的现金,则剩余现金流为正,如果经营产生的现金少于投资所需的现金,则剩余现金流为负。正的剩余现金流用于购买债券(F)或发放股利(D),负的剩余现金流要求公司发行债券或发行股票。这里的 i 表示净利息现金流(利息支付-利息收入)。现金恒等式之所以成为恒等式是因为产生的现金必须进行处置,现金的来源必然与现金的使用相等。

现在我们就可以深刻地理解一个公司为什么可能有负的净金融资产(事实上经常如此)。在只涉及财务活动时,由于公司将股权融资所得都投入金融资产,净金融资产一定是正的。但是,加入经营活动和投资活动后就不一样了。如果剩余现金流是负的,公司就要变现金融资产或发行债券来获得现金,这会减少公司的净金融资产,甚至达到负值。此时公司就成为一个净债务持有者而非净金融资产持有者。实际上,无论是正的剩余现金流还是负的剩余现金流,公司都只需要在债券市场上交易——或购买自己的及其他公司的债券,或出售自己的及其他公司的债券,这类债券交易我们可以统一视为债券融资活动。

基于上述对公司运作及相应现金流动规律的解构,下一步的工作就是要从报表中找到对应各个单元的数据,以便进行定量分析。这就需要对几张报表进行重新编制。

(一)重新编制的现金流量表

由于现金流的重要性,我们首先对这张报表进行重新编制。表中括号内的数字表示负数。该表与本章第一节中介绍的现金流量表略有不同。它将四种现金流量清楚地展现出来,符合财务人员的思维过程,能够更贴切地反映公司的管理活动。

表 10-5 重新编制的现金流量表

经营活动的现金流量		C
现金投资		(I)
剩余现金流量		$C-I$
权益融资流:		
股利和股票回购	XXX	
股票发行	(XXX)	D
债务融资流:		
金融资产净购买量	XXX	
金融资产利息	(XXX)	
净债务发行	(XXX)	
债务利息	(XXX)	F
总融资流		$D+F$

(二)重新编制的资产负债表

图 10-3 中所描述的各种现金流是框图中描述的净资产存量的出入量。这里的存量主要有两种——净经营资产和净金融资产,它们都在资产负债表中予以揭示。公布的资产负债表所列示的资产和负债,通常分为流动和长期两类。对于资产而言,这种划分是根据其流动性而定的,而对负债来说,这种划分是根据其到期日而定的。这样做对于信用分析很有用,但对于权益分析,将格式改为经营资产和金融资产以及经营负债和金融负债能更好地揭示企业产生利润的能力。表 10-6 就是调整过的资产负债表。

表 10-6 调整过的资产负债表

资产		负债及所有者权益	
经营资产	OA	经营负债	OL
金融资产	FA	金融负债	FO
		普通股东权益	CSE
总资产	OA+FA	总权益	OL+FO+CSE

金融项目可以是资产也可以是负债,这一点我们已经讨论过了。但经营项目也可正可负,正的称为经营资产(Operating Asset,OA),负的称为经营负债(Operating Liability,OL),这也是"净"经营资产的由来。例如,应收账款是经营资产,因为它是因在经营中出售产品而产生的,应付账款则为经营负债,因为它是由在经营中买入商品和服务引起的,应付工资和其他应计费用也是如此。我们后面分析实际的资产负债表时,会更加详细地介绍这些项目的划分。

也许你会想不通,为何要把经营性的负债看成经营活动的一部分而非金融性负债的一部分。事实上,你可能在其他地方见过将这些经营性的负债包括在债务和债务比率当中的。作为对债权人的一种义务,它们是债务,如果我们要衡量一个企业的信用风险或者评价其偿还债务的能力,会把它们包括在相关的比率计算当中。然而现在的目的是考察经营活动的盈利性与投入的净资产的关系。从企业持有经营性负债这一点看,它减少了经营活动的净投资,减少了净经营资产,从而提高了经营性资产的回报率。为了进一步区分经营活动和财务(金融)活动,也可以在资产负债表中再次重组这些项目。

表 10-7 重新编制的资产负债表

经 营 资 产		金融负债及所有者权益	
经营资产	OA	金融负债	FO
经营负债	OL	金融资产	(FA)
		净金融资产	NFO
		普通股东权益	CSE
净经营资产	NOA	总权益	NFO+CSE

注意以下关系:

$$\text{净经营资产}(NOA) = OA - OL \quad (10-6)$$

$$\text{净金融资产}(NFA) = FA - FO \quad (10-7)$$

$$\text{普通股股东权益}(CSE) = NOA + NFA \quad (10-8)$$

当 NFA 为负值时,即为净金融负债(NFO),此时最后一个等式变为:

$$CSE = NOA - NFO \quad (10-9)$$

这其实就是标准的资产负债表等式(资产-负债=所有者权益),是经营和财务活动的存量净值形式的变型。所有者权益被视为在净经营资产和净金融资产上的投资,而且在净金融资产上的投资可以并且一般为负。

为了将损益表纳入分析框架,我们现在需要考虑图10-3中的尚未提及的剩余部分。公司在使用经营资产的过程中,需要从供应商那里购进投入品(劳动力、原材料等),并将其与净经营资产结合用于生产产品或劳务,最终卖给消费者。因此,与财务活动涉及资本市场上的交易对应,经营活动要涉及与顾客和供应商在产品和投入品市场上的交易。

与供应商的交易涉及资源耗费,这种价值损失称为**经营费用(Operating Expenditure, OE)**。购买的商品和劳务之所以有价值,在于它们能够与经营资产联合生产产品和劳务,这些产品和服务卖给顾客获取经营收入(Operating Revenue, OR)。经营收入和经营费用的差值称为经营收益(Operating Income, OI),即:

$$OI = OR - OE$$

如果一切正常,经营收益为正,公司价值会增加;否则经营收益为负,公司亏损,价值减少。损益表就概括了经营活动并报告了经营收益或损失。

(三)重新编制的损益表

经营收益与源自财务活动的收入或费用相合并,构成股东总价值增值,即总利润或者综合收益(Earnings, En)。

表10-8 重新编制的损益表

损 益 表		
经营收入		OR
经营费用		(OE)
经营收益		OI
财务费用	XXX	
财务收入	(XXX)	
净财务费用		(NFE)
		En

这里的经营收入和经营费用不是现金流,它们是由会计(配比原则)决定的价值出入量。同样,财务费用和收入也不必是现金流。当利息费用大于利息支出,就表现为净金融费用(Net Financial Expense, NFE);反之则称为净金融收入(Net Financial Income, NFI)。

与传统的报表相同,重新编制的报表也受到会计关系的制约。现金流量表和损益表是一段时期的流量报表(金融流量和经营流量),而资产负债表是期末存量报表(经营存量和金融存量)。流量是存量的流入和流出,存量可以通过流量来解释。存量和流量的关联在图10-3的底部展示出来,这也就是会计关系。这种会计关系不仅制约报表的格式,也描述制约每一部分的决定因素,财务分析就是研究形成财务报表的内因以及利润和账面价值的决定因素。因此,我们接下来要介绍的就是原则性的会计关系,它们是有力的分析工具。从图10-3的最左边开始。首先看剩余现金流是怎样产生的:

$$\text{剩余现金流} = \text{经营收益} - \text{净经营资产变动}$$
$$C - I = OI - \Delta NOA \tag{10-10}$$

这里的 Δ 表示变动,经营产生经营收益,而且剩余现金流是经营收益再投资于净经营资产后的剩余部分,即经营利润提留部分作资产之用后剩下的利润。如果净经营资产投入大于经营收益,则剩余现金流为负,这时就需要向经营中注入现金。接着就是剩余现金流的处置:

$$\text{剩余现金流} = \text{净金融资产变动} - \text{净金融收益} + \text{净股利}$$
$$C - I = \Delta NFA - NFI + D \tag{10-11}$$

也就是说,剩余现金流和净金融收益被用于增加净金融资产和支付股利。倘若公司拥有的是净金融负债,则:

$$\text{剩余现金流} = \text{净金融费用} - \text{净金融负债变动} + \text{净股利}$$
$$C - I = NFE - \Delta NFO + D \tag{10-12}$$

也就是说,剩余现金流是净金融费用的支付抵减净借款并支付净股利后的差额。

这两个等式在现金流量表分析中非常重要,通过它们,我们可以利用重新编制的资产负债表和损益表一步就计算出剩余现金流,这比对营业利润进行应计项目调整的计算方法要方便得多[①]。

通过图 10-3,我们看到价值是如何在产品和投入品市场中产生的,如何转化成股利并流至股东处。经营产生的价值(经营收益)投入净经营资产以便获取未来的收益,其剩余现金流则投入净金融资产,产生利息收入,然后这些金融资产变现支付股利。将剩余现金流关系式变形,我们就可以分析股利的驱动因素了:

$$\text{净股利} = \text{剩余现金流} + \text{净金融收益} - \text{净金融资产变动}$$
$$D = C - I + NFI - \Delta NFA \tag{10-13}$$

即股利源于剩余现金流、金融资产收益和出售金融资产所得。如果剩余现金流以及金融资产收益不足以支付股利,就要通过出售金融资产(或发行金融负债)来获取现金以支付股利。当然,这里的 D 实际上是净股利,它也可以是负值。当公司的经营环节需要现金(表现为负的剩余现金流)时,一种方法就是向股东筹资(负股利),并临时投资于金融资产,直到需要弥补负的剩余现金流为止。如果公司是净债务人,则:

$$\text{净股利} = \text{剩余现金流} + \text{净金融负债变动} - \text{净金融费用}$$
$$D = C - I + \Delta NFO - NFE \tag{10-14}$$

股利产生于付息后的现金流,或通过增加负债产生。由于后者的存在,股利往往并不是显示企业增值的好指标(至少在短期)。

接下来讨论的是资产负债表中存量的驱动因素:

[①] 即前面提到的间接法,参见表 10-3 中"将净利润调节为经营活动的现金流量"部分。

净经营资产(期末) ＝ 净经营资产(期初) ＋ 经营收益 － 剩余现金流

$$NOA_t = NOA_{t-1} + OI_t - (C_t - I_t) \tag{10-15}$$

或

净经营资产变动＝经营收益－剩余现金流

$$\Delta NOA_t = OI_t - (C_t - I_t) \tag{10-16}$$

经营收益是经营中的价值增加，如果没有通过剩余现金流流入净金融资产，这一价值就会使净经营资产增加。例如，赊销既增加了经营收益又通过应收项目增加了经营资产，而原材料的赊购则通过应付账款既增加了经营费用也增加了经营负债。而当经营中的现金投资于净金融资产时，剩余现金流就使净经营资产减少。

相应地，净金融资产的变动由净金融资产收益和剩余现金流及净股利决定：

净金融资产(期末) ＝ 净金融资产(期初) ＋ 净金融收益

＋ 剩余现金流 － 净股利 (10-17)

$$NFA_t = NFA_{t-1} + NFI_t + (C_t - I_t) - D_t$$

或

净金融资产变动＝净金融收益＋剩余现金流－净股利

$$\Delta NFA_t = NFI_t + (C_t - I_t) - D_t \tag{10-18}$$

净金融资产所产生的净金融收益、剩余现金流都会使资产增加，而净股利的支付则需要变现资产。如果公司持有的是净金融负债而非资产，那么：

净金融负债(期末) ＝ 净金融负债(期初) ＋ 净金融费用

－ 剩余现金流 ＋ 净股利 (10-19)

$$NFO_t = NFO_{t-1} + NFE_t - (C_t - I_t) + D_t$$

或

净金融负债变动 ＝ 净金融费用 － 剩余现金流 ＋ 净股利

$$\Delta NFO_t = NFE_t - (C_t - I_t) + D_t \tag{10-20}$$

股东权益对于投资者来说非常重要，它直接衡量了公司为股东所创造的价值。它的存量和流量关系与净经营资产和净金融负债(或资产)的存流量关系在形式上很相似：

$$CSE_t = CSE_{t-1} + En_t - D_t \tag{10-21}$$

即普通股权益由总收益(或者称综合收益)决定，并因净股利的支付而减少。当然我们也可以通过资产负债表的等式关系来计算股东权益，即净经营资产和净金融负债的差：

$$CSE_t = NOA_t - NFO_t \tag{10-22}$$

因此，普通股权益变动由导致 NOA 和 NFO 变动的驱动因素决定。通过下图我们可以看到，事实上两种计算方法和驱动因素是一致的。

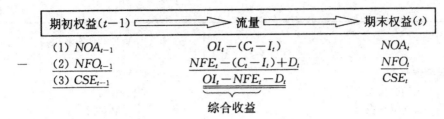

需要提醒的是,在对普通股权益变动的解释中,尽管剩余现金流影响 NOA 和 NFO,但在普通股权益的表达式中并不出现,这说明剩余现金流并不增加股东的价值。剩余现金流是净财务状况的驱动因素,而非经营活动的驱动因素,因而它与股东价值的决定无关。当然,经营活动与金融活动所产生的利润一并构成盈利,使股东的财富增加或减少。剩余现金流只是经营活动中的过剩现金投入金融活动才会产生的股利,而不是来自出售产品的价值增值的度量。剩余现金流就像付给股东的股利一样,在短期与价值创造基本无关。

此外还需要指出,只有当收益是总收益时,以上的 NOA、NFO 和 CSE 变动的表达式才有效。因此,经营收益和净财务费用的会计计量也必须是综合的,即必须把所有相关的流量都包括进去。

最后一点,在将利润调整为现金流时,我们需要考虑应计项目。由于利润是由经营收益和财务收益综合而成,我们可以区分经营应计和财务应计。经营应计属于计算经营收益的非现金度量,而财务应计属于计算净金融费用的非现金度量。因此:

$$OI = (C - I) + I + 经营应计 = C + 经营应计$$
$$NFE = i + 财务应计$$

(10-23)

这里的 i 表示净现金利息。

二、资产负债表的调整

现在我们要开始进行每一张报表的具体调整工作了,首先是资产负债表。表 10-9 是一张我们在公司年报中所能发现的资产负债表,表中列举了通常所能看到的大部分项目。当然,对于某些公司而言,还可能有其他的项目,而且有些项目也常常被合并在一起,用"其他资产"和"其他负债"来反映。

表 10-9 公司年报公布的资产负债表

资　　产	负债和所有者权益
流动资产	**流动负债**
货币资金	短期借款
短期投资	应付票据
应收票据	应付账款
应收账款(减坏账准备)	预收账款
其他应收款(减坏账准备)	各种应计费用
预付账款	递延税项贷项(流动部分)
存货	一年内到期的长期负债

续表

资　产	负债和所有者权益
长期资产	**长期负债**
长期股权投资	长期借款
长期债券投资	长期应付款
固定资产（减折旧和资产减值准备）	应付债券
在建工程	递延税项贷项
无形资产	**少数股东权益**
递延税项借项	**优先股股东权益**
长期待摊费用	**普通股股东权益**

根据前文提出的分析框架，我们需要按照经营性和金融性对资产负债表进行调整。其中经营性的资产和负债是在销售商品或提供劳务的过程中涉及的资产和负债，而金融性的资产和负债是在为经营活动筹集资金过程中或吸收经营活动产生的额外现金过程中涉及的资产和负债。

在调整之前，首先要明确的一个问题就是：这个公司从事的是什么样的业务？对这个问题的回答是定义经营性资产和经营性负债的关键。对于不同的公司，有的资产和负债名称虽然相似，却可能在一个公司中被归为经营性的，而在另一个公司中被归为金融性的。例如，对于银行来说，它主要持有客户存款、债券、贷款等形式的金融资产和负债，其赚取的利润来自从金融资产中获得的利息和因金融负债而支付的利息这两者的差额。因此，银行持有的金融资产和负债应该属于经营性的而非金融性的。又如，一些大型的汽车公司往往有自己的附属财务机构，它们为购买该公司产品的顾客提供信贷服务，这些机构的活动也会纳入集团的财务报表中。从表面上看，这些机构持有的主要是金融性的资产和负债，但是这些资产和负债是用来支持顾客购买公司的产品，而且公司也经常使用一些优惠的信用条款来变相降低汽车的实际价格。因此，这些财务机构的活动实际上是公司整个经营活动不可分割的一部分，它们所持有的资产和负债也应该看成经营性的。

按经营性项目和金融性项目进行调整后的资产负债表形式如表10-10所示，它列明了对一般公司而言应该如何重新划分各种项目。

表10-10　调整后的资产负债表

资　产	负债和所有者权益
金融资产	**金融负债**
货币资金	短期借款
短期投资	应付票据
应收票据	一年内到期的长期负债
长期债券投资	长期借款
	应付债券
	优先股

续表

资　　产	负债和所有者权益
经营资产 　　其他资产项目	**经营负债** 　　其他负债项目 **少数股东权益** **普通股股东权益**

此外,还有一些具体问题需要加以说明①。

1. 货币资金

经营资金作为支付到期账单的一种手段,属于经营性资产,它以库存现金或活期账户的形式存在,不带利息。然而,带利息的存款或现金等价物属于金融资产,它满足公司流动性的需要。通常公司是将现金、存款及现金等价物合并在一起反映的,所以投资者很难将经营资金区分出来。现在的公司通常将大部分现金放在带息账户中,因此把所有的货币资金都划为金融性资产与严格的做法相差并不太多,完全可以接受。

2. 应收票据

票据是在商品交易中由债务人(通常是顾客)签发的,可以带息或不带息。如果所持有的票据是一种暂时性的投资,应视为金融性资产。如果签发的是商业票据,通常应视为经营性资产。只有当商业票据中规定的利率是市场利率时,它才可以被视为金融性资产,因为此时应收票据已经转化成一种金融上的要求权了。但是,如果公司使用信贷来吸引消费者,那么应该把应收票据当作经营性资产,因为企业实际上是以一种较低的利率取代了商品较低的售价。相应地,利息收益也应该被归为经营收益。应收账款也可类比作相应的分类。

3. 股权投资

股权投资是对其他公司经营活动的投资,所以被划分为经营性投资。但是,在对子公司的股权投资中包括了子公司的金融资产中母公司所享有的份额。因此,这项投资事实上一方面是对子公司经营性资产的投资,另一方面也是对子公司金融性资产和负债的投资。所以,需要查看子公司的经营性和金融性活动的划分情况,以便相应把母公司的股权投资划分为经营性和金融性两块。如果子公司不是公众公司,这样的信息就很难获得,因此为了方便起见,我们将整个投资都视为对经营性资产的投资。另外,短期可交易权益投资有可能作为公司暂时利用多余现金的一种手段,此时应归为金融性投资。

4. 应付票据

票据的签发能够带来现金,从这个意义上来说,它是一种金融负债。然而,票据的签发有时也是为了达到商品交易的目的,如存货的购买,此时它属于经营活动的范畴。一般的划分原则是:如果票据不带息,或者所载利率低于市场上的同类利率,那么视为经营性的;如果票据载明的利率为市场利率,则将其划为金融负债,因为此时的经营负债(应付账款)已经通过票据的签发转化成一项金融负债(应付票据)了。通常的应付票据都使

---

① 在这里需要再次强调报表附注的重要性。仔细阅读报表附注中的有关内容可以帮助我们有效而准确地区分经营性和金融性的资产及负债。

用市场利率,因此被归为金融负债。

5. 应计费用

这个项目包含了经营活动中的各种费用所导致的负债,如应付工资、应付福利费、应交税金等。这些负债都应视为经营性的,但是应付利息应属于金融性的。

6. 递延税项资产和负债

递延税项的产生几乎总是源于经营收益计算中应税收益与会计收益口径的差异。所以它们属于经营性资产或负债。

7. 优先股

从一个普通股投资者的角度出发,优先股应该属于金融性债务。相应的优先股股利也是金融性费用。

8. 其他项目

如果资产负债表中出现"其他资产"和"其他负债"时,其详细的内容可以查阅附注。如果这些来源没有结果,那么通常将其视为经营性的。

9. 少数股东权益

从普通股投资者的角度看,子公司中的少数股东权益被视为一种债务,一种必须被满足的利益。然而,少数股东权益并不像普通负债一样,可以通过从现金流量中产生的现金来补偿。实际上,它是一种在合并经营中存在的权益。重构的资产负债表将它与普通股东权益单独列示在经营性和金融性资产及负债之后。带有少数股东权益的重构报表满足下面的等式:

$$NOA - NFO = CSE + 少数股东权益$$

三、损益表的调整

与资产负债表一样,损益表的调整也需要经历一个类似的机械重新分类的过程。事实上,上述对资产负债表项目的划分从某种程度上而言也是对损益表项目的划分。对于损益表,我们只需要根据资产负债表的划分进行平行分类即可:经营性资产和负债产生的是经营性收益,金融性资产和负债产生的是金融性收益或金融性费用。

表 10-11 调整后的损益表

报告的主营业务收入,减去包括在其中的所有利息收益
－　经营费用
＋　股权投资收益,即在子公司收益中所分享的份额
±　非持续经营项目
±　会计变更的累积影响
±　经营中的非正常利得和损失
±　<u>非净盈余经营项目</u>
＝ 税前经营收益
＋　传统报表中的所得税
＋　<u>来自净利息费用的税收收益</u>
＝ 税后经营收益

续表

```
        — 税后净金融费用
            + 利息费用
            — 利息收入
            = 税前净利息费用
            — 来自净利息费用的税收收益
            = 税后净利息费用
            ± 债务重组的利得和损失
            ± 金融资产已实现利得和损失
            ± 非净盈余金融项目(包括优先股股利)
        — 少数股东权益
                             = 综合收益
```

在损益表的调整过程中,有两点是需要特别注意的。首先是关于税收的分摊问题。收益的两个部分,经营性的和金融性的,都与税收有关,但是损益表中又只有所得税这一个数字,因此我们在调整时必须将其分摊到两个部分,使这两个部分都反映税后金额。分摊的第一步是计算由于债务利息费用而减少的税收额,这部分税收收益——有时也被称为税盾(Tax Shield)效应——计算如下:

$$\text{税收收益(金融活动的所得税)} = \text{净利息费用} \times \text{税率} \quad (10-24)$$

这里所使用的税率是公司的边际税率。税后净利息费用为:

$$\text{税后净利息费用} = \text{净利息费用} \times (1 - \text{税率}) \quad (10-25)$$

剔除债务的税盾效应后,公司经营收益负担的税收将会提高,其对应的所得税为:

$$\text{经营收益的所得税} = \text{传统报表的所得税额} + \text{净利息费用} \times \text{税率} \quad (10-26)$$

这是在没有金融活动情况下,经营活动所应缴纳的所得税。如果企业有净利息收入(金融资产大于金融负债),那么金融活动的税收为正,不会对经营活动的税收产生影响,上面的计算就不再需要。如果企业的应税所得为负,利息费用的税盾效应将无法发挥,同样也不需要进行上面的计算。

其次是关于非净盈余项目,它实际上是那些没有通过损益表而直接进入股东权益账户的项目,关于这个概念我们将在后面调整股东权益表时予以详细的介绍。非净盈余实际上是公司为股东带来的未实现的损益,它们可能是经营性的也可能是金融性的。为了使重构的损益表能全面揭示经营收益和金融收益的信息,我们会把这些非净盈余项目也加进去[①]。

[①] 需要指出的是,信息披露的不充分是在进行上述调整过程中经常遇到的问题,很多时候我们无法对一些费用做进一步的确认和细分,只能近似处理。举一个典型的例子,企业为建造固定资产而发生的利息费用根据会计准则会予以资本化,计入资产的成本,反映在资产负债表中。这种会计处理方法,事实上混淆了经营性和金融性活动,其结果很可能是相对于资产负债表中的负债而言,损益表中的利息费用很少。但是因为信息不足,我们又很难将这些以折旧方式进入损益表的资本化利息恢复原状。

四、现金流量表的调整

在重新编制现金流量表时,我们要考虑的就是前面所分析的四类现金流。其中两种是企业内部经营活动产生的现金流:来自经营活动的现金流(C)和在这些活动中的现金投资(I)。另两种包括企业间融资活动和来自企业之外的现金支付需求:对债权人、债务人的净支付(F)和支付给股东的净股利(D)。这四类现金流符合我们的现金恒等式:

剩余现金流 = 对股东的净支付 + 对债权人与债务人的净支付

$$C - I = D + F \qquad (10-27)$$

通常公布的现金流量表表面上给出了剩余现金流和融资活动现金流,但在某种程度上将两者混淆起来了①。表 10-12 给出了这种现金流量表形式,以及我们重新表达的形式。

表 10-12 公司年报公布的及重新编制的现金流量表

公司年报公布的现金流量表
来自经营活动的现金流
— 在投资活动中使用的现金流
+ 来自筹资活动的现金流
= 现金及现金等价物的变化
重新编制的现金流量表
来自经营活动的现金流
— 现金投资
= 来自经营活动的剩余现金流
支付给股东的净现金流
+ 支付给债权人和债务人的净现金流
= 用于金融活动的现金流

另外还有五个问题需要加以说明。

1. 现金和现金等价物的变化

公布的现金流量表的目的是为了解释现金和现金等价物的变化,但产生的现金总会用在某些地方。与我们在调整资产负债表时将货币资金全部归为金融性资产相同,我们这里也假设现金和现金等价物为金融性的,因此其变化应该属于金融活动的现金流。

2. 金融资产的购买和销售

由于信息披露的不充分,公布的现金流量表中的很多项目(如"支付的与其他投资活动有关的现金""支付的与其他筹资活动有关的现金"等)都不是很明确,在这里都近似地视为金融资产的购买和销售。

---

① 为了预测现金流,我们需要把来自经营活动的现金流量(剩余现金流)与那些金融活动的现金流清晰地区分开来。例如一个使用 DCF 方法的分析师在预测剩余现金流时,绝不能把两者弄混;而财务人员在预测公司现金需求时也主要是预测经营活动的现金盈余和赤字,融资流只是处置现金盈余或被用于补亏。

3. 汇率变动对现金的影响

作为持有现金和现金等价物所带来的损益,同样包括在金融活动中。

4. 偿付利息所支付的现金

在公布的现金流量表中只有"分配股利或利润和偿付利息所支付的现金"这一项数据,因此我们需要根据当年支付的股利(通常是上一年损益表表中的"应付股利")来推算出利息的偿付金额。

5. 净利息税

与损益表的调整相同,这里我们也可以把支付税款的现金流划分为经营活动和金融活动,并分别计算税后经营现金流和税后金融性现金流。

五、股东权益表

股东权益表通常不被认为是财务报表中最重要的部分,因此在分析中常常被忽略。在国内,许多上市公司甚至不单独公布该表,只在资产负债表的附注中揭示股东权益的期初、期末余额及变动情况。然而对于投资者而言,检查股东权益表是必不可少的,它是总结报表,归纳了影响股东权益的所有交易。

理想的股东权益表应该简明地提供所有者权益的期初及期末余额的核对,其依据是前面所介绍的存量-流量公式:所有者权益的改变量等于某段时期的综合收益加上对股东的净支付。一些公布股东权益表的公司,其报表往往比较复杂,而且是没必要的,因此分析工作的一部分就是使之简单化。某会计年度理想的权益表应该具有表 10-13 所示的形式。

表 10-13 调整后的股东权益表

普通权益的期初余额
＋ 与普通股东交易的净影响
＋ 资本累积(股票发行)
－ 股票回购
－ 现金股利
＝ 净现金贡献(负的净股利)
＋ 经营和非权益融资的影响
＋ 净利润(来自损益表)
＋ 其他综合收益
－ 优先股股利
＝ 综合收益
普通权益的期末余额

关于这个表格,以下三点需要注意。

(1) 我们的目的是要衡量普通股股东的权益,因此上述的调整的股东权益表排除了优先股东权益。在普通股股东看来,优先股股东权益是给予排在他们之前的对其他债权人的一种负债,在调整的资产负债表中,这种权益也被重新划分为金融性质的负债。

(2) 从与股东交易中产生的普通股权益的净增加部分——也就是负的净股利——与股东权益的增加部分相分离,而这个增加的部分是由经营活动产生的。

(3) 经营和金融性质的负债对于普通股股东的总的影响在综合收益中被隔离了。它有三个主要内容：损益表中披露的净收益，损益表之外披露的其他综合收益，以及优先股股利。正如(1)中提到的，从普通股股东的角度出发优先股实际上是一种债务，在计算综合收益时，股利即是一种"费用"，就像利息费用一样。

最后我们必须提到非净盈余项目。所谓非净盈余项目，是指不经过损益表而直接进入股东权益账户的损益项目。把损益项目放在权益表中报告，而不是放在损益表中报告，也叫作非净盈余会计。在非净盈余会计下，损益表中的收益就不"干净"了，即它们是不完整的，由此公司的净收益和股票的回报率会出现不一致。非净盈余项目的产生主要是因为某些损益虽然发生了，但只是体现在账面上，并未"实现"，因此根据会计准则不能计入损益表。常见的非净盈余项目有：证券的未实现利得和损失、外币折算利得和损失、资产的重估价损益等。虽然如此处理的目的是遵守稳健性原则，但对于投资者而言，为了发现完整的盈利能力，还是应该将非净盈余项目考虑进去，归入净收益。

第三节　比率分析

比率分析是财务报表分析的基本方法，它将同一报表的不同项目或不同报表的相关项目进行比较，并用比率来反映它们的相互关系。之所以采用这种分析方法，是因为报表中单个数据的意义往往不大，例如，仅知道一家公司的净利润为10万元是不够的，你还需要了解是多少销售收入才产生了这些利润以及公司动用了多少资本或资产，而比率可以为这些单个的数值提供有意义的联系。借助财务比率我们可以进行不同规模公司的风险和收益比较，它为我们提供了一幅公司的剖面图，使我们了解其经济特征、竞争战略以及运营、财务和投资方面的特点。本节所介绍的各种财务比率将在后面财务报表的具体分析中得到广泛的运用。

一、比较分析——相对比率的重要性

正如财务报表中单个数据的意义不大一样，如果不进行比较分析，单个财务比率的数值意义也不大。在进行比较分析时，投资者一般可以将下列项目的情况作为参照系：

(1) 宏观经济形势；
(2) 该公司所在行业的其他公司；
(3) 公司以往的历史业绩。

将公司的业绩与宏观经济进行对比，是因为几乎所有的公司都受经济周期中经济扩张和衰退的影响。在经济衰退时指望公司的利润率增加是不合理的，能保持已有的利润率就是经营的成功；而在经济繁荣时期，如果公司的利润率仅有小幅的增加，就说明公司的盈利能力在减弱。对比一家公司的财务比率和整个经济中相同的一组财务比率，将有助于投资者理解公司在经济周期中的反应，也有助于预测下一个周期中公司的未来业绩。

与行业内其他公司的业绩进行比较是最常见的比较分析。不同行业的公司由于经营性质的不同，同一财务比率往往存在较大的差异，不具备可比性，只有与同行业的公司进行比较才能看出一个公司业绩的好坏。行业平均值是一个常用的参照指标，一些公司和机构会出版一些行业平均财务指标的数据。若行业内单个公司的比率之变动范围很大，中值比率或许是更好的选择。或许你觉得被分析公司十分独特，在行业中不具代表

性,此时采用横截面分析法(Cross-sectional Analysis)可能更恰当一些,即将公司与行业内具有可比规模或可比特征的一小部分公司进行比较。例如,在计算机行业中,你应该将 IBM 与惠普(HP)之类的大公司进行比较,而不是将其与处于行业平均水平的公司进行比较。

在与行业平均比率进行比较时,还存在这样一个问题:许多公司跨行业生产多种产品,如果与单一行业的公司进行比较会产生不恰当的分析。此时有两种方法可以解决:一种是采用横截面分析法,在市场中寻找与被分析公司具有相同混合业务的竞争对手进行比较;另一种是为该公司建立综合行业平均比率,以各行业的销售收入占公司收入总额的比重为权重,对各行业的财务比率加权平均。

与公司以往的历史进行比较也是非常重要的。时间序列分析法(Time-series Analysis)刻画了财务指标项目是如何随时间而变化的,它可以确定公司业绩的变动趋势。事实上,比较分析的对象除了比率以外,也可以是报表的单个项目,在进行多期分析时还可以采用指数的分析方法(也称趋势百分比方法),即以某一年的数据为基期数据(通常是以最早的年份为基期),将基期的数据值定为 100,其他各年的数据转换为基期数据的百分数,然后比较分析相对数的大小,得出有关项目的趋势。

需要明确的是,比率分析实际上是通过消除规模差异来方便我们进行公司间的比较和跨期的比较。这一过程有一个内在前提,即比率的分子和分母之间的经济关系与公司规模无关。这一假设忽略了固定成本的存在,当存在固定资产时,成本和收益的变化与销售额的变化并不成正比。即使不存在固定成本,分子和分母的线性关系也不一定正确。如销售成本和存货的比率,反映了固定的销售水平和存货水平的关系。但是现代管理理论却揭示出,最优的存货水平是与需求的平方根成正比的,由此存货周转比率必然受到公司规模的影响。在对此类比率进行比较时,分析师需要小心。

二、同比财务报表

在对公司的经营状况进行跨时分析时,一个最主要的问题就是公司的规模总是在不断变化。不同规模的公司之间也很难进行比较分析。而同比财务报表可以以相对比例的形式标准化公司的财务报表,以利于对比分析。其中资产负债表中的各科目按其占总资产的百分比表示,损益表的各科目按其占销售收入的百分比表示,而采用直接法的现金流量表中的经营性现金流的各科目也可以表示为"销售商品或劳务所收到的现金"的一定百分比。

同比财务报表为投资者的分析提供了很多新的有用信息。借助同比比率我们可以很方便地比较两个规模不同的公司、分析单个公司各时期的发展趋势。同比财务报表也有助于分析公司财务报表的结构,如公司各项成本和费用占销售收入的比例、流动资产占总资产的比例或短期债务占总债务的比例。

三、财务比率

这一部分将详细介绍各种财务比率的定义,为了便于理解和记忆,我们按照所反映的经济特征将财务比率大致分成了五类。这五类财务比率分别是:(1)经营效率;(2)盈利能力;(3)偿债能力;(4)经营风险;(5)投资收益。

（一）经营效率

为了满足经营活动的需要，公司需要投资短期资产（包括存货和应收账款）和长期资产（厂房、机器和设备等），经营效率比率反映了公司经营规模（通常以销售额来定义）和维持该规模下经营活动所需的资产之间的关系。

比率越高，说明公司维持一定经营规模所需的资产越少，即公司的资产管理和运作效率越高。这些比率的趋势变动以及与同行业其他公司的比较可以揭示出公司的不足和潜在的发展机会。同时，这些比率虽然不能直接衡量公司的盈利能力和流动性，但它们却是影响相关比率的重要因素。例如，较低的存货周转率会导致较高的仓储成本从而降低利润，而不断下降的存货周转率则给投资者一个警告——公司可能面临市场萎缩的局面。

此外，经营效率比率还可以用于预测公司未来资金的需求。销售额的不断增长必然要求公司增加更多的资产，借助这些比率投资者可以准确地预测出所需要的资金，从而评估公司是否有能力获得足够的资金来维持预测的增长率。主要包括下列指标。

存货周转率（Inventory Turnover）的计算公式是：

$$存货周转率 = \frac{销售货物成本}{平均存货} \qquad (10-28)$$

分母中的平均存货可以是年平均存货、季平均存货或者月平均存货，分子中的销售货物成本是对应的年销货成本、季销货成本和月销货成本。最常用的是年销货成本除以年平均存货，平均存货是年初存货加上年末存货的和除以2[①]。使用这个指标时我们假设存货在一期当中是匀速使用的，不会发生波动。现实中企业的存货往往受到季节因素的影响，其期末的存货可能会相对平时偏高（旺季）或偏低（淡季），由此计算出来的存货周转率会有一定程度的扭曲。

存货周转率反映了公司存货的管理效率。较高的比率说明公司从采购到生产再到销售的转化速度很快，中间没有大量存货停留在仓库或货架上，一个极端的例子就是日本公司提出的及时生产（Just in Time），它是一种追求零存货的管理经营模式。当然，低存货也面临风险，一旦市场需求超出采购生产计划，公司就会面临缺货的局面，如果没有有效的应对手段，不但会影响当期的收入，更可能会丢失客户影响长期利润。因此，公司需要根据业务的性质和自身能力的限制，平衡采购成本、存货持有成本和缺货成本，确定一个合理的存货水平和周转率。对于投资者而言，通过比较分析可以评价公司的存货周转率是否在一个合理的水平[②]。

平均存货周转天数（Average Inventory Processing Period）是存货周转率的另一种表达方法，它反映了存货的平均持有天数，显得更为直观：

$$平均存货周转天数 = \frac{365}{存货周转率} \qquad (10-29)$$

---

① 资产负债表数据所揭示的时点数据（存量），我们通常使用期初和期末数据的均值来反映公司该项目期间内的一般情况。若一个财务比率所反映的是公司的期间状况（流量），计算过程中所使用的资产负债表数据需要用均值表示。

② 另外需要指出的是存货周转率受到存货计价方法的影响。在通货膨胀时期，与后进先出法相比先进先出法的销货成本较低而存货成本较高，由此会产生较低的存货周转率。

应收账款周转率(Receivables Turnover)和**平均应收账款回收期**(Average Receivables Collection Period)的计算公式是：

$$\text{应收账款周转率} = \frac{\text{销售收入}}{\text{平均应收账款}} \tag{10-30}$$

$$\text{平均应收账款回收期} = \frac{365}{\text{应收账款周转率}} \tag{10-31}$$

商业信用是市场经济中一个常见现象，也是公司促进销售的一个有力手段。这两个比率衡量了公司制定的信用政策的有效性，揭示了公司需要投资多少资金在应收账款上才能维持目前的销售额。

需要注意的是，为了有效衡量公司的经营效率，计算公式中的平均应收账款应该只包括经营性应收账款，其他诸如投资和筹资活动所产生的应收账款应该排除在外。如果公司在当期出售了部分应收账款，我们还需要进行必要的调整。

应付账款周转率(Payables Turnover)和**平均应付账款偿还期**(Average Payables Payment Period)的计算公式是：

$$\text{应付账款周转率} = \frac{\text{货物采购}}{\text{平均应付账款}} \tag{10-32}$$

$$\text{平均应付账款付款期} = \frac{365}{\text{应付账款周转率}} \tag{10-33}$$

这里的货物采购应该等于销售货物成本加上存货的变化。尽管应付账款是一种负债而不是资产，但是它的变化趋势同样十分重要，它是公司日常经营中的一种重要融资手段。对于持有大量存货的批发公司和零售公司而言，向供应商支付货款和从客户那里获得销售款项之间的时间跨度是非常重要的。在后面分析现金周转周期时，我们还将详细分析应收账款、应付账款和存货这三者之间的关系。

营运资本(净流动资产)周转率(Working Capital Turnover)反映了维持一定销售水平所需要的营运资本，它是一个总体性的指标，其计算公式是：

$$\text{营运资本周转率} = \frac{\text{销售收入}}{\text{平均营运资本}} = \frac{\text{销售收入}}{\text{平均流动资产} - \text{平均流动负债}} \tag{10-34}$$

在计算营运资本时应该使用经营性的流动资产和流动负债，一年内到期的长期负债、短期投资和多余现金等应该排除在外，它们不是经营活动所要求的。周转率的下降，可能是存货的存放时间增加或应收账款回收的减慢引起的，这往往预示着公司的产品可能面临需求下降或者销售客户的支付能力存在一定的不确定性。这些问题都可能导致公司的预期利润下降。

固定资产周转率(Fixed Assets Turnover)衡量了公司长期资本投资的效率和生产能力，计算公式是：

$$\text{固定资产周转率} = \frac{\text{销售收入}}{\text{平均固定资产}} \tag{10-35}$$

这一指标的大小和变化趋势取决于分子和分母的特点。作为分子的销售收入取决于产品的生命周期,其变化是连续的,尽管可能有不同的变化速度。而为了实现销售量而对生产能力进行的调整即对分母固定资产的调整,是不连续的,其时间、幅度、形式很大程度上都由管理层来决定。这两个变化加总起来,就产生了一个上下震荡的周转率变化过程。如图10-4所示,公司的销售先后经历起步期、成长期、成熟期和衰退期。在起步期,公司的固定资产周转率可能很低;随着公司销售额的提高这一比率会不断提高,直到公司到达已有生产能力的极限;随后公司固定资产的投资会导致这一指标急剧下降;而当公司的销售将新的生产能力释放出来时,这一指标又会重新开始回升。这一过程会不断重复,直到成熟期结束。在进入衰退期时,指标的变化会完全相反。

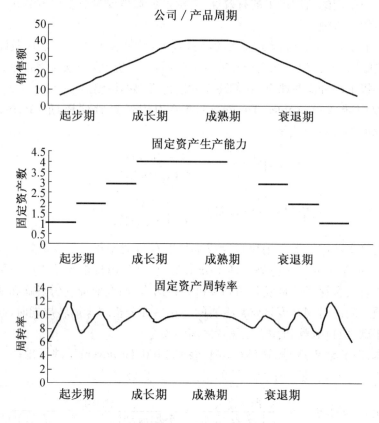

图10-4 固定资产周转率与生产产量要求

公司固定资产投资的时间会导致另一个问题。两个经营效率相同的公司,有相同的生产能力和销售水平,但固定资产购置时间的不同会导致他们有完全不同的周转率。资产购置时间长的公司资产折旧的比率较高,从而拥有较低的资产账面价值和较高的周转率。事实上,对于任何一家公司而言,随着时间的推进,即使实际经营效率并没有改善,周转率指标还是会随着公司对固定资产的折旧而不断上升。使用总的固定资产账面价值也许可以克服这一缺点,但实际操作中很少采用。更复杂的问题源于固定资产的更新,一方面由于技术创新,新资产一般拥有更高的生产效率,但另一方面由于通货膨胀,价格也会更高。两个相反作用的影响,会使得指标缺乏可预测性和连续性。用现行价值或重置成本而不是历史成本来计算指标或许是一个解决途径。另外,资产购置的方法(购买还是租赁)、财务处理方式的选择(资本化还是作为经营性租赁)都会影响周转率的大小。

公司全部资产的利用效率是用**总资产周转率**(Total Asset Turnover, ATO)来表示的,它是销售额和总资产的比率:

$$总资产周转率 = \frac{销售收入}{平均总资产} \quad (10-36)$$

这一指标综合考虑长期资产和短期资产,显示了公司总体的投资效率。周转率越快,反映公司的销售能力越强。公司也可以通过薄利多销的办法,加速资产的周转,带来利润绝对额的增加。

权益周转率(Equity Turnover)是侧重考虑公司所有者权益的使用效率,计算公式是:

$$权益周转率 = \frac{销售收入}{平均所有者权益} \quad (10-37)$$

这里的所有者权益包括所有的优先股、普通股、各种公积金和留存收益[①]。在分析这一指标时,投资者需要综合考虑公司的资本结构,因为在盈利性和资金使用效率没有提高的前提下,公司可以通过简单地增加债务融资来提高这一比率。

(二)盈利能力

对公司的投资者来说,最关心的是公司获取、维持和增加利润的能力,有足够的利润才能偿还债务、支付股利和进行投资。评价公司盈利能力的角度有很多,一方面可以考察公司利润与销售的关系,即公司每销售一元所能赚取的利润,另一方面也可以关注公司投资对利润的贡献,即公司利润与付出的投资之间的关系。下面我们将详细介绍这些财务指标。

考虑公司经营活动赚取利润的情况是评价公司盈利能力的常用方法,它反映了公司通过控制成本来提高盈利的能力。同比损益表很好地揭示了每一项成本支出与销售额之间的比率。此外,我们可以通过六个关键性的比率来反映公司利润与销售额的关系。计算公式所需要的数据都可以在损益表中找到:

```
    销售收入
  − 销售成本
  ─────────
    毛利润
  − 管理费用、营业费用
  ─────────
    营业利润
  − 投资收益、营业外损益
  ─────────
    息税前利润
  − 利息费用
  ─────────
    税前利润
  − 税收
  ─────────
    税后净利润
```

[①] 当然有些投资者偏好分析普通投资者资金的周转率,此时应该把优先股排除在外。

销售毛利率(Gross Profits Margin，GPM)反映了销售额与销售成本之间的关系：

$$销售毛利率 = \frac{销售毛利}{销售收入} \qquad (10-38)$$

营业利润率(Operating Margin，OM)是扣除了公司管理、营业等费用之后的利润率：

$$营业利润率 = \frac{营业利润}{销售收入} \qquad (10-39)$$

息税前利润率(Margin before Interest and Tax)与营业利润率相比多考虑了公司营业外的一些损益，即用息税前利润(Earning before Interest and Tax，EBIT)来计算收益率。投资者有时也会将固定资产和无形资产的折旧、摊销费用加回去，考虑息税、折旧和摊销前收益(Earning before Interest，Tax，Depreciation and Amortization，EBITDA)。

$$息税前利润率 = \frac{息税前收益}{销售收入} \qquad (10-40)$$

税前利润率(Pretax Margin)是考虑了财务费用之后的利润率：

$$税前利润率 = \frac{税前收益}{销售收入} \qquad (10-41)$$

最后一个就是**净利润率**(Profit Margin，PM)(通常简称销售利润率)，是考虑了一切费用支出后的利润率：

$$净利润率 = \frac{税后净利润}{销售收入} \qquad (10-42)$$

另外，还有一个非常有用的盈利指标是**边际贡献率**(Contribution Margin)，它从一个不同的角度来考虑公司销售的成本结构。

$$边际贡献率 = \frac{边际贡献}{销售收入} = \frac{销售收入 - 可变成本}{销售收入} \qquad (10-43)$$

这个指标的不便之处在于，公司财务报表一般不以固定和可变为标准来揭示成本支出，因此无法运用报表数据直接计算。

衡量公司盈利能力的另一种方式是考虑公司利润与产生这些利润所付出的投资之间的关系。不同的投资度量方法会产生不同形式的投资回报率。

总资产收益率(Return on Assets，ROA)是将公司的利润与全部资产(即全部的负债和所有者权益)进行比较。这一比率可以从两种角度进行诠释：首先它衡量了管理层运用公司的资产获取利润的能力和效率；其次，在不考虑资金来源的前提下，它反映了资金(股权和债权)提供者所获得的全部收益。

在计算时，公司的利润应该使用扣除融资成本前的收益，即把税后利息支出加回净利润。这是因为利息支出实际上是债权人的收益，既然在分母中我们考虑包括债权在内的所有资金，那么在分子中我们也应该相应考虑这些资金所获得的全部收益。如果使用息后收益计算，使用较高杠杆比率的公司其收益率就会偏低，因为它总收益中的大部分以利息的形式支付给了债权人。

$$总资产收益率 = \frac{净利润 + 税后利息支出}{平均总资产} \qquad (10-44)$$

其中,税后利息支出=利息支出×(1-税率)。另外,这里的利息支出应该使用"毛"利息支出(报表附注中可以找到),而不是报表中"财务费用"项目所揭示的净利息支出。

总资产收益率也可以用息税前利润作为公司收益的衡量标准,由此计算出来的比率不会受到公司税收地位和财政政策的影响:

$$总资产收益率 = \frac{息税前利润}{平均总资产} \qquad (10-45)$$

净资产(股东权益)收益率(Return on Equity,ROE)是单纯考虑公司股权投资者的收益率。与总资产收益率相比,它将债务从分母中剔出,而分子中也相应使用息后利润:

$$净资产收益率 = \frac{净利润}{平均所有者权益} \qquad (10-46)$$

对于拥有优先股的公司,我们也可以使用另一种收益率指标来关注普通股股东的收益情况:

$$普通股权益收益率 = \frac{净利润 - 优先股股利}{平均普通股股权} \qquad (10-47)$$

总资产收益率和净资产收益率之间的关系实际上反映了公司的资本结构。债权人和股权人共同提供资金给公司购买资产进行营运,作为回报,他们获得利润中的相应份额。总资产收益率衡量了所有资金提供者的收益率,而净资产收益率是扣除了债权人收益(利息)之后的收益率,是股权人的收益率。只要公司的总资产收益率高于债务成本,股权投资者就可以通过更高的杠杆比率(获取更多的债权人的投资)来获得更高的净资产收益率。

以上介绍的传统的盈利性比率都是使用权责发生制基础上的利润来衡量收益的。我们也可以使用对应的现金流来重新计算这些财务比率。例如:

$$销售现金比率 = \frac{经营活动现金净流入}{销售收入} \qquad (10-48)$$

$$总资产现金回收率 = \frac{经营活动现金净流入}{平均总资产} \qquad (10-49)$$

大量实证检验说明,这些现金流基础上的比率与传统比率相比可以为投资者提供一些分析公司的新视角。

(三)偿债能力

偿债能力对于公司来说是一个硬约束,如果无法按期偿还债务,公司就会面临破产清算的危险。偿债能力具体又可以分为短期偿付能力和长期偿付能力。

短期偿付能力分析又称为流动性分析(Liquidity Analysis)。对于短期借款人和债权人(如供货商)而言,他们必须衡量公司偿还当前债务的能力,这种能力取决于公司资产负债表日的现金头寸以及公司在经营周期内获取现金的能力。

公司的经营效率对其短期流动性有着重大的影响,也是衡量其短期偿付能力的一个重要方式。对于一个商业企业而言,经营周期(Operating Cycle)是指其销售存货的天数以及回收销货款项的天数的总和。如果该公司不使用商业信用,那么这一周期也就是其**现金周转周期(Cash Conversion Cycle)**,即公司现金被锁定在经营性资产的天数总和。如果使用供货商提供的商业信用,公司可以延迟支付购物款项,其现金周转周期就可以缩短。在计算现金周转周期时,我们需要将平均应付账款偿还期从经营周期中扣除:

$$现金周转周期 = 平均存货周转天数 + 平均应收账款回收期$$
$$- 平均应付账款偿还期 \tag{10-50}$$

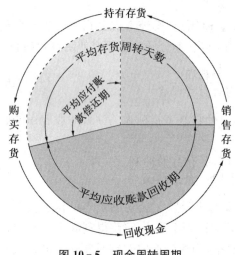

图 10-5 现金周转周期

现金周转周期实际上揭示了存货、应收账款和应付账款之间的内在关系。周期越短,说明公司经营效率越高,现金管理的能力越强;相反,周期越长,公司越容易出现现金短缺的局面。需要指出的是,不同行业的公司由于经营性质不同,现金周转周期往往存在较大差异,投资者在分析时需要考虑公司的具体情况。

公司的短期偿债能力还与其流动资产和流动负债密切相关,通过计算流动资产和流动负债的比率,我们可以对公司进行流动性分析。典型的资产负债表包括五项流动资产(现金及现金等价物、短期投资、存货、应收账款以及预付账款)和三项流动负债(短期借款、应付账款和预提费用)。从定义上来说,流动资产和流动负债是指一年以内可以转化成现金或需要偿付的资产及负债,但是实际应用中流动与非流动之间的界限已经非常模糊了。以公司的证券投资为例,证券自身期限常常超过一年甚至无限期,但是由于二级市场的存在,公司仍然可以在短期内进行变现,因此这些证券究竟属于流动资产还是固定资产就要取决于公司持有目的。投资者在界定流动资产和负债时需要非常小心。

流动比率(Current Ratio)是最常见的指标:

$$流动比率 = \frac{流动资产}{流动负债} \tag{10-51}$$

流动比率越高,说明公司越有能力偿还其短期债务,因为公司有足够的资产可以迅速变现来偿还债务。如果公司的流动比率低于1,那意味着公司的营运资本(流动资产减去流动负债)为负值,很可能会面临流动性危机。一般认为,公司合理的最低流动性比率是2。这是因为流动资产中变现能力最差的存货金额约占流动资产总额的一半,剩下的流动性较大的流动资产至少要等于流动负债,企业的短期偿债能力才会有保证。当然,如我们前面所说的,比率的绝对大小意义并不大,只有通过比较分析才能真正判断比率是否处于合理水平。公司的营业周期、流动资产中的应收账款和存货的周转速度是影响流动比率的主要因素。

速动比率(Quick Ratio),也称酸性测试比率(Acid Test Ratio),是一个更为保守的财务比率:

$$速动比率 = \frac{现金 + 短期投资 + 应收账款}{流动负债} \tag{10-52}$$

使用这一比率的原因在于,存货转化为现金所需要的时间和所能变现的金额都具有很大的不确定性,而预付账款实际上反映的是过去的现金支出而不是预期的现金流动,因此应该将它们从流动资产中扣除,只剩下能迅速转化为现金的资产(速动资产)与流动负债进行比较。

最为保守的比率应该是**现金比率(Cash Ratio)**了,它仅仅考虑现金和变现能力很强的短期投资:

$$现金比率 = \frac{现金 + 短期投资}{流动负债} \tag{10-53}$$

以上三种比率的使用,都假设公司变现相应的流动资产来偿还债务,然而现实中很少有公司会这么做,一定水平的存货和应收账款对于公司维持正常的经营是必不可少的。一旦所有的流动资产都被变现,那么公司也无法继续运作了。因此,这三个比率实际上是衡量了流动资产相对公司的短期债务水平所能提供的安全边际(Margin of Safety)。另外,这三个比率的使用也与公司的经营效率密切相关。过长的应收账款或存货周转周期,会限制流动比率或速度比率的有效性,因为陈旧的存货和难以回收的应收账款很难转化为相应金额的现金。所以在分析这三个比率的变化时,投资者需要综合考虑公司的周转比率。

经营性现金流比率(Cash Flow from Operations Ratio)通过比较实际现金流(而非流动资产等潜在现金来源)与流动负债来反映公司的短期偿债能力。

$$经营性现金流比率 = \frac{经营性净现金流}{流动负债} \tag{10-54}$$

防御区间(Defensive Interval)从一个非常直观的角度来反映公司的流动性。它将公司的速动资产(现金、短期投资、应收账款)与预估的公司经营所需要的支出进行比较。

$$防御区间 = 365 \times \frac{现金 + 短期投资 + 应收账款}{计划支出} \tag{10-55}$$

防御区间计算了在面临最坏情况时,即没有任何收入的情况下,公司利用现有的流动资产能维持正常运作的天数。尽管这一比率早在1960年代就出现了,但它始终没有得到广大投资者和分析家的认可。近年来,它的一种变化形式——**现金燃烧比率(Cash Burn Ratio)**——却得到了广泛的运用。现金燃烧比率通过估算公司在一段时间内消耗现金的数量,计算出公司利用融资(首次公开发行或私人配售)获得的现金能维持的天数(防御区间)。对于一些刚起步的没有收入来源的公司,这一比率非常有用。

公司的资本结构以及偿还长期负债的能力对于评价其长期风险和收益非常重要。只要债权融资的投资收益高于其成本,公司就可以利用财务杠杆将净收益回馈给股东,从而增加股东的收益。当然财务杠杆也会带来额外的风险,当公司的销售额或毛利下降时,债务所产生的固定成本会严重影响公司的净利润。而且,当公司面临困境时,利息和债务的优先清偿权也会带来不利影响,不及时清偿到期的债务会使公司有破产的危险。长期偿付能力分析的目的就在于衡量公司所承担的财务风险及其变化情况。

负债比率是衡量公司能否履行偿还债务本金责任的主要手段。常见的有三种：**资产负债率**(Total Debt Ratio)、**股东权益比率**(Total Equity Ratio)、**债务权益比率**(Debt to Equity Ratio)。

$$资产负债率 = \frac{负债总额(长期+短期)}{资产总额(债务+权益)} \quad (10-56)$$

$$股东权益比率 = \frac{股东权益总额}{资产总额} \quad (10-57)$$

$$债务权益比率 = \frac{负债总额}{股东权益总额} \quad (10-58)$$

除了总量，有时候我们还需要考虑负债的内部结构（期限以及固定利率还是浮动利率）。例如，资本密集型行业的公司往往借助高额的债务融资来满足购买厂房、机器和设备的资金需求，这些债务往往期限较长，以便与所购买的资产的使用期限相配比。此时，我们也可以通过对上述比率进行变化来集中分析公司的长期负债。

$$长期资产负债比率 = \frac{长期负债总额}{长期资本总额} = \frac{长期负债总额}{长期负债总额+所有者权益} \quad (10-59)$$

在计算负债比率时还有一个非常重要的问题，即究竟是使用账面价值还是市场价值。当利用这些比率进行价值评估时，我们通常都使用市场价值，以便使这些比率在分析中更加有效。债权和股权的市场价值一般都可以直接获得或通过估算得到。然而使用市场价值有时也会导致矛盾的结果：当一个公司的债券价格由于信用评级的下降而跌到账面价值以下时，它的基于市场价值的债务权益比率会下降到一个可接受的水平并显示其信用风险较低。克服这一问题的方法是，在计算比率时以账面价值表示债务而以市场价值表示股权。当股权的市场价值上升时，公司的负债比率会同比下降。这表示市场对公司盈利能力的较好预期允许公司利用更高的财务杠杆[①]。

除了本金的偿还，我们还需要考虑公司每一期支付债务利息的能力。**利息保障倍数**(Interest Coverage Ratio)是最常用的指标，它反映了公司是否有足够的收益保证利息的支付。

$$利息保障倍数 = \frac{息税前利润}{利息支出} \quad (10-60)$$

另一个更复杂的比率是**固定财务费用保障倍数**(Fixed Financial Cost Coverage Ratio)。

$$固定财务费用保障倍数 = \frac{税前利润+固定财务费用}{固定财务费用} \quad (10-61)$$

这里的固定财务费用包括所有根据合同公司必须支付的款项。除了债务利息以外，最常见的固定财务费用就是租赁费用。一些情况下，我们也可以将优先股股利作为固定财务费用进行计算，需要注意的是为了保持一致性，通常使用税前优先股股利。

[①] 为了准确计算公司的债权和股权，我们有时还需要对报表数据进行必要的调整。对于符合债权或股权特征的租赁、表外交易、递延税款、金融工具等，在计算时都需要予以考虑。具体调整方式将在报表分析时予以介绍。

$$\text{税前优先股股利} = \frac{\text{优先股股利}}{1-\text{税率}} \quad (10-62)$$

同样,为了克服权责发生制所带来的影响,我们可以用经营活动的现金流来重新计算上述比率。常用的有**现金债务比率(Cash Flow to Debt Ratio)**、**利息现金保障倍数(Cash Flow Coverage of Interest)**、**固定财务费用现金保障倍数**等。

$$\text{现金债务比率} = \frac{\text{经营活动净现金流}}{\text{债务总额}} \quad (10-63)$$

$$\text{利息现金保障倍数} = \frac{\text{经营活动净现金流}}{\text{利息费用}} \quad (10-64)$$

$$\text{固定财务费用现金保障倍数} = \frac{\text{经营活动净现金流}}{\text{固定财务费用}} \quad (10-65)$$

上述比率有一个缺陷,就是没有考虑公司日常资本支出的现金需求,公司为了维持运营和发展常常需要动用现金进行资产重置或扩大投资规模。此时,我们可以借助资本支出比率(Capital Expenditure Ratio)来进行分析。

$$\text{资本支出比率} = \frac{\text{经营性净现金流}}{\text{资本支出}} \quad (10-66)$$

当这个比率大于1时,说明公司在完成资本支出后有多余的现金用于偿债或支付股利。

(四)经营风险

风险分析考虑的是整个公司以及各资金提供者(债权人、优先股股东、普通股股东)收益的不确定性。最典型的方法就是研究影响公司收益波动的主要因素,收益的波动越大,意味着投资者面临的风险越大。公司的风险主要有商业风险和财务风险。

1. 商业风险

商业风险(Business Risk) 是指由公司经营的产业导致的公司资产收益率的不确定性。产品、顾客以及生产产品的方式等方方面面因素的变化会引起公司销售收入的波动,而这种波动则进一步导致了这种收益率的不确定性。具体来说,公司收益会随着其销售额和经营成本的变化而变化。举例来说,一个钢铁公司收益的波动往往比一个食品公司大很多,这是因为:(1)在经济周期中,钢铁销售额的变动比食品销售额大得多;(2)钢铁公司成本结构中大比例的固定成本使其利润的波动率远大于其销售额的波动率。

商业风险通常是用公司营业利润随时间推移的波动性来衡量的。营业利润的波动通常可以用公司相关时序数据的标准差来表示。但是,我们知道标准差会受到数据绝对值大小的影响,因此投资者常常用营业利润的标准差除以其均值来标准化这一指标。其最终结果就是我们所熟悉的变异系数(Coefficient of Variation)。

$$\text{商业风险} = \frac{\text{营业利润}(OI)\text{的标准差}}{\text{营业利润的均值}} = \frac{\sqrt{\sum_{i=1}^{n}(OI_i - \overline{OI})^2/N}}{\sum_{i=1}^{n}OI_i/N} \quad (10-67)$$

通过变异系数这一标准化了的比率,我们可以比较不同规模公司的商业风险的大小。为了计算变异系数的大小,通常我们需要最近5—10年的数据。小于5年会使得这个指标失去意义,而大于10年的数据则会由于过时而毫无意义。

销售收入的波动通常是利润波动的主要原因,营业利润的变动大小至少等于销售收入的变动大小。而且值得注意的是,销售收入的变动通常在管理层可控范围之外。虽然公司的营销和价格策略可以影响销售额的变动,但行业状况却往往是主要的决定因素。例如,处在周期性行业(如汽车、钢铁)中的公司,与非周期性行业(如食品零售、医疗产品)中的公司相比,其销售收入通常随着经济周期的波动而变化。与营业利润一样,公司销售收入的波动也用其最近5—10年数据的变异系数来衡量。

$$\text{销售收入的波动} = \frac{\text{销售收入}(S)\text{的标准差}}{\text{销售收入的均值}} = \frac{\sqrt{\sum_{i=1}^{n}(S_i-\overline{S})^2/N}}{\sum_{i=1}^{n}S_i/N} \quad (10-68)$$

公司利润的波动还取决于其成本的构成。我们知道,成本依据其与销售收入的关系可以分为可变成本和固定成本。当一个公司的所有成本都可变时,销售收入的加倍会导致利润的加倍,即两者的波动性相同。然而现实中,公司或多或少都会有一部分成本是固定的,其在总成本中所占的比例即杠杆比率(Leverage Ratio)通常取决于公司所处的行业的性质。固定成本的出现会导致经济周期中利润的波动大于收入的波动(在衰退期,利润下降的比率大于收入;在繁荣期,利润的上升幅度同样大于收入),从而加大了公司的风险。

公司的固定成本通常可以分为两部分:代表经营杠杆(Operating Leverage)的固定营业成本和代表财务杠杆(Financial Leverage)的固定财务成本。前者是商业风险的组成部分,而后者则衡量了公司的财务风险。

前面所介绍的边际贡献率是衡量公司经营杠杆的一个有效方法。

$$\text{边际贡献率} = \frac{\text{边际贡献}}{\text{销售收入}} = 1 - \frac{\text{可变成本}}{\text{销售收入}} = \frac{\text{利润}+\text{固定成本}}{\text{销售收入}} \quad (10-69)$$

由于固定成本不发生变化,这一指标实际上反映了销售收入变化一单位时利润的变化大小。比率越高,单位收入变化所引发的利润变化越大。若一家公司的边际利润率为40%,则销售收入增加200元会为公司带来200×40%=80元的新增利润。

借助营业利润和收入之间的基本关系,我们可以用一段期间内营业利润变化率与销售收入变化率的比率来定义**经营杠杆比率(Operating Leverage Ratio)**。

$$\text{经营杠杆比率} = \left|\frac{\%\Delta\text{营业利润}}{\%\Delta\text{销售收入}}\right| \quad (10-70)$$

当存在固定成本时,比率的数值大于1,即存在经营杠杆。我们在这里使用绝对值是因为两者的变化方向可能相反。事实上,变化的方向在这里并不重要,我们更关注的是变化的相对大小。我们从公式中看到,通过经营杠杆,风险在从收入传递到利润的过程中被放大。

经营杠杆比率与边际贡献率之间的关系是:

$$\text{经营杠杆比率} = \frac{\text{边际贡献率}}{\text{营业利润率}} = \frac{\text{边际贡献}}{\text{营业利润}} \quad (10-71)$$

两者的区别在于,一个反映的是变化率之间的关系,而另一个反映的则是绝对变化量之间的关系。

需要指出的是,随着公司销售收入的增加,经营杠杆比率并不是一成不变的。规模的扩大通常都会导致成本结构的变化(即可变成本和不变成本的比例),从而改变公司的经营杠杆比率。

2. 财务风险

财务风险是指由于公司使用债务融资而导致股东收益面临的额外不确定性,它是公司利用财务杠杆(Financial Leverage)所产生的商业风险之外的额外风险。当公司通过固定收益证券(如债券和优先股)进行融资时,每一期的财务费用(利息费用和优先股股利)必须在计算普通股股东收益前扣除,而且这些支出是固定的。与经营杠杆的原理相同,由于固定的财务成本,普通股股东的收益在繁荣时期的增长幅度会大于营业利润,在衰退期的下降幅度也同样大于营业利润。因此,当公司增加固定收益证券融资时,其财务风险以及违约甚至破产的可能性也将增加。

前面所介绍的资产负债率、债务权益比率、利息保障倍数等衡量公司长期偿债能力的比率都是评价公司财务风险的有效手段。当然我们也可以参照经营杠杆比率的计算方法,计算**财务杠杆比率**(Financial Leverage Ratio):

$$\text{财务杠杆比率} = \left| \frac{\%\Delta \text{净利润}}{\%\Delta \text{营业利润}} \right| = \frac{\text{营业利润}}{\text{净利润}} \quad (10-72)$$

依据同样的原理,我们也可以建立**总杠杆比率**(Total Leverage Ratio)来衡量公司的总体风险[①]:

$$\text{总杠杆比率} = \left| \frac{\%\Delta \text{净利润}}{\%\Delta \text{销售收入}} \right| = \frac{\text{边际收益}}{\text{净利润}} \quad (10-73)$$

它综合考虑了公司的商业风险和财务风险,并且与经营杠杆和财务杠杆比率有如下的关系:

$$\text{总杠杆比率} = \left| \frac{\%\Delta \text{净利润}}{\%\Delta \text{营业利润}} \right| \times \left| \frac{\%\Delta \text{营业利润}}{\%\Delta \text{销售收入}} \right|$$

$$= \text{经营杠杆比率} \times \text{财务杠杆比率} \quad (10-74)$$

一般来说,财务杠杆的可控性要比经营杠杆大很多。为了将总体风险控制在一定水平内,公司必须根据自身所面对的商业风险来确定财务风险的可接受范围。如果公司的商业风险很低,投资者通常愿意接受较高的财务风险。以食品零售公司为例,它通常拥有较为稳定的营业利润即较低的商业风险,于是投资者和债券评级机构就会允许公司采用较高的财务杠杆。

(五)投资收益

投资收益分析是单纯从股权投资者的角度来衡量其对公司进行投资的收益和风险,对上市公司而言,这些是非常重要的财务比率。同时,这些比率也经常直接或间接用于

[①] 这里的净利润应理解为"可供普通股股东分配的净利润",即扣除了优先股股利。

公司证券的价值评估模型。

普通股每股收益(Earnings per Share, EPS)也许是使用最广泛的一个比率了。它常常用于比较不同公司的经营业绩,并与股票的市场价格一起构成公司的市盈率用于价值评估。

对于一个拥有简单资本结构的公司而言,每股收益率的计算较为简单:

$$普通股每股收益 = \frac{可供普通股股东分配的净利润}{普通股数量的加权平均值} \quad (10-75)$$

上式的分子通常是扣除优先股股利后的净利润,而分母则是以时间为权重计算本期的平均普通股数量。

若公司拥有包含选择权(Option)、认股权(Warrants)或转换权(Convertible)的证券(包括优先股和债券),我们称公司有复杂的资本结构。此时,我们需要通过计算**稀释后的普通股每股收益**(Diluted EPS)来考虑这些潜在的普通股股份。

$$稀释后的普通股每股收益 = \frac{调整后的可供普通股股东分配的净利润}{调整的普通股数量的加权平均值} \quad (10-76)$$

对于可转换证券,分母中我们要在原来的基础上加上实际可转换的普通股数量,而分子中我们需要把这些证券的利息或优先股股利加回净利润。因为一旦实现转换,这些支付将不再履行。

对于选择权和认股权的调整则相对复杂一些,这里主要是对分母的调整,通常我们使用库存股份的方法(Treasury Stock Method)进行计算。我们假设公司用投资者行使权利(选择权或认股权)所获得的股票发行收入在公开市场上以市场价格回购自己的股票。一旦市场价格高于行使价格(Exercise Price),选择权和认股权的行使就会稀释普通股每股收益。在计算时,我们要在分母中加上由于权利行使而导致的普通股的净增加:

$$增加的普通股数量 = \frac{市场价格 - 行使价格}{市场价格} \times 行使权利时所发行的股票数量 \quad (10-77)$$

普通股每股现金流(Cash Flow per Share)与上面相比是以经营活动的净现金流作为分子进行计算,反映了公司产生现金的能力。

$$普通股每股现金流 = \frac{经营活动的净现金流}{普通股数量的加权平均值} \quad (10-78)$$

这一比率的缺点在于其波动性很大,也没有考虑公司偿还债务和维持生产能力的现金需求。

每股净资产(Book Value per Share)反映了公司每单位股份所享有的所有者权益(扣除以清算价值衡量的优先股)。它有时可以作为衡量公司股票市场价格的一个基准。

$$每股净资产 = \frac{扣除优先股之后的所有者权益}{普通股数量的加权平均值} \quad (10-79)$$

市盈率(Price-to-Earnings Ratio)衡量了市场对公司盈利的资本化程度。它是人们普遍关注的指标,在学术界和业界都广泛使用。

$$市盈率 = \frac{普通股每股市价}{普通股每股收益} \quad (10-80)$$

它实际上反映了投资者对每元净利润所愿支付的价格,可以用来估计股票的投资报酬和风险。它是市场对公司的共同期望指标,市盈率越高,表明市场对公司的未来越看好。在市价确定的情况下,每股收益越高,市盈率越低,股票的投资风险越小;反之亦然。在每股收益确定情况下,市价越高,市盈率越高,股票的风险越大;反之亦然。

市净率(Price-to-Book-Value Ratio)则反映了股票账面价值和市场价值之间的关系:

$$市净率 = \frac{普通股每股市价}{普通股每股净资产} \quad (10-81)$$

派息率(Dividend Payout Ratio)是公司普通股净收益中股利所占的比重,它反映公司的股利分配政策和支付股利的能力。

$$派息率 = \frac{普通股每股股利}{普通股每股收益} \quad (10-82)$$

与之相对应的比率就是**盈利留存比率**(Retention Rate),它等于1减去派息率。如我们在成长性分析中所看到的,留存比率与公司的成长比率密切相关。高成长性公司一般都支付较少的股利,而将大部分的盈利再投资。而进入成熟期的公司则偏好较高的派息率。

股利保障倍数(Dividend Coverage Ratio)是派息率的倒数,倍数越大,支付股利的能力越强。

$$股利保障倍数 = \frac{普通股每股收益}{普通股每股股利} \quad (10-83)$$

它是一种安全性指标,可以看出净利润减少到什么程度公司仍能按目前水平支付股利。

股利报酬率(Dividend Yield)反映股利和股价之间的关系:

$$股利报酬率 = \frac{普通股每股股利}{普通股每股市价} \quad (10-84)$$

对于股票投资者而言,取得收益的来源有两个:一个是每一期的股利,另一个是股价上涨所获得的资本利得。只有当股票持有人认为股价将上升时,才会接受较低的股票获利率。如果预期股价不能上升,股票获利率就成了衡量股票投资价值的主要依据。

以上就是我们可以提供的常用财务分析指标体系。其实可用的财务比率远远不止上面所介绍的这几十种,如果要穷尽的话可能有上百种,并且在不断增加。但就投资者的分析而言,成功与否不在于使用了多少数量的比率,关键是要从中选择对自己投资决策有帮助的比率,并从这些历史数据中获得对未来业绩的有意义的估计值然后将其运用到估价模型中。同时需要指出的是,比率分析在使用中有许多局限性,投资者在使用中需要格外注意,存在的问题有以下六个方面。

(1)孤立地看待财务比率是毫无意义的。这是我们反复强调的,只有通过比较分析(与行业、其他公司或公司自己的历史数据)才能看到比率所蕴含的意义。

(2)不同公司间是否具有可比性?使用不同的会计处理方法,会导致两家相同的公司表现出完全不同的财务数据和比率。因此,你必须考察公司主要项目的会计处理方法,并在比较时对主要差异进行调整,这样才能得到有效的比较结果。在对不同国家的公司进行比较时尤其需要注意这一点。

(3) 公司内部的同质性?许多公司都包含几个在不同行业经营的部门,此时一般很难获得能与公司整体数据进行比较的行业比率。

(4) 分析结果的一致性?在对公司进行分析时,我们不能仅仅依赖某一个或某一方面的比率,而是需要系统地综合考虑各方面的比率,从而得出一个完整一致的结果。例如,一家公司可能有短期流动性问题,但它的盈利能力非常好,这意味着随着时间的流逝,它的流动性问题会逐步缓解。

(5) 财务比率是建立在公司所公布的报表数据的基础上的。数据的真实性、完整性直接决定了比率的有效性。

(6) 财务比率只能帮我们发现问题,但不能回答问题。

第四节 盈利性和成长性分析

本节将进一步讨论财务指标体系的综合运用。我们将对上节学到的财务比率进行有效的组合,通过它们之间的相互联系,来解释企业运营的结果和发展的趋势。注意力集中在普通股权益收益率和权益投资的增长上,对前者的分析常被称为盈利性分析,而对后者的分析则被称为成长性分析。

一、经典杜邦分析

(一) 杜邦财务分析体系

杜邦财务分析体系(The DuPont System)是分析公司盈利能力的一种非常实用和有效的手段。它最早是由美国杜邦公司的经理创造出来的,故被称为杜邦分析体系。这种分析方法从评价企业绩效最具综合性和代表性的指标——权益收益率(即净资产收益率)出发,将其分解成若干个组成比率,以便分析权益收益率的变动的内在原因和变动的趋势。通过这一分析体系,我们也可以看到许多财务比率之间的内在联系。

首先,通过在计算公式的分子和分母中同乘以销售收入,我们可以把权益收益率分解成为净利润率和权益周转率。

$$权益收益率 = \frac{净利润}{所有者权益} = \frac{净利润}{销售收入} \times \frac{销售收入}{所有者权益}$$

$$= 净利润率 \times 权益周转率 \qquad (10-85)$$

这里的所有者权益是包括优先股在内的全部净资产的数值,而且为了保持一致性,我们使用期末的数值而不是平均值。这个公式向我们揭示了,公司可以通过更有效地使用其净资产(即提高权益周转率)或提高收益性(即提高净利润率)来改善公司的权益收益率。

前面在介绍计算公式时,我们提到公司的权益周转率是受其资本结构影响的,公司可以通过使用更高比例的债务融资来提高其权益周转率。这其中的关系我们可以用下面的公式来表示：

$$权益周转率 = \frac{销售收入}{所有者权益} = \frac{销售收入}{总资产} \times \frac{总资产}{所有者权益}$$

$$= 总资产周转率 \times 权益乘数 \qquad (10-86)$$

其中的权益乘数实际上是股东权益比率的倒数，它显示了公司债务融资的比重。因为公司的资产只能通过股权融资或某种形式的债务融资（流动负债或长期负债）两种方式来获得，所以权益乘数越高就意味着公司的债务融资的比重越高，也就是公司利用的财务杠杆越高。例如，一家公司的权益乘数为2，则说明该公司每一元资产中有0.5元是通过股权融资获得的，而另外的0.5元是通过债务融资获得的，即该公司总资产中债务融资的比重（即资产负债率）为1/2。这一分解公式说明，公司要提高权益周转率，既可以通过提高总资产周转率（经营效率更高）来实现，也可以通过提高其财务杠杆（更高比重的债务融资）来实现。

将上面两个公式合并在一起，我们就可以得到原始的杜邦分析体系（Original DuPont System），它可能是比率分析中最重要的一个等式了。

$$权益收益率 = \frac{净利润}{所有者权益} = \frac{净利润}{销售收入} \times \frac{销售收入}{总资产} \times \frac{总资产}{所有者权益}$$

$$= 净利润率 \times 总资产周转率 \times 权益乘数 \qquad (10-87)$$

（二）扩展杜邦分析体系

除了原始的杜邦分析体系外，人们还通过进一步分解净利润率和总资产周转率发展出各种扩展的杜邦分析体系（Extended DuPont System）。图10-6显示了扩展杜邦体系的基本分解思路。

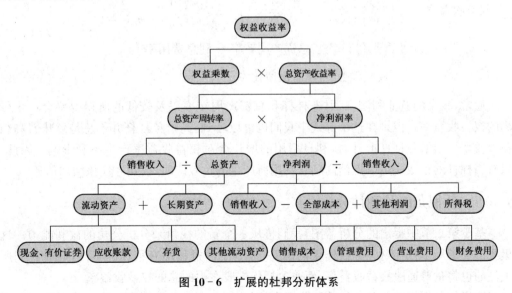

图10-6 扩展的杜邦分析体系

在实际运用中，只需要根据分析的需要有选择地分解展开即可。下面我们就介绍一种重点关注公司财务杠杆效应和税收效应的扩展杜邦分析体系。

不同于基本杜邦体系分解权益收益率的思路,这里我们首先考虑息税前收益,然后借助其他财务比率来获得权益收益率。将息税前利润率与总资产周转率合并,我们可以得到如下的公式:

$$\text{息税前利润率} \times \text{总资产周转率} = \frac{\text{息税前利润}}{\text{销售收入}} \times \frac{\text{销售收入}}{\text{总资产}}$$

$$= \frac{\text{息税前利润}}{\text{总资产}} \quad (10-88)$$

这一比率反映了公司单位总资产所获得的息税前利润。然后用利息费用与总资产的比率来体现财务杠杆的负效应:

$$\frac{\text{息税前利润}}{\text{总资产}} - \frac{\text{利息费用}}{\text{总资产}} = \frac{\text{税前利润}}{\text{总资产}} \quad (10-89)$$

用权益系数来体现公司财务杠杆的正效应:

$$\frac{\text{税前利润}}{\text{总资产}} \times \frac{\text{总资产}}{\text{所有者权益}} = \frac{\text{税前利润}}{\text{所有者权益}} \quad (10-90)$$

从而得到了单位权益所获得的税前利润。为了获得权益收益率,我们还需要考虑税收效应,这里我们通过税前权益收益率乘以税后保留比率(Tax Retention Rate)来获得。

$$\frac{\text{税前利润}}{\text{所有者权益}} \times \left(100\% - \frac{\text{所得税}}{\text{税前利润}}\right) = \frac{\text{净利润}}{\text{所有者权益}} \quad (10-91)$$

将上面的公式合并起来,我们就可以得到:

$$\text{权益收益率} = \left[\left(\frac{\text{息税前利润}}{\text{销售收入}} \times \frac{\text{销售收入}}{\text{总资产}}\right) - \frac{\text{利息费用}}{\text{总资产}}\right] \times \frac{\text{总资产}}{\text{所有者权益}} \times (1-t)$$

$$= [\text{营业利润率} \times \text{总资产周转率} - \text{利息费用率}]$$

$$\times \text{权益乘数} \times \text{税后保留比率} \quad (10-92)$$

通常,较高的营业利润率、财务杠杆和总资产周转率以及较低的所得税率会产生较高的权益收益率。但是在这个等式中我们也可以看到,高财务杠杆并不总是意味着高权益收益率。当财务杠杆上升时,利息费用的增长会对权益收益率产生不利影响。因此,只有当杠杆的正效应足以抵消高利息费用所产生的负效应时,公司才应该增加债务。

二、新视角的盈利性分析

基于第二节中提出的分析蓝图,我们将从一个新的视角来分析公司的盈利能力。这里我们仍借用了杜邦财务分析体系的思路,但分解的过程却有很大的不同,同时我们所关注的也将是普通股权益收益率,而非包括优先股在内的总的权益收益率。

这里的分析将基于调整过的财务报表,因此所使用的各种财务比率也将不同于我们前面所介绍的,需要做一定的修改和调整,以便将经营和财务两种活动划分开来。例如,根据传统的净资产收益率的公式,我们可以分别计算公司两类资产的回报率:

$$净经营资产回报率(RNOA_t) = \frac{OI_t}{0.5(NOA_t + NOA_{t-1})} \quad (10-93)$$

$$净金融资产回报率(RNFA_t) = \frac{NFI_t}{0.5(NFA_t + NFA_{t-1})} \quad (10-94)$$

$RNOA$ 有时又称为投资资本回报率,与我们通常计算的总资产回报率有所不同。如果公司有净金融负债和净利息费用,则财务活动的回报率称作净借款成本:

$$净借款成本(NBC_t) = \frac{NFE_t}{0.5(NFO_t + NFO_{t-1})} \quad (10-95)$$

通过这种方式我们就可以分别衡量公司两种活动的盈利能力了①。

图 10-7 描绘了新视角下的分析体系。从图中我们可以看到,ROE 的驱动因素被分解成三个层次,便于我们进行具体的分析。

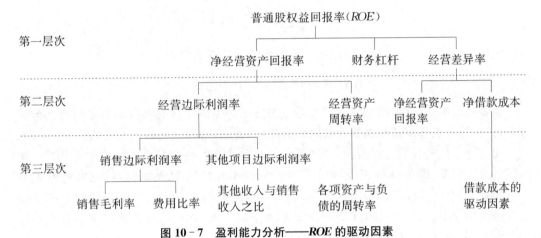

图 10-7 盈利能力分析——ROE 的驱动因素

(一) 第一层次的分解:区分财务活动与经营活动和杠杆作用

公司的经营活动(产生经营收益)和财务活动(产生财务收益或财务费用)都会影响普通股回报,ROE 的第一层次的分解就是要区分这两种活动的盈利能力,它也区分了杠杆效应,而杠杆效应通过负债可以使 ROE 的波动幅度更大。

我们知道 ROE 有如下的计算公式:

$$ROE = \frac{净利润}{平均普通股东权益} \quad (10-96)$$

位于等式右边分子位置上的净利润(也就是第二节中重新定义过的综合收益)是由经营收益和净金融费用构成的,这一点已经在重新编制的损益表中提到过了。位于分母位置上的普通股东权益(CSE)等于净经营资产减去净金融负债,即(假定各资产负债表项目都是当期平均数据):

$$ROE = \frac{经营收益 - 净金融费用}{净经营资产 - 净金融负债} = \frac{OI - NFE}{NOA - NFO} \quad (10-97)$$

---

① 事实上,每一个财务比率都可以以同样的方式进行修改,这里我们不再赘述,请读者自己尝试。

经营收益(OI)由净经营资产(NOA)产生,经营活动的盈利能力由净经营资产回报率($RNOA$)给出,而净金融费用(NFE)由净金融负债(NFO)产生,两者的比率恰是净借款成本(NBC)(可以理解为净金融负债或资产的回报率)。所以 ROE 可以表达为:

$$ROE = \frac{OI - NFE}{NOA - NFO} = \frac{OI}{CSE} \times \frac{NOA}{NOA} - \frac{NFE}{CSE} \times \frac{NFO}{NFO}$$

$$= \frac{NOA}{CSE} \times RNOA - \frac{NFO}{CSE} \times NBC \qquad (10-98)$$

即 ROE 是经营活动回报和(负的)财务活动回报的加权平均。通过再次变换这个表达式,我们可以得到如下的式子:

$$ROE = \frac{CSE - NFO}{CSE} \times RNOA - \frac{NFO}{CSE} \times NBC$$

$$= RNOA + \frac{NFO}{CSE} \times (RNOA - NBC)$$

$$= RNOA + 财务杠杆 \times 经营差异率$$

$$= RNOA + FLEV \times SPREAD \qquad (10-99)$$

需要指出的是,这里的经营收益和净金融费用必须是税后的而且必须是所有部分的总和,关于这一点在重新编制损益表时已有阐述,否则,这种分解将是无用的。

通过这个公式我们可以看到,普通股权益收益率实际可以分解为三个驱动因素:净经营资产回报率,财务杠杆以及净经营资产回报率和净借款成本的差额(即经营差异率)。当公司有财务杠杆且公司的经营回报率大于借款成本率时,其普通股收益率就会超过经营回报率。也就是说,在资产回报率大于债务成本时,通过净债务来融资购买净经营资产,公司可以获得更高的权益报酬率。

图 10-8 描述了依据公式,普通股收益率和净经营资产回报率之间的差额是如何随财务杠杆变化的。如果公司没有财务杠杆,那么普通股权益回报率等于净经营资产的回报率;如果公司有财务杠杆,那么普通股权益回报率之间的差额等于净经营资产回报率与净借款成本之差($SPREAD$)再乘以财务杠杆率。当一个公司的 $RNOA$ 大于 NBC 时,我们说这个公司有有利的杠杆,杠杆越高,相同的 $RNOA$ 下 ROE 越大;但如果 $SPREAD$ 是负的,杠杆作用就是不利的了。正如我们在比率分析中提到的,对于公司而言,财务杠杆实际上是一把"双刃剑",它既是盈利性的驱动因素,也是增大权益风险的因素。

还有一种可能性,就是公司有净金融资产而非净金融负债。在这种情况下,金融收益将大于金融费用,于是公司便会有一笔正的净财务活动回报而不是净借款成本,此时 ROE 和 $RONA$ 的关系变成:

$$ROE = RNOA - \frac{NFA}{CSE} \times (RNOA - RNFA) \qquad (10-100)$$

其中,净金融资产回报率($RNFA$) = 净金融收益/NFA。此时正的差异率会降低 ROE:当公司将一些股东权益投资于金融资产且金融资产回报率低于经营资产回报率,ROE 就低于 $RNOA$。

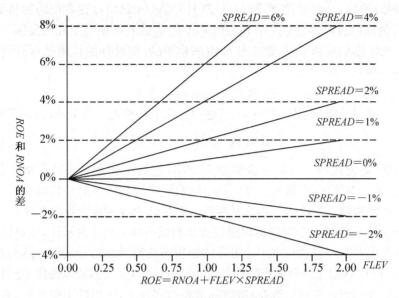

图 10-8 财务杠杆的作用

正如金融负债能够提高 ROE 一样,经营负债也能提高 RNOA 和 ROE。经营负债不同于财务活动中发生的金融负债,它是在经营活动中发生的,但从本质上来说也是一种负债。我们可以用经营负债杠杆(OLLEV)来表示净经营资产在多大程度上由经营负债(OL)构成:

$$OLLEV = OL \div NOA \qquad (10-101)$$

经营负债会通过减少净经营资产来提高公司的净经营资产回报率。一个公司能在多大程度上获得无息贷款(通常是以商业信用的形式出现,如延期付款)用于经营活动,它就能在多大程度上减少其在净经营资产上的投资,从而提高 RNOA。当然,天上不会掉下免费的馅饼,贷款肯定还是有成本的,只是这种成本以利息以外的其他形式出现,如为购买的商品和服务支付更高的价格,它肯定会在一定程度上降低公司的经营收益。因此,经营负债杠杆也是一把"双刃剑",同时有正的和负的效应。

为了测定出经营负债杠杆的大小,我们需要首先利用公司的短期融资借款利息估计出经营负债的隐含利率:

$$经营负债的隐含利率 = 短期借款利率(税后) \times 经营负债 \qquad (10-102)$$

然后计算经营资产的回报率(ROOA),它是在没有经营负债的情况下公司所能取得的回报率:

$$ROOA = \frac{OI + 隐含利息(税后)}{经营资产} \qquad (10-103)$$

于是净经营资产回报率可以用如下的公式表示:

$$RNOA = ROOA + OLLEV \times OLSPREAD \qquad (10-104)$$

它的形式与 ROE 的财务杠杆表达式非常相似。这里的 OLSPREAD 是经营负债杠杆差异率,它是经营资产回报率和税后短期借款利率的差额,即 OLSPREAD=ROOA—

短期借款利率(税后)。如果没有经营负债杠杆，$RNOA$ 就由经营资产的回报率决定；如果存在经营负债杠杆，$RNOA$ 就等于在 $ROOA$ 的基础上再加一个杠杆溢酬。当经营资产回报率大于短期借款利率时，这个杠杆溢酬是正的，即杠杆的作用是有利的；反之，杠杆可能变得不利[①]。

（二）第二层次的分解：经营盈利能力的驱动因素

ROE 的一个重要驱动因素 $RNOA$ 在这一层次中将被进一步分解，其结果是：

$$RNOA = PM \times ATO \qquad (10-105)$$

其中，PM 是公式(10-42)定义的净利润率，它揭示了每一元销售额的获利能力。ATO 是(总)资产周转率，它揭示了每一元净经营资产所能带来的销售收入，反映的是净经营资产产生销售收入的能力。作为获利能力度量的 PM 和作为效率性度量的 ATO 一起决定了公司的 $RNOA$。公司既可以通过提高利润空间来产生盈利性，也可以通过更有效地使用经营资产和经营负债来产生更多的销售额从而增加边际利润。然而在现实中，高 PM 和高 ATO 常常是一种两难的选择，很难同时实现。一些资本密集型的行业（像管道业、海运业、公用事业和通信事业）虽然有很高的利润率，但周转率却很低，而一些竞争性行业（如食品业、批发业、服装业、零售业）利润率较低，却通过较高的周转率产生相当水平的 $RNOA$。

（三）第三层次的分解

（1）为了将分析的重心放在公司的主营业务上，我们可以将净利润率分解为两个部分：

$$PM = 销售\ PM + 其他项目\ PM \qquad (10-105)$$

这里的其他项目包括损益表中的子公司收益份额（即股权投资收益）、非经常项目的损益等。这些收益的来源不是公司的销售收入，计算时将它们包括进来会歪曲销售的盈利能力，所以在这里把它们独立出来，使销售盈利能力可以单独进行计量。两个利润率都还可以进一步分解：

$$销售利润率 = 销售毛利率 - 费用率$$

$$= \frac{毛利润}{销售收入} - \frac{管理费用}{销售收入} - \frac{销售费用}{销售收入}$$

$$- \frac{经营费用}{销售收入} - \frac{经营税}{销售收入} \qquad (10-107)$$

$$其他项目利润率 = \frac{子公司收益}{销售收入} + \frac{其他股权收益}{销售收入} + \frac{非经常项目损益}{销售收入}$$

这些构成比率被称为"利润率的驱动因素"。管理会计和成本会计教材的相当部分就是进行这些因素进行分析的。如果可以获得公司分部门的信息，我们还可以进行更深

[①] 需要说明注意的是，这里所分析的财务杠杆和经营负债杠杆，其实都是公司利用负债来获得杠杆溢酬（资金收益与负债成本的差），唯一的区别是前者对应金融负债而后者对应经营负债。不知大家是否还记得在介绍财务比率时我们所提到的财务杠杆比率和经营杠杆比率，它们从固定成本和可变成本的关系分析了公司的经营风险，这其实是从另一个角度来定义和分析公司的杠杆。千万不能将它们混淆起来！

入的分析。显而易见,通过提高毛利率(即降低销售成本)、增加其他项目的收益和降低各种费用率都可以提高公司的边际利润率。

(2) 另一方面,我们知道净经营资产是由许多经营资产和经营负债构成的,因此,总的 ATO 也可以被分解为个别资产和负债的周转率。

$$\frac{1}{ATO} = \frac{现金}{销售收入} + \frac{应收账款}{销售收入} + \frac{存货}{销售收入} + L + \frac{固定资产}{销售收入} - \frac{应付账款}{销售收入} - L$$

$$= \frac{现金}{销售收入} + \frac{1}{应收账款周转率} + \frac{1}{存货周转率} + L$$

$$+ \frac{1}{固定资产周转率} - \frac{1}{应付账款周转率} - L \quad (10-108)$$

我们也可以将各种周转因素归纳为两个总括性因素:经营营运资本驱动因素和长期净经营资产驱动因素:

$$\frac{1}{ATO} = \frac{经营营运资本}{销售收入} + \frac{长期\ NOA}{销售收入}$$

$$= \frac{1}{经营营运资本周转率} + \frac{1}{长期\ NOA\ 周转率} \quad (10-109)$$

根据比率分析中的定义,营运资本应该是流动资产减去流动负债,但由于我们这里只考虑公司的经营活动,金融项目需要被排除在外,即经营营运资本=流动资产-流动性金融资产-(流动负债-流动性金融负债)。当然长期净经营资产也不包括金融项目。还有一点需要注意的是,在计算中资产负债表项目都应该使用期初和期末的平均值。

(3) ROE 分析的最后组成部分是营业差异率,它等于 RNOA 减去 NBC。我们在前面已经分析了 RNOA 的驱动因素,接下去要做的就是进行净借款成本的分析或者在净金融资产的情况下分析净金融资产的回报率。

净借款成本是不同来源净融资的加权平均成本,可以用如下的公式计算:

$$NBC = \frac{FO}{NFO} \times \frac{金融负债的税后利息}{FO} - \frac{FA}{NFO} \times \frac{金融资产的税后利息 + 未实现利得}{FA}$$

$$+ \frac{优先股}{NFO} \times \frac{优先股股利}{优先股} + L \quad (10-110)$$

有时候我们会发现自己所计算的借款成本似乎"不合常规",这很可能是由于经营项目和金融项目做了错误的划分(这意味着 RNOA 也是不正确的)。因此在计算分析时,数据的合理性是投资者必须核对的。

三、成长性分析

公司的成长,与任何一个经济体的成长一样,取决于两个因素——资金在公司中留存和再投资的数量以及留存资金的收益率。公司再投资的幅度越大,其成长潜力越大,而在再投资水平给定的前提下,公司的投资收益率越高其成长速度越快。因此,我们可以得到下面的权益投资增长率——也称可持续成长率(Sustainable Growth Rate)——的计算公式：

$$可持续成长率(g) = 净资产收益率 \times 盈利留存比率 \quad (10-111)$$

它显示了公司单纯依靠内部融资（不获取额外的股权和债权融资）所能维持的成长速度。其中的盈利留存比率是由公司董事会根据现有的投资机会决定的。理论上，只要公司的投资收益率高于其资金成本，公司就应该保留盈利进行再投资。由于公司通常将盈利留存比率或者说派息率保持在一个较为稳定的水平，ROE 的增长水平很大程度上决定了普通股权益投资的增长率。所以在这里，首先要做的是通过研究驱动因素的变化来分析和预测 ROE 的变化。根据前面第一层次的分解，我们知道 ROE 是由代表经营活动的 RNOA 和代表融资活动的 FLEV 以及 SPREAD 共同驱动的，因此可以首先对经营活动的变化进行分析。参照前面的分解，我们这里从三个层次进行分析。

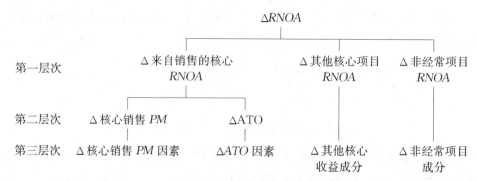

图 10-9 经营活动的变化分析

第一层次，区分核心活动和非经常成分

盈利能力的变化可能是由特定期间的经营收益所引起，这是不可重复的，也称非经常项目（UI）收益（或者营业外收益）。当然它也可能由可重复的业务产生，此时即为可持续的收益，它可以来自主营业务（销售），也可以来自其他的核心业务。

$$\Delta RNOA = \Delta \frac{核心销售\,OI}{NOA} + \Delta \frac{其他核心\,OI}{NOA} + \Delta \frac{UI}{NOA} \quad (10-112)$$

之所以将非经常成分独立出来，是由于其特有的不可重复性。事实上在预测时，对于核心活动和非经常项目所采取的方法是不同的。核心活动的收益是可持续收益，因此我们可以通过其历史的变化趋势来预测未来。但对非经常项目而言，通常是很难预测的。

第二层次，分析核心毛利和周转率的变化

在确认了核心 RNOA 之后，我们将其进一步分解为毛利率和周转率。

$$核心销售\,RNOA = PM \times ATO$$
$$\Delta 核心销售\,RNOA_t = \Delta PM_t \times ATO_{t-1} + PM_t \times \Delta ATO_t \quad (10-113)$$

RNOA 变化的第一部分是在上一期 ATO 水平下 PM 变化所带来的影响，第二部分是在本期 PM 水平下 ATO 变化带来的影响。

第三层次，分析 PM、ATO、其他核心收益和非经常项目收益变化的驱动因素

其中 PM 的变化是由成本随销售的变化决定的。有一些成本是固定的，它们不随销

售的变化而变化;而有一些成本是可变的,随着销售的变化而改变。因此:

$$销售\ PM = \frac{销售收入 - 可变成本 - 固定成本}{销售收入}$$

$$= \frac{边际贡献}{销售收入} - \frac{固定成本}{销售收入} \qquad (10-114)$$

其中的第一个部分就是边际贡献率。不知大家是否还记得我们在比率分析中介绍的经营杠杆比率(不要和经营负债杠杆混淆),它反映了收益对销售的敏感度:

$$经营杠杆比率 = \frac{边际贡献}{营业收益} = \frac{边际贡献率}{边际利润率} \qquad (10-115)$$

$$\Delta\%\ 核心\ OI = 经营杠杆比率 \times \Delta\%\ 销售收入$$

在融资活动中,$SPREAD$ 和 $FLEV$ 的变化都会影响到 ROE。公司往往追求某一特定的资本结构,因此 $FLEV$ 在现实中一般不会变化很大,经营差异率的变化也就显得更为重要。我们知道 $SPREAD=RNOA-NBC$,$RNOA$ 的变化已经解释过了,剩下的就是用净借款成本的变化来解释差异率的变化了。像营业能力一样,我们也需要将核心净财务支出和非经常财务支出区分开来:

$$净借款成本 = 核心净借款成本 + 非经常借款成本$$

$$NBC = \frac{核心净财务支出}{NFO} + \frac{非经常财务支出}{NFO} \qquad (10-116)$$

净金融资产的情况也是如此。与前面相同,非经常财务项目是在将来不会重复的和不可预测的部分。注意,这里的成本都是税后成本,因此其中也包含了税率变化引起的变化。

除此以外,我们也可以从另一个角度对普通股权益投资进行更深入的挖掘。根据资产负债表的关系我们可以得到:

$$\Delta CSE = \Delta NOA - \Delta NFO = \Delta\left(销售收入 \times \frac{1}{ATO}\right) - \Delta NFO \qquad (10-117)$$

于是 CSE 的变化可以由三个成分进行解释。
(1) 销售的增长。

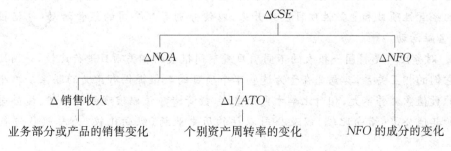

图 10-10 普通股权益的变化分析

(2) 实现一元销售收入净经营资产的变化。

(3) 净负债的变化,通过负债而不是权益给净经营资产融资。

其中销售是增长的主要动力。当一个公司的经理想要为创造价值而产生增长的时候,他就要增加销售收入。销售收入进而会转化为投资,通过ROE和影响ROE的因素营利,最终产生剩余收益。如果无法提高ATO,那么销售收入的增加要求在净经营资产上有更多的投资,此时可以通过负债或权益的变化进行融资。

与持续收益和暂时性收益的区分相对应,投资者也可以将持续增长与那些可能不会持续的增长相区分。此时需要详细调查增长的各驱动因素。

(1) 现在的销售增长是暂时的吗?
(2) 资产周转率可以持续维持吗?
(3) 现在的融资与企业长期融资杠杆目标相一致吗?

销售收入可能会因为一次特殊的订货而变得异常高。由于预期到将来销售的增长而增加使用新的资产,这会使得资产的周转率变得很低,而这又产生了剩余的生产能力。然而,持续性总归是要预测的事情:理解将来和现在有怎样的不同,投资者需要关注将来。

小　结

1. 财务报表分析是基础分析的中心。财务报表记载了公司的财务状况和经营成果,是公司经营历史的最好反映,通过财务报表分析我们可以了解公司的方方面面。

2. 编制财务报表要遵循一定的会计原则,而这些原则又建立在一些基本的会计假设基础之上。二者共同制约着财务报表的编制,并影响我们对财务报表的分析。

3. 《会计法》《企业会计准则》《上市公司会计制度》和上市公司信息披露制度一起共同构成了制约我国上市公司财务报表编制的法规体系。

4. 上市公司财务报表是包含基本财务报表、附表、附注及财务情况说明书等内容在内的统一体。其中,作为主体的基本财务报表是由上市公司会计部门提供的反映上市公司某一时期(或时点)财务状况与经营成果的书面文件,包括资产负债表、损益表、现金流量表以及股东权益表。而报表附注是在基本报表主体之外列示的、对报表主体的形成以及重要报表项目的明细说明,有助于投资者更好地分析和理解公司的财务报表。

5. 通过对财务报表进行一定的调整和重新编制,我们可以更好地观察公司所进行的三种活动——融资、投资和经营活动,了解"数字背后的故事"。调整的基本思路是将报表中的经营性项目和金融性项目区分开来,以便分别考察公司的经营活动(包括投资活动)和金融活动。

6. 财务比率是将同一报表的不同项目或不同报表的相关项目进行比较,并用比率来反映它们的相互关系,其意义在于为这些单个项目的数值提供有意义的联系。单个财务比率的数值意义并不大,相对比率才更为重要,投资者应该以宏观经济形势、该公司所在行业的其他公司(横向比较)以及公司以往的历史业绩(纵向比较)为参照物进行比较分析。

7. 同比财务报表是以相对比例形式标准化了的财务报表,它便于投资者进行对比分析,也提供了很多新的有用信息。

8. 常用的财务比率大致可以分为五大类：经营效率、盈利能力、偿债能力、经营风险、投资收益。投资者使用财务比率，关键不在于使用了多少比率，而是要选择对自己投资决策有帮助的比率，建立一个全面的分析评价指标体系。

9. 杜邦财务分析体系是重要的盈利分析工具，它通过将ROE逐层分解为若干个组成比率，来分析权益收益率的变动的内在原因和变动的趋势。根据重新编制的财务报表，我们可以从一个新的视角来解构和分析ROE。

10. 通过计算可持续成长率和分析普通股权益变化的来源，我们可以评估公司的成长性。

关 键 概 念

会计假设	会计原则	权责发生制	谨慎性原则
历史成本原则	形式重于实质原则	资产负债表	损益表
现金流量表	股东权益表	报表附注	经营活动
金融活动	净经营资产	净金融资产(负债)	剩余现金流
经营收益	净金融费用(收入)	非净盈余项目	比较分析
横截面分析法	时间序列分析法	同比财务报表	财务比率
存货周转率	应收账款周转率	应付账款周转率	营运资本周转率
固定资产周转率	总资产周转率	权益周转率	销售毛利率
营业利润率	息税前利润率	净利润率	总资产收益率
净资产收益率	现金周转周期	流动比率	速动比率
现金比率	防御区间	现金燃烧比率	资产负债率
股东权益比率	债务权益比率	利息保障倍数	现金债务比率
利息现金保障倍数	固定财务费用保障倍数	商业风险	经营杠杆
财务杠杆	经营杠杆比率	财务杠杆比率	边际贡献率
普通股每股收益	稀释后的普通股每股收益	普通股每股现金流	每股净资产
市盈率	市净率	派息率	盈利留存比率
股利保障倍数	股利报酬率	盈利性分析	杜邦财务分析体系
成长性分析	可持续成长率		

第十一章 财务预测

 学习目标

- 了解什么是完美和不完美的资产负债表,以及它们对预测和定价的影响;
- 了解如何从剩余收益模型中推导出剩余经营收益模型,以及剩余经营收益模型如何用于预测和定价;
- 了解简单预测可以如何简化定价工作,以及简单预测如何给出简单定价模型;
- 学会如何将损益表中的各个项目与资产负债表中的各个项目结合起来给出简单预测;
- 了解如何将销售预测和财务报表结合起来给出简单预测;
- 学会构造以当期财务报表为基础的三个简单预测模型:SF1、SF2和SF3;
- 了解将商业信息转换为会计计量口径的方法;
- 掌握完全信息预测和步骤和方法,并可以根据真实报表进行预测。

财务预测是基础分析的核心环节,它所提供的企业未来的现金流或者利润数据将进入估价模型,经过模型处理,产出内在价值。不论估价模型在理论上有多么先进,由于任何模型都有"进来的是垃圾,出去的一定是垃圾(Garbage in,Garbage out)"的问题,预测质量的好坏将决定任意价值模型测算出的证券内在价值的质量。同时,由于涉及企业未来发展的不确定性,财务预测也是基础分析中最困难的一个部分。

本章我们将注意力集中到可靠的预测技术上来,着重介绍基于企业经营业务的预测框架和相应的定价技术,它试图将企业活动中所有不涉及价值产生的方面全部省略,专注于价值生产过程中最重要的方面。实际上在上一章的分析中,我们就试图分离经营活动与金融(财务)活动给企业业绩带来的不同影响,并且用财务比率之间的结构关系揭示它们之间的因果联系,特别是其中涉及盈利能力和增长潜力的部分。本章的主要任务从某种意义上说,就是上一章获得的分析结论推向动态。

我们这样安排本章的内容:首先引入简化的剩余经营收益定价模型,并将资产负债表的计量方式和定价模型利用程度的问题放在一起进行讨论;然后学习简单预测(Simple Forecast)技术,即所用到的信息主要基于对财务报表的分析,此外并不涉及财务报表以外的更多的信息;接下来探讨如何将更多的商业信息纳入预测,并且转换为可计量的会计数据;最后提供完全信息预测的框架和模版,并以综合预测案例的运用作为本

章的收尾。

第一节 简化定价模型

为了定价,我们需要预测产生价值的企业活动的各个方面。在上一章中,我们区分了企业的经营活动和融资活动,并指出经营活动才会产生价值。预测和定价都需要这种区分,在这一思想指导下,我们可以改造前面学习过的剩余收益模型,通过剔除对融资等财务活动的预测而得到简化的定价模型。考虑以下我们在第四章中学过的剩余收益模型:

$$V_0^E = CSE_0 + 预期剩余收益的现值 \qquad (11-1)$$

该定价公式右侧有两个部分:一是普通股股东权益的当前账面价值(CSE),二是预测的剩余收益的现值。前者反映为资产负债表上的会计计量;后者是在当前资产负债表上遗漏的价值,它是权益在出售时超过其账面价值的溢价,这种溢价是会计师留给证券分析师计算的一部分价值,它需要通过预测得出。根据定义,下一年度的预测剩余收益是:

$$预测剩余收益(\overline{RI}_1) = 综合收益(\overline{En}_1) - 账面权益价值要求的收益(r_E \times CSE_0)$$

$$(11-2)$$

其中,r_E是资本成本或者股东权益要求的回报率(它来自 CAPM,见第六章)。上式表明预测的剩余收益也由两个部分构成:综合收益第一个部分减去资本按其成本同账面价值相乘得到的要求回报(第二个部分)。我们也可以从另一个角度来解释剩余收益,在第二个部分中,将资本成本与权益的账面价值相乘实际上是一个预测,表明我们希望资产负债表中的净资产取得相当于资本成本的回报。例如,如果所有者在这些资产上的投资 CSE_0 为一个亿,资本成本为12%,那么,剩余收益的第二部分将预测下一年的净收益为1 200万元,换句话说,将预测 ROE 为12%(即等于资本成本)。或者再换一个说法,它预测企业的权益将得到一个正常的回报。回头再看第一部分,我们会发现,剩余收益的预测实际上就是预测明年的全部综合收益与股权账面价值以资本成本为回报率而获得的收益之间的差异。对以后任意年度的剩余收益的预测可由同样的方式得出。这是我们在分析中第一次遇到这样的情况,预测的未来收益确实等于从账面价值出发得到的预测值。

[例11-1] 考虑这样一家假想的 ABC 公司,它是某种类型的证券投资基金,它的主要业务就是投资可交易的股票,它的资产按照市场价值(也就是会计上的"公允价值")计入它的资产负债表,如表11-1所示。

表11-1 ABC公司 资产负债表,第0年(单位:百万元)

资产负债表					
资产	0年	前一年	负债及股东权益	0年	前一年
可交易股票(市价)	23.4	20.3	长期债券	7.7	7.0
			普通股东权益	15.7	13.3
净经营资产	23.4	20.3		23.4	20.3

由于主要业务就是投资,所以这些股票就是该企业的净经营资产(NOA)。这家企业的负债,即它的金融债务(NFO)是零息票的债券(没有现金利息的支出),债券同样以市场价值计价。表11-2为当年的损益表(为了简化分析,省略了所得税)。

表11-2　ABC公司 损益表,第0年(单位:百万元)

损　益　表	
经营收入	
股票的红利	1.2
股票未兑现的收益	1.9
	3.1
净金融支出	(0.7)
收益	2.4

其中,股票当年提供现金红利120万元,此外还有190万元的账面增值(资本利得),资本利得在损益表上列为未实现的收益。债务的财务支出根据零息票债券的面值用有效利率折现摊销,可以算出这一债券的实际成本(利率)为:

$$0.7/7.0 = 10\%$$

这一摊销使得债券的价值在第0年底达到770万元。从这两张调整的报表中,可以很快得到现金流量表11-3(也可以运用上一章中学到的公式(10-10),求出自由现金流$=OI-\Delta NOA=3.1-3.1=0$)。

表11-3　ABC公司 现金流量表,第0年(单位:百万元)

现金流量表	
经营现金流(现金红利)	1.2
投资活动现金流(股票)	(1.2)
自由现金流	0
融资活动现金流	0

权益的价值是多少呢?我们可以立即从资产负债表中获得。由于净经营资产和债务都是以市场价值计量的,那么权益的价值也必然是市场价值——1 570万元。因此企业可以按照账面价值出售,不会有溢价产生。这种情况我们称为完美的资产负债表。为了观察到资产和负债的价值,会计师构造了资产负债表并以此给出了价值,这里没有遗漏的商誉和其他价值。

资产负债表是为这个企业定价所需要的全部资料,没有必要去预测它的未来。为了证实这一点,我们不妨来看一下对未来的剩余收益的预测是多少。如果公司的股票在市场上有效定价,它们将按照要求的回报率(资本成本)来定价,这是无套利力量产生的均衡结果。资产在资产负债表上以市值计价时,我们期望它获得与资本成本相同的收益率。假设权益资本成本r_E为12%,则我们预期下一年(第1年)的收益是:

$$0.12 \times 1\,570 = 188.4 = \overline{En}_1 - r_E \times CSE_0$$

即我们根据权益账面价值和资本成本来预测收益,那么第一年的预计损益表 11-4 为:

表 11-4 ABC 公司 损益表,第 1 年(单位:百万元)

损 益 表	
经营收益	2.654
净金融支出 0.10×7.7	(0.77)
综合收益 0.12×15.7	1.884

根据该表,预测的剩余收益为:

$$\overline{RI}_1 = 1.884 - (0.12 \times 15.7) = 0$$

由于权益账面价值将获得与资本成本相同的收益,第 1 年的预期的 ROE 是 1.884/15.7=0.12,企业将获得的剩余收益为 0。以后年度的剩余收益可以按照同样的方法推测。由于企业没有支付任何现金股利,第 1 年的预测综合收益是 188.4 万,则第 1 年末的股权账面价值的预测值为 1 570+188.4=1 758.4 万元。第 2 年的净收益的预测值是:

$$0.12 \times 17.584 = 2.11 = \overline{EN}_2 - r_E \times CSE_1$$

而

$$\overline{RI}_2 = 2.11 - (0.12 \times 17.584) = 0$$

因此,第 2 年的预期 ROE 同样等于资本成本,而且以后年度也一样[①]。所以,当内在价值等于账面价值时,我们认为未来的剩余收益是 0,而 ROE 就是资本成本。我们其实也可以从剩余收益定价公式(11-1)中看到这一点,如果 $V_0^E = CSE_0$,则未来剩余收益的期望值将一定为 0。

读者应该注意到利用账面价值预测的其他一些东西。如果没有股利分配,我们预测第 1 年的权益账面价值是 1 758.4 万元,即账面价值按 12% 增长。同样,也可以预测第 2 年的权益账面价值是 1 758.4+211=1 969.4 万元,第 1 年末预测的账面价值也按 12% 的速度增长。这一预测等价于预测权益账面价值按照资本成本率增长。这一假设是有道理的:我们总是估计内在价值应该以资本成本率增长。如果第 1 年支付股利,账面价值就不会以资本成本率增长。这意味着以上分析适用于支付股利之前的账面价值,也就是含股利的账面价值。

在完美的资产负债表前提下,市净率 V_0^E/CSE_0 永远等于 1,我们把等于 1 的市净率称为正常的市净率。这与正常的 ROE 相对应——如果一个企业获得了与资本成本相同的 ROE,则该 ROE 被称为正常的 ROE。这个企业也可以按照正常的市净率出售(相对定价方法)。

在这样的情况下,预测只需要资产负债表就可以进行,并不需要损益表。一个明显的

[①] 这有一个轻微的简化:可能净资产期望收益率在将来的年份与资本成本不同,有些年份高,有些年份低,但是所有年份的剩余收益的现值为 0。

例子就是开放式的证券投资基金,它的资产负债表中的资产净值已经提供了足够的定价信息。损益表没有提供任何额外信息,事实上股票在第 0 年获得大于或者小于预期的 12% 的收益率,并不会改变它们会在将来获得 12% 的回报率的期望。第 0 年的净收益也只反映了资产价值的增值,而资产增值并不提供任何关于未来的信息。现金流量表也同样没有信息含量,它只给出了价值增值的股利部分。但是我们看到,股利通常对价值没有影响。

完美的资产负债表全面简化了预测的工作,但不幸的是,在大多数的情况下我们无法获得完美的资产负债表。考虑以下假想的 XYZ 公司的财务报表,这个公司只有一项经营资产(如生产设备),并且不支付所得税。

表 11-5　XYZ公司 资产负债表,第 0 年(单位:百万元)

资产负债表					
资产	第 0 年	前一年	负债及所有者权益	第 0 年	前一年
设备(历史成本减去累积折旧)	74.4	69.9	长期负债(NFO)	7.7	7.0
			普通股东权益(CSE)	66.7	62.9
净经营资产(NOA)	74.4	69.9		74.4	69.9

表 11-6　XYZ公司 损益表,第 0 年(单位:百万元)

损益表	
经营收入	
销售收入	124.9
销售成本(包括 21.4 的折旧)	(114.6)
经营收益	10.3
其他经营费用	(0.5)
	9.8
净金融费用:0.10×7.0	(0.7)
收　益	9.1

现金流量表可以从上面两张调整后的报表中获得。

表 11-7　XYZ公司 现金流量表,第 0 年(单位:百万元)

现金流量表	
经营活动现金流	
经营收益(利润)	9.8
折旧	21.4
	31.2
投资活动现金流	
设备投资(21.4+4.5)	(25.9)
自由现金流	5.3
融资活动现金流	
净股利支付	5.3

其中设备投资是资产负债表上设备的变化(450 万元)加上设备折旧的减少额 2 140 万元。自由现金流也可以通过以下公式一步计算出来：

$$OI - \Delta NOA = 9.8 - 4.5 = 5.3$$

净股利支付也可以用下面公式，从股东权益变化中推导出来：

$$d = 综合收益 - \Delta CSE = 9.1 - 3.8 = 5.3$$

需要注意的是，在资产负债表中债务仍然是按照市场价值记录的，但是设备资产则是按照历史成本减去折旧来计价的。我们并不清楚这是不是这些资产的市场价值（通常都不是），所以股东权益也就可能不是以市场价值计价的。这种情况下，我们面对的就是所谓不完美的资产负债表。由于它是不完美的，所以资产负债表本身无法像前文分析的那样直接用于定价，需要通过预测未来的剩余收益来确定股权内在价值与账面价值之差。如果预测到的未来剩余收益的现值大于 0，则权益价值会大于它的账面价值形成溢价；反之为负，形成折价。无论哪种情况，企业都会有一个不等于 1 的市净率，这也被称为非正常的市净率比率。

在证券分析实践中，现实情况就是 XYZ 公司远比 ABC 公司典型。一般企业会有更多的净经营资产和净金融负债，但它们均可以归到这两类。通常净金融负债是以市价或者接近市价计量的；但很多净经营资产则不是，就像 XYZ 公司采用的是历史成本折旧的方法。有些资产的价值则没有体现在资产负债表中，如忽略掉的知识资产和其他无形资产。分析师面临的挑战就是预测未来的剩余收益，确定权益应该是按照溢价还是折价销售。

在本章中，我们都将利用 ABC 和 XYZ 公司作为样板来进行预测。对这两个企业的比较说明 P/B 比率和预测的剩余收益都依赖于账面价值的记账方法。如果会计师使得"资产负债表正确"，则 P/B 就是正常的，剩余收益就是零。如果会计师没有（或者不能）给出"正确的资产负债表"，则 P/B 就是非正常的，相应地，预测的剩余收益就不会为零。由于账面价值有缺陷，所以预测出来的综合收益与用资本成本与权益账面价值相乘得出的股权账面收益不同。

因此，剩余收益实际上是盈利能力和会计活动的共同结果。如果预测的剩余收益为正数，并不一定意味着从经济的角度讲，企业可以赚得非常多的利润，也可能是由于在会计上过度计提折旧使得账面价值比较低，或漏记了无形资产的价值导致的。低的账面价值会产生高的未来剩余收益，因此由预测的剩余收益得到的 P/B 比率就可能更高[①]。但是，无论用何种会计方式记录账面价值，用剩余收益模型仍然可以给权益定价。

上述的分析使得我们确信，如果资产在资产负债表中以市场价值计量，就不需要预测剩余收益，这时的剩余收益将永远是 0。可以想象，只要可以预测那些不是以市价计价的资产的剩余收益就能够计算权益的价值，这时就有简化了的剩余收益定价公式：

$$V_0^E = CSE_0 + 非市价计量净资产的预测剩余收益的现值 \qquad (11-3)$$

利用这个公式必须要区分以市值计价的资产或负债的收益和那些不是以市值计价

---

① 一些企业（如制药企业）由于研究开发产生的无法记录的知识资产，使它们通常有较高的 ROE 和较高的剩余收益，股票价格有很高的溢价。但这并不能说他们赚得了"垄断利润"，因为这些现象部分是由于会计记账的原因产生的。

的资产或负债的收益。经营收益通常是两种资产共同赚得的,因此要做出上述区分在操作上是很困难的。然而,我们至少已经可以将经营资产/负债同金融资产/负债分开,并把前者作为那些不是按照市价计量的资产的近似代表。

表 11-8 总结了上一章中讨论的收益的两个组成部分、资产负债表中产生这两个部分的成分,以及 t 期相应的剩余收益的组成成分。为了得到剩余收益成分,每一个收益成分都有相应的资产负债表中的成分,且都按照要求的回报率(资本成本)计算收益。在所有的情况下,剩余收益是超出资产负债表中资产(或负债)按照相关的资本成本要求的收益(或支出)的部分。

表 11-8 收益的成本,账面价值和剩余收益

净收益成分	账面价值成分	剩余收益成分
经营收益(OI)	净经营资产(NOA)	剩余经营收益 $OI_t - r_F \times NOA_{t-1}$
净金融支出(NFE)	净金融负债(NFO)	剩余净金融支出 $NFE_t - r_D \times NFO_{t-1}$
综合收益(EN)	普通股东权益(CSE)	剩余收益 $EN_t - r_E \times CSE_{t-1}$

我们逐一来看,先是财务方面,净金融负债的剩余收益是剩余净金融支出:

$$\text{Re}NFE_t = NFE_t - r_D NOA_{t-1} \tag{11-4}$$

其中,r_D 是净金融支出的成本,但它包含了税盾的作用(比较公式 4-30):

$$\text{净债务税后成本} = \text{净债务名义成本} \times (1 - \text{所得税率}) \tag{11-5}$$

这样剩余净金融支出是净金融支出减去净债务要求的支出。如果可以得到 $\text{Re}NFE$ 的预测值,就可以计算 NFO 在未来 T 时刻截至的净金融负债的当前价值 V_0^{NFO}:

$$NFO \text{ 的价值} = NFO + \text{预期剩余净金融支出的现值} \tag{11-6}$$

或者,[1]

$$V_0^{NFO} = NFO + \frac{\overline{\text{Re}NFE_1}}{1+r_D} + \frac{\overline{\text{Re}NFE_2}}{(1+r_D)^2} + \cdots + \frac{\overline{\text{Re}NFE_T}}{(1+r_D)^T} \tag{11-7}$$

如果 NFO 以市价计量,那么预测的 $\text{Re}NFE$ 一定为 0,则:

$$V_0^{NFO} = NFO \tag{11-8}$$

再来看经营方面,净经营资产产生的剩余收益是剩余经营收益($\text{Re}OI$)[2]:

$$\text{剩余经营收益}(\text{Re}OI_t) = \text{经营收益}(OI_t) - \text{净经营资产要求的收益}(r_O NOA_{t-1}) \tag{11-9}$$

注意,这里的净经营资产要求的回报是按照加权资本成本($WACC$)计算的(见公式4-30),它等于:

经营资本成本 = 加权平均权益成本 + 净债务成本

---

[1] 我们在前面第三章中学习过,为债务定价。

[2] 在第四章中,剩余经营收益也叫"经济利润"或是"经济增加值"(EVA)。

$$= \frac{权益价值}{经营活动价值} \times 权益资本成本 + \frac{债务价值}{经营活动价值} \times 债务资本成本$$

或者,

$$r_O = \frac{V_0^E}{V_0^{NOA}} r_E + \frac{V_0^D}{V_0^{NOA}} r_D \qquad (11-10)$$

这里大家可能会有一个错误印象,就是似乎经营的风险是由股权的风险和债务风险共同决定的,但实际上企业的风险是由经营本身决定的,而与资本结构或者说融资方式无关,如果对上面公式变形以后,可以看得更清楚:

$$r_E = r_O + \frac{V_0^D}{V_0^E}(r_O - r_D) \qquad (11-11)$$

因此,实际情况是如果没有金融活动,股权的风险全部来自经营;但如果存在金融活动,则股权的风险会有所变化:这其中的因果关系不可以倒置。

对于一个持续经营的企业来说,有了 ReOI 的预测值,就可以计算净经营资产的价值 V_0^{NOA}:

$$经营价值 = 净经营资产 + 期望剩余经营收益的现值 \qquad (11-12)$$

或者,

$$V_0^{NOA} = NOA + \frac{\overline{ReOI_1}}{1+r_O} + \frac{\overline{ReOI_2}}{(1+r_O)^2} + \cdots + \frac{\overline{ReOI_T}}{(1+r_O)^T} + \frac{\overline{CV_T}}{(1+r_O)^T} \qquad (11-13)$$

即 NOA 的账面价值加上这些资产在预测期内产生的期望剩余经营收益的贴现值,其中的 CV_T 表示 T 时刻持续经营的价值[1],即在预测期之后的预期经营收益的现值。除了将净经营资产替代普通股东权益以外,这个模型与剩余收益模型形式完全相同。

经营价值也叫作企业的价值或者厂商价值。企业价值减去净金融负债后就得到股东权益的价值:

$$V^E = V^{NOA} - V^{NFO} \qquad (11-14)$$

因此,如果 NFO 是用市价计价,即期望净剩余金融支出(ReNFE)为 0,则股东权益价值($NOA - NFO = CSE$)就为:

$$普通股权益价值 = 普通股权益账面价值 + 期望剩余经营收益的现值 \qquad (11-15)$$

或者,

$$V_0^E = CSE_0 + \frac{\overline{ReOI_1}}{1+r_O} + \frac{\overline{ReOI_2}}{(1+r_O)^2} + \cdots + \frac{\overline{ReOI_T}}{(1+r_O)^T} + \frac{\overline{CV_T}}{(1+r_O)^T} \qquad (11-16)$$

这就是剩余经营收益模型[2]。剩余经营收益模型的意义在于:如果债务和金融资产产生零剩余收益,那么它们的账面价值不会增加,我们只需预测经营活动的盈利能力就

---

[1] 第四章中我们区别了根据增长情况的假设,对未来持续经营价值的简化处理模型,如戈登(Gordon)模型。
[2] 对于 XYZ 公司来说,用 1090 的债务成本计算,第一年预测的 ReNFE 为零:$0.77 - (0.10 \times 7.7) = 0$,以后年度也都为零。

可以进行定价。这一模型也使得预测任务变得更加简单——考虑经营收益和净经营资产,忽略净金融支出和净金融负债[①]。不过需要指出的是:只有当资产负债表中资产和负债的市场价值真正有效的时候才能作为它们的公允价值。

接下来,就要解剖剩余经营收益模型的驱动因素,也就是驱动剩余经营收益的因素。我们可以用下面这种方法将剩余收益分解为两部分:

$$剩余收益 = (普通股权益回报率 - 普通股权益必要回报) \times 普通股权益$$

或者,

$$RI_t = (ROCE_t - r_E)CSE_{t-1} \quad (11-17)$$

我们把 ROE 和权益的账面价值这两个部分作为剩余收益的动因——剩余收益由股东投资的数量和投资收益率二者驱动。类似的,剩余经营收益同样可分成两个部分:

$$剩余经营收益 = (净经营资产回报率 - 要求的经营收益率) \times 净经营资产$$

或者,

$$ReOI_t = (RNOA_t - r_F)NOA_{t-1} \quad (11-18)$$

RNOA 和净经营资产就是剩余经营收益的动因,ReOI 正是由运营中的净经营资产和这些资产超出资本成本的盈利能力两个因素驱动的。剩余净金融支出(或收益)也可分解成两个因素:

$$剩余净金融支出 = (净借债成本 - 净债务成本) \times 净债务 \quad (11-19)$$

或者,

$$ReNFE_t = (NBC_t - r_D)NFO_{t-1} \quad (11-20)$$

这样,ReNFE 由净金融债务的数量和净借款成本减去债务成本的差驱动。对于一个发行债务融资的企业来说,期望的借债成本等于债务成本。因此不论实际有多少债务,这个因素并不影响企业价值。事实上,账面价值是通过经营活动增加的,我们的分解说明,将资本投入能获取比营业成本更高的 RNOA 的资产,企业的价值将增加。因此,后续预测工作将围绕两个关键因素进行——未来的 RNOA 和 NOA。

本节介绍的评估方法假设资产负债表中的净财务项目的价值近似等于它的市场价值,但资产负债表中的净经营资产的数值一般来说并不完全是它的价值反映。因此,定价是建立在可预测的剩余经营收益而不是权益的剩余收益之上的。剩余经营收益给出了经营活动的价值,而权益的价值正是经营活动的价值减去资产负债表中的净负债(或者在公允价值脚注中说明的净负债的公允价值)。剩余经营收益模型减轻了预测的任务,我们将在该模型的基础上展开评估和预测[②]。

[①] 当然,如果金融项目不是以市值计价,就必须采用剩余收益模型而不是剩余经营收益模型,但如果可以得到财务项目的市值,我们就可以用市值去替换账面的价值,从而采用剩余经营收益模型(ReOI)来定价。在美国,财务项目的公允价值可以在财务报表的附注中找到。

[②] 剩余经营收益模型是一个评估公司经营价值的模型。事实上,它在评估权益价值时是有缺陷的,因为它并没有预测那些在股票发行和回购中创造的价值。但是,此模型确实反映了基础业务的价值,这使得公司的管理人员或其他分析师拥有同样的信息,以判断此时的股票价值是否被低估。使用该模型的股东也会判断出股价是否被低估(或相反),并决定是否要出售其股票(或相反)。

第二节 简单预测

上节的分析使我们确信：如果资产负债表能够正确衡量净金融债务（NFO），剩余经营收益模型是适用的，其效果很明显——它不仅减少了预测工作，而且分析师可以不必处理由于杠杆作用而导致的贴现率的变化。剩余经营收益模型是通过对产生剩余经营收益的两个关键因素——净经营资产回报率(Return on Net Operating Assets, RNOA) 和净经营资产增长的预测来提供定价基础的。这些驱动因素是价值产生的核心。

本节将以对 RNOA 和 NOA 的增长进行简单预测，并导出相应的简单定价结果。简单预测所用到的信息主要基于对财务报表的分析，它们揭示了当期的盈利能力和增长情况。简单预测假设当期的盈利能力和增长将在未来继续下去，以下将分三个层次介绍三种简单预测模式。

一、以账面价值为基础的预测：SF1 预测

我们已经看到，通过将相关的要求回报率与资产负债表的相关科目结合可以得到对资产负债表的隐含预测。这些要求回报率就是期望收益率，它们表明如果账面价值（净资产）按此收益率盈利，就会有预期的未来收益。表 11-9 给出了从资产负债表各项目得到的一年期对于各个收益组成的预测，我们把这种简单预测模式叫作 SF1 预测。

表 11-9 以账面价值为基础的简单预测(SF1)

收益的 组成成分	收益组成的预期值 （以相关资产负债表的成分的 必要回报来预测）	剩余收益的预期值 （剩余收益及其组成成分的 预期值为零）
经营收益	$\overline{OI}_1 = r_F \times NOA_0$	$\overline{OI}_1 - r_F \times NOA_0 = 0$
财务收益	$\overline{NFE}_1 = r_D \times NFO_0$	$\overline{NFE}_1 - r_D \times NFO_0 = 0$
综合收益	$\overline{EN}_1 = r_E \times CSE_0$	$\overline{EN}_1 - r_E \times CSE_0 = 0$

SF1 预测中，我们用预测净经营资产在营业中的要求回报(r_F)作为经营收益的预测值，用预期净金融债务与净债务成本(r_D)的乘积作为净财务费用的预测值，用预期普通股东权益的要求回报(r_E)作为全部综合收益的预测值。这些预测也可以重新表述为剩余收益预测，在表中最后一列也给出了该项目。

在 SF1 预测中，对剩余收益的各个相关组成成分的预测值总为零。从以上讨论可知，如果能够从相关资产负债表合计中得到各项目的准确的价值，则这些 SF1 预测将是很好的预测。

[例 11-2] 为了清楚地了解这些 SF1 预测是如何联系在一起的，考虑下面的关于 ABC 公司的第 1 年的预计损益表。在上一小节中，该公司将其净经营资产（其实就是股票投资）以市场价值计入资产负债表。其第 0 年的资产负债表以及损益表如表 11-1 和表 11-2 所示。

我们假设就一个完美的资产负债表而言，所有者权益要求的收益率是 12%[①]，于是可

[①] 这假定是市场均衡要求的回报率，来自 CAPM。

以预测第 1 年的综合收益为 188.4(0.12×15.7)万元。预测经营收益为 265.4 万元,读者可能想知道我们是如何得到这些预测值的。也许你会说,这不过是个猜想,因为净财务费用预计为 77 万元,所以经营收益一定为 265.4(188.4+77)万元。

但它不仅仅是个猜想。预期经营收益是第 1 年年初的股票投资额 2 340 万元的 11.34%。这个 11.34% 是 ABC 公司经营资本的要求回报率,我们通过对该公司的加权平均资本成本(WACC)的计算可以得到:

$$0.12 \times 15.7/23.4 + 0.10 \times 7.7/23.4 = 11.34\%$$

知道了资本成本,我们就可以对第 1 年的经营收益进行预测:

$$0.1134 \times 23.4 = 2.654$$

因此预期第 1 年损益表如表 11-10 所示。

表 11-10　ABC 公司 SF1 预计损益表,第 1 年 (单位:百万)

预计损益表		
收益的组成成分	要求回报率×资产负债表相关项目	
经营收益	0.1134×23.4	2.654
净财务费用	0.10×7.7	(0.770)
综合收益	0.12×15.7	1.884

对收益的每一个成分的预测都是根据该成分的资产负债表的期初值与相应的要求收益率相乘得到的,这些预测值的和就是综合收益的预测值,它也可以通过期初普通股东权益的数额与要求的回报率相乘得到。很明显,SF1 预测未来各年的剩余收益均为零。由此,从该预测得到的普通股票定价公式为:

$$\text{普通股票的价值}(V_0^E) = \text{普通股票的账面价值}(CSE_0) \quad (11-21)$$

这与 ABC 公司的资产负债表是一致的。另外,在 SF1 情况下,公司的经营价值(V_0^{NOA})也就是净经营资产的账面价值。

二、以收益和账面价值为基础的预测:**SF2 预测**

通常来说,SF1 对于从事纯金融活动的企业可能是个典型的好预测,但如果资产负债表上的其他项目不是以市价记录的,SF1 预测就不能用来预测一般的经营活动。那么,我们可以利用财务报表上的其他什么信息来对这个预测进行改善呢?第 1 个答案就是当期收益。如果可以得出这样的结论——当期收益是未来收益的一个很好的测度指标,那我们就可以预期下一年的收益等于当期收益。但是,这样处理可能过于粗糙。为了修正这一推论,我们将考虑能够增加收益的其他新的投资。

认识到这一点,表 11-11 就给出了基于当期损益表和资产负债表的对于收益的各组成成分和剩余收益的组成成分的简单预测。我们将这些预测称作 SF2 预测。

表 11-11 以收益和账面价值为基础的预测（SF2）

收益的组成成分	收益组成的预期值（收益组成的预期值等于它们各自的当期值和资产负债表上必要回报的变化）	剩余收益的预期值（剩余收益及其组成成分的预期值为其各自的当期值）
经营收入	$\overline{OI}_1 = OI_0 + r_F \times \Delta NOA_0$	$\overline{OI}_1 - r_F \times NOA_0 = OI_0 - r_F \times NOA_{-1}$
金融收益	$\overline{NFE}_1 = NFE_0 + r_D \times \Delta NFO_0$	$\overline{NFE}_1 - r_D \times NFO_0 = NFE_0 - r_D \times NFO_{-1}$
综合收益	$\overline{EN}_1 = EN_0 + r_E \times \Delta CSE_0$	$\overline{EN}_1 - r_E \times CSE_0 = EN_0 - r_E \times CSE_{-1}$

SF2 预测认为经营收益的预测值将以当期值为基础，但如果当期的净经营资产有一个增长，经营收益也会增长；它进一步预计所增加的投资仍将按照要求回报率获得收益。SF2 预测净利息费用的增加也是由具有同样资本成本的净金融债务的增加导致的。类似地，如果当期能够获取要求收益率的普通股权益增加，则预测的综合收益也会增加。

[例 11-3] 回忆上节中 XYZ 公司第 0 年的财务报表 11-5 和 11-6。我们指出该公司的资产负债表并不完美，因此不能用 SF1 进行预测。虽然不能根据第 0 年的资产负债表进行预测，我们仍然可以利用第 0 年的损益表来进行预测。

为了利用 SF2 预测 XYZ 公司第 1 年的损益表，假设该公司营业的资本成本与 ABC 公司相同，也为 11.34%，则第一年的损益表预测如表 11-12。

表 11-12 XYZ 公司 SF2 预计损益表，第 1 年（单位：百万元）

SF2 预计损益表		
收益的组成成分	当期收益+（必要回报率×资产负债表相关项目的变化）	
经营收益	9.8+(0.113 4×4.5)	10.310
净财务费用	0.7+(0.10×7.7)	(0.770)
综合收益	9.1+(? ×3.8)	9.540

其中的"资产负债表相关项目的变化"是指同一项目第 0 年和下一年之间的变化。综合收益的预测值是经营收益的预测值和利息费用的预测值之差。除非我们可以知道权益资本的成本（表 11-11 中有问号的地方），否则无法根据当期综合收益和当期权益的变化得到预测的收益。而如果我们不知道所有者权益的价值，也就无法计算它的成本（利用前一节中方程 11-11）。

这些用 SF2 对收益各组成成分的预测与表 11-11 最右边给出的下一年剩余经营收益的预期值等于其当期值的说法是一致的。这是由于（其他可类推）：

$$\overline{OI}_1 = \overline{OI}_0 + r_F \Delta NOA_{-1} = \overline{OI}_0 + r_F NOA_0 - r_F NOA_{-1} \quad (11-22)$$

因此可推出：

$$\overline{OI}_1 - r_F NOA_0 = \overline{OI}_0 - r_F NOA_{-1} \quad (11-23)$$

对于 XYZ 公司，它的经营收益第 1 年的预测值为 10.31，这意味着其第 1 年的剩余经营收益为：

$$10.310 - (0.113\ 4 \times 74.4) = 1.873$$

等于其第 0 年的剩余经营收益，也为

$$9.8 - (0.1134 \times 69.9) = 1.873$$

关于对未来年份的推断，SF2 预测认为剩余收益在未来将永远是相同的。利用剩余经营收益模型，以永久当期水平的剩余经营收益为基础的股权定价公式为：

$$\text{普通股价值} = \text{普通股账面价值} + \text{当期剩余经营收益的资本化值} \quad (11-24)$$

或者，

$$V_0^E = CSE_0 + \frac{ReOI_0}{r_F} \quad (11-25)$$

对 XYZ 公司，股票价值为：

$$66.7 + 1.873/0.1134 = 83.22$$

市价与账面价值之比为：

$$83.22/66.7 = 1.25$$

正如 SF1 预测提供了一个定价基准（$V_0^E = CSE0$），SF2 预测也给我们提供了一个定价基准。净经营资产的价值为：

$$V_0^{NOA} = 83.22 + 7.7 = 90.92$$

它也可以通过下面的公式计算：

$$V_0^{NOA} = NOA_0 + \frac{\overline{OI}_1 - r_F \times NOA_0}{r_F} \quad (11-26)$$

除以 r_F 变形后，可以得到一个更简单的算法：

净经营资产的价值 = 下一年经营收益预测值的资本化价值

或者，

$$V_0^{NOA} = \frac{\overline{OI}_1}{r_F}$$

也就是说，将 SF2 预测的下一年的经营收益资本化即得到企业的价值。对 XYZ 公司用上述公式计算出来的净经营资产的价值为：

$$10.310/0.1134 = 90.92$$

与前面计算的结果一致。注意了这一点后，我们可以根据股票的价值，利用上一节中的方程（11-11）计算出权益资本成本：

$$\text{权益资本成本} = 0.1134 + [7.7/83.22 \times (0.1134 - 0.10)] = 0.1146$$

现在我们可以直接利用权益资本成本得出预期综合收益，从而完成第 1 年的 SF2 预计损益表——预期第 1 年的综合收益为：

$$9.1 + (0.1146 \times 3.8) = 9.54$$

三、以会计收益率为基础的预测:SF3 预测

我们已经认识到剩余经营收益是由 $RNOA$ 和对净经营资产的投资推动的。因此,$SF2$ 预测下一年的剩余经营收益继续保持当期水平,这可以重新表述为:

$$(\overline{RNOA_1} - r_F)NOA_0 = (RNOA_0 - r_F)NOA_{-1} \qquad (11-27)$$

对于剩余收益的预测也是如此。由于每年的剩余经营收益永远不变,因此 $SF2$ 预测隐含地预计了净经营资产的任何变化,即净经营资产的当期值 NOA_0 与上一年值 NOA_{-1} 之间的差别都会被 $\overline{RNOA_1}$ 与其当期值 $RNOA_0$ 之间的差别所抵消。

预测 $RNOA$ 的变化需要做一些分析,但是既然 NOA_0 在当期的资产负债表上(第 0 年的年末),而 NOA_{-1} 在上一年的资产负债表上,所以当期 NOA 的变化很容易计算。因此,还有一类简单预测预计 $RNOA$ 将会和当期保持一致,而剩余经营收益会因为投资的变化而改变。表 11-13 给出了这种预测的方法,我们称这种预测方法为 SF3 预测。

表 11-13 以当期会计收益率为基础的简单预测(SF3)

收益的组成成分	收益组成的预期值 (以资产负债表的相关成分的当期盈利能力来预测)	剩余收益的预期值 (剩余收益及其组成成分的变化不是因为盈利能力的变化,而是因为相关资产负债表合计按当期盈利能力的收益发生了变化)
经营收益	$\overline{OI_1} = RNOA_0 \times NOA_0$	$(\overline{RNOA_1} - r_F)NOA_0 = (RNOA_0 - r_F)NOA_0$
财务收益	$\overline{NFE_1} = NBC_0 \times NFO_0$	$(\overline{NBC_1} - r_D)NFO_0 = (NBC_0 - r_D)NFO_0$
综合收益	$\overline{EN_1} = ROE_0 \times CSE_0$	$(\overline{ROE_1} - r_E)CSE_0 = (ROE_0 - r_E)CSE_0$

经营收益的预测值为第 1 年年初(第 0 年年末,即 NOA_0)的 NOA 乘以当期的 $RNOA_0$,NFE 和综合收益的预测以此类推。相应地,第 1 年的剩余经营收益的预测值由当期的 $RNOA$ 与资本成本之差乘以第 1 年年初的净经营资产 NOA_0 得出,剩余净财务费用和剩余综合收益的预测以此类推。因此,如果当期的投资数额有变化,剩余经营收益的预测值将不同于其当期值。SF3 预测假定所有投资的回报率都为当期的回报率。与此相反,SF2 预测假定只有现存资产按当期回报率盈利,而当期所有的新投资将以资本成本为回报率。

[例 11-4] 以 XYZ 公司为例,其当期(第 0 年)的 $RNOA$、NBC 和 ROE 分别为 14.02%、10.00% 和 14.47%[①],表 11-14 给出了相应的 SF3 预计损益表。

表 11-14 XYZ 公司 SF3 预期损益表,第 1 年

SF3 预期损益表		
收益的组成成分	当期收益率×资产负债表相应成分	
经营收益	0.140 2×74.4	10.431
净财务费用	0.10×7.7	0.770
综合收益	(?×66.7)	9.661

---

① 计算均以资产负债表合计的期初值作为分母,目的在于使得计算清晰。

预测的经营收益(OI)减去利息费用等于 9.661,但这个收益不等于当期 ROE 乘以当期 CSE 的积。XYZ 公司第 0 年的 ROE 为 14.47%,按这个值预测出来的第 1 年的收益为:

$$0.144\ 7 \times 66.7 = 9.651$$

这个数值不是 9.661(因此相应的 ROE 在上述损益表中以"?"表示)。那么,是什么地方出错了呢?答案是财务杠杆影响了 ROE。在第 0 年以年初的 CSE 为基础的 ROE 是 14.47%,而加上财务杠杆作用后的 $RNOA$ 为 14.02%。由于从第 0 年年初到第 1 年年初的财务杠杆发生了变化,所以尽管预测的 $RNOA$ 不变,预测的 ROE 也要发生变化。不过,我们可以通过对财务杠杆的调整来进行弥补,以使预期第 1 年的 ROE 与第 0 年的 ROE 相等。

$$\text{杠杆调整后的 } ROE_0 = RNOA_0 + \frac{NFO_0(\text{年初})}{CSE_0(\text{年初})}(RNOA_0 - NBC_0) \quad (11-28)$$

当使用这个 ROE 进行预测时,$RNOA$ 将与第 0 年的值相等,但杠杆作用使得 ROE 将不等。对于 XYZ 公司,

$$\text{杠杆调整后的 } ROE_0 = 0.140\ 2 + \frac{7.7}{66.7}(0.140\ 2 - 0.10) = 0.144\ 8$$

因此,预测第 1 年的收益为(取整后):

$$0.144\ 8 \times 66.7 = 9.661$$

这实际上是预计损益表中 OI 的预测值与 NFE 的预测值之差[①]。

根据 SF3 预测,如果 NOA 在当期发生变化,预测剩余收益和剩余经营收益也会相对于其当期水平发生变化。如 XYZ 公司,我们预测第 1 年的剩余经营收益为:

$$10.431 - (0.113\ 4 \times 74.4) = 1.994$$

这比第 0 年的预测值 1.873 要大,比用 SF2 得到的预测值也要大。

我们知道,如果剩余收益以常数比率增长,就可以根据剩余收益的预期得到一个简单的定价模型。对于剩余经营收益,预期第 0 年到第 1 年的增长率为:

$$\overline{REOI}_1 \text{ 的(总)增长率} = \frac{(\overline{RNOA_1} - r_F)NOA_0}{(RNOA_0 - r_F)NOA_{-1}} \quad (11-29)$$

如果预测 $RNOA_1 = RNOA_0$,则使用 SF3 预测,其(总)增长率为:

$$ReOI_1 \text{ 的(总)增长率} = \frac{NOA_0}{NOA_{-1}} \quad (11-30)$$

也就是说,预期下一年剩余经营收益的(总)增长率等于当期 NOA 的(总)增长率。如果我们预期 $RNOA$ 将在未来各期永远等于当期的 $RNOA$,而 NOA 投资将持续以当期的速率增长,则剩余经营收益也将以此速率无限期增长。由于剩余经营收益为永久不变

---

① 在这里调整不会造成较大的差异,对资本成本的影响通常予以忽略。如果年度内财务杠杆有较大的变化,则不能忽略。

增长,就可以把 SF3 对剩余经营收益第 1 年的预测结果进行资本化,以得到股权的价值:

$$V_0^E = CSE_0 + \frac{(RNOA_0 - r_F)NOA_0}{r_F - g} \quad (11-31)$$

其中的 g 为 NOA 的净增长率①。对 XYZ 公司而言,我们预测 $ReOI_1$ 为 1.994,而当期 NOA 相对前一年的(总)增长率为:

$$74.4/69.9 = 1.0644$$

因此,根据公式(11-31),用 SF3 预测的所有者权益的价值为:

$$66.7 + 1.994/(0.1134 - 0.0644) = 107.39$$

其市净率为 1.61。经营价值为:

$$107.39 + 7.7 = 115.09$$

经营价值还可以用下面的公式计算:

$$V_0^{NOA} = NOA_0 + \frac{(RNOA_0 - r_F)NOA_0}{r_F - g} \quad (11-32)$$

进行一点小调整则得到:

$$V_0^{NOA} = NOA_0 \times \frac{RNOA_0 - g}{r_F - g} \quad (11-33)$$

大家可以对 XYZ 公司证明这一点。公式(11-33)说明经营价值可以由当期 NOA 乘以一个取决于 $RNOA$ 相对于 NOA 的增长的因子(净增长率)得到。从中读者可以看到剩余经营收益的两个驱动因素,$RNOA$ 和 NOA 在这里是联系在一起的。如果 $RNOA$ 高于营业的要求回报率,账面价值将更大,与 $RNOA$ 相联系的增长率也就更高。当然增长率也有它的贡献——给定 $RNOA$,增长率越高,价值越大。

表 11-15 对上述三个简单定价模型及产生它们的预测结果进行了总结。从中可以看到,三种预测实际上就是剩余(经营)收益的 0 增长、常数增长和不变增长模型。

表 11-15 简单预测与简单定价模型

简单预测	所有者权益简单定价	经营简单定价
SF1	$V_0^E = CSE_0$	$V_0^{NOA} = NOA_0$
SF2	$V_0^E = CSE_0 + \frac{ReOI_0}{r_F}$	$V_0^{NOA} = NOA_0 + \frac{ReOI_0}{r_F} = \frac{\overline{OI_1}}{r_F}$
SF3	$V_0^E = CSE_0 + \frac{(RNOA_0 - r_F)NOA_0}{r_F - g}$	$V_0^{NOA} = NOA_0 + \frac{(RNOA_0 - r_F)NOA_0}{r_F - g}$ $= NOA_0 \times \frac{RNOA_0 - g}{r_F - g}$

---

① 只有在开始第 1 年,剩余经营收益的增长率不等于 NOA 以当期速率增长的预期值——NOA_0/NOA_{-1}。

四、简单定价模型的适用性

接下来要讨论的是简单定价模型的适用性问题，如果对未来只需要较简单的分析，SF1、SF2和SF3定价模型是很有优势的。它们假定未来与现在非常相似。我们可以从当期财务报表中得到这些定价模型，并不需要分析财务报表以外的信息。它们快捷，但不够精确。但是，它们是进行更为彻底的分析的出发点和基准。大家将会看到，更深入的分析需要更多的工作，你必须不断地思考为了改进定价模型、改变"未来盈利能力和账面价值的增长率都保持当期水平"的假定还需要多少额外的工作。要不断地问自己：更深入的分析会给我带来竞争优势吗？以简单的假定进行简单定价对于什么样的公司是合适的或者相反？

下列一组图给出了一些如何利用简单定价模型的线索。图11-1、图11-2和图11-3分别显示了在1965—1996年纽约证券交易所和美国证券交易所的上市公司每5年为一期的 $ReOI$、$RNOA$ 和 NOA 增长率的变动情况。图中将这些公司按照当期（第0年）各指标值的大小分为不同的10个组，所有公司中各指标值最高的10%放在最上面的组，最低的10%放在最下面的组，并将每一组随后5年的中值连接起来。它们给出了这三个指标随时间变化的典型趋势。

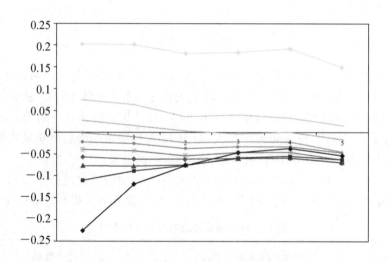

图11-1　1965—1996年纽交所和美交所上市公司 $ReOI$ 变化模式（$ReOI$/0期的 NOA）
资料来源：Nissim, D. and Penman, S. (2001).

可以在这些趋势图上观察到众多会计指标共有的特征——极端指标值随着时间的推移逐渐接近于平均值。这些度量指标收敛于其典型的平均水平的趋势被称为均值回复（Mean Reversion）。过高或过低的指标值随着时间的推移都会向其均值（平均值）水平靠拢。图11-2描绘了 $RNOA$ 是如何随着时间而变化的——在第0年的 $RNOA$ 有着非常大的差异：从最低组的 -7.5% 到最高组的 33%。但是五年以后的差距就小得多了，范围减少到从8%到19%。除最高组外，其他所有组的 $RNOA$ 范围都在8%到15%之间。这就是说，从历史数据看，我们基本可以预期五年以后的 $RNOA$ 将在8%—15%这

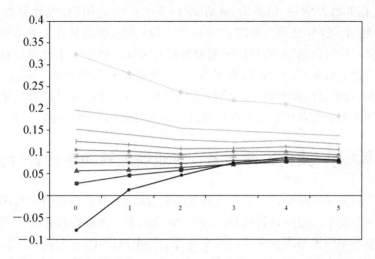

图 11-2　1965—1996 年纽交所和美交所上市公司 *RNOA* 变化模式

资料来源：Nissim, D. and Penman, S.(2001).

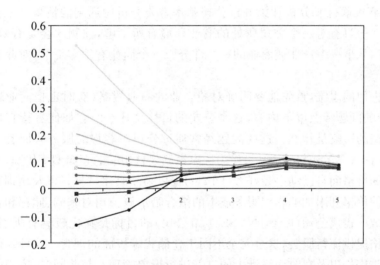

图 11-3　1965—1996 年纽交所和美交所上市公司 *NOA* 增长率变化模式

资料来源：Nissim, D. and Penman, S.(2001).

一范围内[①]。图 11-3 中给出的 NOA 的增长率的趋势与此类似，而图 11-1 中 ReOI 的这种趋势要弱一些。这里的均值回复就是指过高和过低的 ReOI，RNOA 和 NOA 增长率通常是短暂的。

这些经验证据就可以用来判断简单模型的适用性。SF1 适用性程度最低。SF2 预测剩余经营收益保持不变，所以它对于具有平均的 ReOI 和平均的 RNOA 的公司最为适用（图 11-1 和 11-2 的中间组）。但是，SF2 预测对于具有较高或较低的 RNOA 或 NOA 增长率的公司通常并不适用。为了进一步地分析这些公司，就特别有必要预测其未来的 RNOA 或 NOA 增长率。SF3 预测 NOA 的增长率为当期水平，而 RNOA 保持不

---

① 需要指出的是，近些年来出现的知识型企业有较高的 RNOA，部分原因是由于知识资产没有被记入资产负债表中去。

变,这对于具有平均 $RNOA$ 和平均 NOA 增长率的公司适用的,也就是在图 11-2 和 11-3 中的中间组。这些公司当期的 $RNOA$ 和 NOA 增长率就是其未来预期值的指示。

总的来说,"稳定状态"是简单定价模型有效的关键。如果一个公司具有可以作为未来利好指标的稳定的 $RNOA$、NOA 增长率,那么这些指标的当期水平就是定价的基础。如果不是这样,简单定价模型提供的定价结果只是一个近似,有时甚至是错误的。这时我们应当将其视为分析者用更完善的信息进行更为复杂的预测之前的一个出发点。

第三节　完全预测准备:商业信息转换为会计计量

尽管上节的简单预测涵盖了定价所需要的所有概念,并且以经营回报率($RNOA$)和经营净资产的增长率为重点,但它们对这两个驱动因素的预测仅仅依赖于当期指标。我们知道盈利能力和增长率两个驱动因素本身其实是由商业中的"实际"经济因素驱动的。而简单预测忽略了这些实际因素,也就没有充分利用分析师认为进行一个可靠预测和定价所必需的全部信息。

回顾在第八章行业分析和第九章公司基本素质分析中遇到的情景——我们是如何了解商业的——只有对一个公司所处的商业环境有所了解,预测才会是有效的。因此,分析师都专门从事一个产业或商业的一个部分。一个商业有很多细节,对此分析者必须很熟悉。

为了集中他的思维,首先他要明确对象企业的商业战略(有时也指商业理念或商业模型)。具体的问题涉及以下内容:这个公司的目标是什么?它如何看待它自己产生的价值?其战略的影响是什么?这些问题经常通过公司对客户的服务来回答。例如家得宝(Home Depot,NYSE 上市公司)作为一家家庭建材用品的仓储型零售商,它遵循的理念是以优惠的价格向自己动手爱好者(DIYer)提供高品质建材材料以及培训和建议。这种高折扣率的价格和附加的客户服务成本的结合暗示该公司对采购、储存和存货的控制必须非常有效。盖璞公司(Gap,NYSE 上市公司)的目标是在比较具有吸引力的商店,以合理的价格提供流行服装,这是完全不同于仓储式零售商的理念。这种定位的影响就是它必须通过广告以及在时尚设计上的创新进行形象管理。与此同时,还必须保持较低的生产成本。考虑到零售空间,这两个公司都要求较高的资产周转率。

一旦清楚了作为研究对象的企业的商业理念,分析者将会转向对细节的研究。商业公司有许多细节需要被发现,不过你可以按下面的五个类别去考虑它们。

1. 了解公司产品
(1) 产品的类型;
(2) 消费者对产品的需求;
(3) 产品的需求价格弹性;
(4) 替代品;
(5) 产品的品牌联盟;
(6) 产品的专利保护。

2. 了解将产品推向市场所需要的技术
(1) 生产过程;

(2) 营销过程；
(3) 分销渠道；
(4) 供应商网络；
(5) 成本结构；
(6) 规模经济。

3. 了解公司的知识基础
(1) 公司能够掌握的技术的变化方向和速度；
(2) 研究和开发计划；
(3) 与信息网络的联系；
(4) 管理才能；
(5) 产品发展创新能力；
(6) 生产技术创新能力；
(7) 学习效率。

4. 了解产业竞争
(1) 产业的密集度，公司的数量和规模；
(2) 产业的进入壁垒，新的潜在进入者和替代品；
(3) 该公司在整个行业中的地位；
(4) 供应商的竞争；
(5) 产业容量；
(6) 与其他公司的关系和依赖性。

5. 了解政治、法律和制度环境
(1) 公司的政治影响；
(2) 法律对公司的限制，包括反托拉斯法、消费者权益保护法、劳动力保护法和环境保护法；
(3) 制度对公司的限制，包括产品和价格的制度；
(4) 税收。

以上这些方面通常称为驱动商业发展的经济因素。我们已经在相关的章节或者商业经济、战略、营销、生产等课程中学习了上述因素的很多方面。理解这么多的经济因素是科学预测的先决条件，目前我们迫切需要一个方法将这些因素转化为可以用来预测和定价的数值度量指标。我们必须了解公司的产品、行业竞争情况、公司进行产品创新的能力等。我们还必须将这些信息转化为能够进行定价的模型。经济因素通常是以定性的概念表述的，虽然有启发性但不能立即转化为具体的货币数值。我们可能发现一个公司具有"市场力量"，但这对它的价值意味着什么呢？我们也许发现一个公司正"面对竞争的威胁"，可这对它的价值又有什么影响呢？"成长机会"如何定价？仅仅依赖于那些提示性的概念，如"市场力量""竞争优势""突破性技术"等，而不对它们的含义进行具体分析是危险的。投资者会由那些新奇概念激发起投资热情而进行盲目投资，从而造成股票市场的过度投机行为。在财务报表分析框架之内的预测会规范投资者过于乐观和过于悲观的行为。

财务报表分析是一种对我们所观察到的商业情况进行解释的方式。因此，上一章中讨论的以会计学为基础的定价模型为财务报表分析提供了一个转化方式。例如，市场力量被转化为较高的利润率，而竞争则会降低利润率。产品销售技巧在资产周转率中得以反映，而利润率和资产周转率又是作为定价基础的剩余收益的驱动因素。本节的目的在于解释如何将商业信息转换为可以对应的有效会计计量。综合起来，有四个重要的方面可以将商业活动转化为预测和定价模型中的相关部分。

一、以剩余经营收益及其驱动因素为重点

本章密集使用的经营定价技术的重点放在剩余经营收益上。因此，无论哪种商业活动都必须被转化为它们对剩余经营收益影响。剩余经营收益由净经营资产回报率（RNOA）和净经营资产（NOA）增长率导致。先看 RNOA，它受四个驱动因素的影响：

$$\text{净经营资产回报率} = (\text{主营业务利润率} \times \text{资产周转率}) + \frac{\text{其他业务利润}}{\text{经营净资产}} + \frac{\text{营业外利润}}{\text{经营净资产}} \quad (11-34)$$

或者，

$$RNOA = (PM \times ATO) + \frac{OI}{NOA} + \frac{UI}{NOA} \quad (11-35)$$

其中，我们还应掌握主营业务的利润率（Profit Margin）公式：

$$RNOA = \text{利润率} \times ATO \quad (11-36)$$

NOA 则简单一些①，从测量的角度看，NOA 的增长率被包含于它的驱动因素中：既然 NOA 被用来产生销售，那么 NOA 可以由销售额除以 ATO 来表示，也就是由销售额和单位销售额所要求的净资产来表示：

$$NOA = \text{销售额} / ATO \quad (11-37)$$

这样的话，如果预期 ATO 在未来是一个常数，那么 NOA 的预期增长率等于销售额的预期增长率。因此在简化处理中，可以把销售增长率当作 NOA 增长率的近似。显然进行销售预测要比进行 NOA 预测简单得多。

将 RNOA 的驱动因素和 NOA 增长率结合起来，我们可以用一个包含五个驱动因素的表达式将剩余经营收益表示出来：

$$\text{剩余经营收益} = \text{销售额} \times \left[\text{主营业务利润率} - \frac{\text{经营必要回报率}}{\text{资产周转率}}\right] + \text{其他业务收益} + \text{营业外收益} \quad (11-38)$$

或者，

$$ReOI = \text{销售额} \times \left(PM - \frac{r_F}{ATO}\right) + OI + UI \quad (11-39)$$

预测剩余经营收益包括预测所有这些驱动因素。因此，就可以把对商业的各种观察

---

① 尽管对 NOA 增长的预测需要对公司投资进行预测，而这种预测需要对公司业务的发展方向有所把握。

转化为对下面五个驱动因素的预测,作为组织各种商业知识的第一步,我们可将经济因素附加到剩余经营收益的驱动因素中。

(1) 销售额(价格×销售数量)。销售额是主要的驱动因素,因为没有消费者和销售,营业就没有增加价值。我们很多的商业知识,包括产品、营销研究与试验发展(R&D)、品牌管理等都被应用于销售预测。正如每一门基础经济学课程所教授的那样,销售额等于产品价格乘以销售数量。价格和数量涉及对于消费者偏好、需求价格弹性、替代品、技术路径、行业竞争状况、政府规则等的分析。什么因素影响产品价格和销售数量?答案有竞争程度、替代品和专利权保护。

(2) 主营业务利润率(PM)。不同的市场环境下,企业可以控制的定价能力是有差异的,是什么因素影响毛利率?答案有生产技术、规模经济和学习效率、劳动力竞争程度和供应商市场。

(3) 资产周转率(ATO)。ATO是单位净经营资产产生的销售额,因此这里的经营要求回报率与ATO的比率是用来表示运营效率的指标,这里使用了净经营资产的销售额和与之相关的资产的要求回报率。我们将其定义为资产周转率效率比率(Turnover Efficiency Ratio),这个比率越小,产生的剩余经营收益越多。上面的公式告诉我们只有毛利率大于资产周转效率比率时,销售额才能产生正的剩余经营收益。

(4) 其他业务收入(OI)。除了日常销售以外,企业还有什么其他的经常业务,这部分业务对于剩余经营收益的贡献有多大,企业为什么会持续在这些业务上获利,他们是必须的吗?

(5) 营业外项目(UI)。通常情况下,对营业外项目的预期为零。

二、以变化为重点

一个公司当期的驱动因素可以通过最近一段时间的财务报表分析找到。预测也包括对这些驱动因素未来值的预测,因此以商业活动为重点也许会改变上述剩余经营收益驱动因素的当期水平。对于驱动因素变化的分析涉及收益维持能力的问题,或者更严格地说,剩余经营收益的维持能力。对变化的分析包括三步。

步骤一:了解该行业典型的驱动模式

上节图 11-1、11-2、11-3 中给出的典型历史模式是预测很好的出发点。图中显示了 $ReOI$、$RNOA$ 和 NOA 增长率在长期趋向于平均水平的典型均值回归趋势。这一趋势是 NYSE 和 AMEX 的所有上市公司的共同表现。根据历史数据可以对每个行业或生产部门画出类似的图示。同样地,这一图示还可以扩展到对核心利润率,资产周转率和剩余经营收益的其他驱动因素的说明。这些驱动模式由两个因素决定。

- 因素 1:该驱动因素相对于一系列可比较公司的典型(平均)水平的当期水平。
- 因素 2:趋于长期水平的速度。

因素 1 可以通过对当期财务报表的分析得到,因素 2 是预测的主要内容。回归到长期水平的速度有时被称作衰减速度或持续速度。问题的关键在于一个非典型的剩余经营收益和非典型的剩余经营收益驱动因素需要经过多长时间才能衰减到其典型的长期水平?非典型水平将持续多长时间?

由于产业内部的经济因素影响公司的方式很相似,驱动模式曲线图在产业中得到了最好的应用。在一个产业内的公司随着时间的推移彼此趋于相似,否则它们将无法生存。因此,分析师们所述及的剩余经营收益和它的驱动因素所趋近的水平是这个产业中的典型水平。某些公司可能会拥有暂时性的优势,如它们可能有新的想法或创新使之区别于其他公司,但是竞争的力量、现有企业的能力和新进入企业的模仿都会使这些暂时优势逐渐消失。相应地,如果这些竞争力量较弱,则我们期望其驱动模式比竞争激烈的产业更具有持久性。由于竞争程度影响衰减速度,一些分析师将一个驱动因素衰减到其典型水平的期间称为竞争优势期间。

图 11-4 给出了所有 NYSE 和 AMEX 公司在 1965～1996 年中每 5 年为一期的主营业务 $RNOA$,其他业务利润与 NOA 的比率和营业外利润与 NOA 的比率的历史变化模式。

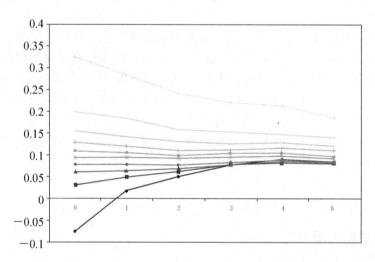

图 11-4 1965—1996 年纽交所和美交所上市公司主营业务 $RNOA$ 的历史变化模式
资料来源:Nissim, D. and Penman, S. (2001).

与上节一样,这些图形给出了在基年具有不同驱动因素值的 10 组公司的相关指标,从基年开始每隔 5 年的变化趋势。在基年具有最高值的 10% 的公司包含在最高组里,最低值的 10% 的公司包含在最低组里。正如所预期的那样,营业外项目衰减得最快,它是非常短暂的;而主营业务 $RNOA$ 和其他业务利润率也趋向于中间值,其中较高的盈利能力(在较高组中)趋于下降,而较低的盈利能力(在较低组中)趋于上升。图 11-6 显示出竞争的力量会促进核心 $RNOA$ 趋向于共同的水平。在最上面的 10% 的公司,起初其核心 $RNOA$ 为 29%,5 期以后衰减为 18%。但是,对于核心 $RNOA$ 的预期在长期是有差别的——具有较高当期核心 $RNOA$ 的公司倾向于预期以后有较高的核心 $RNOA$,而且核心 $RNOA$ 随时间的减少值也有差别。

我们在上一章的成长率分析中解剖的驱动因素的变化也可以建立如上面所示的驱动模式。图 11-7 给出了同样一些公司的销售增长率,主营业务利润率(毛利)的变化和资产周转率变化的历史变动模式。

这些模式图显示驱动因素增加或减少的稳定性。销售增长率具有较强的均值回归性:具有高销售增长率的公司,其未来的增长率趋于下降。较高或较低的主营业务利润

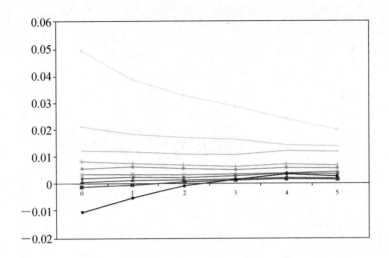

图 11-5 1965—1996 年纽交所和美交所上市公司其他业务利润/NOA 的历史变化模式
资料来源：Nissim, D. and Penman, S. (2001).

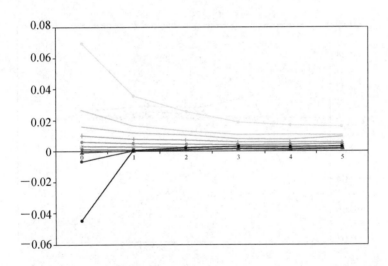

图 11-6 1965—1996 年纽交所和美交所上市公司营业外利润/NOA 的历史变化模式
资料来源：Nissim, D. and Penman, S. (2001).

率（毛利）和资产周转率都是暂时的。这两个因素的平均变化（由第 0 年从上数第五组表示）接近于零，而所有组的变化值随时间的推移都趋近于这个平均值。

（二）步骤二：修改典型驱动模式以纳入经济和产业对它产生的影响

如果未来和过去非常相似，那么历史的产业模式是一个很好的出发点，但迹象也许恰恰相反。政府或贸易的统计数据或许会预测整个经济或者某个特定产业的发展方向发生变化（参考第八章行业分析中的相关内容）。经济萧条时 GDP 增长率的下降也许表明相对过去将发生变化（参考第七章宏观分析中的相关内容）。对产品需求在广度上的提高可能表明人口统计学或者消费者偏好的变化。了解商业要求，了解产业发展的趋势以及产业对于宏观经济环境的敏感度。根据宏观经济和产业预测的需要调整后，历史驱

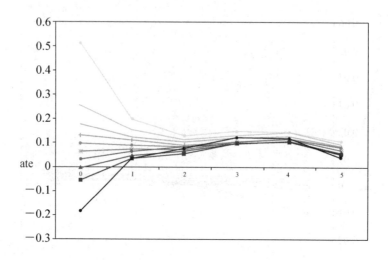

图 11-7　1965—1996 年纽交所和美交所上市公司销售增长率的历史变动模式
资料来源：Nissim, D. and Penman, S. (2001).

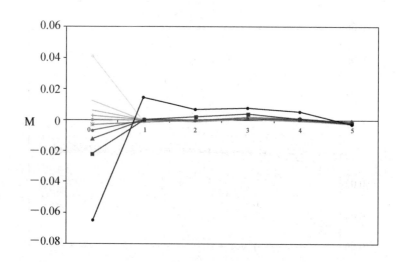

图 11-8　1965—1996 年纽交所和美交所上市公司主营业务利润率的历史变动模式
资料来源：Nissim, D. and Penman, S. (2001).

动模式可以改进上一节讨论过的简单预测，也就是把驱动因素的当期水平和典型衰减率结合起来，以这一修改的值作为预测基础。

（三）步骤三：预测公司的驱动因素如何与典型模式不同

理解一个产业的典型驱动模式会规范投机行为。但是公司所独有的特征使得其驱动因素肯定不同于产业一般模式。澄清了这种差异，完全信息预测也就完整了。

决定衰减速度的主要因素是竞争和公司对竞争的反应能力。竞争会引起不规则的剩余经营收益衰减，而公司对于竞争压力的反击能力可以把 RNOA 维持在高于产业平均值的水平。所有的企业都既制造竞争压力又反抗竞争压力。它们挑战其他公司的方式有：

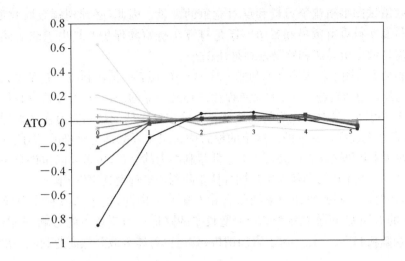

图 11-9 1965—1996 年纽交所和美交所上市公司资产周转率变化的历史变动模式
资料来源：Nissim, D. and Penman, S. (2001).

- 降低产品价格，如沃尔玛(Wal-Mart)国美电器，家得宝(Home Depot)；
- 产品创新，如索尼(Sony)，索尼爱立信(Sony-Ericsson)；
- 产品递送创新，如戴尔(Dell，电子商务）；
- 低生产成本，如原始设备制造商(OEM)和向低成本地区转移生产；
- 模仿成功的企业，如捷威，Gateway 2000 效仿戴尔的存销管理系统；
- 进入那些能获得超额利润的行业，如软件，生物工程。

公司反击竞争压力的方式有如下几种：

- 先发优势，如沃尔玛，雅虎(Yahoo)互联网的先驱者；
- 合并，如网景(Netscape)和美国在线(AOL)，AOL 和华纳时代；
- 创造更先进的生产和营销技术，如 Dell 计算机；
- 保持在技术知识和生产学习曲线的前端，如英特尔(Intel)；
- 创造规模经济，使得较难被复制，如电信网络，银行网络；
- 创造技术标准产权或网络以锁定消费者和其他公司，如微软；
- 政府保护，如农业。

了解竞争力量和其反对力量之间的紧张状态对于预测衰减速度是极为重要的。公司的很多挑战和反对竞争的行动会创造出暂时的优势，但这些优势通常会随时间而消失。产品创新会吸引消费者，但如果没有专利权保护，最终会被模仿。除非具有自然的或政府强制设置的进入壁垒，否则成功会吸引大量的模仿者。这些因素都会引起回报率递减（用经济学家的话来说）。公司都努力维持回报或创造递增的回报。一个公司可以创造一个技术标准（如微软公司的 Windows）从而锁定它的消费者，这样它就可以获得可维持的甚至是增长的剩余经营收益[①]。

[①] 一个有着很大的产品需求并受专利权保护的制药企业，一个通过建立品牌创造了消费者需求的公司都可以做到这一点。

政府政策试图平衡竞争力量和反对竞争的力量。因此，必须理解政府政策的含义。政府是否打算实行自由贸易和竞争？还是打算实行贸易保护？是出于政治偏好吗？反垄断法是怎样的？贸易法和贸易条约是什么？

以上驱动模式图不仅表明高盈利能力趋于下降，还表明低盈利能力趋于增长。在较低趋势线上的公司包括新进入一个产业或刚生产出新产品的公司，它们通常有较低的初始盈利能力并逐渐提高。这对于预测的挑战就是要确定这低的盈利能力在多大程度上确实是暂时的，在多大程度是永久的。这里的模式图是以实际数据为基础的，因此这些模式适用于那些在未来将继续存在的公司。对于低盈利能力的公司，更重要的也许是预测其能否生存和恢复——竞争压力会使无法长期维持正的剩余经营收益的公司破产①。

此外，还要注意到各驱动因素通常会相互影响。因此，由于低盈利能力导致更少的投资，降低的 RNOA 可能意味着 NOA 增长率的降低。由于竞争的影响，低销售增长率通常伴随着低利润率。当然，为了增加销售，公司也可能采取降低商业利润率的方式。

三、以关键驱动因素为重点

对于一些公司来说，有些特殊的驱动因素比其他的因素更为重要。很多驱动因素的变化可能都是轻微的，而有一到两个驱动因素的变化可能是重大的。需要特别重视的驱动因素称作关键驱动因素。一个简单预测可能满足一个非关键驱动因素的需要，而关键驱动因素需要对引起它们的因素进行更深入的调查。对于零售企业，利润率通常是相当稳定的，因此预测的重点应放在更具有不确定性的销售额和周转率上。因为销售额由每平方米的销售额决定，专注于零售行业的分析师将首先分析这方面的数据。表 11-16 给出了一些挑选出的产业的关键经济因素及其剩余经营收益的关键驱动因素。

表 11-16 特定行业的关键经济因素和驱动因素

产　业	关键经济因素	剩余经营收益的关键驱动因素
汽　车	模型设计和生产效率	销售额和利润
饮　料	品牌管理和产品创新	销售额
移动电话	人口覆盖率和波动比率	销售额和资产周转率
商业房地产	居住率	销售额和资产周转率
计算机	技术路径和竞争	销售额和利润
时　装	品牌管理和设计	销售额
电子商务	传输速率	销售额和资产周转率
非流行服装	生产效率	销售额
医　药	研究和开发	销售额
零　售	零售空间和单位面积销售额	销售额和资产周转率

---

① 衰减（上升或下降）是一种典型的模式，但是许多其他的驱动模式也是有可能的。一个可能的模式就是持续的高 RNOA，没有任何衰减，并且由于净经营资产的增长导致剩余经营收益的增长。这样的公司成功地反击了竞争。可口可乐是一个很好的例子，它通过品牌管理保持了增长的剩余经营收益。

分析师有时会根据各公司的主要驱动因素将其分成不同的类型。例如,可口可乐是一家品牌管理型公司,其价值来自于对品牌的开发利用。一个利润率和资产周转率迅速趋于典型水平的公司被称为平均型公司。一个公司的价值来自于支持销售额的净经营资产的增长被称为增长型公司。一个具有大量固定成本需要被弥补的公司,当弥补了固定成本之后,其销售额已经达到了底线,如电信业,这样的公司被称为销售驱动型公司(当销售增长时,这类公司的 ATO 在下降)。一个产品尚未被明确定义的公司,如新建立了一个生物技术的研究公司,被称为投机型公司。这些名称对于找到重点是有帮助的,但是通常显得过于简化,要注意给公司分类时别做过多的假设。

四、对以不同条件有不同选择为重点

经济因素和剩余经营收益驱动因素可能以两种方式变动。它们要么由公司所在环境的变化所决定,要么由管理层的决策所决定。法定的税率是由公司外部因素决定的(尽管公司可以试图影响法规的制定)。产品价格通常由市场决定。行业内竞争程度通常也是在企业管理层的控制范围之外的。这些是公司运营所必须面临的商业条件。但是,其他因素却是管理层的选择造成的结果。管理层可以选择产品,可以选择生产过程的地点和形式,他们选择产品质量,决定研发计划以及是否要与其他公司建立联盟。这些选择的整体就是公司战略。

了解商业条件和公司战略是进行合理预测和定价的先决条件。当进行预测时,分析者可以问商业条件如何变化,管理策略如何变化——也许会是对商业条件变化的反应。但是,作为一个选择,战略本身是进行定价分析的主题。换句话说,不同的策略选择会产生不同的经营预测和相应的定价结果。

第四节 完全信息预测

第二节中的简单预测是进行完全信息预测的出发点。它们以当期的净经营资产回报率和净经营资产增长率为基础。完全信息预测则要进一步探求未来 $RNOA$ 和 NOA 增长率如何从它们的当期水平上发生改变。如果通过对附加信息进行分析,我们预期它们确实变化了,那么就可以对简单预测和简单定价模型进行改进和完善。

凭借上一节对于驱动因素的甄别和计量,完全信息预测可以通过对驱动因素的预测建立预期的未来财务报表。本节将会提出一个预测系统,这个系统保证了所有与商业活动有关的方面都被结合进来,而忽略了所有无关的方面。它是综合的,也是有规律的,它将通过一个规范的方式完成预测以保证没有任何重要因素被忽视。

一、完全信息预测系统的机理

这一预测系统的运作机理非常直观——首先是销售预测,然后预测利润率,利润率与销售额相乘得到经营收益的预测。接下来预测资产周转率,将销售额除以周转率可以得到净经营资产的预测,并完成对剩余经营收益的计算。

[例11-5] 我们将对 XYZ 公司演示这一系统。表11-17给出了 XYZ 公司第0年财务报表中的关键数字(百万元)。

表 11-17

销售额	124.90
经营收益	9.80
净经营资产	74.42

通过这些数据，我们可以计算出主营业务（核心销售）利润率（PM）为 7.85，资产周转率（ATO）为 1.68。假定我们根据营销分析可以预测出该公司的销售额以每 5 年的速度增长。再假定我们预测的核心利润率在未来将与其当期值（7.85）保持一致，并且不会有其他经营收入或者营业外项目。

为了产生销售，在每年年初都会加入对净经营资产的投资（如更多的存货、厂房和设备），其比率为每 1 元销售额 56.75 分。这正好是预期 ATO 的倒数，因此预期 ATO 为 1.762。在这些预测和假定的基础上，我们可以得到如表 11-18 所示的预期财务报表体系的雏形。

表 11-18　XYZ公司 预期财务报表，经营活动（单位：百万元）

	-1 年	0 年	1 年	2 年	3 年	4 年	5 年
损益表							
销售额		124.90	131.15	137.70	144.59	151.82	159.41
核心经营费用		115.10	120.86	126.89	133.24	139.90	146.89
核心经营收益		9.80	10.29	10.81	11.35	11.92	12.51
财务收益（费用）		(0.70)					
收益		9.10					
资产负债表							
净经营资产	69.90	74.42	78.15	82.05	86.16	90.46	94.99
净金融资产	(7.00)	(7.70)					
普通股票权益	62.90	66.72					
（流通在外 10 亿股）							
现金流量表							
OI		9.80	10.29	10.81	11.35	11.92	12.51
ΔNOA		4.52	3.72	3.91	4.10	4.31	4.52
自由现金流（C-I）		5.28	6.57	6.90	7.25	7.61	7.99
ReOI 驱动因素							
RNOA（%）		14.02	13.83	13.83	13.83	13.83	13.83
利润率（%）		7.85	7.85	7.85	7.85	7.85	7.85
资产周转率（%）		1.787	1.762	1.762	1.762	1.762	1.762
NOA 增长率（%）		6.5	5.0	5.0	5.0	5.0	5.0
剩余经营收益:(0.113 4)		1.87	1.85	1.95	2.05	2.15	2.25
ReOI 增长率（%）			5.0	5.0	5.0	5.0	5.0

将预期的销售利润率与每年预期的销售额相乘得到经营收益：

$$OI = 销售额 \times PM$$

将销售额与预期的 ATO 相除得到年初净经营资产的预期值:

$$NOA = 销售额/ATO$$

由此我们得到剩余经营收益的组成成分——OI 和 NOA(这些计算允许近似的误差)。表 11-16 的倒数最后一行给出了预期剩余经营收益,它以每年 5% 的速率增长。由于已经假定过 XYZ 公司的经营要求回报率为 11.34%,所以其所有者权益的总内在价值为:

$$V_0^E = CSE_0 + \frac{\overline{ReOI_1}}{(r_E - g)} = 66.72 + \frac{1.855}{0.1134 - 0.05} = 95.98(百万元)$$

其总流通股数为 1 亿股,因此每股价值为 0.96 元。其市净率(P/B)为 1.44。

在预期财务报表中我们还给出了剩余经营收益的驱动因素。$RNOA$ 在所有年份的值都与其在第 1 年的预期值一致。这是因为它的驱动因素,销售利润率 PM 和资产周转率 ATO 预期保持不变,公司保持稳定的营业盈利能力和对 NOA 的投资的增长。但是这里的预测与定价不同于 SF3 预测,因为 ATO 和 NOA 增长率的预期值与其当期水平不同。而且增长率不是被假定的,而是根据预期销售额和 ATO 与销售创造之间隐含的关系通过预测得到的。

预期经营收益(OI)和 NOA 也是自由现金流($C-I=OI-\Delta NOA$)的驱动因素,因此在预期财务报表中可以立即得到对现金流的预测。在这种情况下,这些自由现金流的预测可以通过运用贴现现金流(DCF)分析来对公司定价。第 1 年以后每年的预期自由现金流的增长率为 5%,则所有者权益的价值为:

$$V_0^E = \frac{第1年自由现金流}{(r_F - g)} - NF_0O = \frac{6.57}{0.1134 - 0.05} - 7.7 = 95.93(百万元)$$

或者每股 0.96 元。

这是一个非常简单的例子,但是它强调了进行预测的要素。资产周转率和净经营资产增长率相对于其当期水平的变化可能伴随着利润率的变化,但总是销售额、销售利润率和 ATO 这三个预测值加上其他经营收益和营业外项目将决定产生剩余经营收益的 $RNOA$ 和 NOA 增长率。你可以把 XYZ 公司的例子放在更广泛的模型中来观察,对于驱动因素的不同预测值,定价是如何变化的。

不过,预期财务报表还没有最后完成,但我们可以进一步加上两个预测来填上预期财务报表中余下的部分,一个是净现金股利,另一个是债务成本。预期财务报表给出了自由现金流的预测,因此如果给出对股利和债务成本的预测,我们就能够对净金融债务和费用进行预测并完成损益表和资产负债表,注意到:

$$NFO_t = NFO_{t-1} - (C-I)_t + NFE_t + d_t$$

$$NFE_t = r_D NFO_{t-1}$$

假定这里的债务成本为 10%,以及未来的现金股利发放率为综合收益的 40%。损益表中每个期间期初发生的净金融债务的利息费率为 10%,而净金融债务的变化总是由财务规则决定的:借债用以弥补自由现金流对利息和股利支出的不足。在此例中有一个剩余,正如预期现金流量表中给出的债务融资现金流。这被运用于购买公司债券,也就是说,在第3年之前是公司发行自己的债券,在第3年以后则是购买其他公司的债券,所产生的就是净金融资产而非金融债务。根据NOA和NFO的预期值,也就可以计算预期的普通股东权益($CSE = NOA - NFO$)。表11-19最终给出了完整的预期财务报表。

表11-19 XYZ公司 预期财务报表,全部活动(单位:百万元)

	-1年	0年	1年	2年	3年	4年	5年
损益表							
销售额		124.90	131.15	137.70	144.59	151.82	159.41
核心经营费用		115.10	120.86	126.89	133.24	139.90	146.89
核心经营收益		9.80	10.29	10.81	11.35	11.92	12.51
财务收益(费用)		(0.70)	(0.77)	(0.57)	(0.35)	(0.10)	(0.18)
综合收益		9.10	9.52	10.24	11.00	11.82	12.96
资产负债表							
净经营资产	69.90	74.42	78.15	82.05	86.16	90.46	94.99
净金融资产	(7.00)	(7.70)	(5.71)	(3.47)	(0.97)	1.81	4.91
普通股票权益	62.90	66.72	72.44	78.58	85.19	92.27	99.90
(流通在外1亿股)							
现金流量表							
OI		9.80	10.29	10.81	11.35	11.92	12.51
ΔNOA		4.52	3.72	3.91	4.10	4.31	4.52
自由现金流($C-I$)		5.28	6.57	6.90	7.25	7.61	7.99
股利(发放率40%)		5.28	3.81	4.10	4.40	4.73	5.08
债务融资		0.00	2.76	2.80	2.85	2.88	2.91
融资现金流总额		5.28	6.57	6.90	7.25	7.61	7.99

二、完全信息预测的模型

可以将所有这些预测放在一起构成一系列步骤,规范后形成一个一般的模型。

步骤1:销售预测。

销售预测是出发点,由于它几乎是所有商业的驱动因素,通常也会涉及最重要的调查。一个完整的分析要包括对于商业更深入的理解。必须考虑以下问题。

(1) 公司战略。公司处在哪一行业?会有什么新产品?产品质量战略是什么?公司在产品生命周期的哪一个环节上?公司的收购和兼并战略是什么?

(2) 产品市场。消费者行为将如何变化?产品的需求弹性是多少?有没有替代品进入?

(3) 公司的营销计划。有没有新开发的市场?有什么样的定价计划?有什么样的促销和广告计划?公司是否有能力发展和维持其品牌?

步骤2:预测资产周转率并计算净经营资产。

利用预期的(总)资产周转率和销售额可以得到 NOA。NOA＝销售额/ATO。不过我们可以深入得更为详细,预测整体的 ATO 同时也包括预测它的明细构成因素——应收账款周转率、存货周转率、固定资产周转率等,并把应收账款、存货、固定资产等加到预期资产负债表中去,从而得到总的 NOA。

ATO 的预测使我们思考：什么样的资产能产生预期销售额而需要拥有？这当然需要一些生产技术方面的知识,如需要建什么样的厂房？为维持预期销售额需要保持什么样的存货和应收账款水平？对于 XYZ 公司,我们预测资产总值将与销售额成比例。但这可能是不切实际的。因为厂房不会总是以同一生产能力水平运转,如果以现有的厂房获得了更多的销售或预测需求的下降造成闲置的生产能力,就算技术上没有任何变化,ATO 也会改变。ATO 预测涉及闲置能力的成本(价值损失)和现有生产能力所产生的销售额获得的价值。如果已经达到了完全的生产能力,则将会建造新厂房,而这又有可能造成新的闲置生产能力的产生。生产能力的约束限制了销售。

步骤 3：修正销售预测。

预期的 ATO 产生预期的净经营资产。如果某些资产不能产生销售,则销售预测必须经过修正。

步骤 4：预测主营业务(核心销售)利润率。

这包含预测它的所有组成成分：毛利率和期间费用比率。明细的预测会要预测毛利率以及产生毛利率的每个组成成分的费用比率,从而构成损益表上的增加项目。要考虑的问题包括：生产成本将是多少？在生产过程中是否具有学习曲线？技术创新能否降低成本？劳动力成本或原材料价格是否会发生变化？广告预算是多少？将有多少销售收入被用于研发？

然后通过：主营业务收益＝销售额×主营业务利润率,得到经营收益的最主要部分。不过需要注意的是,具有营业杠杆的公司,其利润率和费率可能并不是销售额的固定比例。变动成本可能会按销售额的一个不变的百分比增加,但如果一些成本被固定在预期销售额的一个范围里,那么如果销售额的增长超过了这个范围,毛利率就会增加。当然,随着销售额的继续增长,所有成本都变成变动成本,为了支持销售会出现附加的固定成本,但是这些固定成本是跳跃地增加,而不是连续的。

步骤 5：预测其他经营收益。

在这里附属的收益份额是主要项目,需要对附属收益进行分析并预测其盈利能力。

步骤 6：预测营业外项目。

它们预先通常无法被预测(预期值为零)。但是,如果你能够预测到一个重新调整或一个特殊的支出,这会减少经营收益及综合收益。

步骤 7：计算剩余经营收益。

根据汇总的经营收益、预期净经营资产和营业资本成本,可以计算剩余经营收益,并且利用剩余经营收益模型来定价[①]。

步骤 8：计算自由现金流。

[①] 在 XYZ 公司的例子中,我们预测资本成本将保持不变。但是如果预测资本成本发生改变,我们可以在每一期使用不同的比率。

可以简单地通过自由现金流来源公式($C-I=OI-\Delta NOA$)进行计算,这一步骤所得到的结果可以让我们使用 FCFF 定价模型。

步骤 9:预测净股利发放额。

公司的股利发放政策是什么样的?有没有预期的股票回购?股票发行将获得多少新的融资?记住净股利是指发放的股利减去股票发行。这一步骤所得到的结果可以让我们使用 DDM 定价模型。

步骤 10:计算净金融债务或净金融资产。

这也可以通过公式计算:

$$\Delta NFO_t = (C-I)_t + NFE_t + d_t$$

在这里,净股利是关键,因为它会增加借债需求。相应地,如果通过股票发行获得资金,借债需求则会减少。净金融债务的总额可能关系到公司资本战略——公司有一个目标杠杆。如果是这样的话,净股利发放将由杠杆政策来决定。

步骤 11:预测财务费用或财务收益。

由于已经预测了每年年初的 NFO,运用预期的借款利率可以计算下一年的预期 NFE[①]:

$$NFE_t = r_D NFO_{t-1}$$

记住 NFE 和债务资本成本都是税后的。步骤 10 和步骤 11 是循环的——NFE 依赖于期初的净债务,而 NFE 又决定本期新债务。

步骤 12:计算综合收益。

$$CI = OI - NFE$$

步骤 13:计算普通股东权益

$$CSE_t = NOA - NFO_t = CSE_{t-1} + EN_t - d_t$$

步骤 1—6,9 和 11 需要预测。其他步骤可以运用我们在前一章中已经掌握的会计关系,通过各预测值计算出来。

因为选用的是剩余经营收益模型,上述过程中只有步骤 1-7 对定价是必要的,我们可以用图 11-10 把这七个预测步骤描绘出来,选用其他方法则需要后面的那些相应步骤。

分析师可能会进行一些附加的步骤来检测预期财务报表。

(1)演算步骤 13 中对 CSE 的两种计算结果一致。这将证实预期财务报表是系统的和一致的。这样我们就可以确信工作已经做得很完整,没有在定价中遗失任何重要因素。

(2)对预期的财务报表进行横向比较分析,检测这些数字与行业的差别,看看它们是否合理,它们是否与你对该公司衰减率与行业衰减率之间的差异的预测一致。

(3)观察金融资产的积累。如果预测营业会产生正的自由现金流,金融债务将减少,

---

① 同样地,可以通过净金融资产计算财务收益。

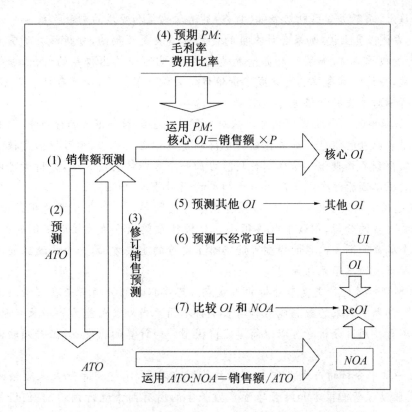

图 11-10 剩余经营收益定价模型下完全信息预测流程图

资料来源：Penman. Financial Statement Analysis and Security Valuation. McGraw-Hill, 2002：487.

最终会产生金融资产，如同 XYZ 公司那样。但这不能无限地继续下去。你不得不问这些企业将用这些金融资产做什么？他们是否会将它们当作股利发放出去？或者管理层是否有新的投资的策略被忽视了？这些疑问与预测开始之前需要回答的问题相关联——公司的战略是什么？当得出预期金融资产积累的结果后再次考虑公司战略会促使你修订预期的财务报表。

小　　结

1. 财务报表分析通过对过去和现在进行分析提出未来的分析架构。尽管如此，在本章中我们看到预测就是未来的财务报表分析。本章中的很多内容都是将上一章对盈利能力和成长性的分析的内容运用到未来分析。

2. 由于预测通常直接通往定价，因此在本章的分析中，我们把预测技术同具体的定价模型相结合，这使得我们将密集使用在前面第四章中学习过的剩余收益定价模型和它的变种——剩余经营收益定价模型。

3. 如果净金融负债在资产负债表中以市场价格计量，那么融资行为就可以在预测中被忽略，这会使得预测变得简单。特别是由于财务杠杆产生的对资本成本和净资产收益率的影响的复杂性都可以忽略。这种简化使得我们可以将注意力集中在经营活动产生的剩余收益上,而不必考虑包括金融(财务)类活动收益和费用的剩余收益。

4. 从某种程度上讲,如果会计人员的资产负债表是正确的,分析师并不需要做价值评估,或者更极端地讲,如果资产负债表是完美的,它可以给出权益的价值,分析师什么都可以不做,会计师本身就已经完成了价值评估。但一般来说,资产负债表是不完美的,分析师不得不对缺失的价值进行预测。

5. 本章提出的三个简单预测可以从对当期及过去的财务报表的分析中得到,不需要考虑财务报表以外的信息。如果在分析中得到了核心盈利能力,则可以假定核心盈利能力不变从而得到各预期值。给核心盈利能力加一个可维持的增长率,分析者可以把剩余经营收益的驱动因素结合起来做出一个简单的预测(SF3预测)。

6. 在选择定价模型时,分析师希望模型尽可能简单。他们希望避免用复杂的模型,因为这需要更多的分析,但效果改善很小。分析师希望能尽快地接近定价的核心,但这里存在一个取舍问题。简单的模型可能忽略了定价的重要方面,一个快速且简单的模型的确可能因为太简单而无法使用。

7. 简单分析是进行更复杂分析的出发点。忽略信息的分析者是在冒险。当财务报表以外的信息表明未来的盈利能力和增长率将不同于当期盈利能力和增长率时,简单定价模型将不再使用。分析者可以以简单定价模型作为计算的出发点,但必须转向完全信息预测。

8. 上一章中分析的产生当期剩余收益的那些因素,同样还导致未来剩余收益的产生,通过对驱动经营回报率和经营净资产增长率的所有因素进行预测,我们仔细检察每一个潜在因素——未来核心利润率、资产周转率等——从而建立对剩余收益的预测。经营驱动因素的细节问题我们在产业和企业基本素质分析中已经学过。我们只是将这些商业知识组织起来形成一个模式以用于预测,这就是完全信息预测。

关 键 概 念

有效债务成本	企业价值	融资风险	剩余经营收益模型
不完美资产负债表	正常市净率	经营风险	杠杆市净率
市场杠杆	完美的资产负债表	非杠杆市净率	均值回归
敏感性分析	简单预测	驱动因素	简单定价模型
SF1预测	SF2预测	SF3预测	均值回复
典型驱动模式	竞争优势期间		

第四部分 技术分析

本部分主要介绍技术分析理论。技术分析考察市场过去和现在的行为，在一定逻辑框架中运用数学和统计学方法，将市场行为模式化和典型化，进而根据这一结果预测市场未来的变化趋势，用以指导现在的投资策略，达到获取投资收益尤其是超额回报的目的。

技术分析的对象是市场行为，而市场行为表现为价格趋势，因此对于价格趋势的判定就成为了技术分析的核心。本部分在对市场行为和技术分析进行综述之后，将笔墨集中于价格趋势的判定技巧之上，展现出最基本的技术分析方法论体系。

第十二章　技术分析理论

学习目标

- ◆ 了解金融市场的基本特征；
- ◆ 了解市场行为的外在特征即趋势与周期的含义；
- ◆ 掌握技术分析的概念、理论基础和分析方法；
- ◆ 理解市场行为与技术分析的关系；
- ◆ 掌握两种经典的技术分析理论——道氏理论和波浪理论，并能够运用它们对趋势和周期进行基本的分析。

　　前面学习的各种分析方法能够帮助投资者发掘证券的内在价值，但即使投资者知道证券的内在价值，也不能保证他们能够在面对证券市场中变化莫测的市场行为时保持清醒的头脑，利用已知的信息获得预期的利润。我们还需要一种新的分析方法，它能够帮助我们洞悉市场行为的内在特征和规律，进而对未来的市场行为进行预测，并从中获得额外的收益——即使是丝毫不了解内在价值的情况之下。这种奇妙的方法就是技术分析。

　　技术分析是与基础分析针锋相对的一门证券投资分析方法，它不再重视对于基础面因素（宏观经济、行业运行或公司业绩等）的分析，而将分析的重点集中于市场本身，集中于市场行为的内在规律。技术分析关注的是证券的"心理价值"，这可以建立在基础分析对于内在价值的关注之上，也可以丝毫不考虑内在价值的影响。技术分析的主要目的在于通过搜集大量的市场数据来构建市场行为的模式，掌握市场行为变化的内在规律，进而有能力对于市场的未来进行预测，并从中获得希望的收益。为达到这一目的，投资者必须借助心理学知识来解释市场行为的特征，借助各种技术分析理论来预测市场行为的走向——更具体地，借助各种图形技术来预测未来的价格趋势，借助各种量化的指标工具来确认预测的结论。技术分析给人的印象总是高深莫测，充满玄机。然而它并不是一种空中楼阁般的理论，相反，它是建立在合理的理论假设基础之上，经过实践的严峻考验逐渐发展和成熟的。

　　本章主要介绍技术分析的基础知识，为我们进一步展开市场行为预测奠定理论的基础。在进入技术分析之前，对我们所要研究的市场行为进行简单的解释是非常有必要的，因此本章将从对于证券市场及市场行为基本特征的介绍开始，进而概述技术分析的

方法论框架,最后将两者结合,运用经典的技术分析理论对市场行为进行最基本也是最重要的描述。

第一节 市场行为的特征

市场行为(Market Behavior)并不同于通常意义上的行为(行动),它包括市场价格的变化、与价格相应的成交量变动,以及价格和成交量的变动时间和空间(波动幅度),人们通常将市场行为简要概括为"价、量、时、空"。市场行为是市场参与者(投资者)形形色色的内心和实际的活动的外在表现,因此是我们研究证券市场内在运行机制的有力工具。

市场行为在技术分析体系中占有重要的地位,它是技术分析的主要对象。因此,在介绍技术分析理论和实践之前,有必要首先了解一下证券市场以及市场行为自身的特征,这有利于我们在学习技术分析知识的过程中,始终明确所要追求的目标,从而掌握技术分析方法论体系中最基本和最关键的部分。

一、证券市场的基本特征

证券市场充斥着各种各样的不确定因素,这种复杂性使得投资者的投资策略的制定具有极大风险,稍有不慎就会遭受意外的损失。然而从另一角度看,这种不确定性正是金融市场巨大诱惑力的来源:正是由于每个投资者对于不确定性的判断不同,或者基于相同的不确定性会做出不同的投资决策,才使得超额利润的获得成为可能,从而激励着无数投资者前仆后继地投入金融市场。

当我们抛开那些传统的经济学理论以及名目繁多的假设,从新的角度来审视证券市场时,我们将发现,现实中的证券市场具有四个基本特征:(1)市场预先反映经济;(2)市场是非理性的;(3)市场由混沌效应所支配;(4)市场能够自我实现。这些特征较好地揭示了证券市场的本质。

(一)市场预先反映经济

市场由投资者的心理构成,因此市场行为实质上反映了投资者的心理变化。证券市场中所有的价格行为基本上都取决于投资者对经济前景的预期,经济状况变化对证券市场的价格可能产生的影响,以及投资者对这些基本面因素的心理态度等。市场参与者通常会预期未来经济和金融的发展,采取适当的行动买入或卖出证券,使得证券市场通常先于经济而发生趋势变化。

证券市场和其他所有的金融市场的运行都存在周期性特点,而商品市场则代表了实体经济的周期,也就是商业周期。无论是证券市场还是商品市场,都处于持续的波动状态,因为均衡状态在现实中是很难达到的。证券市场包含了广泛的经济信息,能够有效地反映经济的波动,因此投资者常常利用对于经济波动的预期来指导其在证券市场中的行为——来自于基本面的分析:如果经济状况好转,那么投资者预期证券市场也将上扬,因此倾向于买入;如果经济状况恶化,那么投资者将倾向于卖出。无论如何,投资者只有预先做出评估,然后采取行动,才会在所预期的情况实际出现时,获得预期的收益。然而,如果大量投资者都具有相同的预期,并且都根据此预期制定了相似的投资策略,那么证券市场必然提前将此预期变为现实,从而成为经济预先的指示器。这种现象是由于预期自致或正反馈环(Positive Loops)机制所导致的,它通过一系列心理和行为作用机制使得价格的变动逐渐形成趋势。这就是为什么证券市场中会存在这样一种看似矛盾的现象:股价在经济非常繁荣的时候由峰位下跌,在经济状况最不景气的时候止跌走稳,形成底部。

另外,投资者敏锐的市场洞察力是市场快速反应的基础。但是,正如熊彼特在《经济周期》中所表述的,如果投资者觉得没有理由再买入证券,他们就会抛售。换句话说,市场价格并不是大众预期的直接反应,而是它的负一阶导数。现实中也正是这样,虽然经济形势很好,但是如果没有更多的好消息,股市很可能将下跌。在市场价格波动与经济周期之间存在一个时滞,正是这种时滞使得市场价格成为经济状况的指示器。

(二)市场是非理性的

证券市场的参与者行为各异,他们的动机、心智、思维方式、风险态度和交易视野可能完全不同。尽管行为人被认为是理性的,至少在他们进行市场交易时是这样,但实际情况却是另一番景象——除了理性外,人们表现出了各式各样的行为。从经济学角度理解的理性包括两个核心特征:一方面市场参与者的行为必须合乎逻辑;另一方面,行为应该增加经济福利(Schwartz,1998)。后者并非常常能够做到。人们参加证券市场并不总是为了获得最大利润,这种努力被某些人(大部分是非市场参与者或亏损者)认为完全是不道德的。人们对某些行为动机熟视无睹,如有些人买卖股票是为寻找兴奋和娱乐,有些人则是为了与人交流,或者是为了其他目的。总之,行为动机影响和扭曲着人们的思维。

如果投资者能够顺利地获得他们所需要的一切信息,并且根据完全的信息进行投资决策,那么市场可能会呈现理性特征。然而,与经济理论中的个体利益最大化的经济人假设不同,现实中投资者参与市场交易除了获取利润以外,可能还有其他的目的。人们常常无法获得影响他们决策的重要信息。某些信息可能永远无法得到,或由于简略而被忽略,或是被错误地解析。因此,人们只能获得有限的信息,这就意味着信息必须按照其重要性进行甄别和评估。而在甄别过程中,人们通常会采用非理性的标准,因此错误也就难免。即使是对于相同的信息,不同的投资者也会做出不同的评价,从而得出差异化的结论,更不用说每个投资者对于同一信息集所做的甄别处理不同,从而得到不同的信息子集了。因此,在理解和处理信息时,人们常常做出错误的解释和决策,这些并不只是补充其他理性市场参与者偶然出现的"噪声"(Blips),相反,异常(Anomalies)和扭曲(Distortions)会系统地出现。

另一方面,市场中的交易者无时无刻不面临着巨大的压力,这使得他们即使在面临事实上充分的信息集时,也容易根据直觉(Intuition)做出错误的判断和决策。现实中的世界永远不会像理论所阐述的那样完美,因此投资者的行为在绝大多数情况下也并不符合经济理性最大化的假定,他们的行为与标准的决策模型是不一致的。首先,投资者对于风险的评价,并不一定遵循冯·纽曼-摩根斯坦(Von Neumann-Morgenstern)理性概念的假设。在判断风险的时候,他们并不看重最终获得的财富的绝对水平,而更关注相对于某一参照标准来说他们得与失的数量,这一点又会因时因地的变化而不同;同时他们的风险偏好也会发生变化,在获利时是风险规避型,而当他们遭受损失时,将变得更加偏好风险。其次,投资者对于不确定性进行预期时常常会违反贝叶斯原则和其他概率最大化理论。人们常常会过分相信短期的历史数据的代表性(Representative),用它们来预测不确定的未来。虽然这种启发性思维(Heuristics)在许多场合具有其价值,但它也能够严重误导投资者。最后,投资者的决策同样会受到信息表达方式(Framing)的影响,对于同一信息的不同表述方式很可能会影响投资者的思想,从而导致不同的决策。

尽管许多市场参与者的目的是行为理性,但他们决策的结果经常偏离被认为是最优的结果。他们尽了最大努力,但他们毕竟是凡人,会犯错误,并且他们会一而再再而三地犯同样的错误。这种结果影响着人们的情绪,这自然又会干扰人们进行理性思维和做出理性行为,也自然会妨碍理性决策。而投资者之间的相互影响又使得群体行为也会偏离理性的轨迹。正因为如此,在大多数时候,市场是非理性的。

(三)混沌支配市场

传统的经济模型建立在基于均衡函数的线性模型基础上。这些模型表明了经济活动中的各种因素是如何连续适应其他因素的变化的,但是没有正确考虑到许多正反馈。即使考虑到了反馈因素,这些反馈一般都是负反馈,也就是导致稳定的反馈,而不是导致不稳定的正反馈。这些模型在实践中的表现非常糟糕,通常归咎于"外界随机扰动"以及模型细节精度不够等原因。然而1961年气象学家爱德华·洛伦兹(Edward Lorenz)发现的"蝴蝶效应"使得数学家和经济学家们开始探讨"确定性混沌"对于金融市场的影响。

确定性混沌是指这样一种复杂的数学过程,它由完全确定性系统产生,但按照标准的时间序列方法又表现为随机过程(Sayers,1989)。混沌现象无处不在。例如,在一个安静的房间里,当我们点燃一支香烟时,成千上万的细微的烟雾粒子在热气流的传输下,像一根直的圆柱那样上升,然后烟柱突然破裂,变成螺旋状飘移、不断变化的旋流。线性流动转化为混沌。无论在哪里,这种类似的现象都会发生。

混沌的产生主要与正反馈所导致的自我强化现象有关。如果在一个系统中,事件A导致事件B,事件B导致事件C,如果事件C最终又导致事件A,那么这就构成了一个简单的正反馈环。金融市场中存在着大量的正反馈环,这些众多的反馈循环表明系统没有简单的平衡点,而是自我震荡,或者表现出其他更复杂的运动。这使得经济学家们逐渐认识到,线性模型不是不够完善,而是可能从本质上就搞错了。更重要的是,理论上正确的非线性模型也可能导致完全的不可预测性,即使这些模型结构上是确定性的。这意味着系统不仅受到外部随机的无规律的扰动影响,而且不可预测性可能就是宏观经济系统自身固有的内在本质。关于这一点,澳大利亚生物学家罗伯特·梅(Robert May)在20世纪70年代初所描述的"分叉"(Bifurcation)现象能够给出较好的解释。分叉是指曲线在某一个值点处突然分裂成两条曲线,其主要原因是不同正反馈之间主导作用的突然转换。对某一个参数的依赖性越大,就越可能出现更多的分叉——这种交错分叉的过程最终导致混沌。这一过程即著名的费根鲍姆叶栅(Feigenbaum Cascade),如图12-1所示①。

---

① 在费根鲍姆叶栅中,分叉是由一个简单的数学方程 $X_n + 1 = r \cdot X_n \cdot (1 - X_n)$ 产生的,参数 r(水平坐标轴)逐步由1.68增加到4.00。

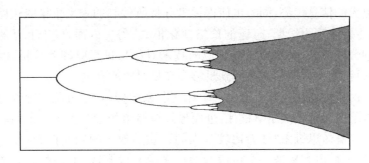

图 12-1 费根鲍姆叶栅

资料来源：E. Mosekilde and J. S. Thomsen.
转引自拉斯·特维德《金融心理学》

随着 20 世纪 80 年代初开始的对于经济混沌指标的研究的逐步深入，越来越多的证据和征兆表明，经济系统存在混沌现象，也就是固有的长期不可预测性。即使阻尼机制很强或从表面上看混沌并不存在于当前的参数间隔内，来自其他混沌子系统的冲击仍然可以产生客观的不确定性。我们可以把这个问题同在湍急的河流中漂浮的树桩作一比较。即使我们知道所有的流体动力学知识、水流和河床的形状，我们还是不能计算出几秒钟以后树桩在哪里，同样也不可能根据它现在的位置推断出它是从哪里漂过来的。经济学的情况与此很类似。因此，人们越来越多地认识到确定性混沌是长期经济预测深不可测的一个重要原因，而线性模型与现实相去甚远。人们还明确了一点，那就是动态系统经常在不同的标度内重复同一现象，这更增加了预测的难度。

现代科学清晰地表明，证券市场实际上是由强烈的高阶混沌所主宰，这些高阶混沌在数学上很难求解。上述结论的证据一部分来源于数学试验，表明存在某些非随机的"东西"。另一部分来源于反复出现的泡沫和崩盘，这表明存在着强烈的反馈环。混沌现象的存在，决定了投资者只有可能预测到短期的市场走势，而对于长期市场行为的定量分析以及预测是徒劳无益的。

（四）市场能够自我实现

市场中的价格波动趋势具有自我实现的特征，这同样是与正反馈环理论所导致的自我强化不可分割的。在正反馈环中，每一个投资者都在猜测别的投资者将采取什么行动。凯恩斯的"选美比赛"是对正反馈环的最佳描述。他将证券市场比作报纸上的选美比赛，比赛参与者从报上刊登的许多美女头像中选出他们认为最美的（Keynes，1936）。

> 每个参加者都从同一观点出发，于是都不选他自己真正认为最美的那个，也不选一般人真正认为最美的那个，而是绞尽脑汁推测一般人所认为的最美者。这已经达到了第三级推测，我相信有些人会运用到第四级、第五级，甚至更高。

证券市场由心理组成，市场中的每一个参与者无时无刻不在与其他参与者进行着博弈，揣摩彼此的想法，预测彼此的决策，以使自己能够早一步行动，击败市场中的竞争者。他们根据市场的历史趋势编制出各种各样的价格图表，寄希望于获得他人无法获得的信息，从中获得先发优势。然而不幸的是，一方面信息技术的发展使得不确定的信息能够在瞬间到达每一个投资者，这使得几乎没有什么人（那些掌握了内部信息的人除外）能够比别人获得更大的信息优势,同时也使得技术分析所编制的未来价格变化图形越来越缺乏长期性,而主要表现为短期、急速的价格变化模式;另一方面,成千上万的市场参与者面临着相同的公开信息,采用相同或相似的技术对信息进行整理和分析,因而当他们实施相同的交易行为时,将面临无法找到足够多交易对象的窘境。

信息的自由流动使得投资者成为一个相互联系的群体,这可能会导致每一个投资者都被自己所想象的对他人的了解框住,进而导致全体市场参与者由于致命的"群体思维"而被集体框住。群体思维由"社会比较"(人们喜欢用他人的判断作为自己判断的基础)和"说服效应"(人们更容易被一个可信的消息来源所说服,而不是可信的论据)所导致,主要出现在精神高度紧张或情况非常复杂的时候,此时群体领导者或利用相似决策方法,或高估自己的能力,而当存在同意群体意见的压力时,人们又特别容易屈服于群体意见。因此,群体并不总是得到正确的结论。正如弗里德里希·席勒(Friedrich Schiller)所说的那样:"任何一个人,作为个体来看,都是足够理智和通情达理的,但是,如果他作为群体中的一员,立刻就成为白痴一个。"

金融群体思维的一个重要因素是金融资产的价格,因为没有其他任何信息能比价格得到更好的、广泛的和经常性的交流,也没有其他任何信息比价格更能反映投资者的行为。价格告诉我们其他人认为合理并愿意出的价格,这使得它成为一个参照点——又称锚定点(Anchoring),告诉我们合理的价格。当这种效应延伸到动态层面时,最近的价格变化趋势同样成为参照点。投资者具有非理性的特点,认为最近的价格变化趋势会延续下去,这是一种"代表性效应"(Representative Effect)。代表性效应在行为金融理论中得到广泛研究。

在证券市场上,框架、参照点和群体思维令人烦扰的一面是它们会产生一种群体循环思维系统。投资者做一些事情是因为其他人也这么做,即使这意味着以极高或极低的价格进行金融资产交易。如果考虑到代表性效应,问题将更加严重。这种反馈环的循环作用将很可能导致群体狂热(Mass Euphoria),而当趋势走向末端的时候则产生群体恐慌。拉斯·特维德(Lars Tvede)告诉我们,"如果所有人都使用相同的技术分析,那么技术图形的效果就不再是自我实现,而是自我毁灭",因为"大家都看出来的,显然是错误的"(Joseph Granville)。

二、价格行为的特征:趋势与周期

价格是市场行为的外在表现,也是技术分析中的核心变量。价格行为的特征也正是技术分析所针对的主要对象。历史数据告诉我们,价格行为最主要的特点就在于其按照一定趋势变动,并在不同时期内具有周期性波动的规律。通过构造一个简单的市场周期模型,我们可以给出对于趋势的最基本的描述,从理论上解释为什么市场中会存在趋势,并对各种趋势进行比较分析。

市场周期模型简要地概括了市场行为变化的轨迹,揭示了市场运行的基本规律。不难理解,市场周期模型事实上包含了趋势的概念在内。趋势与周期之间有着密切的联系,离开了趋势,周期的概念将变得毫无意义。介绍市场周期模型有利于我们对趋势和周期有一个基本的认识。

(一) 市场趋势

1. 趋势的成因

在对趋势的类型进行基本描述之前,有必要介绍一下趋势形成的动因。市场行为来源于投资者心理的相互斗争和影响,由此我们不难得出"势由心生"的结论,也就是说,趋势产生于心理。因此,我们理所当然地应当从心理学的角度揭示趋势形成的内在原因。我们知道,趋势的形成来源于正反馈环的作用,我们在这里的论述其实是对证券市场基本特征中的某一个方面进一步地进行解释。

正反馈环是心理学中的一个重要概念,它来自投资者的一系列心理以及群体心理的自发放大效应。下面我们通过构造一个具体的正反馈环机制来了解价格趋势形成的具体过程。在这个例子中,将会涉及不少心理学的概念。我们在本书中将只给出最简要的解释,更详尽和深入的讨论可以参考心理学或行为学的书籍。

我们通过在牛市亦即上升趋势所主导的市场中的情况,来形象地解释趋势通过正反馈环机制的自我实现过程。在一个上升趋势的初期,大量投资者抓住这次"意外"的上涨机会,匆忙兑现他们的投资收益。随后新的多方进入,市场在短暂的调整之后重新进入上升通道。此时,那些刚刚卖出的投资者开始后悔。他们(错误地)相信,他们实际上早就知道价格会上涨。这种事后偏见(Hindsight Bias)使得他们产生了强烈的后悔感,于是价格稍有下跌,他们就迫不及待地冲进市场中试图买进。这种心理将使得价格上涨得以延续,从而形成了第一个反馈环——基于事后偏见和后悔效应的正反馈环,如图12-2所示。

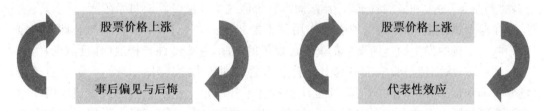

图12-2 基于事后偏见和后悔的正反馈环　　图12-3 基于代表性效应的正反馈环

随着股价的进一步上涨,代表性效应开始占据投资者的头脑。他们总是将当前的价格作为参照点,而价格的每一次变动都会使得新的价格高于当前的参考点,从而使得投资者们自然而然地认为,现在的股价上涨趋势具有典型意义,势必会延续下去。在这种信念的支撑下,投资者将愿意买入更多的股票(见图12-3)。

当越来越多的投资者从价格上涨中尝到甜头之后,将会有很多人更愿意把所有(而不是一定数量)的钱都投入日渐红火的牛市中去,尽管他们知道任何数量的投资都能够为他们带来收益。这种现象在心理学中被形象地称为"玩庄家的钱",正如在赌场中大赢了一把的人大多愿意一直赌下去,直到输光为止,因为他们并不认为赌的是自己的钱,而是赢到手的"庄家的钱"。这事实上与"精神账户"有关。他们通常将自己突如其来的收获与其他财富分开,只在头脑中承认这笔钱的存在,把它们专门用于赌博。"玩庄家的钱"意味着市场中将涌入越来越多的需求,或者至少市场的需求水平将得到持续,由此形成了另一个基于精神账户的正反馈环(见图12-4)。

图 12-4　基于精神账户的正反馈环　　　　图 12-5　基于自我验证的正反馈环

股价的持续稳步上涨使得上市公司获益匪浅,因为上市公司通过高昂的股价更容易筹集到足够的资金,如通过发行可转换债券将吸引更多的投资者将资金投向上市公司。充足的资金来源将刺激公司的投资,这些投资将产生两方面的效应:一方面,投资获得的收益将使得公司的业绩更上一个台阶,从而支撑股价的持续上涨;另一方面,对于其他公司或行业的新的投资将促进它们的发展,从而引起市场行情的普遍上涨。由此,不论是公司自身的基本面情况还是总体经济的基本面情况,都开始支持股票市场的价格运动趋势,这构成了一个基于自我验证效应的正反馈环(见图12-5)。

实际上长期以来,大多数"中国式交易"获利模式在于,优势资金通过信息、概念、理念构造动量或者说价格走势的惯性。这个惯性短、中、长期都有可能,不论是"讲新故事"(包括借壳)还是价值投资都有自己的粉丝群体。而现行交易制度是有涨跌停板限制的,并且整个市场散户要占据交易的80%,因此只要动量出现就会有人尾随,而先行者即成功获利。如果取消涨跌停板和卖空等交易限制且机构逐渐占据市场主导地位,那么这个俗称"割韭菜"的盈利模式就难以为继,而唯有价值这个动量可以长期存在。

在这个过程中,媒体舆论的引导作用是不能忽视的,它们将对投资者的心理产生重大影响。市场中发生的一切事情都逃不过媒体的眼睛,它们专注于报道(并且渲染)大众的乐观心理,从而使得股票价格的上升看上去更加理所当然。另一方面,大量来自于市场分析师和金融分析家的决策建议也让投资者不知所措。越来越多的买入建议将使得投资者更加倾向于加大买入力度。因此,媒体使得价格的上涨合理化,强化了人们自我肯定的心态,从而使得价格的进一步上涨成为可能(见图12-6)。

图 12-6　基于媒体合理化的正反馈环　　　　图 12-7　基于市场中介的正反馈环

事情不仅仅如此。在一个繁荣的牛市中,成交量通常会直线上升,这将给银行和券商带来不菲的收益,从而刺激它们雇用更多的员工从事推销,接触更多的客户,并鼓励客户买进更多的股票。因此,市场中介者的行为构成了另一个正反馈环,推动股票价格的继续上涨(见图12-7)。

我们在这里仅仅是给出了一些在价格上涨趋势形成过程中的一些基本的正反馈环,事实上在此过程中还存在大量形形色色的正反馈环。所有的正反馈环共同交织作用,形成一个有机的正反馈机制体系,产生了强烈的内在动力,推动着价格持续上涨,使得价格上升趋势逐渐成形并得以延续(见图12-8)。这种趋势将一直持续下去,直到价格的上涨远远超过任何一种经济理论可以接受的价格。这一过程事实上是一种自发的"庞氏骗局",或是一种金融泡沫,而投资者最终发现市场价格非理性之时,就是这一泡沫破灭之时。此时价格趋势的反转将不可避免地发生,其速度取决于市场中的投资者心理变化的速度和幅度。

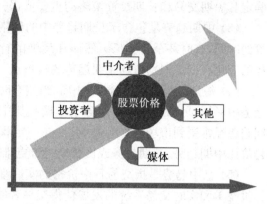

图12-8 基于正反馈环机制的价格上涨

以上我们通过构造一个牛市的产生过程简单地阐述了牛市中支持价格上涨趋势形成的正反馈环机制,而在熊市中类似的正反馈环机制将朝着相反的方向发挥作用,促进价格下跌趋势的形成。由此,我们对于价格趋势的形成机理给出了心理学方面的初步解释。对于市场价格与市场参与者心理之间的作用机制我们并不会过多涉及,相关的内容在金融心理学方面的书籍中有详细的阐释。

2. 趋势的分类

对趋势进行划分在正式理论中的出现要追溯到查尔斯·道,他在其道氏理论中将市场趋势划分为主要趋势、次级折返趋势和微小趋势。道氏对于趋势的划分已经成为技术分析理论中传统的经典趋势划分方法,关于其理论的具体内容我们将在本章的最后进行介绍。

随着证券市场的迅猛发展和技术分析理论的不断更新,对于趋势进行划分的方法也层出不穷。无论如何,根据趋势的基本含义对其进行分类始终是绝大多数技术分析者能够接受的方法。趋势的定义事实上包含了时间跨度的概念在内,它是从时间的角度来衡量价格水平的变动方向。因此,很自然地,我们对于趋势进行的简便分类应当以时间跨度为主要标准。

传统上通常根据时间跨度的不同将常见的趋势划分为长期趋势、中期趋势和短期趋势,而近年来随着技术分析理论的发展和市场交易技术的进步,对于趋势所进行的类别划分也有所变化。总体而言,趋势可以划分为极长期趋势、长期趋势、中期趋势、短期趋势和盘中趋势(极短期趋势)。

(1) 极长期趋势(Secular Trend)是时间跨度最长的趋势,它们由数个长期趋势构成。这种超级周期持续的时间通常可以达到数年——通常是10年以上,甚至常常延伸到25年或者更长。认识极长期趋势的方向对于趋势分析是非常重要的,因为一般而言趋势持续的时间越长,越容易识别趋势的反转。

(2) 长期趋势是市场中的主要趋势,它们通常持续9个月至2年,或者更长的时间。这种主要趋势较好地反映了投资者对商业周期基本情况的认知态度。从统计角度来看,商业周期从谷底到谷底大约经历3.6年,因此上升和下降的主要趋势(多头市场和空头市场)通常各持续1—2年。由于股价上涨比股价下跌消耗的时间长,所以多头市场持续的时间一般长于空头市场。长期趋势是最为重要的趋势,它是投资者根据趋势分析理论确定其短期交易和长期投资策略的重要依据。

（3）中期趋势是包含于长期趋势中的价格折返走势，它们通常持续6周至9个月不等的时间，有时甚至会更长。然而在反弹的行情下，中期趋势也可能会比较短。中期趋势的变化有助于识别市场主要趋势的转折点。

（4）短期趋势一般持续2—4周，当然有时会更长或更短。正如中期趋势包含在长期趋势中一样，短期趋势通常包含于中期趋势中。相比时间跨度较长的几种趋势而言，短期趋势经常受到市场信息的影响，会在一定程度上呈现出随机波动的现象。因此，短期趋势比中期趋势、长期趋势或极长期趋势更难以识别。

（5）盘中趋势是指交易日中价格的实时变动趋势，是一种极短期的趋势。近年来计算机技术和实时交易系统的发展使得交易者能够识别到每小时甚至每一档行情的趋势，从而使得盘中趋势日益受到重视。盘中趋势同样适用于技术分析，但是有一定局限性：首先，盘中趋势是极短期的趋势，因此其反转对于技术分析所产生的意义远不如较为长期的趋势的反转；其次，相对于较为长期的趋势，盘中趋势更加容易受到各类市场信息以及这些信息所造成的投资者心理及行为的影响。由于投资者对于即时的市场信息难以在短时间内迅速进行筛选，他们（大多为短线甚至是超短线操作者）的决策非常容易受到情绪和直觉的影响，从而也使得盘中的价格走势容易受到人为的操纵。

（二）市场周期

历史告诉我们，市场行为通常呈现出周期运行的规律——这也正是我们在下一节即将介绍的技术分析的三大基本假设之一，而周期又是由各种不同的趋势所组成。通过建立一个简单的市场周期模型，我们很容易读懂趋势以及周期所包含的意义。上文对于趋势的介绍让我们认识了不同类型的价格趋势，我们清楚地知道了，市场中的任何价格波动都同时受到几种不同趋势的影响。现在我们需要了解由形形色色的价格趋势所构成的市场周期，正如图12-9所揭示的那样。

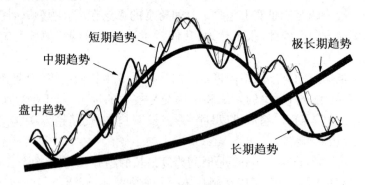

图12-9 市场周期模型

对于投资者来说，认清自己所观察到的价格趋势属于何种类型是非常重要的，因为不同的投资者拥有不同的投资策略，这使得他们主要关注的趋势也有所不同。长线投资者所关注的焦点是市场主要趋势，即长期趋势的方向，因此对于当前的多头或空头市场行情必须做出预判，有前瞻性的认识。当然，他们也需要认识中期趋势，并且对短期趋势有所了解，因为各种趋势之间有着紧密的联系，中期和短期趋势的反转常常会影响长期趋势的走向。对于短线投资者而言，他们更关注股票价格短期的变动趋势。同样地，他们也应当对中期趋势和长期趋势有所了解,因为市场的短期行为通常具有随机性,这使得多头市场和空头市场经常发生意外。如果违背市场的主要趋势进行逆周期操作,通常会给交易者带来损失。因此,所有的市场参与者都应当充分(但有所偏重)地认识各种趋势,以便能够对市场进行较为全面的研判。

对于市场周期最经典的论述来自于艾略特波浪理论,在这里我们首先了解市场周期的基本轮廓和构成。在技术分析理论乃至整个证券投资分析理论体系中,市场周期是一个不可忽略的因素,这是由证券市场自身特性导致的。我们在之前已经讨论过证券市场对于经济状况的预先反映机制,因此证券市场周期与商品市场周期具有同步波动性(其间具有一定时滞)。投资者在对证券市场周期进行研判的基础之上,可以通过与商品市场周期的相互验证来确认自己的投资决策。当然,这一方法已经超越了单纯的技术分析领域,而涉及基础分析的方法。由此我们也可以说,市场周期是联系技术分析和基础分析的众多纽带之一。通过基础分析来对不同市场的周期进行验证,而通过技术分析来确认当前行情在整个市场周期中所处的位置。在这里,基础分析和技术分析可以得到较好的结合。

第二节　技术分析概述

有关市场行为特征的描述使我们对所关注的市场有了基本的认识,了解了投资者所处的市场环境。事实上,我们可以注意到,这些描述更多地是从心理和行为层面展开的。这并不奇怪,因为我们在本章的开篇就已经阐明,金融市场是由人组成的。更进一步说,它是由市场参与者的心理和行为构成的。大多数基础分析者和经济学家拒绝考虑市场参与者的心理因素,但是技术分析者应当特别关注人们的行为,这不仅是为了预测市场变化,而且也是为了弄清市场变化的原因。对价格进行单纯的数字、图形点和各种趋势线研究远不如明白市场运行的机理。技术分析如果忽略了心理因素,将无法理解价格变化、人们的交易动机和行为人的行为方式,从而也就谈不上分析和预测了。

在理解了技术分析与心理和行为的分析之后,可以开始对于技术分析的探讨了。首先让我们来认识一下,技术分析是什么。

一、技术分析的定义

技术分析研究是对市场行为本身,而非市场所交易商品的研究。技术分析通过记录(通常采用图表的形式)市场过去和现在的行为,运用量化方法(通常采用指标的方法)摸索出其变化的典型模式,以此为基础预测市场行为未来的变化趋势。

技术分析的雏形诞生于1730年日本稻米市场的期货合约交易。19世纪80年代,股票市场中的交易者使用"账面法"跟踪股票价格,使得第一项技术分析得以出现。1900—1902年为技术分析发展的里程碑:查尔斯·道(Charles Dow)在《华尔街日报》上刊登了一系列文章,公布了他自1884年起利用平均指数研究股票价格运动的结果,从而在历史上第一次提出了对于市场现象的系统性研究。从此之后,经过纳尔逊(Nelson)、哈密尔顿(Hamilton)、雷亚(Rhea)、爱德华兹(Edwards)和迈吉(Magee)、内尔(Neil)、德鲁(Drew)、怀尔德(Wilder)、哈达迪(Hadady)等众多技术分析家的努力,技术分析方法得到迅速发展。

技术分析最初主要运用于股票市场,后来逐渐扩展到商品市场、债券市场、外汇市场和其他国际市场。过去,市场参与者持股的时间相当长,达到几个月甚至几年,而新技术革命大大缩短了每个投资者的持股时间。当持股时间较长的时候,投资者可能沉迷于基本面分析的环境中,当持有期较短时,随市操作(Market Timing)决定一切。在这样的环境下,技术分析实际上是市场本身的需要。

二、技术分析的理论基础

技术分析建立在三个合乎情理的假设基础之上:(1)市场行为涵盖一切信息;(2)价格按趋势规律变动;(3)历史会重演。它们与其说是理论假设,倒不如说是经验假设更为贴切。技术分析作为一门经验之学,其整套理论都建立在经验总结的基础之上。

(一)市场行为涵盖一切信息

市场行为涵盖了一切信息,是包含了所有可获信息和观念的供求双方的力量共同作用的结果,而与这些观念是否理性并没有关系。所谓市场行为,是指价格和相伴随的交易量的变动,以及变动的时间和空间。换言之,市场行为是由价格、交易量、时间和空间这四大要素组成的。技术分析家们通常认为,投资者在决定交易行为之前已经仔细地考虑了影响市场价格的各种因素,全部投资者在此基础之上所进行的交易将导致市场行为的变化。对证券市场的分析只需要研究市场行为就足够了,没有必要浪费精力去研究行为背后那些影响价格的具体因素。

这一假设是进行技术分析的基础,它具有一定的合理性,因为任何一种因素对于市场的影响最终都必然体现在价格以及相应的成交量的变动上。如果某一信息的公布并没有使得市场价格发生波动,交易量也不受影响,那么即便有不在少数的投资者都认为这一信息十分重要,也不属于影响市场行为的因素。如果某一天市场价格突然上扬,同时交易量急剧增加,这或许是利好信息的功劳;而一旦价格一泻千里,那么很可能这是由坏消息所导致的恶果。这些信息可能是外在的、内在的、基础的、政策的、心理的,以及其他影响价格的因素,但不论它们来源于何处,它们都已经在市场的行为中得到了充分的反映。

正是因为如此,技术分析家们只会关心这些因素所导致的市场行为变化,而对它们的具体形式和影响市场行为的机制过程置之不理。他们所需要的仅仅是市场的价、量数据,以及从中发掘出的价、量变动的时空。除此之外,他们甚至不会关心这一价格数据的来源。无论是对微软(Microsoft)还是通用(GE),或者是可口可乐(Coca Cola),甚至是对于大盘指数来说,同样的市场行为形态所蕴含的技术含义并没有什么不同。基础面信息对证券的定价并没有意义,即使这些信息很重要,它们也都在信息披露之前在市场行为中充分反映了出来。

(二)价格按趋势规律变动

自然界万物的生存和发展都有其自身的规律,市场行为的变化也是如此。技术分析的第二条假设认为,市场价格按照一种由投资者对经济、货币、政策和心理力量的变化而不断变化的态度所决定的路径运动,并且这种运动路径具有惯性特征。这一假设也因此被称为证券市场中的"牛顿定律",它是技术分析理论的核心。相应地,"趋势"也成为技术分析中最重要的概念之一。技术分析的主要目的就在于在较早的阶段识别趋势的反转,并且牢牢把握住这种趋势,直到有足够的证据显示或证明这种趋势已经反转为止。

主导市场趋势运动的依然是我们前面所提及的反馈环理论。在反馈环理论中,最初的价格上涨导致了更高的价格上扬,因为通过投资者需求的增加,最初价格上涨增长的结果又反馈到了更高的价格中。第二理论的价格上涨增长又反馈到第三轮,然后反馈到第四轮,以此类推。因此催化因素的最初作用被放大,产生了远比其本身所能形成的大得多的价格上涨。对于价格下跌,则情况恰好相反。反馈环不仅是"牛市"(Bull Market)和"熊市"(Bear Market)的促成因素,而且还影响着市场参与者的投资盛衰。反馈环通常被认为是建立在适应性预期(Adaptive Anticipation)基础上的,是由于过去的价格变动产生了市场参与者对价格进一步同向变动的预期。另一方面,反馈也是市场参与者过度自信(Overconfident)所导致的代表性效应的作用结果,它主要是对价格持续变动模式的反应,而不是对价格突然增长的反应。

市场价格的波动有时候局限在小范围以内,成为难以预测的市场噪音。但是,一旦市场突破了一定的阻力区,那么趋势将逐渐形成。在趋势形成的初期,大多数投资者将其视为又一种新的随机运动,认为价格不久就会回归"均衡"水平。而一旦价格的变动超过投资者的预期,将导致投资者的心理发生变化,导致各种非理性的行为,并由此产生一系列正反馈环。这些正反馈环将成为支撑价格进一步上涨的主要力量,使得趋势逐渐形成。而这种趋势一旦形成,就会呈现出其自我实现的特征,使得趋势得以延续。这种趋势将持续到投资者群体行为导致趋势发生反转为止,此时一个新的趋势又将形成。

(三)历史(市场)会重演

价格及其变动不仅反映了人们对信息理解和观念的变化,还可以从中观察到市场参与者在价格形成过程中表现出的行为特征。市场由人构成,人的天性是倾向于保持不变,而且在类似的情况下趋向于产生一致的反应。市场的结果在人们的脑海中留下的阴影和快乐,将成为他们下一次在相同环境下进行预测和选择所选取的参照点。从而,技术分析存在的第三条假设就是,人们将重犯过去相同的错误,也就是说,历史会重演。通过研究过去市场转折点的特征,有可能帮助我们识别市场变化的某些特征。

人类的行为十分复杂,从来不会以完全一致的方式重复。作为反映人类行为的市场,其特征也永远不会完全复制过去,但不断呈现的相似特征却足以保证技术分析师识别行情的转折点。技术分析根据人们的一贯行为特征,通过图标一类的工具记录价格变化的图形,从中找出重复行为的变化规律。图形形状反映了特定时期内供求双方的力量对比。市场参与者通过对价格变化的观察描绘出的图形和形状,在长期内重复着自己,就像在特定生命时段和市场条件下,市场参与者的行为表现的那样。这一切合乎逻辑,并在很大程度上能找到心理学的机理。所有人(自然包括市场参与者)在特定市场条件或市场状况下(如紧张)都会做出相同的反应。只要关于人类心智的心理本性不改变,市场参与者在遇到价格变化时的行为就不会有太大的变化(Goldberg,1990)。这也正是市场周期性波动的内在原理。

上述三大假设是技术分析赖以生存的基础,它们保证了技术分析的可靠性、可行性和有效性。首先,市场行为包括一切信息,使得对于市场行为(亦即价、量、时、空)的研究已经全面覆盖了市场中的种种复杂因素,因此投资者可以把所有精力都投入到对于市场行为的核心(即价格)的分析和研究中去,而不必关注纷繁复杂的其他因素。其次,价格变动沿趋势进行,使得价格的变动有规律可循,从而为技术分析提供了理论上的可能性。如果价格的变动遵循随机游走(Random Walk)模式,毫无规律可言,那么技术分析将不再有存在的意义。最后,历史会重复,通过研究市场的历史行为所总结出的规律能够运用于对市场当前行为的分析和对市场未来行为的预测,因此技术分析能够为投资者提供有效的投资建议。

三、技术分析的工具

无论就理论层面还是实践层面而言,技术分析都是一种非常具有艺术性和技巧性的方法论。对于这样一门充满了神秘力量的技术,单一的分析工具显然是不够的。因此,在技术分析中,有许多形式各异的分析工具和技巧可供投资者选择。总体而言,这些分析工具和技巧可以归纳为两类:技术图形和技术指标。前文所提到的三大假设为技术分析奠定了理论根基,而技术分析工具(图形、指标)则将技术分析由抽象层面实体化,使得技术分析者能够将这一方法付诸实践。

技术图形(Technical Chart)能够直观地展示价格变动的趋势,但是仅仅凭借直观的观察是不能够准确地判断和预测价格变动趋势的。技术分析者还需要更为精确和量化的工具来辅助技术图形,这一工具就是技术指标(Technical Indicator)。技术指标运用事先确定的方法对价格原始数据(价、量、时、空)进行处理,并结合技术图形对市场行为进行分析,进而预测市场变动趋势。对于技术指标的分析能够确定和强化投资者从技术图形中分析得出的交易策略。

在非技术分析者的眼中,技术图形被大量交叉缠绕的直线或曲线冠上了一层神秘的色彩,而技术指标则充斥着公式和定量分析,它们看上去是那么专业和复杂。然而,一旦我们真正进入图形和指标的世界,会发现它们事实上并没有那么可怕。

四、技术分析与基础分析

技术分析是相对于基础分析而言的,它与后者的主要区别在于以下几方面。

首先,基础分析法着重于对宏观经济状况、行业动态以及公司的经营管理状况等因素进行分析,以此来研究证券的内在价值,衡量市场价格的高估或低估。而技术分析则是通过技术图形或指标的记录,研究市场过去及现在的行为,以推测未来价格的变动趋势。技术分析只关心证券市场本身的变化,而不考虑会对其产生某种影响的经济方面、政治方面等各种外部的因素。

其次,基础分析的目的是以证券的内在价值为标准,评判证券当前市场价格的高估或低估,它告诉我们应该购买哪些证券;技术分析不考虑证券的内在价值,而集中于证券市场价格的变动趋势,提供给我们买卖的具体时机。虽然技术分析方法也关注长期趋势,但总体而言它还是以相对中短期的趋势预测为主,在预测较长期趋势方面不如基础分析。大多数投资者都会将技术分析和基础分析结合使用,用基础分析估计中长期趋势,而用技术分析法判断短期走势和确定买卖的时机。

最后,技术分析和基础分析都认为股价由供求关系决定,但基础分析主要是根据对影响供需关系种种因素的分析来预测股价走势,技术分析主要是根据证券价格本身的变化(主要是历史数据)来预测股价走势。技术分析的基本观点是:所有证券的实际供求及其背后起推动作用的种种因素,包括证券市场中每个投资者对未来的希望、担心、恐惧等,都集中反映在价格行为上。在技术分析的观点中,证券市场是由10%的逻辑和90%的心理构成的,而基础分析则认为市场应该由90%的逻辑和10%的心理构成。

技术分析和基础分析之间并不存在绝对的优劣,它们的区别仅仅在于分析所侧重的方向不同。无论怎样,如果想要在刺激的证券市场交易中立足,将技术分析和基础分析相结合,扬长避短,绝不是一个错误的选择。

第三节 技术分析理论

在掌握了技术分析的基本知识之后,我们再回过头来看市场行为。前面对于市场行为的分析是孤立的,仅仅利用了一个简单的市场周期模型来说明描绘了价格波动的趋势和周期特征,并没有从技术分析的角度对其进行分析。事实上,引用技术分析领域的理论对市场行为特征进行进一步的解释是非常有意义的:一方面,它能够让我们更深刻地认识技术分析与市场行为之间的关系,并初步掌握技术分析方法的应用;另一方面,它也使我们对于价格规律的理解更深了一个层次。我们在这里将利用两套经典的技术分析理论进一步展示市场行为的内在特性——趋势和周期。首先介绍技术分析理论体系的鼻祖——道氏理论,它是技术分析领域中最早将目光专注于价格趋势的理论;其次引用艾略特的波浪理论来系统地阐述价格周期的内在机理及其识别方法。

一、趋势:道氏理论

道氏理论(Dow Theory)是技术分析理论的鼻祖,是识别和研究证券市场主要趋势的最古老和最广泛的方法。该理论的创始人查尔斯·道在其著作中多次声明其理论不适用于预测股市,甚至不适用于指导投资者,而是一个反映总体商业趋势的风向标。事实也正是如此,道氏理论只是源于查尔斯·道于1900—1902年间在《华尔街日报》上发表的许多有关市场行为的评论。道氏仅仅是根据股票市场行为评估经济运行情况,而并没有利用它来预测股票价格本身的运动。1902年道氏去世之后,他的接班人,《华尔街日报》的编辑威廉·汉密尔顿(William. Hamilton)继承了他的理论,在27年的股评写作生涯中对其加以组织和整理,并在1922年出版的《股市晴雨表》(*The Stock Market Barometer*)中进一步发展了道氏理论。然而,道氏和汉密尔顿都没有将其思想归纳成系统性的理论,道氏理论真正以完整和正式的理论体系出现事实上源于1932年由罗伯特·雷亚(Robert Rhea)出版的《道氏理论》(*Dow Theory*)一书。雷亚在该书中系统整理了道氏理论和汉密尔顿方法以及它们的应用,正式提出了"道氏理论"这一名词。

道氏对于技术分析的贡献不仅如此,他还是以代表性股票价格来反映证券市场总体趋势的第一人。道氏在其理论中总结了投资者大多已熟知的规律,即大多数股票的价格在大部分时候会倾向于同步运动,逆市场趋势而变的股票则极少。因此,道氏构建了两种指数。一是1885年由道氏发明,时至今日仍然沿用的道·琼斯工业指数(Dow Jones Industrial Average),它最初由14只绩优股所构成,其中包括12家铁路公司和2家工业公司。后来铁路公司的股票被单独提出构造了铁路指数,另有12家工业公司被选作成分股以构成新的道-琼斯工业指数。工业指数中包含的成分股数量目前已增加到30种。其二是1897年诞生的道-琼斯铁路指数,早期由从原工业指数中提取的12只铁路股票构成(因为铁路是当时的主导产业),随着铁路以外的其他运输工具(尤其是航空业)的发展,道-琼斯铁路指数于1970年更名为今天的另一著名指数——道-琼斯运输指数(Dow Jones Transportation Average)。今天我们看到的道-琼斯指数并不止上述两种,这是由于1929年公用事业股票从工业指数中剥离出来组成了一个由20只股票构成的道-琼斯公用事业指数(Dow Jones Utility Average),1938年,该指数的成分股数目减少到15只,并保持至今。

（一）道氏理论的基本原则

道氏基于上述两种指数的收盘价以及市场(主要是NYSE)每日成交量进行分析,得出了道氏理论的6个基本原则。

1. 价格指数包含一切行为

市场的价格指数预先反映了市场参与者整体的市场行为,无论是来自于投资者、中介者还是监管者。价格指数在每日的波动过程中包含和消化了各种已知的和可预见的事件,而这些信息都会影响整个市场中各种股票的供求关系。即使是"上帝的行为",也就是那些无法预测的自然灾害或其他不可抗因素所导致的事件,一旦发生,也将很快被予以评估并反映在市场指数中。这也是收盘价在道氏理论中之所以如此重要的原因,即收盘价包含了交易日内的所有行为和信息,因此相对于盘中价格而言更加不容易被操纵。

2. 市场中包括三种趋势

前面我们曾经介绍过,道氏理论是对市场趋势进行划分的最古老和最经典的理论。道氏认为市场行为按照趋势规律运动,并将这些趋势划分为三种类型,即主要趋势(Primary Movement)、次级趋势(Secondary Movement)和微小趋势(Minor Movement)。

（1）主要趋势。

主要趋势是指市场价格的大规模的、总体的上下运动,又称为多头(上涨)或空头(下跌)市场,它的持续时间通常会长达一年以上,甚至达到数年之久。主要趋势中包括多个重要的次级折返(Secondary Reaction),趋势的方向将取决于这些次级折返的方向和力度。如果每一个后续折返(价格上升)都比前一个反弹达到了更高的价格,同时每一个次级折返都在比前一折返更高的价位停止(即价格转跌为涨),其基本趋势就是向上的,形成一个主要多头市场(Primary Bull Market)。在多头市场的初期,大盘指数已经预先反映了最坏的利空消息,投资者对未来的信心开始恢复;紧接着,投资者对于经济状况的好转产生反应;继而,投资者的信心开始逐渐高涨以至于过度自信,投机气氛越来越浓,并最终使得价格的上涨脱离股票的内在价值。相反,如果每一个后续的次级折返(价格下跌)都将价格压到更低的水平,同时期间的折返未能将价格拉升到前一折返的顶部之上,市场的基本趋势则朝下,形成一个主要空头市场(Primary Bear Market)。在主要空头市场的初期,投资者开始逐渐失去购买股票的动力,从而使得经济活动和公众盈利持续下降。当投资者最终由于丧失信心或迫于清仓压力,不再考虑股票的内在价值而抛空股票时,空头行情将发展到顶点。

主要趋势是在三种趋势中,真正的长期投资者唯一关注的趋势。长期投资者的目标是在主要上涨趋势中尽可能早地买入并持有,直到发现明显的牛市终止、熊市开始的信号。长期投资者通常会忽略在主要趋势中的次级折返趋势和小趋势。然而事实上，正像我们前面论述趋势的基本类型时所指出的，结合各种时间长度和价格幅度的趋势进行投资分析，通常对于各类投资者都是有利无弊的。

（2）次级趋势。

次级趋势又称为次级折返（Secondary Reaction）或中期折返（Intermediate Reaction），它是价格在沿着主要趋势防线演进中产生的重要回调。换言之，次级趋势既可以是多头市场中的下跌走势，也可以是空头市场中的上涨走势。次级趋势通常持续3周至几个月的时间。在此期间内，折返走势的价格回调幅度通常为前一次级折返走势后价格主要变动幅度的1/3到2/3。举例来说，如果在前一次的次级折返走势发生后市场呈现出主要的上涨趋势，道-琼斯工业指数稳步上涨了150点，那么在一轮新的中等规模上涨开始之前，次级折返通常会造成50—100点的下跌。图12-10表现了这一1/3—2/3法则所包含的关系。

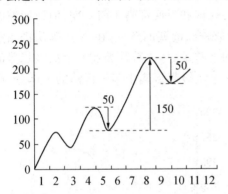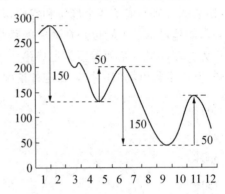

图12-10　次级折返走势的回调

当然，1/3—2/3法则并非真理，它仅仅表达了一种相对较大的概率，即大多数次级趋势都包含在此范围之内。很多情况下会存在这样一种现象，即价格折返在接近一半的情况下就停止继续同向运动，也就是说，回调幅度为前一主要趋势推进幅度的50%。回调少于1/3的情况几乎没有（或者说，回调少于1/3的波动并不能称为次级趋势），然而在一些情况下，次级折返走势的回调幅度甚至会达到前期主要走势幅度的100%。

（3）微小趋势。

微小趋势也可以称为短期趋势，它是指非常短暂的价格波动。微小趋势的持续时间通常在3周以内，甚至少于6天，个别情况下会延续到6周左右。在道氏理论中，微小趋势本身是不具有什么意义的，然而我们并不能否认微小趋势的重要性。微小趋势的意义在于：一方面，它受到了短期投资者以及投机者的青睐，因为他们只关心短期的价格变动，并试图从中获得超常收益；另一方面，它是主要趋势和次级趋势的组成部分，因此观察微小趋势的走向对于判断次要趋势进而判断主要趋势具有一定的启示作用。微小趋势所具有的局限性在于，它易于被人为因素所操纵，因此从这种日间波动中所推出的结论通常会误导投资者。相比之下，次级趋势和主要趋势则不易被操纵。

3. 价格行为决定趋势

价格行为是决定趋势的核心因素（当然并非全部因素），然而这并不意味着所有的价格都同等重要。道氏理论不关心交易日中的最高价和最低价，而只考虑收盘价，也就是指数成分股一天中的最后成交价格的平均值。之所以只关注收盘价，是因为收盘价包含了一个交易日内市场的所有信息,反映了市场的最终评价,因而相比开盘价、最高价和最低价而言更为重要。

在运用价格判断趋势时需要根据这一原则进行操作,即在趋势的反转信号被明确地给出之前,应当假定原有的趋势会继续发挥作用。换句话说,技术分析是一门基于足够的证据来识别趋势反转的艺术,因此当市场行情缺乏足够的来自于各方面的证据(通常是各种指标的变动)以证明其反转特征时,投资者对于市场趋势的判断必须有所保留,采取较为保守的态度。这一原则虽然招致了许多批评,但不可否认,它确实经受住了实践的检验。它并非是指在趋势改变的信号出现之后,交易者还要等待一段不必要的时间而延迟行动,而是在告诉人们不要"抢跑",也就是不要过早地变动自己的市场头寸。主要趋势反转的信号依然应当按照我们前面所介绍的1/3—2/3原则进行判断。

图12-11表现了这一原则的基本内容。(a)和(b)显示了理论上的多头走势。在(a)中,指数的走势形成了3个峰位和谷底,每一波的峰位和谷底都高于前一期,但第四波的涨势未能超过第三个峰位。在随后的跌势中,指数跌破前期的低点,在A点确认进入空头走势。在(b)中,紧随着多头走势第三个峰位的下跌走势,指数跌破前一个次级趋势的谷底,发出空头市场的信号。在这种情况下,前一个次级趋势属于多头行情的一部分,但

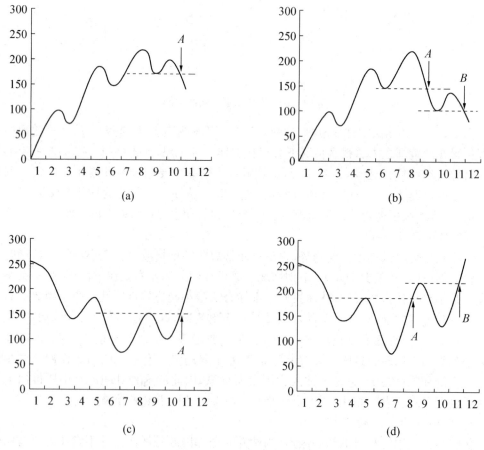

图12-11 主要趋势反转

第三个峰位之后的谷底则属于空头市场,如(a)所示。对于(b)中的走势,道氏理论通常认为,A点的向下突然突破并不一定是进入空头市场的信号。通常应当采取较为保守的立场,等待下一波反弹后的下跌走势,在B点跌破前期的低点,此时才真正进入空头行情。另一方面,(c)和(d)显示了空头市场底部的类似情形。

4. 以价量关系为背景

市场价格的变动必须结合成交量的变化来加以解释和判断,这是因为成交量跟随趋势而动。价格与交易量的关系在于,当价格沿着当前的基本趋势方向运动时,交易活动倾向于增加。在牛市中,当价格上涨时成交量通常也相应增加,而当价格下跌时成交量则会萎缩;在熊市中则相反,即当价格下跌时成交量会增加,而在价格回升时成交量会萎缩。这一规律不仅在主要趋势中成立,在次级趋势以及微小趋势中也普遍成立。然而需要注意的是,成交量自身并不能用于趋势的判定,它只对以价格判断趋势起到辅助的作用。道氏理论所强调的用于判断趋势的核心指标仍然是价格(更具体地说应当是价格指数)。另外,成交量只有在一定长度的交易时间内才能得出较为有效的结论,因为在极为短期的交易中,成交量也容易受到人为的操纵。

5. "道氏线"可以代替次级趋势

道氏线(Dow Line)通常也被称为窄幅盘整,它是一个或两个指数进行的一种横向运动,通常持续两到三周的时间,有时也会持续数月之久。在此区间内,价格指数围绕其平均值上下波动,且波动范围在平均值的$\pm 5\%$以内。道氏线的形成表明买卖双方的力量大致平衡,其最终结果无非是两种:一是该价格区间内的买盘耗尽,使得多头方不得不提高价格以满足买入头寸的需求;二是该价格区间内的卖盘消失,从而空头方为了卖掉股票将被迫降低价格。因此,道氏线事实上可以充当主要趋势的指示器:如果价格上涨突破了道氏线的上限,则多头取得优势,形成牛市;相反,如果价格跌破道氏线下限,则空头占优,形成熊市。一般而言,道氏线持续的时间越长,其价格区间越窄,最终被突破的可能性也越大。

道氏线可能会在价格趋势的顶部或底部形成,但是更多地出现在已经确认的主要趋势中,形成趋势的调整形态。在这种情况下,道氏线事实上取代了次级趋势,发挥着与之相同的作用。

6. 指数必须相互确认

指数确认是道氏理论中最重要的原则之一,它意指在进行趋势判断时必须同时考虑道-琼斯工业指数和道-琼斯运输指数。只有两种指数的变动相互确认,也就是呈现出相同或相近的波动时,趋势才能够被确认,而单一指数的行为并不能成为趋势反转的有效信号。

为什么说一定要实现指数的相互确认才能够对于趋势进行有效的判断呢?我们在前面曾经多次提及,市场是经济的晴雨表。在经济的扩张期,经济体中所生产出的商品的需求并不会萎缩,而这些商品需要被运送到市场中进行销售以使需求得以实现。因此,在这一时期内,不仅制造业的股票价格会上涨,运输业的股票价格也会随着较好的经济环境一起上涨。而在经济的收缩期,情形正好相反。我们可以用图12-12来表达指数相互确认原则的具体内容。

图12-12(a)向我们展示的是一个多头转空头的行情,其中道-琼斯工业指数首先在A点发出空头趋势的信号,但是A点并不能因此而被确定为是空头市场来临的信号,只有在当道-琼斯运输指数在B点向下突破确认下跌趋势之后,市场才真正进入了空头市场。而

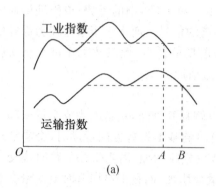 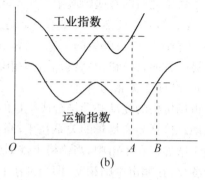

图 12-12　指数确认原则

在(b)显示的则是一个空头转多头的行情，其中工业指数在经过大幅下跌之后达到新低，随后经历了一次中期折返，此后紧接着的回调没有跌破前期的低点。当工业指数在 A 点向上突破前期反弹的高点时，发出了多头市场的信号。但同(a)中所显示的情况相同，只有当运输指数在 B 点对上升趋势进行了确认之后，才能够认定多头市场的形成。

在图 12-12(b)中我们可以发现一个有趣的现象，即在 A 点处，工业指数已经发出多头市场的信号，而运输指数却在创造着新低。那么，到底哪一个指数的变化能够更好地代表当前真正的市场趋势呢(同样的情况也可能出现在图 12-12(a)中所示的趋势中，或者是两种指数所处的角色相反的情况下)？要回答这个问题，我们必须回到技术分析理论的基本假定上来，即市场行为按照趋势规律波动，并且在找到足够的证据以验证趋势的反转之前，趋势将延续下去。因此我们能够找到答案，即在上述情况下应当以运输指数为准，它代表了真正的市场趋势(在其他相似情况下可以此类推)。

道氏理论建立在上述 6 个基本原则的基础之上，其中第一点即"价格指数包含一切行为"是最基本的假设，是其他所有规则的原理性基础。其他几点则是道氏理论内容的具体表述。从理论上说，道氏理论的这些基本原则如果能够得到严格的遵守，并辅以来自其他方面的辅助证据，从价格运动中得到尽可能多的结论，那么获得收益并不是难事。

（二）道氏理论的实际应用

理论是否拥有价值，在于其是否能够通过实践的检验。道氏理论从它诞生的那一天起，其目的就在于对于市场行为进行解释。事实上我们也可以这样说，道氏理论正是道氏创造并利用价格指数这一工具对市场行为所进行的一系列解释所构成的理论体系，先有解释，后有理论。道氏理论的 6 个基本原则我们也许可以一字不差地背诵下来，然而一旦我们试图将其运用到实际市场操作中时仍然可能会不知所措。只有经历过市场的多年磨炼，我们也许才能够真正理解道氏理论家言中的市场行为究竟为何物。

本书并不是技术分析甚至是道氏理论的专著，因此无法花费大量的篇幅来详细分析如何根据道氏理论进行股票买卖，并从中获益。这样的分析在专门阐述技术分析理论的书籍中非常普遍。例如，爱德华兹和迈吉在《股票趋势的技术分析》一书中考察了 1941 年末到 1947 年初美国股市的价格变动情况，由于这一时段包括了一轮熊市的收尾、一轮完整的长期牛市以及另一轮熊市的一部分，也就是说囊括了道氏理论所涉及的市场现象中的大多数典型范例，他们通过对这一时段市场行为的分析对道氏理论的实际应用给出了非常透彻的解释。在这里，我们仅仅需要明白，历史证明，根据道氏理论所发出的买卖信号进行交易,能够比买入-持有策略获得更多的收益。对于这一点,爱德华兹和迈吉同样给出了非常详尽的例证。他们在《技术分析解释》中分析了道-琼斯指数从1897—1999年长达103年的变动情况,充分说明了如果完全按照道氏理论所发出的信号采取行动,那么在1897年投入市场的100美元到1999年已经变成了362 212.97美元(如表12-1所示)。相比之下,选择买入-持有策略的投资者即使是在29.64点的最低点买入,而在最高点11 762.71点卖出,所能获得的也仅仅是39 685.03美元,和道氏理论指导下所获得的收益整整相差了一个数量级。

表12-1 道氏理论103年交易记录

信号	日期	DJIA	获利	收入	信号	日期	DJIA	获利	收入
买入	1897.07.12	44.61			买入	1961.10.10	706.67		
卖出	1899.12.16	63.81	43.1	143.10	卖出	1962.04.26	678.68	-4.0	14 372.43
买入	1900.10.20	59.44			买入	1962.09.09	616.13		
卖出	1903.06.01	59.59	0.3	143.53	卖出	1966.05.05	899.77	46.04	20 988.88
买入	1904.07.12	51.37			买入	1967.01.11	822.49		
卖出	1906.04.26	92.44	80.0	258.35	卖出	1967.10.24	888.18	7.99	22 665.20
买入	1908.04.24	70.01			买入	1968.10.01	942.32		
卖出	1910.05.03	84.72	21.0	312.60	卖出	1969.02.25	899.80	-4.5	21 642.49
买入	1910.10.10	81.89			买入	1969.10.27	860.28		
卖出	1913.01.14	84.96	3.7	324.17	卖出	1970.01.26	768.88	-10.62	19 343.09
买入	1915.04.09	65.02			买入	1970.09.28	758.97		
卖出	1917.08.28	86.12	32.5	429.53	卖出	1971.07.28	872.01	14.89	22 224.03
买入	1918.05.13	82.16			买入	1972.02.10	921.28		
卖出	1920.02.03	99.96	21.7	522.74	卖出	1973.03.27	922.71	0.16	22 258.52
买入	1922.02.06	83.70			买入	1974.11.05	674.75		
卖出	1923.06.20	90.81	8.5	567.17	卖出	1977.10.24	802.32	18.91	26 466.78
买入	1923.12.07	93.80			买入	1978.06.06	866.51		
卖出	1929.10.23	305.85	226.1	1 849.54	卖出	1978.10.19	846.41	-2.32	25 852.34
买入	1933.05.24	84.29			买入	1980.05.13	816.89		
卖出	1937.09.07	164.39	95.0	3 606.61	卖出	1981.07.02	959.19	17.42	30 356.34
买入	1938.06.23	127.41			买入	1982.10.07	965.97		
卖出	1939.03.31	136.42	7.2	3 866.29	卖出	1984.01.25	1 231.89	27.53	38 713.07
买入	1939.07.17	142.58			买入	1985.01.21	1 261.37		
卖出	1940.05.13	137.50	-3.6	3 727.10	卖出	1987.10.15	2 355.09	86.71	72 280.75
买入	1943.02.01	125.88			买入	1988.01.07	2 051.89		
卖出	1946.08.27	191.04	51.9	5 653.71	卖出	1989.10.13	2 569.26	25.21	90 505.85
买入	1950.10.02	228.94			买入	1990.06.04	2 935.19		
卖出	1953.04.02	280.03	22.3	6 911.01	卖出	1990.08.03	2 809.65	-4.28	86 634.86
买入	1954.01.19	288.27			买入	1990.12.05	2 610.40		
卖出	1956.10.01	468.70	62.6	11 236.65	卖出	1998.08.04	8 487.31	225.13	281 679.77
买入	1958.05.02	459.56			买入	1998.09.15	8 024.39		
卖出	1960.03.03	612.05	33.2	14 965.17	卖出	1999.09.23	10 318.59	8.59	362 212.97

资料来源:爱德华,迈吉.股票趋势的技术分析.第8版中译本.中国发展出版社,2004:40-42.

(三) 道氏理论的缺陷

与其他许许多多理论一样,道氏理论还远远称不上完美。作为一种识别市场行为趋势的最古老的理论,道氏理论随着股票市场的迅速发展也在与时俱进,但是其理论本质所导致的缺陷始终是无法克服的。理论再完善也毕竟是理论,是建立在一系列假设基础之上的,当运用它检验现实中错综复杂的市场行为时,必然会存在许多不足。对于道氏理论的批评主要针对以下四点。

1. 道氏理论发出的信号具有滞后性

这是道氏理论受到指责的一个主要原因。批评者认为,"道氏理论当然是一个极其可靠的系统,因为它使得交易者错过每一轮主要趋势的前 1/3 阶段和后 1/3 阶段,而趋势本身常常没有中间的 1/3 阶段!"这种表述可能过于直接,但不可否认事实的确是这样,道氏理论发出的信号通常会比较滞后。买入和卖出信号通常发生在指数到达峰位或谷底之后 20%—25% 的位置。以一个从 1942 年的 92.92 点开始到 1946 年的 212.50 点结束的牛市为例,在此期间道-琼斯指数共上涨了 119.58 点。对于投资者而言,最为理想的操作应当是从 92.92 点处买入,而到 212.50 点处抛出(尽管这在现实中几乎只能算一个美好的愿望)。然而,道氏理论只有当指数到达 125.88 点时才会发出买入信号,当指数已经经历峰位而下跌至 191.04 点时才会发出卖出信号。因此,如果严格按照道氏理论进行操作,投资者能够获得的收益仅仅为 65.16 点,稍稍高于总涨幅的一半。

从市场历史中所总结出的经验来看,当工业指数的收益率降低至 3% 以下时,通常表明市场已经到达顶部,即将转入下跌行情;而当指数收益率达到 6% 以上时,则意味着市场已经到达底部,趋势即将出现反弹。当然,两种指数必须相互确认,这一道氏理论的基本原则在此依然起作用。如果指数收益率达到了上述水平,而两种指数并没有相互确认,道氏理论并不会将这种形态视作买入或卖出的信号,但是投资者可以考虑调整持股的比例,因为这样有助于提高道氏理论的投资收益(当然并非总是能够带来更高的收益)。以 1976 年的市场顶部为例,指数收益率一直都没有达到 3% 的水平,而当两种指数相互确认的时候,市场已经下跌了 20% 左右。再来看 20 世纪 90 年代末的牛市,如果按照 3% 的头部特征进行操作,投资者将会错失 5 年的多头行情。

市场历史切切实实地表明,道氏理论确实存在着信号滞后的问题。然而,这一缺陷是致命的吗?事实并非这样。道氏理论家们对于这一问题所给出的解释是这样的:让我们构想这样的一个投资者,他能够恰好在市场的最低点买入,而当市场到达顶峰时卖出,从而准确地从市场一轮一轮的波动中获得最大的收益。这是完美的。然而,如果我们去考察一下市场中各种投资者的操作和获利情况,会发现这样的投资者根本不存在。也许在某一次、两次甚至是数次的市场波动中,一部分头脑精明的投资者能够准确地把握市场行为,并从中充分获利,但是如果我们考察一个较长的时期,那么即使要找到一些能和根据道氏理论进行操作的投资者表现相当的投资者,也有不小的困难。让我们回到表 12-1 所描述的道氏理论获利情况,它充分说明在 103 年的时间里,道氏理论指导下所能够获得的收益是"买入-持有"策略所带来的收益远不能比的。

2. 指数确认的时间间隔并不明确

两种指数的波动不可能完全同步,在大多数情况下即使它们能够相互确认从而对趋势加以肯定,在它们之间也会存在一定的时间间隔。道氏理论的另一个缺陷则在于,它并没有明确地指出两种指数相互确认的间隔时间的有效性。这使得投资者在运用道氏理论对两种指数同时进行分析时,常常会显得比较迷茫。在遇到这种情况时,我们只能依靠日常所积累的经验,认为两种指数相互确认的时间间隔越短,则随后的趋势可能越强劲。例如,在1929—1932年的空头市场中(骇人听闻的经济大危机),铁路指数仅仅在一天之后就确认了工业指数,而在1962年的空头市场中两种指数在同一天得到相互确认。在其他一些情况下,指数相互确认的间隔可能会达到数天。

3. 道氏理论只对长期投资者有较大的指导意义

从道氏理论的主要内容中,我们不难得出结论,即道氏理论最适用于长期投资者。的确如此,道氏理论对于中期趋势和短期趋势的反转只给出了很少或者根本不给出任何信号。当然,如果我们能够较好地把握中期和短期趋势,在市场的每一次上升中都盈利,又做到在每一轮回调时都不损失所得到的利润,或者如果我们能够同时做多、做空,把市场的上下趋势都利用起来,就能获得更多的利润。这样的构思当然是好的,它至少会使得一部分勤劳的投资者努力寻找能够比仅从主要趋势中盈利获得更为丰厚的利润的方法。一些分析者也确实在道氏原理的基础之上总结出了一些补充规则,并将其运用于中期趋势和短期趋势的分析——当然,结果并不尽如人意。

4. 道氏理论并不能指导个股投资

道氏理论是一种用来判断市场基本趋势的机械工具,它能够通过市场指数的变动告诉投资者,当前的市场正在朝着哪个方向运动,或是即将改变运动的方向。然而,尽管所有的股票都倾向于与市场(以指数为标志)同向运动,但实际各只具体股票的价格在市场中所留下的轨迹有较大的差异。这一点并不难理解,因为指数毕竟仅仅是一种把多组数据通过简单的数学方法(通常是加权)编织成一组数据的工具。例如,1946年5月底,道-琼斯工业指数发出了主要上升趋势结束的信号,而其中各只成分股最高价出现的时间则相差甚远:美国联合航空公司为1945年11月,通用汽车公司为1946年1月,固特异公司为1946年4月,杜邦公司为1946年6月,而胜利(Schenley)公司的股价峰位则出现在1946年8月。

在实践中,稳妥的投资者通常更加注重资金的安全性,而不是盈利性,因此他们通常采用构造多样化的股票投资组合来实现投资的目标。这些组合通常由大量价格稳定、红利丰厚的"蓝筹股"构成。在市场的一个主要趋势中,组合中的一些股票表现好于市场指数,而另一些股票则表现较差,但是综合来看,多样化的投资组合通常会给投资者带来相对不错的收益。当然,如果我们能够找到某种方法,使得我们在任意给定时点上都能买入前景最好的股票,又在这些股票前景黯淡之时迅速将其卖出并转向其他股票,那么我们所能够获得收益不言而喻,将是十分可观的。然而,正如我们前面所说,这样的方法是非常难以寻找的。

(四)关于道氏理论的一个小结

道氏理论并不是一个完美的理论,也没有严密的理论体系,然而不可否认,它确确实实是技术分析理论体系的起源,是最为经典的技术分析理论之一。道氏理论最早总结了市场行为运动的规律,并首次对市场趋势进行了详细的描述。自道氏理论诞生至今的100多年间,出现了许许多多各具特色的技术分析理论,其中以道氏理论的核心理念为基础发展而来的并不在少数。因此,虽然道氏理论产生于非常久远的年代,但是其理论内核至今仍然被广泛采纳。

市场是变幻莫测的,掌握了道氏理论也并不一定能够为投资者(尤其是长期投资者)带来高于他人的利润(这一点对于任何一种或多种技术理论都成立)。通过前面的介绍我们可以充分认识到,道氏理论的核心理念并不在于战胜市场,而在于"循势而动"。道氏理论最突出的贡献也不在于其能够带来多少利润,而在于它在技术分析的历史上第一次对市场行为的特征进行了详细的描述。

道氏理论中所涉及的核心概念是趋势,我们在此对于道氏理论的描述也更多地集中于趋势。然而,事实上道氏理论并不局限于对趋势的分析——它还有更广泛的含义。爱德华兹和迈吉在《股市趋势的技术分析》一书中给出了一个"海潮、波浪和涟漪"的比喻,用以形容道氏理论:

> 我们把股市的运动同大海的运动进行类比。股票价格的主要趋势与海潮相似,我们可以把一轮牛市比为一次涨潮,它把海水送到岸上越来越远的地方,最后达到一个水位高点并开始退回。接下来是退潮,可以与熊市相类比。但是,无论是涨潮还是退潮,海波始终在不断地冲向海岸,碎在岸上,然后从岸边撤退。在涨潮时,一连串的波浪中,每一浪都较前一浪达到海岸上更远些的位置;而它们在回撤时,都不会比前一浪回撤的位置低。在退潮时,一连串的波浪中,每一浪都较前一浪达到海岸上更近些的位置;而它们在回撤时,都比前一浪回撤的位置低。这些波浪就是次级趋势——是主要的还是次要的则取决于其运动与海潮的方向相同还是相反。与此同时,水面一直不断地被小波浪、涟漪扰动着,它们有的与波浪的趋势相同,有的相反,有的则横向运动——好比市场中的微小趋势——那些无关紧要的日间波动。海潮、波浪和涟漪分别代表市场中的主要、次级和微小趋势。

关于海潮、波浪和涟漪的比喻其实自道氏理论产生之时就在使用了,大海的运动甚至还有可能启发了道氏理论基本原则的产生。如果这一比喻贴切的话,那么道氏理论事实上还留下了许多有待讨论的问题。因为它主要讨论的内容仍然限于对潮水的势头(市场趋势)进行划分,而对于各种势头之间的关系没有进行详细分析。更重要的是,道氏理论并没有对潮水的反复运动(市场周期)进行深入的研究。然而我们会发现,道氏理论关于潮水的比喻事实上已经为一种新的技术分析理论的诞生提供了基础,这就是艾略特波浪理论。

二、周期:艾略特波浪理论

在形形色色的技术分析理论中,艾略特波浪理论无疑是多少有些神秘的一种。波浪理论由艾略特(R. N. Elliott)于1939年提出,诞生于发表在《金融世界》(*Financial World*)的一系列文章中。艾略特波浪理论的基础在于,规律性是自然界与生俱来的法则。艾略特注意到,自然界所有的周期,无论是潮汐的起伏、天体的运行、行星的升陨、日与夜,甚至生与死都会永无止境地不断重复出现。这一规律完全可以应用到股票市场中,因为市场行为也正是以可识别的模式(Pattern)进行趋势运动和反转。这些模式在形态(Form)上不断重复,但并不一定在时间上或幅度上重复。艾略特分离出了13种这样的模式,或者称为"波浪",并解释了这些不同的模式如何连接在一起形成其自身更大的版本,以及如何依次相连形成更大一级的相同模式。这一过程不断反复,形成了结构化的价格前进过程。艾略特把这种现象称为波浪理论。

波浪理论是预测市场行为的最好的工具之一,然而它本身主要并不是一种预测工具,而是对于市场行为进行细致刻画的理论。之所以它能够对市场行为进行预测并且这种预测具有较高的准确度,是因为它对于市场的刻画的的确确传达了市场在行为连续发展过程中所处的位置,以及随后有可能出现的运动轨迹方面的信息。波浪理论的主要价值在于,它为市场分析提供了一种前后关系。这种前后关系既为严密思考提供了基础,又为市场总体位置及前景提供了展望。在很多时候,它识别和预期各种方向变化的准确性几乎让人难以置信。例如,在道-琼斯指数仅有近百年历史的时候,艾略特就预言以后几十年的大牛市会超乎所有人的预期,而当时大多数投资者认为道-琼斯指数不可能好过 1929 年的顶峰。遗憾的是,正是因为波浪理论是一种对于市场长期行为进行刻画的理论,所以其结论的验证也需要经历数年甚至数十年的光阴,以至于当人们意识到波浪理论的重要意义时,艾略特已经不在人世了。他留下的《波浪理论》(*The Wave Principle*)和《自然法则》(*Nature's Law*)也成为波浪理论的开山之作。

(一) 斐波纳奇数列——波浪理论的数学基础

艾略特在《自然法则》中对斐波纳奇数列进行了较为详细的阐述,他解释说,斐波纳奇数列是波浪理论的数学基础。正是由于这个原因,在进入对艾略特波浪理论的更具体的学习之前,我们应当对于神奇的斐波纳奇数列有所了解。如果对于这一数学基础一无所知,那么我们在面对波浪理论中那些充满巧合的数字时,将会不知所云。

斐波纳奇数列来自于 13 世纪意大利著名的数学家斐波纳奇。斐波纳奇在其名著《计算的书》(*Liber Abacci*)中提出的一个有趣的问题产生了今天著名的斐波纳奇数列。这个问题被称为斐波纳奇的"魔法兔子":

> 如果一对兔子从第二个月开始,每个月生一对新兔子,那么置于一个封闭地区中的兔子在一年内总共会有多少对?

我们只需要通过简单的推理和计算,就能够得到这一问题的答案:1,1,2,3,5,8,13,21,34,55,89,144,…。如果我们将这个数列继续演算下去,将产生天文数字。例如,在 100 个月之后,我们将拥有 354 224 848 179 261 915 075 对兔子!

由兔子问题所产生斐波纳奇数列具有许多有趣的特性,并且在数列中的各项中反映出一种统一的关系。虽然这些大量特征中的大部分与我们所要学习的艾略特波浪理论并没有直接联系,但是为了显示斐波纳奇数列的奇妙之处,我们还是把它们中的一些列举如下。

- 两个连续的斐波纳奇数字之和等于序列中下一个更大的数字,即 1 加 1 等于 2,1 加 2 等于 3,2 加 3 等于 5,3 加 5 等于 8,以至于无穷。
- 数列中任何 10 个数字之和均能被 11 整除。
- 数列中发展至任何一点的所有斐波纳奇数字之和加上 1,等于与最后一个加数向后相隔一项的斐波纳奇数字,例如,$(1+1+2+3+5+8)+1=20+1=21$。
- 从第一项开始的任何相连的斐波纳奇数列的平方和,总是等于所选数列的最后一个数字乘以下一个更大的数字,例如,$1^2+1^2+2^2+3^2+5^2=40=5\times 8$。

- 一个斐波纳奇数字的平方,减去数列中比这个数字小两项的数字的平方所得到的结果一定是一个斐波纳奇数字,例如,$13^2-5^2=144$(144 仍然是一个斐波纳奇数字)。
- 一个斐波纳奇数字 F_n 的平方加上下一个斐波纳奇数字 F_{n+1} 的平方等于斐波纳奇数字 F_{2n+1}。公式 $F_n^2+F_{n+1}^2=F_{2n+1}$ 适用于直角三角形,它的两条短边的平方和等于最长边的平方。

以上只是斐波纳奇数列的一些较为直观的特征,事实上该数列并不仅限于此,我们可以在相关的著作中找到更多。下面让我们来了解一下斐波纳奇数列最神奇的特征,它不仅仅在斐波纳奇数列、艾略特波浪理论甚至是技术分析理论中占有重要的地位,而且在自然科学和人文艺术等多个知识领域都有着特殊的意义。这一特征就是我们熟知却又感到不可思议的"黄金比率"(Golden Ratio),也称为"黄金平均值"(Golden Mean)。

让我们仔细观察一下斐波纳奇数列。在数列中的头几个数字之后,任何一个数字与下一个数字的比率大约都是 0.618,而与前一个数字之比大约是 1.618。数字在数列中越靠后,则与后一个数字的比率就越接近 φ,在这里 φ 代表无理数 0.618 034……。数列中间隔的数字之间的比率是 0.382,其倒数是 2.618。

φ 是唯一一个与 1 相加得到其倒数的数字,也就是 $0.618+1=1\div 0.618$。这种相加和相乘的结合则产生了以下的等式序列:

$$0.618^2 = 1 - 0.618$$

$$0.618^3 = 0.618 - 0.618^2$$

$$0.618^4 = 0.618^2 - 0.618^3$$

$$0.618^5 = 0.618^3 - 0.618^4$$

$$1.618^2 = 1 + 0.618$$

$$1.618^3 = 1.618 + 1.618^2$$

$$1.618^4 = 1.618^2 + 1.618^3$$

$$1.618^5 = 0.618^3 + 1.618^4$$

这四种主要比率相互之间的关系如下:

$$1.618 - 0.618 = 1$$

$$1.618 \times 0.618 = 1$$

$$1 - 0.618 = 0.382$$

$$0.618 \times 0.618 = 0.382$$

$$2.618 - 1.618 = 1$$

$$2.618 \times 0.382 = 1$$

$$2.618 \times 0.618 = 1.618$$

$$1.618 \times 1.618 = 2.618$$

是不是非常巧合呢？事实上，这样的"巧合"在自然界普遍地存在着，可以说已经成为一种基本的自然比例原理。人们可以根据黄金比率对任意长度进行黄金分割[见图 12-13(a)]，可以构造黄金矩形[见图 12-13(b)]，并进一步地以黄金矩形为基础绘制黄金螺旋线[图 12-13(c)]——而这一切在大自然中都广泛地存在着。从人体的外形尺寸到面部器官的位置，无处不体现着黄金分割的原理；从古今建筑大师们的作品中，无处不可寻觅到黄金矩形的踪影。而作为最独特的形态之一的黄金螺旋线，则无处不在：它覆盖了小到原子粒子，大到星系星云的各种规模的运动。在艾略特的理念中，黄金比率是一种自然界的重大布局，一种无穷扩散或收敛的力量，甚至可以说是一种主宰动态过程的静态规律。这样的解释也许有些夸张，但不可否认的是，黄金比率确实具有非常奇妙的特征。波浪理论的神奇也正是来自斐波纳奇数列本身及其引申出的一系列"黄金法则"的特殊性质。

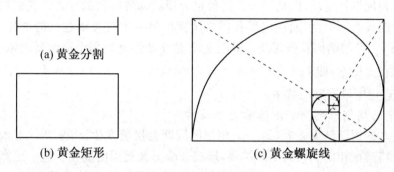

图 12-13 黄金比率的应用

（二）波浪理论的主要内容

1. 基本原则

艾略特波浪理论的基本观点在于，市场行为产生于信息，而同时市场行为又产生信息，并且在此过程中产生了市场行为的各种形态。这种市场行为和信息的反馈受制于人类的社会本性，并且这种特性使得各种形态重复出现，这也正是它们具有预测价值的原因。市场有其自身的规律，它的轨迹不会被人们在日常生活中习以为常的线性因果关系所驱动。市场的轨迹并不是信息的产物，也并不是"有节奏的机器"，它的运动反映了各种形态的重复，这种重复独立于假定的因果关系。市场的前进在波浪中展开，这些波浪都具有特定的运动方向。

2. 基本的周期形态——8 浪结构

市场价格前进的轨迹由一个又一个的周期构成，而推动这种周期规律运转的各种波浪主要有两种发展方式：一是驱动浪（Motive Wave），二是调整浪（Corrective Wave）。在艾略特波浪理论中，每一轮基本的周期由 8 个波浪以"5+3"的模式构成（如图 12-14 所示）。在这 8 个波浪中，前 5 个浪构成了周期的驱动阶段，而后 3 个浪形成了周期的调整阶段。

为什么市场的基本形态是由 5 个前进波浪和 3 个倒退波浪构成的 8 浪结构，而不是"4+4"或"6+3"等结构呢？在此我们只能说这是从市场历史中所总结出的经验，因为就算是艾略特本人也从未考虑过为什么市场周期会是这样的 8 浪结构。然而，我们稍加思考就会认识到，"5+3"的模式是在线性运动中实现振荡（Fluctuation）和前进的最低要求，因此也是最有效的方法。1 浪不允许有振荡，创造振荡的最小细分浪是 3 浪。因而要

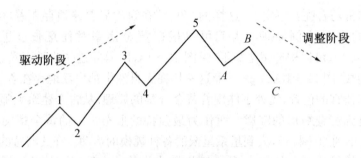

图 12-14 基本的周期形态

实现价格的趋势以及趋势所构成的周期运动,必须存在至少两个能够导致振荡的 3 浪。这就是为什么主要趋势上的运动必须至少是 8 浪结构。尽管比 8 浪结构更加复杂的模式也能够实现周期性运动,但是"5+3"是价格分段波动最有效的形式。我们在介绍斐波纳奇数列的时候有所保留,而在这里我们必须提出另一个有关该数列的描述,这对我们理解"5+3=8"浪结构有所帮助。事实上,5 是斐波纳奇数列中最重要的数字,因为由它可以生成黄金比率,即 $(\sqrt{5}-1) \div 2 = 0.618$,或者 $(\sqrt{5}+1) \div 2 = 1.618$。不难理解,5 也是波浪理论中最重要的数字。

3. 复杂的周期形态——波浪的复合结构

一个基本的周期结束之后,另一个相似的周期会接着发生,带来新的 8 浪结构。这种循环运动将遵循相同的模式不断扩展,形成一个更大规模的周期。这一更高一级的周期由 5 个基本周期构成其驱动浪,而由另外 3 个基本周期形态构成其调整浪。同样地,这一级别的周期又通过重复运动构造出更高层次的周期。图 12-15 表达了这样一种复合结构的波浪分布,它也许可以被看作一个完整的市场周期,然而事实上它也并不是市

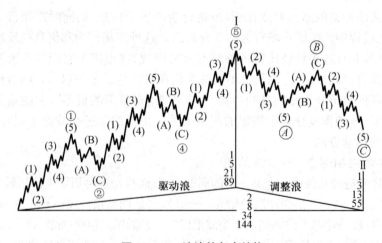

图 12-15 波浪的复合结构

场的全貌。这个更大的循环会自动成为下一个更高级别周期的两个细分浪。只要这种循环依然存在,向更大浪级的建造过程就不会停止。同样地,细分成为更小级别周期的过程也永不停息。因此,对于艾略特波浪理论中的每一级波浪(周期),我们应当深刻地认识到这一点:它能够分解为更多的分量波浪,而与此同时,其本身也是更高一级波浪的

分量波浪。

在艾略特的理论中,所有的波浪都可以按照相对规模或者浪级来进行划分。一个波浪的浪级取决于它相对于分量波浪、相邻波浪和环绕波浪的规模和位置。根据这一标准,艾略特将他所能观察到或者预测到的波浪划分为了9种,从大到小依次为:超级大循环浪(Grand Supercycle)、超级循环浪(Supercycle)、循环浪(Cycle)、大浪(Primary)、中浪(Intermediate)、小浪(Minor)、细浪(Minute)、微浪(Minuette)、亚微浪(Subminuette)。

图12-15中所显示的各种不同等级的浪之间的数量关系,可以用表12-2来反映。我们可以发现,表中的数字都包含于斐波纳奇数列之中。图12-14中只给出了循环浪、大浪、中浪和小浪之间的复合结构,随着周期跨度的延长和波浪结构的扩展,波浪的相对等级将发生巨大变化,而各个等级的波浪的数量也会变动,但是无论它们的具体数量是多少,总是斐波纳奇数列中的一个数字。

表12-2 每个浪级的波浪数量

	驱动浪	+	调整浪	=	周　期
循环浪	1		1		2
大　浪	5		3		8
中　浪	21		13		34
小　浪	89		55		144

需要注意的一点是,我们在这里对8浪结构进行解释所引用的是上升趋势中一个基本周期的例子。在下降趋势中,周期的基本形态仍然是"5+3"的8浪结构,只是这时各分量波浪的方向与上升趋势中的波浪方向正好相反(见图12-16)。这种结构揭示了一个要点:驱动浪并不总是指向上方,而调整浪也并不总是指向下方。波浪的发展方式应当取决于其相对方向,而不是绝对方向。这一关于上升和下降浪的划分为我们带来了一个问题:当我们遇到一个浪级较高的波浪时,是应当把它视为5阶段的驱动浪,还是3阶段的调整浪呢?根据波浪理论,当波浪与它的上一级波浪同向运动时,我们应当以驱动方式将其划分为5个浪;而当波浪与其上一级波浪反向运动时,则应当以调整方式将其划分为3个浪。也就是说,"在任何浪级的趋势中,与大一浪级趋势同向的作用以5浪方式发展,而与大一浪级趋势逆向的反作用以3浪方式发展"(普莱切特和弗罗斯特,1978)。这是波浪理论中的基本内在趋势。

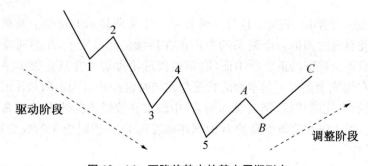

图12-16 下降趋势中的基本周期形态

4.8 浪结构的分解——浪的特征

在波浪理论所描绘的8浪结构中,每一浪都具有特殊的意义。了解各个波浪的个性对于我们判断市场所处位置以及判断波浪和周期的模式具有非常重要的意义。

(1) 第1浪的前半段是一个筑底(Basing)的过程,与之前熊市中反弹的不同之处在于,它通常伴随成交量的轻微上升。但是,大多数投资者仍然确信价格的趋势是向下的,因此市场中存在大量的空头。而第一浪又使得他们认为将是"再一次做空的反弹",因此他们将紧紧抓住第一浪的后半段做多,以弥补空头头寸,并从中获利。这样的操作通常会使得第一浪的力度不容忽视。

(2) 第2浪通常回调掉第一浪的大部分,使得投资者在第一浪中所获得利润损失殆尽。与此同时,基本面的状况与前一个底部相比,并没有好转,甚至有所恶化。这一浪给市场带来了一种恐慌的气氛,使得投资者们坚定地认为,熊市又回来了。因此,第二浪通常会以非常低的交易量结束,表明做空交易正在逐渐消失。

(3) 第3浪是各浪中最为强劲的浪,它是趋势确认最显著的信号。价格的大幅度攀升使得投资者的信心得以恢复,同时也通常会伴随来自基本面的有利因素。几乎所有的股票都会参与第3浪,使得它通常以最高的成交量结束,并且经常出现分量浪和延长浪。在第3浪中我们可以观察到突破、持续跳空、成交量放大、异常的市场广度、主要道氏理论趋势的验证,以及失去控制的价格运动等技术分析中的许多主要特征。第3浪是8浪结构中最长、最有力的一浪。

(4) 第4浪往往呈现横向趋势,为第5浪奠定基础。在参加第3浪的股票中,那些表现不佳的股票在第4浪期间到达顶峰并开始下跌。第4浪意味着由第3浪所带来的繁荣成长阶段的结束,市场发出了走弱的信号,但并不意味着牛市的结束,因为价格的回调并没有跌入第1浪的范围。

(5) 第5浪的力度应当小于第3浪,因为它的出现意味着市场的上升态势即将走到尽头,可以说是市场的"回光返照"。通常而言,第5浪也将伴随着较低的成交量。然而,由于市场的表现良好,同时伴随着基本面的有利因素,投资者通常并没有意识到第5浪的疲软态势,而仍然乐观地预期市场将进一步上扬。这种过度自信的心理支撑了第5浪的形成。

(6) A浪是一个技术上的突破形态,意味着由1—5浪所构成的驱动阶段已经结束,市场开始呈现下降趋势。然而第5浪的上升所导致的投资者信心高涨依然在继续,这使得A浪通常被认为只不过是下一次上涨行情之前的调整,于是人们纷纷涌入市场买入股票。

(7) B浪是一个陷阱,它给人这样一种假象:浪A所显示的价格下跌确实是一个牛市的回调,因此有理由相信一个繁荣的牛市正在持续。而事实上,B浪通常只是集中于少数股票,一般不会被市场指数所印证(联系道氏理论理解),并且它很少呈现强劲的态势,注定要被C浪完全消灭。基本面的状况与此同时也开始略为走弱。B浪所伴随的成交量变化并没有一定的规律,但是总体而言,中级浪和浪级更低的B浪通常伴随着成交量的逐渐枯萎,而大浪和浪级更高的B浪则伴随着比1—5浪时更大的成交量,这说明了投资者的广泛参与。

(8) C浪是一轮摧残性极大的下跌行情,并伴随着基本面状况的崩溃,它使得投资者在 A 浪和 B 浪中所抱有的所有幻想都灰飞烟灭。巨大的下跌幅度使得市场中充满了恐惧的气息,严重打击了投资者的信心。因而,C 浪往往会持续较长的时间,并且呈现出较大的市场广度。

波浪理论的内容还有很多,我们在此无法一一列举。有关波浪理论更多深入的方法,以及更多与神奇的斐波纳奇数列之间的联系,在相关著作中得到了详细的介绍(可以参考《艾略特波浪理论》一书)。需要做出解释的一点是,在本部分的阐释中,我们所引用的都是上升趋势中波浪的例子,这是因为对于全世界的股票市场来说,其市场指数从总体上看总是在不断上升的。对于下降趋势中的波浪,只需要根据上面所说的进行相反解释就可以了——这并不会影响我们对于波浪理论的正确理解。

(三) 波浪理论的实际应用及缺陷

1. 波浪理论的应用法则

从本质上说,几乎所有的技术分析方法的实际目标都是为了确定适合买入(或者回补空头仓位)的市场最低点,以及适合卖出(或做空)的市场最高点。艾略特波浪理论并不一定能够为投资者提供最直接的获利方法,但是作为一种对于市场行为特征进行详细刻画的技术分析理论,它却能够为各种直接获利方法提供理论基础。

虽然波浪理论看上去不像通常的理论那样严谨,但它的确确如柯林斯所说,"是一种技术分析的严谨形式",是一种对于市场规律的客观研究。波浪理论为我们提供的是一种首先限定可能性,然后按照相对可能性排序的手段。根据艾略特波浪理论的各种具体的规则对各种有效的方案进行筛选,应当按照以下程序进行:首先选出最佳的研判即"首选数浪",也就是满足最多的波浪指导方针的那一种方案;由于"首选数浪"仅仅是具有较高的正确率,而并非绝对正确,还需要不断更新次优的研判即"替代数浪",以作为后备方案。按照艾略特的观点,投资者应当"永远用首选数浪进行投资",然而不断地对替代数浪保持敏感有时能够使投资者在首选数浪出错时依然获得收益。

艾略特本人对于波浪理论在实际市场中应用的优异表现提出了最有力的证据。以他对于历史周期的观点为例,如图 12-17 所示,他认为超级大循环浪的前 5 浪开始于 1800 年,至 1835 年期间为第 1 浪(一个超级循环浪),继而市场在 1857 年达到第 2 浪谷底,1857 年至 1929 年为第 3 浪,1929—1932 年大萧条期间的股票市场走出了第 4 浪的形态,而超级大循环浪于 20 世纪末或 21 世纪初完成第 5 浪,达到峰位。进一步地,在第 5 浪(也就是一个超级循环浪)中,1932—1937 年为第 1 浪(一个循环浪),1937—1942 年为第 2 浪,1942—1966 年为第 3 浪,1966—1974 年为第 4 浪,而第 5 浪则在 20 世纪末达到顶峰。

2. 波浪理论的不足之处

艾略特波浪理论最大的不足之处在于,它对于市场行为的解释缺乏客观性。面对同样的市场价格形态,不同的投资者会选择不同的数浪方法。按照波浪理论所提出的按照"相对概率"来选择"最优研判"具有极大的主观性,因为每一个人判断概率大小的标准都不尽相同,从而对于最终的决策结果产生较大的影响。价格形态通常并不会像理论中所描述的那样,符合一定的规则进行变动,因此不同的人对于波浪理论的不同理解将导致面对复杂的现实市场时,分析的结果会产生分歧。另外,波浪理论中的不同浪级的波浪可以无限延伸,总可以认为当前市场的位置并不处于最后的一浪。

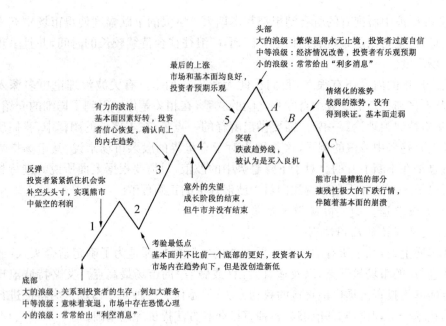

图 12-17 波浪的特征解释

波浪理论的第 2 个不足在于,波浪的复合结构十分繁杂,并且各种不同浪级的波浪都有可能会产生浪的细分和延长,因此在应用到现实市场中时,对于波浪的准确识别是非常困难的。数浪的难点一般在于,一是对于波浪的浪级的确定,二是对于波浪(周期)的起始点的辨别。波浪理论体系中提出了对解决这两个难题有所帮助的方法:一是采用比率分析的方法,也就是评定一个浪与另一个浪在时间和幅度上的比例关系,因为市场经验表明,在绝大多数情况下,每一浪的幅度与相邻波浪、替代波浪或分量波浪的幅度之间都存在一个与斐波纳奇数列相关的比率关系;二是斐波纳奇时间序列方法,也就是经验表明,周期中的峰位与谷底之间的时间间隔经常会属于斐波纳奇数列(见表 12-3)。这些方法虽然对波浪理论的应用有所帮助,但归根结底它们并不总是正确的。要对波浪理论进行熟练的应用,除了要结合其他的技术分析方法之外,更重要的是它依赖于投资者对于市场行为长期观察分析所积累的经验,以及对于市场行为变化的敏感程度。

表 12-3 斐波纳奇时间序列

开始年份	市场位置	结束年份	市场位置	周期长度(年)
1916	峰位	1921	谷底	5
1919	峰位	1924	谷底	5
1924	谷底	1929	峰位	5
1932	谷底	1937	峰位	5
1937	峰位	1942	谷底	5
1956	峰位	1961	谷底	5
1961	峰位	1966	谷底	5
1916	峰位	1924	谷底	8

续表

开始年份	市场位置	结束年份	市场位置	周期长度(年)
1921	谷底	1929	峰位	8
1924	谷底	1932	峰位	8
1929	峰位	1937	谷底	8
1938	谷底	1946	峰位	8
1949	谷底	1957	峰位	8
1960	谷底	1968	峰位	8
1962	谷底	1970	峰位	8
1916	峰位	1929	谷底	13
1919	峰位	1932	谷底	13
1924	谷底	1937	峰位	13
1929	峰位	1942	谷底	13
1949	谷底	1962	峰位	13
1953	谷底	1966	峰位	13
1957	谷底	1970	峰位	13
1916	峰位	1937	谷底	21
1921	谷底	1942	峰位	21
1932	谷底	1953	峰位	21
1949	谷底	1970	峰位	21
1953	谷底	1974	峰位	21
1919	峰位	1953	谷底	34
1932	谷底	1966	峰位	34
1942	谷底	1976	峰位	34
1919	峰位	1953	谷底	34
1921	谷底	1955	峰位	34

表格来源：普林格.技术分析.中国财政经济出版社,2003:550.

（四）关于波浪理论的一个小结

波浪理论确实是技术分析理论大家族中相对比较"另类"的一员。艾略特受到自然界运动规律的启发创造了波浪理论，并且将整套理论体系建立在神奇的斐波纳奇数学基础之上，使得波浪理论成为一套比较严谨的方法论，而不再停留在一些零散观点的层面。波浪理论以波浪这一来自人们身边的自然现象，通过构造具有同一结构的复合波浪结构，并为每一个波浪附以独特的解释，生动而具体地刻画了股票市场行为按照趋势和周期变动的规律性。波浪理论本身并不是最好的预测工具，然而它却为良好的预测提供了一种基于历史经验的理论基础。

正如前面所介绍的道氏理论一样，波浪理论在实际应用中也存在相当大的难度。市场千变万化、捉摸不定，而波浪理论所揭示的市场的规律性则较为固定，并且有着较为严格的限定。尽管波浪理论体系中也提供了一些有助于解决应用困难的方法，但这些方法并不具有完全的说服力。因此，在应用波浪理论对市场进行分析时，首先应当对波浪理论的特点有充分的了解,在此基础上,必须结合其他的技术分析方法以及丰富的市场经验,才能得到更加准确的结论。正如普莱切特和弗罗斯特在《艾略特波浪理论》一书中所说:

> 没有哪种手段能保证对市场无所不知,也包括波浪理论。然而,当用正确的眼光看待时,它提供了它允诺的一切。

小　　结

1. 现实中的证券市场具有四个基本特征:(1)市场预先反映经济;(2)市场是非理性的;(3)市场由混沌效应所支配;(4)市场能够自我实现。这些特征较好地揭示了证券市场的本质。

2. 价格是市场行为的外在表现,也是技术分析中的核心变量。价格行为的特征也正是技术分析所针对的主要对象。历史数据告诉我们,价格行为最主要的特点就在于其按照一定趋势变动,并在不同时期内具有周期性波动的规律。市场周期模型简要地概括了市场行为变化的轨迹,揭示了市场运行的基本规律。

3. "势由心生"。趋势产生于心理,由正反馈环机制导致自我实现。正反馈环是心理学中的一个重要概念,它来自于投资者的一系列心理(事后偏见、后悔、代表性效应、精神账户、自我验证等)以及群体心理的自发放大效应。各种正反馈环共同交织作用,形成一个有机的正反馈机制体系,产生了强烈的内在动力,使得价格趋势逐渐成形并得以延续。

4. 传统上通常根据时间跨度的不同将常见的趋势划分为长期趋势、中期趋势和短期趋势,而近年来随着技术分析理论的发展和市场交易技术的进步,对于趋势所进行的类别划分也有所变化。总体而言,趋势可以划分为极长期趋势、长期趋势、中期趋势、短期趋势和盘中趋势(极短期趋势)。

5. 市场行为通常呈现出周期运行的规律,而周期又是由各种不同的趋势所组成,市场中的任何价格波动都同时受到几种不同趋势的影响。市场周期是联系技术分析和基础分析的众多纽带之一。通过基础分析来对不同市场的周期进行验证,而通过技术分析来确认当前行情在整个市场周期中所处的位置。

6. 技术分析研究是对市场行为本身,而非市场所交易商品的研究。技术分析通过记录(通常采用图表的形式)市场过去和现在的行为,运用量化方法(通常采用指标的方法)摸索出其变化的典型模式,以此为基础预测市场行为未来的变化趋势。

7. 技术分析建立在三个合乎情理的假设基础之上:(1)市场行为涵盖一切信息;(2)价格按趋势规律变动;(3)历史会重演。它们与其说是理论假设,倒不如说是经验假设更为贴切。技术分析作为一门经验之学,其整套理论都建立在经验总结的基础之上。

8. 在技术分析中,有许多形式各异的分析工具和技巧可供投资者选择。这些分析工具和技巧可以归纳为两类:技术图形和技术指标。技术图形能够直观地展示价格变动的趋势,技术指标的分析能够确定和强化投资者从技术图形中分析得出的交易策略。

9. 技术分析和基础分析之间并不存在绝对的优劣,它们的区别仅仅在于分析所侧重的方向不同。如果想要在刺激的证券市场交易中立足,必须将技术分析和基础分析相结合。

10. 道氏理论是识别和研究证券市场主要趋势的最古老和最广泛的方法,它有6个基本原则:(1)价格指数包含一切行为;(2)市场中包括三种趋势:主要趋势、次级趋势和微小趋势;(3)价格行为决定趋势;(4)以价量关系为背景;(5)"道氏线"可以代替次级趋势;(6)指数必须相互确认。

11. 对于道氏理论的批评主要针对以下四点:(1)道氏理论发出的信号具有滞后性;(2)指数确认的时间间隔并不明确;(3)道氏理论只对长期投资者有较大的指导意义;(4)道氏理论并不能指导个股投资。

12. 波浪理论是预测市场行为的最好的工具之一,也是对于市场行为进行细致刻画的理论。它以斐波纳奇数学为基础,认为市场行为产生于信息,同时市场行为又产生信息,并且在此过程中产生了市场行为的各种形态。这种市场行为和信息的反馈受制于人类的社会本性,并且这种特性使得各种形态重复出现。

13. 波浪理论的主要内容是周期的8浪理论,其中每一个波浪都具有其个性特征。整个市场周期由波浪的复合结构组成,每一级的周期都是由8浪结构组成。波浪理论细致地刻画了市场价格运动所遵循的周期性规律。

14. 波浪理论的不足之处在于:(1)它对于市场行为的解释缺乏客观性;(2)在应用到现实市场中时,对于波浪的准确识别是非常困难的。

关 键 概 念

| 市场行为 | 价格趋势 | 价格周期 | 技术分析 |
| 道氏理论 | 波浪理论 | | |

第十三章 技术图形分析

 学习目标

- ◆ 掌握技术图形的基础知识,了解技术图表的坐标系类型和基本的技术图表类型;
- ◆ 理解线形分析的原理,初步掌握各种技术线的应用方法;
- ◆ 理解价格形态的形成机理及其技术含义,初步掌握各种价格形态的分析方法;
- ◆ 理解线形分析与价格形态分析之间的关系,了解两种方法结合使用的基本法则。

关于技术分析和市场行为的介绍无不表明了这样一种观点:趋势是市场运行内在规律的外在表现,而技术分析对于市场行为所做的分析正是围绕趋势分析这一核心而全面展开的。在一般意义上,技术分析的目的就在于,尽可能在相对早的时期识别趋势的形成和变化,并顺趋势而行动,直到有足够的证据表明当前的趋势已经发生反转为止。为了进行趋势的识别,并进而掌握技术分析的精要,我们必须首先理解趋势(同样还有周期)的概念和特点。这一工作我们在第十二章已经完成,尤其是利用两套经典的技术分析理论,即道氏理论和艾略特波浪理论,对趋势和周期进行了较为详细的解读。在构造了有关趋势的基础知识之后,我们将有能力真正进入技术分析的领域,接触整个技术分析理论体系中最精髓的一部分——趋势判定的技巧。趋势的判定可以借助技术分析的两种基本方法,即图形分析和指标分析。本章首先介绍利用技术图形对价格趋势进行判定的主要方法,而将技术指标分析方法留到下一章中进行介绍。

本章的主要目的在于,根据来自前章的对于趋势特征的理解,借助技术图形这一有力工具,掌握利用技术图形判定价格趋势的基本方法(更加深入的方法可以参考技术分析的专著)。为达到这一目标,本章将首先介绍技术图形的基础——技术图表,在此基础之上解释两种最基本的技术图形分析方法——线形分析和价格形态分析。

第一节 技术图形基础

图表是技术分析者必不可少的工具之一,它为技术分析者提供了对于市场行为最直观的描述。但是,图表本身并没有什么特别的效能,它仅仅是市场历史行为的图形化记录。华尔街有句名言:"图表本身没有错,错的是使用图表的人。"这告诉我们,真正重要

的不是图表,而是对图表的解释。

在技术分析中有很多种图表,包括简单的曲线图或条形图、点状图,以及比较复杂的K线图。每一种图表都有其长处,因为它突出或强调了价格变化的某个方面。例如,曲线图作为一种最简单的图表类型,是所有收盘价的连线,它反映了特定时间内价格市场的走势;而条形图则反映了开盘价、收盘价、最高价、最低价和收盘价,并且给出了某一特定市场情况的分析重点。每一个技术分析者都有自己对于某种图表的偏好,但同时他们也都试图掌握各种可运用的图表类型,以实现优势互补。

主要的技术分析图表类型有曲线图、条形图、K线图、点状图,它们可以反映一天的交易情况,也可以描述更长或更短的时间周期内(分钟、小时、周、月、年)的市场状况。在进入对于图表类型的具体介绍之前,让我们先来关注一下这些图表所存在的坐标系,它是图表存在的基础。

一、技术图表的坐标类型

技术图表通常被绘制在一个第一象限的坐标系中。坐标系的横轴(X 轴)为时间轴,其上的每一刻度表示一次交易,交易的间隔依据分析周期的长短和数据的选择可以选取不同的时间长度。也就是说,每一刻度有可能代表每一次交易,也可能代表每天、每周、每月甚至每年的最后一次交易。

坐标系的纵轴(Y 轴)表示价格。纵轴的标注有两种方法:算术坐标和半对数坐标。算术坐标是长期以来得到广泛使用的方法,这种坐标的每一刻度单位代表了相同的算术价差。在价格变化程度不大时,算术坐标非常适用。在衍生品工具市场和短期证券市场分析中,常常能看到算术坐标的身影。然而近年来,越来越多的技术分析者开始选用半对数坐标进行技术图形的绘制。半对数坐标与算术坐标的区别在于,其纵轴上采用了对数刻度,这使得它能够更加准确地记录市场行为的大幅度变动。在算术坐标上,相等的垂直距离代表相同的价格变动额;而在半对数坐标上,相等的垂直距离则意味着相等的价格百分比变化。举例来说,在算术坐标上,10—20 的变化表示增加 10,因此与 20—30 或者 30—40 的变化所代表的意义相同;而在半对数坐标上,10—20 的变化意味着增加 100%,相当于 20—40 或 40—80。

半对数坐标正在得到越来越多的使用,它使得证券价格的变动表现为比率关系。而比率对于证券投资是非常重要的,因为收益率正是以比率的形式存在的。使用半对数坐标可以直接对价位高和价位低的证券进行比较,更容易地选择那些能带来更高利润率的证券,而不必过于关注证券的绝对价格高低。

虽然相同的价格变动在算术坐标系和半对数指标系中所分别表现出来的形态大相径庭,但某些趋势在半对数指标体系中能够表现地更为充分,尤其是长期趋势。图 13-1 和 13-2 分别为算术坐标和半对数坐标所反映的纳斯达克(Nasdaq)综合指数从 1981 年至今的变动图。

二、曲线图

曲线图(Line Chart)是最简单的图表类型,它仅仅是将坐标系中反映市场行为的各点连接起来。每一数据点包含的信息相对比较单一,可以是开盘价、最高价、最低价或者

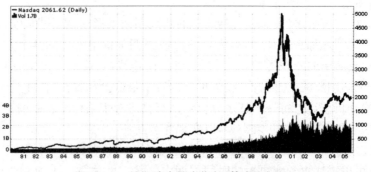

图 13-1　纳斯达克综合指数（算术坐标系）

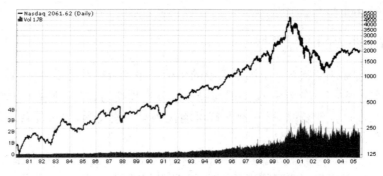

图 13-2　纳斯达克综合指数（半对数坐标系）

收盘价。曲线图剔除了其他影响技术分析者对趋势判断的次要因素，以最简明的方式反映出市场价格变动的趋势。曲线图上的每一点对于该时点上的市场行为所记录的信息过少，这使得它对于趋势的预判发挥不了较大的作用。例如，以日为时间单位时，当天的开盘价、最高价、最低价和收盘价结合在一起，形成一个时间单位内的动态过程，能够在一定程度上强化对于趋势的判断。单一地选取其中一种价格（通常是最重要的收盘价）将使得市场价格在这一时点上呈现出静止的特征，因此这一点自身对于趋势的判断并没有意义，只有结合市场的历史行为才能对趋势进行判断。正是因为这样，曲线图在现实中进行具体的技术分析操作时并不常用。为了对曲线图有直观的认识，我们在图 13-3 中给出了以曲线图表示的道-琼斯工业指数（Dow Jones Industries Average）的变动情况。

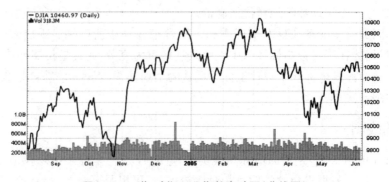

图 13-3　道-琼斯工业指数变动图（曲线图）

三、条形图

条形图(Bar Chart)用垂直的条状图来表示每一个时间段的数据变化情况。时间段的选择根据分析的周期而定,可以是一分钟,也可以是一年。条状线是西方技术分析者们用来描述价格变动的最常用方法,因此通常被称为美国线或宝塔线。在大多数情况下,条状线包含历史数据中的最高价、最低价和收盘价,有的条状线包含了开盘价、最高价、最低价和收盘价(见图13-4)。

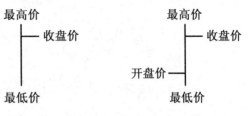

图13-4 条形图的两种常见形式

条形图与曲线图相比,包含了更多的信息。它非常简洁地概括了每一时间段的价格运动。而在长期内,它也依然能够像曲线图那样良好地反映价格运动的整体趋势。让我们观察一下图13-5中以条形图表示的道-琼斯工业指数变动与图13-3有什么区别。

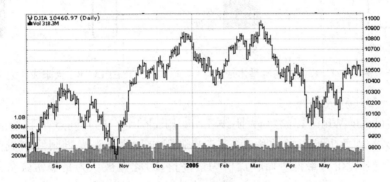

图13-5 道-琼斯工业指数变动图(条形图)

四、K线图

K线又称为蜡烛线(Candlestick)或日本线,是目前运用得最为普遍的技术分析工具。每一根K线记录了证券在一个交易时间段内的价格变动情况,将它们按照时间顺序连接起来就成为了K线图(Candlestick Chart)。K线图中所描述的数据与同一时期条形图中描述的数据并没有什么区别,但K线图更加强调开盘价与收盘价之间的相互关系(见图13-6)。

每一根K线以一根蜡烛形的图形来表示该单位时间内的市场价格变动情况,它由实体和影线(也称烛芯)构成。实体部分根据开盘价和收盘价或最新价绘制,如果收盘价高于开盘价则实体为红色或白色(又称为阳线),如果收盘价低于开盘价则实体为黑色(又称为阴线);影线代表了最高价和最低价情况(见图13-7)。

在现实中,K线并不总是像图13-7中显示得那样标准。市场的不确定性所导致的价格多变性必然产生多种多样的K线形态。下面让我们来认识一些比较有特点的K线形态,它们对于我们进一步了解K线图这一有力工具的技巧将大有裨益。

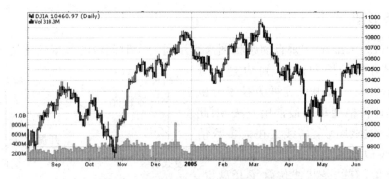

图 13-6 道-琼斯工业指数变化情况（K 线图）

图 13-7　K 线的两种基本形状　　　　图 13-8　大阳线和大阴线

（一）大阳线和大阴线

大阳线（Long White Line）和大阴线（Long Black Line）的共同点在于，它们的实体两端并没有影线，因此也被形象地称为"光头光脚阳线"和"光头光脚阴线"（见图 13-8）。大阳线意味着开盘价为最低价而收盘价为最高价，因此它被认为是非常强势的 K 线，通常成为牛市继续或熊市反转形态的一部分；大阴线则正好相反，表示开盘价为最高价，收盘价为最低价，因此被认为是非常脆弱的 K 线，通常是熊市持续或牛市反转组合形态的一部分。

（二）开盘无影线和收盘无影线

开盘无影线的 K 线没有从开盘方向向外伸出的影线。如果实体是阳线，则没有下影线，也称光脚阳线，表示强势；如果实体是阴线，则没有上影线，又称秃头阴线，被认为是表示弱市的 K 线。收盘无影线与开盘无影线正好相反，其没有从收盘方向向外伸出的影线。如果实体是阳线，则没有上影线，此时该 K 线也称秃头阳线，表示强势；如果实体是阴线，则没有下影线，也称光脚阴线，被认为表示弱市（图 13-9）。

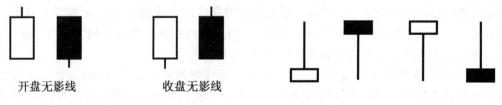

图 13-9　开盘无影线和收盘无影线　　　　图 13-10　伞形线

开盘无影线和收盘无影线的一种特例是伞状线（Umbrella Line）。伞状线的实体较短，而影线较长，并且当天的交易区域主要集中在高价位（见图 13-10）。伞状线在底部表示行情看涨,在峰位表示行情看跌。

（三）陀螺线

陀螺线(Spinning Top)又称纺锤线,是有上影线和下影线的小实体K线(见图13-11)。它表示交易区域非常小的交易时期,多空双方都具有不可靠性。陀螺线在横盘整理时期没有多大意义,但是在K线的组合形态中将会具有重要的启示。

图13-11　陀螺线

（四）无实体线

顾名思义,无实体线就是指开盘价和收盘价相等时的K线形态。无实体线本质上预示着买卖双方的平衡,但蕴含着极大的不确定性,因此对于无实体线的解释取决于它们所处的具体行情。主要的无实线体K线形态有：(1)十字线(Doji Line)。其交易区域位于影线的居中部分,偏上有利于多方,而偏下则有利于空方。(2)T形线,又称为蜻蜓线或多胜线。T形线是开盘无影线的特殊形式,它出现在开盘价和收盘价相等并为当日最高价的时候,意味着多头的绝对胜利。T形线的出现通常意味着市场的转折。(3)倒T形线,又称为墓碑线或空胜线。显然,倒T形线和T形线的形态恰好相反,所代表的意义也正好相对。(4)一字线。这是最不常见的K线形态,因为它出现在开盘价、收盘价、最高价和最低价都相等的时候。一字线通常会出现在暴涨或暴跌的时候,如开盘价直接达到涨跌停板时,会出现这种K线形态。无实体线如图13-12所示。

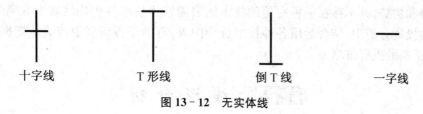

图13-12　无实体线

五、点状图

点状图(Point and Figure Chart)是一种非常特别的分析技巧,它能够以简单的形式做出任何市场价格运动的图形以分析其模式和趋势。点状图与条形图以及K线图的主要差异有两方面：第一,点状图并不涉及时间坐标,而仅仅考虑对于价格变动的衡量；第二,在点状图中,只有价格发生指定量的变化时,新的点才会显示在图中。换言之,点数图忽略制定价格变化范围以下的所有价格波动。

点状图是通过○和×的组合来绘制的,也就是所谓的"格"(Box),因此点状图也称○×图。其中×表示价格上涨,而○表示价格下跌。格的大小的选择是绘制点状图时必须考虑的一个重要因素,因为格的大小将直接决定点状图所反映的价格变动程度以及相应的点状图的大小,进而影响到分析的方便程度。通常采用的方法是绘制多个版本的点状图,就像绘制日、周、月K线图那样,结合不同的时间周期进行分析。

现实中通常采用的点状图有两种：正常点状图(Regular Point and Figure)和反转点状图(Reversal Point and Figure)。正常点状图直接绘制所记录的数据,而反转点状图则只在价格出现与当前趋势方向相反的指定量的变化时才绘制新的×或者○。反转点状图有助于减少价格变动的虚假信号,并且能够显著地压缩点状图的大小,绘制更多的数据。图13-13是前文给出的道-琼斯工业指数以点状图反映的变动趋势。

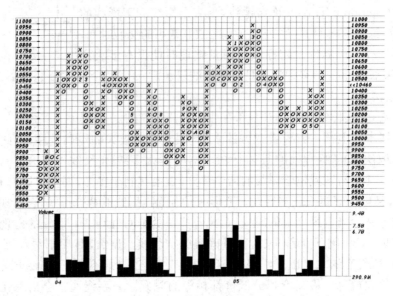

图13-13 道-琼斯工业指数变动图(点状图)

对于各种技术图表的特征我们已经有了直观的了解,需要注意的是,每一种图表都有其优势和劣势,并不存在一种完美的技术图表能够为技术分析提供最为准确的信号。在实际的投资分析中,结合运用各种技术分析图表,有助于投资者更准确地把握市场趋势,制定正确的投资策略。

第二节 线形分析

市场价格按照趋势规律运动,而在其运动过程中又包含着不同大小的趋势,这种复杂的结构使得对于趋势的判定非常困难。道氏理论等经典技术分析理论的意义更多地在于,它们描绘了趋势的形态,分析了趋势形成的动因,从而为趋势分析奠定了理论基础。然而,仅仅依靠这些技术分析理论,是不足以指导投资者识别趋势的变化的,我们还需要更具有可操作性的工具。

技术线(Technical Line)是用于判定趋势变化的一个被广泛采用的方法,它是通过在价格走势图中画出各种各样的直线,估计当前价格变动将要达到的目标价位,进而结合价格走势和技术线之间的相互位置来判断趋势的反转或整理。技术线的种类很多,这里我们仅介绍其中主要的几种,包括支撑线与压力线、趋势线和趋势通道、扇形线、比例线以及速度压力线等。

技术线的意义来源于突破的技术含义。所谓突破(Penetration),是指价格击穿一条技术线。在线形分析中,突破是非常重要的一个因素,它意味着当前的价格趋势已经结束,新的一轮趋势得到确认。然而并非任何突破都是有效的,常常会出现所谓的假突破(Whipsaws),并提供错误和虚假的趋势反转信号。因此,对于技术线的有效突破应当建立一定的标准,以尽可能减少对于价格形态和后续趋势的错误解释。遗憾的是,技术线分析本身无法提供较好的标准来确定突破的有效性,只有结合价格形态等技术分析工具,才能更好地评判突破的意义。

一、支撑线与压力线

(一)支撑线与压力线的概念

支撑线(Support Line)和压力线(Resistance Line)是最为常见的两种技术线。它们对价格趋势的发展所起的作用恰好相反。前者支持价格上涨趋势,后者阻碍价格上涨趋势。支撑线和压力线的突破对于趋势的变化能够起到信号作用。在实践中判定突破时,通常会设定一个有效的突破价格范围,而不仅仅是参考单独的一个突破价位,因此支撑线和压力线也称支撑区域(Support Area)和压力区域(Resistance Area)。

价格趋势由多空双方力量的对比所决定,而支撑线和压力线在本质上也都反映了多空双方的相对力量变化。支撑线是由于在市场价格下降的过程中,市场中的多方力量逐渐集中,并且当价格下降到某一位置时,多空双方力量达到均衡。此时价格将停止下跌,而且由于多方力量的继续增大,价格开始上涨。因此,支撑线起到了支撑价格上涨趋势的作用,因为它阻止了价格下跌到低于它所处的价位。压力线则正好相反,是由于在市场价格上升的过程中,市场中的空方力量逐渐增强,并且在某一时刻市场实现多空双方的均衡,此时价格停止上涨,并转而下跌。因此,压力线所发挥的作用是阻止价格向上运动的趋势。压力线也可以被看成下降趋势的"支撑线"。

(二)支撑线与压力线的作用

支撑线和压力线是市场中多空双方较量的直接反映,它们反映了双方心中的价格底线。正如在前线发生战斗的两支部队,都希望在守住自己阵地的基础之上尽可能多地攻占对方的领土。而要获取更多的领土,就必须首先突破对方的防线。即使突破了第一道防线,也还有第二道、第三道甚至更多新建立的防线需要突破。因此,支撑线和压力线的突破是非常重要的,它们大多数情况下意味着当前趋势即将发生变化。至于到底是发出趋势反转信号还是趋势整理信号,则取决于价格突破支撑线或压力线的位置。

支撑线和压力线之间可以相互转化。支撑线和压力线在价格上升和下降趋势中的作用是不同的,因此同一条线在不同时期和不同市场行情中可能会充当不同的角色。通常的情况是,它们一旦被突破,则立即转换角色。这就像一方的军队攻陷了对方的第一道防线,必然以此为据点,展开新的一轮攻击。图

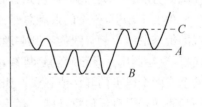

图 13-14 支撑线和压力线

13-14 给出了一个支撑线和压力线的例子。图中的 A 线首先作为一条支撑线出现在下跌趋势中,一旦它被突破,则立即转变为压力线,阻碍价格的回调,同时新的支撑线形成于 B。在价格稍稍进行了调整之后,多方积蓄能量使得价格反弹,并一鼓作气地突破压力线 A。一旦突破完成,则 A 立刻又转变为支撑线,而在 A 的上方则形成新的压力线 C。如此反复循环。

(三)支撑线和压力线的意义

支撑线和压力线对趋势研判的意义取决于以下几个因素。首先,使得价格趋势发生

反转的次数越多,该支撑线或压力线则越重要。如果价格不断触及某个价位而又无法突破,则该价位将逐渐成为止损位(针对支撑线)或是获利位(针对压力线)。触及的次数越多,该价位在投资者心目中的地位也越牢固,最终该价位被突破对投资者信心的打击也越大。其次,在支撑线或压力线形成之前,价格走势越剧烈,则支撑线或压力线也就越重要。经历了剧烈波动的市场价格更需要适当的支撑位或阻力位。最后,支撑线或压力线伴随的成交量越大,它们的重要性越大。在特定价格区间内投资者的交易越活跃,该区域作为支撑或压力区域的重要程度也就越高。

虽然支撑线和压力线的突破对于后续价格趋势具有很强的指导意义,但是如果缺乏其他技术方法的支持,将很难对它们的有效突破进行判定。我们只能简单地认为,价格突破支撑线和压力线之后走得越远,则突破越有效。因此,单独对支撑线和压力线进行分析并不能非常有效地避免虚假信号的发出。更多的时候,支撑线和压力线需要应用于特定的环境中。例如,在各种价格形态中,支撑线和压力线的意义得到了充分体现。

二、趋势线

(一)趋势线的概念

顾名思义,趋势线(Trendline)就是反映趋势方向的技术线。趋势线的绘制方法非常简单,在上升趋势中将价格走势的底部连接成一条直线就可以得到上升趋势线,而在下降趋势中将价格走势的顶部连接成一条直线则可以得到下降趋势线(见图 13-15)。趋势线虽然是技术分析中一种结构非常简单的方法,但却对趋势的研判具有非常重要的意义。

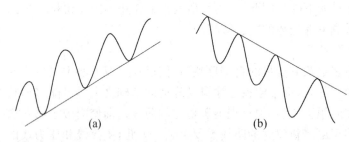

图 13-15　上升趋势线和下降趋势线

现实市场中,价格的形态总是非常复杂的,这意味着几乎不可能存在构造完美趋势线的价格曲线。趋势线的绘制在理论上非常简单,而在现实中却面临不小的困难。一般而言,要绘制出一条正确的趋势线,必须遵循较为严格的标准。正确的趋势线必须连接两个或两个以上的峰位或谷底。如果只通过一个高点或低点来主观地绘制趋势线,这样的趋势线是没有任何意义的。有效的趋势线必须能够代表随后趋势的发展方向,因此它应当包含尽可能多的价格高位或低位。也就是说,一条趋势线的有效程度与它所连接的高点或低点的数量有着正相关关系。

在图 13-16 中,连接第一个底部与最后一个低点的 A 线是一条理想的上升趋势线。在主要上升趋势中,趋势线一定要通过空头行情的低点和第一个中期底部。对于图中的 B 线而言,它所经过的第一个低点距离最后一个底部太近,以至于该趋势线连接

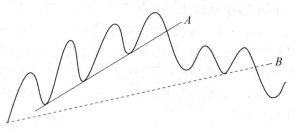

图 13-16　趋势线的正确绘制

的价格点太少,不具有说服力。当然,市场是在不断创造新的价格曲线的,当新的行情出现时,我们应当跟随市场的脚步,根据最新的价格变动趋势重新绘制趋势线。对于下降趋势线的绘制应当按照相同的原则来进行,但是方向应当与此相反。

（二）趋势线的作用

趋势线的作用依然体现在它被突破之时。由于趋势线体现的是当前的市场价格趋势,一旦价格突破趋势线,则标志着当前的价格趋势可能发生变化。事实上,趋势线对于价格的变化也发挥着支撑线或是压力线的作用。这使得它与后两者在许多特征上具有相似之处。

趋势线被突破后,价格趋势可能反转,也可能仅仅是一个整理阶段(见图 13-17)。对于趋势线的有效突破,并不存在量化的评判标准,而只能够定性判断。一般而言,以较大的上升或下降角度突破趋势线,则后市整理的可能性比反转的可能性大。无论如何,仅仅根据趋势的突破,我们还不能够准确地判断后续市场的发展态势,必须结合其他技术分析方法来进行研判。例如,与各种价格形态相结合进行研判,如果趋势线和价格形态同时被突破,那么这两种突破的效果可以相互强化,使得趋势反转或整理的变化得以确认。

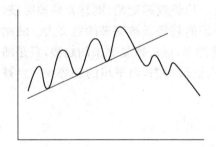 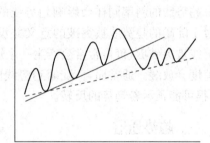

图 13-17　趋势线的突破

当一条趋势线被突破之后,我们有必要将其延长,因为它所发挥的作用并没有就此结束。在趋势线的突破所导致的一轮较大的趋势结束之后,可能会产生次级折返趋势,这被称为"回抽"(Throwback)。对于这种次级趋势的判断需要应用延长了的趋势线。原来的趋势线被突破之后,它所起的作用将彻底转变：原来作为支撑线的,被突破后转变为压力线；原来作为压力线的,被突破后则转变为支撑线。这种角色的转变是通过延长趋势线来实现的(见图 13-18)。

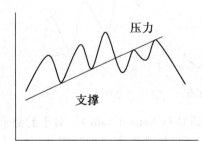 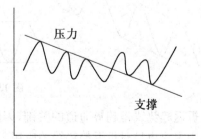

图 13-18　延长的趋势线

(三）趋势线的意义

趋势线的突破可能代表趋势的反转，也可能代表趋势的整理，所以它无法向投资者发出趋势变动的准确信号。然而趋势线并非没有价值，它在技术分析中仍然是不可缺少的一种工具。虽然我们无法仅仅根据趋势线的突破来判断后市的走势，但是如果结合其他技术分析方法加以应用，那么趋势线的重要形式是不能忽略的。

影响趋势线意义的因素主要有趋势线的长度、经过的点数以及趋势线的斜率。

趋势线的长度是决定趋势线意义的一个非常重要的因素。与支撑线和压力线相似，趋势线越长，突破所发出的信号也越强烈。如果一条趋势线仅仅持续3—4周，那么它对于后市的研判并没有太大的意义。然而如果一条趋势线长达1年以上，那么趋势线的突破就具有比较重要的意义了。

趋势线代表的是动态的支撑区域或压力区域，因此它经过的每一点都是市场对于它的一次考验。这里对于价格曲线与趋势线的相对位置并没有严格的要求，价格接近趋势线和价格接触趋势线所蕴含的市场行为内在特征其实是相同的，即市场中总有一方的力量在不断努力尝试，试图突破趋势线的约束。这种失败的尝试越多，趋势线所经历的考验也就越多，从而趋势线更具有可靠性，能够更好地反映市场随后的趋势。

趋势线的斜率同样会影响趋势线的指导意义。趋势线越陡峭，则越容易被突破，因此过于陡峭的趋势线被突破的意义并没有相对平坦的趋势线被突破的意义大。陡峭的趋势线被突破后，价格常常会产生一个短期的整理形态，然后恢复原来的趋势，只是增长的速度会放缓。通常而言，陡峭趋势线的突破代表整理形态，而平坦的趋势线一旦被突破，很可能预示着趋势的反转。

三、趋势通道

趋势通道(Trend Channel)是基于趋势线的一种线形分析方法。趋势线是根据价格变动趋势的顶部或者底部绘制的，如果我们过第一个峰位（当趋势线是根据底部绘制时）或第一个谷底（当趋势线是根据顶部绘制时）作趋势线的平行线，可以得到折返趋势线(Return Trendline)。如图13-19所示，在上涨行情中，折返趋势线是经过一系列顶部的直线，而在下跌行情中，折返趋势线则是经过一系列底部的直线（图13-19中的虚线）。两条趋势线之间的区域称为趋势通道。

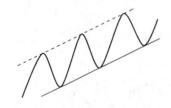
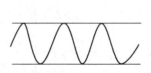
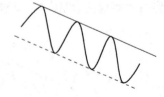

图13-19 趋势通道

折返趋势线是趋势通道的关键，因此它也称通道线(Channel Line)。对于趋势通道的应用主要也是对折返趋势线的应用。折返趋势线与趋势线的作用正好相反，它在上升趋势中充当压力线，而在下降趋势中充当支撑线，同趋势线一起构造了价格运动的通道区域。当价格突破折返趋势线时，代表两种可能的信号，或者是当前价格趋势加速发展，或是基本趋势即将反转(见图 13-20)。

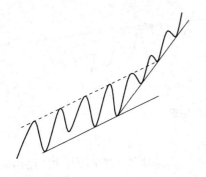
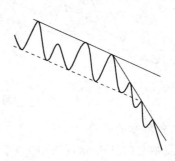

图 13-20　趋势通道的突破

区分趋势通道突破的具体信号,可以通过观察价格突破折返趋势线之后第一轮回调所达到的价位来判断。如果价格暂时高于上升趋势中的折返趋势线或暂时低于下降趋势中的折返趋势线,而其后的第一轮回调又回到通道中,无法保持在通道之外,那么将发出趋势反转的信号。如果配合以成交量的增大,将更加确定趋势的反转。这种假突破也被称为竭尽突破(Exhausted Penetration),它反映了推动当前趋势的那一方力量的衰竭(见图 13-21)。

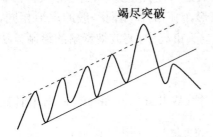
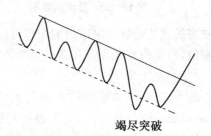

图 13-21　趋势通道的竭尽突破

四、扇形原理

（一）扇形原理的基本应用

扇形原理(Fan Principle)也是一种基于趋势线的技术图形分析方法。扇形原理采用一系列不断变化调整的趋势线来对有效突破进行确认。扇形原理丰富了趋势线的内容,因此能够比趋势线发出更为明确的趋势信号。

我们以一个上升趋势来说明扇形的绘制方法。图 13-22 中的 A 线为第一条趋势线,它以第一轮价格下跌的底点为原点。如果价格的第二次下跌向下突破了该趋势线,则过原点和第二次下跌的底点画出第二条趋势线 B。如果第三次下跌向下突破了第二条趋势线,则再按照相同的方法绘制第三条趋势线 C。一旦第三条趋势线被向下突破,则可以确认多头行情就此结束,价格走入下跌趋势。在下降趋势中绘制扇形的方法与之相似。我们可以发现,这些趋势线越来越平缓,以原点为圆心构成了一个扇形的形状,这就是扇形原理名称的来源。

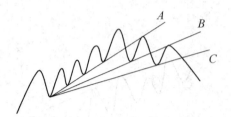 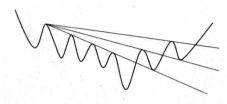

图 13-22 扇形原理

（二）斐波纳奇扇

斐波纳奇扇（Fibonacci Fan）是扇形原理的一个实际应用，它来源于我们前面介绍过的斐波纳奇数列。如图 13-23 所示，我们以多头市场的例子来说明斐波纳奇扇的绘制方法。在多头市场中，测量最低价和最高价之间的垂直距离并画出垂直线，然后在这条线段上标注一系列斐波纳奇数点，表示从峰位向下的长度。接下来连接最低点和垂线上这些斐波纳奇数点并向右延长，所得到的几条趋势线就构成了扇形，它们的作用同一般的扇形相同，一

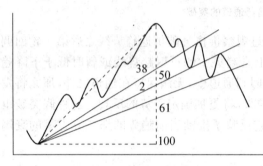

图 13-23 斐波纳奇扇

旦被突破则能够就未来市场的走势发出信号。在空头市场中，斐波纳奇扇的绘制方法与此相似，只是应当把高点和低点的角色调换。

（三）甘氏扇

20 世纪早期的证券技术分析大师威廉·D. 甘（William D. Gann）提出了甘氏线（Gann Line）的分析方法，主要包括甘氏线、甘氏扇（Gann Fan）和格子（Grid）三种技术工具。其中最常使用的是甘氏扇，它将特定的几何形态和算术比率巧妙地结合起来，能够有效地预测价格趋势的转折。

甘氏扇的本质是价格和时间之间的均衡，它意在通过价格变化和时间跨度之间的几何关系来判断后市价格趋势的发展情况。在图 13-24 的价格上升趋势中，过最低点绘制一系列角度不同的一系列趋势线，它们

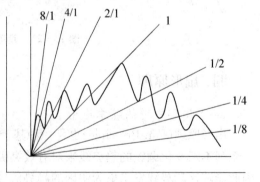

图 13-24 甘氏扇

与时间轴之间所成角度（甘氏角）的正切值以 1 为中心，按照比例缩小（1，1/2，1/3，1/4 等）或放大（1，2，3，4 等），反映着价格变化幅度与时间跨度之间的比例关系。这些趋势线都具有支撑线或压力线的作用，并且在自身被突破之后立刻转变角色。

甘氏认为 45 度角是时间和价格之间最完美的均衡，因而中心线在甘氏扇中是最重要的趋势线。除此之外，1/2 线和 2/1 线也是非常重要的趋势线。其他甘氏角的趋势线虽然也能起到一定的支撑和压力作用，但是重要性较低，很容易被突破。

五、比例线

比例线(Proportion Line)的绘制方法很简单：如果是上升趋势,首先计算当前趋势的底部与顶部之间的垂直距离,然后以顶部为起点,按照该垂直距离的一定比例作一系列的平行线。这些平行线就是比例线,它们代表了价格突破之后可能的目标价位,也就是市场价格从趋势顶部向下回落的可能幅度(如图 13 - 25 所示)。如果是下降趋势,则按照相反的方法绘制。

比例线的诞生源于对市场心理的分析,它很好地衡量了市场中多空双方力量变化所导致的价格变化,以及由此带来的市场心

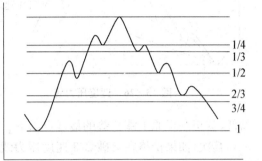

图 13 - 25 比例线

理的变化。比例线事实上也属于支撑线和压力线,但是融入了判断突破的更准确的量化因素。支撑线和压力线以及趋势线仅仅告诉我们,价格突破这些技术线则意味着价格趋势发出新的信号,但是并没有告诉我们价格应当下降多少才能够真正昭示突破的形成和趋势的变化。比例线作为基本线形工具的辅助原则,可以使得对于基本技术线有效突破的判断具有量化的标准,因此其发出的趋势信号更加值得信任。

在比例线的分析方法中,投资者根据自己的经验设定许多不同的比例,如 1/8,1/4,3/8,1/2,5/8,3/4,7/8,1/3 和 2/3 等,其中比较重要的几个比例是 1/2,1/3 和 2/3。1/2 比例也就是流传甚久的"50%规则"(50 Percent Rule)。在市场参与者的心目中,一段趋势的中点通常代表了均衡价位,因此可以就当前趋势的最终价位提供线索,或者说是预示着折返趋势的重要转折点。1/3 和 2/3 规则的重要性则源于人们从三局两胜的比赛中获得的启示。

另一种经常被使用的比例线分析方法是斐波纳奇折返(Fibonacci Retracements),又称黄金分割线。斐波纳奇折返其实可以视为比例线的一个特例,它的特点在于,绘制各条支撑线或压力线所遵循的比例来自于斐波纳奇数列,如 0.191,0.382,0.618,0.809,1.382,1.618,1.809,2.618,4.236,6.854,…。其中最为重要的是 0.382,0.618,1.382 和 1.618 等比例,这几个黄金比例线常常会成为支撑线或压力线。

六、速度压力线

速度压力线(Speed Resistance Lines)同样应用了 1/3 和 2/3 的比例原则,但并不是用于判断价格突破的目标价位,而是用于设定上涨或下跌的速度标准。我们以多头市场中的折返走势为例,通过图 13 - 26 来解释速度压力线的绘制方法。首先在当前价格趋势顶部价位和底部价位之间作一条垂直线,然后将此垂直线三等分,继而分别连接价格趋势底部和垂直线段的1/3 和 2/3 分界点,就得到了两条速度压力线。需要注意的是,在速度压力线的绘制中,价格上涨和下跌的幅度是利用最高价和最低价,而不是收盘价来衡量的。速度压力线代表了价格增长的速度,它是一种动态的趋势线,随着价格的新高和新低的出现而改变。它的绘制与扇形,尤其是斐波纳奇扇性和甘氏扇的绘制有相通

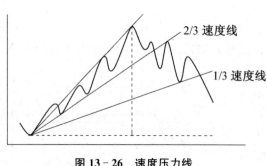

图 13-26 速度压力线

之处。

速度压力线的应用应当遵循以下法则。

首先,上升趋势之后的折返趋势首先在 2/3 速度压力线处得到支撑。如果 2/3 速度压力线被突破,则 1/3 速度压力线成为新的支撑线;一旦价格向下突破 1/3 速度压力线,则发出当前上涨趋势即将反转的信号,并且价格很可能会创造新低,甚至跌至原上涨趋势的最低点以下。

其次,如果价格在突破 2/3 速度压力线之后,无法继续突破 1/3 速度压力线,则 2/3 速度压力线成为价格上涨的压力线;如果价格向上突破 2/3 速度压力线,则有望创出新高。

最后,如果价格向下突破 1/3 速度压力线,然后出现反弹,则 1/3 速度压力线成为反弹趋势的压力线。

上述有关速度压力线的绘制方法和应用法则均以上升趋势为例,对于下降趋势中的速度压力线,这些方法和法则同样适用。

七、关于线形分析方法的一个小结

线形分析在技术分析方法体系中占有重要的地位,它通过以不同的方法构造支撑价位和压力价位,对价格趋势的变化提前发出信号。对于价格趋势变化的应用所遇到的最大的困难在于对其突破有效性的判断。虚假的突破永远都会存在,如何识别真正的突破,是线形分析中一直以来面临的一个难题。

即使能够通过各种量化法则来判断技术线突破的有效性,突破所发出的趋势突破或反转的信号仍然存在错误的可能性。因为技术线毕竟只是从价格曲线这一最直观的要素出发,单纯地研究价格趋势变化的可能性。在技术分析的领域中,需要考虑的因素还有很多。因此,单独依靠线形分析就想准确地识别趋势是几乎不可能的,我们还需要结合其他的图形分析方法和指标分析方法来对趋势进行研判。在下一节中我们会清楚地发现,技术线广泛地存在于各种价格形态的分析中,此时它们的作用才能够更加充分地发挥出来。

第三节 价格形态

任何一种资产价格在本质上都是供求双方斗争所实现的均衡结果,而价格的变动则反映了供求双方力量对比的变化。如果供给方力量强于需求方,则价格向下变动,如果需求方的力量更大,则价格向上变动。证券价格也是如此,因此我们所看到的证券市场价格的一切行为,无非是多空双方不断进行争夺的结果,它反映了市场参与者的心理和构成。

一、价格形态的特征

（一）价格形态的意义

在一个典型的证券市场中，价格变动的任何一个周期所包含的趋势无非三种：上升、横向和下降。价格随着市场参与者的心理和行动而改变，在三种趋势中不断进行转变。在这三种趋势中，上升趋势和下降趋势是市场的主导趋势，或者说是投资者主要关注的趋势，因为它们直接影响投资者的盈亏。横向趋势则相对较少受到关注，它通常作为上升趋势和下降趋势之间的过渡阶段（如图 13-27 所示）。然而这种过渡阶段（图中的 AB 段）绝大多数情况下都会表现为某种明确的价格形态（Price Formation），这使得它在技术分析中具有非常重要的意义，因为完整的价格形态能够有效地帮助投资者判断趋势反转的可能性。

(a) 正常反转　　　　　　　　(b) V 形反转

图 13-27　趋势的反转

现在我们可以给价格形态下一个定义，它是指在市场价格趋势发生变化（持续或反转）的过渡阶段中价格的调整所形成的价格曲线，反映了市场多空双方相对力量的变化。趋势变化的过渡阶段表现为一个价格调整区域。价格一旦进入该区域，即受到两个力量的约束：一是"压力"，对市场价格的进一步上升产生压力作用；二是"支撑"，对市场价格的上升起到支持的作用。

图 13-28 表示出了一个典型的价格过渡阶段。图中的 AB 线是压力线，当价格进入该调整区域之后，如果继续上升就会受到来自 AB 向下的压力，此时证券的供需关系逐渐由平衡状态转变为有利于卖方，导致价格下跌。这种暂时性的反转，可能是因为买方不愿意接受太高的价格，也可能是因为逐渐升高的价格吸引了更多的卖方加入，当然也有可能是这两种因素共同作用的结果。CD 线与 AB 线相对应，为支撑线。当价格从 AB 线开始下降时，开始受到 CD 线的支撑作用，供求关系逐渐转变为有利于买方，因为买方认为此时的较低价格有利于买进，而卖方则在刚刚经历的一个暂时下跌行情之后，预期价格会再度上升至 AB 水平，从而持仓观望，这两方面的原因导致价格从 CD 线开始再度上涨。如此，价格在 AB 阻力线和 CD 支撑线之间反复摇摆，买卖双方在整个调整期内处于微妙的平衡状态。最终价格或者向上突破 AB 的阻力位，形成新的一轮上涨趋势——此时我们称此阶段为整理（Consolidation）形态[见图 13-28(a)]，或者向下突破 CD 的支撑位，开始新一轮的下跌趋势——此时我们称之为反转（Reversal）形态[见图 13-28(b)]。如果反转形态在市场头部出现，则为出货（Distribution）形态，表示证券从信息强势群体转移到信息弱势群体手中；如果反转形态出现在市场的底部，则属于进货（Accumulation）形态，表示证券从信息弱势群体转移到信息强势群体手中。

通过上面的描述我们可以看出，价格调整阶段的形成是由多空双方相对力量的增减

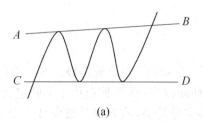
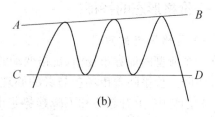

图 13-28 价格的调整区域

变化所决定的。多方力量的占优会引导价格的上涨,而随着价格的上涨,多方的力量越来越小,空方的力量越来越大。当双方力量相等时,价格停止上升,而空方的相对力量则继续增大,使得价格开始下跌。随着价格的下跌,空方的力量逐渐放慢增长的步伐,最终开始下降,多方的力量则恰好相反。同样地,当双方力量再度相等时,价格停止下跌,继而上涨。如此循环往复,形成我们所描述的价格调整区域。当价格最终向上或向下实现突破时,该过渡阶段结束,价格形成新的趋势。

我们可以以一个形象的例子来加深对于价格调整的理解。在一场发生于边境的战争中,甲方(市场中的多方)和乙方(市场中的空方)的主力在前线对峙,坚守着本方的阵地(阻力线和支撑线),而后方则各自都保存着一定力量的后备力量(潜在的市场参与者)。当双方主力不相上下时,战线(价格)将处于两道防线之间的均衡位置。假设甲方集中前线力量向乙方发起进攻(多方力量占优),则战线会向乙方的阵地(阻力线)延伸(价格上升)。然而随着战线远离己方阵地,甲方的阵型将变得分散,从而力量将逐渐减弱;而乙方则通过收缩阵型集中了优势兵力,或者此时由于形势不利而将后备军投入战斗,使得乙方的力量逐渐增强。甲方无法突破乙方的阵地(价格未突破压力线),反而被乙方回击(价格转而下跌)。双方如此在前线阵地之间进行拉锯战,直到甲方终于突破乙方阵地,此时甲方的胜利将势不可挡(新的趋势形成)。这是因为甲方由于后备力量的全面加入(更多的投资者进入市场),并且歼灭并俘虏了乙方的部分士兵(一些原先的空头转向多头),使得自身的力量和心理相对于乙方而言都已经具有了绝对的优势(多方力量强于空方)。当然,甲方在突破乙方的一道防线之后,乙方可能会建立新的防线(新的阻力线)。而甲方此时可能需要稍事休整,对已经取得的阶段性胜利进行巩固,以免乙方进行反扑(这正如在证券市场上,如果价格的趋势过度延伸而没有经过一段时间消化所获得收益,则可能遭受卖方的反扑,发生意外的趋势反转)。

(二) 价格形态的应用

在应用价格形态对趋势进行分析时,有三点需要注意:一是形态的持续时间,二是形态的深度,三是坐标系的类型。

价格形态可以适用于从分钟、小时、日、月一直到年的任何时间跨度。尽管如此,不同时间单位的价格形态对于趋势判定的指导意义却是不同的。通常而言,价格形态持续的时间越长,该形态完成之后的价格趋势可能就越强劲。这是因为在一个价格形态中,证券在信息强势者和信息弱势者手中不断转手,从而价格形态越长,证券转手的数量也就越大,为后续趋势所积累的基础就越牢固。从心理的角度看,当价格在某一价格区间僵持了很长时间时,投资者对于买入和卖出价位都已经比较习惯,一旦价格突破这一区间,意味着多空双方力量对比发生了根本性的变化,将对市场心理产生巨大的影响。

价格形态完成的深度与价格形态的指导意义大小之间通常具有正相关关系。价格形态完成的深度越大,它对于趋势研判的指导意义也越大;反之,价格形态完成的深度越小,它对于趋势研判的指导意义也越小。这是因为,形态的深度越大,意味着市场的广度越大,也就是说交易的基础越深厚,形态的突破对于市场心理的影响也就越大。

坐标系的选择是关系到价格形态分析效力的一个技术性因素。事实上,正如我们在第十一章中所说,对于算术坐标系和半对数坐标系的选择甚至在整个技术分析领域都是一个值得引起注意的问题,因为它们都有各自的优势和劣势。一般而言,在分析的时间跨度较短时,两种坐标系所发出的趋势信号并不会有太大差异,但是当我们进行一年以上的长期分析时,半对数坐标指标能够更加有效地减少错误的信号。

(三)价格形态的突破

突破在线形分析中具有相当重要的意义,而它在价格形态的分析中的重要性则有过之而无不及。价格形态中的突破是指一个价格形态被彻底击穿,它标志着价格形态的完成,是后市价格趋势变化的信号。价格形态的突破同样有可能是假突破,并且发出错误的技术信号。然而,由于价格形态通常会结合技术线进行解释,对它的有效突破更容易确定量化的标准进行判断。通常对于价格形态的有效突破应当结合价格幅度、时间和成交量两方面因素进行判断。

首先,有效的突破应当大于一定幅度。传统的经验认为,只有大于3%的突破才是有效突破。对于长期趋势来说,这可以作为一个基本的准则,但是总体而言,确认突破有效性的最好方法是基于过去每次特定情形所获得的经验和评估技巧进行判断。这其中需要考虑许多因素,包括趋势的类型、证券的波动性,以及各种技术指标所得到的结论等。在技术分析中经常采用目标价位的方法衡量突破的有效性。所谓目标价位(Price Objective),就是价格形态被突破之后,价格至少应该达到的位置。目标价位其实反映的是市场对于价格变动的最低预期。

其次,有效的突破应当保持一定的时间。如果价格在突破价位之后不能保持在新的支撑位之上,那么这种突破很可能是一个虚假信号,也就是竭尽突破。它反映了导致价格突破的一方力量衰竭,无法继续支撑新一轮的价格趋势。

最后,有效的突破还应当结合成交量的变化进行判断。如果价格和成交量的相对变动偏离了"价升量增,价跌量缩"的正常关系,那么可以认为当前趋势即将发生反转。当然,成交量与价格的背离仅仅有助于确认突破的有效性,而并不是有效突破的必要条件。

还需要补充的一点是,许多价格形态在前期具有相似之处,因而在价格形态被突破之前,我们并没有很好的方法来精确地判断这一价格形态的类型。然而,这并不是说对于价格形态的预判是没有意义的。相反,通常的做法应当是:预先判断可能造成假突破的价格形态,然后在价格暂时性越过突破价位时,应当暂停交易,持股观望价格的进一步走势。

二、主要价格形态

(一)矩形形态

矩形(Rectangle)形态是一种非常标准的横盘整理形态,它是一个水平的过渡阶段,价格经过这一阶段调整后的趋势并不具有确定性(如图13-29所示)。如果一个矩形形态使得市场价格趋势发生反转,便称为矩形反转形态[见图13-29(a)];相反,如果一个矩形形态没有使得价格趋势发生反转,而仅仅是延缓了当前的趋势,那么它是一个矩形整理形态[见图13-29(b)]。在矩形形态的整个过程中,由于无法预知价格最后的突破方向,也无法判断矩形形态的类型,因此我们只能按照技术分析的基本原则,假设当前的趋势将持续下去,直到有确切的证据证明趋势发生了反转为止。

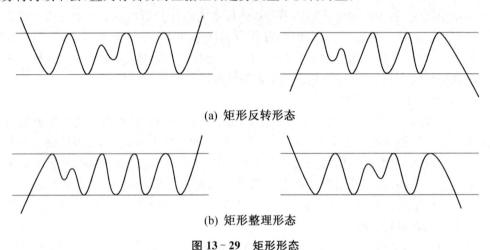

(a) 矩形反转形态

(b) 矩形整理形态

图 13-29 矩形形态

矩形形态通常伴随着成交量的萎缩。在矩形形态的初期,多空双方的力量进行着激烈的缠斗,互相支持着己方的心理价位。而随着阻力线和支撑线的逐渐形成,价格趋于横向运动,双方的热情也逐渐减退,并最终进入观望阶段。因此,在矩形形态的最后,成交量通常会发生明显的萎缩。然而,一旦价格突破矩形形态,双方就会重新投入战斗,交易迅速活跃,成交量显著增大。正是成交量的放大,才使得突破更加具有可信度,因为较小的成交量是无法推动价格沿突破方向持续运动的。

矩形形态被突破之后,将形成一个目标价位,其与原矩形形态的被突破边界之间的距离为一个原矩形形态的高度(这里的"高度"是指在坐标系中的垂直距离,它的具体含义将取决于坐标系的种类)。如果矩形形态被向上突破,则矩形的上界成为新的支撑位,而由上界向上延伸一个矩形高度处将形成目标价位,成为新的压力位;如果矩形形态被向下突破,则矩形的下界成为新的压力位,而由下界向下延伸一个矩形高度处将形成目标价位,充当新的支撑位。图13-30揭示了矩形形态的这一特征。

(二) 头肩形态

头肩形态(Head-and-Shoulders,H&S)是所有价格形态中最为著名的和最可靠的价格形态。头肩形态的形成通常意味着趋势即将发生反转,因此它大多出现在市场的顶部或底部。形成于市场顶部的头肩形态称为头肩顶(H&S Top),而形成于市场底部的头肩形态则称为头肩底(H&S Bottom)。

图13-31给出了一个典型的头肩顶形态,它由"一头两肩"构成。"一头"是指一个较大的顶部,而"两肩"则是分布在大顶部两侧的两个规模较小的顶部。两个肩部的高度不一定相同,但是它们一定比头部要低。如果我们将头肩顶与波浪理论联系起来,那么它对应于波浪理论中一个完整周期的3浪到C浪。然而,仅仅凭价格的走势并不能对价格

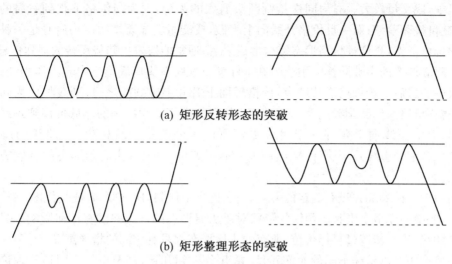

(a) 矩形反转形态的突破

(b) 矩形整理形态的突破

图 13-30　矩形形态的突破

形态做出准确判断，还必须结合成交量的变动进行分析。在左肩的形成过程中，成交量通常是最大的；在价格接近头部峰位时，成交量也相当大：它们都遵循"价升量增，价跌量减"的原则。比较特殊的是右肩，它的形成总是伴随着成交量的明显萎缩。当价格到达右肩的峰位时，成交量减少。右肩所具有的价量关系是构成头肩顶形态的关键因素之一。图 13-31 中以灰色区域表示了成交量的变化。

连接左右两肩底部的直线称为颈线（Neckline），这是识别头肩顶形态有效突破的一个重要依据。在头肩顶形态中，颈线起到了支撑线的作用，而一旦价格向下突破颈线，则颈线变成压力线，防止价格的反扑。如果价格在向下突破颈线之后又回调到颈线之上，那么这个头肩顶就是虚假的。需要注意的是，仅仅是价格向下突破颈线并不能有效地说明头肩顶被突破，因为根据价格形态突破的确认原则，在判断价格形态的有效突破时，必须考虑到突破的幅度。头肩顶形态中的目标跌幅为头部峰位到颈线的垂直距离。当颈线被突破之后，由颈线上被突破点向下延伸一个目标跌幅所产生的价位为目标价位，即新的支撑线（见图 13-31 中的虚线）。只有价格继续向下，突破了目标价位，才能够确认头肩顶形态的有效突破。

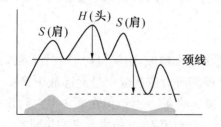

图 13-31　头肩顶形态及其突破

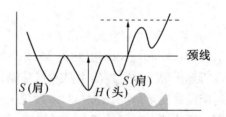

图 13-32　头肩底形态及其突破

图 13-32 给出了一个典型的头肩底形态，它同样由"一头两肩"构成，只是这里的"头"和"肩"和头肩顶形态中所表示的顶部恰好相反，显示为底部。在头肩底中两个肩分布在头部的两侧，底位高于头部的谷底。结合成交量进行分析，在左肩的底部和头部形

成过程中,成交量较大。右肩同样是判断头肩底的关键,因为当价格下跌到右肩的谷底时,成交量显著萎缩;而一旦价格开始向上突破,成交量会显著增大。头肩底是一种非常可靠的价格形态,当这种价格形态完全形成之后,通常能够发出趋势反转的强烈信号。

头肩底形态的突破同样以颈线为基本标准。颈线在头肩底形态中充当压力线,而一旦头肩底的最后一轮价格下跌结束,价格转而上升并突破颈线之后,颈线将成为新的支撑线,防止价格回调到颈线之下。此时价格的目标涨幅应为底部的最低价位到颈线的垂直距离,而由颈线向上延伸一个目标涨幅所产生的价位为目标价位,即新的压力线(图 13-32 中的虚线)。只有价格进一步向上突破目标价位,头肩顶形态的有效突破才被确认。

头肩形态的颈线并没有确定的方向,它可能向上倾斜、向下倾斜,或是像图 13-31 和图 13-32 中那样呈水平状。颈线的形状对于头肩形态的含义并没有任何影响。只要价格突破颈线,进一步越过目标价位,所有的头肩形态都具有相同的指导意义。

头肩形态可以延续不同的时间跨度,从几分钟到几年,甚至更长。同道氏理论和波浪理论所揭示的原理相同,不同周期的头肩形态之间可能存在嵌套关系,从而使得头肩形态呈现更为复杂的结构(见图 13-33)。与一般的价格形态相同,头肩形态形成的时间跨度越长,市场所积蓄的力量也越大,从而随后酝酿出的新一轮趋势延续的时间也越长。

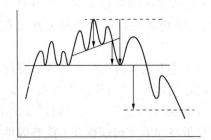
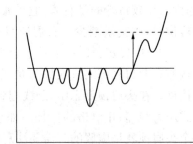

图 13-33　复杂的头肩形态

尽管头肩形态在通常情况下意味着趋势的反转,但在现实中,偶尔也会在价格趋势的持续过程中出现整理的头肩形态。其基本特征和确认原则与反转的头肩形态相同,唯一的区别是所处位置并不是一轮价格趋势结束之时,而是在趋势的持续过程中。通常这种头肩形态的出现只会使得当前的价格趋势受到暂时的阻碍,但并不会影响当前的总体趋势。

(三) 双重顶和双重底形态

双重顶(Double Tops)又称为 M 线,它由两个峰位构成,中间包含了一个谷底,也就是一波折返走势。双重顶的主要特点是第二个顶部所对应的成交量远远低于第一个顶部所对应的成交量(见图 13-34)。理论上两个顶部的高度相等,但在现实中它们并非严格相等。不论两个顶部的相对高度如何,双重顶一旦被突破,其技术含义是相同的。

双重顶通常出现在市场的顶部,它一旦被突破,则发出空头趋势的信号。对于双重顶的有效突破依然应当按照颈线和目标价位来判断。双重顶的颈线为过谷底所作的平行于两个顶部连线的直线。同头肩顶相似,双重顶的有效突破应当以价格向下突破颈线后继续前进一个目标跌幅为基本准则,其中目标价位距离颈线的垂直距离仍然为一个形态高度,即顶部到颈线的垂直距离。双重顶中的颈线同样发挥支撑线的作用,而在价格向下突破颈线之后,颈线立刻转变为压力线,目标价位则成为新的支撑线。

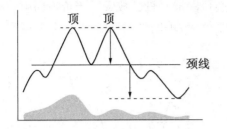

图 13-34 双重顶形态及其突破

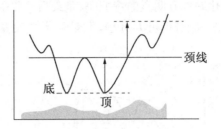

图 13-35 双重底形态及其突破

双重底(Double Bottom)与双重顶恰好相反,它由两个谷底和之间的一波次级折返构成,通常出现在市场的底部。一旦价格突破双重底,则发出多头趋势的信号。双重底的两个底部的高度应当相等,但在现实中通常第二个底部会略高于第一个底部。成交量的特点在于,第一个底部伴随较大的成交量,第二个底部的成交量较小,但是一旦价格开始向上突破,将伴随着成交量的较大增长(见图 13-35)。双重底的有效突破判定遵循与双重顶同样的法则,只是方向相反而已。在双重底形态形成的过程中,颈线充当压力线的角色,而一旦被突破,它立即转变为支撑线。新的压力线则产生在目标价位处。

双重顶和双重底形态都有可能呈现更复杂的模式,延伸为三重顶或三重底。但是过多的顶底形态则会失去其本身的意义,因为当四个以上的顶部或底部连续出现,那么更像是一个矩形反转形态。所有的多重顶底形态的有效突破,都按照目标价位的原则进行判断,而目标价格变动幅度则都是一个形态的高度。

(四)扩散形态

扩散形态(Broadening Formation)通常由 3 个或 3 个以上波动幅度越来越大的价格趋势所构成。如果我们连接各个峰位构造一条压力线,再连接各个谷底构造一条支撑线,那么这两条趋势线之间的距离将逐渐扩大,从而呈现出一个喇叭形的逐渐扩散的形态。因此,扩散形态也被形象地称为喇叭形。

传统扩散形态(Orthodox Broadening Formation)由三轮以上逐渐抬升的涨势构成,每两轮涨势之间存在一个谷底,且每一个谷底都低于前一个谷底(见图 13-36)。传统的扩散形态大多对应于市场的顶部,是上涨趋势反转的信号。然而,这种扩散形态在形成的过程中比较难以识别,因为它缺乏明确的支撑价位,并且在形态的前进过程中伴随的成交量变化非常的情绪化(通常会比较大),使得投资者难以

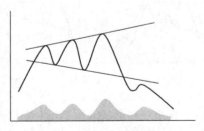

图 13-36 传统扩散形态

对形态进行界定。对于形态的确认只有在最后一个头部形成之后才能够得出结论,而对于形态的有效突破则必须等到价格向下突破连接各个底部所形成的趋势线才能够被确认。只要传统的扩散形态被有效突破,那么市场很可能会出现大幅的下跌行情。

直角扩散形态(Right-Angled Broadening Formation)其实是传统扩散形态的一种特殊形式,只是它相较一般的传统扩散形式而言,更加容易识别。直角扩散形态的头部或

者底部会呈现较为平坦的(Flattened)形态,从而为形态构造了明确的支撑线或压力线(见图13-37)。在这种扩散形态的形成过程中,随着价格的波动幅度不断加大,成交量的变化并没有明显的特征,只是最后一轮涨势会伴随成交量的放大。当价格向下突破趋势线时,成交量可大可小,但是如果成交量随之增大,说明即将形成的空头行情将非常强烈。

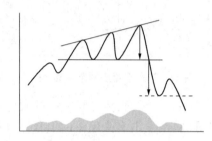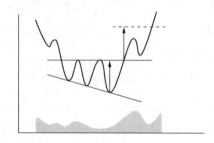

图13-37 直角扩散形态

（五）三角形形态

三角形形态(Triangles Formation)是一种较为常见的价格形态,它的出现并不能为投资者提供明确的价格趋势变化信号,因为它既可能表示趋势的反转,也可能是趋势的整理形态。三角形形态也被称为螺旋形态(Coils),因为价格的波动幅度和成交量都会随着这一形态的形成而逐渐减小,而当形态最终被突破时,价格和成交量则会出现剧烈的反应。

三角形形态依据形状的不同,通常划分为对称三角形和直角三角形。对称三角形(Symmetrical Triangles)由三个或三个以上的价格趋势以及其间的折返走势构成,其中各趋势的峰位逐渐下降,而谷底不断抬高(见图13-38)。如果过各个峰位作一条压力线,而过各个谷底作一条支撑线,则两条线呈现收敛状态并最终相交。因此,对称三角形态与传统扩散形态的形状恰好相反。

图13-38 对称三角形形态

直角三角形(Right-Angled Triangles)与对称三角形不同之处在于,它有一条边为水平线(见图13-39)。相对于对称三角形而言,直角三角形能够更明确地指示新一轮价格趋势的方向,因为价格通常从该形态的水平边实现突破。

判断三角形形态有效突破的基本原则与一般的价格形态相似。当三角形形态向上突破压力线或向下突破支撑线后,被突破的压力线立即转变为支撑线,而被突破的支撑线则立即转变为压力线。突破后的目标价位可以通过作图法来确定:如果价格向上突破,则通过第一轮跌势后的峰位作另一侧趋势线的平行线;如果价格向下突破,则通过第一轮涨势后的低位作另一侧趋势线的平行线。一旦价格进一步突破该直线,则有效突破

图 13-39　直角三角形形态

得以确认。另外，由于三角形形态的终端是封闭的，价格突破原三角形的位置也会影响突破的有效性。一般而言，在第一轮趋势的峰顶或谷底到三角形顶点距离 1/2—3/4 的区间内，三角形的突破最为有效。当然，结合成交量进行分析对准确判定形态的突破也是有意义的。图 13-40 中以一个对称三角形形态说明了有效突破确认的原则。

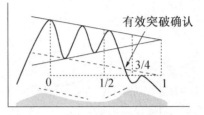

图 13-40　三角形形态的有效突破

三、小型价格形态

上述主要的价格形态虽然各具特点，但是总体而言具有两个共同点：一是它们都反映了一段时期内市场中多空双方力量的对比和市场的心理，从而能够对当前价格趋势可能的变化发出信号，它们有可能是反转形态，也有可能是整理形态；二是它们所持续的时间相对都比较长，可以历经数天、数周、数月，甚至是数年，而很少出现在每日的盘中趋势中。

在这些主要的价格形态之外，还有一些规模较小的价格形态，它们反映的不是市场中多空双方相对力量的根本性对比，而是短期操作所带来的影响，如涨势中多头的获利回吐或使跌势中多头的回补等。因此，这些小型的价格形态只需非常短的时间就能够形成，它们在每日的盘中趋势中十分常见——当然，它们也能够延伸至数日甚至是数周。另外，它们中的绝大多数出现在价格趋势的形成过程中，属于各种不同的整理形态。

（一）旗形

旗形（Flags）在价格走势图中出现的频率非常高，它大多出现在市场价格的剧烈变动过程中，此时市场交易异常活跃，价格处于近乎直线的涨势或跌势中。旗形的出现意味着价格的急剧变动进入暂时的调整阶段，这是因为，市场价格的大起大落反映了多空双方的激烈缠斗，而双方的力量并非无限，在较量了一段时间之后，必须进行小小的休息和调整，稍稍积蓄一些能量，以便重整旗鼓投入下一次争斗。因此，在旗形形态开始时，市场成交量会突然放大；在旗形形成的过程中，成交量将逐渐萎缩；当旗形形态完成时，成交量将再次放大。

旗形的形状为一个倾斜的平行四边形，或者说是一个倾斜的、缩小的矩形形态。它通常由 3 个或 3 个以上波动幅度相当的微型价格趋势所构成。连接各轮价格走势峰位的直线和连接各轮价格走势谷底的直线分别起到压力线和支撑线的作用，构成了平行四边形的上底和下底。这两条线中的任何一条被突破，则意味着旗形形态的完成，而当前价格趋势的调整也宣告结束，价格一般会发生更大幅度的变化。

旗形形态的方向通常与当前的价格趋势方向相反：如果旗形出现在上涨趋势中，会略微向下倾斜，而如果旗形出现在下跌趋势中则略微向上倾斜（见图13-41）。然而，不论是哪一种旗形，在其形成过程中所伴随的交易量都是逐渐萎缩的。联系到价量关系的基本原则——当价量变动一致时，当前趋势将持续，而当价量变动背离时，当前趋势将反转——我们可以验证旗形形态的意义。上升趋势中的旗形形态伴随着价量的一致，而下降趋势中的旗形形态伴随着价量的背离，因此旗形形态总是作为一种整理形态而不是反转形态出现。

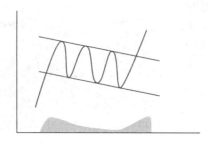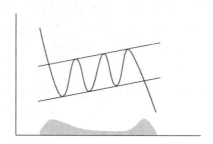

图13-41　旗形形态

旗形形态形成所需的时间，短到3—5天，长至3—5周。对于旗形形态的识别不能过早下结论，因此如果没有伴随交易量的萎缩，那么也有可能发展成为矩形形态；另一方面，识别也不能过晚，因为旗形形态毕竟只是一个短暂的整理形态，如果持续时间超过4周，很可能无法形成真正的旗形。

（二）三角旗形

三角旗形（Pennants）与旗形在时间跨度、成交量变化和技术含义等方面的特点几乎完全相同，唯一的一点不同在于其两条趋势线并不像旗形中的那样相互平行，而是呈现收敛形状。就成交量而言，三角旗形所伴随的成交量萎缩较旗形更为明显。如果说旗形形态对应于矩形形态，那么三角旗形显然对应于三角形形态（图13-42）。

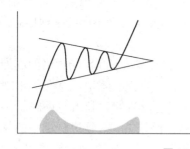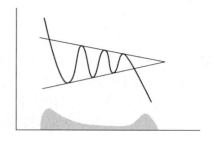

图13-42　三角旗形形态

（三）楔形

楔形（Wedges）与三角形非常相似，它最显著的特征也是顶部的压力线和底部的支撑线呈现收敛的形状，并同时伴随着成交量的萎缩。两者不同之处在于，三角形形态的两条趋势线一上一下，方向相反，而楔形形态的两条趋势线则具有相同的方向。楔形形态的方向同当前趋势的方向也是相反的，出现在上升趋势中的楔形略微向下倾斜，反映了上升趋势的短暂调整，而出现在下降趋势中的楔形则略微向上倾斜，代表着下降趋势的暂时调整(见图 13-43)。楔形在空头市场的反弹走势中十分常见,它的完成通常预示着价格将走出暴跌的趋势。楔形所持续的时间通常为 2—8 周。

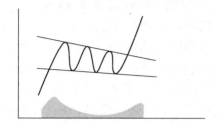 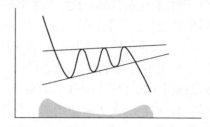

图 13-43　楔形形态

(四) 碟形底和圆弧顶

碟形底(Saucer)和圆弧顶(Rounding Top)在形态上恰好相反,前者发生在市场的底部,后者发生在市场的头部。这两种形态的成交量特征是一致的,即成交量都随着形态的形成而先减后增,说明由于价格调整得过于平缓,投资者对价格的走势逐渐失去了兴趣,使得价格的动能也逐渐减弱。当价格到达碟形底的底部或者圆弧顶的顶部时,成交量也到达最低点。其后,由于价格虽然仍在微量调整,但方向已经发生了改变,吸引投资者再度进入市场进行交易,使得成交量温和放大。在这两种形态完成的时候,成交量都会明显放大,形成加速的价格变动趋势。图 13-44 给出了碟形底和圆弧顶的例子。

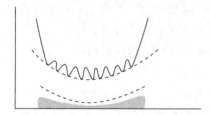 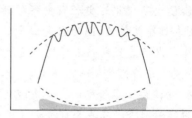

图 13-44　碟形底和圆弧顶形态

碟形底和圆弧顶所表示的都是供求关系的逐渐变化,意味着市场正在慢慢继续与当前趋势方向相反的动能。这两种形态的发展相对其他形态而言较为缓慢,通常持续 3 周至数年的时间,并且没有明确的支撑位或阻力位,因此价格形态突破的位置比较难以确定。事实上,碟形底和圆弧顶在现实中也较少出现,然而它们一旦出现,则意味着大规模的走势即将到来。

四、关于价格形态的一个小结

价格形态是技术图形分析中非常重要的一种工具。它的形成来自市场中多空双方相对力量的变化,反映了市场参与者的心理变化。正是因为价格形态能够直观地反映市场内在特征的变化,从而揭示市场价格的均衡变化,所以它的突破能够为后市的价格趋势发出相对可靠的信号。

在价格形态的分析中,技术线起到了重要的作用,尤其是支撑线、压力线和趋势线。它们成为了判断各种价格形态有效突破的重要标准之一,这也验证了我们在对线形分析进行小结时所阐述的观点,即当多种图形方法结合应用时,能够对趋势的判定发挥更大的效力。

当然,价格形态分析也并不是完全可靠的。这种分析方法的内在特征决定了它具有两个无法彻底克服的缺陷,即主观性和滞后性。一方面,价格形态是一种非常直观的分析工具,但是正是由于它的直观性,使得对它的判断具有极大的主观性——这正如应用波浪理论在现实市场价格趋势中数浪一样。面对同样的价格曲线,不同的分析者站在不同的角度,运用不同的标准,可能会得出完全相反的结论。另一方面,运用形态分析总是等到形态彻底完成之后才能够显示出其指导意义,因此不可避免地存在信号的滞后性,这很可能会使投资者失去一些获利的机会。当然,正如道氏理论家们对于批评者们的反驳一样,即使时机的滞后使得投资者无法完全从市场的价格波动中获利,至少它在正确运用的前提下,不会比买入-持有策略的支持者获得更少的利润。

总而言之,要正确而准确地应用价格形态对市场价格变动的趋势进行研判,一方面需要结合其他的技术分析方法,通过各种方法的相互确认来加强信号的可靠程度,另一方面则还是需要借助丰富的市场经验和敏锐的观察力,才能在第一时间发现获利的良机。

小　　结

1. 主要的技术分析图表类型有曲线图、条形图、K线图、点状图,它们可以反映一天的交易情况,也可以描述更长或更短的时间周期内(分钟、小时、周、月、年)的市场状况。每一种图表都有其长处,因为它突出或强调了价格变化的某个方面。

2. 算术坐标是长期以来得到广泛使用的方法,这种坐标的每一刻度单位代表了相同的算术价差。在价格变化程度不大时,算术坐标非常适用。半对数坐标正在得到越来越多的使用,它使得证券价格的变动表现为比率关系,更适合于长期趋势的分析。

3. 曲线图剔除了其他影响技术分析者对趋势判断的次要因素,以最简明的方式反映出市场价格变动的趋势。但是,曲线图上的每一点对于该时点上的市场行为所记录的信息过少,这使得它对于趋势的预判发挥不了较大的作用。

4. 条形图与曲线图相比,包含了更多的信息。它非常简洁地概括了每一时间段的价格运动。而在长期内,它也依然能够像曲线图那样良好地反映价格运动的整体趋势。

5. K线是目前运用得最为普遍的技术分析工具。K线图中所描述的数据与同一时期条形图中描述的数据并没有什么区别,但它更加强调开盘价与收盘价之间的相互关系。

6. 点状图以简单的形式做出任何市场价格运动的图形以分析其模式和趋势。点状图并不涉及时间坐标,并且忽略制定价格变化范围以下的所有价格波动。

7. 线形分析是用于判定趋势变化的一个被广泛采用的方法,它通过在价格走势图中画出各种各样的技术线,估计当前价格变动将要达到的目标价位,进而结合价格走势和技术线之间的相互位置来判断趋势的反转或整理。主要的技术线包括支撑线与压力线、趋势线和趋势通道、扇形线、比例线以及速度压力线等。技术线的意义来自于它的突破。

8. 价格形态指在市场价格趋势发生变化(持续或反转)的过渡阶段中价格的调整所形成的价格曲线,反映了市场多空双方相对力量的变化。在应用价格形态对趋势进行分析时,有三点需要注意:一是形态的持续时间,二是形态的深度,三是坐标系的类型。主要的价格形态有矩形形态、头肩形态、双重顶底形态、扩散形态、三角形形态等,除此之外还有一些小型的价格形态,如旗形、三角旗形、楔形、碟形底和圆弧顶等。

9. 在价格形态的分析中,技术线起到了重要的作用,尤其是支撑线、压力线和趋势线。它们成为了判断各种价格形态有效突破的重要标准之一,这充分说明,当多种图形方法结合应用时,能够对趋势的判定发挥更大的效力。

关 键 概 念

算数坐标	支撑线与压力线	价格形态	三角旗形形态
半对数坐标	矩形形态	楔形形态	曲线图
趋势线	头肩形态	碟形底和圆弧顶	条形图
趋势通道	双重顶、底形态	K 线图	扇形原理
扩散形态	点状图	比例线	三角形形态
技术线	速度压力线	旗形形态	

第十四章 技术指标分析

 学习目标

- ◆ 了解技术指标分析在技术分析理论体系中的地位,以及它与技术图形分析的关系和结合应用;
- ◆ 掌握技术指标的三种类型,了解各类技术指标所关注的领域和主要应用方法;
- ◆ 掌握移动平均线编制方法和应用法则,了解相对强度的技术含义;
- ◆ 掌握主要动能指标的编制方法和应用法则,理解动能指标的优势和不足;
- ◆ 掌握市场结构指标体系的主要内容,了解主要的市场结构指标的应用方法。

技术图形分析能够以最直观和生动的形式向投资者提供趋势反转或整理的信号,是技术分析中不可或缺的一种分析工具。然而,正如我们所看到的那样,仅仅依靠技术图形对趋势进行判断,在很多情况下很难得到较为准确的结论。首先,图形中的虚假突破永远都不会消失,而投资者在大部分时候只能依靠经验和意识来筛选掉无效的突破信号;其次,即使突破是有效的,也并不意味着趋势一定发生变化,因为图形分析建立在市场价格曲线基础之上,而市场价格只是市场特征的外在表象,并且通常是非理性的,根据非理性前提得出的正确结论必然也是非理性的;最后,过于直观的图形缺乏客观的量化评价标准,使得不同投资者对于相同的技术图形可能产生不同的理解,主观性较强。正因为如此,我们还需要结合技术分析的另一种方法——技术指标分析。在本章的分析中,为直观起见,均针对股票市场进行分析。事实上,技术指标的分析方法同样适用于其他金融市场。

技术图形能够直观地展示价格变动的趋势,但是仅仅凭借直观的观察是不能够准确地判断和预测价格变动趋势的。技术分析者还需要更为精确和量化的工具来辅助技术图形,这一工具就是技术指标(Technical Indicator)。技术指标是运用事先确定的方法对价格和成交量等股票市场的原始数据进行处理,并结合技术图形对市场行为进行分析,进而预测市场变动趋势的一种重要的技术分析方法。如果技术指标能够对技术图形分析中所得到的结论进行确认,那么我们从图形分析中所得到的趋势信号将被显著增强,同时所形成的交易策略的正确性也将得到提高。

技术指标的种类繁多,但究其本质,主要可分为三类:一是确认性指标,二是动能指

标,三是市场结构指标。确认性指标以基本的价格运动图表为基础或者与其相联系。确定性指标确定基本的趋势,通过指标曲线和价格曲线的相互背离发出趋势变动的预警信号。动能指标衡量了价格变动的变化率和速率,能够为市场的短期逆转事先提供信号。市场结构指标通过构造市场行为主要方面的相关指标,衡量市场结构的内在特征,从根本上探究市场价格趋势的变动规律。

第一节 确认性指标

确认性指标以基本的价格运动趋势为基础或者与其相联系,是计算最为简单,也是非常直观的技术指标,主要包括移动平均线和相对强度。当这些指标与当前价格行为相互确认时,价格趋势得以确认,而如果这些指标与当前价格行为相背离,则价格趋势将出现反转。严格意义上说,将这一类指标命名为确认性指标并非完全合理,因为大部分指标同价格波动曲线之间都存在相互确认和相互背离的情况,而它们的意义也都反映在与价格曲线之间的关系中。然而,确认性指标却是对移动平均线和相对强度的最直接的概括,因为它们与其他类型的技术指标之间存在计算和应用等方面的显著差异。

一、移动平均线

市场价格的运动趋势并不像我们在图形分析中所描述的那样平滑,事实上恰恰相反,由于价格反映了投资者的心理变化和买卖双方的相对力量,而这两个因素都是多变的,所以现实中的价格波动是非常不稳定的,有时甚至呈现出情绪化的特征。市场价格的多变性固然增加了投资者损益的不确定性,使得市场更具有诱惑力,但同时也加大了技术分析的难度,尤其是一些随机的没有意义的价格波动对进行有效的技术分析产生了不小的干扰。所以,对于价格波动进行平滑处理是非常有意义的,它大幅地减少了价格的各种扭曲,使我们得以忽略价格趋势中的次要因素,集中于价格内在运动规律的分析之上。

移动平均线(Moving Average,MA)是标准的价格平滑方法,它在技术分析领域中得到了最为广泛的运用。根据计算方法的不同,常用的移动平均线可以分为三种:简单移动平均线(Simple MA),加权移动平均线(Weighted MA)和指数移动平均线(Exponential MA)。不同类型的移动平均线的计算方法有所不同,但是技术特征和应用法则没有太大的区别。下面我们首先介绍各种移动平均线的绘制方法,然后分析他们的共同特征和实际应用时所应遵循的法则。

(一)移动平均线的绘制

在各种形式的移动平均线中,简单移动平均线是最早出现的,它同时也因为简单的计算和方便的应用而得到了相对最为广泛的采纳。其他移动平均线事实上都是基于简单移动平均线之上所进行的修正,在计算方法上只是进行了一些改进,而不是彻底的革新。

1. 简单移动平均线

简单移动平均线的编制方法非常简单,就是将连续数期的价格(通常采用收盘价)加总然后除以期数,计算出这数期内的算术平均值,作为简单移动平均线上的一个点。将上述求和序列中的第一项(也就是最早的一期)的数字去掉,加入新的一项数字(代表原求和序列之后一期的价格),再求算术平均值,得到简单移动平均线上的第二个点。按照这种方法继续计算下去,则可绘制出简单移动平均线的各点,连接各点则成为简单移动平均线。

我们以表14-1来说明简单移动平均线的计算过程。表中给出了连续15个时期的市场价格数据。如果需要计算5期的简单移动平均线,则需要加总连续5期的价格数据,然后除以5,求出算术平均数。因此,只有从第5期开始才能够计算5期移动平均线,而10期的移动平均线则从第10期开始采用相同的方法进行重复计算。

表14-1 简单移动平均线的计算

时期	价格	5期价格之和	5期 SMA	10期价格之和	10期 SMA
1	100				
2	102				
3	105				
4	120				
5	117	544	108.8		
6	110	554	110.8		
7	103	555	111.0		
8	99	549	109.8		
9	96	525	105.0		
10	92	500	100.0	1 044	104.4
11	86	476	95.2	1 030	103.0
12	85	458	91.6	1 013	101.3
13	92	451	90.2	1 000	100.0
14	101	456	91.2	981	98.1
15	104	468	93.6	968	96.8

图14-1给出了通用汽车公司最近5年的股票价格走势图,并且提供了50天和200天的简单移动平均线。从中可以观察到不同周期的移动平均线是如何构造平滑之后的价格趋势的。而且,200天的移动平均线显然比50天的移动平均线对价格进行了更大程度的平滑。

图14-1 通用公司股票价格走势(不同时间跨度的简单移动平均线)

2. 加权移动平均线

简单移动平均线对各个时期的价格进行简单的算术平均,其间并没有考虑时间的先后对于移动平均线的影响,而事实上,时间恰恰是不容忽视的一个因素,因为不同时点上的价格对当前的价格趋势的作用是不同的:距离现在越近,价格对目前价格趋势所能发挥的作用就越大。从统计学的观点来看,只有把简单移动平均线绘制在价格时间跨度的中点,才能正确地反映价格的运动趋势,但是这会使得趋势信号在时间上产生滞后。加权移动平均线就是为解决这一问题应运而生的。这种移动平均线通过对不同时期的价格赋予不同的权重,即越新的数据权重也越高,将价格的时间因素纳入移动平均线的绘制过程中。与简单移动平均线相比,加权移动平均线更加敏感,能够更快地发出价格趋势信号。

权重的选取有很多种方法,最常用的是将各期的价格与期数相对应,也就是说,第 1 期的价格权重为 1,第 2 期的价格权重为 2,第 3 期的价格权重为 3 等,以此类推到最后一期。将各期的价格乘以对应的权重并求和,然后将所得到的结果除以各期权重之和,就能够得到一个加权移动平均线数据。按照这种方法重复进行计算,即可绘制出加权移动平均线。表 14-2 给出了一个计算 10 期加权移动平均线的例子。

表 14-2 加权移动平均线的计算

时期	价格	权重										∑(权重×价格)	∑权重	10 期加权移动平均线 ∑(权重×价格)/∑权重
1	100	1												
2	102	2	1											
3	105	3	2	1										
4	120	4	3	2	1									
5	117	5	4	3	2	1								
6	110	6	5	4	3	2	1							
7	103	7	6	5	4	3	2	1						
8	99	8	7	6	5	4	3	2	1					
9	96	9	8	7	6	5	4	3	2	1				
10	92		9	8	7	6	5	4	3	2	1	4 721	45	104.9
11	86			9	8	7	6	5	4	3	2	4 597	45	102.2
12	85				9	8	7	6	5	4	3	4 427	45	98.4
13	92					9	8	7	6	5	4	4 264	45	94.8
14	101						9	8	7	6	5	4 184	45	93.0
15	104							9	8	7	6	4 213	45	93.6

3. 指数移动平均线

指数移动平均线可以看作一种简单形式的加权移动平均线,它能够避免加权移动平均线较为复杂的运算。我们利用表 14-3 来解释指数移动平均线的绘制方法：如果我们要计算 10 期的指数移动平均线，首先需要计算一个 10 期的简单移动平均线数值，以此为计算指数移动平均线的起点（表 14-3 中最后一列中的第一个数值 104.4）。然后观察下一期的价格数据，比较它与上一期简单移动平均线的大小，计算出差值——这个差值可能为正数或负数。将这个差值乘以事先指定的指数（这里假设计算 10 期指数移动平均线所采用的指数为 0.5），加到上一期的指数移动平均线上（如果是负值则从上一期的指数移动平均线中减去），就得到了下一期的指数移动平均线数值。按照这种方法重复计算下去，就可以得到指数移动平均线上的各个数值，并依此绘制指数移动平均线。

表 14-3 指数移动平均线的计算

时期	价格	上期的 EMA	价格与上期 EMA 的差值	指数	指数×差值	当期的 EMA
...	...	...	...	...	...	...
10	92					104.4
11	86	104.4	−18.4	0.2	−3.7	100.7
12	85	95.2	−10.2	0.2	−3.1	97.6
13	92	90.1	1.9	0.2	−1.1	96.5
14	101	91.1	10.0	0.2	0.9	97.4
15	104	96.0	8.0	0.2	1.3	98.7

在计算指数移动平均线的过程中，指数的选取是非常重要的，它决定了指数移动平均线的敏感程度。计算同周期的指数移动平均线所选用的指数越大，得到的指数移动平均线对于价格的变动就越敏感，但同时带来虚假信号的可能性也越高。表 14-4 给出了对于不同时间跨度所应当采用的正确指数。

表 14-4 不同时间跨度的指数

期　　数	指　　数
5	0.4
10	0.2
15	0.13
20	0.1
40	0.05
80	0.025

资料来源：马丁·普林格. 技术分析. 第四版中译本. 中国财政经济出版社，2003：145.

如果某条指数移动平均线对于价格的变动过于敏感，那么有两种方法可以解决这一问题：一是增加计算所采用的时间跨度，这样可以平缓指数移动平均线的波动；二是将这条指数移动平均线再做一次甚至是更多次的指数移动平均，这样会使所得到的移动平均线越来越平滑，敏感性越来越低，但代价就是移动平均线的时效性逐渐降低。

图 14-2 所示的价格走势图与图 14-1 的不同之处在于，它同时给出的是 50 天的简单移动平均线和加权移动平均线，可以看出对于每一个价格峰位和谷底，两种移动平均

线的跟随都存在滞后性,但相比而言加权移动平均线对于价格的最新变化更敏感,能够更早地反映价格趋势的变化。

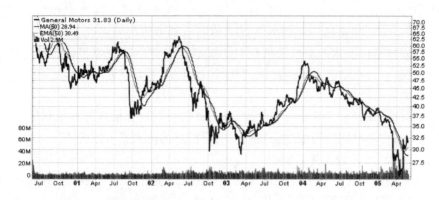

图 14-2　通用股票价格走势图(简单移动平均线和加权移动平均线)

在应用移动平均线对价格趋势进行技术分析时我们不可避免地会遇到这个问题,即应当选取多大的时间跨度(Time Span),才能使所计算并绘制出的移动平均线具有最好的效果? 对于时间跨度的选择取决于要识别的价格趋势类型,因为不同周期的趋势具有不同的特征,而即使相同的市场趋势也会经历不同的周期现象。一般而言,较长的时间跨度比短期的时间跨度较少受到市场操纵和随机因素的影响,因此对应的移动平均线往往能够具有更好效果。表 14-5 给出了一些经过实践检验,证明效果较好的可选择时间跨度。

表 14-5　移动平均线的经验时间跨度

短期趋势	中期趋势	长期趋势
10 日	30 日	200 日/40 周/9 个月
15 日	10 周(50 日)	45 周
20 日	13 周(65 日)	
25 日	20 周	12 个月
30 日	26 周	18 个月
	200 日	24 个月

资料来源:马丁·普林格. 技术分析. 第四版中译本. 中国财政经济出版社,2003:137.

(二)移动平均线的主要特征

虽然各种移动平均线的绘制方法有所不同,但是他们的计算方法存在本质上的共同点,这也使得它们具有相同的特征。移动平均线有下列主要特征。

首先,移动平均线是一种经过平滑处理的价格趋势。这一特征来自于移动平均线的定义,它包括两层含义:一是移动平均线本身就能够代表价格的趋势,这使得移动平均线和原始的价格曲线之间的关系成为一个判定趋势走向的依据;二是移动平均线所代表的价格趋势是经过了平滑处理的,这表明移动平均线相对于原始价格具有更强的稳定性,并且能够剔除许多随机扰动因素。移动平均线的这一基本特征为它的应用奠定了基础。

其次,移动平均线对于价格趋势的反映具有滞后性。这一特征我们在价格的走势图中可以清晰地观察到，它也是移动平均线的一大缺陷。移动平均线的计算方法决定了它只能反映过去一段时间内的平均价格走势，因此当期的价格变动也只能在之后几期的移动平均线中反映出来。解决这一问题的一种方法是绘制延后移动平均线（Advancing Moving Averages），即将按照正常方法计算出的移动平均线延后几个时期进行绘制，这样可以尽可能过滤掉偶尔产生的虚假信号。延后的时间主要依靠投资者的经验进行判断，一种可行的方法是将移动平均线延后其时间跨度的平方根期（例如，25 期的移动平均线则延后 5 期进行绘制）。

最后，移动平均线本身就是一个支撑和压力区域，它对价格具有助涨和助跌的作用。同时，这也表示移动平均线可以结合我们前面分析过的技术图形分析进行应用。

（三）移动平均线的应用法则

在研究移动平均线的技术含义时，有 3 个关键词是我们必须关注的，即确认、背离和穿越。它们分别代表了移动平均线和原始价格曲线之间的相互关系：确认（Confirmation）是指移动平均线和价格曲线之间保持相同的运动趋势，并且没有发生交叉；背离（Divergence）是指移动平均线运动的趋势与价格曲线恰好相反；穿越（Crossover）则是指移动平均线和价格曲线交叉，其实就是价格曲线对移动平均线的突破。

1. 确认和背离

既然移动平均线是经过平滑了的价格波动，那么它比原始的价格曲线更能反映市场价格的基本变化趋势。因此很容易理解，移动平均线同价格曲线相互确认时，能够强化当前的价格趋势，而移动平均线同价格曲线的背离则预示着趋势的变化可能已经发生。这是因为，最新的价格变动并不会立即反映在移动平均线中，而是逐渐地被移动平均线所消化。当价格趋势出现反转时，移动平均线来不及完全反应，而仍然维持原来的趋势，并且逐渐朝当前的趋势方向进行调整，此时出现价格曲线和移动平均线的背离。如果在背离发生时，移动平均线已经走平或改变方向，则这种背离清楚地表明先前的价格趋势已经反转；如果在背离发生时，移动平均线仍然保持着当前的趋势，那么这种背离应当作为价格趋势发生反转的最初警告。需要注意的一点是，虽然一般情况下我们采用收盘价来绘制移动平均线，但是在考察一段时间内价格对移动平均线的背离行为时，最好采用每天的最低价或最高价来计算移动平均线。

2. 突破和穿越

由于移动平均线是平滑和滞后的价格曲线，反映了价格运动的基本趋势，所以它本身就可以充当价格曲线的支撑和压力区域。在上升行情中，移动平均线是价格曲线的支撑线，而在下降行情中，移动平均线则是价格曲线的压力线。价格曲线可能突破移动平均线。既然如此，我们在上一章所掌握的有关切线的技术分析方法在此也同样适用。移动平均线的技术含义将体现在有效的突破上，而这种价格曲线对于移动平均线的突破在此运用了专门的术语进行表述，即穿越。对于穿越有效性的判断可以采用与切线突破判定相似的准则，即考虑价格突破幅度、突破时间和成交量的相应变化等因素，也可以采用一些被广为接受并且简单易行的方法，如根据"3％原则"在移动平均线的两侧设定一条过滤带，来减少虚假的突破（穿越）信号。下面我们给出一些具体的研判法则，它们来自于爱德华和迈吉的《股市趋势的技术分析》一书，按照经典的说法也被称为"格兰维尔法则"。

在上升趋势中,只要价格曲线保持在移动平均线之上,投资者就应当保留多头头寸。此时主要的市场信号有:(1)价格曲线向上穿越移动平均线,为买入信号;(2)价格曲线处于移动平均线之上并且急速地向移动平均线下跌,但是没有穿透后者,为买入信号;(3)价格曲线向下穿越移动平均线,与此同时移动平均线仍然处于上升趋势中,为卖出信号;(4)价格曲线暴跌到下降的移动平均线之下很远处,预期可能出现短暂反弹,为可能的空头陷阱。

在下降趋势中,只要价格趋势保持在移动平均线之下,投资者就应当持有空头头寸。此时主要的市场信号有:(1)价格曲线到达底部并转而上升,穿越移动平均线,为买入信号;(2)价格曲线在移动平均线之上,同时移动平均线处于下降趋势中,为卖出信号;(3)价格曲线由下方向移动平均线逼近,但并没有实现穿越,反而调头向下,为卖出信号;(4)价格曲线有时候在穿越移动平均线的同时会突破趋势线,此时的信号类型需要根据穿越和突破的方向来判别;(5)价格曲线暴涨到上升的移动平均线之上很远处,预期可能出现短暂回调,为可能的多头陷阱。

在水平趋势中,价格曲线通常会围绕着移动平均线上下振荡。

(四)移动平均线的扩展

移动平均线并不是在任何时候都能够有效地发出价格趋势变化的信号,并且对于它本身的研判也存在一定的困难。在这里我们介绍三种常用的能够强化移动平均线作用的方法,即多重移动平均线、包络线和布洛林带。从某种意义上说,这些方法可以视为移动平均线的扩展应用。

1. 多重移动平均线

有的时候一条移动平均线对于趋势的判定无法提供明确的参考,这时候我们需要在同一幅走势图中绘制更多不同时间跨度的移动平均线。这些不同时间跨度的移动平均线的作用在于,一条时间跨度相对较短的移动平均线与一条时间跨度相对较长的移动平均线之间的关系相当于价格与移动平均线之间的关系,可以通过它们之间的相互确认、背离和穿越来对移动平均线的技术指导意义加以强化。如果这些技术信号同时产生于价格曲线和移动平均线以及各种时间跨度的移动平均线之间,趋势的变化能够更好地得以确认。图14-3给出了美国西北航空公司股票1996—2005年的价格走势图,并且绘制

图14-3 美国西北航空公司股票价格走势

出了30周(200天)、50周(12个月)和100周(24个月)的移动平均线。在1998年前期，价格向下依次突破了30周、50周和100周移动平均线，之后30周移动平均线向下相继突破了50周和100周移动平均线，而50周移动平均线又向下突破100周移动平均线。移动平均线之间的相互突破确认了价格的下跌趋势，发出了空头信号。如果投资者错过了这一次信号，那么还可以通过1998年末至2000年中期的折返趋势对损失进行一定的弥补。然而在2000年年末，市场再次按照相同的模式发出卖出信号，如果这一次仍然没有进行空头操作，那么损失将是十分惨重的。

2. 包络线(Envelopes)

包络线采用的是一种过滤技术，它是一系列与移动平均线平行且对称的曲线。包络线的构造是基于这样的原理：股票价格围绕某一特定趋势以合理的大致相同的比例做周期性波动。因此，移动平均线实际上是价格趋势的中心，而包络线则是由偏离移动平均线的最大和最小的价格组成的。包络线的主要作用在于尽可能地过滤虚假的价格信号，但是选择什么标准来绘制包络线并没有严格的规定，这只能根据经验进行判断。图14-4给出了一个包络线的实例，它是按照10%的参数绘制的。

图14-4　IBM公司股票价格走势和包络线(10%)

3. 布林带(Bollinger Bands)

布林带其实也是一种包络线分析方法，它是由约翰·布林(John Bollinger)发明的。布林带不是按照高于或低于某条移动平均线的固定百分比来绘制，而是根据收盘价高于和低于其平均值的标准差来绘制。因此，布林带的宽度与价格波动的剧烈程度之间呈正相关关系。

在设定布林带的时候，需要给定两个重要参数，即移动平均线的时间跨度和标准差的个数。移动平均线时间跨度可以根据前面介绍过的法则进行选取，而标准差的设置则通常依靠经验来进行。如果标准差设置过大，则布林带的整体宽度过大，价格曲线可能永远都无法触及布林带的边界；如果标准差设置过小，则布林带的整体宽度偏小，价格经常穿越布林带边界，很容易发出虚假信号。

图14-5给出了一个布林带的实例，我们依据它来介绍布林带的解释规则。

首先，当布林带明显变窄时，价格走势随后会出现明显的变化。布林带变窄意味着价格向移动平均线趋近，这种趋紧有两种可能：一是实现穿越，二是穿越不成而发生折返。这两种情形都是明显的趋势变动信号。之后一旦布林带显著放宽，则意味着价格趋

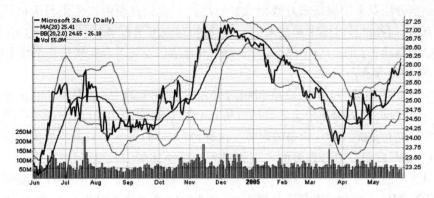

图 14-5　IBM 公司股票价格走势和布林带(20,2)

势的巨大变动已经发生。图 14-5 中,布林带在 2004 年 9 月份明显变窄,与此同时,价格向上突破布林带上界,于是正像我们所看到的那样,其后的价格经历了一波非常大的上升趋势。布林带在价格达到峰顶之后,于 2005 年初发出了又一个价格信号。

其次,如果价格突破布林带,则走势有望持续。如果价格向上穿越布林带,则说明向上的动能很强,能够使股价上升较大的幅度;如果价格向下穿越布林带,则说明向下的动能很强,能够使得股价下降较大的幅度。图 14-5 中,价格于 2004 年 6 月向上突破布林带并保持在其上方,此时布林带上界成为一条趋势线,起到支撑作用并且价格走出一波较大的上升行情。

最后,在价格穿越布林带边界之后,如果价格呈现反转形态,则预示着趋势即将发生反转。图 14-5 中,价格在 2005 年 3 月试图穿越布林带,却迅速反弹至布林带以内,意味着价格趋势将出现反转。

二、相对强度

(一)相对强度的构建

相对强度(Relative Strength,RS)也称相对表现,是一种用来衡量两种资产相对价格的技术工具,它表现为两种资产价格相除,然后把结果描绘成一条连续的曲线。现实中应用最多的相对强度是个股价格与大盘指数的比值,它反映了个股和大盘之间的相对表现。在价格的上升趋势中,如果相对强度指标下降,或虽然它也在上升但是上升速度相对于价格较小,则说明个股的表现要优于大盘;如果相对强度指标上升得比价格还要快,那么只能说明个股的表现比大盘差。在价格的下降趋势中也是如此。

相对强度指标仅仅是一种相对的概念,它自身的变化方向对于构成它的两个参数并没有影响。也就是说,假设相对强度指标上升,我们并没有办法确定个股价格和大盘指数的变化趋势。此时可能是个股价格以比大盘指数更快的速度上升,也可能是个股指数以比大盘指数更慢的速度下降,或者是个股价格上升的同时大盘指数在下降。

(二)相对强度指标的解释

相对强度反映了一种价格的相对趋势,因为单只股票的价格趋势相当于大盘保持水平趋势不变时的相对强度。只是由于相对强度指标的波动程度受到两方面因素的影响而远远大于价格本身,使得相对趋势的变化可能会比绝对趋势更为剧烈。通常解决这一问题的初步方法是采用周线或月线图代替日线图。我们完全可以采用与价格趋势分析相似的方法,如各种技术图形和技术指标等,对相对强度进行解释。在这一过程中,我们同样可以像移动平均线的应用那样,关注确认与背离以及突破和穿越这几个技术形态。

1. 确认与背离

在一个上升趋势中,如果价格和相对强度之间相互确认,就称为"相互配合"(In Gear)。一个主要趋势的开始通常都是以价格和相对强度的相互配合开始的,但最后相对强度的高度总是无法确认价格的趋势。这种情形表明,虽然单只股票的价格在创造着新高,但是这只股票在上升趋势的末端相对于市场整体的表现已经由强变弱了。然而,这种相对强度的减弱只是一个相对的弱势信号,并不是绝对的卖出信号,它表明投资者应当考虑变更自己手中所持有的股票头寸,卖出这种相对强度减弱的股票,而买入相对强度增强的股票。当然,如果相对强度的这种变化伴随着突破和穿越,那么就另当别论了。另外,如果在上升趋势中多次出现价格与相对强度的背离,则预示着趋势即将发生反转。

相对强度与其移动平均线之间同样存在确认与背离的问题(需要注意的是,这里的移动平均线并不是绝对价格曲线的移动平均线,而是指基于相对强度数据编制的移动平均线),其技术含义可以参照价格与移动平均线之间关于确认与背离的应用法则。

2. 穿越与突破

正如价格与移动平均线之间的穿越与突破之间的关系相比确认与背离更为重要一样,相对强度对其移动平均线的穿越和它自身形态的突破也具有非常重要的技术意义。

相对强度指标穿越其移动平均线所提供的指导意义与价格穿越移动平均线相同,但是由于相对强度指标的波动非常剧烈,其对移动平均线的穿越经常产生错误的信号,尤其是在短期趋势中。

相比之下,如果我们基于相对强度来构造趋势线,一旦相对强度突破其趋势线,则会发出较为可靠的趋势反转信号。如果这一信号得到了价格本身的确认,那么它的可靠程度将更高。价格与相对强度同时突破各自趋势线的情况并不多见,但是一旦这种现象发生,通常代表重要的趋势反转信号。进一步地,相对强度的突破并不仅限于趋势线等切线分析,还可以包括相对强度本身价格形态的完成等;绝对价格对于相对强度突破的确认也不限于切线的突破,同样也可以包括价格形态的完成和技术指标的确认。

第二节 动能指标

动能指标(Momentum Indicators)是对一系列摆荡指标(Oscillator)的统称。动能指标与我们前面介绍过的趋势判定方法(如切线、价格形态和确认性指标等)的不同之处在于:一方面,这几种方法虽然非常有效,但是它们都只能够对趋势进行事后的分析,所发出的信号也相应具有一定时滞,而动能指标则能够对价格趋势进行事前的监测,并且在价格趋势最终的转折点之前发出相对更早的信号。另一方面,前面几种方法通常适用于分析较为明显的价格趋势或是价格趋势的反转,对于价格在水平方向上下摆动的水平趋势进行分析则具有较大的局限性。动能指标则在这种近似无趋势可寻的市场中具有相当大的效力:它通过构造一个水平的价格振荡区间,为价格的波动所发出的信号设定了评判标准。

动能指标通常只是作为基础的趋势分析方法的补充,但通过与基础方法的结合,动能指标能够成为一种非常有价值的技术分析工具。对于短暂的无规律的市场行为,动能指标具有特殊的效用,因为它通过短期的市场波动揭示了市场的不均衡状态——超买或超卖;就典型的价格趋势而言,动能指标反映了一个趋势的动能大小,从而可以通过动能指标的变化来判断当前趋势所剩的能量。如果趋势的能量正在逐渐耗尽,那么意味着当前的趋势已经呈现疲态,可能即将出现反转。

一、动能指标概述

(一)动能原理

动能指标是建立在动能原理的基础之上的,因此要理解动能指标,首先应当认识动能原理。我们以一个非常简单的例子来解释技术分析中的动能原理:假设我们的面前有一个如图 14-6 所示形状的斜坡,现在我们将一个小球以一定的水平初速度滚出,让它自己滚上坡顶,然后顺着坡的背面自己滚下。根据最基础的物理学知识,小球在向坡顶运动的过程中,垂直方向的速度将先从 0 开始增大,后逐渐减小,直至达到坡顶时小球的垂直速度再度降低为 0;而当小球自坡顶向下滚动时,其垂直方向的速度由 0 开始增大,之后逐渐减小,直至坡底为 0。

当我们观察跌宕起伏的市场价格曲线时,是否发现了和这里"斜坡"的相似之处呢?或者说,如果我们像图 14-7 那样,将一个斜坡扩展为数个斜坡呢?没错,如果我们将这里起伏的斜坡看作股票的价格曲线,那么小球的运动事实上正是股票价格运动的轨迹,而小球运动的垂直速度则为价格变动的速率。如果我们进一步考虑这样一个"斜坡"体系处于室内,并且斜坡并不是完全平滑的情况,那么"天花板"和"地面"将会强制影响小球的正常运动路线。这意味着什么呢?既然我们将小球的运动轨迹视作股票市场中价格的波动趋势,而价格又是由多空双方所决定的,那么价格上涨(小球向上运动)是多方力量强于空方的结果,而价格下跌(小球向下滚动)则相反,是空方力量大于多方的结果。多空双方事实上充当了在小球运动过程中相对立作用于球体的动能和势能。小球改变运动趋势无非两种方式:一是像图 14-7 中右半侧那样,垂直速度逐渐减为 0,平滑地过渡到下一个趋势;二是像图 14-7 中左半侧那样,由于受到强制的外力作用而被强行改变运动趋势。前者象征着在股票市场中一方的力量逐渐减弱,而后者则意味着另一方力量的突然增大(可视作价格的支撑位或压力位)。

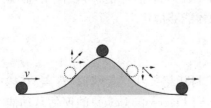

图 14-6 技术分析中的动能原理(1)

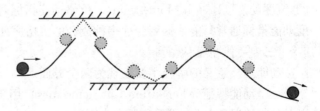

图 14-7 技术分析中的动能原理(2)

由此我们很容易得出这样的结论：在股票市场中同样存在着与自然界相似的动能，而这一动能主要来自价格的变动及其带来的多空双方相对力量的变化。动能衡量价格上涨或下跌的速度，并对价格趋势潜在的强势或弱势发出有效的信号。这是因为价格在达到峰位之前往往以最快的速度攀升，而在达到最终底部之前常常以最快的速度下跌。在一般情况下，由于市场行情在上涨过程中比在下跌过程中花费更多的时间，所以在正常情况下，动能指标在反弹上涨期间的导向作用比折返走势期间的要大。

（二）动能指标的构建

几乎所有的动能指标都按照相同或相似的方法进行构建，因而它们的外在特征也没有太大的区别。动能指标在技术图表中通常表现为绘制在价格曲线下方的一个水平的波动带，虽然价格的波动可能会朝不同的方向，但是动能指标的变动基本上限制在这一水平带中。一部分动能指标在水平带的中心具有一根轴线，指标围绕该轴线在水平区域中上下波动——这也是动能指标被称为摆荡指标的原因。

在动能指标的构建中，固定的上下边界和轴线是非常重要的两个因素，它们对于指标的研判具有非同寻常的意义。首先，动能指标的一个最大的作用就在于能够揭示市场的非均衡状态，指出市场是否处于超买或超卖的状态，而上下边界则为这一目标设立了标准。当动能指标曲线的摆荡超出了上下边界的约束时，通常意味着市场处于非均衡状态，当前的价格趋势已经走得太远了，极有可能会发生反转。如果结合价格的技术分析方法所发出的趋势反转信号，这一点就能够得到更有力的确认。上下界的幅度选择并没有统一的标准，主要还是依靠从历史数据中总结出的规律进行判断，并且这一边界并不是固定不变的，完全可以根据市场价格变动的现状进行调整。其次，虽然上下边界提供了市场均衡方面的信息，但是并不是说当动能指标穿越边界将发出买入卖出信号——如果这时才进入市场，显然只能成为姗姗来迟的受害者——真正的信号来自轴线的穿越。当动能指标向上穿越轴线时为买入信号，而当动能指标向下穿越轴线时则为卖出信号。当然我们还需要强调一点，即动能指标的信号只能作为价格趋势自身信号的有益补充，而不能取代后者。脱离基本价格走势而孤立地研判动能指标是没有任何意义的。

动能指标以动能原理为基础，而动能主要来自价格的变动及其带来的多空双方相对力量的变化。考察动能的方法主要有两种：一是利用单一考察对象的价格数据，如单个股票或大盘指数，通过统计处理构建出摆荡指标，这被称为"价格动能"（Price Momentum）。成交量也可以通过相同的方式处理。另一方法则是通过对大量市场指标的统计处理，如统计市场价格指数高于移动平均线的百分比，以此构建摆荡指标，即所谓的"宽度动能"（Breath Momentum）。价格动能指标对于任何价格序列都可以使用，而宽度动能指标通常只能依据划分为多种成分的价格序列才能够构建。

（三）动能指标的解释

动能指标意义的解释主要表现为两个方面。

一是动能特征（Momentum Characteristics），用于判断超买和超卖情形、背离、穿越以及类似情况。首先，超买和超卖水平（Overbought and Oversold Level）的评估是动能指标最为广泛的应用。超买和超卖揭示了当前市场的均衡状况：超买意味着当前市场中买方力量过于强大，存在过度需求；超卖表示当前市场中的卖方力量过于强大，存在过度供给。这两种情况都表明，当前的价格趋势已经过度延伸，即将进行回调。动能指标到达临界值,也就是水平区域的上界或者下界时,意味着当前的价格水平可能已经走得太远或者太快,必将经历某种形式的整理或者是修正。其次,动能指标和价格行为的背离也是一种重要的预警信号,尤其是当这种背离发生在动能指标接近边界值的时候。最后,动能指标对于轴线的穿越也具有指导意义,它给出了当前价格趋势中的重要交易信号,交易应当从穿越之时开始,而在动能指标到达边界值时,交易应当已经在进行了。

二是动能趋势反转技术,它根据动能指标本身来识别趋势的反转。当动能趋势发生反转时,价格趋势迟早会发生反转。然而正像我们前面所强调的,动能趋势的信号只能作为我们对价格趋势信号进行确认的一个补充,实际的买卖信号只能来自实际价格趋势的变化,而不是动能趋势的变化。

二、变动率指标(ROC)

动能指标的应用是建立在证券市场中的动能原理基础之上的,而衡量动能的最基本方法就是计算股票价格在给定时间内的变动率,也就是所谓的变动率指标,即ROC(Rate of Change)指标。这一指标可以通过两种方式进行计算:一是除法,计算结果称为百分比ROC指标;二是减法,计算结果称为正负差ROC指标。举例来说,如果我们要计算时间跨度为10期的ROC指标,其中当期的价格为100,而10期前的价格为103,那么有两种方法可以达到这一目的:一是按照除法计算,当前的ROC指标等于100除以103,约等于97.1(%),而下一期的ROC则等于下一期的价格除以从当期算起9期前的价格;二是按照减法计算,当前的ROC指标为100减去103,等于-3。至于轴线的选择,对于除法计算的ROC,可以选取100作为零轴,而对于减法计算的ROC则选取0作为零轴。表14-6给出了一个计算ROC的实例。

表14-6 ROC指标的计算

时 期	价 格	10期前的价格	百分比ROC	正负差ROC
1	103			
2	109			
3	112			
4	104			
5	99			
6	92			
7	85			
8	87			
9	92			
10	96			
11	100	103	97.1	-3
12	107	109	98.2	-2
13	114	112	100.0	0
14	121	104	101.0	1
15	129	99	102.0	2

如果将指标绘制在技术图形中,则正如图14-8所示,两种ROC指标可能会出现较大的不同,尤其是在长期趋势中。这是因为,长期趋势中价格的变动幅度可能非常大,而且受到基期价格水平的影响,所以两种ROC指标可能会相差甚远。相比而言,长期走势分析中百分比ROC更加具有优势,因为它表达了不同时期价格间的相对关系,能够避免简单的减法所带来的绝对关系所造成的指标扭曲;而在短期趋势分析中,减法计算的ROC则能够更敏感地给出超买或超卖信号。

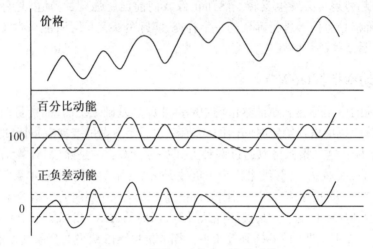

图14-8 百分比动能和正负差动能

三、加权总和变动率(KST)

ROC指标衡量了特定时间跨度内价格上涨或下跌的速度,有助于解释市场走势的一些周期性现象,并对当前趋势的反转给出预先的警告信号。但是在计算ROC时选定的时间区间是固定的,因此只能反映一个周期内的情况。而我们知道,价格的趋势和周期具有复杂的复合结构,任何时刻的价格都是由许多不同时间周期的交互作用共同决定的。因此,如果考虑到周期自身的特点,那么ROC的应用价值将大大降低。

加权总和变动率(The Know Sure Thing, KST)是建立在ROC指标基础之上,较好地解决了ROC指标所遇到的这一问题。KST通过对不同时间跨度的ROC进行加权平均,构造一个既能够反映主要趋势,也对趋势的反转有足够的敏感性,并且与价格的转折点相当接近的指标。KSI包括不同时间跨度的ROC指标,其中较长时间跨度的ROC反映长期价格趋势,而较短时间跨度的ROC则有助于判断短期内价格的折返运动。在计算KST时,不同时间跨度ROC的参数和权重都需要根据经验给出。这里我们给出一个相对较为合理的计算公式,如表14-7所示。

表14-7 KST指标的计算公式

	ROC	MA	权重	ROC	MA	权重	ROC	MA	权重	ROC	MA	权重
短期d	10	10	1	15	10	2	20	10	3	30	15	4
短期w	3	3*	1	4	4*	2	6	6*	3	10	8*	4

续表

	ROC	MA	权重	ROC	MA	权重	ROC	MA	权重	ROC	MA	权重
中期 w	10	10	1	13	13	2	15	15	3	20	20	4
中期 w	10	10*	1	13	13*	2	15	15*	3	20	20*	4
长期 m	9	6	1	12	6	2	18	6	3	24	9	4
长期 m	39	26	1	52	26*	2	78	26*	3	104	39*	4

注：d 表示日数据，w 表示周数据，m 表示月数据，* 表示 EMA。
资料来源：普林格. 技术分析. 第四版中译本. 中国财政经济出版社，2003：214.

KST 最初主要用于分析长期趋势，但后来也逐渐应用于中短期趋势的分析。它的信号来源于三个层次：一是 KST 指标自身改变方向，二是 KST 穿越其移动平均线，三是 KST 的移动平均线也改变方向。通常采用的分析方法是，在同一幅价格走势图的下方同时绘制日、周和月 KST，在分析价格趋势时结合三条 KST 曲线进行解释，这有助于识别长期趋势的方向和发展阶段，以及短期趋势和中期趋势之间的关系。

四、相对强弱指标（RSI）

（一）指标的构建

相对强弱指数（Relative Strength Index，RSI）是由韦尔斯·怀尔德（Welles Wilder）提出的，它是一种衡量证券自身内在相对强度的指标。相对强弱指数的出现解决了运用动能原理分析价格趋势时所遇到的两个问题：一是价格的变化使得动能指标非常不稳定，即使当前的价格并没有发生明显的变化，过去价格的变化也可能会导致动能指标发生巨大变动；二是动能指标需要一个固定的边界，从而能够进行研判和比较。

需要注意的是，相对强弱指数（RSI）应当与衡量证券相对表现的相对强度（RS）相区别。RS 通过两种价格的相互比较来判断一种资产价格的相对表现，在证券市场中尤其表现为一种证券的价格相对于大盘指数的表现。而 RSI 则是通过比较一段时期内市场价格的上涨幅度和下跌幅度，揭示市场中多空双方力量的强弱，进而预测价格未来的走势。它的计算公式如下：

$$RSI = 100 - \frac{100}{1+RS}$$

其中，RS 是一种相对强度，它等于 x 天的平均上涨点数（收盘价）与 x 天的平均下跌点数（收盘价）之商，即：

$$RS = \frac{x \text{ 天的平均上涨点数（收盘价）}}{x \text{ 天的平均下跌点数（收盘价）}}$$

对上述公式进行简单的数学变形，可以得到更为简便直观的计算公式：

$$RSI = \frac{A}{A+B} \times 100$$

其中，A 为选定期间内的涨幅之和，而 B 为选定期间内的跌幅之和。例如，我们用表 14-8 中的价格数据来计算 10 天的 RSI，则应当将期间内每日的收盘价减去前一日的收盘价，所得到的数字可能有正有负，然后将所有的正数和所有的负数分别加总求和，前者为 A，后者即为 B。将 A 和 B 的数值代入 RSI 的计算公式，将很容易算出 RSI 的大小。如果要计算以后各天的 $RSI(10)$，只需要将价格数据的取值区间向后顺延即可。从计算的公式中很容易看出，无论如何，RSI 的数值都会在 0—100，并且其摆荡将以 50 为轴线。

表 14-8 RSI 指标的计算

日期	收盘价	前日收盘价	涨幅(A)	跌幅(B)
1	103			
2	109	103	6	
3	112	109	3	
4	104	112		8
5	99	104		5
6	92	99		7
7	85	92		7
8	87	85	2	
9	92	87	5	
10	96	92	4	
求和			20	27

$$RSI = \frac{A}{A+B} \times 100 = 42.55$$

选择 RSI 的时间跨度也是非常重要的。RSI 的摆荡幅度随着时间跨度的延长而减小，这与其他许多动能指标，如 ROC 指标，是恰好相反的。这些指标随着时间跨度的延长，其摆荡幅度通常会越来越大。短期和长期的 RSI 各有优点：短期 RSI 的波动较为剧烈，因此能够更敏感地对超买或超卖状态做出反应；长期 RSI 则具有更加稳定的曲线，因而更有助于绘制趋势线和价格形态。正因为这样，作为分析对象的价格趋势和周期的长短也对 RSI 时间跨度有着不同的要求。另外，RSI 指标的时间跨度也需要根据所选取的价格时间单位来选择。如果采用日数据，那么 14 日的跨度是最佳选择，另外 9 日、25 日、30 日和 45 日也具有不错的效果；如果采用周数据，可以使用 13 周、26 周、39 周和 52 周等时间跨度；如果采用月数据，大多可采用 9 月、12 月、18 月和 24 月的时间跨度。

RSI 中超买/超卖线，也就是指标摆荡水平带的上下边界的位置也是非常重要的。设立超买/超卖线的目的在于为市场非均衡状态的判定设立直观的标准，但是这一标准的选择本身并没有统一的标准。怀尔德在创建 RSI 时推荐的上下界水平为 70 和 30，但是在牛市和熊市的转换中，通常采用 80 作为牛市中超买水平的分水岭，而采用 20 作为熊市中超卖水平的分界线。超买/超卖线的设定不是固定不变的，因为时间越长 RSI 的波动幅度也越小，所以超买/超卖线相应也应该设定得更窄。

（二）指标的解释

对于 RSI 的解释，最重要的启示来自于极端读数（Extreme Readings）和摆动不足

(Failure Swings):(1)极端读数是指 RSI 向上穿越超买线或向下穿越超卖线,这在任何时候都预示着,证券的反转时机已经成熟,一旦得到价格趋势本身的确认,则应当果断地进行买卖。正像我们一直强调的那样,超买或超卖读数仅仅表明这番过度或过迟的可能性大小,它们代表了一种考虑买入或卖出的"时机",但并不是"实际"的买入或卖出信号。只有当价格本身发出趋势反转信号时,实际的买进或卖出信号才能到来。(2)摆荡不足发生在 RSI 处于超买或超卖区域中的时候。顶部摆荡不足是指当 RSI 位于超买区域时,上升趋势中的 RSI 没有能够创造新高,并且接下来发生 RSI 对超买线的向下突破;底部摆荡不足则是指当 RSI 位于超卖区域时,下降趋势中新的底部高于前一个底部,并且接下来 RSI 开始上升并超过前一个头部。

除此之外,RSI 对于价格趋势的解释还体现为四个方面:第一,RSI 与价格曲线之间的背离是趋势反转的一个预警信号,尤其是当 RSI 位于超买或超卖区域时,这种信号尤其应当引起重视;第二,趋势线和价格形态的完成完全适用于 RSI 指标,因此可以运用我们所学到的各种技术图形分析方法对 RSI 进行解释;第三是移动平均线的应用,我们可以像一般意义上的移动平均线那样构造 RSI 的移动平均线,对 RSI 进行平滑,并且运用相关技巧来判定 RSI 所发出的趋势信号;第四,特别高和特别低的 RSI 通常会提供重要的买入和卖出信号。

五、随机指标(K/D)

(一)随机指标的构建

随机指标(Stochastic Indicators)是由乔治·雷恩(George Lane)发明的,它最早在期货交易圈内非常盛行,后来引入股票价格分析,因此标准公式使用的时间跨度都非常短。随机指标基于这样一种经验:在价格上升趋势中,收盘价常常会越来越接近价格区域中的最高价,而在上升趋势的末端,收盘价将明显远离价格区域的最高价;相反,在下降趋势中,收盘价常常会越来越接近价格区域中的最低价,而在下降趋势的末端,收盘价将明显偏离价格区域的最低价。随机指标充分考虑了价格波动的随机振幅和中短期波动的测算,使其短期预测功能比移动平均线更准确有效,而在市场短期超买超卖的预测方面,又比相对强弱指数更为敏感。因此,随机指数作为价格中短期趋势的有效预测工具,在技术分析领域中得到了广泛应用。

随机指标的直接目标在于,在上涨趋势中,衡量收盘价在何时倾向于接近选定时期内价格区域中的最低价,而在下降趋势则衡量收盘价何时倾向于接近选定时期内价格区域中的最高价,因为这两种现象都代表了趋势反转的信号。为了达到这一目的,随机指标构造了两条曲线,一条是%K 线,另一条是%D 线。其中,%K 线更为敏感,而%D 线提供了主要的价格信号。

%K 线的计算公式为:

$$\%K = 100[(C-L_5)/(H_5-L_5)]$$

其中,C 为最新的收盘价,L_5 是最近 5 个交易期间内的最低价,而 H_5 是同样 5 个交易期间内的最高价。与其他动能指标通常只采用收盘价进行计算不同,随机指标的计算过程中需要用到收盘价以及最高价和最低价。另外,这里按照惯例在计算%K 线时选取 5

期作为参数,除此之外 14 期在很多时候也被用作 %K 的参数。

与 RSI 指标相似,随机指标的数值也始终介于 0—100,它通过简单的数字衡量了在选定的交易期间内收盘价与整个价格区域之间的关系。如果随机指标过高(高于 80),则收盘价接近价格区域的顶部,而如果随机指标过低(低于 20),则收盘价接近价格区域的底部。

%D 线是 %K 线的 3 期移动平均线,它的计算公式如下:

$$\%D = 100 \times (H_3/L_3)$$

其中,H_3 是 $(C-L_5)$ 的 3 期之和,而 L_3 是 (H_5-L_5) 的 3 期之和。

作为对 %K 线的平滑,%D 线同样在 0—100 波动。在随机指标的两条线中,%K 线反应较快,称为"快速反应指标"(Kwick),而 %D 线反应相对较慢,称为"慢速反应指标"(Dawdle)。

(二) 随机指标的应用

随机指标是技术分析中一种重要的指标,对于它的解释应当从以下四个方面进行:取值、背离、穿越和形态。

1. 取值

随机指标的取值主要用来判断超买和超卖状态。随机指标之所以得到广泛的应用,一个重要原因就在于它所具有的平滑特征。它可以平滑地在超买和超卖状态之间转变,从而使得价格的变化变得非常有序(至少是在感觉上)。随机指标的超买边界线通常绘制在 75—80 之间,而超卖边界线通常绘制在 15—25 之间,实际位置取决于指标计算中应用的时间跨度。如果 %K 的值达到极端值 100 或 0,这表明当前的价格趋势非常强劲,因为价格总是不断地在其最高位和最低位收盘。

2. 背离

随机指标最主要的价格信号来自于当 %D 线处于超买或超卖区域中时与价格曲线的背离——%D 线一般也是采用 80 作为超买状态的临界点,而选取 20 作为超卖状态的临界点。具体而言,如果 %D 线处于超买区域并且创造出两个连续下降的峰顶,同时价格在上升趋势中继续创造新高,则这种负背离发出卖出信号;如果 %D 线处于超卖区域并且创造出两个连续爬升的谷底,同时价格的下降趋势仍在继续,那么这种正背离发出买入信号。

3. 穿越

虽然其他方法可以判定市场所处的均衡状态,并且就市场价格趋势提出预警信号,但是实际的信号发生在 %K 线穿越 %D 线之时。具体来说,当 %K 线向上穿越 %D 线时发出买入信号,而当 %K 线向下穿越 %D 线时发出卖出信号。穿越可以分为两种,一是左穿越,二是右穿越(如图 14-9 所示)。一般而言,右穿越比左穿越更加稳定和可靠。另外,发生在超买和超卖区域中的穿越更加具有说服力,而相比之下如果穿越发生在水平区域中部,并且价格进入盘整阶段,那么这种突破是没有意义的。

4. 形态

当随机指标经过速度变化而使得曲线趋于平缓时,是短期内即将出现趋势反转的警告信号(这种情况在大型热门股票以及指数中准确度较高,而在冷门股票或小型股票中

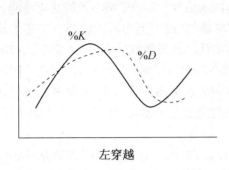
左穿越

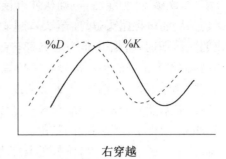
右穿越

图 14-9 随机指标的穿越

准确度则较低);如果%K 线在上升或下跌一段时期后,突然急速穿越%D 线,也是价格趋势反转的信号。

(三)随机指标的扩展

在实际应用中,可以通过两种方式对随机指标进行扩展,以增加指标研判的置信度。一种方法是设立%J 线指标,另一种方法是通过移动平均将随机指标的速度降低。

%J 的计算公式为:

$$\%J = 3\%D - 2\%K$$

或者是:

$$\%J = \%D + 2(\%D - \%K)$$

也就是%D 加上一个修正值。它的应用非常简单,只要%J 大于某个数值就卖出;只要%J 小于某个数值,就买入。这里的评判标准需要根据经验和实际情况进行选择。

通过移动平均的方法构造减缓的随机指标(Slowed Stochastic Indicator),是另一种重要的方法。我们可以用%D 线取代%K 线,而对%D 取移动平均,构造新的信号线。这种方法使得随机指标的波动变得更为平滑,减少虚假信号的发生。

六、威廉指标(%R)

威廉指标(Williams %R)也是一种衡量最新的收盘价与选定时期内的价格区间之间关系的技术指标。它的计算方法如下:

$$\%R(n) = \frac{H_n - C}{H_n - L_n} \times 100$$

其中,C 为当天的收盘价,H_n 和 L_n 为选定期间内(包括当天)的最高价和最低价,参数 n 表示选取的周期的长度。

%R 的数值也在 0—100 的区间内摆荡,与 RSI 不同的是,%R 的值越小,市场的买气越重,而值越大则市场卖气越浓。应用%R 时,一般采用以下四点基本法则:(1)当%R 超过 80 时,市场处于超卖状况,股价走势随时可能见底,因此 80 的水平线一般称为买进线;当%R 低于 20 时,市场处于超买状况,当前趋势可能即将见顶,因此 20 的水平线通常被称为卖出线。(2)当%R 从超卖区域向上爬升时,表示行情趋势可能转向,一般情况下,当%R 突破 50 的轴线时,市场由弱市转为强市,是买进的讯号;当%R 从超买区域向下跌落，跌破 50 轴线后，可确认强市转弱，是卖出的信号。（3）市场心理的变化可能会使得超买后还可再超买（过度超买），超卖后亦可再超卖（过度超卖），因此当 %R 进入超买或超卖区域时，行情并非一定立刻转势。只有确认 %R 线明显转向，跌破卖出线或突破买进线，才为正确的买卖信号。（4）在使用威廉指标对行情进行研制时，最好能够同时使用 RSI 配合验证。同时，威廉指数线对轴线的突破也可用以确认 RSI 发出的信号是否正确。如果能充分发挥 %R 与 RSI 在判断市场趋势及超买超卖方面的互补功能，可以就趋势的走向得出较为明确的结论。

威廉指数属于研究股价波幅的技术指标，在公式设计上，它与随机指数的原理比较近似，两者均从研究股价波幅出发，通过分析一段时间内高、低价位与收市价之间的关系，反映市场的强弱及买卖气势。不同的是，随机指数采样天数较短，计算结果更具随机性，而威廉指数的采样天数则容易错过较大规模的趋势。在实际应用威廉指数时，最好能结合 RSI 等较为平衡的技术指标一起分析，由此对行情趋势得出较准确的判断。

七、趋势背离指标（TDI）

趋势背离指标（Trend-Deviation Indicator，TDI）也称价格摆荡指标（Price Oscillator），它的构建方法主要有两种：一是运用线性方法进行回归分析；二是在移动平均线基础之上，用价格除以移动平均或减去移动平均得到。相比之下，移动平均方法包含更多的技术含义，因此我们在这里集中考察这种方法。由于移动平均反映了价格的运动趋势，因此趋势背离指标就揭示了价格变化相对于趋势变动的快慢，这一技术所创建的摆荡指标实际上可以看作包络线技术在水平方向上的应用。在减法和除法这两种计算方法中，除法具有一定的优势，因为它反映的是比例变化，从而可以排除绝对值变化对分析所产生的干扰。

图 14-10 中给出了同一个指标的两种计算方法。上下包络线都是按照实际移动平均线的 10% 绘制的，这意味着当价格触及 100 线时，它实际上是处于与移动平均线相同的位置；当动能指数是 110 时，价格位于移动平均线上方 10% 的位置；等等。

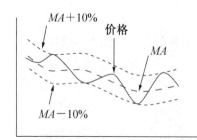
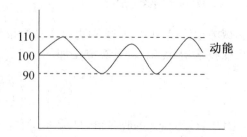

图 14-10　包络线和动能

对于趋势背离指标的解释与一般的动能指标相似，可以通过指标与价格的偏离、超买超卖区域来对价格趋势变化进行确认。当然，结合技术图形分析和移动平均线等方法对指标进行解释是十分必要的。

八、平滑异同移动平均指标(MACD)

平滑异同移动平均指标(Moving Average Convergence Divergence，MACD)是由杰拉德·阿培尔(Gerald Appel)提出，并且得到广泛采用的一种技术分析指标。MACD 其实可以看成趋势背离指标的一种，它同时应用了两条速度不同的指数移动平均线，一条为变动速度较快的短期 EMA，另一条为变动速度较慢的长期 EMA。这两条 EMA 之间的差即构成 MACD。例如，在标准的 MACD 计算中，短期 EMA 的时间跨度通常取 12，而长期 EMA 的时间跨度通常取 26，则 MACD 就等于 EMA(12)减去 EMA(26)。一些教材也将短期 EMA 与长期 EMA 的差称为离差值(DIF)，这种称谓并没有错，只是事实上 MACD 的称谓更加规范。

单凭根据两条 EMA 所计算出的 MACD 进行价格趋势分析还是不够的，我们还需要像运用移动平均线分析价格曲线那样，构造一条平滑的 MACD 线，为分析提供更严格的标准。通常采用 9 期指数移动平均的方法对 MACD 进行平滑，得到一条"信号线"(Signal Line)，它与 MACD 之间相互穿越是买入和卖出信号的来源。MACD 与信号线之间的关系蕴含的意义可以参照价格的移动平均线的应用法则，因为信号线就是 MACD 的移动平均线。简单地说，当 MACD 向上穿越信号线时，发出买入信号，而当 MACD 向下穿越信号线时，发出卖出信号。MACD 其实就是一种"二重移动平均线"技术，它与价格曲线的不同之处在于，MACD 的值围绕一条零线上下波动，正像其他的动能指标一样。当 MACD 向上大幅度偏离零线时，意味着市场处于超买状态；而当 MACD 向下大幅度偏离零线时，意味着市场处于超卖状态。

MACD 与价格曲线的背离同样是重要的价格趋势信号。当 MACD 显示市场处于超买状态时，如果 MACD 开始逐渐转弱，而与此同时价格仍然在创造新高，这称为负背离(Negative Divergence)，也称顶背离(Top Divergence)，它通常是一种牛市的警告，意味着市场已经到达了顶部；当 MACD 显示市场处于超买状态时，如果 MACD 开始向上摆动，而此时价格的下降趋势还没有结束，这称为正背离(Positive Divergence)，也称底背离(Bottom Divergence)，它通常是提前发出的市场到达底部的信号。

对于 MACD 的另一种有效的分析方法是采用直方图(Histogram)来判断价格的短期趋势变化。直方图的构造非常简单，用 MACD 线减去信号线所得到的差来绘制。如果 MACD 高于信号线，直方图高于零线；相反，如果 MACD 低于信号线，直方图也相应低于其零线。

需要补充一点，MACD 与前面介绍的 KST 的构建具有相似之处，因此在无法构造 KST 时，可以用 MACD 加以替代。

九、动向指标(DMI)

动向指标(Directional Movement Indicators，DMI)是由威尔斯·怀尔德(Welles Wilder)发明的，其目的是确定市场即将经历一轮上涨或下跌趋势，还是要进行横盘整理。DMI 的基本原理是通过分析股票价格在上升及下跌过程中供需关系的均衡点，即供需关系受价格变动之影响而发生由均衡到失衡的循环过程，从而提供对趋势判断的依据。DMI 的计算较为复杂，我们在此仅仅介绍其技术含义，有兴趣的读者可以参考怀尔德的《技术交易的新概念》(New Concepts in Technical Trading)一书。

DMI 实际上包含几个指标。要构建一个 DMI,首先应当构建上升动向指标＋DI 和下降动向指标－DI,它们分别表示涨和跌的动向变动值(通常采用的参数是 14)。＋DI 上升时说明市场内的买盘力量在积聚,－DI 下降显示市场空方卖盘力量在释放,反之亦然。如果股价持续上涨,＋DI 将不断上升,而与此同时－DI 则会持续下降;如果股价持续下降,则＋DI 下降而－DI 上升。这说明,市场中多空双方买卖力量博弈的结果能够立刻反映在该指标的走势上,因此它能够及时准确有效地发出明确的信号。

将特定时期内的＋DI 和－DI 通过移动平均进行平滑,则得到 DMI 中最重要的指标——平均定向指数(Average Directional Index,ADX)。事实上,ADX 相当于从上升动向运动的天数中减去下降动向运动的天数,只是当－DI 大于＋DI 时需要忽略结果中的负号。这意味着,ADX(从而也是 DMI)仅仅告诉我们价格是否正在经历定向的趋势,也就是说,价格是正在经历向上或向下的趋势,还是仅仅在进行横盘整理。与其他动能指标不同的是,DMI 指标仅仅告诉我们价格是否具有趋势,而没有告诉我们当前价格运动的方向。要对价格趋势进行完整的分析,还需要结合其他技术指标进行解释。

DMI 的应用主要是分析＋DI、－DI 和 ADX 三条曲线的关系,其中＋DI 和－DI 两条曲线的关系能够发出买入或卖出信号,而 ADX 则能够判断价格趋势运动的特征。

首先,价格趋势向上时,＋DI 上升,－DI 下降。当＋DI 向上穿越－DI 时,表示市场内部有新的买方愿意以较高的价格买进,因此为买进信号;当－DI 从下向上递增突破＋DI 时,意味着市场内部有新的空头卖家愿意以较低价格沽售,因此为卖出信号。需要注意的是,当价格维持某种趋势时,＋DI 和－DI 的穿越信号是相当准确的,但当价格进入横盘整理阶段时,＋DI 和－DI 的穿越信号是无效的。

其次,来看 ADX 的应用。当价格走势朝单一方向发展时,无论是涨势或跌势,ADX 的值都会不断增长。因此,当 ADX 的值高于上一日 ADX 时,可以断定当前市场价格仍在维持原有趋势。如果＋DI 或－DI 与 ADX 同时上升,表示当前趋势十分强劲;当价格走势进入横盘整理时,股价新高及新低频繁出现,＋DI 和－DI 愈走愈近,反复交叉,ADX 将会出现递减。当 ADX 值降低至 20 以下,且出现横向移动时,可以断定市场为横盘市。此时趋势没有一定动向,且＋DI 和－DI 相互穿越的信号无效。当 ADX 处于高位并且开始反转时,当前的价格趋势可能发生变化。

十、乖离率(BIAS)

乖离率(BIAS)简称 Y 值,是移动平均原理派生的一项技术指标,其功能主要是通过测算股价在波动过程中与移动平均线出现偏离的程度,从而得出股价在剧烈波动时因偏离移动平均趋势而造成的可能的回档或反弹,以及股价在正常波动范围内移动而形成继续原有趋势的可信度。BIAS 构建的原理是:如果股价偏离移动平均线太远,不管股份在移动平均线之上或之下,都有可能趋向平均线。而乖离率则表示股价偏离趋向指标的百分比值。

乖离率的计算公式为:

$$BIAS(n) = \frac{C - MA(n)}{MA(n)} \times 100\%$$

其中，C 为当日收盘价；n 为 $BIAS$ 的时间参数，也是移动平均线的参数。

乖离率分为正乖离和负乖离。当股价在移动平均线之上时，其乖离率为正，反之则为负；当股价与移动平均线一致时，乖离率为 0。随着股价走势的强弱和升跌，乖离率周而复始地穿梭于 0 点的上方和下方，其值的高低对未来走势有一定的预测功能。一般而言，正乖离率涨至某一百分比时，表示短期间多头获利回吐可能性也越大，为卖出信号；负乖离率降到某一百分比时，表示空头回补的可能性也越大，为买入信号。判定买入或卖出的具体百分比标准，通常是根据经验和对行情的判断综合得出结论。

由于股价相对于不同日数的移动平均线有不同的乖离率，除去暴涨或暴跌会使乖离率瞬间达到高百分比外，乖离率一般均有规律可循。下面给出了一些评价买入卖出时机的标准：

对于 6 日乖离率，-3% 是买进时机，$+3.5\%$ 是卖出时机；对于 12 日乖离率，-4.5% 是买入信号，$+5\%$ 是卖出信号；对于 24 日乖离率，-7% 是买入信号，$+8\%$ 是卖出信号；对于 72 日乖离率，-11% 是买入信号，$+11\%$ 是卖出信号。

十一、人气指标

市场由人的心理组成，价格由多空双方的力量决定。在主要的多头与空头市场中，所有投资者的心理都在悲观、恐惧与期待、过度自信、贪婪之间不断摇摆。对于大多数投资者而言，自信通常出现在价格上涨时期，因此乐观的情绪大致会与多头市场同步到达顶峰。与此相反，在市场的底部，大多数人会陷入极度悲观的情绪当中，而这正是应该买入的绝佳时机。如果我们能够构造一些反映市场中多空双方心理或力量对比的指标，那么对于我们进行价格趋势分析是十分有帮助的——它们就是所谓的人气指标（Sentiment Indicators）。

广义的人气指标有很多种，其中应用较为普遍的是人气指标（AR）（也称买卖气势指标）和意愿指标（BR）（也称买卖意愿指标）。它们都是以分析历史股价为手段的技术指标，其中人气指标较重视开盘价格，从而反映市场买卖的人气；意愿指标则重视收盘价格，反映的是市场买卖意愿的程度。两项指标分别从不同角度股价波动进行分析，达到追踪股价未来动向的共同目的。

（一）人气指标（AR）

AR 指标的计算方法为：

$$AR = \frac{\sum(H-O)}{\sum(O-L)} \times 100$$

其中，$\sum(H-O)$ 和 $\sum(O-L)$ 分别为一定时期内的多方强度总和以及空方强度总和，H、L 和 O 分别为各日的最高价、最低价和开盘价。注意这里使用开盘价而不是收盘价，这是因为开盘价包含了买卖双方在经过了一段休整之后对于当前价格的心理定位，反映了每个交易周期开始时市场中买卖双方的力量对比，也就是相对的人气大小。

AR 的使用应当遵循以下法则：(1) AR 值以 100 为分界线来区分多空双方强度，当 AR 值在 80—120 波动时，说明市场中双方力量基本均衡，价格处于横盘整理行情；(2) AR 值走高时表示行情活跃、人气旺盛，过高则表示股价进入高价，应选择时机退出；

AR 值的高度没有具体标准,一般情况下,AR 值上升至 150 以上时股价随时可能回调;(3) AR 值走低时表示人气衰退、需要充实,过低则暗示股价可能跌入谷底,即将反弹。一般 AR 值跌至 70 以下时,股价有可能随时反弹上升;(4) 从 AR 曲线可以看出一段时期的买卖气势,并具有先于股价到达峰顶或跌入谷底的功能,这一分析主要凭借积累的经验,同时也要注意同其他技术指标配合使用。

（二）意愿指标（BR）

BR 构造的基本思想与 AR 相同,区别仅仅在于所选择的价格不同。BR 的计算方法为：

$$BR = \frac{\sum(H - YC)}{\sum(YC - L)} \times 100$$

其中,$\sum(H - YC)$ 和 $\sum(YC - L)$ 分别为一定时期内的多方强度总和以及空方强度总和,H、L 和 YC 分别为各日的最高价、最低价和前日的收盘价。

可以看到,BR 与 AR 的不同仅仅在于计算多空方强度时所选取的价格不同。AR 选择当天的开盘价,而 BR 则选择前一天的收盘价。选择前一天的收盘价作为均衡点,能够比选择当天开盘价更为全面地反映市场价格的暴涨和暴跌,因为选择开盘价会损失开盘价与前收盘价之间关系的相关信息。

对于 BR 的应用需要注意以下两点：(1) BR 比 AR 更为敏感,当 BR 值在 70—150 摆荡时,可以认为市场中双方力量基本持平,价格处于盘整阶段。(2) BR 值高于 400 以上时,股价随时可能回调下跌,而 BR 值低于 50 则意味着市场随时都有可能上涨。

一般情况下,AR 可以单独使用,BR 则需与 AR 并用才能够发挥效用,因此通常将 AR 与 BR 曲线绘制在同一价格走势图中进行分析。如果 AR 和 BR 同时急速上升,意味当前的上升趋势接近峰顶,为卖出信号;如果 BR 比 AR 低,且指标低于 100,为买入信号;如果 BR 从峰顶大幅回落,同时 AR 无警戒讯号出现,为买入信号;如果 BR 急速上升,同时 AR 进行盘整,则为卖出信号。

在 AR、BR 指标基础上,还可引入中间意愿指标（CR）,作为研判和预测走势的参考指标。CR 与 AR 以及 BR 的计算方法相同,只是采用上一日的中间价（由开盘价、收盘价、最高价和最低价加权平均得到）为计算基础。CR 在应用中所遵循的法则与 AR 和 BR 基本相同。

十二、关于动能指标的一个小结

动能指标更多地被称为摆荡指标,它通过刻画价格趋势运动所蕴含的能量来判断当前的价格趋势将发生何种变化。动能指标的贡献主要在于：首先,它揭示了市场中多空力量的均衡状态,设定了超买和超卖判定的标准;其次,它的出现使得传统趋势分析技术无能为力的横盘整理趋势也能够被分析和解释。

对于动能指标的应用需要注意两点。首先,动能指标的应用是建立在一个重要假设基础之上的,即股票的价格要经历正常的周期性循环,而这种周期性循环表现为价格行为的反弹和折返走势。在现实中的一些情况下,逆周期的折返走势几乎是不存在的,价格运动表现为显性上涨或下跌趋势。这种情况虽然并不多见,但是它却是动能和摆荡指标发挥作用的"盲点"。因此,在利用动能指标进行分析时,结合价格指数自身的一些趋势反转信号是非常重要的。其次,通过动能指标的信号判断的趋势反转类型,取决于计算动能指标所采用的时间跨度。在实际操作中,技术分析者通常会利用日数据判断短期趋势,利用周数据判断中期趋势,而利用月数据判断长期趋势。

动能指标的内容非常广泛,我们在这里介绍的仅仅是其主要指标中的一部分。然而不论哪一种动能指标,在将其应用于实践中时,必须牢记一点:动能指标只能作为基础的趋势分析方法的补充,实际的买卖信号永远来自于价格自身的趋势信号。另外,始终应当注意各种动能指标的相互配合和确认。

第三节 市场结构指标

技术分析并不仅仅限于对价格运动趋势的识别,它还包括对市场结构的分析,以确定多头或空头市场的健康程度。相应地,在确认性指标和动能指标之外,还存在一类指标,可以用于排定市场内部结构的特性。市场特性的研究是技术分析更深层次的应用,因为在市场整体趋势发生反转之前,几乎总是预先出现市场结构的强势和弱势信号。市场结构的特征来源于投资者的心理,而这种心理最终将反映到价格趋势中。衡量市场结构特性可以从4个角度出发:一是价格,它反映了投资者心理是否发生变化,发生多大的变化;二是时间,它衡量投资者心理周期的频率和长度;三是成交量,它反映投资者心理变化的强度;四是广度,它衡量某一种心理所涵盖的范围。

在阐述这些指标的概念之前需要强调两点。首先,我们所探讨的内容并不仅仅体现为狭义的指标或指数形式,也可能仅仅是一种概念的阐述,或是对市场行为的定性分析。其次,将我们所将要接触到的这些指标单独划分为"市场结构指标"并不是非常严谨的,因为它们中的很大一部分都属于动能指标(摆荡指标)的范畴,也能够对价格趋势的变化起到预警的作用。但是,由于这些指标能够反映市场内部结构的特征,对于我们研究市场特性具有很强的指导意义,因此我们对它们单独进行介绍。

一、价格

与趋势分析中考察单只股票的价格不同,在研究市场整体结构特征的时候,我们所要关注的主要有两种因素:一是市场价格指数,二是行业板块。它们着眼于更加宏观的层面,反映了市场中全部或部分证券价格的共同运动,蕴含了整个市场中买卖双方的能量分布,有助于研究市场结构特征。

(一)价格指数

尽管市场中各只股票的价格运动千差万别,但是在大部分时间里,大多数股票都呈现出同一方向的趋势。市场价格指数正是基于这一经验构造的。构造价格指数需要选取一定数量的成分股(通常是具有代表性的,能够反映公众的参与程度、市场的领导地位以及行业重要性的绩优股),计算的方法主要有两种:一是非加权指数,它通过计算成份股的平均价格得到,主要采用价值线算法(Value Line Arithmetic)进行编制;二是加权指数,按照每只成分股的流通市值对各只成分股的价格进行加权平均。非加权指数是对大多数股票价格最直接的反映,但是它没有考虑各只股票在市场中的地位(即所占的份额),仅仅适用于对个人投资者所持有的投资组合的分析;加权指数赋予大公司股票较大的权重,因此能够更好地反映整个市场组合结构的变化,适用于机构投资者通常持有的绩优股组合。

目前在美国股票市场中,最主要的价格指数有道-琼斯工业指数、道-琼斯运输指数、道-琼斯公用事业指数和标准普尔(S&P)综合指数等。我国的证券市场中也存在多种指数,其中主要的指数有上证指数和深证指数等。

对价格指数进行研究所采用的方法与研究个股价格时完全相同,所有的技术图形分析方法均适用于价格指数的分析,只不过在这里分析的对象是市场整体趋势的变动。技术指标中的大部分也都可以应用于价格指数,为图形分析的结论提供确认。

(二)行业板块

我们在基础分析的部分讨论了证券市场与商品市场或是经济周期之间的关系。有些时候它们会呈现一致性的走势,但是更多的时候它们的趋势会发生背离,这取决于经济周期的状况。在经济周期的初期,经济由通货紧缩的力量主导,而当经济复苏并趋于成熟时,通货膨胀的压力便会随之而来。

证券市场与商品市场的紧密联系导致了证券市场中行业板块表现的差异,因为各个行业在经济周期中的表现是不同的。股票市场的周期呈现出明显的行业板块轮替特征,这是由经济周期的时间发展顺序导致的。对利率敏感的板块倾向于领先大盘,由于资本支出或商品价格通胀而带来利润上升的板块通常落后于大盘。在某些情况下,某个行业的基本面如果发生重大的变化,可能导致该行业中某个板块在某一特定周期中出现异常的强劲或疲软表现。因此,在分析板块轮替过程时,应当以多个行业板块为基准,而不是仅仅拘泥于某一个板块。

了解板块轮替的周期是非常有意义的,它不仅可以帮助我们判断主要趋势的发展程度,而且还有助于根据行业的整体表现来选取股票进行投资。

二、时间

(一)时间的重要性

在价格趋势的判定中,我们对于时间的应用主要体现在价格突破切线或价格形态完成所需的时间上。时间关系到市场的调整,这是因为一个趋势完成所花费的时间越长,就需要越强的心理承受能力,而随后价格反向调整的要求也更强。一个主要的趋势形成之前,需要经过长时间的积累来奠定稳固的基础,而一个趋势中所形成的过度投机心理也需要经过同等规模的修正走势来消除。例如,在一个上涨趋势中,投资者已经习惯了价格的不断攀升,他们抱着乐观的心态,将每一个次级折返都看成是价格的暂时调整,并且积累起更多的信心。即使在趋势发生反转时,投资者仍然将第一轮回调视为多头行情的延续,不愿意相信价格已经开始回落,这种认知失调使得投资者依然保持着盲目的自信。然而随着价格的持续下跌,对市场的乐观气氛也逐渐减退,因为绝大多数投资者都逐渐开始相信市场正在下跌。最终投资者的心理由市场顶部的极度乐观转变为底部的极度悲观,而此时也意味着经过了足够大的价格下跌幅度和足够长的时间跨度,价格的调整过程终于完成,新的一轮上涨趋势已经具有了坚实的基础。我们将前一期走势与随后折返走势的对等性称为对等性原则。

（二）周期的特征与识别

将时间作为独立的变量的研究主要关注周期的变化。周期的变化有以下三个特点：（1）周期的持续时间越长，价格的波动幅度通常也越大，其低点的重要性也越大；（2）相同的时间内到达低点的周期数目越多，随后的价格走势就越强劲；（3）在上升趋势中，周期的高点有向右移动的趋势，即发生在周期中点之后，而在下降趋势中则恰好相反，周期的高点有向左移动的趋势。理想的周期正如我们在第十三章中运用市场周期模型对所描绘的那样，而现实中的周期很少会和理论上的相吻合，某些情况下高点和低点甚至有可能与理论所显示的相反，这称为周期的逆转。

对于周期的识别有很多数学方法，例如傅立叶（Fourier）分析和系统搜索法（Systematic Reconnaissance）等。仅就技术分析领域中周期的识别技术而言，有以下三种主要方法：（1）趋势偏离法。选定一系列数据点，用每一个数据点除以相应的移动平均值，构建一个摆荡指标，用于辨识周期的高点与低点。（2）动能法。计算价格数据的动能摆荡指标，并选择适当的参数对该指标进行移动平滑。这一方法与趋势偏离法有相似之处。（3）简单观察法。这是最简单和最直观的方法，通过观察价格走势图来判断不同的周期。

（三）时间的应用原理

在证券市场中关于时间的分析需要遵循三个原理：一是共同性原理，它是指所有的股票、指数和市场的价格行为都存在着类似的周期；二是变异性原理，它表明尽管所有的股票都经历相似的周期，但是由于基本面和心理方面的差异，各周期中的价格波动幅度和持续的时间是不相同的；三是加总原理，是指在计算某一特定指标时，应当将多个周期结合起来进行考虑（正如 KST 指标的构建原理）。

三、成交量

成交量是技术分析中最古老的指标之一，它不仅反映了买卖双方的交易热情，而且是与价格完全独立的一个技术指标。查尔斯·道最早在其道氏理论中采用成交量作为重要指标进行分析。对于成交量进行分析的意义在于，同时观察价格与成交量指标，有助于我们判别两者是否相匹配。"价升量增，价跌量缩"是技术分析领域中的一句名言。因此，如果交易量和价格变动相匹配，表明当前的价格走势可能会持续下去；而如果两者不匹配，则说明当前的价格走势并不像其表面所显示的那样强劲。另外，成交量指标经常会呈现出一些特征，而这些特征预示着即将发生趋势的反转。

我们在技术图形分析中已经大体介绍过成交量与价格相结合的分析，这里不再赘述，总的原则就是：成交量的变动通常与价格走势相一致，量增价涨，量减价跌。在这里我们抛开对成交量柱状图和价格曲线的直观观察，来构造成交量的摆荡指标，对成交量所蕴含的技术含义进行更充分的揭示。

（一）成交量变动率

ROC 指标是价格趋势分析中最简单实用的动能指标，也适用于成交量的分析。通过构造成交量的 ROC 指标，能够更容易地识别出成交量的动态变化，从而避免对成交量的直观观察所产生的误差。成交量 ROC 指标的计算方法与价格 ROC 指标相同，都是对当期数据与前面某一时期的数据进行比较，并且减法和除法在这里也同样适用。

价格 ROC 指标的应用法则在此也同样可以采用,成交量 ROC 的解释同样来自其指标的取值、指标线与成交量直方图和价格曲线的背离,以及指标线形态的突破完成等技术信号。短期 ROC 指标的波动性很大,可能会发出虚假信号,因此可以取 ROC 的移动平均以进行平化处理。需要注意的是,成交 ROC 向上或向下的过度衍生并不一定意味着价格处于超买或超卖状态,而仅仅表明成交量的过度放大。成交量 ROC 的较高取值意味着市场此时可能处于头部也可能处于底部,具体取决于前期的价格走势。当成交量 ROC 从高位发生反转时,也可能仅仅意味着价格形态的变化而非趋势的反转。总而言之,成交量 ROC 同样遵循动能指标的一般特征,即只能够充当价格曲线自身信号的有力补充,而不能取代价格趋势分析。

成交量 ROC 如果与价格 ROC 结合使用,将能够发挥更大的效力。两者结合时主要的特征为:(1)成交量的峰位总是领先于价格的峰位,这一点在各种趋势中均成立;(2)成交量动能指标穿越价格动能指标时,通常是趋势反转的可靠信号;(3)当价格指标位于轴线以上并且处于下跌状态,但成交量却持续上升时,为空头信号;(4)成交量指标在市场底部的反转需要经过价格动能指标的反转予以确认;(5)成交量指标向下穿越轴线,而此时价格动能指标远远高于轴线,这是非常严重的卖出信号;(6)在上升趋势的初期,成交量动能指标始终位于价格动能指标之上。

(二)成交量摆荡指标

成交量摆荡指标(Volume Oscillator)也是一种以动能形式来表现成交量的指标,它的计算方法与趋势背离指标类似:首先计算成交量的短期和长期移动平均值,然后用短期移动平均值除以长期移动平均,即可得到摆荡指标。如果得到的成交量摆荡指标波动过于剧烈,可以取其移动平均进行平滑。

成交量摆荡指标的特征与基本的动能指标相似,它也是围绕零线在一个水平对称区间内上下波动,因此对于一般动能指标的分析方法也适用于成交量摆荡指标,如趋势线、价格形态、移动平均线的穿越、指标与价格的背离等。

下面给出成交量摆荡指标的应用法则:(1)成交量摆荡指标由极端数值开始反转,是价格趋势反转的预警信号;(2)在价格上升的同时,成交量摆荡指标开始下降,是空头市场信号;(3)价格下降的同时成交量摆荡指标处于上升状态,为空头市场信号,但是当成交量摆荡指标到达极值时除外;(4)成交量摆荡指标通常领先于价格摆荡指标。

要注意的是,成交量摆荡指标与价格摆荡指标最大的不同在于,虽然它们都能够发出趋势反转的信号,但是成交量摆荡指标并不能够指示趋势反转的方向。例如,当价格摆荡指标向上延伸时,通常代表超买状况,并预示着价格即将向下发生反转;当成交量摆荡指标向上延伸时,也是趋势反转的信号,但是这并不足以告诉我们趋势的反转方向如何,还需要配合其他技术指标予以确认(通常成交量摆荡指标与价格摆荡指标结合应用,效果会非常好)。

(三)上涨/下跌成交量

上涨/下跌成交量(Upside/Downside Volume)是一种用来区分上涨股票与下跌股票的成交量的指标。它有两种计算方法:一是通过累积的方法计算,首先分别计算价格上涨与下跌的股票的总成交量,并用上涨的总成交量减去下跌的总成交量,然后将得到的差值累加到前一天的上涨/下跌成交量指标值上;二是计算价格上涨与价格下跌股票成交量的摆荡指标,如成交量摆荡指标和平滑后的 RSI 等,然后相互比较。

上涨/下跌成交量的目的在于判定买入和卖出时的市场行情,趋势线突破、价格形态、移动平均线穿越等技术方法完全适用于该指标。同样,该指标也必须经过价格本身发出的趋势信号来加以确认。在实际应用中,上涨/下跌成交量指标的应用效果并不理想,相比 ROC 和摆荡指标等成交量的动能指标而言可信度较低。

(四) 阿姆斯指数

阿姆斯指数(Arms Index)也称 TRIN 或 MKDS 指数,是由理查德·阿姆斯(Richard Arms)发明,根据广度数据和上涨/下跌成交量数据构造而成,用于衡量市场上涨股票成交量相对于下跌股票成交量的强度。阿姆斯指数的计算方法为:上涨股票数与下跌股票数之间的比率除以上涨股票成交量与下跌股票成交量之间的比率。

$$Arms = \frac{M_u/M_d}{V_u/V_d}$$

其中,M_u 和 M_d 分别为上涨股票数量和下跌股票数量,而 V_u 和 V_d 则分别为上涨股票的成交量和下跌股票的成交量。

阿姆斯指数可以看成对上涨/下跌成交量指标的一种优化,它同样可以通过移动平均线的方式进行平滑。与其他摆荡指标不同的是,阿姆斯指数的变动通常是与大盘指数相反的,也就是说,阿姆斯指数所标示的超买区域对应于价格的谷底,而超卖区域则对应于价格的峰位。因此,在实际应用中,通常会将该指标的图形进行倒置处理,以使其和其他动能指标的运动趋势相吻合。通常阿姆斯指数小于 50 可以视为超买,而大于 120 则视为超卖(请注意,实际的数值与一般的动能指标数值之间是倒数的关系)。

(五) 成交量净额指标

成交量净额(On-Balance Volume,OBV)指标是由著名的技术分析大师乔·格兰威尔(Joe Granville)提出的,它将成交量值予以数量化,绘制成趋势线,配合股价趋势线,从价格的变动及成交量的增减关系中判断市场中的形势。OBV 的理论基础基于三点:一是市场价格的变动必须有成交量配合,价格的升降而成交量不相应升降,则市场价格的变动难以继续;二是成交量往往是价格变动的先行指标;三是股票价格的短期行为通常与公司的业绩并没有必然的联系,而在很大程度上受投资者心理的影响。

OBV 在成交量指标中是应用较为普遍的一种,它也是一种累积指标,具体的计算方法如下:如果当日股价上涨,则当日的 OBV 等于前一日的 OBV 加上当日成交量;如果当日股价下跌,则当日的 OBV 等于前一日的 OBV 减去当日成交量。为了平滑波动,也可以构造 OBV 的移动平均线用于辅助分析。

当价格上涨而 OBV 线下降时,表示能量不足,价格可能将回跌;股价下跌而 OBV 线上升时,表示多方的人气旺盛,价格可能即将止跌回升;当价格上涨而 OBV 线同步缓慢上升时,表示市场当前的牛市行情能够持续;当 OBV 线暴升,不论价格是否暴涨或回跌,表示能量即将耗尽,价格趋势可能发生反转。

OBV 指标是一种重要的技术分析方法,它对于市场的短期波动的判断尤其准确,但运用 OBV 同样应当配合价格自身的趋势信号予以分析。OBV 的变化在一定程度上显示出市场内部主要资金的移动方向,显示当期不寻常的超额成交量是徘徊于低价位还是在高价位上产生,可以使得投资者领先一步深入了解市场内部原因。

四、市场广度

市场广度(Market Breadth)是指市场对于当前价格趋势的参与程度,它反映了市场趋势的普及程度。广度对于技术分析是非常有价值的,因为它揭示了来自于市场内部结构的支撑价格趋势运动的深层次原因。一般而言,与市场趋势方向相同的股票数量越多,则趋势得到的支持越有力,并且具有持久性,因此趋势能够得以延续;反之,与市场趋势方向相同的股票数量越少,趋势发生反转的可能性越高。广度指标就是用来衡量市场广度的,它反映了市场对于价格趋势的支持的广泛性,是研究价格趋势和市场结构时不可忽视的一个重要工具。

（一）腾落线

腾落线(Advance/Decline Line,A/D 或 ADL)也称腾落指数,是应用最普遍的一种市场广度指标。腾落线关注当期市场中股票的上涨家数和下跌家数,是将上涨家数计为正值,把下跌家数计为负值,并通过正负相加的逐期累积计算而得来的(把每一期上涨和下跌的股票数量之差加到上一期的 A/D 中,成为当期的 A/D)。这里我们提供一种较为科学的方法,它是由哈密尔顿·玻尔通(Hamilton Bolton)设计的,因此称为玻尔通公式。按照这一方法,A/D 其实就是对公式 $\sqrt{|A/U - D/U|}$ 所得到的值进行连续累积加总,其中 A 为上涨的股票家数,D 为下跌的股票家数,U 为价格不变的股票家数。如果下跌股票家数多于上涨股票家数,则对该公式结果取负。表 14-9 给出了以周数据进行计算所得到的结果。

表 14-9 腾落线的计算(玻尔通公式)

日期	交易家数(1)	上涨家数(2)	下跌家数(3)	价格未变家数(4)	(2)/(4)×100(5)	(3)/(4)×100(6)	(5)-(6)(7)	$(7)^{1/2}$(8)	A/D(9)
1月7日	2 129	989	919	221	448	416	32	5.6	2 475.6
1月14日	2 103	782	1 073	248	315	433	-117	-10.8	2 464.8
1月21日	2 120	966	901	253	382	356	26	5.1	2 469.8
1月28日	2 103	835	1 036	232	360	447	-87	-9.3	2 460.5
2月4日	2 089	910	905	274	332	330	2	1.4	2 461.9
2月11日	2 090	702	1 145	243	289	471	-182	-13.5	2 448.4
2月18日	2 093	938	886	269	349	329	19	4.4	2 452.8
2月25日	2 080	593	1 227	260	228	472	-244	-15.6	2 437.2

资料来源:普林格. 技术分析. 第四版中译本. 中国财政经济出版社,2000:401.

腾落线衡量的是市场的广度,不能用它对个股进行分析。历史经验表明,腾落线是辅助判断市场整体趋势强弱的一个非常有效的技术指标,它通过对每天涨跌家数的计算来反映市场中买卖双方人气的变化,并从一个侧面了解市场内在的能量是强势还是弱势。

如果市场处于上升趋势中,那么在特定的一个时期内一定会有某个主流板块来维持指数上涨走势。主流板块通过稳步的上涨增强了投资者对市场的信心,而其他板块则采用轮流领先的方式上涨,从而为市场整体的上涨奠定了稳固的基础。如果市场指数上涨而腾落线却下降,则表明大盘的涨势并不均匀,市场的上涨是缘于某一类成分股的影响,而并非市场的全面活跃。如果连续一段时期出现这种背离现象,通常意味着市场趋势将会发生反转。如果市场处于下跌行情中,价格指数不断创造新低,但与此同时腾落线却向上运动,则表明多数股票已经停止下跌,转而上涨,因此市场下跌趋势也将要发生反转。

市场指数的加权编制方法使得它在一定情况下因某些成份股的暴涨与暴跌会出现过度反应,给投资者提供一些误导性的市场信息,而腾落线可以弥补这一缺陷。一般情况下,如果股价指数与腾落指数同方向变动,则可以对大盘的升势或跌势进行确认。如果股价指数上涨而腾落线横向运行或下降,则这种背离的现象说明当前大盘指数的上升趋势并不稳定,很可能发生反转。并且,腾落线与大盘指数之间的反向背离越严重、持续时间越长,所蕴含的价格跌势就越严重、越明显。

腾落线的主要应用法则如下:(1)市场指数持续上涨,腾落线也上升,涨势可能仍将继续维持;(2)股指持续下跌,腾落线也同时下降,大盘的跌势将持续下去;(3)市场指数上涨,而腾落指数下降,大盘可能会出现回调;(4)市场指数下跌,而腾落线上升,股价则可能回升。当处于多头市场时,腾落线呈上升趋势,其间如果腾落线突然出现急速下跌现象,接着又立即扭头向上并创下新高,则表明市场指数可能再创新高;当处于空方市场时,腾落线如果突然出现上升现象,而后又继续下跌并创新低,则表示大盘可能还有下跌。可见,不对个股的涨跌提供信号的腾落线是能够在某种程度上反映大势动向与趋势的。腾落指数与市场指数的关系比较是应用该指标的关键点,因此对腾落线的分析必须与市场指数波动曲线的变化结合起来才有意义。

(二)广度摆荡指标

对于市场广度的分析,同样可以构造摆荡指标加以辅助。在我们之前的分析中,ROC 对于历史数据的分析是非常有价值的,因为它能够以相同的方式来反映相类似比例的走势。然而,ROC 方法并不适合来分析市场内部结构,因为这种累积性指标都需要人为地设定初始值,从而导致指标的增减在本质上是不对称的。由此计算出的 ROC 可能为正也可能为负,这将严重影响动能指标判定的有效性。所以,在衡量市场广度时,需要采用新的方法进行计算。

在市场广度的分析中,构造摆荡指标的最直接的方法是对玻尔通公式进行移动平均,通常采用的参数为 10 和 30,或者结合两种时间跨度的移动平均线以及腾落线来进行研判。具体的背离和穿越规则与一般的摆荡指标没有太大区别。

另一种摆荡指标是麦克莱伦(McClellan)摆荡指标,它是一种短期的广度动能指标,用于衡量上涨股票家数与下跌股票家数之差的 19 期 *EMA* 和 39 期 *EMA* 之间的差值。麦克莱伦摆荡指标与 *MACD* 的构造原则基本相同。通常认为,该指数下滑到 -70 — -100 的超卖区域时,发出买入信号,而当该指数上升到 $+70$ — $+100$ 的超买区域时则发出卖出信号。趋势分析和背离原则等技术分析方法同样适用。

(三)扩散指标

扩散指标(Diffusion Indicator)也是一种动能指标,它通常由构成市场指数的一揽子股票构建而成。该指标用来衡量大盘指数中处于正向趋势的构成部分所占的百分比。

所谓正向趋势,就是指位于趋势线之上的上涨行情,在实际计算中采用的标准有两种:一是计算价格位于某特定移动平均线之上或其移动平均线处于上升阶段的成分股所占百分比;二是计算 ROC 为正值的成分股所占的百分比。

在扩散指标的计算中,对于成分股也就是一揽子股票的选择是非常重要的。虽然成分股越多越好,但是过多的成分股将造成计算量的庞大。因此,成分股的数量并不是越多越好,但必须能够充分反映大盘指数构成部分的扩散性。

作为一种摆荡指标,扩散指标的作用当然也不外乎是判断市场的超买或超卖状态,并且通过指标取值、市场指数背离以及移动平均线穿越等方法进行研判。

五、关于市场结构指标的一个小结

利用市场结构指标对市场特性进行研究是技术分析领域更深层次的探讨,它能够揭示来源于投资者心理并最终反映到市场价格(主要表现为市场指数)中的市场内部结构的特征。价格、时间、成交量和市场广度构成了市场结构的主要特性,而围绕着这四个方面则产生了形形色色的技术变量和指标。这些分析工具中的大部分事实上属于我们在第二节中介绍过的动能指标,它们几乎或多或少地都具有动能指标的普遍特征,进而也都能够采用一般的动能分析方法进行解释。

市场结构的内容非常丰富,我们在这里仅仅是简单介绍了它的主要构成部分以及一些比较简单、直观的技术分析方法。相比于趋势分析,花费在市场结构指标上的笔墨确实是太少了,毕竟趋势分析才是技术分析中的核心部分。然而,这并不意味着对于市场结构的分析是没有意义的。相反,我们在介绍中多次强调,准确地判断市场结构的特征,对于我们从根本上把握市场整体的运动规律,从而判断大盘变动趋势具有非常高的价值。与此同时,趋势分析过多地关注于个股的价格趋势,而忽略了市场整体的波动特征,在有些时候可能会"一叶蔽目,不见泰山"。如果我们能够从宏观和微观两个角度同时对价格的运动趋势进行分析,必然能够更准确地把握证券的市场价值,为我们的投资策略添加一块重重的砝码。

小 结

1. 技术指标是运用事先确定的方法对价格和成交量等股票市场的原始数据进行处理,并结合技术图形对市场行为进行分析,进而预测市场变动趋势的一种重要的技术分析方法。它能够对技术图形分析中所得到的结论进行确认。技术指标可分为三类:一是确认性指标,二是动能指标,三是市场结构指标。

2. 确定性指标确定基本的趋势,通过指标曲线和价格曲线的相互背离发出趋势变动的预警信号,它主要包括移动平均线和相对强度。指标与当前价格行为相互确认时,价格趋势得以确认,而如果指标与当前价格行为相背离,价格趋势将出现反转。

3. 移动平均线是最标准的价格平滑方法,它主要包括简单移动平均线、加权移动平均线和指数移动平均线,三种类型的移动平均线各有优劣,它们适用于市场中的不同周期。移动平均线的时间跨度越大,对于价格的平滑作用越明显,同时所具有的滞后性也越大。移动平均线自身就可以作为一种支撑或压力线,从而可以利用线形方法进行分析。移动平均线的技术含义主要来自确认和背离,以及突破和穿越。

4. 单条移动平均线对于趋势的判定可能无法提供明确的信号,需要进行扩展,主要的扩展有三种:一是多重移动平均线,二是包络线,三是布林带。这三种方法分别适用于不同的市场状态。

5. 相对强度是一种用来衡量两种资产相对价格的技术工具。现实中应用得最多的相对强度是个股价格与大盘指数的比值,它反映了个股和大盘之间的相对表现。相对强度是另一种形式的价格曲线,它的技术含义同样来自确认与背离,以及突破与穿越。

6. 动能指标是对一系列建立在动能原理基础之上的摆荡指标的统称,它通过构造一个水平的价格振荡区间,为价格的波动所发出的信号设定了评判标准。动能指标通常只是作为基础的趋势分析方法的补充,但却是一种非常有价值的技术分析工具。动能指标的解释主要表现为动能特征和动能趋势反转。

7. 主要的动能指标有 ROC、KST、RSI、K/D、%R、TDI、MACD、DMI、BIAS、AR 和 BR 等,它们都具有基本的动能指标特征。在实际应用中必须注意各种动能指标的相互配合和确认,同时牢记,动能指标只能作为基础的趋势分析方法的补充,实际的买卖信号永远来自价格自身的趋势信号。

8. 市场结构的特征来源于投资者的心理,而这种心理最终将反映到价格趋势中。衡量市场结构特性可以从 4 个角度出发:一是价格,它反映了投资者心理是否发生变化,发生多大的变化;二是时间,它衡量投资者心理周期的频率和长度;三是成交量,它反映投资者心理变化的恶强度;四是广度,它衡量某一种心理所涵盖的范围。

关 键 概 念

确认性指标	动率	动平均指标	上涨/下跌成交量
动能指标	相对强弱指数	动向指标	市场结构指标
乖离率	成交量净额指标	随机指标	人气指标
移动平均线	威廉指数	成交量变动率	腾落线
相对强度	趋势背离指标	广度摆荡指标	变动率
成交量摆荡指标	加权总合变化	平滑异同移	广度扩散指标

参 考 文 献

1. Anderson J. The 2005 China Macro Encyclopedia. *Asian Economic Perspectives*, UBS Investment Research, October 2004.
2. Bodie Z A K, Marcus A. *Investment*. 5th ed. McGraw Hill Press.
3. Cohen, Maier, Schwartz, Whitcomb (CMSW). *The Microstructure of Securities markets*. Prentice-hall, 1986.
4. Edwards R D, Magee J. *Technical analysis of Stock Trends*. 7th ed. New York: AMACOM, 1997.
5. Edwards R D, Magee J, Bassetti W H C. *Technical Analysis of Stock Trends*. 8th ed. AMACOM, 2001.
6. English J R. *Applied Equity Analysis: Stock Valuation Techniques for Wall Street Professionals*. New York: McGraw-Hill, 2001.
7. Franklin A, Gale D. Stock-Price Manipulation. *The Review of Financial Studies*, 1992, 5(3).
8. Gemmill G. Transparency and Liquidity: A Study of Block Trades on the London Stock Exchange under Different Publication Rules. *Journal of Finance*, 1996, 51(5).
9. Goldberg J, von Nitzsch. *Behavioral Finance*. John Wiley & Sons, 2001.
10. Hertzberg M P, Beckman B A, Business Cycle Indicators: Revised Composite Indexes. *Business Conditions Digest*, 1989, 17(1).
11. Hodrick R J, Prescott E C. Postwar U. S. Business Cycles: An Empirical investigation. *Journal of Money, Credit, and Banking*, 1997, 29(1).
12. Hooke, J C. *Security Analysis on Wall Street: A Comprehensive Guide to Today's Valuation methods*. New York: Wiley, 1998.
13. Leinweber J D, Madhavan A. Three Hundred Years of Stock Market Manipulation: From the Coffee House to the World Wide Web. *Journal of Investing*, 2001, 10(2).
14. Lintner J. The Valuation of Risk Assets and the Selection of risky Investments in Stock Portfolios and Capital Budgets. *Review of Economics and Statistics*, 1965, 47(1).
15. Madhavan A. Trading Mechanisms in Securities Markets. *Journal of Finance*, 1992, 47(2).

16. Markowitz H. Portfolio Selection Efficient Diversification of Investments. *Yale University Press*,1959.
17. Moore, Hertzberg, Beckman. *The Leading Indicator Approach*. Business Cycle Indicators and the Conference board,2002.
18. Mossin J. Equilibrium in a Capital Asset Market. *Econometrica*,1966,34(4).
19. Murphy J. *Technical Analysis of the Financial Markets*. New York Institute of Finance,1999.
20. O'Hara M. *Market Microstructure Theory*. Blackwell Publishers Inc.,1995.
21. Porter M E. *Competitive Strategy:Techniques for Analyzing Industries and Competitors*. New York:The Free Press,1980.
22. Prechter R R, Frost A J. *Elliott Wave Principle:Key to Market Behavior*. New Classics Library,1998.
23. Pring M. *Technical Analysis Explained*. 4th ed. McGraw-Hill,2002.
24. Ross,S. *Return,Risk and Arbitrage. Risk and Return in Finance*. Vol. I. Cambridge,MA:Ballinger,1976.
25. Sergin H, Tauman Y. Market Crashes without External Shocks. *Journal of Business*,2004,77(1).
26. Sharpe W F, Alexander G, Bailey J. *Investments*. 6th ed. Prentice Hall Press,1998.
27. Sharpe W F. Capital Asset Prices:A Theory of Market Equilibrium Under Conditions of Risk. *Journal of Finance*,1964,19(3).
28. Shiller R J. *Irrational Exuberance*. Princeton University Press,2000.
29. Stowe et al. *Analysis of Equity Investments:Valuation*. AIMR,2002.
30. Tobin J. Liquidity Preference as Behavior Towards Risk. *The Review of Economic Studies*,1958,25(2).
31. Tvede L. *The Psychology of Finance:Understanding the Behavioral Dynamics of Markets*. Rev. ed. John Wiley & Sons,2002.
32. Vila J L. Simple Games of Market Manipulation. *Economics Letters*,1989,29(1).
33. Yadlin O. *Is Stock Manipulation Bad? A Theoretical Note with an Empirical Support*. Berkeley Program in Law & Economics Working Paper Series,1999.
34. 伯顿·麦基尔. 漫步华尔街(中译本). 上海财经大学出版社,2002.
35. 陈共,周升业,吴晓求. 中国证券业从业人员资格考试系列教材——证券投资分析. 中国人民大学出版社,1996.
36. 何基报. 证券交易中违法违规行为的类型、特征及其监控研究. 深圳证券交易所综合研究所研究报告,2002.
37. 胡克. 华尔街证券分析:现代证券估值方法综合指南. 经济科学出版社,1999.
38. 林伟萌,胡祖刚,黄正红,等. 中国证券市场股票价格操纵与监管研究. 深圳证券交易所第四届会员研究成果评选获奖研究成果,2002.
39. 刘胜军. 股价操纵与反操纵监管. 证券市场导报,2001(7).

40. 罗伯特·爱德华,约翰·迈吉. 股市趋势技术分析. 东方出版社,1996.
41. 迈克尔·波特. 竞争战略. 华夏出版社,1997.
42. 佩因曼. 财务报表分析与证券定价,中国财政金融出版社.
43. 邱劲,陈昊飞. 挖掘具有明显行业竞争优势的企业——2005年投资策略分析. 中国国际金融有限公司投资策略研究报告,2005.
44. 上海证券交易所. 中国证券市场研究前沿专题——上海证券交易所联合研究文选:第1辑. 商务印书馆,2001.
45. 屠光绍. 交易体制——原理与变革. 上海人民出版社,2000.
46. 吴晓求. 证券投资分析,中国人民大学出版社,2001.
47. 张新民. 上市公司财务报表分析. 对外经济贸易大学出版社,2002.
48. 中国证券业协会. 证券投资分析. 中国财政经济出版社,2004.

图书在版编目(CIP)数据

证券投资分析——来自报表和市场行为的见解/邵宇,秦培景主编.—2版.—上海:
复旦大学出版社,2019.11
(复旦博学. 微观金融学系列)
ISBN 978-7-309-14343-0

Ⅰ.①证… Ⅱ.①邵…②秦… Ⅲ.①证券投资-投资分析 Ⅳ.①F830.91

中国版本图书馆 CIP 数据核字(2019)第 091390 号

证券投资分析——来自报表和市场行为的见解
邵 宇 秦培景 主编
责任编辑/岑品杰 李 荃

复旦大学出版社有限公司出版发行
上海市国权路 579 号 邮编:200433
网址:fupnet@fudanpress.com http://www.fudanpress.com
门市零售:86-21-65642857 团体订购:86-21-65118853
外埠邮购:86-21-65109143
杭州日报报业集团盛元印务有限公司

开本 787×1092 1/16 印张 28 字数 630 千
2019 年 11 月第 2 版第 1 次印刷

ISBN 978-7-309-14343-0/F·2572
定价:58.00 元

如有印装质量问题,请向复旦大学出版社有限公司发行部调换。
版权所有 侵权必究